JEAN-FRANÇOIS REVEL

Die Herrschaft der Lüge

Wie Medien und Politiker die Öffentlichkeit manipulieren

Aus dem Französischen von Heidi Dumreicher

PAUL ZSOLNAY VERLAG
WIEN - DARMSTADT

Titel der französischen Ausgabe: La Connaissance inutile

Umschlag und Einband: Hubert Schatzl's DTP, Wien
Satz: SRZ Korneuburg Ges. m. b. H.
Druck und Bindung: May & Co., Darmstadt
Printed in Germany
ISBN 3-552-04214-8

CIP-Titelaufnahme der Deutschen Bibliothek
Revel, Jean-François:
Die Herrschaft der Lüge : wie Medien und Politiker die Öffentlichkeit manipulieren / Jean-François Revel. Aus d. Franz. von Heidi Dumreicher. – Wien ; Darmstadt : Zsolnay, 1990
Einheitssacht.: La connaissance inutile ‹dt.›
ISBN 3-552-04214-8

Die Herrschaft der Lüge

Für Olivier Todd

Inhalt

1

DER WIDERSTAND GEGEN DIE INFORMATION

Die allererste aller Kräfte, die die Welt regieren, ist die Lüge. Die Zivilisation des 20. Jahrhunderts beruht mehr als jede andere davor auf Information, Bildung, Wissenschaft und Kultur, mit einem Wort: auf der Erkenntnis. Zugleich auf jenem Regierungssystem, das jedermann den Zugang zur Information öffnet: die Demokratie. So wie die Demokratie selbst ist in der Praxis auch die Informationsfreiheit auf höchst ungleiche Weise auf der Erde verteilt. Demokratie und Informationsfreiheit haben in diesem Jahrhundert nur in wenigen Ländern ohne Unterbrechung bestanden, ganz zu schweigen von einem Zeitraum von mehreren Generationen. Aber so lückenhaft und ohnmächtig die Information auch sein mag, so steht es doch fest, daß sie heute eine wesentlich wichtigere, stetigere und umfassendere Rolle spielt als in früheren Epochen, und zwar sowohl für jene Menschen, die die Angelegenheiten der Welt von heute entscheiden, als auch für die Reaktionen der anderen darauf. Die Entscheidungsträger verfügen über bessere Mittel und Wege, um die Informationen herauszufiltern, auf die sie sich dabei stützen, und die anderen sind deutlich besser über deren Tun informiert.

Es ist eine interessante Untersuchung, ob diese Vorrangstellung der Erkenntnis, ihre Präzision und Fülle, ihre immer weiterreichende und immer schnellere Verbreitung die Menschheit dazu geführt haben, sich selbst vernünftiger zu regieren als früher. Die Frage ist umso bedeutsamer, als die rasante Verbesserung der Übermittlungstechniken und die stetig wachsende Anzahl derer, die sie gebrauchen, das 21. Jahrhundert in noch stärkerem Maße zu einem Zeitalter machen wird, in dem die Information das zentrale Element der Zivilisation bildet.

In unserem Jahrhundert gibt es mehr Wissen und zugleich mehr Menschen, die von diesem Wissen wissen. Mit anderen Worten, das Wissen breitet sich aus, und die Information, die ja nichts anderes ist als das Wegnetz dieser Wissensverbreitung beim großen Publikum, hat bei diesem Fortschritt mitgehalten.
Die Perioden der Ausbildung werden immer länger und kehren im Lauf des Lebens immer öfter wieder, die Massenkommunikationsmittel nehmen an Zahl und Vielfalt zu, und sie überschütten uns in einem früheren Epochen unvorstellbaren Ausmaß mit einer Flut von Botschaften. Ob es darum geht, die Nachricht von einer wissenschaftlichen Entdeckung und ihren technischen Perspektiven populär zu machen, ob ein politisches Ereignis gemeldet oder Zahlen veröffentlicht werden, mit deren Hilfe eine wirtschaftliche Situation richtig einzuschätzen ist: Die alles umfassende Informationsmaschine wird für immer mehr Menschen zugänglich und immer großzügiger, nach und nach schließt sie die alte Kluft zwischen der machthabenden Elite, die sehr wenig wußte, und der breiten Schicht der Regierten, die überhaupt nichts wußten.
Heute wissen die einen wie die anderen viel, oder sie haben zumindest die Möglichkeit dazu. Die Überlegenheit unseres Jahrhunderts gegenüber den vorhergegangenen scheint darauf zurückzuführen zu sein, daß auf allen Gebieten die Herrschenden oder Verantwortlichen ihre Entscheidungen aufgrund weitreichender und genauerer Kentnisse treffen, während die breite Masse mit ausgiebigen Informationen versorgt wird, die sie befähigen, über die getroffenen Entscheidungen auch zu urteilen. Ein derart glückliches Zusammenspiel günstiger Faktoren müßte eigentlich zu einer noch nie dagewesenen Klugheit und Einsicht führen und folglich zu einer unerhörten Verbesserung der conditio humana. Stimmt das?
Ein Ja wäre leichtfertig. Unser Jahrhundert ist eines der blutigsten in der Geschichte; im Ausmaß seiner Unterdrückungen, Verfolgungen, Hinrichtungen ist es einzigartig. Das 20. Jahrhundert hat den Völkermord erfunden oder zumindest systematisiert, das Konzentrationslager ebenso wie die Vernichtung ganzer Völker durch organisierte Hungersnot; es hat die perfektesten Unterdrückungsregime, unter denen je eine derart große Anzahl Menschen gelitten hat, in der Theorie entworfen und in der Praxis durchgezogen. Diese Gewalttätigkeit straft scheinbar die Ansicht Lügen, wonach unser Zeitalter den Sieg der Demokratie einläutete. Und doch war es das Jahrhundert der Demokratie, und zwar aus zwei Gründen: Trotz aller Widerstände gibt es heute, in seinem letzten Jahrzehnt, mehr demokratische Systeme als je zuvor, und sie funktionieren besser als zu irgendeinem anderen Zeitpunkt der

Geschichte. Außerdem hat sich die Demokratie, so angreifbar sie auch sein mag, überall als theoretische Bezugsebene durchgesetzt. Die einzigen Meinungsverschiedenheiten in diesem Zusammenhang beziehen sich auf die Art und Weise ihrer Durchführung, auf die „falsche" und „wahre" Anwendung des demokratischen Prinzips. Auch wenn man die Verlogenheit jener Willkürherrschaften anprangert, die vorgeben, im Namen einer vermeintlich wahren Demokratie oder in der Erwartung einer vollkommenen, aber ewig zukünftigen Demokratie an der Macht zu bleiben, muß man anerkennen, daß die Spezies der Diktatur, die auf der ausdrücklichen, expliziten und doktrinären Ablehnung des demokratischen Prinzips fußt, mit dem Zusammenbruch des Nationalsozialismus und des Faschismus im Jahr 1945 und jenem des Franco-Regimes im Jahr 1975 verschwunden ist. Die überlebenden Diktaturen sind Randerscheinungen. Die Tyranneien der jüngeren Geschichte müssen sich, wie wir gesehen haben, zumindest im Namen jener Moral rechtfertigen, die sie vergewaltigen, und sind so zu verbalen Trapezakten gezwungen, denen aufgrund ihrer monotonen Unwahrscheinlichkeiten täglich weniger Menschen auf den Leim gehen. Letztlich wird durch den Gebrauch dieser doppelten Sprache das Problem der Wirksamkeit der Information müßig. Die Führungsschicht in den totalitären Staaten verfügt über ebensoviel professionelle Information wie die Führungskräfte in den Demokratien, wenn sie auch bemüht ist, diese ihren Untertanen vorzuenthalten — was übrigens nie vollständig gelingt. So rühren die wirtschaftlichen Mißerfolge der kommunistischen Länder nicht daher, daß ihre Regierungschefs die Ursache dafür nicht kennen würden. Aber sie wollen oder können sie nicht ausmerzen, zumindest nicht ganz, und so beschränken sie sich meist darauf, die Symptome zu bekämpfen, um nicht eine politisch-soziale Ordnung aufs Spiel zu setzen, die in ihren Augen wichtiger ist als der wirtschaftliche Erfolg. In diesem Fall versteht man, warum die Information wirkungslos bleibt. Der Mensch kann auch aufgrund einer letzten Endes rationalen Überlegung darauf verzichten, aus seinem Wissen Nutzen zu ziehen, denn im Leben der Gesellschaft wie des Individuums gibt es häufig Umstände, unter denen man es vermeidet, aus der Erkenntnis einer Wahrheit die Konsequenzen zu ziehen, da man gegen seine eigenen Interessen handeln würde.

Indessen könnte die Unfähigkeit der Information, Handlungen — oder auch nur Überzeugungen — zu erhellen, als banales Mißgeschick abgetan werden, wenn sie nur aus Zensur, Scheinheiligkeit oder Lüge entstünde. Man könnte sie auch verstehen, würde man zu diesen Ursachen die Mechanismen der Unaufrichtigkeit zählen, die von so vielen Moralisten, Schriftstellern, Dichtern, Theatermachern und Psychologen so gut beschrieben werden. Es ist aber doch erstaunlich, welche unerhörte Reichweite diese Mechanismen heute haben. Es gibt eine wahre Kommunikationsindustrie. Die Öffentlichkeit läßt gegenüber Meinungsbildnern — ebenso wie Politikern — ja ohnehin keine allzu große Strenge walten. Bei den meisten Menschen, deren Aufgabe es ist, zu informieren, zu lenken, zu denken und zu sprechen, wird Unaufrichtigkeit nachgerade als zweite Natur angenommen. Könnte es sein, daß eben das Übermaß an zugänglichem Wissen und verfügbaren Auskünften in den Menschen den Wunsch weckt, sie eher zu begraben als zu nützen? Könnte es sein, daß die Ahnung der Wahrheit eher Ressentiment als Genugtuung auslöst? Eher das Nahen einer Gefahr signalisiert als das einer möglichen Machterweiterung?

Wie soll man sich die Tatsache erklären, daß in den freien Gesellschaftsordnungen die exakte Information solchen Seltenheitswert hat, obwohl keine materiellen Hindernisse ihre Verbreitung mehr beschränken, so daß die Menschen die Information leicht ihr eigen nennen können, wenn sie nur neugierig darauf wären, ja, sie nur nicht zurückweisen würden?

Diese Frage bringt uns an die Ufer des wahren Mysteriums. Die „offenen Gesellschaften", um den Ausdruck von Henri Bergson und Karl Popper zu verwenden, sind zugleich Ursache und Wirkung der Informationsfreiheit. Aber wer die Information sammelt, scheint vor allem damit beschäftigt, sie zu verfälschen, und wer die Information entgegennimmt, sucht der Wahrheit gleichzeitig listig auszuweichen. Ständig beruft man sich in diesen Gesellschaften auf die Verpflichtung zu informieren und auf das Recht auf Information. Aber die Informationsprofis verraten diese Pflicht ebenso begierig wie ihre Kunden ihre Rechte nicht wahren. In dieser Informationskomödie schmeicheln einander die Partner, geben Produzenten und Konsumenten vor, einander zu respektieren, wo sie einander doch nur fürchten — mit einer Prise Verachtung. Erst in den offenen Gesellschaften kann man den Eifer der Menschen, die Wahrheit mitzuteilen und entgegenzunehmen, beobachten und messen, denn die Herrschaft der Wahrheit wird dort nur von den Menschen selbst beeinträchtigt. Außerdem — und das ist nicht die geringste Sorge — stellt sich die Frage: wie können Menschen nur in einem solchen Ausmaß gegen ihre eigenen Interessen handeln? Denn die Demokratie kann ohne eine gewisse Dosis Wahrheit nicht leben. Sie kann nicht überleben, wenn der Wahrheitsgehalt der offiziell verkündeten Wahrheit unter eine Mindestgrenze sinkt. Dieses System beruht darauf, daß die Mehrheit ihre Entscheidungen frei treffen kann; es verurteilt sich selbst zum Tod, wenn die Bürger, die jene Wahl zu treffen haben, fast alle die Wirklichkeit verkennen, von der Leidenschaft verblendet sind oder der Illusion einer Schimäre nachlaufen. Die Information ist in der Demokratie nur deshalb so frei und so heilig, weil sie die Funktion übernommen hat, all das auszugleichen, was die Urteilskraft des Bürgers verdunkelt, der ja die letzte Entscheidung darüber trifft, was nun tatsächlich von allgemeinem Interesse ist und was nicht. Aber wie, wenn die Information selbst sich anschickt, das Urteil der Richter zu verdunkeln? Sieht man denn nicht meistens, daß jene Medien, die Genauigkeit, Kompetenz und Ehrlichkeit auf ihre Fahnen schreiben, den geringsten Teil dieser Berufssparte ausmachen, und ihr Publikum den kleinsten Sektor der Öffentlichkeit? Sieht man nicht, daß die Journale, Magazine und Diskussionen im Fernsehen oder die Pressekampagnen, die angeblich tiefschürfend und scharfsinnig sind, sich ohne Ausnahme durch einen Informationsgehalt auszeichnen, dessen Armut nur durch seine Fehlerhaftigkeit übertroffen wird? Sogar der sogenannte Enthüllungsjournalismus, der als Muster an Mut und Unbestechlichkeit gelobt wird, gehorcht oftmals Motiven, die nicht immer dem uneigennützigen Dienst an der Information zuzuschreiben sind, auch wenn diese der Wahrheit entsprechen sollte. Oft wird eine Affäre hochgespielt, weil sie möglicherweise einen hohen Politiker vernichten könnte und weniger wegen ihrer weitreichenden Bedeutung; ein anderer Fall, der für die Allgemeinheit wesentlich mehr Konsequenzen hätte, dem aber der persönliche oder parteifördernde kurzfristige Effekt fehlt, wird übergangen oder heruntergespielt. Ein Außenstehender kann eine achtenswerte Vorgangsweise von einer kleinlichen nur schwer oder gar nicht unterscheiden. Aber was man auch über den Journalismus sagen möge (und ich werde später noch viel mehr darüber sagen), man muß sich doch davor hüten, die Journalisten insgesamt zu diskriminieren. Wenn nur eine verschwindend kleine Anzahl von ihnen tatsächlich dem theoretischen Ideal ihres Berufes entspricht, so liegt das, ich wiederhole es nochmals, daran, daß die Öffentlichkeit es ihnen nicht abverlangt. Wir müssen in der Öffentlichkeit, in jedem einzelnen von uns, die Ursache für das Überhandnehmen des wenig kompetenten oder wenig gewissenhaften Journalismus suchen. Das Angebot richtet sich stets nach der Nachfrage. Und die Nachfrage geht im Bereich der Information und der Analyse von unseren Überzeugungen aus. Und wie entstehen die? Wir treffen gerade unsere wesentlichen Entscheidungen in solchen Abgründen von Ungenauigkeit, Voreingenommenheit und Leidenschaft, daß wir ein neues Faktum weniger danach beurteilen, ob es stimmt, als danach, ob es unserem Interpretationssystem nützlich oder schädlich ist, ob es uns beispielsweise das Gefühl moralischer Zufriedenheit oder ein Netz von Verbündeten verspricht. Nach den Gesetzen, die diesen Brei aus Wörtern, Verpflichtungen, Wünschen, Haßgefühlen und Ängsten regieren, den wir Meinung nennen, ist ein Faktum weder real noch irreal: es ist erwünscht oder unerwünscht. Es ist ein Komplize oder ein Verschwörer, ein Verbündeter oder ein Gegner, es ist auf jeden Fall ein Gegenstand, den man zu kennen wünscht. Dieses Übergewicht der möglichen Brauchbarkeit über das erwiesene Wissen erheben wir manchmal sogar zur Doktrin, wir rechtfertigen es grundsätzlich.

Unsere Ansichten entstehen, selbst wenn kein Interesse dahintersteckt, aufgrund verschiedenster Einflüsse, unter denen das Wissen um die Fakten nur allzuoft an letzter Stelle rangiert, hinter dem Glauben, dem kulturellen Umfeld, dem Zufall, dem Anschein, der Leidenschaft, den Vorurteilen, der geistigen Trägheit und dem Wunsch, die Realität unseren Vorurteilen entsprechend wahrzunehmen. Das alles ist nicht neu — seit den Zeiten, als Platon den Unterschied zwischen Meinung und Wissenschaft lehrte. Umso weniger neu, als die Wissenschaft seit Platon ja nicht müde wird, den Unterschied zwischen dem Überprüfbaren und dem nicht Überprüfbaren zu betonen, zwischen einem Denken, das beweisbar ist, und jenem, das sich nicht beweisen läßt. Aber die Feststellung, daß unsere Welt heute mehr als früher von der Wissenschaft geformt wird, bedeutet noch nicht, daß mehr Menschen wissenschaftlich denken. Die große Mehrheit unter uns benützt das Handwerkszeug, das die Wissenschaft geschaffen hat: man pflegt seine Gesundheit aufgrund der Wissenschaft, man setzt Kinder in die Welt oder auch nicht — beides mit Hilfe der Wissenschaft; das aber, ohne auf einem intellektuellen Niveau an den jeweiligen Wissenschaftsdisziplinen teilzuhaben, die jene Entdeckungen ermöglichen, von denen wir profitieren. Übrigens erwirbt jene winzige Gruppe, die diese Disziplinen ausübt und Zugang zu diesem Wissen hat, ihre nicht wissenschaftlichen Überzeugungen ebenfalls auf irrationale Weise. Vielleicht verlangt das wissenschaftliche Arbeiten durch seine eigenartige Natur vorrangig nach Kriterien, denen man unmöglich langfristig ausweichen kann. So wie auch ein Rennläufer, mag er außerhalb des Sportplatzes noch so wahnsinnig oder dumm sein, sich doch dem rationalen Gesetz der Zeitmessung unterwirft, sobald er das Stadion betritt. Es würde ihm nichts nützen, wenn er wie der Politiker oder der Künstler die Werbeplakate vermehrt oder auf öffentlichen Versammlungen verkündet, daß er der Weltmeister ist oder daß er die Hundert-Meter-Strecke in acht Sekunden läuft, wenn alle wissen, daß er nie mit weniger als elf Sekunden gestoppt worden ist und wenn das auch für alle nachprüfbar ist. Aber wenn ihn auch das Gesetz des Stadions zur Rationalität verpflichtet, so ist er doch durchaus imstand, in der U-Bahn die Rolltreppe verkehrt herum hinaufzulaufen. Ein großer Gelehrter kann seine politischen und moralischen Ansichten auf ebenso willkürliche Weise schmieden, beherrscht von ebenso unsinnigen Überlegungen wie Menschen, denen jede Erfahrung mit wissenschaftlichem Denken fehlt. Es gibt in seinem Inneren keine Osmose zwischen seinem Beruf, wo die Disziplin ihn dazu zwingt, nichts ohne Beweise zu behaupten, und seinem Urteil über alltägliche Angelegenheiten und Lebensfragen, wo er denselben Verführungen erliegt wie jeder Normalbürger. Er kann ganz wie dieser völlig unberechenbar zum Hausverstand tendieren oder zur Extravaganz, und er kann sich der Evidenz verschließen, wenn sie seinem Glauben, seinen Vorlieben oder seinen Sympathien zuwiderläuft. Die Tatsache, daß wir allesamt in einer Epoche leben, die von der Wissenschaft geprägt wird, macht keinen von uns fähiger, sich außerhalb der Gebiete, wo der Zwang der wissenschaftlichen Vorgangsweise unausweichlich herrscht, der Wissenschaft entsprechend zu betragen. Der Mensch ist heute, da er die Wahl hat, nicht mehr und nicht weniger rational und redlich als in jenen Zeiten, die wir gern als vorwissenschaftlich definieren. Man kann sogar behaupten, um auf das bereits angedeutete Paradoxon zurückzukommen, daß intellektuelle Zusammenhanglosigkeit und Unredlichkeit heute umso alarmierender und gravierender sind, als wir mit der Wissenschaft ja das Modell dessen, was wie unumstößliches, strenges Denken aussieht, ständig vor Augen haben. Aber der wissenschaftliche Forscher ist von Natur aus nicht aufrichtiger als der Ungebildete. Er ist nur jemand, der sich freiwillig mit Regeln umgeben hat, die ihn sozusagen zur Redlichkeit zwingen. Von seinem Charakter her kann jeder Ungebildete redlicher sein als ein bestimmter Gelehrter. In jenen Disziplinen, die durch den Gegenstand ihrer Forschung selbst keinen völligen Zwang zum Beweis in sich tragen können, der sich dem Subjektivität des Forschers von außen aufdrängt, sieht man leider oft, daß Oberflächlichkeit, Unaufrichtigkeit, ideologische Verfälschung der Tatsachen und Rivalitäten innerhalb des Clans der reinen Wahrheitsliebe bei weitem den Rang ablaufen, die einen angeblich verzehrt.

Es ist wichtig, sich an diese elementaren Begriffe zu erinnern, denn man kann die Schrecknisse unserer angeblich so wissenschaftlichen Epoche nicht verstehen, wenn man nicht sieht, daß unter „wissenschaftlicher Verhaltensweise" nicht nur ausschließlich die Gesamtheit jener Vorgangsweisen verstanden werden darf, welche die wissenschaftliche Forschung im eigentlichen Sinn betreffen. Wissenschaftliches Verhalten, das Vernunft und Redlichkeit miteinander vereint, heißt, über eine Frage erst dann eine Meinung zu äußern, wenn man alle Informationen berücksichtigt hat, die einem zur Verfügung stehen, ohne eine einzige absichtlich auszusondern, ohne eine einzige zu verändern oder ihre anstößigen Stellen zu bereinigen, und erst, nachdem man nach bestem Wissen und Gewissen die Schlußfolgerungen gezogen hat, die sie zu erlauben scheinen. In neun von zehn Fällen wird die Information nicht vollständig und ihre Auslegung nicht eindeutig genug sein, um zu einer Gewißheit zu führen. Aber wenn das endgültige Urteil folglich auch nur einen völlig wissenschaftlichen Charakter haben wird, so sollte doch zumindest die Haltung, die dieses Urteil herbeiführt, wissenschaftlichen Charakter haben. Platons Unterscheidung zwischen Meinung und Wissen, oder (meiner Meinung nach) besser übersetzt, zwischen dem mutmaßlichen Urteil (dóxa) und der sicheren Erkenntnis (epistéme), bezieht sich im übrigen auf die Sache, über die sich jemand eine Meinung bildet, und nicht auf seine Haltung dabei. Ob nun einfache Meinung oder sicheres Wissen, Platon setzt für beides Logik und Redlichkeit voraus. Der Unterschied ergibt sich aus der Tatsache, daß das sichere Wissen sich auf Gegenstände bezieht, die für eine unwiderlegbare Beweisführung geeignet sind, während die Meinung sich auf Gebieten bewegt, wo wir nur ein Bündel von Wahrscheinlichkeiten zusammenstellen können. Dennoch: Auch wenn die Meinung nur plausibel ist und der absoluten Gewißheit entbehrt, so kann sie doch auf eine möglichst strenge und unerbittliche Weise zustandekommen, möglichst auf der Grundlage eines ehrlichen Abwägens aller erreichbaren Fakten. Vermutung ist nicht gleichbedeutend mit Willkür. Sie verlangt nicht weniger Rechtschaffenheit, Genauigkeit oder Gelehrsamkeit als die Wissenschaft. Im Gegenteil, vielleicht verlangt sie sogar mehr davon, da ja die Tugend der Vorsicht ihr wichtigstes Geländer bildet. Die Sorge um die Wahrheit oder zumindest um die am wenigsten unvollkommene Annäherung an die Wahrheit und der Wille, die uns zur Verfügung stehenden Informationen aufrichtig zu nützen, hängen von persönlichen Neigungen ab, die vom Stand der Wissenschaft zum gegebenen Zeitpunkt völlig unabhängig sind. Aller Wahrscheinlichkeit nach war der Prozentsatz an Menschen, die über diese Voraussetzungen verfügen, in vorwissenschaftlichen Zeiten nicht geringer als heute. Oder genauer gesagt, es wäre interessant, zu wissen, ob das Vorhandensein eines Modells für gesicherte Erkenntnis bewirkt, daß unter uns ein größerer Prozentsatz Menschen rational zu denken gewillt ist. Ohne in diesem Punkt noch eine Hypothese wagen zu wollen, beschränken wir uns im Augenblick darauf, daran zu erinnern, daß der weitaus größte Teil der Fragen, über welche die Menschen in der Gegenwart ihre Überzeugungen herausbilden und ihre Entscheidungen treffen, zum bedingten Sektor des Denkens gehört und nicht zum wissenschaftlichen. Trotzdem haben wir einen beachtlichen Vorteil gegenüber den Menschen, die vor uns gelebt haben, denn wir können sogar innerhalb des Bereiches der Mutmaßungen aus einem Reichtum an Informationen schöpfen, der ihnen unbekannt war. Sogar unabhängig vom Vorteil, den die Wissenschaft uns bietet, sind unsere Chancen folglich größer als jemals zuvor, auf den anderen Gebieten ebenfalls ziemlich häufig das zu finden, was Platon die „wahre Meinung" genannt hat, das heißt die Vermutung, die sich zwar nicht auf zwingende Schlußfolgerungen stützen kann, aber sich dennoch zu guter Letzt als richtig erweist. Aber nützen wir diese Chancen im größtmöglichen Ausmaß? Von der Antwort auf diese Frage hängt das Überleben unserer Zivilisation ab.

2

WAS IST UNSERE ZIVILISATION?

Es mag müßig scheinen, von „unserer“ Zivilisation zu sprechen, da die derzeit lebende Menschheit ja nicht von sich behaupten kann, eine einzige und gleichförmige Zivilisation darzustellen — nicht in den Beziehungen der politischen Institutionen, nicht in ihrem Reichtum und technischen Niveau, nicht in ihren Bürger- und Strafrechtsordnungen, nicht in ihren Sitten, noch weniger in ihrem Glauben, ihrer Mentalität, ihrer Religion, ihrer Moral, ihrer Kunst. Mehr noch, die Tendenz, die Verschiedenheit, die Einzigartigkeit, ja die Identität der Kulturen, wie man sich bedeutsamerweise zu sagen angewöhnt hat, scheint seit der Mitte des 20. Jahrhunderts wichtiger als die allgemeinen Kriterien der Kultur, mögen sie auch vage gewesen sein. Die Entkolonisierung hat die Ablehnung dessen, was man vereinfachend „das westliche Modell“ nennt, noch betont, eines Modells, das man gleichzeitig als Entwicklungsrezept für die Wirtschaft verstand wie auch als angebliche Vorherrschaft eines Rationalismus, der angeblich in die Zeit der Aufklärung zurückreicht und die das Abendland selbst bestreitet. Ist dieser Rationalismus nicht so weit gegangen, unterwürfig diese Verurteilung des Ethnozentrismus zu unterschreiben, diese Relativierung der Kulturen, diese Verkündigung der Gleichwertigkeit aller Moralsysteme? Die Menschen der westlichen Welt sind paradoxerweise sogar fast die einzigen, die das getan haben, denn die Wortführer der nicht-westlichen Kulturen scheinen zumindest in ihren schärfsten Proklamationen ihrerseits die ethnozentrische Intoleranz wiederaufzunehmen und zu neuen Ehren zu bringen. Diese Intoleranz war ja in allen menschlichen Gemeinschaften der Vergangenheit die Regel, als dumm, unrein und infam verurteilte sie die Lebensweisen der anderen, vor allem das „westliche Modell". Besonders trifft dies auf den Islam und seine heftigsten Manifestationen der modernen Wiederbelebung zu, aber nicht nur auf den Islam.

Der Zeitpunkt scheint schlecht gewählt, um von einer gemeinsamen Kultur zu sprechen, da die Menschheit sich doch eben neuerlich und freiwillig in die Aufspaltung stürzt und die wechselseitige und bewußte Unverträglichkeit der Kulturen verherrlicht. Waren wir jemals von einem allgemein anerkannten Wertsystem weiter entfernt als heute? Und doch ist das nur ein scheinbar krasser Widerspruch. So unterschiedlich sie auch sein mögen, existieren doch alle Zivilisationen heutzutage in einer ständigen Interaktion, deren gemeinsame Resultante schwerer wiegt als die unterscheidenden Merkmale. Das Bestehen dieser Interaktion wird in den Bereichen der Wirtschaft, der Geopolitik und der Geostrategie als offensichtlich anerkannt. Dagegen mißt man trotz aller gegenteiligen Behauptungen der Information weniger Wert bei, unterschätzt ihre Rolle in der Allgegenwart unseres Planeten als ständigen Sachwalter vor sich selbst. Nicht die wahre Information, versteht sich, das ist ja gerade das Problem, sondern dieser ständige Wirbelsturm an Botschaften, der mit dem Einsetzen der Schulpflicht die Hirne zu überfluten beginnt; denn der Unterricht ist weiter nichts als ein Zweig dieser Information. Zu jeder Stunde hat der Mensch heute ein Bild von der Welt und von seiner Gesellschaft in der Welt. Er verändert oder bestätigt es beständig. Je unwahrer das Bild, umso gefährlicher seine Aktionen und Reaktionen, für ihn selbst wie für die anderen. Aber er kann sich nicht mehr weigern, sich ein Bild von der Welt zu machen, oder dieses Bild auf jene Wirklichkeiten beschränken, die ihn umgeben. Zumindest ist dieser Fall heute äußerst selten und im Aussterben begriffen.

Die Forderung nach der „kulturellen Identität" dient übrigens den herrschenden Minderheiten in der Dritten Welt als Rechtfertigung für die Zensur der Information und für die Ausübung der Diktatur. Unter dem Vorwand, die kulturelle Reinheit ihres Volkes zu beschützen, halten diese Herrscher ihre Völker so weit wie möglich in Unkenntnis darüber, was in der Welt vor sich geht und was die Welt von ihnen denkt. Je nach Bedarf lassen sie jene Informationen durchsickern oder erfinden sie, die es ihnen ermöglichen, ihre Niederlage zu verbergen und ihre Lügen zu verewigen. Aber die Verbissenheit, mit der sie diese Informationen um jeden Preis abfangen, verfälschen oder von A bis Z erfinden, zeigt, wie sehr sie sich ihrer Abhängigkeit bewußt sind. Die Information ist für sie oft wichtiger als die Wirtschaft oder die Armee. Wie viele Staatschefs unserer Zeit verdanken ihren Ruhm nicht ihren Taten, sondern dem, was sie darüber berichten ließen.

Die Zerstörung der wahren Information und der Aufbau einer gefälschten beruht auf sehr rationellen Analysen, die dem „westlichen Modell“, das sie abzulehnen vorgeben, völlig entsprechen. In einer Gesellschaft, die dank des Informationsflusses lebt und atmet, hat man im Westen seit langem begriffen, daß die Regelung dieses Informationsflusses ein tragendes Element der Macht darstellt. Zumindest in diesem Punkt haben die Wahrer der kulturellen Identität sich nicht dagegen gewehrt, die Lehren der westlichen „Rationalität“ zu befolgen.

Was die Irrationalität des Westens betrifft, so genügt die Erwähnung unserer Kontroversen über den Rationalismus, um ihre Existenz zu beweisen. Nach mehr als drei Jahrtausenden der Schulung in der philosophischen Diskussion haben die in der westlichen Tradition erzogenen Geister nicht das Laster aufgegeben, über abstrakte Begriffe gelehrte Abhandlungen zu schreiben: Diese Tatsache wird als genügender Beweis dafür gewertet, daß eine ganze Kultur auf Denkmethoden basieren kann, die in Wahrheit nur von einer winzigen Minderheit ihrer Angehörigen praktiziert werden. Besonders die Philosophen unserer Zeit, die so bedacht sind auf Schöngeistigkeit, dabei aber die grundlegenden Techniken der intellektuellen Diskussion und Forschung vergessen, wie Platon und Aristoteles sie uns gelehrt haben, halfen ihren Zeitgenossen keineswegs dabei, ernsthaft nachzudenken. Wundern wir uns also nicht, wenn der Gedankenaustausch über grundlegende Begriffe so häufig auf trostlose Weise im Kreis geht. Aber, so wird man mir entgegenhalten, warum soll man eigentlich ernsthaft nachdenken? Ich gebe dem Einwand statt: dazu besteht keine Verpflichtung, außer in bezug auf ganz bestimmte Themen. Kein der Menschheit innewohnender Imperativ führt zum Bau eines Flugzeugs. Man kann darauf verzichten. Aber wenn man beschließt, eines zu bauen, wird man kein flugfähiges Flugzeug konstruieren können, wenn man die Normen des rationalen Denkens nicht berücksichtigt. Was übrigens nicht die Konsequenz in sich trägt, die Rationalität müsse sämtliche Tätigkeiten des Flugzeugingenieurs bestimmen. Das ist ein Glück für ihn: er kann malen, Musik komponieren oder hören, eine Religion ausüben und trotzdem Flugzeuge entwerfen. Hoffen wir, daß die Mexikaner niemals rational werden, wenn es um Kunst geht, aber ich zweifle daran, daß man die Finanzen Mexikos anders sanieren kann als durch rationale Berechnungen. Wenn ein Finanzminister aus dem Senegal, der zu meinen Freunden zählt, einen Medizinmann aufsucht, um seine Schwiegermutter von einer schwarzen Magie heilen zu lassen, so wundere ich mich darüber, aber seine „kulturelle Identität“ in dieser Angelegenheit geht mich nichts an und stört mich auch nicht, obwohl sie mir irrational und unwirksam scheint, sogar in bezug auf das Problem der Schwiegermutter. Wenn derselbe Minister jedoch an einer Tagung des Internationalen Währungsfonds teilnimmt, fügt er sich ohne jedes Zögern in das allgemeine Umfeld der ökonomischen Rationalität. Daher ist er als Berufspolitiker auch mit ihren Grundsätzen einverstanden, sonst würde er sich entweder dem System entziehen oder handlungsunfähig werden. In der rationalen Sphäre kann man nur rational handeln, aber Wirklichkeit und Leben bestehen selbstverständlich auch aus vielen anderen Sphären.

Diese Unterscheidung unterstellt übrigens nicht, daß jeder Mensch sich unweigerlich rational verhält, wenn es um Gebiete geht, wo eigentlich nur die Vernunft herrschen kann und soll. Wäre es so, die Menschheit wäre seit langem gerettet. Doch die Menschheit handelt weit weniger im Sinne ihrer Interessen, als man gemeinhin annimmt. Im Gegenteil, es zeugt von verwirrender Interesselosigkeit, wenn sie sich ständig voll Starrsinn in alle möglichen unsinnigen Unternehmungen stürzt, die sie im übrigen teuer zu stehen kommen. Ich wiederhole, daß die meisten Tätigkeiten des Menschen mit Rationalität nichts zu schaffen haben, und auch in jenen Bereichen, wo Rationalität gefragt wäre, vernachlässigen wir sie immer, wenn wir hoffen, das ungestraft tun zu können. Es ist ja fast eine Schande, auf solchen Gemeinplätzen bestehen zu müssen. Doch das Wort Rationalismus hat ständig seine Bedeutung geändert. Es kann beispielsweise die großen metaphysischen Systeme des 17. Jahrhunderts bezeichnen und wie bei Descartes oder Leibniz bedeuten, daß das Weltall rational ist, weil Gott selbst Vernunft ist. Es kann im folgenden Jahrhundert das genaue Gegenteil davon ausagen, so daß der „Kult der Vernunft" vor allem eine antireligiöse und atheistische Bedeutung annimmt. Die Vernunft wird zur menschlichen Fähigkeit par excellence, die „Aufklärung" widersetzt sich dem Aberglauben, der Barbarei, den freiheitsmordenden Einschränkungen, die kein Gesetz rechtfertigen kann. Die Vernunft ist allgemein, bei allen Menschen gleich, wenn man nur ihre Transparenz nicht verdunkelt; und nach dieser Philosophie ist allein die Vernunft berechtigt, die Natur zu erklären, das moralische Gesetz zu formulieren, das politische System zu bestimmen, gleichzeitig die Rechte des Menschen und die rechtmäßige Autorität der Regierenden zu sichern. Ab dem 19. Jahrhundert (erst da nimmt das Wort seine endgültige Bedeutung an und findet eine unerhörte Verbreitung) sind die Anhänger des Rationalismus vor allem die Feinde der Dogmen und die Gläubigen der Wissenschaft.

Der intellektuelle und moralische Begriff des Rationalismus, den wir von der Aufklärung übernommen haben, hat zwar erst in jüngster Zeit seinen antireligiösen Charakter verloren, bleibt aber unterschwellig in der gesamten zeitgenössischen Welt erhalten. Wenn ein Land, das von einer Katastrophe heimgesucht wird, Medikamente und Lebensmittel braucht, appelliert es an den westlichen Rationalismus und nicht an seine eigene kulturelle Identität. Das Rationale dient als ausgesprochene oder unausgesprochene Empfehlung, wann immer irgendwo eine Petition gegen eine Form der Unterdrückung unterzeichnet wird, eine Verletzung von Menschenrechten, eine Verfolgung, einen Staatsstreich, eine Diktatur, den Rassismus, einen Krieg, eine soziale oder wirtschaftliche Ungerechtigkeit. Die meisten Gesellschaften, Regierungen, Parteien und Sippschaften benützen diesen Maßstab, um lieber andere zu beurteilen und zu verdammen als sich selbst. Aber es ist eine Maßeinheit, die sie akzeptieren, auch wenn sie bei der Anwendung blindlings schwindeln. Im 19. und 20. Jahrhundert bekommt das Wort Rationalismus einen negativen Beigeschmack, wenn man jene beschränkte Geisteshaltung anprangern will, die in Frankreich „scientisme", Wissenschaftshörigkeit, genannt wird. Das ist jene Wahnvorstellung, die jede geistige Tätigkeit auf ihren logischen Bestandteil reduziert und dabei auf die Besonderheit und Bedeutung des Mythos ebenso vergißt wie auf die Poesie, den Glauben, die Ideologie, die Intuition, die Leidenschaft, den Kult des Schönen oder auch den Durst nach dem Häßlichen und Schlechten, das Begehren nach Unterwerfung und die Liebe zum Irrtum. Aber ausgehend von der Kritik an dieser allzu engen Betrachtensweise schlittert man allzu gern in die mehr oder weniger offen ausgesprochene These, wonach es zwischen den vernünftigen Vorgangsweisen und den anderen letztlich gar keinen Unterschied gibt; oder, genauer gesagt, man leugnet die Existenz tatsächlich rationalen Vorgehens oder wissenschaftlicher Erkenntnisse. Dann wären alle Verhaltensweisen irrational, und alle Erkenntnisse wären gleichwertige Betrachtensweisen. Die angeblich rationalen Vorgangsweisen wären es nur zum Schein, und die Ansichten wären immer durch eine Wahl bedingt, die ihrerseits von Leidenschaft und Ideologie beeinflußt wird. Selbst wenn diese letztere Hypothese stimmte, so würde das am rationalen Charakter bestimmter Verhaltens- und Erkenntnisweisen nichts ändern, und auch ihre wahrscheinlich erhöhte Wirksamkeit bliebe ebenfalls unumstritten. Selbst wenn mich ein scientistisches Sektierertum dazu treibt, meine Grippe weniger durch einen Virus zu erklären als durch einen Fluch, den ein böswilliger Nachbar über mich geworfen hat, so bleibt es doch eine Tatsache, daß ich meine Genesungschance erhöhe, wenn ich den Virus bekämpfe und nicht den Nachbarn. Und die Millionen Leute, die auch in den Hochburgen des westlichen Rationalismus an Astrologie glauben oder zu glauben vermeinen, werden eher ihren Versicherungsbeamten konsultieren als ihren Astrologen, wenn sie sich gegen eine mögliche künftige Gefahr wappnen wollen.

Der entschlossene Verteidiger des Okkultismus wird vor einer Reise sein Auto lieber von einem Mechaniker durchchecken lassen als von einem Medizinmann. Ähnlich leben die intellektuellen und politischen Führungskräfte in jenen Gesellschaften, wo man die antiwestliche kulturelle Identität anbetet: auf einem verbalen Sektor zelebrieren sie die „kulturelle Identität", aber sobald es um Konkretes geht, wissen sie sehr genau, daß Traktoren und Dünger für die Landwirtschaft wichtiger sind als Auseinandersetzungen.
Viel zu oft freilich überwiegt der Sektor der Beschwörungen und ganz besonders jener der Ideologie in der Praxis die Rationalität. Doch früher oder später beginnen die unheilvollen Konsequenzen dieser Vorliebe zu wüten. Es kommt sogar vor, daß diejenigen, welche diesen Fehler zu verantworten haben, oder ihre Nachfolger, schließlich ihren Fehler zugeben, wenn sie ihn auch nicht immer korrigieren. Solche Widerrufe hört man oft in den kommunistischen Ländern, aber auch in den Nationen der Dritten Welt, beispielsweise nach den Dummheiten der Mode von der „autozentrierten Entwicklung". Der Lautsprecher, den die Ideologie von der kulturellen Identität oder vom Sozialismus verwendet, wird, sobald erforderlich, durch einen anderen ersetzt, den die wirtschaftliche Vernunft liefert. Ein Staatschef, den ich gut kenne, hält jeden Morgen flammende Protestreden gegen die multinationalen Konzerne und setzt am Abend seinen Charme und alle Anstrengungen daran, den Präsidenten eines solchen Konzerns zu überreden, bei ihm zu investieren und eine Niederlassung zu gründen. Das ist kein Widerspruch, sondern höchstens eine Zweigleisigkeit. Im Namen der kulturellen Identität muß dieser Staatschef zunächst dem Lyrismus der Dritten Welt huldigen, um anschließend, da man ja überleben muß, die Ärmel aufzukrempeln und wieder die Welt der Logik zu betreten, um Kapital anzuziehen. Wie blind die Ideologien auch sein mögen, wie extravagant die Propaganda; es gibt auf diese Weise doch heute zum ersten Mal eine weltweit gemeinsame Plattform an Information und Rationalität, auf der alle Regierungen sich wiederfinden, wenn auch vielleicht nie alle gleichzeitig, und wo auch die wahnwitzigsten Regime gezwungenermaßen von Zeit zu Zeit auftauchen. Jedes Land lebt heute unter dem Einfluß dieses Weltinformationsfonds, sei es, um daraus Vorteile zu ziehen, sei es, um dagegen anzurennen, sei es, um ihn zu eigenen Zwecken zu mißbrauchen, ohne daß es jemals gelingt, sich ihm ganz zu entziehen oder der Gegenströmung zu widerstehen, die ständig in den Fonds hineinfließt.
Man kann folglich ohne übertriebene Verkürzung von „unserer Zivilisation" sprechen und damit einen Begriff von relativer Einheitlichkeit ansprechen, wenn diese auch von Myriaden von Antagonismen und

Unterschieden durchbrochen wird. Bedenken wir, daß jene Zeiten gar nicht so weit zurückliegen, da die Bewohner bestimmter Gebiete dieser Welt zum Teil nichts von der Existenz anderer Erdteile wußten, oder falls doch, so wußten sie jedenfalls nicht genau, was in jenen Gegenden vorging, die sie vom Hörensagen kannten. Verglichen mit dieser Aufsplitterung in völlig isolierte Flächen, zwischen denen überhaupt keine Kommunikation bestand oder die nur äußerst selten miteinander in Verbindung traten, ist die heutige Welt ein Ganzes. Sicherlich nichts Einheitliches, doch die Teile kommunizieren zu jeder Minute, bei Tag und bei Nacht, miteinander, durch den Kanal und durch die Kraft der Information. Unsere Zukunft hängt folglich davon ab, ob diese Information korrekt oder nicht korrekt, redlich oder unredlich genutzt wird, was noch nicht allseits begriffen wurde. Welches Schicksal hat denn die Information in dieser Zivilisation, die von ihr und durch sie lebt? Das ist der wesentliche Punkt. Wozu dient sie und wie wird sie benützt, zum guten oder zum schlechten, zum Erfolg oder Mißerfolg, für sich selbst oder gegen sich selbst? Informiert man den anderen oder täuscht man ihn, versteht man sich oder kämpft man gegeneinander, hilft man dem andern oder hungert man ihn aus, unterdrückt oder befreit man ihn, demütigt man den Menschen oder respektiert man ihn? Man wird diese Fragen anders stellen und anders beantworten müssen, je nachdem, ob man die Regierenden betrachtet oder die Völker, demokratische Gesellschaften oder totalitäre Regime, die Erkenntnisse, die sich direkt auf politische und strategische Probleme beziehen oder die anderen, die traditionellen autoritären Gesellschaften oder die modernen Diktaturen, die Länder, die seit langem ein hohes Bildungsniveau haben oder jene, die eine dichte Struktur von Zeitungen und anderen Medien besitzen oder jene, wo sie selten und inhaltsarm sind, die weltlichen Regierungen oder die Theokratien, und unter den letzteren die intoleranten oder jene, die sich einem religiösen Pluralismus öffnen. Schließlich stellt sich die Frage auch auf andere Weise, wenn man sie den Intellektuellen stellt oder jenen Leuten, die weder Zeit noch Lust noch Verantwortungsbewußtsein haben, um Informationen zu sammeln, zu kontrollieren und zu interpretieren und die Schlüsse daraus zu ziehen, die die Öffentlichkeit beeinflussen werden. Trotz dieser Unterschiede zwischen den zeitgenössischen Gesellschaften und zwischen den Mitgliedern jeder einzelnen taucht etwas Neues auf: die Schwierigkeit, klar zu sehen und gescheit zu handeln, entsteht nicht mehr durch einen Mangel an Information. Information existiert im Überfluß. Die Information ist der Tyrann der modernen Welt, aber auch ihr Sklave. Wir sind sicher weit davon entfernt, in jedem Fall alles zu wissen, was wir wissen müßten, um verstehen und handeln zu können.

Aber es gibt noch mehr Beispiele und Situationen, in denen wir urteilen oder entscheiden, jemand anderen Risiken eingehen lassen, überzeugen oder zu Entscheidungen drängen, unter Berufung auf Informationen, von denen wir wissen, daß sie falsch sind. Manchmal wollen wir auch die hundertprozentig sicheren Informationen nicht berücksichtigen, über die wir verfügen oder verfügen könnten, wenn wir wollten. Heute wie seinerzeit lebt der Feind des Menschen in ihm selbst. Aber der Feind hat sich geändert: War es früher die Unwissenheit, so ist es heute die Lüge.

3

ÜBER DIE EINFACHE LÜGE

Der Begriff der Lüge mag zu plump, zu rudimentär scheinen, um der Gesamtheit von Verhaltensweisen zu entsprechen, die sich, wie ich es zu beschreiben versuche, der Information widersetzen. Ich beeile mich, zuzugeben, daß er nicht alle Verhaltensweisen umfaßt. Zwischen dem unabsichtlichen Fehler und dem absichtlichen Täuschungsmanöver liegt ein weites Feld der Hybris, wo beide in allen nur erdenklichen Kombinationen und Dosierungen zusammentreffen. Man weiß ja, welchen bedeutenden Stellenwert die heiklen Assoziationen von Falschheit und Aufrichtigkeit in unserem psychischen Sein einnehmen; das Bedürfnis zu glauben ist weit stärker als die Sehnsucht zu wissen. Und dafür gilt es ebenso wie für die Unaufrichtigkeit, mit der wir die Wahrheit vorsichtshalber vor uns selbst verbergen, um uns unserer Entschlossenheit sicherer zu sein, wenn wir sie vor einem anderen leugnen sollten. Und das gilt für die Abneigung, einen Irrtum einzugestehen, außer wir können dieses Einbekennen als eine Tugend anrechnen. Zuletzt gilt es vor allem für unsere Fähigkeit, unserem Geist jene systematisierten Erklärungsversuche für die Realität einzupflanzen, die man Ideologien nennt, jene Aussonderungsmaschinerien, die jene Fakten, die zu unseren Überzeugungen passen, aufnehmen und die anderen verwerfen. Philosophen, Historiker, Moralisten und Soziologen haben immer schon große Neugierde für diese Aspekte unseres Geisteslebens gezeigt. Daraus sind hämische oder bittere Überlegungen hervorgegangen, scharfsichtige Analysen und geistreiche Formulierungen. Dramatiker und Romanciers haben daraus so viele komische oder unheilvolle Szenen entwickelt, daß wir bereits undankbar geworden sind, was die Lüge im Urzustand betrifft, ohne Beilagen serviert, die mit voller Täuschungsabsicht gehandhabt wird. Wir neigen dazu, ihre Häufigkeit und Erfolgsrate zu unterschätzen. Eine Bemerkung kann helfen, diese Ungerechtigkeit wieder gutzumachen; erinnern wir uns daran, daß alle geistigen und moralischen Manöver und Verrenkungen, von denen wir bisher gesprochen haben, einem gemeinsamen Ziel dienen: nämlich uns vor der Nutzung der Information zu bewahren und vor allem andere daran zu hindern, sie zu nützen, mit einem Wort, uns den freien Informationsfluß zu ersparen. Es ist offensichtlich, daß die einfache, reine Lüge für diesen Zweck das wirtschaftlichste Mittel ist. Wie hübsch die genialen Figuren des Balletts auch sein mögen, das die Menschen seit urdenklichen Zeiten in immer neuen Inszenierungen tanzen, um die Wahrheit zu umgehen, auch wenn sie sich mitten auf ihrem Weg erhebt, so müssen wir doch zugeben, daß es weit bequemer ist, sich ihrer zu entledigen, noch bevor sie sichtbar wird. Ideologie und Hinterlist sind komplexe Lösungen, die Energie und Zeit kosten, manchmal sogar Intelligenz. Ihre Anwendung ist also nur dort gerechtfertigt, wo die reine und einfache Lüge versagt. Sie versagt übrigens viel weniger häufig, als es uns die Anhänger unnötiger Spitzfindigkeiten glauben machen wollen.

In den Naturwissenschaften könnte sich keine Lüge auf Dauer durchsetzen. Von Zeit zu Zeit mag es Betrugsabsichten geben, die die Welt der Wissenschaft eine Zeitlang täuschen können, aber letzten Endes in den Bereich der Psychopathologie gehören. Ihre Urheber wissen in ihrem tiefsten Inneren, daß sie unweigerlich über kurz oder lang auffliegen werden und daß sie ihren kurzen Ruhm mit endgültiger Schande bezahlen werden. Ein seltenes Beispiel für die Langlebigkeit eines wissenschaftlichen Betrugs war die biologische Theorie Lyssenkos, die von 1935 bis 1964 in der Sowjetunion Gültigkeit hatte – oder, genauer gesagt, von einem totalitären System einem ganzen Land als offizielle Doktrin aufgezwungen wurde. Aber in internationalen Wissenschaftskreisen genoß Lyssenko niemals das geringste Ansehen. Er lehnte die Chromosomentheorie ab, leugnete die Existenz der Gene und machte sich lustig über die „faschistische und trotzkistisch-bucharinistische Entgleisung der Genetik". Die lokale Herrschaft seiner Wahnsinnsbiologie verdankte er weniger seiner Geschicklichkeit als Betrüger, denn dem politischen Willen von Stalin und Chruschtschow. Es war mehr ein Erfolg der Macht als einer der Scharlatanerei, eher ein Sieg der Gewalt als einer des Talents. Dennoch war es der außerordentliche Erfolg einer Lüge. Dreißig Jahre lang wurde die Bevölkerung eines riesigen Landes von jeder wissenschaftlichen Information von außen abgeschnitten und mußte unter dem Traum eines Betrunkenen leben, der von einem totalitären Staat unterstützt wurde. Die echten Biologen wurden verfolgt, verhaftet, deportiert, erschossen. Aus den Schulbüchern, Enzyklopädien und Universitätsvorlesungen wurden alle Anspielungen auf die wahre Wissenschaft entfernt, die als bürgerliche Wissenschaft verteufelt und der proletarischen Wissenschaft gegenübergestellt wurde. Die erhabene Uneigennützigkeit dieser intellektuellen Lüge wird im übrigen durch die verheerenden Auswirkungen der Lyssenko-Biologie auf die sowjetische Landwirtschaft bewiesen. Für Leute, die noch an die erlösenden Tugenden des Verzichts glauben, gibt es nichts Rührenderes als die Askese, mit der Stalin und Chruschtschow ihre Landwirtschaft unter Anwendung aller Mittel, einschließlich wissenschaftlicher Methoden, zugrunde richteten. Denn die zur Staatsagronomie ernannte Agrobiologie Lyssenkos verkündete die Nutzlosigkeit des Düngers und verbot Kreuzungen, weil sich eine Spezies ohne Kreuzung in eine andere verwandeln können müßte – Roggen in Weizen, Kohl in Rübe, Fichte in Tanne und umgekehrt. Der große Gelehrte verschrieb den Bauern den „gespaltenen Pharaonenweizen“, der die Erträge, die vorher durch die Zwangskollektivierung der Äcker bereits erheblich reduziert worden waren, abermals halbierte. Diese Tragikomödie erzählt uns die in unserem Jahrhundert fast unglaubliche Geschichte von einer Wissenschaftstheorie, die einem Land durch dieselben Methoden aufgezwungen wurde wie das Alkoholverbot in den Vereinigten Staaten, nur daß die Erfolgsrate höher war, da die Polizei eines totalitären Staates unvergleichlich wirksamer agiert als jene in einer Demokratie.

Aus diesem Grund kann in einer Demokratie kein Betrug im Bereich der Naturwissenschaften von Amts wegen die Stellung einer offiziellen, allgemeinen und verpflichtenden Doktrin zugeteilt erhalten. Doch bei den Geisteswissenschaften liegt der Fall anders, ebenso im sozialen, wirtschaftlichen und historischen Bereich, wo ein weniger strenges Beweissystem regiert. Dort gelingt es leicht, die Öffentlichkeit zu täuschen, ohne auf die Staatsgewalt zurückgreifen zu müssen. Man wird nicht darauf verzichten, möglicherweise den hierarchischen Zwang zu nützen, das heißt, für die Durchsetzung einer Denkweise – und ihrer Anhänger – in der Hierarchie des Geistes ist eine gehobene Universitätslaufbahn höchst dienlich. Aber das ist nur ein zusätzliches Atout, und wesentlich bleibt die Überzeugungskraft, die man einer Pseudo-Beweisführung zu verleihen versteht.

So entstand im 19. Jahrhundert eine der größten, und im Lauf der Zeit unheilvollsten wissenschaftlichen Lügen der Neuzeit: der arische Mythos. Durch das vergleichende Studium des Sanskrit und seiner strukturellen Verwandtschaften konnte jene Sprachgruppe identifiziert werden, die man indo-europäisch nannte. Diese Entdeckung führte mehrere Generationen von Gelehrten dazu, hinter dieser weiten linguistischen Einheit die entsprechende Einheit eines rassischen Substrates zu vermuten. So konstruierten sie den künstlichen Begriff der „Arier", einer asiatischen, unbestimmbaren indo-persischen Rasse, und damit die unerwartete Grundlage für eine Überlegenheit der – Germanen. Europa erfand seine Ahnen und stellte ihnen eine andere pseudo-wissenschaftliche Erfindung gegenüber, indem es ebenso willkürlich von einer anderen Sprachgruppe auf eine andere Rasse schloß: der Begriff der „semitischen Rasse" entbehrt jeder ernsthaften anthropologischen Grundlage.

Das 20. Jahrhundert sah Soziologen die Ergebnisse bestimmter Untersuchungen dergestalt frisieren, daß die Zahlen bewiesen, daß die Schüler der Abschlußklassen aus dem Bereich der Oberschulen, die anschließend eine Universität besuchten, alle aus dem „Bürgertum" stammten. Auf diese Weise konnte die Behauptung bewiesen werden, daß die Schule in den liberalen Gesellschaften keineswegs die ausgleichende Funktion erfüllt, die ihr seit ihrer Demokratisierung zugeordnet wird, sondern im Gegenteil nur ein Instrument darstellt, die Macht innerhalb der herrschenden Klasse an die nächste Generation weiterzugeben. Man hütete sich selbstverständlich davor, bei dem gewählten Sample an Schülern bis zur Generation der Großeltern zurückzugehen, denn das hätte eine These vollends widerlegt, die ohne diskrete Bereinigung der Daten bezüglich der Eltern bereits äußerst zerbrechlich war.

Vor allem ließ der Fragensteller jene „bürgerlichen" Elemente außer acht, die keine Reifeprüfung erreichten und daher um so weniger imstande waren, eine Hochschule zu besuchen. Eine ehrliche und vollständige Aufstellung über zwei oder drei Generationen hätte eine doppelte Bewegung ans Licht gebracht: eine aufsteigende Bewegung von den ärmsten Kategorien in Richtung auf die Diplome, die den Zugang zu mittleren oder höheren Karrieren öffnen, und eine Abwärtsbewegung der Kinder aus gutsituierten Familien in Richtung auf mittlere oder mittelmäßige Berufe, die jedenfalls unter dem Niveau der elterlichen Beschäftigungen liegen, und zwar weil sie die nötigen Prüfungen nicht geschafft haben, die für bessere Positionen nötig gewesen wären. Diese genaue Darstellung hätte beim beruflichen Aufstieg, der mit dem Studium zusammenhängt, zwei Faktoren aufgedeckt: einen unleugbaren sozialen Faktor, der den Kindern aus gehobenem und kultiviertem Milieu günstigere Bedingungen verschafft als den anderen, und einen persönlichen Faktor, der die Begabung, die Intelligenz, die Lust am Lernen ausdrückt. Wird der zweite Faktor im Zuge der geschichtlichen Entwicklung und mit der schrittweisen Demokratisierung des Unterrichtswesens langsam entscheidender als der erste? Das ist die Frage, die man stellen muß. Die Theorie vom ausschließlich sozioökonomischen Ursprung des Schul- und Universitätserfolgs geht parallel mit dem Postulat, eine Ungleichheit intellektueller Begabungen der Kinder zu leugnen, ja sogar alle Unterschiede in diesen Begabungen. Nach diesem Postulat gibt es keine guten und schlechten Schüler, darf es sie nicht geben, sondern es gibt nur Opfer oder Nutznießer der sozialen Ungerechtigkeiten. Man sieht, wie die erste Lüge mit ihrer Leugnung jedes ausgleichenden Effekts einer demokratisierten Erziehung zur zweiten Lüge führt, die behauptet, es gebe keine mehr oder weniger ausgebildeten Neigungen für intellektuelle Arbeit. Um jeden Preis muß die Tatsache verheimlicht werden, daß zahlreiche Kinder bescheidener Herkunft ihre Studien und ihre Karriere erfolgreicher betreiben als viele Kinder aus gehobenem Milieu. Um das zu erreichen, ist man beim Übergang von der Theorie zur Praxis sogar so weit gegangen, in der Schule Verbesserungen vorzuschlagen, die ausdrücklich darauf abzielten, die begabteren und fleißigeren Schüler daran zu hindern, schneller als die anderen voranzukommen. Jeder gute Schüler gerät dann in den Verdacht, es nur deshalb zu sein, weil er den privilegierten Schichten angehört, und der gute Schüler, der nicht dazugehört, tut Unrecht daran, die Theorie umzuwerfen. Daher verlangt die Gerechtigkeit – auf welche Weise, werden wir später sehen –, daß alle Schüler schlecht werden, damit alle zur gleichen Zeit und im gleichen Schritt in eine gleiche und strahlende Zukunft aufbrechen können.

Auch wenn die Grenze zwischen der offenen Lüge und der mehr oder weniger bewußten ideologischen Verfälschung, die ein unterschiedliches Phänomen darstellt, bei den Sozialwissenschaften fließend bleibt, so läßt sich auf jeden Fall von Lüge sprechen, wenn es um eine nachweisliche Fälschung von Zahlen, Daten und Fakten geht. Ein Bereich, in dem die Wirtschaftswissenschaft diese Art der Lüge mit überschwenglichem Luxus erblühen ließ, ist jener der Entwicklungsländer. Es waren vor allem politische Motive, die jene große Betrugsgeschichte der Dritten-Welt-Bewegung beflügelten, aber die wissenschaftlichen Lügen gewisser Wirtschaftswissenschaftler, Demographen und Agronomen haben diesen Betrug mit etlichen Schlagworten gestützt und verbreitet. „Dutzende Millionen von Kindern sterben jedes Jahr an Unterernährung", „die reichen Länder werden reicher und die armen Länder ärmer", „die Situation der Welternährung wird ständig schlechter", „es gibt täglich mehr Elend in der dritten Welt", „die Kuh des Reichen frißt das Korn des Armen", „ungerechter Austausch", „Plünderung der Rohstoffe", „Abhängigkeit", „Mißerfolg der grünen Revolution", „Anbau für den Eigenbedarf dem Anbau für den Export geopfert", „der Internationale Währungsfonds läßt die dritte Welt hungern", „die multinationalen Gesellschaften manipulieren die Wechselkurse nach Belieben" – alles das stellt bestenfalls allzu ungenaue Theorien dar, die man weder nachprüfen noch ablehnen kann. Schlimmstenfalls – und das ist der häufigste Fall – zeugen sie von zynischen Gegenwahrheiten, die leicht kontrollierbaren Erfahrungen widersprechen. Und dabei habe ich bisher jenes Gewebe von Abhängigkeiten nicht untersucht, das Soziologie und Ideologie unvermerkt verbindet, wie auch die Erkenntnis und Halluzination. Ich habe mich darauf beschränkt, einige jener wissenschaftlichen Lügen zu erwähnen, die am deutlichsten als solche zu erkennen sind.

Die wissenschaftliche Lüge ist um so unwesentlicher, je mehr eine Wissenschaft tatsächlich Wissenschaft ist. Sie nimmt einen wichtigeren Platz ein, sobald die Wissenschaft einen größeren Aktualitätswert besitzt, und sie wird um so verlockender, je mehr sie als Argumentationshilfe im politischen Gespräch herangezogen werden kann. Manche Bereiche, in denen wir über genaue Erkenntnisse verfügen, scheinen durch ihr So-Sein das Aufblühen solcher Themen geradezu herbeizuführen, die von Phantasie, Leidenschaft und Propaganda beherrscht werden. So mögen die Diskussionen über die Atomkraftwerke und noch mehr über Atomwaffen zwar legitim und nützlich sein, doch sie verbinden häufig Dichtung und Wahrheit, um so die Öffentlichkeit mehr zu erschrecken, als präzise über die Tatsachen zu informieren. Wissenschaftler werden zu Vertretern dieser Verfälschungen und bieten ihnen ihre Berühmtheit als Bürgschaft an. In allen diesen Fällen von Vertrauensbruch ist es nicht leicht, ich wiederhole es, zu unterscheiden, was zur absoluten Lüge gehört, wo es sich um ideologischen Selbstbetrug handelt und wo um Charakterschwäche im Angesicht von Druckausübung. Bis auf wenige Ausnahmen gehört der Mißbrauch der wissenschaftlichen Autorität zum Zwecke unwissenschaftlicher Propaganda nicht so sehr zum Bereich der einfachen Lüge, sondern eher zur komplexen. Ich werde also später darauf zurückkommen.

Dagegen ist im Bereich der Politik die einfache, freiwillige, bewußt als Handlungsmotivation eingesetzte Lüge völlig selbstverständlich, ob sie vom Staat ausgeht, von den Parteien, den Gewerkschaften, den öffentlichen Verwaltungen oder anderen Machtzentren. Es ist ja schon fast banal zu sagen, daß die Lüge integrierender Bestandteil der Politik ist, daß sie von Regierenden wie von Oppositionellen gleichermaßen eingesetzt wird, daß sie als Instrument in den internationalen Beziehungen gilt, daß sie ein Recht, ja ein Muß ist, wenn höhere Interessen im Spiel sind, eine Art Berufspflicht, und sei es nur in der Form des Geheimnisses. Gerade die Gewöhnung an diese trivialen Feststellungen verschleiert, wie weit diese Krankheit verbreitet ist und welch enormen Einfluß sie hat. Der ständige, allumfassende Betrug, in dem die gesamte Menschheit schwimmt, muß ja die Meinung verfälschen, die sie von ihrem eigenen Zustand hat und von den Faktoren, die ihn bestimmen.

Vom Standpunkt der Freiheit, zu informieren und informiert zu werden, und vor allem von der *Möglichkeit,* informiert zu sein, das heißt, von der Möglichkeit, daß vielfältige und relativ genaue Information jeden in seinem Alltagsleben von selbst als natürliches Ereignis erreicht, auch wenn er sie gar nicht sucht, von diesem Standpunkt aus teilt sich die Welt in drei Zonen: die Zone der staatlichen Lüge, organisiert und systematisch; die Zone der freien Information; und die Zone der Unter-Information. In der ersten Zone, jener der totalitären Regime, herrscht neben der Zensur – die ein Abwehrinstrument gegen ungewünschte Informationen ist – die Propaganda, eine aktive Technik, die eine völlig erfundene Aktualität konstruiert, um sie mit dem Bild, das die Machthaber wünschen, in Übereinstimmung zu bringen. In der freien Zone herrscht ein reichliches Informationswesen von einigermaßen gesicherter Qualität, wie es für demokratische Gesellschaften typisch ist, mit Varianten, je nachdem, wie stark die audiovisuellen Medien vom Staat, von den Parteien, den Religionen oder Gewerkschaften kontrolliert werden. Die dritte Zone stellt eine Mischung aus den beiden anderen dar, mit verschiedenen Mischungsverhältnissen zwischen Diktatur und Freiheit, je nach Land, aber sie leidet vor allem unter großer Armut. Zensuriert oder nicht, dort wird die Information vor allem durch die Kargheit charakterisiert. Man könnte glauben, daß diese dritte Zone mit der dritten Welt deckungsgleich ist. Das wäre aber ein Irrtum. Zunächst, weil ein großer Teil der dritten Welt im ökonomischen Sinn den totalitären kommunistischen Systemen zugezählt werden muß. Dann, weil mehrere Länder der dritten Welt, und nicht die kleinsten – denken wir vor allem an Indien, Brasilien, die Philippinen – demokratische Institutionen genießen, seien sie auch jung, zerbrechlich und Erschütterungen ausgesetzt. Diese Länder haben eine Presse und elektronische Medien, die oft reichhaltiger, abwechslungsreicher und auch von der Staatsmacht unabhängiger sind als in gewissen entwickelten Ländern. Schließlich gelingt es der Zensur dort, wo vor der Diktatur Pressefreiheit bestanden hat – in Chile seit 1973, in Peru oder Uruguay während der siebziger Jahre – nicht immer, die Information im gewünschten Ausmaß zu unterdrücken. Auch wenn sie sie verfolgt und vielleicht letzten Endes verbietet, so muß sie doch zumindest eine Zeitlang bestimmte oder alte Namen weiter bestehen lassen, die im Ausland bekannt sind und von Journalisten oder zähen Eigentümern verteidigt werden. Es ist jedoch eine Tatsache, daß die dritte Welt in ihrer Gesamtheit und in ihrer herrschenden Logik manchmal sogar dort, wo die Information frei ist oder frei sein könnte, von einer Kargheit an Neuigkeiten befallen ist, die von der Allgewalt der einfältigen Propagandaslogans nur noch verschlimmert wird.

Was bei dieser groben Einteilung in drei Zonen zunächst ins Auge springt, ist die Tatsache, daß die Zone der freien Information die kleinste ist, wie ja auch die politische Demokratie selbst, was keineswegs eine Neuigkeit darstellt. Wie ich schon in einem früheren Buch bemerkte[1], kann man die übliche Berechnung der demokratischen Länder dieser Welt, kaum mehr als ein Drittel der Mitgliedstaaten der Vereinten Nationen, eigentlich nur als allzu optimistisch bezeichnen. Denn unter diesen Ländern findet man etliche, die zu den bevölkerungsärmsten unseres Planeten zählen: so die Schweiz, Belgien, Dänemark und Österreich, aber auch Kanada, das zwar riesengroß ist, aber nur 25 Millionen Einwohner zählt, eine Tatsache, die man leicht übersieht. Wenn man ausrechnet, wie viele Menschen in Relation zur Weltbevölkerung freien Zugang zur Information haben, so ergibt sich ein noch niedrigerer Prozentsatz, als man beim ersten Augenschein der Liste vermutet hätte. Immerhin hat der Fortschritt diese traurige Bilanz zweimal korrigiert: seit 1975 hat die Demokratie weltweit leicht an Terrain gewonnen; und außerdem haben die Informationssender der freien Welt einen immer größeren Empfangsradius in der totalitären Welt und in den Diktaturen der dritten Welt, die darüber übrigens oft genug Klage führen: Die Presseagenturen, die Presse selbst – wenn auch nur mit dem Tropfenzähler –, die Radio- und Fernsehstationen im Bereich der Staatsgrenzen und auch via Satellit erreichen mit ihren Nachrichten und Kommentaren die Bevölkerungen der totalitären wie auch der unterentwickelten Länder – oder beider zugleich, – mit Informationen, die ihre Regierungen ihnen lieber vorenthalten hätten. Aber beachten wir auch eine Bewegung in der anderen Richtung: die Propaganda der totalitären Welt dringt, ohne auf Widerstand zu stoßen, in die freie Welt ein, die sich sogar oft sehr aufnahmebereit zeigt.

Ein anderer Aspekt erregt Aufmerksamkeit in der Beschreibung, die ich skizziert habe, und zwar die Tatsache, daß die politische Lüge – und das ist neu – vor allem die Öffentlichkeit zu täuschen wünscht. Die politische Lüge von früher wollte Regierungen täuschen. Heutzutage kann diese direkte Lüge unter den Mächtigen kaum mehr überleben. Überreichlich mit öffentlich zugänglichen oder geheimen Auskünften versorgt, weiß jeder Machthaber, was er von den Mitteln des anderen zu halten hat, von seinen Ressourcen, seiner militärischen Stärke, der inneren Stabilität seiner Regierungsmacht. Beide können einander sicherlich über ihre Absichten zu täuschen versuchen, aber es ist heute äußerst selten geworden, daß sie sich erfolgreich über Fakten belügen können. Zumindest gelingt ihnen das nur über einen Umweg, über einen Fächer von indirekten Vorgangsweisen, denen unser Zeitalter den Namen Desinformation gegeben hat. Ihnen allen ist eines gemeinsam: Sie vergiften die Informationsquellen des anderen und vermitteln ihm die Illusion, daß er dank seiner Geschicklichkeit und seiner ausgezeichneten Geheimdienste Dinge herausgefunden hat, die in Wahrheit absichtlich fabriziert und ihm untergeschoben wurden. Übrigens beeinflußt die Desinformation die Regierungen sehr oft via Öffentlichkeit, die folglich meist die erste Zielscheibe ist. Sie beeinflußt die Zeitungen, die elektronischen Medien, die Experten, die Forschungsinstitute, die Kirchen, die als Meinungsbildner fungieren und gleichzeitig die Führungskräfte mit ihren Ermahnungen und Ratschlägen bombardieren. Vor allem gegen die Öffentlichkeit, mit anderen Worten, gegen die Menschheit in ihrer Gesamtheit, und nicht nur gegen die Regierungen, wütet die Lüge oder der Wahrheitsentzug, der ja die Grundform der Lüge ist. Warum? „Die wichtigste unter allen Kräften ist die öffentliche Meinung", hat Simón Bolivar gesagt. Das ist der Grund, warum diejenigen, die sich vor der zu guten Information der Öffentlichkeit hüten müssen, jedes Interesse daran haben, daß die wichtigste unter allen Kräften, die zählen, die Lüge ist.

In den totalitären Systemen ist die Lüge nicht nur eine der Waffen der politischen Macht oder der verschiedenen Körperschaften, sie tapeziert und polstert auch das gesamte öffentliche Leben. Sie ist der Tarnanstrich, der den Graben zwischen der ausschließlichen Herrschaft der Einheitspartei und ihrer eindeutigen Unfähigkeit, die Gesellschaft zu leiten, übertüncht. In dieser Art von Regime ist die Lüge nicht nur eine List zwischendurch, sondern sie ist die ständige Behauptung vom Gegenteil dessen, was jedermann jederzeit feststellt. Die außergewöhnliche Erlaubnis, zu sagen, was jedermann weiß, oder genauer, laut zu sagen, was jedermann seit langem leise sagte, das ist genau der Sinn des Wortes „Glasnost", das Gorbatschow so modern gemacht hat. Dieses Wort, das im Westen fälschlicherweise gerne mit „Öffnung" oder „Transparenz" übersetzt wird, bedeutet eher „Verbreitung" oder „Veröffentlichung". Es ist jene Handlung, durch die man Dinge der öffentlichen Diskussion zugänglich macht, die öffentlich bekannt waren: den Alkoholismus, das Fernbleiben vom Arbeitsplatz, die Korruption, die ungenügende und schlechte Qualität der Produktion. Diese Augenblicke der „Verbreitung" gibt es anläßlich von Machtablösen, wenn ein neuer Mann seinen Vorgänger für den katastrophalen Zustand der Wirtschaft verantwortlich machen kann und nicht das System. Das hat

man nach dem Tod von Mao ebenso gesehen wie nach dem von Breschnew, dessen erster tatsächlicher Nachfolger Gorbatschow war, obwohl Andropow trotz seiner Krankheit schon kurz Glasnost andeutete, als er vor allem dem Abstand zwischen realer und fiktiver Arbeit den Kampf ansagte. Diesen Abstand zwischen Fiktion und Realität ein wenig zu verringern, wenn er so groß geworden ist, daß er das gesamte System mit Zerfall bedroht, ist das Ziel der „Verbreitung", die vor allem darin besteht, daß individuelle und bürokratische Fehlleistungen angeprangert werden. Aber solange sie nicht die einzige und letzte Ursache des allgemeinen Versagens aufs Korn nimmt, nämlich das System selbst, setzt sie der grundlegenden Lüge, auf der die ganze Gesellschaft gebaut ist, kein Ende. Ein anämischer Organismus kommt nach einer Krankheit, einer Ausschweifung, einem Unfall wesentlich schwerer wieder zu Kräften als ein völlig gesunder Organismus, deshalb kann sich ein schlechtes System noch weniger Irrtümer erlauben als ein gutes, und so verfolgen die Reformatoren der totalitären Systeme die Schwächen und Betrügereien in der Erfüllung von Pflichten so hart, wie sie ja auch ihre Presse dazu ermutigen, schlechte Arbeiter und die unzähligen Pannen der Maschinen öffentlich zu kritisieren – unter der einen Bedingung, daß man den wahren Grund nicht ausspricht: daß nämlich die Maschine selbst schlecht ist und sie durch eine völlig andere ersetzt werden muß. Sogar inmitten der Ehrlichkeit müssen über das Wesentliche Lügen verbreitet werden. Die totalitäre Lüge ist eine der vollständigsten, die es in der Geschichte je gegeben hat. Ihr Ziel ist es, zugleich die Bevölkerung daran zu hindern, Informationen von außen zu erlangen, und die äußere Welt daran zu hindern, die Wahrheit über die Bevölkerung zu erfahren. Deshalb wird die korrekte Arbeit ausländischer Journalisten vor Ort schwer, wenn nicht unmöglich gemacht. Auch in den internationalen Beziehungen geht der Gebrauch der offenen Lüge in den totalitären Staaten über den Weltdurchschnitt hinaus. Alle Autoren, die von diesem Einsinken in die Lüge berichteten, die Orwells, Solschenizyns, Sinowjews – denn nur ein literarisches Genie kann eine praktisch in der logischen Sprache des Experten nicht mitteilbare Erfahrung an jemanden weitergeben, der sie nie gekannt hat – sie alle haben darauf bestanden, daß die Lüge nicht nur ein einfaches Beiwerk des Totalitarismus ist, sondern ein organischer Bestandteil, ein Schutz, ohne den er nicht am Leben bleiben könnte.
In den demokratischen Ländern hört man oft, wie die Staatsbürger einen Politiker wegen seiner Schlauheit loben, wegen seiner Kunst, die Öffentlichkeit zu beschwatzen und die Rivalen an der Nase herumzuführen. Das ist ein wenig, als ob die Kunden einer Bank den Bankdirektor aufgrund seiner Talente als Taschendieb auswählten. Die Demo-

kratie kann nicht ohne Wahrheit leben, der Totalitarismus nicht ohne Lüge; die Demokratie begeht Selbstmord, wenn sie sich von der Lüge überrennen läßt, der Totalitarismus bringt sich um, wenn er der Wahrheit Raum gibt. Die Menschheit besteht nun einmal in einer Zivilisation, die von der Information geprägt wird, und diese Zivilisation könnte nicht bestehen, wenn sie hauptsächlich auf ständig gefälschten Informationen beruhte. Wenn wir den einmal eingeschlagenen Weg fortsetzen wollen, so halte ich die weitere Verbreitung der Demokratie für unabdingbar, und nicht nur ihre weitere Verbreitung, sondern auch ihre Verbesserung. Aber beim derzeitigen Zustand der Sitten, der Kräfte und der Lebensgier halte ich den Triumph der Lüge und der von ihr bestimmten Politik für wahrscheinlicher.

4

DAS GROSSE TABU

Nur wenn man einen Beobachterposten in einer Demokratie bezieht, kann man die Information unserer Zeit wirklich genau untersuchen. Nur die Demokratie erlaubt es, unbehindert gleichzeitig ihr eigenes System und die beiden anderen zu beobachten: Das totalitäre System und alle Abarten des gemischten Systems, wo Zensur und Freiheit sich miteinander vermischen. Nur in einer Demokratie kann ein einfacher Staatsbürger tatsächlich solche Studien unternehmen und ihre Resultate auch veröffentlichen, damit sie ins öffentliche Bewußtsein eindringen können. Natürlich zweifle ich nicht daran, daß die Führungskräfte der totalitären Länder, ihre Nachrichtendienste und Botschaften sehr weitgehende Studien über die westliche Presse, unsere Massenmedien, unsere Öffentlichkeit betreiben, sie zeigen ja täglich, wie gut sie darüber Bescheid wissen. Genauso gut und aus gutem Grund wissen sie auch, wie sie selbst in ihrem eigenen Land die Information monopolisieren, und auch, zu welchem Zweck sie das tun. Aber aufgrund der ihm eigenen Natur kann dieses System nichts von diesen Daten der Öffentlichkeit frei zugänglich machen, und kein gewöhnlicher Staatsbürger hat das Recht oder die Möglichkeit, sich nach Gutdünken über die Situation der weltweiten Information zu erkundigen, und um so weniger, eine Arbeit über dieses Thema zu veröffentlichen, wenn es jemandem gelingen sollte, eine solche zu verfassen. In den Zonen gemäßigter Zensur kann es vorkommen, daß ein Intellektueller ein Buch oder einen kritischen Artikel über das Informationssystem in seinem Land veröffentlicht, aber selten werden seine Studien die Menschen wirklich aufwühlen, es wird selten die Chance geben, daß seine Studien einer landesweiten Diskussion mit minimaler Unparteilichkeit den Weg öffnen. Tatsächlich wird ein Intellektueller der dritten Welt seine Studie meistens im Ausland veröffentlichen, was ihn in ein schiefes Licht bringt und ihm den Ruf eines Verräters einbringt. Ebenso wird der Intellektuelle eines totalitären Landes erst dann frei und offen seine Meinung sagen, wenn er im Exil angekommen ist, und das führt in seinem eigenen Land dazu, daß man ihn als Abtrünnigen verdammt und daß er in den Augen der Linken in den demokratischen Ländern ebenfalls verdächtig erscheint. Gorbatschows *Glasnost* kommt von oben, nicht von unten. Daraus folgt, daß aus handgreiflichen wie auch moralischen Gründen die Information über die Information nur im demokratischen Teil unseres Planeten ausgeübt werden kann. Nur dort hat man die Freiheit, in aller Ruhe gleichzeitig die beiden anderen Systeme und sein eigenes zu beobachten, letzteres notwendigerweise von innen, und die Sicht wird getrübt sein durch die Wirbelstürme, die dieses demokratische Universum immer wieder aufwühlen. Der Beobachter ist solchermaßen allen Zwängen, Aufwiegelungen, Krümmungen und Krankheiten unterworfen, die dem demokratischen Leben innewohnen. Die Information über die Information unterliegt den Strömungen des legalen Bürgerkriegs, der im System der Demokratie ununterbrochen herrscht, ja in ihrem Kultursystem, zu dem auch die Information gehört. Information ist eine der Waffen in diesen internen Konflikten, und so wird sie deformiert und vergißt ihr ursprüngliches und natürliches Ziel. Die Objektivität der Information in der Demokratie wird weniger von der Zensur behindert, sondern von den Vorurteilen, der Parteilichkeit, dem Haß zwischen den politischen Parteien und den intellektuellen Familien. Durch sie werden die Urteile, ja die einfachsten Feststellungen verändert und verfälscht. Mehr noch als die Überzeugung tyrannisiert die Angst vor der ideologischen Mißbilligung die Gedankenfreiheit. Was am meisten lähmt, wenn die Zensur zu bestehen aufhört, ist das Tabu. Erinnern wir uns, das Tabu ist ein rituelles Verbot, das Roger Caillois in *L'homme et le sacré* (Der Mensch und das Heilige) sehr richtig als „negativen kategorischen Imperativ" definiert. Er fügt hinzu, daß das Tabu immer in einem *Verbot* besteht, niemals in einem *Gebot.* Aber jedes Verbot impliziert ein Gebot: wenn man dir verbietet, dieses Feld, das vor dir liegt, zu überqueren, so gebietet man dir damit zugleich, einen Umweg darum herum zu machen. Welches ist das stärkste Tabu unserer Zeit in den Demokratien nach dem Zweiten Weltkrieg? Meiner Meinung nach zweifellos jenes, das es jedem Schriftsteller, jedem Journalisten, jedem Politiker verbietet, eine Verletzung der Menschenrechte, einen beliebigen Machtmißbrauch, einen ganz gewöhnlichen wirtschaftlichen Mißerfolg, mit einem Wort, eine Information über einen Mißstand in einem konventionellerweise als „links" einge-

stuften Land oder Gesellschaftssystem bekanntzugeben, ohne gleichzeitig eine ähnliche Tatsache in einer Rechtsdiktatur oder einer demokratischen kapitalistischen Gesellschaft anzuprangern.
Ein Freund, dem ich die ersten Seiten dieses Buches zeigte, als ich eben mit der Niederschrift begonnen hatte, sagte: „Ich habe aufgeatmet, als ich Ihre Verurteilung des arischen Mythos gelesen habe. Aber trotzdem, in diesem Text gibt es immer noch zuviele Beispiele, die zum Nachteil der Linken geraten. Der Leser wird denken: Da haben wir's! Er fällt in seine alten Wahnvorstellungen zurück. Er kündigt ein Buch über die Information an, und er spielt uns nur wieder seine alte, antitotalitäre Nummer vor. Bleiben Sie doch bitte entweder bei philosophischen Allgemeinheiten, oder zitieren Sie nie einen Fall, den die Linke in die falsche Kehle kriegen könnte, ohne umgehend ein ähnlich belastendes Beispiel gegen die Rechte anzubringen, oder besser zwei gegen eines, wenn möglich."
Im 20. Jahrhundert waren die Demokratien von zwei totalitären Feinden bedroht, die beide aus Ideologie und aus Interesse entschlossen waren, sie zum Verschwinden zu bringen: der Nationalsozialismus und der Kommunismus. Den ersten Feind konnten sie sich vom Hals schaffen – um den Preis eines Weltkriegs. Der zweite lebt immer noch. Seit 1945 hört er nicht auf, seine Macht zu vergrößern und sein Reich zu erweitern. Aber die Linke hat trotzdem den sonderbaren Mythos in die Welt gesetzt, wonach die beiden totalitären Systeme gleich aktiv, gleich gegenwärtig, gleich gefährlich waren und sind, und daß es sich daher jedermann zur Pflicht machen muß, niemals das eine anzugreifen oder zu kritisieren, ohne auch auf das andere loszugehen. Ja, diese Gleichsetzung eines totalitären Systems, das nicht mehr existiert, mit einem, das sehr wohl weiterlebt, stellt eine Einstellung dar, die selbst schon als rechtslastig empfunden wird. Diese Grenze darf man in der Feindschaft gegen den Kommunismus niemals überschreiten, sonst ist man selbst faschismusverdächtig oder sogar ein Sympathisant der „rechtsgerichteten totalitären Systeme". In den demokratischen Ländern haben sich die Kommunisten – aus naheliegenden Gründen – aber auch das Gros der nichtkommunistischen Linken – aus weniger plausiblen Gründen – lange Zeit geweigert, im Kommunismus ein totalitäres System zu sehen. In einem Großteil der dritten Welt bestimmt diese Weigerung bis heute die Meinung. Nach dieser Weltanschauung, die auf dem Niveau der Vernunft im Verschwinden begriffen ist, in irrationalen Bereichen aber immer wieder ein Comeback feiert, lebt das totalitäre System nur in seiner faschistischen Abart weiter, die vom „Imperialismus" unterhalten und liebkost wird, der natürlich nur amerikanisch sein kann. Das ist also der einzige, gegen den man tatsächlich kämpfen muß, und man

muß bei diesem Kampf gleichzeitig ständig wachsam sein, was die angeblich ständige oder zumindest ständig drohende Auferstehung der Nazi-Gefahr in Westeuropa betrifft. Seit 1975 ungefähr hat ein Teil der Linken resigniert und spricht jetzt von der totalitären kommunistischen Gefahr, doch diese Toleranz geht nicht so weit, der Rechten dasselbe Recht zuzugestehen, denn diese ist eo ipso verdächtig, den Kommunismus nur deshalb zu erwähnen, weil sie den Faschismus dann leichter schweigend übergehen kann. Nur die Linke kann mit voller moralischer Berechtigung die Schrecken des Kommunismus beklagen. Du hast nur dann einen Platz auf der Rednerliste, wenn du vorher das Loblied von Mao, Castro oder von den Roten Khmer gesungen hast. Die ideologischen Barrieren der Linken kann ein Angriff gegen den Kommunismus aus dem liberalen Lager nur dann passieren, wenn er durch einen Angriff gegen eine faschistische Untat genau ausgewogen wird. Ein polnischer Schriftsteller, der in Paris lebt, Piotr Rawicz, erzählte mir, daß er Mitte der siebziger Jahre einer Zeitung einen Artikel über verschiedene Bücher gegeben hatte, in denen es um Kommunismus und Nationalsozialismus ging. Als Schlußfolgerung seiner Rezension hatte er geschrieben: „Jedenfalls besitzt der Nationalsozialismus in meinen Augen eine große Überlegenheit gegenüber dem Kommunismus: er ist nämlich im Jahr 1945 verschwunden." Als er die Zeitung öffnete, um seinen Artikel gedruckt zu sehen, stellte er fest, daß dieser letzte Satz gestrichen worden war.

Man spürt, daß der Nationalsozialismus nicht verschwunden sein darf. Der größte Sieg, den die modernen Demokratien im Lauf ihrer Geschichte je errungen haben, darf sichtlich kein Resultat gehabt haben. Um mich klar auszudrücken: es ist nur natürlich, wenn die freie Welt jedem Wiederaufflackern einer antidemokratischen extremen Rechten innerhalb ihrer Länder oder in ihrem Einflußgebiet wachsam und unerbittlich begegnet; das ist zugleich eine Pflicht und eine elementare Vorsichtsmaßnahme. Die Kenntnis und das historische Bewußtsein der totalitären Pathologie der dreißiger Jahre sollen von der Geschichtsschreibung und von der Schule verewigt, entwickelt und verbreitet werden, das ist eine unabdingbare Voraussetzung dafür, daß der Mensch sich selbst besser versteht und sich vor seinen eigenen Neigungen noch mehr hütet. Aber vor diesen halluzinatorischen Beschwörungen einer Nazi-Gefahr hat man den Eindruck, daß es sich um etwas ganz anderes handelt, daß man hier so tun will, als wäre die Gefahr die gleiche wie 1933 oder 1939, als hätten wir sie nicht mit so viel Blut und Leid ausgelöscht, als hätte unsere Kultur dieses tödliche Gift nicht endgültig ausgeschieden, mit einer zweifellos späten Hellhörigkeit (so geht es aber in Demokratien immer), aber letztlich heldenhaft und unversöhnlich, als ob wir nicht nach so vielen Ungeheuerlichkeiten, die wir weder gesehen haben noch verhindern wollten, nicht doch endgültig und um einen hohen Preis die gute Sache zum Sieg geführt hätten. Niemand zweifelt daran, daß Nationalsozialismus und Faschismus politische und moralische Perversionen waren, deren Europa sich schuldig gemacht hat. Gerade deshalb hat es sich gegen diese Regime erhoben, nicht ohne harte Sühne, hat sie bekämpft, zerstört, aus der Wirklichkeit gestrichen. Das ist ein halbes Jahrhundert her, und ich glaube, sie haben keine plausible Perspektive für die Zukunft. Was kann man mehr verlangen?

Welchen Sinn soll es haben, so zu tun, als stünde man heute vor denselben Monstren wie vor dem Krieg? Welchem Bedürfnis entspricht der verquere Kult dieser Mumien? Die Antwort auf diese Frage entfernt sich nicht vom Thema dieses Buches, ganz im Gegenteil, denn sie kann dabei helfen, zu verstehen, wie das Gitter entstanden ist, durch das hindurch unsere Epoche die Information liest.

Der Prozeß gegen Klaus Barbie im Jahre 1987 in Lyon, einer Stadt, wo der Angeklagte die Gestapo während der Besatzungszeit geleitet hatte, ließ die wirren Gefühle der Franzosen für diese Periode ans Tageslicht kommen. Und nicht nur die Gefühle der Franzosen, denn die gesamte europäische und amerikanische Presse entdeckte ihre Leidenschaft für die Affäre. Einerseits hatte Frankreich immer gewünscht, daß Barbie ausgeliefert oder entführt würde, um ihn verurteilen zu können. Andererseits hörte man seit seiner Gefangennahme und während der gesamten Prozeßvorbereitungen immer wieder die langweilige Befürchtung, Barbie könnte den Gerichtssaal dazu mißbrauchen, „die Résistance zu beschmutzen", das heißt, er könnte Namen von Doppelagenten oder Verrätern und Informanten der Gestapo preisgeben oder auch von echten Widerstandskämpfern, die unter der Folter zum Sprechen gebracht worden waren, ohne daß jemals jemand davon erfuhr. Das allein beweist schon eine unkonsequente Haltung der Information gegenüber. Einerseits betreibt man einen Prozeß aus erzieherischen Gründen – und weniger aus Gründen der Gerechtigkeit und Strafe –, damit diese ganze Periode ans Licht gebracht wird und die jüngeren Generationen ihre Abscheulichkeit nicht vergessen. Das ist sehr heilsam. Aber andererseits weigert man sich, die Suche nach der Wahrheit bis zum Ende zu betreiben. Aber ist es nicht von ungeheurem moralischen Interesse, der Jugend auch zu zeigen, daß – leider! – die menschliche Natur dazu neigt, mit dem Stärkeren zu kooperieren, und zwar nicht nur unter einer Besatzungsarmee, und daß jede totalitäre Macht um sich herum Niedertracht verbreitet, so daß es also besser ist, in einer Demokratie zu leben, wo die Gesetze die einzige Autorität bilden, die den Menschen zur Tugend zwingt? Seine pädagogische Tragweite war doch der Sinn dieses Prozesses, nicht wahr? Jacques Chaban-Delmas, der große alte Widerstandskämpfer, ehemalige Premierminister und Präsident der Nationalversammlung, erklärte knapp vor dem ersten Verhör im Fernsehen ausdrücklich, er habe einige vertrauliche Dokumente, die Sprengstoff enthalten sollten, geprüft und könne daher die Überlebenden der Résistance und andere während der Besetzung aktive oder nicht aktive Persönlichkeiten vollständig beruhigen: Diese verfluchten Dokumente enthielten nichts, was sie beunruhigen könnte, kein Verräter, kein Doppelagent, auch kein einfacher Agent hätte dem Großreinemachen von 1944 entgehen können; niemand hätte etwas zu befürchten; keiner, absolut keiner der ehemaligen Kollaborateure mit den Deutschen hätte friedliche Tage genießen können oder gar unter der IV. und V. Republik Karriere gemacht, nur weil er bei der Befreiung nicht entdeckt worden wäre. Auch wenn diese kategorische Feststellung augenscheinlich von Chaban-Delmas kommt – sie ist unwahrscheinlich und entstammt eher einem Exorzisten-Ritual als der Sorge, die historische und politische Hellhörigkeit der Staatsbürger zu vergrößern. Ich verstehe schon, daß Barbie hätte lügen können, um sich zu rächen, und Unschuldige verleumden, um unter den ehemaligen Widerstandskämpfern Zwietracht zu säen und um im ganzen Land den Zweifel auszustreuen. Aber welche Naivität, diesen Prozeß herbeizuführen, ohne dieses Risiko zu bedenken! Als man Barbie festgenommen hatte, hätte man ernsthaft über eine andere Art der Verteidigung nachdenken müssen als diesen kindischen Mythos eines unbefleckten Frankreichs aufzubauen, wo kein Schuldiger der Gerechtigkeit entkommen sein solle!

Während der Prozeßvorbereitungen hatten die Sprecher der jüdischen Organisationen und der Vereinigung SOS-Rassismus ihrerseits in Pressekonferenzen und verschiedenen Interviews erklärt, Frankreich habe mit den Verantwortlichen für die Kollaboration nicht ausreichend abgerechnet. Das ist ebenso falsch wie die vorhergehende Behauptung. Die französische Vergangenheitsbewältigung war nicht ohne Fehler, nicht erschöpfend und auch nicht immer gerecht, aber doch sehr streng: 10.000 Todesurteile, Hunderttausende zu Gefängnisstrafen oder zum „nationalen Ehrverlust“ Verurteilte. Diese Sanktionen verliehen auch nach ihrem Ablauf den Verurteilten noch auf Jahre hinaus den Makel der Schande und erschwerten ihnen die Rückkehr in einen normalen Alltag. Jeder, der diese Zeit in Frankreich erlebt hat, muß sich an diese Atmosphäre der Menschenjagd erinnern, die damals bei Kriegsende verständlicherweise gegen die Komplizen der Nazis, ja sogar gegen einfache Sympathisanten des Vichy-Regimes herrschte. Aber warum erklärt man einerseits, daß die Entnazifizierung keinen Verräter entkommen ließ, und andererseits, daß sie erst noch durchzuführen wäre? Die Funktion der ersteren Behauptung ist es, der historischen Wahrheit auszuweichen, letztere verbreitet eine politische Fabel, nämlich, der Nationalsozialismus sei immer noch eine akute Gefahr, ein aktiver Vulkan kurz vor dem Ausbruch. Sollten die Aufräumarbeiten 1944 tatsächlich zu früh gestoppt worden sein, dann sind die Nazis noch unter uns, das ist klar. Kurz, es gab unter der Besetzung zwar angeblich nur eine Handvoll französischer Komplizen für Hitler, doch heute wimmelt es nur so von ehemaligen Kollaborateuren – das nennt man dann Logik! Wenn man auch davor zurückschreckt, die möglicherweise versteckte Facette der Résistance dem Blick der Historiker auszuliefern, so muß man die Gelegenheit des Barbie-Prozesses doch dazu benützen, um die Energien gegen den ganz eindeutig allgegenwärtigen Nationalsozialismus zu mobilisieren, nicht wahr? Und zwar als gegenwärtige Bedrohung. Denn sie ist aktuell, diese faschistische Flut, sie umgibt uns und steigt rund um uns. Am 9. Mai 1987 zeigten die französischen Fernsehkanäle ausführlich die Protestmärsche der üblichen drei Dutzend Neo-Nazis, die sich in Lyon in Phantasieuniformen produzierten. Das ist die große Gefahr der Stunde! Es ist höchste Zeit, zu reagieren. Mit einem Eifer, der 1933 eher am Platz gewesen wäre, organisiert man also vorbeugende Kolloquien; zum Beispiel gegen die „Revisionisten", jene Historiker oder Pseudo-Historiker, die behaupten, daß es die Gaskammern nie gegeben hätte. Anstatt sie zu behandeln, wie sie es verdienen, nämlich als eine Handvoll Wahnsinniger, widerlich zwar, aber lächerlich, ruft man gegen sie die Reklame der grollenden Indignation auf den Plan, die ihnen einen Bekanntheitsgrad verschafft, den diese verrückten Randfiguren mit ihren Marotten allein niemals hätten erreichen können. Was man einfach nur mit einem verächtlichen Nasenstüber hätte beiseiteschieben sollen, führt zum Massenaufruf an das Volk gegen eine zweite Invasion nationalsozialistischer Panzer. Warum kann man diese Nachtgespenster der sogenannten Revisionisten nicht kühl und nüchtern widerlegen, anstatt sie so übermäßig aufzublähen, bis aus ihnen ein beginnendes neues Drittes Reich wird, wenn nicht aus dem einen Grund, daß der Kampf gegen eine eingebildete Gefahr vom Kampf gegen die gegenwärtigen und sehr reellen Gefahren ablenken kann? In der Asche der Vergangenheit zu wühlen – die man übrigens gar nicht genau kennen will – ist weniger anstrengend, als einer totalitären Gefahr die Stirn zu bieten, die sehr lebendig ist, die wir aber alle nicht sehen wollen.

Auf einem ganz anderen Blatt stehen Analyse und Sorgen der berühmten französischen Politikerin Simone Veil, der ehemaligen Europaratspräsidentin und ehemals Deportierten, als sie, wie sie sich damals ausdrückte, die „Banalisierung“ des Völkermordes ablehnte. Ich bin mit ihrer Ablehnung einverstanden. Aber ich gestehe, daß ich den Sinn ihrer Wortwahl nicht ganz mitbekomme. Wenn sie damit sagen will, daß man das Vergessen des Völkermords im Zweiten Weltkrieg ablehnen soll, oder auch eine Tendenz, die ihn verharmlosen will, dann bin ich einverstanden, aber ich sehe nirgends eine solche Gleichgültigkeit der Vergangenheit gegenüber, außer vielleicht bei den Ausgeburten der Revisionisten, die ich bereits erwähnt habe. Geschichte, Forschung, Berichte, Romane, Journalismus, Film, Fernsehspiel und -dokumentation, sie alle nehmen mit der Entfernung von dieser Zeit in ihrer Beschäftigung damit eher zu, und ich habe den Eindruck, daß sie unsere Kenntnis vom Nazi-Alptraum im allgemeinen und vom Holocaust im besonderen ganz im Gegenteil sogar ständig erweitern und damit unsere Abscheu vertiefen, die wir vor dem Unfaßbaren, Unannehmbaren, Unvorhersehbaren empfinden, das der Mensch damals dem Menschen angetan hat. Ich kann beim besten Willen keine Anzeichen dafür entdecken, daß man sich im nachhinein an diese Verbrechen gegen die Menschheit gewöhnt hätte, daß man rückwirkend nachsichtiger würde, oder daß man bei ihrer Erwähnung weniger empfindlich wäre, nein, ich glaube, daß genau das Gegenteil eintritt. Sollte Frau Veil dagegen unter „Banalisierung“ die großzügige Milde verstehen, mit der wir zugesehen haben und noch immer zusehen, wie vor unseren Augen Völkermorde geschehen, diesmal keine vergangenen, sondern sehr gegenwärtige, so teile ich ihre Unruhe augenblicklich in wesentlich stärkerem Maß. Sollte unsere Wachsamkeit den gegenwärtigen Völkermorden gegenüber sinken, so würde das beweisen, daß wir aus der Erinnerung an die vergangenen Völkermorde nicht die richtigen Lehren gezogen haben. Die Tatsache, daß wir die vergangenen Verbrechen kennen, würde zum erschwerenden Umstand, wenn wir nicht imstande sind, aufgrund dieser Erfahrung die gegenwärtigen und zukünftigen Verbrechen zu verhindern. Die Erinnerung pflegen, heißt selbstverständlich zunächst die Opfer zu ehren, aber aus der Erinnerung soll auch eine gesteigerte Wachsamkeit gegen die *Wiederholung* der Völkermorde erwachsen, und zwar nicht am selben Ort gegen dieselben Personen, sondern *wo immer und gegen wen immer* es sei. Und wenn es eine Banalisierung von Völkermorden in den sechziger und siebziger Jahren gegeben hat, dann bezog sie sich auf gegenwärtige und nicht vergangene Verbrechen. Was für uns banal geworden ist, ist nicht der Völkermord des Zweiten Weltkriegs in unserer Erinnerung, sondern es sind – bis auf wenige Ausnahmen – die Genozide, die unter unseren Augen in der ganzen Welt verübt werden. Das Vergangene als aktuell zu betrachten und das Aktuelle

als vergangen, scheint mir eine schlechte Vorbereitung auf die Zukunft zu sein[1].
Unsere Wachsamkeit in bezug auf die nationalsozialistische Vergangenheit hat mehrere Funktionen. Die eine, unumgängliche, besteht darin, das Andenken nicht verblassen zu lassen und die Lehren, die wir daraus gezogen haben, nicht zu vergessen. Eine andere geht in die entgegengesetzte Richtung: sie läuft darauf hinaus, einige Aspekte der Vergangenheit zu verdrängen, weil wir sie weder zugeben noch auf uns nehmen können. Eine dritte Funktion, letzten Endes die wichtigste, besteht darin, daß man in der Gegenwart auf fingierte, künstlich-heldenhafte Weise die Vergangenheit aufleben läßt, indem man dem Nationalsozialismus den Status einer aktuellen Gefahr beimißt und alle möglichen Phänomene unserer Zeit an ihm festmacht, so daß der Mythos aufrecht bleibt, es gäbe in dieser Menschheit vom Ende des 20. Jahrhunderts auf längere Sicht nicht nur ein totalitäres System, sondern zwei, und beide von fast gleicher Gewichtung.
Diese erkünstelte Gleichsetzung hat auch den Erfolg, daß die Untaten des Kommunismus heruntergespielt werden, er erscheint dann weniger zu fürchten und weniger zu verdammen, ähnlich wie die an und für sich legitime Angst vor dem Kommunismus auf absurde Weise jenen als Rechtfertigung gedient hat, die vor 1945 den Nationalsozialismus unterstützten oder entschuldigten. Solche Überlegungen waren schon damals ein Irrtum, als es tatsächlich zwei totalitäre Systeme gab und nicht nur eines; aber den einen zu entschuldigen oder zuzulassen, nachdem der andere verschwunden ist, das gerät vollends zum abgrundtiefen Schwachsinn, der nicht einmal mehr die Entschuldigung beanspruchen kann, eine Fehlkalkulation zu sein.
Die Erinnerung an die Verbrechen der Hitlerzeit sollte uns dazu anstacheln, die Wiederholung ähnlicher Verbrechen zu verhindern, oder falls wir sie nicht verhindern können, ihren Urhebern mit größerer Härte entgegenzutreten als damals. Aber das Gegenteil geschieht. Die Genozide der Nationalsozialisten und Faschisten dienen den heutigen kommunistischen Völkermorden oder den „revolutionären" Hinrichtungen der dritten Welt als mildernde Umstände. Das „Reich der Finsternis" auf unserem Planeten ist nicht mehr die UdSSR oder ein anderes sozialistisches Land, ist nicht Vietnam, Kambodscha oder Äthiopien. Drei Länder sind auf diesen Titel abonniert: Südafrika, Israel und Chile.
Man darf nicht glauben, daß die Verharmlosung der gegenwärtigen Untaten im totalitären Kommunismus mit Hilfe der nationalsozialistischen Vergangenheit nur auf eine gefällige oder verblendete Linke zurückgeht. So hat beim Barbie-Prozeß der rechte Journalist André Fros-

sard in einer rechten Zeitung, *Le Figaro* (6. Mai 1987), ein ehemaliger Widerstandskämpfer, bekannt für die Festigkeit seines katholischen Glaubens, für die Feinheit seiner Intelligenz und für seine Feindschaft gegen den Kommunismus, öffentlich erklärt, man könne trotz allem die sowjetischen Verbrechen und den Gulag nicht mit den Verbrechen des Nationalsozialismus vergleichen, trotz allen Abscheus, den sie erregen, weil es „in Rußland kein System gegeben hat, das die Liquidierung jeden menschlichen Wesens unter dem Vorwand vorsieht, es sei nicht normenkonform". Die nationalsozialistische Vernichtungsmaschinerie richtete sich, sagte er, gegen Menschen, die „keinen anderen Fehler gemacht haben als den, auf die Welt zu kommen".

Da der Leser weiß, daß ein solcher historischer Fehler bei diesem Autor nicht Absicht sein kann, zeigt er die Verinnerlichung des ideologischen Tabus, sogar bei Gegnern der kommunistischen Ideologie. Selbstverständlich darf eine noch so blutige Unterdrückung, Verhaftung oder Deportation, auch wenn sie die Menschen zu Hunderttausenden sterben läßt, nicht verwechselt werden mit der geplanten und absichtlichen Vernichtung einer ganzen Kategorie von Menschen nur aus dem einen Grund, daß sie eben dieser Kategorie angehören. Ähnlich wird ja unterschieden zwischen Kriegsverbrechen, die während oder nach den Kämpfen begangen wurden, und den Verbrechen gegen die Menschlichkeit, die aus dem kalten Willen entspringen, eine bestimmte Menschengruppe auszurotten. Die ersteren verjähren nach einer gewissen Zeit, die letzteren niemals. Aber entgegen der Behauptung von André Frossard bietet ja die Geschichte des internationalen Kommunismus zahlreiche Beispiele für kaltblütig durchgeführte Vernichtung einer sozialen oder sozioprofessionellen Kategorie oder gegen eine genau definierte Bevölkerung, oft zusätzlich mit rassistischem Beigeschmack: zu Beginn der dreißiger Jahre gab es den Genocid der Ukrainer mit Hilfe einer Hungersnot, die, wie man heute schlüssig beweisen kann, von Stalin hervorgerufen und organisiert wurde[2]. Die systematische Vernichtung durch den Hunger sollte die Bevölkerung erstens deshalb treffen, weil sie mehrheitlich aus unabhängigen Bauern bestand, die sich der erzwungenen Kollektivierung ihres Bodens widersetzten, den Kulaken, und zweitens, weil sie ukrainisch war, das heißt nicht russisch. Damals gingen allein in der Ukraine ebenso viele Opfer an dieser politischen Hungersnot zugrunde wie später in ganz Europa im Holocaust. Der Leser möge sich selbst und mich genügend ernst nehmen, um nicht zu unterstellen, daß ich versuche, durch diese Feststellung den jüdischen Holocaust zu „banalisieren": ich versuche ganz im Gegenteil, den ukrainischen Völkermord zu entbanalisieren.

Soll man die Massenhinrichtung reeller oder erfundener politischer

Oppositioneller oder einer Klasse, deren Lebensweise den Normen widerspricht, anders einschätzen als die Hinrichtung aus rein rassischen Gründen? Die Sowjets, die bei der großen Säuberung 1937 umgebracht wurden, die Kambodschaner, die von den Roten Khmer Ende der sechziger Jahre abgeschlachtet wurden, die Tibeter, die von den Chinesen seit dem Jahr 1950 getötet oder in den Tod getrieben wurden – eine Million, die Hälfte der Bevölkerung –, alle diese Opfer sind nicht einmal deshalb gestorben, weil sie versuchten, sich gegen die anderen aufzulehnen, sondern weil sie das „Verbrechen begingen", in soziale, religiöse oder berufliche Schichten hineingeboren zu sein, die angeblich bereits durch ihre Existenz auf objektive Weise ein Hindernis auf dem Weg zum „neuen Menschen" darstellten – übrigens ein rassistischer Begriff. Das sind nur einige Beispiele der Gegenwart, und ich könnte etliche andere anführen, in Vietnam, China oder Afrika. Das alles sind Verbrechen gegen die Menschlichkeit, keine Kriegsverbrechen. Kein Krieg gibt den Mördern einen Vorwand – weder ein Bürgerkrieg noch ein Auslandskrieg – außer im Fall von Tibet; und die Entschuldigung gilt auch hier nicht, denn die Hinrichtung von Tibetern wurde vor allem während der chinesischen „Kulturrevolution" massiv, deutlich nach Abschluß der Eroberung, nach der Annexion und der „Befriedung". Die Chinesen bestraften jeden Tibeter mit dem Tod, den sie beim Beten überraschten oder dabei – wie er Tibetisch sprach! Die Religion, ja sogar die Sprache sollten also vom Erdboden verschwinden. Diese Ereignisse geschahen sowohl in Tibet wie in Kambodscha, wer wüßte das nicht, viel später als der Zweite Weltkrieg, und ich weiß nichts davon, daß die Lehre des Holocaust die friedliche Gleichgültigkeit und passive Komplizenschaft des Westens vor diesen Verbrechen gegen die Menschlichkeit gemildert hätte. Diese Verbrechen hatten schwerwiegende Mängel, die sie davor beschützten, unseren empörten Eifer anzustacheln: sie fanden gerade jetzt statt, sie spielten sich vor unseren Augen ab, und sie waren „links".

Ich erinnere daran, daß ich dieses Thema an dieser Stelle meines Buches behandle, weil ich das mögliche scheinbare Ungleichgewicht der Beispiele rechtfertigen möchte, die ich in der Folge auswählen werde. Was ich von vornherein beweisen will, ist die Tatsache, daß ich nicht bereit bin, ein Gleichgewicht zwischen einer reellen Quelle für Verfälschungen der Information und einem Hirngespinst zu beachten. Der hohe Wirksamkeitsgrad dieser reellen Quelle entspringt teilweise aus diesem Hirngespinst, das für falsche Gleichsetzungen die Voraussetzungen schafft: beispielsweise zwischen dem Sowjetreich und der südafrikanischen Apartheid. Man kann letztere ebenso abscheulich finden, und das tue ich auch, ja sie ist abscheulicher für die direkte menschliche Würde als ersteres. Aber die Apartheid ist völlig vom anderen verschieden, durch ihre Ursachen, ihre Natur, ihre Vorgangsweise, ihre mögliche Entwicklung und durch ihre künftigen Folgen. Diese beiden Fälle als zwei Ausformungen ein und desselben Totalitarismus einzustufen, ist eine Fehlinformation, die nur zu katastrophalen politischen Konsequenzen führen kann. Die Verwirrung nützt übrigens einzig und allein dem Sowjetsystem, denn man hört zwar oft sagen: „Sie haben ein Recht, die sowjetische Gefahr anzuprangern, solange sie nicht die Apartheid geschleift haben", aber man hört nie das Umgekehrte, oder man wagt nie, das Umgekehrte zu sagen. Das Ungleichgewicht entsteht hier an der Wurzel der Wahrnehmung selbst, die aus einem angenommenen „Totalitarismus der Rechten" einen Forschungsgegenstand macht, der angeblich in der gegenwärtigen Welt ebenso schwerwiegend, bedrohlich, homogen und international wäre wie der „Totalitarismus der Linken". Diese Abänderung der Wahrnehmung kommt teilweise vom eingebildeten Weiterleben des Nationalsozialismus – außer das Gegenteil wäre wahr und die eingebildete Auferstehung würde nur gepflegt, um die Illusion einer Gleichwertigkeit der „beiden" totalitären Gefahren aufrechterhalten zu können. Dieses unwahre Nebeneinander nützt ganz eindeutig dem kommunistischen Totalitarismus, der heute weltweit die hauptsächliche Gefahr dieser Art darstellt. Da der Zweck meines Buches darin besteht, zu entscheiden, ob die Wahrheit heute besser bekannt und besser genützt ist als früher, müßte ich folglich sofort einige Konsequenzen beschreiben, die der Mythos von der Verewigung des Nationalsozialismus mit sich bringt.

Ich selbst habe, ebenso voll guten Willens wie voller Verblüffung, eine solche Konsequenz ins Leben gerufen und später mit immer wachsendem Interesse beobachtet, wie sich dieser unfreiwillig ausgelöste Wirbelsturm auswirkte. Am Samstag, dem 4. November 1978, erschien in der Wochenzeitschrift *L'Express,* die ich zwei Monate vorher übernommen hatte, ein langes Gespräch mit Louis Darquier de Pellepoix, der unter der Vichy-Regierung von Mai 1942 bis Februar 1944 Hochkommissar für Judenfragen gewesen war. Ein Journalist hatte ihn in Spanien aufgestöbert, wo er unbehelligt lebte, seit er nach der Befreiung Frankreichs dorthin geflüchtet war. Ich hatte mehrere Gründe dafür, dieses Gespräch der Öffentlichkeit bekanntzumachen. Erstens war es ein historisches Dokument. Geschichte wird geschrieben, indem man Zeugenaussagen aller Handelnden sammelt, nicht nur von denen, die einem sympathisch sind. Es hatte unter deutscher Besatzung nur zwei Kommissare für jüdische Fragen gegeben, Xavier Vallat, gestorben

1972, und diesen Darquier, einen achtzigjährigen, kranken Mann, der nicht mehr lange würde sprechen können (er starb 1981). In vierunddreißig Jahren hatte ihn kein einziger Journalist, kein einziger Historiker besucht! Was für ein erstaunlicher Mangel an Neugier! Welche bizarre Auffassung von Recherche! Wer wird eines Tages die endgültigen Verluste einschätzen können, die die berufliche Nachlässigkeit in Reportage und Geschichtswissenschaft für die Information bedeutet? Außerdem war das Gespräch mit Darquier meiner Meinung nach auch von psychologischem und philosophischem Interesse: es erlaubte den unmittelbaren Zugang zu den Dingen, die im Kopf eines totalitären Doktringläubigen vor sich gehen. Jedermann hegt subjektive Meinungen, die unhaltbar, oft starrsinnig sind, aber eine totalitäre Überzeugung zeichnet sich dadurch aus, daß sie zur Handlung übergeht, wenn es ihr ermöglicht wird, um alle zu vernichten, die ihre Überzeugung nicht teilen oder die sie als Feinde bezeichnet. Wie entsteht eine solche Überzeugung? Wie ergreift sie von einem menschlichen Hirn Besitz, bis es Gefangennahme, Deportation, Mord an seinen Mitmenschen für normal hält? Als kleiner Handelstreibender aus Cahors konstruierte Darquier (dessen Adelsattribut „de Pellepoix" eine reine Erfindung war) seine Weltanschauung mit Hilfe derselben Wahnvorstellungen wie die intellektuellen und literarischen Vorreiter des damaligen französischen Antisemitismus, Céline, Drieu La Rochelle, Brasillach, Maurras oder Rebatet. Kultur, Intelligenz, ja Genie hatten keinen Einfluß auf diese Art von Wahnidee und leisteten ihm ihre Hilfestellung nach den gleichen Mechanismen wie Unwissenheit oder Dummheit. In einer Zeit wie der unseren, die dermaßen von totalitären Ideologien heimgesucht wird, schien es mir nicht überflüssig, einen Vertreter dieser Denkart vorzustellen. Das würde es erlauben, seine geistige Entstehungsgeschichte zu verstehen sowie seine Widerstandskraft gegen jede Wahrheit, die durch die Tatsachen herangetragen wird. Darquier weigerte sich wütend dagegen, von seiner Denkweise abzurücken und auch nur den kleinsten Irrtum seinerseits zuzugeben. In diesem Punkt unterschied er sich in nichts von anderen totalitären Verbrechern, deren Intelligenz der seinen bei weitem überlegen war, beispielsweise den führenden Politikern der ersten kommunistischen Periode in Polen, die am stärksten stalinistisch geprägt war. Ein Vierteljahrhundert, nachdem diese Führungskräfte die Macht verloren hatten, erzählen sie mit freizügiger Sorglosigkeit in einem sehr erbaulichen Buch, „ONI" („Sie") von ihren Mißerfolgen und ihren Heldentaten, aber alle kommen sie zu dem Schluß, daß sie sich niemals geirrt haben, und sie versichern stolz, daß sie wieder so handeln würden wie damals, wenn sie von vorne beginnen könnten[3].

Alle diese Gründe dafür, das Gespräch zu veröffentlichen, schienen mir derart klar, und die Angelegenheit vor dem Blick der Geschichte dermaßen eindeutig, andererseits die Ansichten von Darquier in seinem im höchsten Grade verwerflichen Plädoyer von einer so spürbaren Falschheit, daß ich gar nicht den Eindruck hatte, der Öffentlichkeit ein sehr originelles Dokument zu übergeben, als ich die Entscheidung traf, es abzudrucken. Ich erinnere mich, daß ich an jenem Freitagabend, bevor die Nummer herauskam, von einem Kollegen beim Radio gefragt wurde, was sie enthalten würde, und das Gespräch mit Darquier nur am Rande erwähnte, das mir eher archäologisch erschien, um viel ausführlicher die Wichtigkeit einer Umfrage über „Die Zukunft der Volksschullehrer“ zu unterstreichen, die unsere Coverstory war.
Während des Wochenendes erreichte mich allerdings bereits das erste Donnergrollen als Vorbote eines Gewitters, das ich unvorhergesehenerweise ausgelöst hatte. Zunächst hielt ich es für schlichte Dummheit, als ich Kommentare im Radio aufschnappte, die unerklärlicherweise zu glauben schienen, daß die Ungeheuerlichkeiten eines Darquier die Gedanken des Journalisten widergaben, ja sogar soweit gingen, den Namen Darquier für den eines Mitarbeiters der Zeitschrift zu halten! Ein so deutliches Mißverständnis würde, so sagte ich mir, einer Lektüre durch eine glaubwürdige Person nicht standhalten. Um so verblüffter war ich am Montagmorgen, als Simone Veil in einer sehr beliebten Morgensendung von etwas sprach, was sich solcherart plötzlich zum Gegenstand nationaler Zwietracht ausweitete. Während dieser Radiosendung verbreitete Simone Veil meines Wissens zum ersten Mal die Anschuldigung, man „banalisiere“ den Nationalsozialismus, einen Ausdruck, den ich nach wie vor in diesem Zusammenhang für unsinnig halte. Wenn man die Handlungen und Gedanken der politischen Verbrecher ans Tageslicht bringt, so verhindert das ganz im Gegenteil den Gewöhnungseffekt an die totalitären Schreckenstage und bremst die Tendenz, über sie hinweg zur Tagesordnung überzugehen. Wie kann man für die Notwendigkeit plädieren, gegen das Risiko anzukämpfen, der Holocaust könnte bei den jungen Generationen in Vergessenheit geraten, und gleichzeitig von „Banalisierung“ sprechen, wenn jemand ein Dokument veröffentlicht, das die Erinnerung wachruft und aufzeigt, wie eine solche Einstellung bei einem Menschen entstehen kann? Denn der pädagogische und prophylaktische Wert der Geschichte der Völkermorde bleibt gleich Null, wenn wir nicht verstehen lernen, wie irgendein Mensch ihr Urheber oder Komplize werden kann. Das Schauspiel der Vergangenheit soll in uns nicht das gute Gewissen nähren, das wir aus der rückblickenden Verdammung des Bösen schöpfen, sondern uns mißtrauisch machen gegenüber unserer eigenen Fähigkeit,

Böses zu tun. In jedem von uns schlummert ein Darquier de Pellepoix. Das ist der Grund, warum täglich weiterhin Genozide geschehen. Und auch deshalb, weil wir sie nicht mehr Genozide nennen, sobald sie von uns oder von unseren Freunden ausgeführt werden.
Wir sind blind für die Logik der Verwerflichkeit, wenn sie ihren Sitz in uns selbst hat. So hatte die MRAP (Mouvement contre le racisme et pour l'amitié entre les peuples – Bewegung gegen den Rassismus und für die Völkerfreundschaft), eine Vorfeldorganisation der Kommunistischen Partei Frankreichs, die selbstverständlich an der Kampagne gegen den *Express* in der Affäre Darquier beteiligt war, einen Mann zum Generalsekretär, der zwar selbst Jude war, aber als disziplinierter Kommunist dennoch Stalins antisemitische Unterdrückungsaktion anläßlich der angeblichen „Ärzteverschwörung" im Jahr 1953 gebilligt hatte. Oder auch Claude Lanzmann, Autor des unvergänglichen filmischen und historischen Denkmals für den Holocaust, *Shoah,* der in den *Temps modernes* im Februar 1987 die sowjetische Verantwortung für das Massaker an Tausenden polnischen Offizieren in Katyn 1940 bezweifelte. Obwohl die Historiker diese Verantwortung überreichlich bestätigen, die schon 1943 in einem Bericht des Roten Kreuzes festgehalten wurde, spricht Lanzmann mit verbohrter Skepsis von den Verbrechen, die Stalin „zugeschrieben" werden seitens der „nationalsozialistischen Propaganda". Ist er sich dessen bewußt, daß er sich hier vom Wahn ergreifen läßt, das zu leugnen, was ihm mißfällt, wie er ja auch einen Robert Faurisson und die „Revisionisten" dazu treibt, die Beweise für die Existenz der Todeslager in Zweifel zu ziehen? Diese seine angeblich falschen Todeslager, diese hier sowjetisch, sind jene, in die vor dem Juni 1941 noch dazu 2 Millionen Polen deportiert wurden, von denen mindestens die Hälfte an schlechter Behandlung gestorben sind.
Während Simone Veil ihre in meinen Augen anfechtbare, aber ehrbare Argumentation über die Gefahr einer „Banalisierung" des Nationalsozialismus weiter entwickelte, hatte sie mit der ihr eigenen Ehrlichkeit anerkannt, daß man sicherlich weder die Absichten der Zeitschrift noch die Gefühle des Journalisten, der Darquier befragt hatte, mißverstehen dürfe. Es ist tatsächlich schwierig, in diesem Zusammenhang irgendeine Unsicherheit zu empfinden, wenn man nur die Zeilen liest, die als Einführung gedacht sind:

L'Express: Monsieur, es ist genau 36 Jahre her, seit sie 75.000 Männer, Frauen und Kinder an die Deutschen ausgeliefert haben. Sie sind der französische Eichmann.

Louis Darquier de Pellepoix: Was sollen diese Zahlen?

L'Express: Jeder kennt sie, sie sind offiziell. Man findet sie auch in diesem Dokument. (ICH ZEIGE IHM, AUF DER RICHTIGEN SEITE AUFGESCHLAGEN, DAS *„Mémorial de la déportation des Juifs de France“* VON SERGE KLARSFELD).

Während des gesamten weiteren Gesprächs hatten wir jedesmal die Zusätze herausgehoben, wenn unser Kollege sie nicht mündlich hatte hinzufügen können. Hier ein Muster für diese Methode:

L'Express: Sie haben im Februar 1943 der Vichy-Regierung eine bestimmte Anzahl von Maßnahmen vorgeschlagen, an die die Deutschen selbst nicht gedacht hatten.

EINGESCHOBENES ZITAT. „ERKLÄRUNG VON LOUIS DARQUIER DE PELLEPOIX“ IM *PETIT PARISIEN* AM 1. FEBER 1943.

Ich schlage der Regierung vor:

1. Den Zwang, den gelben Stern in den nicht besetzten Zonen zu tragen, einzuführen.
2. Den Juden, ohne Ausnahme, den Zugang zu öffentlichen Ämtern sowie deren Ausübung zu untersagen. Wie groß der intellektuelle Wert und die erwiesenen Dienste auch sein mögen, die einem jüdischen Individuum zuzuschreiben sind, so bleibt es doch immer jüdisch, und schon allein dadurch bringt es in die Organisationen und Ämter, in denen es eine Funktion innehat, nicht nur einen natürlichen Widerstand gegen die Arisierung ein, sondern auch einen Geist, der langfristig den Wert der gesamten französischen Verwaltung beeinflußt.
3. Allen Juden ist die französische Staatsbürgerschaft zu entziehen, wenn sie sie nach 1927 erlangt haben . . .

L. Darquier: An diese Geschichte mit dem gelben Stern in der freien Zone erinnere ich mich nicht. Es muß sich wieder einmal um ihre jüdische Propaganda handeln . . .

L'Express: Keineswegs. Da ist es, schwarz auf weiß, im *Petit Parisien* vom 1. Februar 1943.

L. Darquier: Vielleicht . . . Vielleicht . . .

Und dann dieser Absatz, in dem unser Mitarbeiter Philippe Ganier-Raymond (der einmal von Darquier als „Agent von Tel Aviv“ beschimpft wird) das Beweisstück der Anklage zitiert:

L. Darquier: Die Deutschen haben mir ständig Hindernisse in den Weg gelegt.

L'Express: So? Was bedeutet dann diese Notiz vom 29. Mai 1943, adressiert an Roethke, den Nachfolger von Dannecker, von Knochen: „Mehrmals hat Darquier uns ersucht, seine Gesetzesvorschläge zu unterstützen, da er seit langem die Hoffnung aufgegeben hat, daß die französische Regierung auch nur ein einziges seiner Vorhaben annimmt"?

L. Darquier: Schon wieder eine Fälschung! Eine nachträglich von den Juden hergestellte Fälschung! Diese Juden sind doch wirklich unbezahlbar!

Diese Zeilen – und es gibt heftigere – hätten von vornherein jede Möglichkeit für ein Mißverständnis in Nichts auflösen müssen wie auch jeden böswilligen oder dümmlichen Versuch, dem *Express* zu unterstellen, er stecke mit dem ehemaligen Generalkommisar für jüdische Fragen unter einer Decke.

Trotzdem reagierte ein Großteil der Presse so, als hätten wir eine Rehabilitierung des Antisemitismus zur Zeit der Vichyregierung betreiben wollen! Manchmal nehme ich an einem dieser vornehmen und opulenten Kolloquien teil, bei denen meine Kollegen voller Gewissensqualen über die Geheimnisse der Objektivität nachgrübeln, jenes Ideal, dem alle mit unbeugsamer Heftigkeit zustreben, das aber bedauerlicherweise so unerreichbar bleibt wie die göttliche Unfehlbarkeit, wenn man ihnen zuhört. Dann kann ich nicht umhin, heimlich zu lachen, wenn ich an diese und so viele ähnliche Episoden denke, wo ich Medien und Zeitungen dabei beobachte, wie sie wider besseres Wissen und Gewissen das genaue Gegenteil dessen festzustellen vorhaben, was sie sehr gut gesehen, gelesen oder gehört hatten. Der innere Feind der objektiven Information ist mehr zu fürchten als der äußere, und die Attraktivität der Lüge ist bedeutsamer als eine Bedrohung durch die Zensur.

Aber wieso waren wir soweit gekommen, uns verteidigen zu müssen, als hätte der *Express* trotz aller Vorsichtsmaßnahmen bei der Wiedergabe die Wiederkehr der Rülpser aus den vierziger Jahren begrüßt, obwohl doch jeder die durchgehende Position der Zeitschrift zugunsten der jüdischen Sache und des Staates Israel kennen mußte, wie auch die Tatsache, daß seine beiden aufeinanderfolgenden Eigentümer, der alte, Jean-Jaques Servan-Schreiber, und der neue, James Goldsmith, beide Juden oder Halbjuden waren, und daß der Vorsitzende seines Herausgeberkomitees Raymond Aron hieß?

Wenn ich jene Menschen außer acht lasse, die unter dem Druck der Kampagne und mehr aus Dummheit denn aus Bosheit ehrlich an die Verbindung von *Express* und Darquier glaubten, so finde ich vier Begründungen dafür, daß man einem totalen Widersinn aufgesessen ist oder aufzusitzen vorgab.

Der erste Grund ist ein politischer. Die französische Linke haßte den *Express,* der seit 1972 als „nach rechts abgedriftet" galt. Sie verzieh ihm seine Kritik an der Vereinigung der Linken und an ihrem gemeinsamen Programm nicht. Als erste in der französischen Presse hatten wir 1974 exklusiv Ausschnitte aus dem *Archipel Gulag* gebracht. Im Jänner 1976 hatte Jean-Jacques Servan-Schreiber beschlossen, eine ganze Ausgabe den Auszügen aus meinem Buch *Die totalitäre Versuchung* zu widmen, und zwar mit einer außergewöhnlichen Auflage von einer Million, ein Vorgehen, das die Linke als Aggression empfand. Daher der Haß und die Rachsucht, die allein erklären können, warum beispielsweise ein so gewitzter Journalist wie Pierre Viansson-Ponté auf der ersten Seite von *Le Monde* am 7. November 1978 einen Artikel zeichnete, wo er vorgab, unter der Kehrtwende des *Express* zum Antisemitismus und zur Kollaboration schwer zu leiden. Das ist einer der zahlreichen Fälle, wo man die nichtkommunistische Linke, die vorgibt, intellektuell autonom zu sein, in das gemeinste stalinistische Gestammel verfallen sieht, sobald sie zu polemisieren beginnt. Aber das Vergnügen, zu sagen „Diesmal entkommen sie uns aber nicht", war auch der Rechten nicht fremd; ihr Zorn ging auf unseren Kampf für die Unabhängigkeit Algeriens zurück, wie auch auf unsere Kritik an den meisten politischen oder wirtschaftlichen Maßnahmen der Präsidenten de Gaulle und Pompidou. Unsere milde Unterstützung für den Präsidenten Valéry Giscard d'Estaing, der übrigens ja nicht die ganze Rechte hinter sich hatte, genügte nicht, um Animositäten zu löschen, die im übrigen von einem eleganten kommerziellen Konkurrenzgeist bei jenen Kollegen genährt wurde, die glücklich waren, uns Probleme bereiten zu können.

Ein zweiter Grund, weniger anekdotisch und dafür achtbarer, hatte bei den jüdischen Organisationen einige Aufregung hervorgerufen, die ja immer fürchten, daß das Heraufbeschwören des vergangenen Antisemitismus auch dann, wenn es die Schuldigen an den Pranger stellt, diesen Schrecken neu beleben statt vernichten könnte. Auch hier sieht man den Widerspruch aufsteigen zwischen dem Willen, das Vergangene aus Pietät für das Gedächtnis der Opfer aus der Versenkung zu holen, und dem Wunsch, es zu vergessen, um nicht Aufregungen zu wecken, die sich gegen die Juden kehren könnten. Jedesmal, wenn in Frankreich ein Jude einen Essay, ein historisches Werk oder einen Film verfaßt, der die antisemitische Ideologie und ihre Verfolgung allzu genau wiedergibt, stehen augenblicklich andere Juden auf, um dem Autor vorzuwerfen, er gebe den antijüdischen Leidenschaften neue Nahrung, wenn er ungesunde Übertreibungen liefere. Das war der Grund, warum Raymund Aron zunächst die Veröffentlichung des Gesprächs gutgeheißen und mit mir gemeinsam in *Le Monde* einen Artikel unterzeichnet hatte, in dem wir wütend die unerhörten und ungerechtfertigten Vorwürfe von Vianson-Ponté zurückwiesen, um sich kurz darauf erweichen zu lassen, überredet von wichtigen Freunden aus der jüdischen Gemeinde, so daß er schließlich im *Express* einen zweideutigen Leitartikel schrieb, dem die Solidarität mit der Zeitschrift nicht gerade vorrangig schien. Aron legte Wert darauf, daß ich ihn bei den Entscheidungen zu Rate zog, was ich sehr gern tat, obwohl er selbst zutiefst unentschlossen war und vor allem dazu neigte, soweit nachzugeben, daß er sich sogar zurückzog, als die ersten unvermeidbaren Tumulte sich abzeichneten, die ja jeder wagemutigen Initiative folgen. Interessanterweise hegten jene Juden, die knapp vor oder nach dem Krieg aus Mitteleuropa eingewandert und eingebürgert worden waren, nicht die geringsten Zweifel über unsere Absichten, weder sie noch ihre Nachkömmlinge. Sie unterstützten mich stets in allen Debatten, zu denen mich etliche jüdische Vereinigungen einluden. Für sie war es von geradezu blendender Klarheit: Wenn wir die jämmerlichen und Übelkeit erregenden Überlegungen eines blutrünstigen Fanatikers vor allen Leuten ausbreiteten, so konnte das nur einen Sinn und Zweck haben: Die Öffentlichkeit sollte sich voll Abscheu abwenden. Historisch waren sie unberührt von den wirren Gefühlen, die die Juden, die von altersher in Frankreich leben, mit allen anderen Franzosen teilen, wenn es um die faschistische Vergangenheit ihrer Heimat geht: Diese Vergangenheit wird zugleich abgelehnt und freigesprochen, verdammt und verdrängt, oft verschleiert und verharmlost, immer verurteilt, aber vor allem ad acta gelegt – und das sollte sie auch bleiben, im Sinne einer stillschweigenden Übereinkunft, sie zu vergessen oder zumindest ihre Bedeutung zu bagatellisieren.

Daher der dritte Grund, den die Franzosen haben, um die Komödie der erschauernden Überraschung zu spielen, wenn man ihnen ein Fragment ihrer Geschichte unter die Nase hält: und nicht nur die Franzosen, sondern alle Europäer, da ja außer den Briten, Schweizern und Schweden alle Europäer ihr Schärflein dazu beigetragen haben, um das totalitäre Bauwerk zu errichten, das 1945 einstürzte. Schwarz auf Weiß erinnerte das Darquier-Dossier auf unangenehme Weise alle reinen Franzosen daran, daß es einen Nationalsozialismus rein französischen Ursprungs gegeben hatte. Der Nationalsozialismus, der in unserem Land gewütet hatte, ging nicht zur Gänze auf das Konto der Niederlage von 1940 und der deutschen Besatzung. Der Krämer aus Cahors war schon vor dem Krieg, im Jahr 1935, in den Pariser Stadtrat gewählt worden, mit überwältigender Mehrheit, und aufgrund eines Programmes, das nur aus einem antisemitischen Artikel bestand. Und dieser Krämer war weder von außen importiert noch uns von den Eroberern aufgezwungen worden. Wie später beim Barbie-Prozeß fürchteten sich auch im Wirbelsturm, den das Dokument im *Express* auslöste, die meisten Leute vor allem davor, daß man neuerlich in der Vergangenheit der Résistance und der Kollaboration zu wühlen beginnen könnte. Dieser Mißklang sollte auch bald auftauchen.

Als die alten Dossiers wieder geöffnet wurden, fielen etliche Namen von Personen, die nicht nur noch aktiv, sondern auch hochgestellt waren, obwohl sie Anhänger der Vichy-Regimes gewesen waren oder sogar ein bißchen mehr als nur Anhänger. Ihre Panik ließ die Flut der Proteste weiter anschwellen. Und da diese Leute über ausgezeichnete berufliche und gesellschaftliche Beziehungen verfügten, sah ich den Eigentümer der Zeitschrift, Jimmy Goldsmith, eines Tages in mein Büro hereinstürmen, und zwar während einer Sitzung des Herausgeberkomitees, was übrigens seinerseits zumindest eine Unschicklichkeit darstellte. Er ließ sich bedrückt in einen Fauteuil fallen und wiederholte, die Hand an der Stirn, mit ernster Miene, und tragischem Ton: „Wir wollen kein Blut! Wir wollen kein Blut! . . .“ Du lieber Himmel! Wann hätten wir Blut sehen wollen? Verblüfft tauschten wir fragende Blicke aus. Welches Blut hatten wir vergießen wollen oder können? Es ging in Wirklichkeit nicht um das Leben, sondern um die bürgerliche Reputation einiger Freunde von Jimmy, Freunde, die in dem Dossier vorkamen, wenn sie auch schon längst begnadigt waren. So wie Aron von bestimmten jüdischen Organisationen eingekocht worden war, die meiner Meinung nach einer äußerst armseligen Analyse aufgesessen waren, so war es Jimmy mit ehemaligen Kollaborateuren ergangen, die heute in der Geschäftswelt ebenso integriert waren wie er selbst. Oder, genauer gesagt, der eine wie der andere waren Opfer der einen oder anderen Druckausübung. Um sich von den Vichy-Anhängern die Leviten lesen zu lassen, hatte Aron seinen großen Freund Alfred Fabre-Luce zur Hand, einen ehemaligen Vertreter der Kollaboration, der aber bereut und dessen Vergangenheit Aron einfach „vergessen“ hatte, obwohl er ihn während des Kriegs in seiner Zeitung *La France libre* in London keineswegs mit Glacéhandschuhen behandelt hatte. Alfred Fabre-Luce nahm mich wenig später ausgerechnet bei einem Empfang von Aron beiseite und rügte mich: „Das ist ja hübsch, was Sie da angestellt haben! Wir gehen auf eine neue Entnazifizierungswelle zu! Sie haben der Zwietracht im Staat Tür und Tor wieder geöffnet!“

Der vierte Grund für die sonderbaren Reaktionen, die damals unter den Franzosen ausbrachen, ist der interessanteste, weil er der irrationalste und auch der folgenschwerste ist. Er beruht auf unserem Bedürfnis, die Schlacht gegen den Holocaust, die Kollaboration, den Nationalsozialismus und den Faschismus so zu führen, als handle es sich um eine aktuelle Schlacht. Es geht zunächst um eine symbolische Genugtuung und Revanche: wir liefern den Kampf, den wir im Jahr 1942 nicht geliefert haben, zumindest nicht wir alle, weit gefehlt. Und noch dazu ist uns bei dieser Schlacht gegen Gespenster der Sieg gewiß. Das Ergebnis ist von vornherein bekannt, Darquier ist schon ein für allemal besiegt. Zum – legitimen – guten Gewissen, sich in die Schar der Guten einzureihen, kommt das Vergnügen, das ohne Risiko zu tun. Und schließlich kann man sich, indem man zum Angriff gegen einen Feind bläst, den es gar nicht mehr gibt, einreden, daß man seine Pflicht als Verteidiger der Freiheit erfüllt, was einen davon enthebt, sie gegenüber konkreten, aktuellen und reellen Bedrohungen zu erfüllen, die für die Freiheit eine Gefahr darstellen, aber ganz eindeutig viel schwieriger zu bekämpfen sind.

Niemand geringerer als die französische Richterschaft traut sich erst jetzt, in dieser großen nationalen Mobilisierung aller Kräfte, den Mut beim Kampf gegen das Vichy-Regime unter Beweis zu stellen, der ihr bedauerlicherweise dreißig Jahre früher gefehlt hatte. Der Anwalt des *Express* und spätere Justizminister Robert Badinter, mit dem ich Anfang November zu einem Mittagessen ging – übrigens aus Gründen, die mit der Affäre nichts zu tun haben – berichtete mir, daß er am Abend zuvor das „Parkett" (so nennt man in Frankreich jenen Teil des Gerichtshofs, der außerhalb der Sitzungen den Angehörigen des Ministeriums zur Verfügung steht) ganz „zitternd und bebend" angetroffen hatte vor Zorn wegen der Affäre Darquier. Ich müsse mit Verfolgungen rechnen. Nach strenger Rechtsauslegung stellt bereits der Abdruck von Behauptungen wie jener von Darquier auch dann das Delikt des Aufrufs zum Rassenhaß dar, wenn man seiner Mißbilligung energisch Ausdruck verleiht. Wie soll man dann in Zukunft Zeitzeugnisse historischer Personen veröffentlichen, wenn diese Thesen vertreten, die gegen die Menschenrechte verstoßen! Theoretisch macht man sich schuldig, sobald man jene Seiten von Aristoteles widergibt, wo er die Sklaverei rechtfertigt, oder auch den Essay von Gobineau über die *Ungleichheit der menschlichen Rassen* (Essai sur l'inégalité des races humaines), denn der Gesetzgeber beachtet nur den Tatbestand des Vergehens und nicht die wissenschaftliche Absicht des Herausgebers. Zumindest fällt die Einschätzung dieser Absicht voll und ganz unter die Rechtsprechung. Und wenn die Absicht des *Express* klar war, so war es die Absicht des Parketts nicht minder. Letzteres wollte wieder einmal die Komödie spielen und gab vor, zu glauben, die Zeitschrift hätte der Öffentlichkeit nicht ein Dokument über fast vier Jahrzehnte alte Fakten präsentiert, ohne den geringsten Zweifel an seiner moralischen Einschätzung, sondern sie habe vielmehr ein antisemitisches Manifest selbst erfunden. Es wurden sogar Gerüchte verbreitet, in denen die Echtheit des Interviews bezweifelt wurde, als hätten wir sowohl die Person als auch ihre Aussprüche zum Zwecke nationalsozialistischer Propaganda frei erfunden. Man verlangte von mir, die Aufzeichnung des Gesprächs vorzulegen. Aber es gibt kein Gesetz, das vorschreibt, jedes Interview müsse auf Band aufgenommen werden. Tausende Interviews sind sogar vor der Erfindung des Magnetophons ausgeführt worden. Und seit seiner Erfindung ist nicht jeder Interviewpartner mit der Anwesenheit eines Instruments einverstanden, das ihn manchmal stört. Ich persönlich habe Valéry Giscard d'Estaing zweimal während seiner Präsidentschaft ohne Magnetophon interviewt und einmal den König von Spanien. Ihre Aussagen wurden deshalb um nichts weniger getreu wiedergegeben. Viele Journalisten ziehen es ihrerseits vor, bei der Arbeit Notizen zu machen. Obendrein waren die Wahnsinnsideen von Darquier bestens bekannt. Ähnlicher Mist war einige Jahre vorher in *Le Monde* erschienen, damals – sonderbarerweise – ohne einen Orkan auszulösen, ja nicht einmal den geringsten Luftzug. Wir steckten mitten in einem surrealen Schauspiel der Justiz, aber wie es Alain Peyrefitte, der damals amtierende Justizminister, mir gegenüber mit gutmütig-amüsiertem Ton ausdrückte, „es wäre undenkbar gewesen, daß die öffentlichen Handlungsträger nicht auf die Straße gegangen wären". Die Straße erwies sich als Sackgasse. Ich machte vor einem höflichen und bestürzten Untersuchungsrichter eine umständliche und umfassende Aussage und hörte nie wieder irgend etwas. Ich muß hinzufügen, daß ich bei der Vorbereitung der Veröffentlichung vorsichtigerweise telefonisch in der Staatskanzlei über den Stand des Dossiers Darquier nachgefragt hatte, ganz genau am 27. August 1978. Man hatte mir mitgeteilt, Darquier sei am 10. Dezember 1947 in Abwesenheit zum Tode verurteilt worden und seine Strafe 1968 verjährt und gegen ihn läge nicht mehr vor als ein Aufenthaltsverbot. Die ideologische Maskerade, die dem *Express* die Thesen des Verbrechers unterstellte, die wir eigentlich verurteilten, ermüdete schnell, abgesehen von einem lächerlichen Nachspiel seitens der Menschenrechtsliga, in diesem Fall sorgenvoller als 1937, als sie den Todesurteilen von Moskau ihren Segen erteilt hatte. Henri Noguères, ihr Präsident, verlangte von mir ein „Entgegnungsrecht", ebensolang wie der beanstandete Artikel. Ich sagte es ihm zu, aus reiner Herzensgüte, gegen jede juridische Vernunft – aber ich warte noch heute auf seinen Text.

Der wahre Nachhall und das positive Ergebnis dieses Durcheinanders war, daß im Februar 1979 der Zweite Kanal des französischen Fernsehens die amerikanische Serie *Holocaust* ausstrahlte, die den Leidensweg einer jüdischen Familie in Deutschland erzählt, als am Beginn des Dritten Reichs der Antisemitismus hochschwappt, und ihr Martyrium während der Jahre der „Endlösung“. Getreu seiner Inkonsequenz hatte Frankreich zwar weiterhin seinen Wunsch, das Vergessen zu verhindern, lauthals geäußert, aber über Vermittlung des staatlichen Fernsehens hatte es sich geweigert, *Holocaust* zu kaufen, als der Film wenig vorher bei einem internationalen Festival vorgeführt wurde, wo die wichtigsten Fernsehanstalten der Welt, einschließlich der deutschen, die Rechte daran erworben hatten. Der Intendant des ersten französischen Fernsehens TF 1 hatte seine Weigerung mit künstlerischen Skrupeln begründet, er fand den Film von schlechter Qualität und unserer Bildschirme unwürdig. Eine so verächtliche Exkommunikation war zum Lachen. Das französische Fernsehen war immer unfähig gewesen, die großen zeitgenössischen Themen in Spielfilmen aufzugreifen, sie auf einfache und direkte Weise zu behandeln, in einem gleichzeitig volkstümlichen und gepflegten, seriösen und wahrhaften Stil. Unsere Spielfilme waren einerseits dürftige Lückenbüßer, andererseits eine Handvoll angeblich avantgardistischer Werke, deren anspruchsvoller Ästhetizismus höchstens ihre Verfasser zufriedenstellen konnte. Was uns noch am ehesten gelungen war, das war der historische Fernsehfilm, meist nach einer klassischen Romanvorlage, unter der Bedingung, daß das Thema mindestens ein Jahrhundert alt war und ja nicht zu widersprüchlichen Reaktionen führen würde. Man wollte unterhalten, ohne zu bilden. *Holocaust* war das genaue Gegenteil dieser konventionellen Produktion. Die Hersteller hatten den Mut gehabt, eines der schmerzlichsten Themen unserer Zeit zu wählen, eine Schande für die Menschheit, ein unbequemes und störendes Drehbuch. Der historische Faden war solide, die Charaktere gut entwickelt und von großen Schauspielern dargestellt, die Dramatisierung war ohne kitschige Verzierungen, ohne einfältig zu sein. Raymond Aron war als junger Wissenschaftler im Berlin der dreißiger Jahre Zeuge der Zeit gewesen und sagte mir, wie sehr ihn die psychologische Wahrheit bestimmter Personen getroffen hatte, deren echte Gegenstücke er kennengelernt hatte. In seiner Erinnerung lebte ein genaues Gegenstück zu diesem großen jüdischen Arzt wieder auf, dessen Ahnen in diesem Film nie etwas anderes gewesen sind als Deutsche, deren Patriotismus, Diensteifer, Feinfühligkeit, Kultur und Geschmack völlig deutsch sind, und der daher nicht glauben kann, daß die beginnenden Verfolgungen wahrscheinlich sind, weshalb er sich vor ihnen nicht in acht nimmt. Daß die nötige Vereinfachung einer Fernsehserie hie und da in die Nähe des Melodramas abgleiten kann, wird niemand erstaunen. Aber verstehen wir uns richtig: Wenn man ständig die Begriffe Volkskunst und Massenkultur im Munde führt, muß man die dazugehörenden Vereinfachungen ak-

zeptieren, die ja letztlich auch für einen großen Teil des Volksromans im 19. Jahrhundert typisch sind. Wer das nicht will, sollte sich auf eindeutige Dokumentationen beschränken, deren historische Qualität zwar höher ist, die aber nie die große Zuschauerzahl erreichen werden. Claude Lanzmann, der damals an *Shoah* arbeitete, tat sein möglichstes, um die Ausstrahlung von *Holocaust* in Frankreich zu verhindern, aus Angst, das könnte ihm das Wasser abgraben und das Thema verderben. Abgesehen davon, daß diese Haltung einen äußerst schwachen Respekt vor der Wahlfreiheit der Zuschauer dokumentiert, beruhte sie auch auf einem Diagnose-Fehler: *Shoah* geht nicht nur über den Wert der amerikanischen Serie weit hinaus, es ist auch ein Werk vollständig anderen Charakters. Die beiden Filme sind von völlig unterschiedlicher Art der Neugier wie der Gefühle. Es gibt nicht mehr Gründe, daß sie einander schaden oder gar sich gegenseitig ausschließen könnten, als beispielsweise *Quo vadis* zu verbieten, um *Aufstieg und Fall des römischen Reiches* einen Erfolg zu garantieren. Sienkiewicz hatte Dutzende Millionen von Lesern, und noch mehr Zuschauer haben die zahlreichen Filme gesehen, die nach seinem Roman gedreht wurden, aber ich zweifle daran, daß dadurch auch nur ein einziger Leser von Gibbon abgeworben worden ist.
Ich fand es anstößig, daß ein Land, das es mit dem Kapitel Antisemitismus so genau nimmt, daß es Leitartikel und journalistisches Dokument verwechselt, die Jahre 1978 und 1942 durcheinanderbringt und angeblich solchen Wert darauf legt, die Erinnerung an den Völkermord wachzuhalten, doch das einzige war, das die erste fernsehgerechte Nacherzählung dieser Tragödie von einiger Qualität und Reichweite nicht senden wollte. Daher brachte ich im *Express* einige Artikel, um die Öffentlichkeit aufzurütteln und die zuständigen Behörden zur Rücknahme ihrer Entscheidung zu bringen. Das brachte mir umgehend bei einer Pressekonferenz den Vorwurf seitens des Intendanten von TF 1 ein, ich sei Handelsreisender für *Holocaust,* weil mein Herausgeber Robert Laffont den Roman zum Film herausgebracht hatte – was mir übrigens völlig entgangen war – und die Ausstrahlung des Films den Verkauf steigern würde. Man wird einmal mehr den hohen moralischen Stand der geistigen Diskussion in Frankreich bewundern und vor allem den Sinn für Deontologie, den der Verantwortliche einer großen öffentlichen Dienstleistungsanstalt durch diese verleumderische Anschuldigung bewies. Folgte er politischen Anweisungen? Ich weiß es nicht. Ein Wunsch von Valérie Giscard d'Estaing, keine pro-israelischen Sympathien erwachen zu lassen? Das wäre seinerseits sehr naiv gewesen, aber das sind Staatsmänner ja häufig. Jedenfalls wandte ich mich ab sofort mit unserer Unterstützung für *Holocaust* an das zweite

französische Fernsehen, Antenne 2. Sie ließ uns wissen, daß sie den Film sehr gern ausstrahlen würde, daß sie aber nicht die nötigen Budgetmittel hätte, um die Rechte zu kaufen. Sofort richtete ich in den Spalten der Zeitschrift einen Spendenaufruf ein, um „dem bedürftigen französischen Fernsehen unter die Arme zu greifen", und die Spenden begannen zu strömen. Denn einige Wochen nach der „Affaire Darquier" hatte sich die öffentliche Meinung zugunsten des *Express* gewandelt, so vordergründig erwiesen sich die Anschuldigungen, deren Gegenstand wir geworden waren, und die Böswilligkeit der Absichten, die dahinterstanden. Ich wußte natürlich, daß eine Anstalt öffentlichen Rechts keine Geschenke annehmen durfte. Unser Spendenaufruf war nur eine Methode, um das Interesse wachzuhalten. Die Spender erhielten ihr Geld zurück, sobald wir unsere Sache durchgefochten hatten. Denn zu guter Letzt rief mich Maurice Ulrich, Intendant von Antenne 2, ein Mann mit einem feinen und guten Riecher, eines Tages an, um mir mitzuteilen, daß er soeben die Rechte an *Holocaust* erworben habe. Der Erfolg bei den Zuschauern und das große Echo haben ihn, glaube ich, seinen Entschluß niemals bereuen lassen.

In den Beispielen, die ich analysiert habe, vermischt sich in den vorherrschenden Haltungen eine Weigerung, die Geschichte kennenzulernen, mit einem Bedürfnis, sie in Form einer Inszenierung aufleben zu lassen. Die absichtliche Unkenntnis der Vergangenheit bringt die Verfälschung der Gegenwart mit sich. Und genau das ist die Funktion des Tabus.

5

DIE FUNKTION DES TABUS

Die Linke, auch und vor allem die nichtkommunistische, braucht die Aufrechterhaltung der Fiktion, wonach es weltweit auch heute einen Rechts-Totalitarismus gäbe, der ebenso bedeutsam ist wie jener im Jahr 1935 oder 1940, damit sie auf diese Weise den kommunistischen Totalitarismus unter „ferner liefen“ einordnen kann. Sicherlich gibt es auch außerhalb des kommunistischen Sektors unseres Planeten Vergewaltigungen der Menschenrechte, Tyranneien, Unterdrückungen, Hinrichtungen und sogar Genocide. Das ist eindeutig, und es gab sie ebenso zahlreich, noch bevor der Kommunismus in Erscheinung trat. Davon, daß man sie bekämpfen muß und eine Art demokratische Weltordnung anstreben soll, ist ebenfalls jeder ehrliche Mensch überzeugt. Aber genau das tun wir nicht. Denn wir verbieten es, die Übel, die wir angeblich bekämpfen, zu verstehen und daher mit ihnen fertig zu werden, wenn wir die einen mit den anderen gleichsetzen und alles auf eine angenommene Einheit des Totalitarismus von nationalsozialistischer Prägung reduzieren: So verschiedene Realitäten wie die südafrikanische Apartheid, die Diktatur von General Pinochet in Chile, die Unterdrückung von Studentendemonstrationen durch die Regierung in Seoul oder auch die Repatriierung heimlich Eingereister in ihr Ursprungsland, wenn sie keine Aufenthaltsgenehmigung haben. Es ist unumgänglich, diese Ungerechtigkeiten weltweit zu bekämpfen, aber ebenso wichtig ist es, die nationalsozialistische Vergangenheit gut zu kennen. Aber wir wollen ja die nationalsozialistische Vergangenheit nicht kennen, wir wollen sie benützen, um alle gegenwärtigen Angriffe gegen die menschliche Würde in eine einheitliche Farbe zu tauchen, und eben durch diese Vermischung können wir diese letzteren auch nicht wirklich gut kennenlernen, noch sie erklären oder ausrotten. Eine doppelte Informationsverweigerung zensuriert die nationalsozialistische Vergangenheit und verdunkelt gleichzeitig die heutigen Menschenrechtsverletzungen, wobei der erste Vorgang der Ausführung des zweiten dient. Daher die scheinbare Inkonsequenz, die darin liegt, bei jeder passenden und unpassenden Gelegenheit das nationalsozialistische Monster heraufzubeschwören und gleichzeitig heftigst gegen jede Veröffentlichung oder auch nur Wiederauflage eines Dokuments zu protestieren, das seine Quellen und Mechanismen aufklären könnte. Vor der Affäre Darquier hatte ich diese Angst vor der Erkenntnis schon auftauchen sehen, und zwar als Jean-Jacques Pauvert 1968 *La France juive* von Edouard Drumont, ein antisemitisches Werk aus dem 19. Jahrhundert, herausbrachte. In der fälschlichen Annahme, diese Neuauflage gehöre in eine von mir verantwortete Reihe — aber, eine bei zu vielen Journalisten häufige Sünde, er kontrollierte eine „Information" nicht, die ihm in seine Vorurteile paßte — warf mir Jean-Francis Held (den ich übrigens später zum *Express* holte) im *Nouvel Observateur* heftigst vor, ich spiele Drumonts Verkaufsförderer. Ich meinerseits sah nur Vorteile darin, wenn meine Zeitgenossen die Gelegenheit bekamen, Drumont, dessen unheilvoller Einfluß einer Nachforschung bedurfte, aufgrund von Originaldokumenten zu beurteilen. Ich hatte mich geweigert, ihn in meine Reihe aufzunehmen, weil eine *Société des amis de Drumont* (Gesellschaft der Freunde von Drumont), die juristisch berechtigt war, über die Werke dieses Autors zu wachen, bedauerlicherweise das Recht hatte, dem Herausgeber ein Vorwort aufzudrängen, das in Wirklichkeit eine lange Rehabilitation darstellte, verfaßt von dem der extremen Rechten zuzuordnenden Historiker Etienne Beau de Loménie. So wichtig ich es auch fand, das Dokument zugänglich zu machen, so sehr war es mir von ganzem Herzen zuwider, daß jemand Drumont huldigte. In einem Artikel im *Express* vom 8. April 1968 legte ich meinen Standpunkt dar, wies die Verteidigungsschrift von Beau de Loménie heftig zurück und bat die Leser, sich über die Geheimnisse des Schicksals Gedanken zu machen, das den konfusen, aber tödlichen Theorien Drumonts solchen Erfolg beschert hatte. Trotzdem beharrte der *Nouvel Observateur* auf seinem Angriff gegen mich – den er übrigens *nach* meinem Artikel veröffentlichte, der ja nichts an Deutlichkeit zu wünschen übrig ließ, wie ich glaube: man gab vor, ihn nicht zu kennen. Ich war also gezwungen, neuerlich zu antworten, dieses Mal im *Observateur* selbst. Da *La France Juive* aus dem Jahr 1866 stammt, mußten es sehr mächtige Beweggründe sein, den Franzosen diesen hundertundzwei Jahre alten Text vorenthalten zu wollen! Hätte man nicht lieber fragen sollen, warum dieses dümmliche, vulgäre Geschwätz bis zum Jahr 1939 einen solchen ideologischen Einfluß auf unsere Kultur hatte, der für unseren intellektuellen Stolz so erniedrigend ist? Hatte man vergessen, daß ein Georges Bernanos, Prophet des linken Christentums, im *Har* 1931 ein antisemitisches Pamphlet veröffentlicht hatte, *La Grande peur des bien-pensants (Die große Angst der Gutgläubigen),* das dem Gedenken und Ruhm von Edouard Drumont gewidmet war, ein Werk, das übrigens immer noch im Handel erhältlich ist? Schon davon sah man die beiden Verhaltensweisen, die ich anhand von Barbie und von Darquier zu beschreiben versuchte: ununterbrochen den Popanz einer rechtstotalitären Gefahr um uns herumtanzen zu lassen und gleichzeitig den Weg zu jenen Dokumenten zu versperren, die der Öffentlichkeit erlauben würden, zu erfahren, was der rechte Totalitarismus wirklich gewesen ist.

„Warum *Mein Kampf* nicht neu herausbringen?" hielt Held mir entgegen. „Warum nicht?" antwortete ich. „Ja, man müßte das sogar tun." Und ich fuhr fort: „Es wäre dringend nötig, daß so viele Menschen wie möglich genaue Kenntnis eines Buches haben, dessen Verfasser Europa fast umgebracht hätte, der unserer Kultur einen Geschmack von Blut und Fäulnis gab, die Weltgeschichte brandmarkte und unsere ganze Epoche erschütterte. Oder muß man ewig wieder bei Null anfangen? Muß man neuen Angriffen der Rechten immer mit leerem Kopf und leeren Händen begegnen? Oder ist es besser, darüber Bescheid zu wissen, daß es sich dabei um keine unbekannten Phänomene handelte? Für mich bedeutet „entmystifizieren" nicht, klüger sein zu wollen als die Leser, sondern sie zu befähigen, mit ihren eigenen Mitteln selbst zu entscheiden. Das heißt, nicht in ihrem Namen Urteile zu fällen, sondern ihnen die Grundlagen zu liefern, die es ihnen erlauben, sich selbst ein Urteil zu bilden.

Es ist unsere Illusion, uns ständig einzubilden, daß die Rechte in ihrer akuten Form ein bereits begrabenes Ungeheuer ist und daß wir immer durch sein neuerliches Auftauchen überrascht werden. Noch schlimmer, sie besteht darin, daß wir in seinen jetzigen Ausformungen nicht die Wiederholung seiner vergangenen Handlungen und Ansichten erkennen. Als ich zwanzig Jahre alt war, dachte ich, daß es nach den Erfahrungen aus dem Zweiten Weltkrieg niemals wieder Konzentrationslager geben würde – aber sie haben nicht aufgehört, zu bestehen; daß es niemals wieder einen Völkermord geben würde – und einer ist dem anderen gefolgt; daß es niemals wieder Rassismus geben würde – und man erlebt ihn ohne Unterlaß; daß es nie wieder durch Gewalt unterdrückte Streiks oder friedliche Demonstrationen geben würde – und sie finden laufend statt; daß niemals wieder die Informationsfreiheit angezweifelt, unterdrückt oder behindert werden könnte – und die Regierungen erlauben sie praktisch nirgends; daß man nie wieder Staatsstreiche durch das Militär erleben würde – und nur wenige Jahre vergehen, in denen es keine gibt; daß es nie mehr Diktaturen geben würde – und wohin ich mich auch wende, rundherum bestehen fast nur Diktaturen; daß die Garantien des Individuums gegenüber Polizei und Gericht unantastbar sein würden – und die Länder, wo sie auch nur ungefähr respektiert werden, lassen sich an den Fingern einer Hand abzählen.

Ist es da vernünftig, die vergangenen Manifestationen des reaktionären Denkens als prähistorische Relikte einzustufen, von den Tatsachen widerlegt und nicht wert, erwähnt zu werden? Ist es logisch, auch gleich hinzuzufügen, daß man die Leute daran hindern muß, sie zu lesen, weil ihnen das schlecht bekäme? Ist es nicht eher so, daß wir die Vergangenheit lieber mit dem Schleier des Schweigens überziehen, weil wir uns ihrer schämen?

Ich glaube, daß wir sehr viel zu verlieren haben, wenn wir unsere Mitbürger wie Kinder behandeln, die unfähig sind, selbständig zu denken und zu urteilen, und ich fürchte, daß eine rosafarbene Darstellung der Vergangenheit wieder einmal eine vitriolfarbene Zukunft einleitet.

Wie man sieht, erhob ich damals diesen Einwand noch in aller Harmlosigkeit: wie gedenken Sie die jungen Menschen zu lehren, wie man heute die nationalsozialistische Versuchung erkennt und wie man ihr widersteht, wenn man ihnen verbietet, in die ideologischen Quellen des gestrigen Nationalsozialismus Einblick zu nehmen? Es war mir damals noch nicht so klar, daß das angepeilte Ziel ja keineswegs die genaue Kenntnis des Nationalsozialismus war und ist. Das angestrebte Ziel ist ein doppeltes: einerseits will man alle möglichen Erscheinungen, die zwar sehr verdammenswert sind, aber mit dem historischen Nationalsozialismus nicht das geringste zu tun haben, mit dem Etikett „Nazi" versehen; andererseits will man die Menschen daran hindern, zu verstehen, daß der authentische Nationalsozialismus nicht mehr existiert und daß die größte totalitäre Gefahr seit der Niederlage des Nationalsozialismus, diesmal global und weltweit, von seiten des Kommunismus droht. Um dieses Ergebnis zu erzielen, ist es wünschenswert, über die Vergangenheit die größtmögliche Unkenntnis aufrechtzuerhalten, um solcherart die größtmögliche Betrügerei in der Gegenwart zu erleichtern.

Die bisherigen historischen Beispiele könnten zur Ansicht verleiten, daß meine Hypothese vor allem auf Frankreich anzuwenden wäre und auf jene Länder, die von den Nationalsozialisten oder den Faschisten besetzt wurden. Tatsächlich stehen diese Länder in einer zweifelhaften Beziehung zu ihrer Vergangenheit, da sie ja die Kollaboration mit dem totalitären Besetzer gleichermaßen verdammen wie leugnen wollen. Dieses Verhältnis zur eigenen Erinnerung wird noch morbider, wenn ein Land selbst zu den Wiegen des Nationalsozialismus und Faschismus gehört hat. Und doch herrscht augenblicklich die Manie, überall den Faschismus höchst lebendig zu sehen, obwohl er ja vor mehreren Jahrzehnten gestorben ist, und das überraschenderweise auch in jenen Ländern, die selbst weder faschistisch noch besetzt gewesen sind. In den Vereinigten Staaten ist es eher Erinnerung an die Methoden McCarthys, mit denen jede Kritik an der Linken oder an am totalitären Kommunismus zurückgewiesen wird. Gegen jeden Intellektuellen, den die Verwundbarkeit des Westens gegenüber den Propagandathemen des Kommunismus beunruhigt, wird sofort die Anschuldigung erhoben, er wolle die McCarthy-Ära wieder aufleben lassen oder blase zu einer neuen „Hexenjagd". Den Gipfel des Paradoxen stellt Großbritannien dar, eine Nation, die es mehr als jede andere verdient hat, von der neurotischen Obsession gegenüber der äußersten Rechten unberührt zu bleiben. Auch dort werden immer wieder Leute, die einfach das Unrecht begehen, konservativ zu wählen oder die einseitige Abrüstung abzulehnen, als „Faschisten" abqualifiziert. So hat der *Guardian* während der Wahlkampagne im Frühling 1987 Margret Thatcher mit einem „Nazigeneral" verglichen. Denis Healey, früher Verteidigungsminister und Schatzkanzler, rief bei einer Versammlung, die Regierung von Frau Thatcher bestehe aus „Sklaven dieser Dame, stillen Überlebenden ihres persönlichen *Holocausts*".[1] Bedenkt man, welche Resonanzen das Wort „Holocaust" erweckt, so muß man solche Redewendungen einer unwürdigen Unehrlichkeit zuschreiben oder einer totalen Sorglosigkeit. Die „Banalisierung" dieses schlimmsten Vorwurfs wäre in der entgegengesetzten Richtung keineswegs gestattet; es hätte Proteste nur so gehagelt, wenn Frau Thatcher Herrn Healey „Tschekist" oder „Freund des Gulag" genannt hätte, weil er offen seine Bewunderung für die Sowjetunion zur Schau stellte oder empfahl, die Fabriken wieder zu verstaatlichen, die sie privatisiert hatte.

Die Hitze des Wahlkampfes genügt nicht als Begründung für dieses Exzesse im Sprachgebrauch. Es ist bequem für die Linke, alle Ideen, die von den ihren abweichen, mit Faschismus gleichzusetzen, und es ist wesentlich, die faschistische Gefahr aufzublasen, um die öffentliche Aufmerksamkeit von der kommunistischen Gefahr abzulenken. Das Licht, das die Erinnerungen an den Zweiten Weltkrieg auf die Gegenwart werfen, läßt Randerscheinungen bedeutsamer erscheinen und hilft, sehr verschieden geartete Haltungen über denselben Leisten zu schlagen. So erhielt ich zu meiner Verblüffung Anfang 1985 eine Einladung, als „Experte“ vor dem Europarat in Brüssel dafür Zeugnis abzulegen, daß „Faschismus und Rassismus in Europa wieder im Ansteigen begriffen sind“. Da aber die letzten faschistischen Diktaturen, die griechische, die spanische und die portugiesische, in Europa ja gerade seit zehn Jahren verschwunden waren, da keine einzige Partei, die in der Lage wäre, an die Macht zu kommen, ihre Doktrinen mehr vertrat, da nichts mit den mächtigen „Ligen“ der Vorkriegszeit Vergleichbares imstande schien, die Demokratien zu stürzen, hätte ich an eine Verspätung im Postweg geglaubt, die mir eine Sendung zukommen ließ, die fünfzig Jahre vorher abgeschickt worden war. Aber schließlich gab es im Jahre 1935 noch keinen Europarat, und ich mußte der Tatsache ins Auge blicken: Es war tatsächlich im September 1984, so erfuhr ich, auf Vorschlag der sozialistischen Gruppe eine Untersuchungskommission eingerichtet worden, die das Wiederaufleben von Faschismus und Rassismus in Europa untersuchen sollte. Besagtes Parlament wähnte sich in universellem Auftrag und beauftragte die Kommission, die faschistische Geißel auch weit jenseits der Grenzen der EG zu verfolgen; man fragt sich, in wessen Auftrag. Aber zunächst ging man daran, Europa zu säubern. In einem Augenblick, da der sowjetische Imperialismus das Netz seiner erfindungsreichen Strategie immer dichter über uns und der ganzen Welt zusammenzog, als der Terrorismus orientalischer Herkunft gegen die liberalen Gesellschaften wütete, da wir unter chronischer Arbeitslosigkeit litten, da unsere nachhinkende Wirtschaft und Technologie von der Wirtschaftskonkurrenz Japans und der neuen Industriestaaten schwerst angeschlagen waren, da der koloniale Totalitarismus sich in Mitteleuropa endgültig installierte, in einer benachbarten und verwandten Region, die durch Geschichte und Kultur mit uns verbunden ist, in diesem Augenblick behandelte der Europarat ausgerechnet das Wiederaufleben des Faschismus als vordringliche Frage, beschloß sogar, dieser Frage seine Zeit und das Geld der Mitglieder zu widmen, und das obendrein in einer der wenigen Gegenden unseres Planeten, wo die Demokratie eigentlich stark genug schien, um seine Rückkehr mit größter Wahrscheinlichkeit auszuschließen – zumindest für den Zeitabschnitt, den eine vernünftige politische Voraussicht noch abschätzen kann. Die Frage des Wiederauflebens der faschistischen Gefahren wurde auch von achtzehn der vierundzwanzig „Experten“ als vorrangig eingestuft, die nach Brüssel gekommen waren, natürlich nicht auf ihre Kosten, um von Jänner bis März 1985 vor der Kommission auszusagen. Ich gehörte zur sechs Personen zählenden Minderheit, die im Vergleich mit dem Massenfaschismus der Vorkriegszeit die heutigen rechtsextremistischen Gruppen als eher unbedeutend einstufte.[2] Schon der Wortlaut des Themas, das einer Untersuchung unterworfen wurde, ließ befürchten, daß man nicht informieren, sondern ein ideologisches Objekt konstruieren wollte. In einer ersten Runde verbaler Alchimie wurden unzusammengehörige Elemente unter dem Begriff des Faschismus vereint. Verstreut über ganz Europa finden sich rechtsextreme Gruppen oder Grüppchen, die erstens sehr klein sind, und zweitens sehr heterogen. Dazu gehören unter anderen etliche Dutzend von manischen Federfuchsern, die sich nach der nationalsozialistischen Vorstellungswelt sehnen; Anhänger der traditionellen Rechten, die vielleicht Royalisten sind oder fundamentalistische Katholiken; Gedanken-Gesellschaften ohne politische Aktivität wie die neue intellektuelle Rechte in Frankreich, nämlich die Theoretiker der Zeitschriften *Eléments* und *Nouvelle Ecole*, die antichristlich sind, antiamerikanisch und antikapitalistisch; als „schwarz" bezeichnete Terroristengruppen, deren wahre Ahnen und Auftraggeber im übrigen äußerst schwer zu identifizieren sind: in der Bundesrepublik Deutschland schreibt ein Kenner des Terrorismus, daß „alle, wir sagen *alle* Neo-Nazi-Gruppen von Ostdeutschland gegründet, unterwandert und manipuliert werden".[3] Keine von diesen Gruppen hat jemals genügend Wähler um sich geschart, um auch nur einen einzigen Abgeordneten in einem Parlament zu erreichen. Die einzige neofaschistische Gruppierung, die eine kontinuierliche Parlamentsvertretung erreichen konnte, war der MSI (Movimiento Sociale Italiano), der dank des Verhältniswahlrechts regelmäßig mit seinen 5–6% der Stimmen einige Sitze erringt. Aber da sie ausgeschlossen sind vom italienischen „konstitutionellen Bogen", das heißt, daß man sie in der Kammer so behandelt, als existierten sie nicht, übt diese Partei ohne Zeitungen und ohne Zugang zu den Ministerien praktisch überhaupt keinen Einfluß aus. Übrigens hat sie in diesem Punkt mit der faschistischen Vorkriegsdoktrine gebrochen und folgt zumindest im Prinzip demokratischen Prinzipien: sie verbietet sich selbst den Weg des Putsches, wo sie außerdem aufgrund ihrer Schwäche nur Lächerlichkeit ernten könnte und einige Monate Gefängnis.

Die Urheber dieser Frage begingen einen doppelten Schwindel: sie warfen die sporadischen Gruppen von heute mit dem Vorkriegs-Faschismus in einen Topf; und sie postulierten die angebliche Einheitlichkeit dieser Gruppe. Letzteres war der zweite alchimistische Verschmelzungsvorgang. Er erlaubte es, den Zaubertrank in Reinkultur abzuklären: die vorrangige und eilige Dringlichkeit, eine allgemeine faschistische Gefahr anzuprangern. Wenn man die exzentrischen, skeletthaften rechtsextremistischen Zellen der Jahrhundertwende vergleicht mit den mächtigen Massenparteien, die in der Zwischenkriegszeit die politische

Szene überrannten und schließlich gänzlich besetzten, so verträgt sich das wirklich überhaupt nicht mit den Gesetzen der Wahrscheinlichkeit. So müßte man, wollte man den Vergleich ernst nehmen, den heutigen Rechtsextremisten eine gewisse Beständigkeit zugestehen, ihnen Einheit, Koordination, ja sogar gemeinsames Vorgehen zuschreiben. Isoliert ist jede dieser Gruppen eine Stechmücke; vereint man sie alle zu einer gemeinsamen Planungseinheit, so können sie wie eine Elefantenarmee wirken. Daher stammt das ständige Bemühen, zu beweisen, daß sie eine zusammenhängende internationale Organisation darstellen. Noch am 4. Juni 1987 kam die Pariser linke Wochenzeitschrift *L'Evénement du jeudi* mit der riesigen Schlagzeile „Die Internationale der Neo-Nazis" heraus. Immer die großen aktuellen Probleme! Man wird so nebenbei auch eine Umkehrung in der Wahrnehmung der Bedrohungen bemerken. Zu einem Zeitpunkt, da eine sehr lebendige, reale und riesige Internationale von Moskau ausgeht, der man weder eine gewisse Allgegenwart absprechen kann noch den Titel eines erstrangigen Handlungsträgers im Weltgeschehen, verschwendet die linke Phantasie voll Inbrunst ihre Kraft damit, die bescheidenen Überreste einer paläontologischen Rechten aufzusammeln, die sich in den schmalen Spalten unserer weitgehend demokratischen Gesellschaften festgeklemmt haben, und schreit uns zu: „Hört auf, euch zu täuschen! Wendet eure Blicke nicht mehr nach Osten! Schaut hierher! Hierher, auf die Neo-Nazi-Internationale! Hier liegt die wahre Gefahr!" Und eine Wochenzeitschrift macht daraus ihr Titelblatt im selben Augenblick, da Gorbatschow vor Europa auf dem Bauch kriecht und dabei jeden Tag seinen Plan des atomwaffenfreien Kontinents einen Schritt näher an die Realisierung heranbringt, diese uralte sowjetische Hoffnung, die den amerikanischen Rückzug bewirken soll und das Auseinanderfallen des Sicherheitsgürtels, der vor vierzig Jahren mit der Unterzeichnung des Atlantikpakts aufgestellt worden war. Hol der Geier diese Kinkerlitzchen! Reden wir ein bißchen über die wahren Gefahren, und wenn es nicht anders geht, so fabrizieren wir sie!

Man könnte diese Haltung dahingehend interpretieren, daß sie die heimliche Resignation einer Kultur widerspiegelt, die sich unfähig fühlt, einer Kraft zu widerstehen, die Schritt für Schritt Gewalt über sie gewinnt, und daher zum Ausgleich einen Theaterdonner liefert gegen ein eingebildetes oder zumindest stark übertriebenes Übel. Um die vorgebliche Einheit eines neuen internationalen Faschismus bedrohlicher erscheinen zu lassen, die ja eine reine Gedankenkonstruktion ist, wirft das wohlbekannte Rezept des Amalgams alles kunterbunt durcheinander in denselben Topf: die Anhänger des gewalttätigen Neo-Nazitums, die schreckenerregenden Verbrecher des schwarz und nur schwarz gesehenen Terrorismus, oder auch die wissenschaftlichen Forscher, die den Fehler begehen, als Disziplin die Soziobiologie zu wählen. *Guardian* und *Times Literary Supplement,* das angesehenste literarische Wochenmagazin Großbritanniens, gehen sogar so weit, die neo-liberalen Franzosen, Schüler von Locke, Montesquieu und Tocqueville, mit der neuen Rechten, Erben von Gobineau und Maurras, zu verwechseln – oder dies vorzugeben. Inkompetenz? Hinterlist? Oft hilft eines dem anderen.[4] In einer ersten Stufe bläht man die Erfolgschancen des Faschismus künstlich auf und macht daraus eine Einheit, in der zweiten Phase fügt man die demokratische Rechte hinzu, die Konservativen, die Anhänger der freien Wirtschaft, die Gegner der Verstaatlichung und des Kollektivismus. Zum Schluß ist jedermann ein Faschist – ausgenommen die Sozialisten und Kommunisten, versteht sich. Schlimmer noch: wenn man eine Persönlichkeit aus dem linken Spektrum kritisiert, sei es auch zu einem Punkt, der nichts mit Politik zu tun hat, so bedeutet das manchmal, daß man in den Faschismus zurückfällt. Marek Halter, sonst meist gewitzter, schreibt in *Paris-Match* (1. Juli 1988) zu Marguerite Duras: „Manche werfen ihrem Aufsatz zur Affäre Villemin vor, zu sehr auf Paris zu setzen. Das sind oft dieselben Leute, die Céline verzeihen, daß er einen Teil seines Werkes auf dem Rücken der Juden aufgebaut hat." Die Affäre Villemin ist eine äußerst verworrene kriminelle Affäre, über die Duras sich unbedacht geäußert hatte. Wie kann man zum Teufel, aus der Tatsache, daß jemand ihr Unverantwortlichkeit in einer Angelegenheit des Strafrechts vorwirft, darauf schließen, daß derselbe Kritiker den Antisemitismus Célines für gut befindet? Nur so: wer Duras in ihren verwirrenden Gedankengängen nicht folgen will, macht sich zum Komplizen des Holocaust.

Zum Wiederaufleben des Faschismus fügten die Erfinder des Untersuchungsthemas, das der Klarsichtigkeit der europäischen Vereinigung unterworfen werden sollte, das Wiederaufleben des Rassismus hinzu. Wir müssen folglich die politische Funktion dieses Begriffs innerhalb des Tabus untersuchen.

6

DIE POLITISCHE FUNKTION DES RASSISMUS

So ist es die Funktion des großen Tabus, den „linken" Totalitarismus legitim zu machen – wenn man ihn noch so bezeichnen will. Theoretisch wachen die Hüter des Tabus darüber, daß die Urteile, die wir über die beiden Totalitarismen fällen, gerecht verteilt werden. Praktisch setzt diese scheinbare Unparteilichkeit es voraus, daß man vorher einen rechten Totalitarismus konstruiert, der im Kontext der zweiten Hälfte des 20. Jahrhunderts eine reine Erfindung ist, das, was man in der guten alten Philosophie ein ideeles, nur in der Vorstellung bestehendes Vernunftwesen („être de raison") nannte. Mit „Vernunftwesen" meinte man nicht, daß dieses Wesen rational oder vernünftig sei, sondern daß es ein Produkt unserer Denkfähigkeit war, ein Konzept, dem kein reelles Objekt entsprach. Sicherlich sind nicht alle zeitgenössischen Regime, die nicht kommunistisch sind, alle gleich demokratisch, weit gefehlt, aber die nicht demokratischen und nicht kommunistischen Regime stellen keine homogene politische und strategische Macht dar, die auf einem gleichen Prinzip aufgebaut, über dieselbe Machtstruktur verfügt und von derselben Ideologie inspiriert ist. Mit anderen Worten: es gibt im Jahr 1990, wenn diese Zeilen erscheinen, keinen weltweiten Nationalsozialismus, den man als Zwillingsbruder des Kommunismus bezeichnen könnte.

Die angebliche Gleichheit der Behandlung für beide nützt folglich nur dem Kommunismus. Dieser sieht sich durch diese Ausflucht von allen Sünden freigesprochen oder, schlimmer noch, auf Bewährung verurteilt, unter dem Vorwand, wir hätten nicht das moralische Recht, ihn zum Feind des Menschengeschlechts zu erklären, solange der internationale Faschismus gar nicht existiert, ist auch das Risiko, ihn baldigst auszurotten, gering, was der Immunität des Kommunismus ewige Dauer verleiht. Außerdem wird auch auf einer strikt formalen und verbalen Ebene die Gleichheit der Behandlung nicht eingehalten. Wir brandmarken die Verbrechen gegen die Menschlichkeit in Afghanistan nicht einmal mit einem Tausendstel der alltäglichen Strenge, die wir in unseren Schmähreden gegen die südafrikanische Apartheid bezeugen. In der Wirtschaft ziehen sich die westlichen Firmen aus Südafrika zurück, während sie ihre Dienstleistungsangebote an die Sowjetunion vervielfachen. Keine einzige politische Führungspersönlichkeit eines demokratischen Landes empfängt den General Pinochet oder besucht ihn. Dagegen haben sowohl der Präsident der französischen Republik als auch der Präsident des italienischen Rates den General Jaruzelski empfangen, und der spanische Ministerpräsident hat Fidel Castro einen Besuch abgestattet. Der griechische Premierminister (ein Sozialist wie seine drei Vorgänger) hat seinerzeit während der achtziger Jahre noch viel kategorischer zugunsten des internationalen Kommunismus und des Terrorismus Stellung bezogen, wann immer sich ihm die Gelegenheit dazu bot. Praktisch wie theoretisch ist also die Gleichsetzung der beiden totalitären Gefahren ein Mythos, der so zurechtgezimmert wurde, daß er automatisch dem Kommunismus zum Vorteil gereicht.

Ich habe in meinem Buch *So enden die Demokratien* dieses verzeihende Benehmen beschrieben und als „Rücken-an-Rücken-Methode" bezeichnet. Wenn ich jetzt darauf zurückkomme, dann aus dem Blickwinkel der Information. In diesem Bereich spielt die Rücken-an-Rükken-Methode tatsächlich ganz besonders regelmäßig dem Kommunismus in die Hand. Das ängstliche Vermeiden jeder einseitigen Verurteilung des Kommunismus, „solange es noch faschistische Regime gibt", hat seit langem zu einer massiven Zensur geführt, oder zumindest zu einer Verringerung der Information über die kommunistische Welt und ihre offiziellen oder offiziösen Verbündeten, wie auch zu einer Gewöhnung an den chronischen Charakter der Menschenrechtsverletzungen, die dem kommunistischen System innewohnt. Man kann über die autoritären Regime in Chile nach 1973, auf den Philippinen bis zum Jahr 1986, in Südkorea bis 1987, und in Südafrika sagen, was man will, aber sicherlich nicht, daß es uns an Informationen zu diesem Thema mangelte oder mangelt. Niemand wird die westlichen Medien verdächtigen, die Tendenz, die Missetaten und Verbrechen dieser Regierungen zu verschweigen, oder die Bedeutung der Proteste und Volksdemonstrationen zu unterschätzen, deren Zielscheibe sie sind. Wenn sie Reformen behandeln, die in eine richtige Richtung weisen, dann sind unsere Medien nur selten so gnädig, uns darüber zu informieren, außer vielleicht mit spitzen Lippen und meist in der Absicht, ihre Unzulänglichkeit zu unterstreichen. Dagegen wird jede Ankündigung liberaler Reformen, die in einem kommunistischen Land das Licht der Welt erblickt, mit Sympathie und Vertrauen aufgenommen, bis ins kleinste Detail erläutert und wiedergekäut. Es ist gar nicht möglich, sie zu übersehen. Die Ankündigung wird mit der Durchführung gleichgesetzt und daran zu zweifeln gilt als ein Zeichen der Böswilligkeit. Gegenüber westlichen Staatsmännern ist es eine der Anforderungen an einen kritischen Geist, vor allem für einen Journalisten, niemals die Absichtserklärungen mit den Handlungen zu verwechseln. Gegenüber sowjetischen Staatsmännern ist das eine tendenziöse und parteiische Haltung, wenn man die ersteren nicht für die letzteren nimmt. Nach einem Bericht der *Neuen Zürcher Zeitung* haben die Chefredakteure der wichtigsten deutschen Zeitungen ihre Moskauer Korrespondenten im Jahr 1987 mehrmals an die Kandare genommen, weil sie ihnen vorwarfen, dem Reformprogramm Gorbatschows gegenüber zu skeptisch und lauwarm zu sein. Man ersuchte sie, ab sofort konstruktiver zu sein, mehr Schwung und Zukunftsglauben zu zeigen.

Das sind einige der Gründe, warum ich in einem Buch, wo es mir darum geht, herauszufinden, ob die Menschen unserer Zeit alle Informationen, über die sie verfügen, auch wirklich nützen und zu nützen wünschen, meistens die Beispiele für flagrante oder nachlässige Verschleierung der Wahrheit meistens unvermeidlich auf der Seite des Kommunismus und, allgemeiner gesprochen, auf der Seite der Linken finde. Lange Zeit war die intellektuelle Unredlichkeit rechts lokalisiert, oder sie war zumindest gleichmäßig verteilt. Seit 1945 ist dieser wesentliche Bestandteil menschlichen Glücks egoistischerweise von der Linken monopolisiert. In der Zwischenkriegszeit konnten die Anhänger Hitlers und Stalins auf der Basis der Gleichberechtigung mit ihren Betrügereien wetteifern, sie praktizierten sie wissentlich und zynisch gegenüber den demokratischen Tölpeln, die in ihren Augen so leicht zu täuschen waren. Seit der Vernichtung des Nationalsozialismus und vor allem, seit die europäischen Sozialisten und die amerikanischen „Liberalen“ in ihrer Praxis der öffentlichen Debatte die Methoden der Kommunisten nachzuahmen begonnen haben, liegt die intellektuelle Unredlichkeit links. Nicht, weil die Rechte keine Lust mehr hätte, sie zu benützen, aber das Talent dazu ist ihr abhanden gekommen. Sie hat weder die notwendigen philosophischen Grundlagen noch die dialektische Virtuosität. Auch wenn sie die Wahrheit sagt, glaubt man ihr nicht mehr. Die Liberalen gehen der Linken auf den Leim, wenn sie ihre Forderungen akzeptieren, in der Hoffnung, einen aufrichtigen Dialog wiederaufzunehmen. Die Unglücksraben verstehen nicht, daß diese Forde-

rungen derart zurechtgestutzt sind, daß sie ihre unvermeidliche Verurteilung bereits als Keim in sich tragen.
Ein gutes Beispiel für diese vergifteten Forderungen liefert der Begriff des Rassismus, wie man ihn heutzutage gebraucht, ein so allgemeiner und weiter Begriff, daß kein noch so ehrlicher und gewissenhafter Demokrat es vermeiden kann, unter diese Anschuldigung zu fallen.
Der erste Schritt für die Benützung des Rassismus bei der Errichtung der großen Tabus besteht darin, die Vielfalt auf die Einheit zurückzuführen, das heißt, alle möglichen Vorgangsweisen, die alle sicherlich zu rügen, aber von sehr verschiedenem Gewicht sind, von verschiedenem Grad an Schädlichkeit und vor allem von verschiedenem Ursprung, zu einem einzigen grundlegenden Begriff zusammenfügen – Rassismus. Der zweite Schritt hat zum Ziel, diesen vereinheitlichten Rassismus, den man durch die Verschmelzung Tausender diskriminierender oder verächtlicher Verhaltensweisen gewonnen hat, mit dem ideologischen, doktrinären und pseudo-wissenschaftlichen Rassismus der Theoretiker des Dritten Reichs gleichzusetzen. In einem dritten Schritt wird man schließlich jede Maßnahme, die die menschlichen Wesen einzuteilen versucht und die einen von den anderen unterscheidet, sei es auch nur aus praktischen Gründen – auf der Ebene der Schule, des Gesundheitswesens, des Berufs oder eher der Ordnung halber – als diskriminierend bezeichnen und damit dem Rassismus, ja dem Nationalsozialismus gleichsetzen. So kann es zum Beispiel eine gute oder schlechte Maßnahme sein, wenn man für den Zugang zur Universität eine Zulassungsprüfung einführt. Man kann darüber von einem pädagogischen und sozialen Standpunkt diskutieren. Aber bei den Demonstrationen der Mittelschüler gegen diese Zulassungsprüfung, die im Dezember 1986 in Frankreich stattgefunden haben, und wenig später in Spanien, hat die technische Argumentation überhaupt keine Rolle gespielt. Die Rhetorik des Protests stammte aus der antirassistischen Metaphysik. Sie verurteilte das Prinzip der Prüfung als „Ausgrenzungsverfahren“. Das Schlagwort hieß „Nein zur Diskriminierung“. Mit anderen Worten, ein angehender Student, dessen Wissensstand man überprüfen wollte, wurde mit einem Schwarzen in Südafrika oder einem von Hitler verfolgten Juden verglichen. Die Regierung, die diese Auslese vorschlug, fand sich als faschistisch eingestuft, auf dem Umweg über ein Vorhaben, das man nur mit Hilfe des rassistischen Paradigmas beurteilen konnte, da ja Universitätszulassungsprüfung gleichbedeutend ist mit Trennung, Ausschluß, Diskriminierung, und – wer weiß? – mit Deportation . . .
Im Hintergrund jedes totalitären Systems steht eine Ideologie, deren Funktion es ist, einen Plan weltweiter Herrschaft zu rechtfertigen, den

es unter anderem notfalls auch durch physische Eliminierung der feindlichen oder hinderlichen Gruppen in die Tat umsetzt. In der kommunistischen Ideologie sind diese Gruppen sozial bedingt; in der nationalsozialistischen Ideologie waren sie rassistisch. Auf der These aufbauend, daß die menschlichen Rassen biologisch verschieden sind, daß bestimmte Rassen anderen überlegen sind und daß die „höheren" Rassen das angebliche Recht haben, die „unterlegen", unrein oder schädlich genannten Rassen zu unterwerfen, das heißt verschwinden zu lassen, hat die rassistische Metaphysik des Nationalsozialismus, wie man weiß, ein Vernichtungsprogramm gegen die Juden und Zigeuner Europas sowie die Unterwerfung der lateinischen und slawischen Völker bewirkt. Wie absurd diese Theorie ist, beweist unter anderem die Tatsache, daß es ja – jeder Anthropologe weiß das – keine jüdische Rasse gibt. Judaismus und Judeität (dieser Ausdruck wurde von Albert Memmi erfunden, um das Zugehörigkeitsgefühl der nichtreligiösen Juden zu einer kulturellen und sittenmäßigen Tradition[1] zu bezeichnen) trifft man bei fast allen menschlichen Rassen. Allerdings ist die Widersprüchlichkeit der Begriffe ja fast eine der Bedingungen für das ideologische Sektierertum. Welcher Marxist denkt daran, festzustellen, daß sich im Laufe des 20. Jahrhunderts die sozialen Ungerechtigkeiten in den kapitalistischen Gesellschaften verringern und in den sozialistischen Gesellschaften vergrößern?

Der nationalsozialistische Rassismus stellte eine genau definierte, in Zeit und Raum genau lokalisierte Ungeheuerlichkeit dar, eine ideologische Einstellung der Menschen, begründet auf dem Wahn der Reinheit und Unreinheit, die, nach anderen Kriterien, übrigens auch der segregativen Mentalität des Kommunismus nicht fremd ist, mit seinen „zähen Ratten", seinen „unzüchtigen Vipern" und anderen „Schakalen" und „Hyänen", mit denen man nur fertig wird, wenn man sie in „Kämpfen liquidiert". Ähnlich hatte der Konvent während der Französischen Revolution im Bürgerkrieg der Vendée seinen festen Entschluß verkündet, die „Räuber der Vendée umzubringen", inklusive der Zivilbevölkerung, um „den Boden der Freiheit endlich vollständig von dieser verfluchten Rasse zu reinigen". Man genieße die Logik dieses Gedankenganges, der im Namen der Freiheit den Völkermord predigt. Die „Ausgrenzungsmechanismen" führen tatsächlich, wenn sie sich mit einer totalitären Ideologie verbünden, zu einer solchen Logik.

Folgt daraus, daß jede Fremdenfeindlichkeit, auch wenn sie sich auf ein herablassendes Mißtrauen dem Fremden gegenüber beschränkt, wie man sie in jedem Land antreffen kann, aus einer nationalsozialistischen Ideologie stammt oder dorthin führt? Wenn ja, dann war die gesamte Menschheit immer schon nationalsozialistisch und ist es noch heute.

Ich würde sogar sagen, sie wäre unheilbar. Einzige Lösung: die Ausrottung. Das Mißtrauen, die Angst oder die Verachtung gegenüber einem anderen Individuum, das aus einer anderen Gemeinschaft kommt, eine andere Sprache spricht, eine andere Religion ausübt, eine andere körperliche Erscheinungsform hat – das sind uralte und allgemeine Gefühle. Sie führen zu Ausgrenzungsreaktionen. Im besten Fall zur Unterscheidung, im schlechtesten zur Aussonderung, den beiden bedauerlicherweise spontanen volkstümlichen Beziehungen der Menschen untereinander. Das ist keine vernünftige Wahl, es ist eine anthropologische Gegebenheit. Um diese Gefühle zu überwinden und dieses Betragen zu ändern, braucht jeder von uns eine politische Erziehung, ja Philosophie, die Furcht langen Teilhabens an der demokratischen Kultur, eine lange Prägung der Mentalität durch eine humanistische und universalistische Moral. „Der Rassismus ist natürlich", schreibt Albert Memmi, und der Antirassismus ist es nicht: letzterer kann nur eine lange und schwierige, immer bedrohte Eroberung sein, wie es jede kulturelle Fertigkeit ist.[2] Es ist nicht leicht, soweit zu kommen, daß alle daraus ihr Kulturgut machen. Dieses Ziel wird nicht überall schnell erreichbar sein, und sicherlich nicht dadurch, daß man jedermann als Nazihenker brandmarkt, dessen Seele noch Überreste der fremdenfeindlichen oder rassistischen Vorurteile trägt, und der mit seinem maghrebinischen oder schwarzen Nachbarn keine brüderlichen und höflichen Beziehungen unterhält, wie es eigentlich wünschenswert wäre. In Frankreich hat die Vereinigung „SOS-Rassismus" oft Kampagnen geführt, deren hauptsächliche Botschaft weniger die moralische zur gegenseitigen Verständigung zwischen Franzosen und Afrikanern war, sondern vielmehr die Exkommunizierung der Franzosen als infame Rassisten, die gerade gut genug wären, um sich den hitlerischen Sturmscharen anzuschließen. Es ist klar, daß eine so beleidigende Verallgemeinerung die verschiedensten Leute wütend machen muß, die sich absolut nicht rassistisch finden und auch nicht die Absicht haben, es zu werden. Das geht ganz eindeutig in die falsche Richtung, wenn man annimmt, daß das Ziel sein soll, die Beziehungen zwischen Gruppen verschiedenen Ursprungs zu verbessern und nicht, sie zu vergiften, um sie politisch ausnützen zu können.

Ein unglückseliger Irrtum, ja, ein krimineller Irrtum, falls er absichtlich ist, setzt die Abwehrhaltungen, die durch einen starken Zustrom eingewanderter Arbeiter ausgelöst werden, mit ideologischem und vernichtendem Rassismus gleich. Sicherlich sind diese Haltungen nicht wünschenswert, sicherlich sollte man sie zum Verschwinden bringen, aber das kann man nur durch Erziehung, Erklärung, Überzeugung erreichen, und vor allem durch die Verbesserung der konkreten Zustände,

die die Reibereien zwischen Neuankömmlingen und Alteingesessenen verursachen. Wenn man die letzteren beschimpft und Faschisten nennt, so bietet das keine Chance, in ihnen offene Haltungen gegenüber den Einwanderern auszulösen, die sie – von ihrem Standpunkt aus gesehen – gewaltsam überschwemmen. Toleranz läßt sich nicht durch Intoleranz unterrichten. Wie kannst du deiner Gesellschaft menschlichen Respekt gegenüber den Zuwanderern einprägen, wenn du selbst Verachtung ausstrahlst, sobald du zu deinen eigenen Mitbürgern sprichst? Dieselben Leute, die „Ausgrenzungsverhalten" gegenüber den Zuwanderern oder den Aidskranken diagnostizieren, wenden es selbst vorbehaltlos an, wenn sie diejenigen ihrer Mitbürger, die das Unrecht begehen, den Zuwanderern gegenüber feindlich zu sein, in den niederträchtigen Abgrund des nationalsozialistischen Rassismus stürzen und sie, wenn schon nicht rechtens, dann wenigstens tatsächlich in den politischen Tod treiben wollen, wo es doch besser wäre, zu überzeugen, statt zu exkommunizieren.
Alle Ansammlungen von Bevölkerung, ganz besonders im armen städtischen Milieu, führen zwischen den Gruppierungen zu Reibereien, deren Ursprung viel weniger im Rassismus als in den Schwierigkeiten des Alltags liegt. Der beste Beweis dafür ist, daß in den Vereinigten Staaten diese Konflikte zum Beispiel zwischen Spaniern und Schwarzen, zwischen schwarzen Amerikanern und Schwarzen aus Haiti ausbrechen; in Indien zwischen Bengalis, die in Bengalen angesiedelt sind, und Bengalen aus Bangladesh; in Italien, am Beginn der sechziger Jahre, zwischen Süditalienern, die massenweise in die Lombardei und ins Piemont kamen, um von den Arbeitsplätzen zu profitieren, die der industrielle Aufschwung brachte, und den Norditalienern, die ihre Mitbürger aus dem Süden oft viel schlechter behandelten, als die Franzosen die Maghrebiner oder die Deutschen die Türken oder die Norweger die Pakistanis. Die sozialistische spanische Regierung von Felipe Gonzáles schuf in den achtziger Jahren im Kampf gegen die Arbeitslosigkeit unablässig Staudämme gegen die Einwanderer hispano-amerikanischer Herkunft, obwohl diese Einwanderer sich von den Spaniern der Halbinsel weder in der Sprache, noch in der Religion, noch in der Rasse unterscheiden (die reinen Indios versuchen niemals, nach Europa zu emigrieren). Es ist interessant, darauf hinzuweisen, daß Felipe González diese Politik mit denselben Begründungen rechtfertigte wie Jean-Marie Le Pen in Frankreich: die Zuwanderer nehmen den Spaniern die Arbeit weg. Man hat ausführlich bewiesen, daß diese Rechnung in fast allen entwickelten Ländern fast immer falsch war, wo eine gehobene Arbeitslosigkeit sehr gut mit einem Bedarf an Arbeitern einhergehen kann. In bestimmten Fällen trifft es zu, daß der Einwanderer

möglicherweise einem heimischen Bewerber um die Stelle einen Arbeitsplatz wegnimmt, aber nur, wenn er besser ausgebildet ist als letzterer, eine Hypothese, die folglich nur die Immigration von einem entwickelten in ein weniger entwickeltes Land betrifft und nicht umgekehrt. Die Verweigerung der Aufenthaltsbewilligungen, die Willkürakte und Ausweisungen, die Hispano-Amerikaner nach 1982 in Spanien seitens der sozialistischen Regierung erlebten, sind um so schockierender, als ja Millionen von Spaniern in Lateinamerika Arbeitsplätze gefunden haben und noch finden, wohin sie nach dem Bürgerkrieg in großer Zahl auswanderten und wo sie die Gewohnheit und Möglichkeit bewahrten, auch zu bleiben. Felipe González glaubte sicherlich, die Interessen der spanischen Arbeiter zu schützen, aber er hat dennoch in diesem Punkt meiner Meinung nach einen wirtschaftlichen Fehler und eine moralische Armseligkeit begangen. Hätte man aus diesem Grund das Recht, ihn als Nachfahren Eichmanns zu behandeln?

Als die Rassenprobleme, die mit der Zuwanderung zusammenhängen, in Frankreich die Anhängerschaft der Nationalen Front zu vermehren begannen, kümmerte sich die Linke, die damals an der Macht war, keineswegs darum, die Ursachen für diese Spannungen gründlich zu behandeln. Sie sah im Aufstieg von Jean-Marie Le Pen einen unverhofften politischen Fund. Einerseits tat sie alles, um der Idee Vorschub zu leisten, Le Pens Nationale Front sei die Wiederauferstehung der totalitären Rechten der Vorkriegszeit. Andererseits änderte sie das französische Wahlrecht, um dieser extremen Rechten den Einzug ins Parlament und damit eine Legitimität zu ermöglichen. Schließlich beschuldigte sie die Liberalen, sie seien Komplizen der Nationalen Front, das heißt, aufgrund eines historischen Parallelschlusses, mit Faschismus und Rassismus. Insgesamt war der teuflische Knoten geschlungen, die vernichtende Vorführung zu Ende geführt, und um sie endgültig zu installieren, schlug der Europarat dieses Thema dem Untersuchungsausschuß vor: die Nationale Front sei nichts anderes als die Wiedergeburt der nationalsozialistischen Partei, und die liberale Rechte unterscheide sich im wesentlichen nicht von der Nationalen Front – und auch nicht, im europäischen Maßstab, von der faschistischen und rassistischen Strömung. Wir begegnen hier einem alten Wahn der Sozialisten aufs Neue, der sie im übrigen nicht daran hindert, sich als die Vorreiter der Toleranz und des Pluralismus selbst anzupreisen! Wer kein Sozialist ist, kann auch kein wahrer Demokrat sein.

Noch einmal: was bei dem in Mode gekommenen Vergleich zwischen dem „Phänomen Le Pen“ und dem Beginn der Hitler-Welle in den zwanziger und dreißiger Jahren auffällt, ist die Dürftigkeit der Analyse und die Nachlässigkeit im Verarbeiten der Informationen. Wenn Michel Rodard sagt: „Hitler hatte in seinen Anfängen auch nur einen kleinen Teil der Wählerschaft hinter sich", so hat er recht, und zwar in dem Sinn, daß man ein Übel besser gleich zu Beginn anpackt als später. Aber er begeht einen schwerwiegenden logischen Fehler, denn wenn es auch wahr ist, daß alles Große einmal klein begonnen hat, so ist doch andererseits nicht alles, was klein ist, dazu bestimmt, groß zu werden. Zumindest weiß jeder Schüler – oder wußte es zumindest im Mittelalter (aber es scheint, daß wir seit dieser Zeit in der formalen Logik Rückschritte gemacht haben) – daß ein einziges gemeinsames Element zwischen zwei Wirklichkeiten nicht alle anderen Elemente gleichmacht. Es trifft zwar zu, daß Louis Renault nur ein ganz kleiner Garagenbesitzer war, bevor er einer der größten Konstrukteure des 20. Jahrhunderts wurde, aber daraus kann man nicht schließen, daß aus allen kleinen Garagenbesitzern große Konstrukteure werden. Van Gogh, der ein Genie war, hat während seines kurzen Lebens fast keine Bilder verkauft, aber daraus folgt nicht, daß jeder Maler, der seine Bilder nicht verkauft, ein großes Genie ist. Ich gebe zu, daß leider die Linke und die von der Linken terrorisierten Liberalen dazu beigetragen haben, die Nationale Front blühen und gedeihen zu lassen. Aber ich bin dennoch nicht sicher, daß ihr unleugbares Talent, Unannehmlichkeiten in Katastrophen zu verwandeln, genügen würde, die Nationale Front bis auf jene Machtstufe hinaufzuhieven, die seinerzeit die NSDAP Adolf Hitlers innehatte.

Anstatt sich um die wahren Ursachen zu kümmern, die Le Pen seit 1983 immer bessere Wahlergebnisse brachten, statt herauszufinden, was an ihnen neu war, und die passenden Heilmittel für die Mißstände zu finden, haben wir uns in lächerliche historische Analogien gestürzt, die überdies für Le Pen sehr schmeichelhaft waren! Denn für uns alle verkörpert Hitler das Genie des Bösen, aber ein Genie des Bösen bleibt trotz allem ein Genie. Le Pen mit Hitler zu vergleichen, das stellt ihn auf die Ebene eines Mannes, der es verstanden hat, sich zum absoluten Herrscher über eine Nation von 80 Millionen Einwohnern zu machen, der ersten Industriemacht Europas, eines Mannes, der die besten Diplomaten und die größten Politiker seiner Zeit gefoppt, in weniger als zehn Jahren das beste Heer der Welt – und das modernste – aufgestellt und in weniger als einem Jahr die Gesamtheit des Alten Kontinents erobert hat, und das mit der wohlwollenden Hilfe der Sowjetunion, die er im entscheidenden Augenblick und mit verwirrender Virtuosität gewonnen hatte. Auf der Ebene der blanken Gewalt – und die blanke Gewalt übt auf die Menschen leider eine große Anziehungskraft aus – erweist man Le Pen zuviel der Ehre, wenn man ihn in dieselbe Kategorie stellt wie den Führer des Dritten Reichs als historische Person. Ich würde sogar sagen, daß es von besonderer Ungeschicklichkeit und unvergleichlicher Dummheit zeugt. Was für ein „Bild" liefert man ihm da, und noch dazu frei Haus! Le Pen für fähig zu halten, daß er den Lauf der Weltgeschichte durcheinanderbringen kann, und sei es auch für das Unglück der Menschheit, welch unerhörte Aufwertung!

Man fragt sich, wozu alle neuen Erkenntnismittel, über die wir verfügen, gut sind: die Umfragen, die Meinungsforschungen, die soziologischen Untersuchungen, die Wirtschaftsstatistiken, die Erforschungen der Mentalität ... Man hat die Nationale Front doch gut und weise in ihrer Entstehung analysiert, auch in ihrer Wählerschaft und ihrem sozialen Rückhalt. So zeigt zum Beispiel eine Untersuchung im Jahr 1984[3] ganz klar, daß das Anwachsen der Wählerschaft von Le Pen vor allem auf negative Reaktionen auf die Immigration zurückzuführen ist, auf die Arbeitsplatzsituation und auf die Verbrechensquote, daß aber die öffentliche Meinung in ihrer Gesamtheit weiterhin die rassistische *Ideologie* ablehnt, bei ihrem grundsätzlichen Antirassismus bleibt und bis auf eine sehr kleine Minderheit die gerichtliche Verfolgung der Rassisten befürwortet. Mehr noch, was die Verbrechensrate betrifft, so „wird zwar die Anwesenheit der Immigranten von der französischen Bevölkerung als Bedrohung empfunden, aber die Immigranten werden nicht als Hauptursache für die Unsicherheit angesehen", kommentiert der Verfasser der Analyse jener Untersuchung. Die Aufgabe der politischen Eliten wäre es, anstatt ihre Mitbürger zu beschimpfen und ebenso dumm wie beharrlich historische Betrachtungen zu verbieten, herauszufinden, *warum* „die Anwesenheit der Immigranten als Bedrohung empfunden" wird, welche Lebensbedingungen und kollektiven Verhaltensweisen sowohl beim Immigranten wie auch in der Bevölkerung des Aufnahmelandes dieses Gefühl entstehen lassen, und schließlich, wie man die einen wie die anderen berichtigen könnte, um das Mißtrauen zu zerstreuen und die Beziehungen zu verbessern. Eine Stunde, ja, sogar einige Minuten intellektueller und wenig ermüdender Arbeit hätten unseren politischen Steuermännern und moralisierenden Tribunen genügt, um herauszufinden, daß die Feindseligkeit gegenüber der Immigration sich sehr wenig mit Ideologie, politischer Überzeugung oder sozioprofessioneller Zugehörigkeit erklären läßt, und daß sie mit steigendem *Bildungsgrad* sinkt. Um das zu bemerken, hätte ein Blick in diese und andere Studien genügt. Muß man ein großer Zauberer sein, um zu erraten, daß (ich zitiere weiter) „die stärksten Vorbehalte gegen die Einwanderer von Personen angegeben werden, die an ihrer Arbeitsstelle oder in ihrer Nachbarschaft mit den Einwanderern Kontakt haben"? Deshalb umfaßt die Wählerschaft der Nationalen Front einen wichtigen Anteil an Arbeitern, und deshalb „profitiert

er von einer spezifischen Abwanderung von der Linken in Richtung Rechtsextremismus", wie Jérôme Jaffré es beweist, der Herausgeber der politischen Studien der SOFFRES. Dieses Abwandern geht mit der Zeit immer schneller vor sich. 1987 kommt derselbe Verfasser nach der Analyse verschiedener Umfragen zu der Ansicht, daß die Wählerschaft von Le Pen immer mehr Wähler aus bescheidenen und mittleren Schichten umfaßt – Arbeiter, Angestellte, mittlere Berufe – und Jungwähler, in höherem Verhältnis als bei den anderen Parteien – gleich viele Wähler, wie sie 1981 Mitterand und Giscard erreichten.[4] Die Le-Pen-Sympathisanten, die von den liberalen Zentrumsparteien und vom rechten Zentrum übergelaufen sind, erreichen nicht mehr als zwölf Prozent. Das ist ein Dementi gegen ein Lieblingspropaganda- und Polemikthema der Linken: Es ist tatsächlich falsch, daß die Bewegung Le Pens eine Verlängerung und eine Art natürlicher Verhärtungserscheinung des Liberalismus ist. Seine Wählerschaft hat sich „fortschreitend von der klassischen Rechten entfernt".[5]
Sie unterscheidet sich ebenso substantiell von den faschistischen Bewegungen der ersten Hälfte des 20. Jahrhunderts, und die Bürger, die dazugestoßen sind, denken, wie man sich vorstellen kann, herzlich wenig daran, ihre Leitlinien aus *Mein Kampf* zu schöpfen, außer natürlich, man ermutigt sie dazu. Wenn sie ständig sehen, daß man sie als Zulieferanten der Krematorien bezeichnet, so könnten sie schließlich darauf neugierig werden, nachzuschauen, worin die nationalsozialistische Weltanschauung besteht, die man ihnen unterstellt. Tatsächlich steht die Bewegung von Le Pen in der alten Tradition des „Nationalpopulismus", wie es einer der kompetentesten Historiker für diese Art von Strömungen, Michel Winock, erkannt und gesagt hat. Im übrigen ist dieses Phänomen nicht auf Frankreich beschränkt; sein Prototyp im Frankreich des 19. Jahrhunderts war der Boulangismus, der übrigens scheiterte.[6] Der Nationalpopulismus findet seine Anhängerschaft in den sozial schwächeren Schichten, hat einen unbestreitbaren Hang zum Rassismus und zum Fremdenhaß, aber als unüberlegte Handlungsweise und nicht als wohlüberlegte Ideologie; und er stellt zumindest in Europa eine Bedrohung der demokratischen Einrichtungen dar oder bedrohte sie in der Vergangenheit. Die Erfahrungen des Zweiten Weltkriegs haben die Programme der traditionellen wie auch der revolutionären Rechten der Vorkriegszeit, die beide offen für die Einführung autoritärer Regime und für die Zerstörung der Demokratie eintraten, auf ewige Zeiten disqualifiziert. Diese Rechtsströmungen hatten eine historische und theoretische Argumentationsarbeit geleistet, deren Ausführlichkeit den Vergleich mit der marxistischen Literatur nicht zu scheuen braucht, und im übrigen war sie in einigen wesentlichen Punk-

ten derselben Ansicht, besonders mit der Verurteilung des Kapitalismus, des Liberalismus, des Parlamentarismus, des allgemeinen Wahlrechts wie auch der Auswahl der Regierenden. Fünfzig Jahre später könnten weder Jean-Marie Le Pen noch ein anderer, auch wenn sie es wollten, in ihr Programm ganz offen die Zerstörung der Demokratie aufnehmen, ohne sich das eigene Grab zu schaufeln – was eine Mehrheit unter den Franzosen nicht daran hindert, Le Pen als „Gefahr für die Demokratie" zu bezeichnen, wenn man den oben erwähnten Umfragen folgt. Das beweist – und das ist beruhigend – daß die Wachsamkeit groß bleibt, auch wenn die Nationale Front sich einer ausdrücklichen antidemokratischen Ausdrucksweise enthält.

Was den elementaren Rassismus betrifft, die „diskriminierenden Verhaltensweisen", seien sie offen oder versteckt, manchmal mörderisch, meist aber von der Mehrheit der Bevölkerung ernsthaft abgelehnt, so handelt es sich dabei um den typischen Rassismus, wie die Konflikte ihn bewirken, die aus der Immigration entstehen. Es ist nicht so, daß die Feindseligkeit gegen die Einwanderer durch einen vorhergehenden Rassismus zu erklären wäre. Man weigert sich, die Realität solcher Konflikte offen zu sehen, einer sozialen Realität, die es immer schon gegeben hat. Es ist verboten, anzudeuten, daß das Unrecht und die Ungeschicklichkeiten vielleicht nicht immer allein auf seiten der ansässigen Bevölkerung zu suchen sei. Von diesem Moment an sah man am menschlichen, ökonomischen, sozialen, politischen, schulischen, kulturellen und religiösen Problem der Immigration vorbei. Man war nicht mehr Regierender, sondern Demagoge, der die Situation nur mehr unter dem Gesichtspunkt sehen konnte, wie man daraus Vorteile gegen seine Feinde ziehen könnte, und bereitete so den Weg für einen anderen Demagogen, der sich nur noch bücken mußte, um die Geschenke der Inkompetenz und Feigheit unserer politischen und religiösen Autoritäten gegenüber der historischen Wahrheit aufzusammeln. Wenn man nicht den Mut und die Ehrlichkeit hat, eine Schwierigkeit als das zu sehen und zu behandeln, was sie ist, wenn man daraus nur einen Gesprächsstoff für sich selbst schöpfen will, dann verwandelt man die Schwierigkeit in Aas, und ab diesem Augenblick verliert man das moralische Recht, sich die Nase zuzuhalten, wenn es zu stinken beginnt und die Geier anzieht. Ich habe mit meinen eigenen Ohren in einem Vorort in Marseille gehört, wie ein Lehrer die Eltern seiner Schüler unverblümt als Rassisten bezeichnete, weil sie darüber beunruhigt waren, daß ihre Kinder in Schulklassen eingeschrieben waren, wo die Hälfte der Schüler nicht fließend Französisch sprachen! Es scheint, daß der Vorschlag, eigene Nachholklassen für die Kinder der Immigranten einzurichten, die schlecht oder gar nicht Französisch sprechen, eine diskriminierende Verhaltensweise ist. Ich finde eher, daß es diskriminierend ist, sie nicht einzurichten. Die Kunst der Pädagogik soll den Unterricht nach den Bedürfnissen des Schülers ausrichten, ich verstehe darunter seine Bedürfnisse nach Fortschritt: Unterricht heißt nicht Anpassung an sein gegenwärtiges Unwissen. Nach dem Muster der politischen Vorbilder sagte sich der Lehrer wahrscheinlich sehr stolz, dank seiner Haltung hätte der Faschismus keine Chance: er hatte aber soeben zwei neue Wähler der Nationalen Front geschaffen.

Schon als die „Neue Rechte“ aufgetaucht war, hatten die Sozialisten sie nicht in sich selbst analysiert, sondern sie hatten sie benützt, um die Liberalen der Komplizität mit der Neuen Rechten beschuldigen zu können. Im Gegensatz zur Nationalen Front, die Wähler sammelte, ohne viele Ideen zu haben, sammelte die Neue Rechte Ideen, aber keine Wähler. Vor allem versagte sie es sich, wie es Raymond Aron 1979 in einem Leitartikel des *Express* beschrieb, „sich über die demokratische Regierung ein Urteil zu erlauben“. Aron setzte fort: „Der Anti-Gleichmacherei-Kurs nähert sich der Rechten, aber einer Rechten, die jener von Georges Pompidou in nichts ähnelt, und noch weniger jener des Giscard d'Estaing. Von seinem Standpunkt aus stellt die rechte demokratisch-liberale Richtung nur eine versüßte Version des egalitären Sozialismus dar und eine gemäßigte Version des amerikanischen Merkantilismus.“ Ich werde noch weiter gehen: durch ihren kulturellen Anti-Amerikanismus war die Neue Rechte näher an den Sozialisten – Jack Lang oder Régis Debray zum Beispiel – als an den Liberalen. Keine dieser Überlegungen hielt natürlich die Leader der Linken davor zurück, die Liberalen und die Neue Rechte über einen Leisten zu scheren, wie sie es später mit den Liberalen und der Nationalen Front taten.

Während einer Abendveranstaltung gegen den Rassismus am 21. Februar 1985 im Mutualité verhöhnte das Publikum die Sprecher der liberalen Opposition, noch bevor sie überhaupt das Rednerpult betreten hatten. Der Antirassismus verlangt nach einem allgemeinen moralischen Wertsystem, er geht vom absoluten Wert der menschlichen Person aus. Ihn zum kantonalen Wahlkampfthema verkommen zu lassen, heißt, diese Allgemeinverbindlichkeit des moralischen Gesetzes nicht zu respektieren. Die Unterscheidung zwischen Gut und Böse steht nicht nur den Parteibuchinhabern der Linksparteien zu. Nicht einmal von der politischen Fechtkunst her ist uneinsichtig, welchen Vorteil diese Übertreibungen bringen sollen. Wenn der ehemalige Premierminister Laurent Fabius so weit geht, zu behaupten, er sehe keinen deutlichen Unterschied mehr zwischen der Rechten und den Rechtsextremisten – kann er überhaupt ermessen, was für eine Ungeheuerlichkeit er da von sich gibt? Denn wenn er recht hätte, so würde das bedeuten, daß 60 bis 65% der Franzosen nach sozialistischer Terminologie „Faschisten" wären. Entweder ist das falsch, und dann gibt es für diesen unverantwortlichen Sprachgebrauch keine Entschuldigung, oder es ist wahr, und dann befindet sich Frankreich in einem verzweifelten Zustand, über den die Sozialisten, die das Land regiert haben, der Nation Rechenschaft abzulegen haben.

Es sieht ganz so aus, als ob die Linke, die sich plötzlich ohne Ideologie und Programm dastehen sieht, dank der „faschistischen Gefahr" das manichäische Weltbild wieder eingeführt hätte, um sich wohlzufühlen. Ob es um Wirtschaft geht, um soziale Garantien, um Modernisierung der Industrie, um Pressefreiheit oder die Freiheit der Lehre, alle sozialistischen Parteien, die in Europa an der Macht sind, entwickeln sich praktisch in Richtung Neo-Liberalismus oder einfach zum einfachen Liberalismus hin. Verteidigung, Außenpolitik, Dritte Welt spalten vor allem in Frankreich die Liberalen und die Sozialisten nicht mehr entlang genau bezeichneter Grenzen.

Woran kann die Linke dann aber ihre Identität noch hängen? Die Kommunistische Partei überwintert im ideologischen Eis und hofft, solchermaßen im embryonalen Zustand bis ins dritte Jahrtausend zu überdauern. Die Sozialistische Partei mobilisiert ihre Kräfte für den Kampf gegen die „braune Pest".

Leider, wir haben es schon gesehen: der „Fall Le Pen" ist für politischen Manichäismus schlecht geeignet. Der Wolf dringt in jeden Schafstall ein. Die IFOP-Umfrage von *Le Point* vom 29. April 1985 zeigt, daß die Antipathie gegen die Araber am stärksten bei den Arbeitern ausgeprägt ist, am schwächsten bei den Industriellen, Großhändlern und freien Berufen. Das rassistische Vorurteil kennt keine Grenzen von sozialen Klassen und Parteien. Daher kann man es auch nicht für eine Schlacht verwenden, in der die Guten und die Schlechten sich diszipliniert nach dem gewünschten Wahlverhalten einordnen lassen. Außerdem tragen die Machthaber aus der Zeit vor 1981 und die rechten Stadtverwaltungen ihre Verantwortung, denn sie haben die Immigrantenströme in die armen Stadtviertel gelenkt, wo schon vorher schlechte Wohnverhältnisse herrschten.

Der Fremdenhaß allein erklärt auch noch nicht den Zulauf zur Nationalen Front. *Sud-Ouest* vom 28. März 1985 läßt alle Klischees beiseite und vergleicht die Listen mit der steigenden Arbeitslosigkeit mit dem Zurückgehen der Linken seit 1981. Von 26 Départements, wo der Anteil der Rechtsextremen bei Regionalwahlen über 9% hinausgeht, gehören 11 zu jenen, wo die Arbeitslosigkeit seit 1981 um 70% oder mehr gestiegen ist. Im Département Loire, von großer Arbeitertradition und

mit einem gemäßigten Anteil an Immigranten, aber ökonomisch trostlos, erreicht der Anteil Le Pens 1984 schon 10,7%. Die Mehrheit für die übrigen Parteien (PS, MRG, PC) fällt zwischen 1981 und 1985 von 52,8% auf 33,9%. Einen ähnlichen Durchmarsch schaffte Le Pen in Lothringen und im Elsaß, wo aber die Imigration ebenfalls weniger bedeutend bleibt als im Süden.
Warum die beiden schändlichen und gefährlichen Vermengungen?
Mit der ersten macht man die französische Gesellschaft für die Attentate verantwortlich, die der internationale Terrorismus begangen hat.[7]
Mit Hilfe der zweiten will man uns um jeden Preis dazu zwingen, in den Spannungen beim Zusammenleben, die mit der Immigration zusammenhängen, die Wiederauferstehung des ideologischen und totalitären Rassismus zu sehen, den Nationalsozialismus in seinen Anfängen, mit seiner systematisierten und pseudowissenschaftlichen Lehre von der Ungleichheit der menschlichen Rassen. Wir stehen vor einer zugleich weniger schwerwiegenden und doch schwierigeren Herausforderung. Das Schlimmste hat, wie man weiß, immer seine Anhänger. Falsche Tragödien dienen jenen als Entschuldigung, die die wahren Probleme nicht lösen können.

Statt also die passenden Maßnahmen für die praktischen Schwierigkeiten und psychologischen Umwälzungen zu suchen, die jede starke Konzentration von Immigranten im städtischen Umfeld mit sich bringt, hat die Linke ihre Energie darauf verschwendet, sie mit der Rückkehr einer breiten faschistischen und rassistischen Verschwörung zu erklären. Diese Theorie ergänzte sie mit den antisemitischen Attentaten, die Europa ab 1980 mit einer Blutspur überzogen. Nachdem sie zugelassen hatte, daß die Ressentiments gegen die Immigration in Fremdenhaß umgeschlagen waren, verquickte sie den Antisemitismus und den Faschismus der Vergangenheit damit, zwei Phänomene, die mit dem ersten in keinerlei Zusammenhang stehen, um schließlich, welch gelungener Coup, die Verantwortung für das großartige Paket dem Liberalismus in die Schuhe zu schieben! Sehr zufrieden mit ihrem Meisterstück, konnte sie folglich darauf verzichten, sich ernsthaft mit den Ursachen des plebejischen Neo-Rassismus und des internationalen Terrorismus auseinanderzusetzen. „Die steigende Zahl von Attentaten faschistischer oder neo-nazistischer Prägung in Westeuropa zwingt zumindest dazu, über bestimmte Zusammenhänge nachzudenken, die immer weniger zufällig erscheinen“, stand im Leitartikel von *Le Monde* vom 5./6. Oktober 1980, einer Ausgabe, über deren ganze erste Seite die Schlagzeile lief: „Das Attentat gegen die Synagoge in der Rue Copernic“. Ebenfalls auf der ersten Seite verurteilte Philippe Boucher unter der Überschrift „Staat ohne Ehre“ die „aktive Toleranz“ und die „passive Komplizität der Polizei, der Behörden, des Staates“ gegenüber eben diesen Rechtsextremisten. Jacques Fauvet selbst, Herausgeber der Zeitung, schrieb auf derselben ersten Seite: „Da sie ihre ganze Aufmerksamkeit den Rückzugsgefechten gegen die tausendunderste Variante des Marxismus richtet, dessen Tod sie andererseits beständig feiert, hat eine ganze Klasse von Intellektuellen, die in den neuen Zirkeln und in den großen Massenmedien das Sagen haben, darauf vergessen, jenen Artikeln und Schriften zu widersprechen oder auch nur Aufmerksamkeit zu verleihen, die eine zutiefst autoritäre, elitische und rassistische Doktrin verbreiten.“

In der Ausgabe vom 3./4. Oktober 1982 schrieb *Le Monde*: „Es geht nicht mehr darum, die neo-nazistischen Rechtsextremisten anzuklagen und spanische, zypriotische oder libysche Hintermänner zu vermuten ... Nein! Ab sofort ist die Polizei sich sicher: das Attentat der Rue Copernic wurde von einer palästinensischen Randgruppe verübt.“ Ich achte diesen Akt verdienstvoller Zerknirschung und erlaube mir, hinzuzufügen, daß die fraglichen Palästinenser nichts von einer Randgruppe hatten und daß sie auch nicht der libyschen und syrischen Unterstützung ermangelten. In ihren Artikeln aus dem Jahr 1980 hatten sich Philippe Boucher und Jacques Fauvet nicht darauf beschränkt, die „neonazistischen Rechtsextremisten“ zu beschuldigen: ihre Anklage galt der liberalen Regierung von Giscard d’Estaing und Raymond Barre, wie auch einer „ganzen Klasse von Intellektuellen“, nämlich: den Neo-Liberalen, ganz allgemein den Gegnern des Totalitarismus, die für schuldig befunden wurden, „Rückzugsgefechte gegen den Marxismus“ zu führen. Fauvet war sichtlich wenig informiert über die Richtung, die der „Lauf der Geschichte“ genommen hatte, denn in jenen Jahren war es eher der Marxismus, der „Rückzugsgefechte“ führte.

An diesem Punkt der verleumderischen Beschuldigung verlassen wir den Boden der Demokratie. Der politische Kampf erlaubt in der Demokratie vielleicht (und ich bin damit nicht einverstanden, aber ich gebe nach) eine gewisse Dosis an Verfälschung der Tatsachen aus Gründen der Polemik: aber nicht die totale Fälschung. Diese ist genau das, was die totalitären Regime charakterisiert. Man wird aber feststellen, daß Sozialisten von der angeblich demokratischen Strömung in den siebziger Jahren in aller Ruhe diese Angewohnheit angenommen haben. Bei einem Beitrag während der Versammlung der französischen Sozialistischen Partei am 28. Juni 1987 nahm Jean-Pierre Chevènement, der zunächst Industrie-, dann Unterrichtsminister war und 1988 Verteidigungsminister wurde, er, der notorische „Ideologe“ seiner Par-

tei, die Gleichung wieder auf: Rassismus ist gleich Faschismus ist gleich Liberalismus. Wie ist seine Beweisführung? Sehr einfach. Die Liberalen, sagte er, haben diejenigen unserer Maßnahmen, die 1982 den Import japanischer Elektronik bremsen sollten, verspottet. Sie sind also für den freien Warenverkehr. Aber sobald sie selbst an der Macht waren, haben sie per Flugzeug etwa hundert Afrikaner außer Landes geschafft, alles illegale Einwanderer ohne geregelten Status. (Das war der berühmte Streit um den „Mali-Charter".) Schlußfolgerung: die Waren haben für die Liberalen größeren Wert als die Menschenrechte.[8]
Wenn die Sozialisten vorhaben sollten, mit einem solchen Gedankenflug und einer solchen Rechtschaffenheit die Herausforderungen unserer Zeit zu beantworten, dann können wir uns nur noch den Schleier über das Gesicht ziehen und schweigen. Ich greife aus dieser Schlußfolgerung nur einen Punkt heraus, weil er eine neue Verlängerung der Liste von rassistischen und faschistischen Verhaltensweisen betrifft. Wenn ein Land, um die Menschenrechte nicht zu verletzen, beschließen muß, daß alle Ausländer aus allen Kontinenten der Welt in unbeschränkter Menge seine Grenzen überschreiten und ohne vorherige Bewilligung, ohne Arbeitsbewilligung, ohne offengelegte Einkünfte, ohne Kontrolle und ohne zeitliche Beschränkung auf seinem Territorium leben dürfen, dann frage ich mich, welche Länder dem Vorwurf von Faschismus und Rassismus entgehen können: Jedenfalls nicht jene Länder, aus denen die meisten in Frankreich ankommenden Immigranten stammen. Die Regierungen der dritten Welt schmücken sich meist mit sehr strengen und aufreibenden Vorschriften (jeder Reisende weiß ein Lied davon zu singen), was Visa, Grenzkontrollen und Aufenthaltsbewilligungen betrifft. Außerdem weise ich darauf hin, daß man schon sehr leichtsinnig sein muß, um im Westen und nur im Westen die Aufhebung aller Ausweiskontrollen und aller Ausweisungen von Ausländern, die mit den Gesetzen in Konflikt stehen, zu predigen zu einer Zeit, wo gerade die Demokratien am meisten von Terroristenbanden diversester Herkunft beehrt werden, die sich schon fast ohne Einschränkung hier bewegen dürfen. In diesem Zusammenhang ist der Gedanke am interessantesten, daß es der Linken gelingt, dem Rassismus, dem Faschismus, ja gar dem Nationalsozialismus eine Menge sehr unterschiedlicher Realitäten zuzuordnen, dank dem weiten und ungenauen Begriff „Ausgrenzungsmechanismen". Sobald die Liberalen ihr einmal auf diesem Boden gefolgt waren, wurde alles zu Rassismus und Hitlerismus: sogar, wenn man einen ansteckenden Kranken isoliert, einen Schüler bei einer Prüfung durchfallen läßt, heimliche Immigranten in ihr Heimatland zurückschickt. Diesmal können wir zu Recht von „Banalisierung" des Nationalsozialismus sprechen. Als Simone Veil

dieses Wort im Jahr 1978 verwendete, beging sie aus Übereifer einen leichten Widersinn. Was sie bekämpfen wollte, war in Wirklichkeit die *Rechtfertigung* des Nationalsozialismus (wovon, wie wir gesehen haben, beim Abdruck von Darquiers Aussprüchen nicht die Rede war) oder, noch besser, die *Normalisierung* des Nationalsozialismus, im Sinn von (den Völkermord) „als normal hinstellen". Aber die wahre Banalisierung (im genauen Sinn des Begriffs „banal", nämlich „harmlos") treffen wir an, wenn die vom Wahn der Ausgrenzung Befallenen überall den Hitlerismus zu entdecken beginnen und diesen genau definierten historischen und ideologischen Begriff auf die geringsten Tatsachen und Gesten anwenden, die ihnen mißfallen. Welchen Schrecken kann der Nationalsozialismus für die Jugend darstellen, wenn man ihr sagt, daß ein Friedenshüter, der die Identität eines Passanten überprüft, ein Nazi ist? Nach der Affäre „Mali-Charter" hatte der „rechte" Innenminister Charles Pasqua die Provokation so weit getrieben, mitzuteilen, es sei ihm nicht wichtig, den ausgeschafften Illegalen ein Flugzeug anzubieten, er würde sie nötigenfalls auch gerne in einen Zug setzen. Sofort nannte Harlem Désir, der Präsident von SOS-Rassismus, Pasqua einen neuen Klaus Barbie, weil ja auch auch der ehemalige Gestapo-Chef von Lyon im Jahr 1943 die Opfer des Nationalsozialismus in Züge gesperrt hatte, um sie in die Todeslager zu schicken. Einleuchtend, nicht wahr? Die öffentliche Debatte hörte nicht auf, sich zu erheben, zu verfeinern, genauer und nobler zu werden. Beim Prozeß Schleicher, wo Terroristen verurteilt wurden, die zwei Polizisten ermordet hatten – sie gaben ihnen den Todesschuß, als sie verletzt auf dem Boden lagen – schrie einer der Angeklagten in Richtung Gerichtshof: „Wir sind hier vor den Spezialeinheiten von Vichy!" Warum nicht? War er nicht von einem „Ausgrenzungsmechanismus" erfaßt, als man ihn wegen Mordes vor Gericht stellte? Zeigte ihm nicht alles, was er las und hörte, daß es genügt, alle jene als Vichisten, Faschisten oder Rassisten zu bezeichnen, die von dir die Anwendung des Gesetzes verlangen oder auch nur einer anderen Ansicht sind als du, und schon erweckst du Sympathien? Schritt für Schritt kamen die Liberalen, geimpft durch die Vorwürfe der Linken soweit, daß sie unter dem Schimpfwort „Ausgrenzungsmechanismus" die einfache Anwendung von Gesetzen oder demokratischen Vorschriften ebenso verstehen wie authentische Ärgernisse, Brutalitäten oder rassistische Verbrechen. Wenn es dagegen ein Maghrebiner war, der ein Verbrechen begangen hatte, so verschwiegen viele Journalisten meistens seine Herkunft, um nicht ihrerseits als Rassisten bezeichnet zu werden, was die Verärgerung der französischen Staatsbürger in den gemischten Stadtvierteln vertiefte und neue Stimmen in den Erntekorb Le Pens schüttete. Nachdem man sich geweigert hatte, die spezifischen Probleme der Immigration beim Namen zu nennen, glaubte man, sie lösen zu können, indem man die Existenz ihrer politischen Frucht, der Nationalen Front, leugnete, die aus der Blindheit geboren ist. Da die ohnmächtige Tugend ein leichter erreichbarer Luxus ist als die aktive Intelligenz, glaubte man sich aller Verpflichtungen ledig, wenn man die verabscheuungswürdigen Texte von „Dachau" oder „Treblinka" psalmodierend herunterleierte und dabei die Liberalen als Gefälligkeitstäter abqualifizierte, die die Anhängerschaft der nationalen Front aufgrund politischer Aktionen in den realen Gegebenheiten des gesellschaftlichen Lebens verringern wollten und nicht, indem sie beschwörerische Formeln zu Füßen der Marionette Hitler brabbeln. Der Schwachsinn erreichte noch unerforschte Höhen an jenem Tag, an dem Linke und eingeschüchterte Liberale sich zusammentaten, beide mit gegenseitigen Beschimpfungen auf den Lippen, um die letzte der von Jean-Marie Le Pen produzierten Farcen und Attrappen mitzuspielen: seinen Vorschlag, alle Aidskranken in Aidsanstalten zu sperren.[9] Jedermann, oder fast jedermann, ging ihm auf den Leim. Da die Nationalsozialisten die Homosexuellen in Lager interniert und die Behinderten umgebracht hatten, durfte man ab sofort Aids nur mehr im Lichte des Barbie-Prozesses heilen!

Der Sturm um Aids bestätigt die Regel, die besagt, daß die Menschen sich oft weniger für die Information selbst interessieren als für die möglichen Auswirkungen auf ihren Glauben und ihre Wünsche. Pierre Bayle hat es seit sehr langem gut formuliert: „Die Hindernisse für eine gute Prüfung kommen weniger daher, daß der Geist zu wenig Wissen hätte, sondern daher, daß er zu voll ist mit Vorurteilen." Selbst in Naturwissenschaft und Medizin wiegen oft gerade die wissenschaftlichen oder medizinischen Überlegungen in unseren Diskussionen am wenigsten. Die Linke und die Liberalen befürchten, daß die kollektive Angst vor der Epidemie Verhaltensweisen begünstigt, die für die Homosexuellen, die Drogenabhängigen oder die Ausländer unwürdig und diskriminierend sind. Die Fremdenfeindlichkeit aufgrund von Aids wütet übrigens überall: im Fernen Osten gegen die Europäer, in Indien gegen die Afrikaner, in Italien gegen die Schweizer, in England gegen die Schotten. Die Demagogik der Rechtsextremisten profitiert von der Panik, um Verbannungsmaßnahmen zu verlangen. Als Reaktion bewirkt sie die entgegengesetzte Tendenz, nämlich die Gefahr der Ausgrenzung zu übertreiben und jene des Virus und der Krankheit herunterzuspielen.

Wie kann man an der Tatsache vorbeigehen, daß es einen Sieg für die Demagogen bedeutet, wenn man sich auf dieses System von wütender Denunziation, gepaart mit lindernder Diagnose, einläßt? Sobald wir bei der Aufdeckung, bei der Spitalspflege und bei der Ansteckungsvorbeugung in unserer Ausdrucksweise vor allem von der Angst geprägt sind, mit Jean-Marie Le Pen verwechselt zu werden, hat er schon gewonnen. Er hat erreicht, daß man über Aids nur mehr in Beziehung zu ihm sprechen kann. Als ob hier das Wesentliche der Frage läge!

Was bei dieser Polemik ins Auge springt, ist die Tatsache, daß die Argumente langsam den Bereich der Medizin, Wissenschaft und Therapeutik verlassen haben. Die französische Bischofskonferenz hat sogar das Bedürfnis gefühlt, zu bestätigen, daß Aids keine Gottesstrafe sei! Statt daß die Untersuchung des Problemes dazu diente, eine Politik auszuarbeiten, dienen die politischen Kristallisationspunkte als Kriterien für die Analyse des Problems. Muß man beispielsweise unter dem Vorwand, daß eine – übrigens unrealistische und nicht realisierbare – allgemeine Kontrolle der Gesellschaft in ihrer Gesamtheit möglicherweise die individuellen Freiheiten beeinträchtigt – auf jede Art von systematischer Erfassung der Kranken verzichten? Das hätte es in der ganzen Geschichte noch bei keiner Epidemie gegeben. Was für einen Wert können unter diesen Bedingungen alle beschwichtigenden Statistiken haben, auf die wir uns berufen?

Es scheint widersprüchlich, eine Krankheit bekämpfen zu wollen, und sich dabei auf eine Doktrin festzulegen, nach der es unmoralisch ist, ihre Verbreitung in der Bevölkerung feststellen zu wollen. Einen Widerspruch zwischen dem medizinischen und dem moralischen Aspekt des Kampfes gegen diese Geißel der Menschheit gibt es nicht, dürfte es nicht geben. Diese beiden Aspekte sind untrennbar miteinander verknüpft. Sie waren es in der Medizin seit alters her. Die linken Demagogen, die den medizinischen Aspekt im Namen des moralischen Aspekts leugnen, sind ebenso gefährlich wie die rechten Demagogen, die den moralischen Aspekt im Namen des medizinischen Aspekts leugnen.

Was die Wissenschaftler überhaupt nicht berücksichtigen sollten, das ist politischer und ideologischer Druck. Wie sehr beides die Diskussion beeinflußt, trat beim 3. Weltkongreß über Aids Anfang 1987 in Washington zutage, ebenso beim Kolloquium, das wenige Tage später in der Nähe von Annecy von der Fondation Mérieux am 20. und 21. Juni abgehalten, zum Thema „Epidemien und Gesellschaften" wurde. Daß der Kampf gegen Aids nicht organisiert werden kann ohne die Mithilfe der Politiker, das ist offenkundig, und sei es nur wegen der gigantischen Kosten, die er mit sich bringen wird. Aber die politische Aktion ist eine Sache, und politisches Vorurteil oder Leidenschaft eine andere, und beide schaden sie übrigens der Aktion. Nicht ohne Verblüffung hört man während dieser ganzen Frage- und Diskussionsperiode rund um diese neue Krankheit, daß bestimmte Soziologen nur die „Gewalt", die die Gesellschaft gegen ihre Mitglieder einsetzt, anprangern und behaupten, die „wahre Gefahr ist die Angst", als ob der HIV-Virus nicht existierte, eine blanke Erfindung der Gegner der sexuellen Revolution sei oder, schlimmer noch, ein unangenehmes Detail in einem Bild, dessen wesentlicher Bestandteil durch die menschlichen Beziehungen bestimmt ist.

Man sollte aber trotz alledem nicht ganz vergessen, daß Aids zum Zeitpunkt, da diese Behauptungen aufgestellt wurden, eine tödliche Krankheit war, gegen die es noch kein Mittel gab, und darüber hinaus eine Epidemie. Die damalige französische Gesundheitsministerin Michèle Barzach hat beim Kolloquium von Annecy bestritten, daß der Ausdruck Epidemie zu Aids paßt. Ihrer Meinung nach handelt es sich nur um eine Endemie. Für die breite Öffentlichkeit klingt Endemie weniger besorgniserregend als Epidemie. Aber die beim Kolloquium anwesenden Historiker der Krankheiten haben alle die Gelegenheit wahrgenommen, um höflich darauf hinzuweisen, daß eine Endemie nichts anderes ist als eine Epidemie, die weitergeht. Die Syphilis war im Europa des 16. Jahrhunderts zunächst eine Epidemie, nachdem sie in die Neue Welt übertragen worden war. Dann, ab dem folgenden Jahrhundert, wurde sie zur Endemie, das heißt zur „inneren Krankheit". Wie Luc Montanier in seinem Vortrag zeigte, verbreitet sich ein Virus heute wie gestern vor allem in stark vermischter Bevölkerung.

Die meisten großen Epidemien der Vergangenheit haben irrationale Reaktionen ausgelöst, weil die menschliche Erkenntnis noch nicht auf einem Niveau angelangt war, wo sie die Ursache des Übels hätte erkennen können, die Übertragungsart entdecken oder ein Heilmittel finden. Wir in unserem zu Ende gehenden 20. Jahrhundert sollten diese irrationalen Reaktionen vermeiden können, denn wir wissen ja, mit welcher Art von Virus wir es zu tun haben, wir wissen, wie er übertragen wird, und wir haben gute Gründe zu glauben, daß man einen Weg finden wird, um ihn zu neutralisieren. Aber die Lösung wird aus der wissenschaftlichen Forschung kommen und aus der Verhinderung der Ansteckung. Sie wird weder aus dem dümmlichen Optimismus kommen noch aus den Abhandlungen über den (zweifelsfrei) schuldigen Respekt vor der menschlichen Person, und auch nicht aus unsinnigen Verwünschungen gegen die „Unreinen". Um diese Überreste von Hintergedanken wegzukehren, dürfen sich die Forscher nicht terrorisieren lassen und müssen ihre wissenschaftliche Haltung energischer durchsetzen und früher in die Debatte eingreifen, jedesmal, wenn eine neue Art der Manipulation auftaucht, von welcher Seite sie auch immer kommen möge.

Es ist eigenartig, daß bestimmte Wahnvorstellungen, zum Beispiel diejenige, Hitler mit Aids in Verbindung zu bringen, in den ideologisch streng entgegengesetzten Familien gleichmäßig verteilt sind. Beim Kongreß in Washington verteilte eine „Union gegen den Kapitalismus und Imperialismus“ Traktate, die Aids als „rassistische Offensive der amerikanischen Regierung gegen die Schwulen und die Schwarzen“ verurteilte. In Paris hat die Schwulenbewegung am 20. Juni 1987 eine Demonstration organisiert, bei der ein rosa Dreieck vorangetragen wurde, eine sehr deutliche Erinnerung an die Verfolgung der Homosexuellen durch die Nationalsozialisten. Manche Demonstranten hatten sich sogar als Deportierte des Zweiten Weltkriegs verkleidet und trugen eine Kleidung, die unheilvoll an die Bewohner der nationalsozialistischen Lager gemahnte. Sind wir wirklich soweit? Ist es seriös, die Frage auf dieser Ebene zu stellen? Wie soll man an den Wert der Aufforderungen glauben, die „Erinnerung“ an den Holocaust nicht zu vernachlässigen, wenn man die Bemühungen demokratischer Behörden im Kampf gegen eine Epidemie mit dem Nationalsozialismus assoziierte?

Es entzieht sich meiner Kenntnis, ob der HIV-Virus hitlerisch, faschistisch, stalinistisch, trotzkistisch, abweichlerisch oder sozialverräterisch ist, ob er das rosa Dreieck oder das Hakenkreuz trägt, und ich glaube, daß der Virus selbst es auch nicht weiß. Ich finde diese Halluzinationen und diese Scharlatanerien zutiefst bestürzend. Während der großen Pest im 14. Jahrhundert diskutierten die Ärzte ganz Europas darüber, ob die Geißel durch das Miasma oder die Berührung weitergegeben wurde. Der König von Frankreich wollte es endlich wissen, um gegebenenfalls die Verhütungsmaßnahmen vorzunehmen, die der Bevölkerung nützen könnten, und verlangte von den erhabensten Köpfen der Sorbonne eine Beratung. Nachdem sie darüber nachgedacht hatten, gaben diese Spitzen der intellektuellen Elite des Landes ihren Beschluß zu wissen: das Übel rührte weder von den Dünsten noch vom Körperkontakt her, sondern von einer bestimmten astrologischen Stellung der Gestirne!

Obwohl wir viel mehr Informationsmedien haben, frage ich mich, ob wir angesichts Aids sehr viel intelligenter sind.

Hinter all dieser riesigen Übertreibung einer rassistischen und faschistischen Gefahr in Europa, die mit jener vor dem Zweiten Weltkrieg vergleichbar wäre, verbirgt sich in Wahrheit eine beharrliche Weigerung direkt in der Nachkommenschaft des Leninismus, die Authentizität der liberalen und pluralistischen Demokratie anzuerkennen. Auch wenn sie es leugnen: die europäischen Sozialisten wie auch die amerikanischen

„Liberalen", zumindest viele von ihnen, wenn schon nicht alle, finden, daß die Grenze zwischen den Verteidigern und den Feinden der Demokratie und der Menschenrechte zwischen ihnen und den Liberalen (im europäischen Sinn; „konservativ" im amerikanischen Sinn) verläuft, und nicht zwischen allen Demokraten und den Kommunisten. Mit anderen Worten, die wahren totalitären Geister bleiben in ihren Augen die Vertreter des Kapitalismus und der offenen Gesellschaft, und sonderbarerweise glauben sie das heute mehr als früher. Das gilt ungefähr seit 1975 für die Mehrzahl der Parteien, die sich zur Sozialistischen Internationale zusammengefunden haben, ganz besonders für die englische Labour-Party, und für die deutsche SPD, nachdem Helmut Schmidt das Kanzleramt verloren hatte. Das gilt selbstverständlich noch mehr für alles, was links von den Sozialisten steht, für die deutschen Grünen, die amerikanischen „Radikalen", die Anhänger der „Campaign for Nuclear Disarmament" in Großbritannien. Auch sie demonstrieren immer gegen die NATO, die Vereinigten Staaten, den Westen, aber niemals gegen die Sowjetunion, die sandinistischen Diktatoren von Nicaragua oder die Stalinisten von Addis Abeba, die die unglücklichen äthiopischen Bauern umbringen. Sie verlangen lauthals freie Wahlen in Südkorea, ohne überhaupt zu merken, daß sie schon stattgefunden haben – aber niemals in Angola, Moçambique oder Vietnam. Der Mythos von der Wiederauferstehung einer rassistischen oder faschistischen Bewegung in Europa, deren objektive Komplizen, ja sogar Einpeitscher die Liberalen wären, entspricht dem Bedürfnis, das die Linke, trotz ihrer immer wiederkehrenden Bekehrung in die andere Richtung, immer weiter empfindet, nämlich die alte Trennung der Welt in zwei Lager, die Befürworter und die Gegner des liberalen Kapitalismus bis ins Absolute weiterzuziehen.
Der Autor des Schlußberichts über die Arbeiten des Europarats, Dimitrios Evrigenis, hat übrigens letzten Endes mit sehr viel Hausverstand und Ehrlichkeit betont, wie kindisch die Ängste seien, die die ganze Untersuchung losgetreten hatten. Der Berichterstatter kam zu dem Schluß, daß es in Europa keine echte faschistische Welle und keine bedeutsame Kampfansage gegen das demokratische System gibt. Dagegen wies er darauf hin – und man kann ihm nur recht geben –, daß es im Zusammenhang mit einer schlecht geleiteten Immigration eine Betonung der fremdenfeindlichen Tendenzen gibt, ein politisches Ausnützen dieser Tendenzen und eine Unduldsamkeit gegenüber diesem Ausnützen – was Evrigenis mit Weisheit und Sprachwitz das „Auftauchen einer neuen Spezies: *der Xenophobophilen*" nannte. Es ist also eine Aufgabe für den Demokraten, diese „Xenophobophilie" zu bekämpfen – glücklicherweise eine Aufgabe, der er voll und ganz gewachsen ist.

Die „Xenophobophilie“ ist tatsächlich ein Übel, das man versteckt oder offen in jeder Gesellschaft antrifft, ein Übel, das es zu überwachen und auszuschalten gilt, und zwar sicherlich mit Beharrlichkeit: aber sie bedeutet für die Demokratie keine endgültige Apokalypse. Sie ist auch keine Todsünde, die unsere liberale Kultur zur Würdelosigkeit verdammt, wie die Linke uns gern vormacht.

7

DIE INTERNATIONALE FUNKTION DES ANTIRASSISMUS

Der politische Wortschatz ist in vielen Belangen derart ungenau, daß man sich fragen darf, ob Mehrdeutigkeit und Unklarheit nicht absichtlich betrieben und erhalten werden. Wenn es um eine Angelegenheit geht, bei der in der Sache eine solche Verwirrung herrscht, hätte man sich zumindest anstrengen sollen, wenigstens bei den Wörtern etwas Klarheit einzuführen! So bedeuten die Begriffe liberal und Liberalismus auf der einen Seite des Atlantik das genaue Gegenteil von dem, was sie auf der anderen bedeuten; und genauso ganz ähnlich bedeuten sie in Südamerika das Gegenteil von dem, was sie in Nordamerika bedeuten. In Europa und Lateinamerika nennt man jemand dann liberal, wenn er ein Anhänger der politischen Demokratie ist, worunter ich jene verstehe, die der Allgewalt des Staates über das Volk Grenzen auferlegt, statt sie zu unterstützen. Ein solcher Liberaler ist in der Wirtschaft ein Anhänger des freien Unternehmertums und der freien Marktwirtschaft, kurz, des Kapitalismus. Er ist schließlich ein Verteidiger der Rechte des einzelnen. Er glaubt an die kulturelle Überlegenheit der „offenen“ und toleranten Gesellschaften. In den Vereinigten Staaten vertritt ein „Liberaler“ genau entgegengesetzte Positionen: Er befürwortet das massive Eingreifen des Staates in die Wirtschaft und die autoritäre Umverteilung des Reichtums, er sympathisiert eher mit den sozialistischen Regimes als mit dem Kapitalismus, besonders in der dritten Welt. Ein Liberaler amerikanischer Prägung neigt zur marxistischen These vom illusorischen Charakter der politischen Freiheiten, wenn sie nicht von wirtschaftlicher Gleichheit begleitet werden. Ein amerikanischer „Radikaler“ seinerseits ist ein Spielgefährte unserer gewalttätigen Revolutionäre, keineswegs unserer europäischen oder ar-

gentinischen Radikalen, die verhandlungs- und kompromißbereite Leute sind. Ein amerikanischer Radikaler ist ein „Liberaler“, der zum Anhänger der Gewalt bekehrt wird. Die amerikanischen „Liberalen“, vor allem an den Universitäten, haben jahrelang vor den Verletzungen der elementarsten Menschenrechte durch Fidel Castro und später durch die Sandinisten die Augen verschlossen. Kurz, sie sind mit der marxistischen Linken in Europa verwandt, mit den Extremisten der englischen Labour-Partei und mit den prosowjetischen, wenn auch antistalinistischen Teilen der Sozialistischen Internationale der siebziger und achtziger Jahre, die von Willy Brandt, Olof Palme und Andreas Papandreou geprägt wurden. Wie die letzteren haßt der amerikanische „Liberale“ seine eigene Zivilisation, verachtet die westliche Kultur und zählt den „Imperialismus“ zu den Todsünden; und darunter versteht er jeden Versuch, sei er noch so schüchtern oder unwirksam, diese Zivilisation und Kultur am Leben zu erhalten. Ein „Konservativer“ in Nordamerika ist dagegen das Gegenstück zu einem „Liberalen“ in Europa und Lateinamerika – wo wiederum jemand dann als „konservativ“ eingestuft wird, wenn er – der Etymologie dieses Wortes entsprechend – alles und jedes in seinem jetzigen Zustand beibehalten möchte. Und da sich der Liberalismus, sei er ökonomisch, politisch oder kulturell, in Europa und Lateinamerika nicht ohne Umsturz entwickeln kann, weil diese Kontinente jahrzehnte-, wenn nicht jahrhundertelang durch Etatismus, Dirigismus, Sozialismus und Korporatismus geprägt wurden – und zwar sowohl in der Praxis wie in der Ideologie – sind die Liberalen in diesen Ländern keineswegs Konservative im wörtlichen Sinn, sondern Reformierer: sie stürzen eingefahrene Gewohnheiten und überkommene Ideen um. In Wahrheit sind sie die Revolutionäre.
Das Eigenschaftswort „revolutionär“ kann ja tatsächlich nicht im absoluten Sinn gebraucht werden. Es hat nur einen relativen Sinn, denn es bezeichnet eine Veränderung *in bezug* auf einen gegebenen Ist-Zustand. Dieser Ist-Zustand ist weder überall noch immer der gleiche. Nichts ist revolutionär *an sich.* Die „Revolution“ in China oder Kuba ist gleichbedeutend mit der bestehenden Ordnung, mit der etablierten Macht, und diese Macht will sich selbst unveränderbar wissen und wünscht für sich einen völligen Zustand der „Beibehaltung“. Dementsprechend impliziert der Ausdruck „konservativ“ auch keinen dauerhaften Inhalt, bietet keinen fixen Lösungskatalog, denn was es zu erhalten oder abzuschaffen gilt, ist in verschiedenen Gesellschaften und historischen Augenblicken niemals dasselbe. Wie entmutigend ist es dennoch, zu sehen, daß es nicht gelingen will, in das allerelementarste politische Vokabular ein wenig Ordnung zu bringen, trotz der Tausenden Politologiekursen, die auf unserem Planeten gehalten werden,

trotz der Millionen Wörter in politischen Kommentaren, die täglich geschrieben und gesprochen werden. Ich für mein Teil wähle hier, wie der geneigte Leser bereits gemerkt haben dürfte, den Ausweg, „liberal", „Liberalismus", „konservativ" unter Anführungszeichen zu verwenden, wenn ich sie im amerikanischen Sinn verwende, und ohne Anführungszeichen für den europäischen oder lateinamerikanischen Bereich.
Gegenüber der Schwammigkeit des sozialistischen Sprachgebrauchs ist es nicht weniger leicht, die Herausforderung anzunehmen, als gegenüber dem liberalen Sprachusus. Ich werde zum gegebenen Zeitpunkt das halbe Dutzend von Bedeutungen durchgehen, die das Wort „Sozialismus" annehmen kann, die einander alle ausschließen, und doch verwenden wir sie so, als wären sie austauschbar, was sie gänzlich unverständlich macht. Im Moment begnüge ich mich damit, anstelle eines Vorworts anzumerken, daß sich jeder Sozialist, mit dem man diskutiert, meistens weigert, ausdrücklich irgendeine Definition des Sozialismus zu unterschreiben, und daß er die Gültigkeit aller Beispiele von konkretem Sozialismus, über die er seine Meinung kundgeben soll, verneint. Der Sozialismus ist für deinen Gesprächspartner immer das, was *nicht ist*, was „weder das eine noch das andere" ist. Er wird nicht von den leider unvollkommenen Regimes dargestellt, die ihn für sich reklamieren, er *ist nicht* reduzierbar auf die eine oder andere Definition, die bei guten Autoren vorkommen, oder in den zahlreichen Programmen, die man ihn genehmigen lassen will. Warum dieses Ausweichen, warum diese Unfähigkeit? Beides geht auf den Widerspruch zurück, der in jeder Definition von Sozialismus sichtbar wird, sobald man sie genauer untersucht. Da das sozialistische Ideal auf dem Ehrgeiz beruht, unvereinbare Vorteile zu vereinen, kann es intellektuell nur mittels einer tolerierten Verwirrung der Gegensätze überleben. Deshalb weichen seine Helden eilig zurück, sobald sie ein zu klares Licht sehen, und sie unterstellen böse Absicht, wenn man verlangt, daß sie zwischen zwei oder mehreren Abarten des Sozialismus wählen sollen. Die französischen Sozialisten haben 1981 behauptet, die Verstaatlichungen seien positiv, weil sie den Profit ausmerzten, und 1983 waren sie dann positiv, weil sie Profit erlaubten. Ihre moralischen Ansichten über Profit hatten in der Zwischenzeit einen Wandel durchgemacht. Aber sie haben nicht das Gefühl gehabt, daß nur *eine* der beiden Einstellungen richtig sein konnte und nur eine von beiden echt sozialistisch. Sie hatten, wie sie glaubten, nicht einen Fehler korrigiert: sie hatten die Analyse „vertieft", erweitert, verfeinert. Im Sprachgebrauch eines Sartre würde ich sagen, daß es ihre „grundsätzliche Wahl" ist, nicht zu wählen, und daß sie „in der Seinsweise der Verneinung existieren". Laurent Fabius, ehemaliger sozialistischer Premierminister, erklärte[1]: „Der So-

zialismus *ist nicht* eine leicht zu beschreibende Landschaft, die man mit einem Blick vom Gipfel eines Berghangs entdecken kann." Das hatten wir fast geahnt. Die Idee, daß das Ergebnis einer Handlung der Aktion vorausgehen könnte, und zwar in der Form einer Landschaft, ist absurd. Was ist er also? „Er ist", sagt Fabius, „eine Richtung . . ." Welche? Großes Geheimnis.

Ähnlich hörte Birma in den meisten Fernseh- oder Printjournalen plötzlich auf, sozialistisch zu sein, als sich das Volk gegen die Machthaber erhob und man im August 1988 das Ausmaß der wirtschaftlichen Katastrophe und der politischen Unterdrückung dieses Regimes erfahren hatte. Man sprach von letzterem als von einer „Militärdiktatur" oder, ironisch, vom „Sozialismus à la Birma", was andeuten sollte, es sei kein „echter" Sozialismus. Die Spezialisten der Vorhersagen wiederholen gern, wie Jacques Lesourne, die Prognose: „Schritt für Schritt treten wir in die Informationsgesellschaft ein." Irren sie nicht aus Optimismus? Kommunikationsgesellschaft, Übermittlungsgesellschaft, ja. Aber Informationsgesellschaft?

Und doch gibt es ein Wort, das keinerlei Zweideutigkeiten enthält, ein Wort, das, so glaubt man, von allen Parteien, von allen Lehrmeinungen, in allen Breiten mit derselben Bedeutung belegt ist: das Wort Rassismus. Eine um so glücklichere und willkommenere Einigkeit, als der Kampf gegen den Rassismus diesem Problem eine vorrangige emotionale und ideologische Macht zugeteilt hat, in unserem Fin de Siècle. Und das gilt nicht nur für den Kampf, sondern für den Begriff Rassismus selbst, für seine Ausweitung auf Gebiete, die mit Rassen und Ethnien keine Beziehung haben (man spricht von antihomosexuellem, Anti-Jugend- oder Anti-Alter-Rassismus), für die Ablehnung des Antirassismus, die allgemein und heftig ist, für die Unterordnung aller anderen wichtigen Begriffe unter diesen Vorrang, für die Reduzierung auf den Rassismus von fast allen Menschenrechtsverletzungen. Der Rassismus hat fast alle anderen menschlichen Angelegenheiten auf Rang zwei verwiesen.

Wenn man davon ausgeht, daß der Respekt für die menschliche Person und die Pflicht, sie „immer als Zweck und niemals als Mittel" anzusehen, tatsächlich die Basis für eine allgemeine Moral und in der Politik für ein internationales Prinzip darstellen können, so kann und muß man rechtens den Kampf gegen den Rassismus als wesentlich in der Verteidigung der Menschenrechte betrachten. Aber die Tendenz, die in unserer Zeit Vorrang hat, betrachtet die Menschenrechtsverletzungen nur dann als schwerwiegend, wenn sie eine rassistische Komponente enthalten. Aber es gibt zahlreiche Fälle von Angriffen gegen die menschliche Würde, von Verfolgung, ja Vernichtung, die ganz andere Gründe haben, als den Rassismus; sie entspringen beispielsweise dem religiösen Fanatismus, wie im Iran der „islamischen Revolution" eines Khomeini, oder ideologischem Fanatismus wie im China der Kulturrevolution oder im Kambodscha der Roten Khmer. Während die neuzeitliche Sklaverei in Nord- und Südamerika vom Handel mit Schwarzen genährt wurde, hatte das arabische Sklaventum mitten in Schwarzafrika kaum einen oder gar keinen rassistischen Aspekt, ebensowenig wie die Sklaverei der europäischen Antike oder die Leibeigenschaft in Rußland vom Mittelalter bis in die Mitte des neunzehnten Jahrhunderts. Die Sklaven und Leibeigenen haben in vielen Gegenden und in den verschiedensten Epochen meistens zur selben Rasse wie ihre Herren oder Meister gehört. Waren sie deshalb weniger bedauernswert? Aristoteles hielt den Sklaven für essentiell minderwertig gegenüber dem freien Mann, obwohl meistens der eine wie der andere Grieche war oder sich der Sklave, auch wenn er aus irgendeinem besiegten Volk stammte, vom Griechen keineswegs durch seine Hautfarbe unterschied. Verdient deshalb Aristoteles' These unsere Nachsicht? Wird die Rückstufung eines Sklaven auf den Rang eines Untermenschen annehmbar, sobald das nicht nach einem rassistischen Kriterium geschieht? Wenn die Versklavung während der Zeit des Sklavenhandels durch ihren Rassismus einen doppelt widerlichen Charakter hat, so ist es doch nichtsdestoweniger die Sklaverei selbst, die das Wesen des Deliktes eines Angriffs auf die Menschenwürde ausmacht. Hätten sich die Weißen darauf beschränkt, die Schwarzen im Abstrakten zu verachten, wären dabei zu Hause geblieben und hätten sie in Frieden in ihrer Heimat gelassen, so wäre das Unrecht gegenüber den Afrikanern zwar moralisch auch zu verwerfen gewesen, aber, geben wir es zu, es wäre in der Praxis weniger schwerwiegend und in der Folge auch leichter wiedergutzumachen gewesen. Wenn der Rassismus eine Verletzung der Menschenrechte darstellt, so lassen sich doch nicht alle Verletzungen der Menschenrechte auf den Rassismus zurückführen.

Woher kommt es, daß anscheinend Angriffe auf die Freiheit oder die Würde nur dann zählen und nur dann als verwerflich gelten, wenn sie in den Katalog der rassistischen Verhaltensweisen passen oder passen können? Auf der internationalen Ebene ist man während der achtziger Jahre soweit gekommen, aus Südafrika den großen und fast den einzigen Schuldigen der Zeitgeschichte zu machen. Beim Gipfeltreffen der sieben höchstindustrialisierten Länder im Juni 1987 in Venedig definierte der Leiter der kanadischen Delegation die Apartheid als „*the most important human rights issue of our time*", „das richtigste Menschenrechtsproblem unserer Zeit". Aber wenn Apartheid auch tatsächlich ein sehr schwerwiegendes Problem ist, eine unentschuldbare und unerträgliche Form von schlechter Behandlung, so kann man sehr viele andere Probleme anführen, die gleich oder noch ärger sind: zum Beispiel die 600.000 vietnamesischen Boat-People, die seit 1980 auf offenem Meer umgekommen sind, darunter 40% Kinder. Und die Industrieländer verhängen Wirtschaftssanktionen über Südafrika und bewilligen ganz im Gegenteil Wirtschaftshilfe und Kredite für Vietnam! Was für einen Wert kann eine Menschenrechtsphilosophie haben, die nicht allgemein ist, das heißt, die bei bestimmten Menschen angewendet wird und bei anderen nicht? Verfällt sie nicht ihrerseits in den Fehler der Rassendiskriminierung, die sonst so heftig gerügt wird? Warum ist die Apartheid zur Todsünde unserer Zeit geworden, so daß sie oft ganz ohne Anlaß in Diskussionen auftaucht, deren Gegenstand mit diesem Wahnsinn nichts zu tun hat? So kommentierte ein englischer Schwarzer am Abend der englischen Wahlen am 11. Juni 1987, als er soeben zum Labour-Abgeordneten der Grafschaft Brent gewählt worden war, seinen Sieg folgendermaßen vor der BBC: „Brent wird nicht frei sein, solange Südafrika nicht frei ist." Was hat Südafrika in den englischen Wahlen verloren? Wenn dieser Abgeordnete sagen will, daß Frau Thatcher unrecht hatte, sich gegen Wirtschaftssanktionen gegen Südafrika auszusprechen, so soll er seine These beweisen. Aber auch wenn er uns davon überzeugt, wird er damit noch nicht bewiesen haben, daß Großbritannien nicht frei ist. Hat dieser Satz einen Sinn, wo es doch immer schon freie und unfreie Völker gegeben hat, was die ersteren nicht daran hindert, frei zu sein? Wenn wir trotzdem annehmen, daß in einem sehr metaphysischen Sinn der Satz stimmt, daß kein Mensch wirklich frei ist, solange es nicht alle sind, warum zitiert man dann nur Südafrika als Beispiel für ein Land ohne Freiheit? Etliche andere aktuelle Sklavengesellschaften könnten einem einfallen. Warum kommt Südafrika, obwohl in der Kunst der Unterdrückung nicht allein, immer wieder mit so stereotyper und besessener Häufigkeit in den Vordergrund der zeitgenössischen ideologischen Rhetorik? Wenn sie auch unzweifelhaft die Menschenrechte vergewaltigt, so ist die Südafrikanische Republik doch bei weitem nicht die einzige, die das tut. Warum ist sie dann fast die einzige, die deshalb als Schandfleck gilt? Bei diesem Anlaß lassen sich zwei Dinge feststellen, etwas Allgemeines und etwas Besonderes. Das Besondere gehört zur wirtschaftlichen Bedeutung und zur außergewöhnlichen geostrategischen Position Südafrikas. Die Sowjetunion, schon seit 1975 eine der wichtigsten afrikanischen Mächte, tut alles, damit die Machtergreifung der südafrikanischen Schwarzen zugunsten des African National Congress (ANC) vor sich geht, der schon immer pro-sowjetisch war, ähnlich wie in Namibia die SWAPO (South-West Africa's People Organisation). Der ANC könnte in einer künftigen Südafrikanischen Volksrepublik dieselbe Rolle spielen wie Mengistus DERG in Äthiopien. Mit Hilfe zahlreicher bewußter oder unbewußter Unterstützungsbasen führt die UdSSR zum Thema Südafrika in der ganzen Welt eine Propaganda-Arbeit durch, die für sie schlichte Routine ist, eine Arbeit, die sie seit langem gewöhnt ist und worin sie kaum jemals Schlappen einstecken mußte. Sie besteht darin, die weltweit zur Verfügung stehende Empörung auf die Apartheid zu konzentrieren, sie als das absolute Böse darzustellen, als ärgste Geißel und als so unheilbare Wunde, daß man die Frage nach dem nachfolgenden Regime gar nicht stellen darf, ohne unanständig zu sein. Wird es demokratisch oder totalitär sein? Wenn die UdSSR gewinnt, wenn der aktuelle Kurs fortgeführt wird, dann wird es sicherlich ein totalitäres Regime sein, in dem die Menschenrechte noch mehr verletzt werden als unter der Apartheid. Aber wenn man das bemerken wird, so wird das ein Zeichen dafür sein, daß dieses Regime fest installiert ist. Die Linke und die bestürzten „Liberalen" werden dann seinen totalitären Charakter erkennen. Sie haben auch eine lange Erfahrung in diesen Entwicklungen, und sie erholen sich schnell von diesen Erkenntnissen. Ihrer Eile, sie herbeizuwünschen, ja herbeizuführen, entspricht ihre Geschwindigkeit beim Vergessen, wenn die Stunde schlägt, in der die Konsequenzen der früher gehaltenen Positionen zum Tragen kommen. Sogar in Afrika ist die Verurteilung der Apartheid fast das einzige Thema, über das die afrikanischen Staaten sich bei den Gipfeltreffen der OAV einigen können.

Doch die besondere und momentane Bedeutung des sowjetischen Interesses an der Vendetta der Apartheid wäre nicht so mächtig, wenn sie ihre zusätzliche Kraft nicht aus einer anderen, allgemeineren Angelegenheit schöpfen könnte, wo sie verwurzelt ist und die ihr unerhörten Schwung verleiht. Diese allgemeine Sache besteht darin, daß wir nicht nur praktisch alle Menschenrechtsverletzungen auf den Rassismus beschränken, sondern auch darin, daß wir unter Rassismus nur den der Weißen gegen die anderen Rassen oder Ethnien verstehen.

Um im afrikanischen Rahmen zu verbleiben: die Menschenrechtsverletzungen, die Verfolgungen, die Hinrichtungen Schwarzer durch Schwarze, haben seit ungefähr 1960, dem Beginn der Unabhängigkeitsbestrebungen, eine solche Anzahl von Toten gebracht und eine solche Unmenge von Leid, daß sie die Untaten und Verbrechen der weißen Unterdrücker in Südafrika bei weitem übertreffen. Noch dazu gehören alle diese schwarzen Verbrechen auch zu jenem Phänomen, daß wir in Europa und den Vereinigten Staaten ohne zu zögern Rassismus nennen würden, denn sie werden meisten von einer herrschenden Ethnie an einer unterworfenen Ethnie ausgeführt. Die politischen und ideologischen Erklärungen, der westlichen Rhetorik entnommen, entsprechen der Oberfläche von Konflikten, die in der Tiefe verschiedene Stämme gegeneinander antreten lassen. Die Stammeskonflikte stellen einen historischen Faktor dar, an den die gutgläubige Linke, ich meine, jene, die dazu neigt, die dritte Welt zu idealisieren, nicht gerne erinnert wird. Als ich sie eines Tages trotzdem erwähnte, wenn auch mit allen erdenklichen rhetorischen Vorsichtsmaßnahmen, wurde ich von einem Dritte-Welt-Auditorium ausgebuht, und zwar 1985 in Paris bei einer öffentlichen Diskussion über „Demokratie und Entwicklung", an der auch Jean-Pierre Cot, ehemaliger sozialistischer Minister für Zusammenarbeit, Bernard Kouchner, Begründer von Médecins sans frontières und Präsident der Médecins du Monde, und etliche Spezialisten für afrikanische Probleme teilnahmen. Ich war neugierig genug, mehrere neuere Abhandlungen über Soziologie nachzuschlagen, teils auf englisch, teils auf französisch, und bemerkte, daß es keine Kapitel mehr gab, die dem Begriff Stamm als solchem gewidmet waren. Ebenso begnügen sich die enzyklopädischen Wörterbücher mit einer vagen Definition, verstecken sich hinter Gemeinplätzen, ohne auf die sehr zahlreichen historischen und zeitgenössischen Beispiele einzugehen, die eine konkrete Einschätzung des Phänomens erlauben würden.

Der Krieg in Biafra Ende der sechziger Jahre mit seiner Million von Toten in Nigeria hatte zum Ziel, die Ibos zu brechen. Diese Bevölkerungsgruppe wollte sich von der Zentralmacht lossagen. Tatsächlich war die Einteilung der Staaten seitens der herrschenden Stämme im jungen, unabhängigen Nigerien so berechnet worden, daß die Ibos von der Erdölgewinnung nicht profitierten. Übrigens rangiert Nigerien, das größte und reichste Land Schwarzafrikas, wie man weiß, aufgrund seiner Handlungen unter den leuchtenden Beispielen für Rassismus. Beweis dafür ist beispielsweise die Brutalität, mit der 1983 ungefähr zwei Millionen Arbeiter mit einem Schlag ausgewiesen wurden, die ohne ordentliche Papiere eingewandert waren, und die man zwang, zu Fuß nach Ghana, Benin, Tschad, Niger oder Kamerun zu marschieren. Wenn man den Proteststurm kennt, der in jedem europäischen Land losbricht, wenn man ein paar Dutzend Immigranten ohne Aufenthaltsgenehmigung ausweist, oder auch nur ganz simpel ihre Papiere überprüft, dann fragt man sich, ob die Liebe für die Menschenrechte wirklich deren Hauptbeweggrund ist. Wie soll man daran glauben, wenn man sieht, wie die Urheber dieser Proteste auf einmal verstummen vor

solch übler Behandlung von ganz anderer Tragweite und vor einer viel schlimmeren Barbarei, nur weil sie von Schwarzen an anderen Schwarzen verübt wird?
Dieselbe Frage taucht auf, wenn man Burundi betrachtet, ein Land mit 5 Millionen Einwohnern, regiert von einem System von Beziehungen zwischen Stämmen, das man nicht anders definieren kann als mit „schwarze Apartheid". Tatsächlich herrscht dort der Stamm der Tutsi, der zehn bis 15% der Bevölkerung ausmacht, und beraubt die Hutus ihrer Rechte, die fünf- bis sechsmal so zahlreich sind. Die politische Zentralgewalt bleibt Tutsi-Monopol. Es ist eine Diktatur und kann übrigens auch nichts anderes sein. Dreizehn von fünfzehn Provinzgouverneuren sind Tutsi, sowie beinahe die ganze Armee (genau 96%)[2]. Auf allen Verkehrsverbindungen kontrollieren Soldaten (natürlich Tutsi) die Papiere jedes Bauern (natürlich Hutu), der unterwegs ist, aber ohne das Recht zu haben, seine „Aufenthaltszone" zu verlassen. Burundi handelt also schlimmer als die Republik Südafrika, wo der berühmte „Paß", die „Reiseerlaubnis", im Jahre 1985 abgeschafft wurde. 1972 versuchten die Hutus einen Aufstand. Ihre Revolte wurde von den Tutsi niedergeschlagen. Es gab 100.000 Tote. Da man in Südafrika ungefähr fünfmal so viele Schwarze zählt als Hutus in Burundi, muß man die Zahlen entsprechend vervielfachen, um sich vorzustellen, wie die internationale Meinung reagiert hätte, hätten die südafrikanischen Weißen in weniger als einem Jahr 500.000 Schwarze umgebracht. Im Fall von Burundi herrschte Schweigen, es gab höchstens eine trockene kommentarlose Nachricht, aber die großen westlichen demokratischen Geister vervielfachten in der Folge ihre Freundschaftsbeweise und ihre Wirtschaftshilfe zugunsten der Tutsis. Präsident François Mitterand erwies diesen Grossisten des Völkermords die Bürgschaft seiner Gegenwart und Ehre seines Besuches: zum erstenmal im Jahr 1982, zum zweitenmal 1984, während des afrikanischen Gipfeltreffens von Bujumbura, von dem man sich später, als 1986 in Paris der Skandal der Abzweigung von Entwicklungsgeldern losging, fragen konnte, ob er nicht auch dazu gedient hatte, öffentliche Gelder zum Profit nicht der Hutu-Bauern, sondern der französischen Beamten im Ministerium für Zusammenarbeit und in die Wahlkasse gewisser Sozialisten abzuzweigen. Wohlverstandene Dritte-Welt-Solidarität beginnt bei sich selbst.
Die Tutsi bekommen von den westlichen Ländern über 150 Millionen Dollar Wirtschaftshilfe pro Jahr (Dollarkurs von 1986). Burundi gehört sogar zu den Lieblingen der Weltbank und mehrerer Industriestaaten, trotz seiner etwas wirren Geschichte und seiner mehr als sonderbaren Gegenwart, worüber die Geberländer und die internationalen Beamten, die sie vertreten, niemals sprechen. Das wäre unhöflich. Sie ziehen

es vor, die „wirtschaftliche Tüchtigkeit" der Tutsis zu betonen, die, wie es scheint, „gut wirtschaften können", eine Qualität, die man den weißen Südafrikanern noch weniger absprechen kann, wie ich en passant festhalten will, die ihnen aber deshalb noch lange keine Absolution bringt. Die Kirche, die sich in Burundi für die unglücklichen Hutus einsetzte, wie es ihr der Respekt für die christliche Caritas befahl, wurde deshalb von der Staatsmacht der Tutsi mit Schimpf und Schande belohnt. Die Regierung beschimpfte die Priester als Unterstützer des belgischen Imperialismus. Tatsächlich hatte in der Zeit der Kolonisierung die belgische Kirche den Großteil der Missionare gestellt. Heute verbreitet das offizielle Radio täglich Schmähreden gegen die katholische Kirche. Es beschuldigt sie, mit ihrem „weißen, rassistischen Gott" die „Kultur Burundis" zerstört zu haben. (Hier finden wir die Wohltaten der „kulturellen Identität" wieder.) Die Priester wandern regelmäßig ins Gefängnis (ohne daß ich in den westlichen theologischen Zentren viele Bittschriften zu ihren Gunsten hätte zirkulieren gesehen). Die Behörden haben die christlichen Schulen konfisziert und verstaatlicht. Sie verbieten die Messe unter der Woche, denn die Hutus haben kein Versammlungsrecht. Die Sonntagsmessen, die einzigen erlaubten, werden unter militärischer Bewachung zelebriert. Ich habe niemals einen unserer Dritte-Welt-Bischöfe, sei er europäischer oder amerikanischer Herkunft, gegen diese Verfolgung protestieren hören, die eine katholische Geistlichkeit wegen ihres mutigen Einsatzes für die Opfer einer blutigen Unterdrückung trifft, die streng nach rassistischen Kriterien vorgeht. Warum wird einerseits der edle Kampf eines Desmond Tutus gegen die südafrikanische Apartheid zu Recht für sehr christlich gehalten, bringt ihm in der ganzen Welt den Ruhm als Held der Menschenrechte ein, gekrönt durch einen verdienten Friedensnobelpreis, und warum umhüllt andererseits ein Schleier des Schweigens die Priester in Burundi, die sich ebenfalls gegen ihre lokale Apartheid erheben und außerdem versuchen, einen neuerlichen Geistesblitz der Tutsis zu verhindern, der als zweiter Völkermord jederzeit bei ihnen auftauchen könnte?[3]

Oh, sie würden diesen zweiten Völkermord ebenso euphorisch hinunterschlucken wie jenen aus dem Jahr 1972 und wie die ganze Diskriminierung in Burundi, unsere Kreuzzügler des Antirassismus. Dagegen können ihre zarten Mägen ihn keinesfalls vertragen, falls das Gift aus Südafrika importiert wurde. Ich habe es voll Rührung gelernt, als ich einen Leitartikel von *Quest-France* vom 4. August 1987 las, ein fulminantes Anathema gegen den „Apartheid-Thunfisch". Buddha, so sagt man, war für die moralischen Eigenschaften seiner Nahrungsmittel dermaßen sensibel, daß sein Verdauungsapparat eines Tages von Erbrechen erschüttert wurde, nachdem er Früchte genossen hatte, die – ohne sein Wissen – von einem Diebstahl stammten. Ähnlich hatte ein gewisser Yves L'Helgoualc'h, wie man in *Quest-France* nachlesen kann, Nachfahre des heiligen Asketen und Präsident des „Komitees weißer Thunfisch von Concarneau" im August 1987 vom Staatssekretariat für Meeresfragen verlangt, ein „Embargo gegen die Importe aus Südafrika" auszusprechen. Diese Maßnahme, so argumentierte der tugendhafte Fischer-Priester, würde „zu den französischen Erklärungen gegen die Apartheid passen". Zufällig „paßt" sie auch sehr gut zu dieser kleinen Unzulänglichkeit, daß der südafrikanische Thunfisch billiger ist als der französische, was zur Folge hat, daß letzterer viel lieber von den Konservenfabriken gekauft wird. In Concarneau wie im Entwicklungshilfegeschäft passen Geldbörse und Brüderlichkeit gut zusammen.

Die Gleichgültigkeit der internationalen Öffentlichkeit gegenüber Menschenrechtsverletzungen, die von Afrikanern auf Kosten anderer Afrikaner begangen werden, erklärt die erstaunliche Wertschätzung, die einer der schrecklichsten Tyrannen des 20. Jahrhunderts lange Zeit in Europa genossen hat, nämlich Sekou Touré, Diktator von Guinea, einem Land, das er von 1959 bis zu seinem Tod 1984 aushungerte und terrorisierte. Die Personen, die gefoltert und hingerichtet oder zu lebenslänglichem Kerker verurteilt wurden, alles auf Befehl von Sekou Touré, gehen in die Tausende, unter anderem 1970 der Erzbischof von Conakry, der aus Gabun stammte und französischer Staatsbürger war. Wenn man sie im Verhältnis zur Bevölkerung berechnet, so haben die Hinrichtungen des Diktators von Guinea den zweifelhaften Ruhm, jenen von Stalin in nichts nachzustehen. Es war nicht gut Kirschen essen als Minister von Sekou Touré. Ein Großteil der Menschen, denen diese Ehre angeboten wurde, wählten vorsichtshalber vorsorglich das Exil, wenn sie es noch schafften, anstatt eine meist makabre Zukunft zu akzeptieren. Denn die Mitarbeiter des Staatschefs von Guinea wurden schubweise verhaftet, gefoltert, gehenkt, erschossen oder bis zu ihrem Tod inhaftiert. Die Kerker und die Lager Guineas, deren Größe und Schrecken die Presse und das Fernsehen verspätet beschrieben, *nachdem* der „Präsident" dahingeschieden war, vertrugen jeden Vergleich mit den schrecklichsten Erfindungen von Heinrich Himmler. Sekou Touré, der zum Stamm der Malinkés gehörte, ebenso wie selbstverständlich die Mehrzahl seiner Regierungsmitglieder, empfand übrigens einen ganz besonderen Widerwillen gegenüber Peuls, einem Wüstenvolk. Er ließ Tausende von ihnen foltern und umbringen, und zwar in regelmäßig wiederkehrenden Pogromen. Wenn mich nicht alles täuscht, handelt es sich hier um eine Erscheinung, die verdächtig nach

Rassismus riecht. Trotzdem empfing Sekou Touré den Besuch von François Mitterand zu einem Zeitpunkt, da der Chef der französischen Linken noch in der Opposition war. Als Staatspräsident sollte François Mitterand seinerseits im Jahr 1982 den sozialistischen Staatschef von Guinea mit allen seinen Heldentaten entsprechenden Ehrungen in Frankreich empfangen, und zwar anläßlich eines afrikanischen „Gipfeltreffens", das tatsächlich ein Gipfel der Scheinheiligkeit war. Da diese Tugend ja im übrigen keineswegs eine Spezialität der Linken ist, hatte Präsident Valéry Giscard d'Estaing seinerseits bereits 1978 darauf bestanden, eine offizielle Reise nach Conakry zu unternehmen. Damals veröffentlichte Raymond Aron im *Express* einen für seine Begriffe außerordentlich wütenden Leitartikel, um darzulegen, daß diese moralisch bestürzende Reise nicht einmal im Namen der Realpolitik zu rechtfertigen war. Da er wußte, daß die Wirtschaft Guineas völlig im argen lag, sagte sich Giscard wohl, daß die Stunde gekommen sei, dieses Land dem sowjetischen Einfluß zu entreißen und unter das geheiligte Steuerrad der „französischen Afrika-Politik" zu führen. Das ist ein Beispiel für die üblichen Fehler gewisser Liberaler, die nicht verstehen, wie der internationale Kommunismus funktioniert. Denn wenn ein kommunistisches Land bereit ist, den Gnadenstoß zu erhalten, beeilen sich die Sowjets, ihm zu raten, den Kapitalisten soviel Geld wie nur möglich zu entreißen. Sie spielen mit der Naivität, die als Verführer einen Sieg heimzuholen glaubt, wo man doch nur will, daß sie zahlt. Die UdSSR dagegen behält in diesem Land ihre politischen und strategischen Positionen. Lenin erklärte und praktizierte als erster sehr erfolgreich diese Methode.[4]

Die Sowjets dachten nicht daran, Guinea 1978 aufzugeben, sie sind auch zehn Jahre später noch dort. Sie bauen zu ihrem Gewinn die Bauxitminen Guineas ab, die zu den reichsten der Welt gehören und das wichtigste Exportgut Guineas liefern. Auf dieses Erz haben sie völlig die Hand gelegt, als Gegenleistung für die frühere „Wirtschaftshilfe". Diese kostspielige und drückende Wirtschaftshilfe bestand in Wahrheit aus Tausenden Tonnen unbenützbaren Alteisens, das „landwirtschaftliche Maschinen" genannt wurde; darunter waren auch die berühmten Schneepflüge, über deren Nützlichkeit am Äquator die ganze Welt lachte. Die Liebenswürdigkeiten der beiden französischen Staatschefs hatten ein einziges Ergebnis: Sekou Touré, gleichzeitig von kommunistischen und demokratischen Staatschefs umworben, gewann dadurch eine quasi ökumenisch anerkannte Machtposition, um sein Volk weiter auszubeuten. Die beiden französischen Staatspräsidenten, die niemals ein südafrikanisches Regierungsmitglied empfangen hätten, scheuten sich nicht, nacheinander die Hand dieses widerlichen Individuums zu drücken, aber sie hatten nichts davon, nicht einmal unter vulgär-machiavellistischen Gesichtspunkten. Der Präsident von Guinea erhielt übrigens auch die heißesten Lobeshymnen vom UNESCO-Generaldirektor Amadou Mahtar M'Bow, der ihn als großen humanistischen Demokraten feierte und als den großen fortschrittlichen Staatsmann der dritten Welt. Diese ehrlose Speichelleckerei wird niemanden überraschen, wenn man weiß, daß die UNESCO unter der Führung M'Bows in den siebziger und achtziger Jahren zur sowjetischen Vorfeldorganisation verkam. Das war ein Verrat an der Aufgabe der UNESCO und der UNO, mit dem man sich nicht hätte abfinden sollen. Man schreibt Florence Nightingale den folgenden sehr vernünftigen Ausspruch zu: „Was immer sonst sie tun, Spitäler dürfen keine Krankheiten verbreiten!" Aber die internationalen Organisationen, deren Aufgabe es ist, Elend und Barbarei auszurotten, verbreiten schließlich die Übel, die sie kurieren sollen. Die Hilfsgelder, die sie verteilen, nützen weniger den armen Bevölkerungsschichten als der Macht der Diktatoren, die sie aushungern und versklaven. Aus politischer Leidenschaft oder auch aus Angst, als Rassisten bezeichnet zu werden, werden die internationalen Beamten zu Komplizen der Tyrannenverschwörung gegen die Völker. Was nützt es, sich gegen angeblich „revisionistische" Historiker zu verwehren, die zu behaupten wagen, ihrer Meinung nach habe der Völkermord Hitlers niemals stattgefunden, wenn man es andererseits normal findet, daß der Generaldirektor der UNESCO offiziell einen zeitgenössischen Praktiker des Völkermords mit Weihrauch besprengt, wie Sekou Touré, oder auch wie der äthiopische Diktator Mengistu, dessen staatsmännische Qualitäten M. M'Bow ebenfalls einmal in Ausübung seiner Funktionen gepriesen hat?

Stellen Sie sich vor, Sie stehen an der Spitze eines totalitären Landes in der dritten Welt, und sie brauchen Geld und verschiedene Lieferungen, um Ihre Militärausgaben zu decken und die Durchführung Ihrer „Revolution" voranzutreiben. Die Bruderländer sind nicht gerade freigiebig, und Ihre Kreditwürdigkeit bei den kapitalistischen Ländern steht auf einem Tiefpunkt. Was machen Sie?

Sie warten ab, bis sich eine ausreichende Hungersnot ausbreitet, was aufgrund des vernichtenden Effekts Ihrer Landwirtschaftspolitik gar nicht zu verhindern ist, wenn der Himmel Ihnen nur ein bißchen zu Hilfe kommt und für Sie den Regen zurückhält. Dreiviertel Sozialismus und ein Viertel Trockenheit passen gerade. Wenn die Hungersnot ordentlich verankert ist, beginnen Sie damit, sie ein oder zwei Jahre lang vor der übrigen Welt zu verheimlichen, was Ihnen ja um so leichter fällt, als Sie alle Ortsveränderungen der Ausländer auf Ihrem Territorium unter Kontrolle haben. Sie sorgen dafür, daß sie sich entwickelt, vegrößert, explodiert – bis sie eine Verbreitung und einen Schrecken erreicht, die die Weltöffentlichkeit erschüttern können.

Jetzt ist der Augenblick gekommen, zuzuschlagen: Sie bieten einem ausländischen Fernsehteam eine Story. Dieses filmt eine Gruppe dieser abgemagerten Kinder, die Sie gewissenhaft zu vermehren bestrebt waren. Zu einer guten Sendezeit von einer beliebigen BBC oder CBS ausgestrahlt, stürzt die Reportage die kapitalistischen Zuschauer in Schrecken und Mitleid. In achtundvierzig Stunden macht die Reportage die Runde über alle Bildschirme unseres Planeten. Gleichzeitig – und das ist ein wesentliches Element der Vorbereitung – beschuldigen Sie die kapitalistischen Regierungen aufs heftigste, sie hätten die Hilfslieferungen absichtlich verweigert oder verzögert, weil sie ein „progressives" Land nicht unterstützen wollten. Diese Anklagerede wird von den linken Organisationen der demokratischen Länder sowie von der Kirche umgehend aufgenommen und ausgeschmückt. Im Handumdrehen sind die westlichen Regierungen in die wahren Verantwortlichen für die Hungersnot verwandelt, die Sie doch selbst verursacht oder verschlimmert haben. Geld und Spenden von öffentlicher und privater Seite häufen sich aus der ganzen Welt.

Jetzt tritt der ganze Plan in eine neue Phase: man muß vor allem verhindern, daß die Hilfslieferungen die Hungernden erreichen. Sie brauchen sie ja selbst – für die Armee, für die Nomenklatura, um den Bruderländern etliche Schulden zurückzuerstatten und vor allem, um die Kollektivierung und die Revolution zu beschleunigen, um Ihre Gegner auszuschalten und Ihre Macht zu festigen. Die Lastwagen, die man Ihnen geschenkt hat, um Getreide zu verteilen, werden beim Transport von Soldaten gute Dienste leisten, oder, noch besser, bei der Umsiedlung von Bauern in abgelegene Kollektivfarmen, wo sie abseits von indiskreten Blicken verrecken können.

Allzu neugierige Besucher, die für die Außenwelt herumspionieren könnten, meistens Mitglieder von NGOs (Non gouvernmental Organisations), Ärzte und andere leicht erregbare Leute, kann man ausschalten, indem man sie ihrerseits beschuldigt, Hilfsgüter zweckentfremdet zu haben. Nennen Sie sie Diebe, oder, noch besser, Spione. Da Ihre Verleumdungen gegen diese Zeugen in deren eigenem Land von den Anhängern der Dritte-Welt-Bewegungen gierig aufgegriffen werden, brauchen Sie sie nur nach Hause zu schicken, und die Ausweisung wird Ihnen bei ihren tugendhaften Landsleuten ungeahnte Schmach einbringen.

Solcherart konnte der Oberst Mengistu Hailé Mariam – denn es ist wohl klar, daß ich soeben seine Heldentaten besungen habe – sein

Glück auf dem Rücken von 1,200.000 verhungerten Äthiopiern bauen und anschließend die Ovationen seitens der Bewegung der Blockfreien ernten, seitens der Sozialistischen Internationale, der Befreiungstheologen und des Ökumenischen Weltkirchenrates. Ovationen, die von einigen tausend Kisten Whisky begleitet waren, mit Devisen gekauft, damit die Würdenträger der Partei den zehnten Jahrestag ihrer Revolution gebührend feiern konnten, wie es 1984 geschah.

1973 hatte Kaiser Haile Selassie nach einer Hungersnot, die 200.000 Tote gekostet hatte, seinen Thron verloren. Die erreichten Fortschritte erlauben es, die Überlegenheit des Sozialismus über den Feudalismus abzuschätzen.

Oberst Mengistu beschränkte sich darauf, ein Rezept anzuwenden, das Lenin zur Zeit der großen Hungersnot in der Sowjetunion im Jahr 1921 entwickelt hatte. Seither ist es öfter wieder aufgegriffen worden, vor allem in Kambodscha seitens des Regimes in Hanoi. Aber auch wenn Mengistu das Rezept nicht erfunden hat – in der Ausführung hat er alle Welt überrundet.

Ekel erfaßt uns vor der freiwilligen Blindheit, die die internationalen Hilfsorganisationen, die Beamten der UNO (was niemand in Erstaunen versetzen wird) und die Europäische Gemeinschaft gegenüber den Verbrechen der Diktaturenschule von Addis Abbeba befiel. Der Empörungsschrei von „Médecins sans frontières“ brachte denen, die ihn ausstießen, mehr Mißbilligung ein als den für die Ausrottung Verantwortlichen. Zwei Bannflüche sind zusammengeflossen, um das gemeinsame Schweigen der gläubgen Naiven, der „nützlichen Idioten“ und der zynischen Komplizen zu begründen: die ewige Angst, als reaktionär zu gelten, wenn man ein angeblich fortschrittliches, in Wahrheit totalitäres Regime kritisiert, und jene, rassistisch zu scheinen, wenn man das Massaker von Afrikanern an Afrikanern verurteilt.

Auf der ganzen Erde ist diese Zweckentfremdung von humanitären Hilfslieferungen durch despotische Staaten auf Kosten der unterdrückten Bevölkerung üblich. Ein Arzt, der in mehreren Kontinenten diese riesige Veruntreuung beobachtet hat, zögert nicht, von der „humanitären Falle“ zu sprechen.

Die Lektüre seines Buches macht betroffen; es ist eine Aufstellung „nützlicher Katastrophen“, die manchmal sogar nur vorgetäuscht sind, auf geschickt verbreiteten Gerüchten basieren und doch fruchtbar waren. Der Autor erzählt, wie Machthaber oder politische Parteien vorgegangen sind, die die Kontrolle über die Massen erlangen oder verstärken wollten, auf welche Weise sie sich zwischen die humanitären Organisationen und die Bevölkerung stellten, und wie sie Hilfsgüter abfingen, um sie für ihre eigenen Zwecke zu mißbrauchen. Er gibt das

Beispiel der Sandinisten, die nach dem Fall von Somoza die anderen politischen Parteien auszuschalten suchten und ohne freie Wahlen das Machtmonopol ebenso an sich reißen wollten, wie mit Hilfe oft brutalster Methoden die internationalen Hilfslieferungen, besonders die der Vereinigten Staaten. Denn man muß daran erinnern, daß die Vereinigten Staaten Nicaragua während der ersten Jahre nach Somoza unterstützt haben. Trotz dieser Hilfe begann die große Not in Nicaragua *nach* der Festigung der sandinistischen Diktatur. So dehnt der Totalitarismus seinen Herrschaftsbereich dank des von den Demokratien gelieferten Geldes aus. Der Hunger ist für den Sozialismus das „kostbarste Kapital".

Die Hölle Äthiopiens profitierte von der so allgemeinen Duldsamkeit und dem Schweigen – dies aufgrund dessen, was Glucksmann und Wolton die „revolutionäre Immunität" nennen.[5] Aber auch die wenigen, deren Hirne sie nicht lähmen, und die sich dazu durchgerungen haben, die Tatsachen zur Kenntnis zu nehmen, wissen nicht, welche Schlußfolgerung sie daraus ziehen sollten, oder sie ziehen einen widersprüchlichen Schluß. So Bob Geldoff, der großzügige und harmlose Rock-and-Roll-Star, der durch seine Konzerte für die Hungernden Äthiopiens Milliardenbeträge zusammenbekam, die die progressiven Militärs in Addis Abbeba für den Krieg umgewidmet haben. Angeekelt, desillusioniert und über die Bevölkerungsumsiedlungen informiert, die die Sterbenden gänzlich umbringen, fand Geldoff dennoch, man müsse um jeden Preis weitermachen. „Sogar in Auschwitz hätte ich gearbeitet!" behauptet er. Das hängt davon ab, mit wem! Man hat über Bob Geldoffs Organisation Band Aid sehr viel Böses gesagt, und oft ungerechterweise. Diese Organisation hat tatsächlich ihr Bestes getan, die Veruntreuung der Hilfsgelder durch die äthiopischen Diktatoren zu verhindern. Doch die letzteren waren schlauer und hatten keine Mühe, die „guten Weißen" zu foppen und die Hilfsgüter für ihre eigenen Zwecke zu mißbrauchen, statt sie zur Linderung der Not ihres Volkes einzusetzen.

Zu allem Überfluß hat das kommunistische äthiopische Regime im August 1987 die erneute Hungersnot abermals verheimlicht, die im Nordosten des Landes enstand. Mengistu nannte die ersten, beunruhigenden Berichte der UNO über das Auftauchen der neuen Gefahr falsch und behauptete, alles sei in Ordnung. Es ist vielleicht nicht allgemein bekannt, aber einer Hungersnot gehen Anzeichen voraus, die es erlauben, sie schon im Anfangsstadium abzufangen. In diesem Augenblick muß man an die internationale Hilfe appellieren, in diesem Augenblick kann diese Hilfe erfolgreich sein. Ist dieses Stadium aber einmal überschritten und die Hungersnot voll im Gange, ist sie erst zur Katastrophe ge-

wachsen, stößt die Verteilung der Hilfsgüter (ganz zu schweigen vom Mißbrauch) auf fast unüberwindliche Hindernisse, denn sie muß gleichzeitig immer massiver und immer schneller geschehen. Die betroffene Bevölkerung wird täglich zahlreicher und durch die Entbehrungen noch mehr geschwächt. Je größer ihre Hilfebedürftigkeit, um so weniger gelingt es, die Hilfsgüter bis zu den Betroffenen zu transportieren, und um so größer wird die Verschwendung, die auf die Unzulänglichkeit der Transportmittel zurückzuführen ist, gefolgt von einer galoppierenden Zunahme der Zahl der Verhungerten.
Man kann also ohne Übertreibung jene Staatsführer, die aus politischen Gründen eine Hungersnot entwickeln, die Tausende, manchmal Hunderttausende Opfer fordern wird, als Verbrecher gegen die Menschheit bezeichnen. Was haben sie für politische Gründe? Zunächst der Widerwillen, das Versagen eines Regimes und eines Systems einzugestehen, wenn man regelmäßig eine wenig ehrenhafte Versorgungskrise der Grundnahrungsmittel zugeben muß. Die drei afrikanischen Länder, die in den achtziger Jahren unter den größten Nahrungsmittelproblemen zu leiden hatten, sind die kommunistischsten und am meisten von sowjetischem Einfluß abhängenden Länder des Kontinents: Äthiopien, Angola und Moçambique. Das ist natürlich eine schlechte Propaganda für die kommunistischen Expansionspläne, vor allem in Richtung Namibia und Südafrika. Dazu kommt, daß den mit Gewalt etablierten und vom Ausland gestützten Regierungen dieser drei Länder eine starke Guerilla im Inneren gegenübersteht. Wenn sie die Hungersnöte auf Kosten ihrer Bevölkerung zu Katastrophen ausufern lassen, wecken diese Regierungen das internationale Mitleid und internationale Sympathie, was ihnen Legitimität bringt. Die Reaktion der Weltöffentlichkeit ist verständlich: Wenn es um verhungernde Kinder geht, werden wir uns nicht über die Art des jeweiligen Regimes in die Haare geraten. (Dieses großzügige Argument ist nur dann anzuwenden, wenn das betreffende Regime kommunistisch oder sozialistisch ist, das versteht sich von selbst.) Während sie vom allgemeinen Mitleid und von der allgemeinen Ablenkung profitieren, übertragen die Urheber der Hungersnot die Verantwortung auf die Guerillas, die gegen sie kämpfen: in Moçambique die RENAMO, in Angola die UNITA. Diese Erklärung ist für die westliche Presse und die Menschenrechtsbewegungen um so verführerischer, als diese beiden Guerillabewegungen militärische Hilfe von Südafrika beziehen. Man schließt daraus, daß es sie ohne diese Hilfe nicht gäbe, mit anderen Worten, daß der Widerstand gegen das Regime seine Wurzeln nicht im Land selbst hat, was genau die Fiktion ist, die die Kommunisten vorspiegeln wollen. Es ist nicht zu leugnen, daß ein Bürgerkrieg der Wirtschaft und

ganz besonders der Landwirtschaft Schaden zufügt. Aber man kann anhand zahlreicher Beispiele belegen, daß die kommunistischen Regime gestern wie heute dazu neigen, mit allen Mitteln einen Notstand an Nahrungsmitteln herbeizuführen, ohne den geringsten Bürgerkrieg, allein durch die unwiderstehlichen Auswirkungen der lähmenden Tugenden des Systems. Angola und Moçambique waren während der sechziger und siebziger Jahre der Schauplatz eines sehr langen und harten inneren Entkolonialisierungskrieges. Und doch sind sie während dieser Periode niemals heruntergekommen wie unter dem Kommunismus. Trotz der Unabhängigkeitskriege und der portugiesischen Unterdrückung erfuhren sie nie den totalen wirtschaftlichen Zusammenbruch und das völlige Verschwinden aller überlebensnotwendigen Nahrungsmittel, ein Paradies, das ihnen zu bescheren dem Kommunismus vorbehalten war.

Was macht das schon aus! Die westliche Presse akzeptiert im allgemeinen gerne die kommunistische Erklärung zu jeder Hungersnot, so zum Beispiel in der *New York Times* vom 31. Dezember 1984: „Der Bürgerkrieg in Angola macht aus einem fruchtbaren Gebiet ein Hungergebiet."[6]

Eine These, die dem Regime die Absolution erteilt und die anläßlich einer neuerlichen Hungersnot – oder genauer gesagt derselben, aber inzwischen zu endemischem Charakter gereift – zweieinhalb Jahre später (15./16. August 1987) von der *Washington Post* übernommen wird, mit der Schlagzeile: *„Angola gibt Hungerkrise zu und ersucht dringend um Hilfe".* Nach der Feststellung, daß in der Stadt eine Million Menschen nichts mehr zu essen finden, berichtet uns der Korrespondent der *Post,* daß „Bauern sich weigern, ihre Lebensmittel gegen angolanische Währung zu verkaufen", denn die lokalen Zahlungsmittel sind nichts mehr wert. Sie wollen ihre Waren gegen Bekleidung, Seife etc. tauschen, Konsumartikel, die die Städter ebensowenig besitzen. Es ist also klar, daß es Nahrungsmittel *gibt* und daß der Bürgerkrieg die Landwirtschaft *nicht* vernichtet hat. Aber der Reporter fügt diese Tatsachen nicht zusammen. Er behandelt lieber den Tiefstand des Ölpreises als zusätzliche Ursache für die Hungersnot in Angola, neben der UNITA. Man wundert sich darüber, wie schnell er den Standpunkt der Behörden von Luanda zu seinem eigenen macht. Es scheint, daß amerikanische Journalisten ihre kritischen Fähigkeiten vor allem gegenüber ihrer eigenen Regierung anwenden. Sowenig sie den Mitteilungen des Weißen Hauses oder des Pentagon Glauben schenken, sosehr glauben sie alles, was man ihnen in Luanda oder Maputo erzählt. In der nichtkommunistischen europäischen Presse übertrifft sie nur der *Guardian* an außenpolitischer Gutgläubigkeit.

In Moçambique informierte schon Anfang 1987 ein Bericht des amerikanischen Botschafters seine Regierung (die umgehend erste Hilfslieferungen schickte) über eine riesige drohende Hungersnot. Als sich wenig später das Gerücht über diese neue Gefahr im Westen verbreitete, war die Reaktion sofort: einzig schuldig sei die RENAMO, die antikommunistische Guerillaorganisation. So behauptete die BBC am 10. Mai 1987 kategorisch: „Die Hungersnot ist *ausschließlich* Schuld der RENAMO!" Dieser Akt des Glaubens an den Sozialismus in Moçambique dürfte in Ostafrika einiges Lachen hervorgerufen haben, wo man BBC World Service sehr viel hört, wo aber schon 1986, kaum ein Jahr nach der Machtergreifung durch Samora Machel (unter Mithilfe einer beeindruckenden Kohorte von Nordkoreanern und Ostdeutschen), also lange vor dem Auftauchen der RENAMO, jedermann wußte, daß es in Moçambique nichts mehr zu essen gab . . . Die sozialistischen Wunder geschehen manchmal schnell.
Warum diese freiwillige Blindheit? Weil man auf keinen Fall Afrikanern vorwerfen darf, sie hätten absichtlich andere Afrikaner umkommen lassen. Das wäre Rassismus. Morde oder Hungersnöte müssen folglich mit äußerer Einmischung erklärt werden oder mit schlechten natürlichen Bedingungen. Diese Pseudo-Erklärung ist in Wirklichkeit die rassistischste von allen, denn sie führt dazu, daß man das Interesse am Schicksal von Millionen Afrikanern verliert, die den Händen von grausamen und unfähigen Despoten überlassen werden.
Die tragische Geschichte Ugandas liefert ein Beispiel für die Unzulänglichkeit dieser Erklärung. Uganda war eines der fruchtbarsten Gebiete Afrikas. Der Handel blühte dort dank einer bedeutenden indischen Bevölkerungsgruppe, die schon seit langem integriert war. Da tauchte Amin Dada auf, der in wenigen Jahren einen guten Teil der Ugander hinrichtete, die Inder aus dem Land warf (ohne den geringsten Rassismus, versteht sich), gleichzeitig die Landwirtschaft und den Handel ruinierte und ein Schlaraffenland in ein Horrormuseum verwandelte. Auch mit den allerbesten Schuldgefühlen der Welt ist es einem Menschen aus dem Westen unmöglich, in dieser afrikanischen Selbstzerstörung etwas anderes als eine völlig hausgemachte Tragödie zu sehen, um so mehr, als die übrigen afrikanischen Länder lange Zeit ein unmoralisches Gefallen, ja eine gewisse Bewunderung gegenüber Amin zeigten. Wie konnten die Regierungen des Kontinents nur im Jahr 1975 Amin Dada zum Präsidenten der Organisation für Afrikanische Einheit wählen, zu einem Zeitpunkt, da von den Greueltaten, die er begangen hatte, nichts mehr geheim war? Und welche moralische Rechtfertigung haben sie nach einer solchen Entscheidung noch, sich als Verteidiger der Schwarzen in Südafrika zu betrachten – und auch

ihrer selbst, wenn man es genau nimmt? Man hat fast Lust, ohne jede Provokation die Frage zu stellen, ob die armen Schwarzen Südafrikas nicht in der ausgehenden Apartheid ihre besten Jahre erleben, wenn sich die ganze Welt für sie interessiert und für sie Partei ergreift, während ihnen später einmal, wenn sie unter einer schwarzen progressiven Regierung leben, alles mögliche passieren kann, ohne daß sich irgend jemand darum schert. Die Unwilligen werden dann sogar als Faschisten behandelt werden! Hat der „progressive" Ghaddafi Amin nicht bis zur letzten Minute militärisch geholfen?

Was diese letzte Minute betrifft, so ist sie, wie man sich erinnern wird, durch das Eingreifen der tanzanischen Armee herbeigeführt oder zumindest beschleunigt worden. Anfangs war das eine Operation von humanitärer Unanfechtbarkeit, die den Beifall des Westens fand. Aber dann? Dann verwandelte sich die tanzanische Armee in ein Besatzungsheer, raubend, plündernd, erpresserisch, aushungernd. Tanzanien benahm sich den überlebenden Ugandern gegenüber als Eroberer. Auch da handelt es sich um eine afrikanisch-afrikanische Verwüstung. Dem Hunger in Uganda lag nicht wirtschaftlicher Rückstand, sondern politische Kriminalität zugrunde.

Europa, dessen selbstmörderische Kämpfe unserer Erde zwei Weltkriege eingetragen haben, kann sich sicherlich nicht als Lehrmeisterin aufspielen. Das will ich auch gar nicht sagen, sondern ich meine, daß die Tagungen über die dritte Welt weiterhin zum Scheitern verurteilt sind, solange man sich dort nur mit den wirtschaftlichen Gründen für die Unterentwicklung auseinandersetzt und die oft entscheidenderen politischen Ursachen beiseite läßt: Despotismus, Inkompetenz, Verschwendung, Erpressung, Korruption. Denn Bechir Ben Yahmed hat es 1976 mutig herausgeschrien in einem Leitartikel von *Jeune Afrique:* „Unterentwickelt sind nicht die Völker!" Unterentwickelt sind die Regierenden.

Man versteht, daß manche Regierende der dritten Welt auf die These vom rein äußeren Ursprung der Unterentwicklung Wert legen. Sie erlaubt es ihnen, den Entwickelten ihre eigenen Konkurse anzulasten, die Aufmerksamkeit von ihrer Inkompetenz und ihrer Habgier abzulenken und neue Kredite zu erlangen, um ihre Macht zu festigen.

Ich möchte hier keineswegs auf die These zurückgreifen, die man seinerzeit „Cartierismus" nannte, benannt nach dem Journalisten Raymond Cartier, der für die Einstellung der Entwicklungshilfe für die armen Länder eintrat. Die industrialisierte Welt muß ihre Verantwortung wahrnehmen, aber nur ihre eigene. Entwicklungshilfe, das soll klar sein, muß aufrechterhalten, erweitert, diversifiziert werden. Aber sie muß auch effizienter werden. Und dafür muß man das Problem der

Entwicklungsländer so darstellen, wie die Probleme in den anderen Teilen der Welt auch. Spricht man von Inflation und Arbeitslosigkeit in den Industrieländern, spricht man von der Verantwortung der Regierungen dieser Länder und von ihren Führungsaufgaben, aber nicht nur von wirtschaftlichen Unausweichlichkeiten. Wenn im Westen ein Sektor eine Krise durchmacht, wird die Blindheit der Unternehmensführer und die Kurzsichtigkeit des Staates angeprangert. Spricht man vom Wirtschaftsdebakel der kommunistischen Gesellschaften, scheut man sich nicht, das Problem der Kompetenz der Zuständigen aufzugreifen. Warum sollte die Frage der Kompetenz und der politischen Redlichkeit dann nicht mehr gestellt werden, sobald es um die dritte Welt geht? Warum stellt man zum Beispiel nicht das Prinzip der sakrosankten Bodenreformen in Frage, die niemals darin bestehen, das Land an die Bauern zu verteilen, sondern darin, das Land an Kooperativen zu vergeben, unter der Kontrolle von städtischen Bürokraten, unwissend und korrupt, was zu einer Entmutigung der Bauern und zu einem solchen Rückgang der Produktivität führt, daß Länder mit einstmals reicher Landwirtschaft heute gezwungen sind, Lebensmittel zu importieren? Warum spricht man nicht von den tödlichen Folgen der Korruption?[7] Sie herrscht an der Spitze ungezählter Regime (und die „progressivsten" sind nicht diejenigen, wo man sich am wenigsten selbst bedient). Warum klagt man sie nicht offener an? Weil man ein Freund der dritten Welt ist?

Freund der dritten Welt oder Freund der Tyrannen der dritten Welt? Es ist sonderbar, daß das Leiden der armen Völker nur dann Empörung hervorruft, wenn es dem Westen angelastet werden kann. Ehemalige Kolonien wurden aus der Fremdherrschaft befreit, um unter die Herrschaft von Tyrannen zu geraten, die ihrem eigenen Volk entstammen, deren Grausamkeiten und Übergriffe solchermaßen durch die Unabhängigkeit legitimiert scheinen. Wenn die Regierungen der dritten Welt sich immer mehr von der politischen Bevormundung durch die Industriestaaten befreien, so sind die Völker der dritten Welt immer stärker ihren eigenen Regierungen ausgeliefert, die großteils durch Gewaltakte entstanden sind. Der politische Egalitarismus zwischen den Staaten hat vor allem Autokraten genützt, und aus postkolonialem Schamgefühl wagt es niemand, von ihnen Rechtfertigungen zu verlangen. Sie erreichen es sogar mit Hilfe der UNESCO, daß ihre Machinationen im Dunklen bleiben können, und daß die „imperialistische" Information zu ihren Gunsten zensuriert und getürkt wird.

In Uganda kann man den Tribut an Menschenleben, den das völkermordende Regime von Idi Amin kostete, in der Gegend von 200.000 Toten ansiedeln. Nach dem Sturz von Amin, später, zwischen 1980 und

1985, schwanken die Zahlen je nach Schätzungen zwischen 300.000 und 500.000 Toten. Nach Elliot Abrams, damaliger amerikanischer Unterstaatssekretär für Menschenrechtsfragen, sind in den drei Jahren, die Idi Amins Machtablöse folgten, zwischen 100.000 und 200.000 Menschen getötet worden. Eine großartige Relation, denn Uganda hat – oder, besser gesagt, hatte – ungefähr 15 Millionen Einwohner. Trotz seiner autoritären Talente hat Robert Mugabe im benachbarten Zimbabwe im Februar 1983 nur 3.000 Ndebele hingerichtet – die Ndebele sind der Stamm seines politischen Gegenspielers Joshua Nkomo. Es entzieht sich meiner Kenntnis, ob Mugabe bei dieser Aufgabe von den 600 nordkoreanischen Beratern unterstützt wurde, die ihm der „Große Bruder“ 1981 zur Seite gestellt hatte. Aber wenn ich an die Unzahl von Fernsehreportagen denke, die in den sechziger und siebziger Jahren die Weißen in Rhodesien schwer beschuldigten als Wegelagerer, die auf ihren Farmen Gewehr bei Fuß standen, bereit, jeden niederzuschießen, der sie angreifen würde, dann erstaunt mich die Indolenz derselben Medien, die zehn Jahre später wenig Animo bewiesen, um im unabhängigen Zimbabwe zu recherchieren. Die Proteste gegen Mugabe seitens der üblichen Verteidiger der Menschenrechte (der Rechte *einiger* Menschen) waren nach dem Massaker an den Ndebeles nicht gerade ohrenbetäubend. Aber weder die Hinrichtung dieser Ndebeles, noch seine rassistische Diktatur, noch die Anwesenheit von Nordkoreanern haben Robert Mugabe daran gehindert, in seiner Hauptstadt Harare im Jahr 1986 die triumphale Rolle des Gastgebers beim Gipfeltreffen der „Blockfreien“ zu spielen. Hat dieses Gipfeltreffen nicht seine wesentliche Aufgabe erfüllt, indem es zum millionsten Mal die „Komplizenschaft“ des Westens mit dem Apartheid-Regime verurteilte?
Es ist nicht meine Absicht, diese nekrologische afrikanische Bestandsaufnahme unendlich auszuwalzen. Es wäre allerdings ungerecht, Ruanda auszulassen, diesen ernsthaften Konkurrenten für Burundi, was Massentötungen betrifft, oder auch die öffentlichen Hinrichtungen verschiedener Minister in Liberia im Jahr 1980, oder jene der kleinen Diebe in Nigerien, die wöchentlich stattfinden. Und wie könnte ich vergessen, dem phänomenalen Francisco Macias Nguema die verdiente Ehre zu erweisen, der an der Spitze von Guinea-Bissau von 1968 bis 1979 (bis er selbst getötet wurde) 50.000 seiner Mitbürger tötete und 150.000 in die Verbannung trieb! Von den 300.000 Einwohnern, die das winzige Guinea im Jahr 1968 zählte, waren am Ende von Macias' Regierung noch 100.000 übriggeblieben! Nicht genug, daß er durch Tod oder Flucht zwei Drittel seiner Bevölkerung einbüßte, ließ er noch einige Tausende nigerianische Fremdarbeiter umbringen. Dieses elegante Szenario spielte sich unter den wohlwollenden Augen sowjeti-

scher „Berater“ ab, denn Macias Nguema hatte sein Land ebenfalls in das sowjetische Lager eingereiht: man muß daran erinnern, oder besser gesagt, diese Tatsache erst bekanntmachen (denn ich zweifle daran, daß die demokratische Presse diese Information häufig weitergegeben hat). Sicherlich beging auch eine demokratische Nation wie Frankreich den Fehler, einen Tyrannen wie Jean Bedel Bokassa in Zentralafrika zu beschützen. Aber ohne Frankreich entschuldigen zu wollen, kann man zu seiner Entlastung sagen, daß Frankreich auch den Staatsstreich organisierte, der Bokassa stürzte, als der Blutrausch dieses Ziehsohnes etwas zu offenkundig geworden war. Aber vor allem brachte die unglückselige Unterstützung Bokassas Frankreich während mehrerer Jahre einen Sturm wohlverdienter Schmähungen ein. Mir ist dagegen nichts darüber bekannt, daß die afrikanische oder internationale Gemeinschaft jemals der Sowjetunion den kleinsten Vorwurf gemacht hätte, weil sie Macias unterstützte – ebensowenig wegen ihrer späteren Hilfe für den Tyrannen von Madagaskar, ebenfalls ein schönes Beispiel für die Meisterschaft in der Kunst, Hunger zu verbreiten und Blut zu verschütten.

Man könnte also, ich sagte es schon, dies afrikanische nekrologische Landschaftsbild um manch weiteren Zug bereichern. Die Details, die ich zusammengetragen habe, scheinen mir ausreichend, um wohlbegründete Lehren zum Thema Menschenrechtsverteidigung aufzustellen sowie zur internationalen Rolle des Antirassismus.

In den dreißig Jahren zwischen 1960 und 1990 wird die Gesamtzahl der afrikanischen Opfer von Verbrechen gegen die Menschheit, die von anderen Afrikanern verübt wurden, bei weitem die Zahl der Opfer des Apartheidregimes übertreffen. Man kann beides nicht einmal miteinander vergleichen, so viel größer ist die Zahl und so viel schrecklicher sind die Tatsachen.

Diese Feststellung entschuldigt die Apartheid nicht, wird man sagen. Selbstverständlich nicht, und genau das will ich sagen. Denn der Gegenzug stimmt ebenfalls: die Apartheid entschuldigt das übrige nicht. Aber, vor allem seit 1970, sie wird hauptsächlich dazu benötigt. Auch mich schreckt die Apartheid ab. Aber Leute, die Menschenrechte im einen Fall verteidigen und im anderen nicht, disqualifizieren sich in meinen Augen durch diese Auswahl. Die Menschenrechte sind allgemeingültig oder es gibt sie nicht. Sich im einen Fall darauf zu berufen und sie im andern Fall stillschweigend zu übergehen – das beweist, daß sie einem egal sind, und daß man sie als politische Waffen einsetzt für Ziele, die ganz anders liegen. Wer auch immer *nur* die Apartheid verurteilt, billigt sie. Man kann für die Menschenrechte in Südafrika nur erfolgreich kämpfen, wenn man in der *Gesamtheit* Afrikas, und der Welt, dafür kämpft. Mit welchem Recht verlangen die afrikanischen Staatschefs politische Rechte für Alle in Südafrika, wenn sie sie in ihrem eigenen Land niemandem gewähren? Um so mehr, als kaum einer von ihnen seine Macht einer Wahl verdankt, einer Wahl, die etwas anderes als eine Farce wäre?

Sie greifen dann nicht die Menschenrechtsverletzungen an, nicht einmal die besondere Verletzung, die der Rassismus darstellt, sondern nur den Rassismus der Weißen gegen die Schwarzen oder die Araber. Um noch genauer zu sein: Es geht darum, jeden Anspruch der entwickelten Gesellschaften, seien sie weiß oder auch gelb, auf normale Verteidigung ihrer Rechte als Rassismus abzuqualifizieren und damit auch zu verbieten, wenn diese Verteidigung sie in Gegensatz zu Schwarzen oder Arabern stellt, auch wenn die Beweggründe dafür mit Rassismus nichts zu tun haben. Jede normale politische Aktivität – die Kontrolle der Immigration, die Kontrolle der Verwendung von Wirtschaftshilfe, der Widerstand gegen feindliche Aktionen eines Staates im Nahen Osten oder in Afrika – scheint aus dem Rassismus zu erwachsen. So wird die Apartheid, die an sich niemand verteidigen kann, auf eine Weise verwendet, die eine internationale Waffe auf Propagandaebene darstellt. Denn es reicht, allen westlichen Unternehmungen, die das Unglück haben, den Wünschen der dritten Welt nicht zu entsprechen, den Stempel der Apartheid aufzudrücken, und schon sind sie in Mißkredit geraten. Es ist schon eine ganze Weile her, daß der Kampf gegen die Apartheid und gegen den Rassismus von seiner wahren Zielsetzung abgekommen ist. Er wird im Westen oft aus innenpolitischen Gründen benützt, die mit einer Aktion zugunsten der südafrikanischen Schwarzen nichts zu tun haben. So warf der erste Sekretär der französischen Sozialistischen Partei, Lionel Jospin, bei den Studentendemonstrationen von 1986 der Regierung Chirac vor: „Will man Südafrika ermutigen, diesen Weltmeister im Einsperren?“ (*Le Monde,* 4. Dezember 1986). Aber wenn es auch einen Studenten gegeben hat, der aufgrund zu verurteilender polizeilicher Brutalitäten gestorben ist, so wurde doch in Frankreich im Jahr 1968 kein einziger Student ins Gefängnis geworfen, und Südafrika, wie düster sein Weltmeistertitel auch sein mag, bleibt in Sachen Gefängnis und Massenhinrichtungen weit hinter den meisten „progressiven“ afrikanischen Ländern zurück, mit denen die Partei, der 1986 Herr Jospin vorstand, brüderliche Beziehungen unterhielt. Man sieht, die Apartheid wird in diesem Fall schlicht zum Zauberspruch, zur politischen Allround-Munition. Für die tatsächlich von Südafrika Unterdrückten ist der Nutzen dieser „Banalisation“ selbstverständlich gleich Null.

Ich komme darauf zurück, der Rassismus ist leider nicht das einzige

Verbrechen auf dieser Welt! Ganze Völker werden ausgerottet, ohne daß der Rassismus dabei die geringste Rolle spielte. So untragbar der Rassismus auch ist, so ist es für mich als Individuum doch weniger endgültig, wenn ich in einem Rechtsstaat einen Mangel an Rücksicht erdulde, oder eine beleidigende Behandlung seitens eines Rassisten in meinen persönlichen Beziehungen erfahre, als wenn ich von einem Despoten umgebracht werde, auch wenn seine Haut die gleiche Farbe hat wie meine. Alles in allem ziehe ich die Diskriminierung ohne Mord dem Mord ohne Diskriminierung vor. Ersteres kann man mit Zeit und Erziehung korrigieren, letzteres nicht. Oder hätte der Mörder ab sofort das Recht, zu rufen: „Ich habe ihn getötet, aber nicht aus Rassismus! Ihr könnt mir folglich nichts vorwerfen!" Wenn der Rassismus heute das einzige Verbrechen ist, das man als unsühnbar betrachtet, so soll man dann daraus ableiten, daß alle Verbrechen gegen die Menschheit erlaubt sind, wenn sie nur nicht aus Rassismus begangen werden? Oder, genauer gesagt, aus *weißem Rassismus,* der einzige, von dem je die Rede ist? Und der Vollständigkeit halber muß festgehalten werden, daß der weiße Rassismus auch nur dann verwerflich ist, wenn er von einer kapitalistischen und demokratischen Gesellschaft stammt. Das Massaker von Asiaten oder Afrikanern seitens sozialistischer Europäer ist gestattet, ebenso wie die Diskriminierung Schwarzer in Kuba. Der einzige Rassismus ist letzten Endes der weiße, kapitalistische Rassismus.

Dieser diskriminierende Antirassismus wird übrigens sogar auf die Vergangenheit angewendet. So ist der einzige Sklavenhandel, auf den sich das historische Gedächtnis konzentriert, und zwar mit gerechtfertigter rückwärtsgewandter Ablehnung, die Deportation der Schwarzen nach Amerika und auf die karibischen Inseln. Das Gedächtnis vergißt einen anderen „Ort" des Verbrechens: die Sklaverei in der arabischen Welt, die 15 Millionen Schwarzen, die aus ihren Dörfern gewaltsam in die mohammedanische Welt verschleppt wurden, sei es im Maghreb, sei es im Mittleren Osten, vom 7. bis ins 20. Jahrhundert. Das Gedächtnis vergißt, daß es gegen 1860 in Sansibar ungefähr 200.000 Sklaven gab – bei einer Bevölkerung von 300.000. Es vergißt, daß die Sklaverei in Saudi-Arabien erst 1962 abgeschafft wurde und in Mauretanien im Jahr 1981! Ich sage „offiziell"[8] denn in der Praxis gibt es sie noch, zum Beispiel in Mauretanien.

Man hat das neuerliche Anwachsen der Sklaverei 1987 im Sudan aufgezeigt. Zur gleichen Zeit, als man einer Depesche der Agence-France-Press, die von *Le Monde* am 21. August 1987 abgedruckt wurde, entnehmen konnte, daß die sudanesische Armee soeben zwischen 250 und 600 Zivilpersonen im Süden des Landes umgebracht hatte, konnte man

auch nachlesen, daß laut Aussage von Monsignore Bernd Kraut, dem Präsidenten der internationalen katholischen Mission, der soeben aus Khartoum zurückgekehrt war, Millionen arabischer Moslems Sklavenhandel betrieben. Wie schade, daß diese Information nicht aus Pretoria kam! Stellen Sie sich dieses schöne Spektakel in den Medien vor.[9]
Laut Mgr. Kraut, ich zitiere AFP, fordert dieser Handel: „Hunderte, ja Tausende Opfer, sie kommen aus dem Süden und sind großteils Kinder zwischen acht und fünfzehn Jahren, deren Eltern während der Kämpfe oder von Razzien getötet wurden, die von der Miliz des Rizagat-Stammes durchgeführt werden." Der Prälat fügte hinzu, daß diese „Kinder im Norden für 600 Pfund (1 Dollar = 2,50 sudanesische Pfund) für einen Jungen und 400 Pfund für ein Mädchen verkauft werden".
Man sieht, und das wird die letzte Lehre sein, die ich aus dieser vergleichenden Darstellung ziehe, bei der ich mich wie schon gesagt wissentlich und provisorisch auf Afrika beschränkt habe: Wenn man die Verletzungen der Menschenrechte auf den Rassismus einengt, so entsteht ein ganz verstümmeltes und deformiertes Bild von der Natur dieser Verletzungen. Die Weltanschauung unserer Zeitgenossen wurde von einer ausführlichen oder auch nur annähernden Information über diese Realität nicht beeinflußt. Sie kann also ihre Handlungen nicht in eine Richtung lenken, die zu echten Verbesserungen führt, und die die schlichte Abwechslung von Tyranneien ersetzten könnten, der wir meistens begegnen.
Erst mit der griechischen Kultur, dann mit Rom und mit dem modernen Europa, entstand eines Tages innerhalb einer Kultur eine Bescheidenheit, oder besser gesagt eine selbstkritische Sicht innerhalb dieser selben Kultur. Mit Montaigne und sicherlich noch mehr mit Montesquieu entwickelte sich das Thema von der Relativität der kulturellen Werte erst voll. Wir haben nämlich nicht das Recht, Sitten und Gebräuche als den unsrigen unterlegen einzustufen, nur weil sie anders sind, und wir müssen fähig werden, unsere eigenen Sitten so zu beurteilen, als sähen wir sie von außen.
Allerdings: bei Platon, bei Aristoteles, oder bei den Philosophen der Aufklärung im 18. Jahrhundert (zu denen auch die Gründungsväter Amerikas gehören) bedeutet dieses relativierende Prinzip nicht, daß alle Sitten gleich viel wert sind, sondern daß sie alle unparteiisch beurteilt werden müssen, unsere eigenen inbegriffen. Wir dürften ihrer Meinung nach für uns selbst nicht großzügiger sein als für den anderen, aber wir dürfen auch nicht für den anderen großzügiger sein als für uns selbst. Die Eigenständigkeit der westlichen Kultur besteht darin, daß sie ein Tribunal der menschlichen Werte einberufen hat, der Menschenrechte und der Vernunft, vor dem alle Zivilisationen glei-

chermaßen erscheinen müssen. Sie besteht nicht darin, daß man sie alle als gleichwertig bezeichnet hätte, denn das würde darauf hinauslaufen, an überhaupt keinen Wert mehr zu glauben. Die Tatsache, daß es zu verschiedenen Zeiten und an verschiedenen Orten verschiedene Ansichten über das Gute und das Böse gegeben hat, beweist laut Allan Bloom keinesfalls, daß keine von diesen Ansichten wahr ist oder den anderen überlegen.[10]

Seit kurzem herrscht die völlig andere Idee vor, daß wir es uns versagen müssen, irgendeine Kultur *außer der unseren* zu *be*urteilen, geschweige denn zu *ver*urteilen. So stellt Bloom beispielsweise einem Studenten das folgende kleine Problem praktischer Moral: „Sie sind englischer Zivilbeamter in Indien in der Periode um 1850, und Sie erfahren, daß man sich anschickt, eine Witwe mit dem Leichnam ihres verstorbenen Mannes gemeinsam zu verbrennen. Was machen Sie?" Nach mehreren Sekunden intensiver Verblüffung antwortete der Student: „Also zuerst muß ich sagen, daß die Engländer in Indien nichts zu suchen hatten." Was sich diskutieren läßt, aber keine Antwort auf die Frage gibt und vor allem Ausdruck des Wunsches ist, es durch eine ausweichende Antwort zu vermeiden, ein nicht-westliches Verbrechen zu verdammen.

Da im übrigen die Strenge gegenüber der westlichen Kultur nicht nachgelassen hat, da diese Kultur für jede tugendhafte Seele eine legitime Beute bleibt, folgt daraus, daß sie ab sofort die einzige ist, die von uns und den anderen mit kritischen Pfeilen beschossen wird. So ist das einzige Verbrechen, das heutzutage als nicht wiedergutzumachen gilt, der Rassismus der Weißen. Und er muß es sein, wenn man daraus nicht die Schlußfolgerung zieht, daß ein Verbrechen aufhört, schwerwiegend zu sein, wenn es von den Gliedern einer anderen Gemeinschaft ausgeführt wird. Warum sollte es moralisch sein, Homosexuelle zu erschießen, wenn es im Iran geschieht? Warum bleiben die amerikanischen „Liberalen" stumm, wenn der Pastor Jesse Jackson New York *Hymie town*, „verjudete Stadt", nennt? Weil er schwarz ist? Kann es sich ein designierter Präsidentschaftskandidat erlauben, antisemitisch zu sein, wenn er nicht weiß ist? Was hätte man nicht alles zu hören bekommen, hätte Le Pen Paris eine „verjudete Stadt" genannt! Als Montaigne die Greueltaten der Europäer während der Eroberung der Neuen Welt mit heftiger Wut anprangerte, tat er es im Namen einer allgemeingültigen Moral, von der auch die Indianer selbst nicht ausgenommen waren. Unsere Kultur hat die Selbstkritik im Namen einer Gesamtheit von Grundsätzen erfunden, die für alle Menschen Gültigkeit haben und die alle Kulturen in wahrer Gleichheit verpflichtet. Sie verliert ihre Existenzberechtigung, wenn sie diesen Standpunkt aufgibt. Die Perser eines Herodot dachten, daß alle Welt im Unrecht sei, außer sie selbst; wir modernen Menschen des Westens sind nicht weit davon entfernt, zu glauben, daß die ganze Welt Recht hat – außer uns. Das ist nicht die Entwicklung des kritischen Geistes, die immer wünschenswert wäre, sondern es ist der totale Verzicht auf den kritischen Geist.

8

ÜBER DIE ERWEITERTE, KOMPLEXE LÜGE

Versucht man, ein Verzeichnis der Lüge aufzustellen, so ist es unmöglich, ein strenges Gleichgewicht zwischen „rechter“ und „linker“ Lüge zu halten. Es wäre schon vom Material her nicht möglich, denn von der einen Ware gibt es ein viel reichlicheres Angebot als von der anderen. Die arithmetische Unparteilichkeit würde zur moralischen Parteilichkeit, hielte man sie streng ein; denn in unserer Zeit ist die linke Lüge notwendigerweise viel häufiger als die rechte Lüge.

Das Wort „links“ selbst ist schon Lüge. Ursprünglich bezeichnete es die Verteidiger von Freiheit, Recht, Glück und Frieden. Heute bezeichnen sich die meisten despotischen, repressiven und imperialistischen Regime als „links“, Regime also, in denen alle jene, die nicht zur Führungsschicht gehören, in Armut, wenn nicht im Elend leben. Trotz dieser Situation hält man aus Gewohnheit an der Idee fest, daß die Linke nicht jene Ansammlung von totalitären Mastodonten ist, die auf unserem Planeten soviel Platz für sich beanspruchen, sondern eine zarte, schwache, winzige Flamme der Gerechtigkeit, die dem Löschhorn einer riesigen, allgegenwärtigen und allmächtigen Rechten Widerstand leistet. Daher werden die Lügen der Rechten viel strenger entlarvt als jene der Linken, da sie ja als die einzig wirkliche Gefahr gelten, als die einzig wirklich unverzeihliche Täuschung. Wir sollen weiterhin die Apartheid und General Pinochet verurteilen, solange sie unter uns sind, aber wir sollten nicht so tun, als wären das Themen, von denen niemand spricht und die seitens der Meinungsmacher ein komplizenhaftes Schweigen oder gar eine schuldhafte Nachsicht erfahren. Ein mittlerer TV-Konsument wird eher ein dutzendmal am Tag als nur einmal über die Verbrechen in Südafrika oder Chile auf dem laufenden gehalten. Aber die

Tatsache, daß Afghanistan im Jahr 1979 vierzehn Millionen Einwohner hatte und 1988 nur mehr sieben oder acht, erfährt er nur so nebenbei. Man kann den grauenhaften Holocaust der Nationalsozialisten nicht oft genug in Erinnerung rufen, aber es kann sicherlich niemand behaupten, daß man ihn verkennt oder entschuldigt – außer vielleicht jene Handvoll Perverse, die von der Linken zum Feindbild erkoren wurden, wo es doch besser wäre, sie lächerlich zu machen. Wie viele Menschen wissen dagegen Bescheid über den Mord an den Ukrainern zu Beginn der dreißiger Jahre, bei dem fünf bis sechs Millionen starben? Wird darüber auch täglich berichtet? Man ergeht sich in Details der vergangenen Greueltaten der Kolonialmächte. Zu Recht. Warum zeigt man sie aber so viel öfter als die gegenwärtigen Schreckenstaten der „fortschrittlichen" Regime, die aus der Entkolonialisierung entstanden sind? Der ganze Planet wurde über die Massaker an vietnamesischen Dorfbewohnern durch die Amerikaner informiert (und sei es auch nur, weil ihre Urheber glücklicherweise von *amerikanischen* Kriegsgerichten verurteilt wurden). Aber wie viele Fernsehanstalten und Zeitungen haben mit derselben Gründlichkeit darüber berichtet, daß 1975, kaum war ganz Vietnam kommunistisch geworden, 60.000 Personen erschossen wurden, und zwar schon in den ersten drei Monaten, die der Eroberung des Südens durch die Armeen von Hanoi folgten? Wenig später starben weitere 20.000, und 300.000 kamen in den folgenden Jahren an den Folgen der Mißhandlung in den Konzentrationslagern um. Und ich kenne westliche Journalisten, ja sogar Fotografen, die Vietnam 1975 und 1976 besuchten, und die – gute Leute! – nur ein „glückliches Volk" gesehen haben. Nichts von Umerziehungslagern, versteht sich. Das französische Fernsehteam, das jahrelang die „Jagdrechte" auf Reportagen aus Indochina innehatte, wurde nach der Eroberung des Südens durch den Norden und den Einmarsch Vietnams in Kambodscha von einem treuen Freund Hanois geleitet: Roger Pic. Natürlich war an dieser Exklusivität teilweise die Tatsache schuld, daß die kommunistischen Länder nur solche Fernsehmannschaften akzeptieren, die von vornherein entschlossen sind, ihrer Propaganda zu dienen. Aber das ist nicht der einzige Grund. Die ideologischen Vorlieben und die resignierte Inkompetenz der Pariser Redaktionen genügen schon als Erklärung für das Übermaß grob gefälschter und tendenziöser Reportagen in den Magazinen sämtlicher Fernsehkanäle, die übrigens von den nichtkommunistischen linken Printmedien niemals kritisiert wurden. Das hätten sie aber tun müssen, wenn sie ihr angeblich neues Modell von gleicher Strenge gegenüber jeder Unehrlichkeit, von welcher Seite auch immer, tatsächlich hätten anwenden wollen. Das Aufzeigen von Verbrechen der Linken ist in kontinuierlicher Form

nur in einigen wenigen spezialisierten Zeitschriften möglich oder bei einigen vertraulichen Kongressen, deren Teilnehmer sich umgehend als „extrem rechts" eingestuft sehen. Ich kann nichts dafür: Verfälschung oder Unzulänglichkeit der Information nützt der Linken mehr als der Rechten, und beides hat mehr Erfolg, wenn es von der Linken kommt, als von der Rechten. Man findet bei der Linken nicht immer und notwendigerweise mehr Verbrechen, aber jedenfalls mehr *verborgene* Verbrechen, sie werden verniedlicht und genießen einen Schutz vor Aufklärung. Wenn ich „links" sage, so meine ich damit keineswegs, daß alle Urheber dieser Verbrechen und dieser Lügen links sind. Ich begnüge mich damit, sie so zu nennen, wie sie selbst sich nennen. Ich bin persönlich der Ansicht, daß sie diese Bezeichnung „links" zu Unrecht tragen und daß sie Betrüger, ja Hochstapler sind. Deshalb habe ich weiter oben geschrieben, daß die linke Lüge „notwendigerweise" häufiger vorkommt als die rechte. Wenn man in der Praxis die Moral, die man sich theoretisch zu verbreiten rühmt, ständig und auf massive Weise vergewaltigt, dann ist man genötigt, lügnerische Versionen über diese Tatsachen zusammenzutragen, und zwar in viel höherem Ausmaß, als wenn man einfach zynisch ist. So wird die Lüge zur ständigen Schwimmweste, und die Wahrheit dagegen zur größten Gefahr, und wer sie ans Licht bringt, wird zum gefährlichsten und meistgehaßten Gegner.
Ich war in den vorhergehenden Kapiteln gezwungen, einige Beispiele anzuführen, um die List von der Gleichheit der Lüge zwischen der Linken und der Rechten aufzudecken. Jedoch ist es seitens eines Mannes der Linken schon eine Konzession, wenn er diese Gleichheit zugibt, und er macht dieses Eingeständnis mehr als Beweis seines guten Willens, als um seine wahren Gedanken auszudrücken. Aber schon in dieser vorgeblichen Symmetrie liegt die irreführendste Kriegslist. Die Demokratie hat ja, ich sagte es schon, im Lauf der ersten Hälfte des 20. Jahrhunderts die großen rechten totalitären Systeme besiegt und vernichtet. Und der rote Faden der Geschichte der zweiten Hälfte des 20. Jahrhunderts ist der Erfolg der Mittel, durch die der angebliche Kampf für die Linke als Speerspitze zur Errichtung von Diktaturen gedient hat, ohne den Anspruch eines Kampfes der Linken zu verlieren. Die Rechtsideologie ist durch den Krieg in Mißkredit geraten, die Linksideologie aber ganz im Gegenteil seither in eine Immunität eingehüllt, die sie fast unverwundbar macht, welche Niederlagen und Verbrechen sie auch erlebt. Die archaische Rechte, jene, die stolz das Recht einer Elite einforderte, autoritär und nur zu ihrem eigenen Vorteil die Gesamtheit einer Gesellschaft zu regieren, wurde in den Führungsklassen der sozialistischen Länder wiedergeboren. An faszinieren-

den militärischen oder zivilen Diktatoren vom lateinamerikanischen, koreanischen, griechischen oder philippinischen Typus war sicherlich kein Mangel; aber man könnte wahrlich nicht behaupten, daß sie seitens der Öffentlichkeit auch nur das geringste Prestige besessen hätten oder seitens der Medien die geringste bevorzugte Behandlung. Politisch sind sie viel stärker in Quarantäne gesetzt worden als die sozialistischen Totalitarismen. Was die „klassische“ Rechte der Demokratien betrifft, die „Konservativen“, ich meine jene furchterregende Rechte, die die Macht nur dann ausübte, wenn die Wähler sie ihr aufzwangen, so hat sie fast überall sozialdemokratische Programme umgesetzt oder ihrerseits wieder aufgenommen. Wenn man anläßlich des Wiederauflebens des wirtschaftlichen Liberalismus, ungefähr seit 1980, von einem Erstarken der Rechtsideologie spricht, so ist das nur ein polemisches Schlagwort. Der Neo-Liberalismus ist nicht aus einer Ideologieschlacht entstanden oder aus einem vorbereiteten Komplott, sondern aus einer banalen und unfreiwilligen Bestandsaufnahme: dem Versagen der dirigistischen Wirtschaftssysteme, der offensichtlichen Schädlichkeit der Verplanung und den erkannten Sackgassen des Allmacht-Staates.

Wenn man die Verfälschung der Information heute vor allem bei der Linken findet, so deshalb, weil die linke Weltanschauung nicht anders weitergeführt werden kann als im Halbschatten. Das Licht, das heißt die Bestandsaufnahme und Analyse, zulassen würde für die Menschen, die diese Weltanschauung moralisch oder politisch, materiell oder intellektuell am Leben erhält, nicht mehr und nicht weniger bedeuten als abzutreten, denn das würde die Quelle ihres Glaubens und ihres Einflusses verstopfen. So erlebt man in der politischen, journalistischen und literarischen Geschichte der Linken die regelmäßige Wiederkehr einer unhaltbaren, aber unvermeidlichen Inkonsequenz. Worin besteht sie? In häufigen Anspielungen betonen die Sozialisten (oder die amerikanischen „Liberalen“) in ihren Reden ihre Verehrung für die demokratische Tugend und für die Grundwerte der offenen Gesellschaften, für Toleranz und Achtung des Gegners, sowie für den Pluralismus. Sie schwören ein für alle Mal, so sagen sie, der unnatürlichen Vereinigung der Linken mit dem Totalitarismus ab. Sie haben die Notwendigkeit eingesehen, eine authentische Linke endgültig von den Praktiken des Stalinismus, die ihrem Ruf so sehr geschadet haben, abzugrenzen. Das schwören sie. Kommunisten widmen sich manchmal der Aufgabe, eine kommunistische Partei ohne Kommunismus zu errichten, die auf magische Weise von den Lastern gereinigt wäre, ohne die der Kommunismus niemals hätte gegründet werden können. Diese vergänglichen Ketzereien entstehen ziemlich schnell, meist in der kommunistischen Linken, deren feierlicher Schwur, aller totalitären Barbarei abzusagen, in zyklischen Perioden wieder aufs Tapet kommt. Dieser Schwur dient ihr als immer neues, grundlegendes und nicht zu übertretendes Gesetz. Die Sache ist klar, so scheint es: für diese erneuerte Linke soll es keine fromme Lüge im Dienste der Ideologie mehr geben, keine offiziöse Lüge im Dienste der Partei, keine liederliche Lüge zum Schaden des Feindes. Wahrheit, Redlichkeit, Würde werden als uneinnehmbare Wälle zwischen der erneuerten Linken und jener sektiererischen Versuchung errichtet: dem Kult des Falschen.

Im Prinzip unterstützt die nicht-kommunistische Linke nicht mehr die totalitären Regime im Namen der Interessen eines künftigen Sozialismus oder einer abstrakten Solidaritätspflicht gegenüber jeder Linken. Sie schließt nicht mehr die Augen vor den Menschenrechtsverletzungen, die in diesem Regime begangen werden; sie hat das ewige Versagen der kollektivistischen Wirtschaftssysteme zur Kenntnis genommen und – so sagt sie – endgültige Schlüsse daraus gezogen. In der Praxis – und in der Propaganda – sieht es ganz anders aus. Wenn man die achtziger Jahre betrachtet, so findet sich darin der selbe Diensteifer der Linken für die neugeborenen marxistisch-leninistischen Regime wie für ihre älteren Geschwister. Nicht mehr als von jenen verlangt sie von den jüngeren die demokratische Rechtfertigung, den wirtschaftlichen Erfolg, die Einhaltung der Menschenrechte oder auch nur den schlichten Erhalt des menschlichen Lebens. Um diese Regime zu schützen und zu rechtfertigen hat die Linke, wie seinerzeit für die UdSSR und für China, die Fakten geleugnet, Information bewußt verändert, sich geweigert, auf Argumente erschöpfend einzugehen und folglich auch akzeptiert, daß Widerspenstige auf persönliche, verleumderische und ehrenrührige Weise angegriffen werden.

So stellt nach Ansicht der Linken jene kommunistische Mannschaft, die das Machtmonopol in Angola seit Ende 1975 an sich gerissen hat und seither in der Hauptstadt Luanda sitzt, die legitime Regierung Angolas dar. Ihre Gegner, die von Jonas Savimbi befehligten Guerillas, können dann nichts anderes sein als Söldner Südafrikas und der CIA. Als Savimbi in den achtziger Jahren nach Europa fuhr, hüteten sich die Staatsführer davor, und selbstverständlich besonders die sozialistischen Staatsführer, ihn in der Öffentlichkeit zu treffen, und viele liberale Politiker, die fürchteten, man könnte sie als Faschisten bezeichnen, folgten diesem Beispiel. Nach welchen Kriterien? Nach dem Fall des Salazar-Regimes war die neue portugiesische Regierung entschlossen, Angola endlich in die Unabhängigkeit zu entlassen, und rief im Jänner 1975 die Chefs der drei angolanischen Organisationen, die seit fünfzehn Jahren den antikolonialen Kampf geführt hatten, nach Alvor in der Algarve: die FNLA (Nationale Befreiungsfront Angolas) unter Ro-

berto Holden, die UNITA (Nationalunion für die totale Unabhängigkeit Angolas) unter Jonas Savimbi und die MPLA (Volksbewegung für die Befreiung Angolas) unter Agostinho Neto. Die letztgenannte Organisation war ganz offen kommunistisch und prosowjetisch. Neto und die Seinen hatten viele Aufenthalte in Moskau hinter sich. Es war ihre erklärte Absicht, Angola zum „Kuba Afrikas" zu machen. Ihr Einfluß schien auf die Hauptstadt beschränkt. Er war sicher weniger bedeutsam als jener der UNITA im gesamten Land: aber die beste Möglichkeit, das herauszufinden, waren Wahlen in Angola. Was in den Abkommen von Alvor auch vorgesehen war, die logischerweise die Unabhängigkeit an die Bedingung knüpften, daß die drei Parteien Wahlen abhalten würden, und zwar unter der Kontrolle portugiesischer Beobachter, spätestens im November 1975.
Diese Wahlen haben niemals stattgefunden (wie es ja auch in Polen nach 1945 keine freien Wahlen gab). Ab Februar 1975 landeten kubanische „Berater" in Luanda, denen umgehend kubanische Truppen folgten, eingeflogen über eine Luftbrücke mit Hilfe der sowjetischen Luftflotte, denn Kuba verfügte nicht über die notwendige Logistik für eine solche Operation über eine solche Entfernung. Die Beschlagnahme der Macht durch die Kommunisten in Luanda wurde übrigens durch die Bevorzugung der MPLA seitens der Machthaber in Lissabon sehr erleichtert. Die Bewegung der Streitkräfte, in der sich die Autorität im damaligen Portugal konzentrierte, war von Kommunisten beherrscht. Der Premierminister General Vasco Gonçalves und andere Minister, wie der Admiral Rosa Coutinho, waren – offen oder heimlich – seit langem Mitglieder der Kommunistischen Partei, oder, wie Melo Antunes, Sympathisanten der Sowjetunion. Es gelang ihnen, der MPLA in der sogenannten „Übergangszeit" Waffen zukommen zu lassen, die übrigens einen Übergang ins Nirgendwo bewirkte – höchstens den Übergang zur Diktatur, zu Hunger und zu Blut. Letzten Endes proklamierte Neto mit der Hilfe von Fidel Castro und der Duldung einer wohlwollenden portugiesischen Regierung unter Mißachtung der Verträge von Alvor die Volksrepublik Angola, einseitig und nur zum Vorteil der Kommunisten, und verschob die Wahlen auf unbeschränkte Zeit – auf einen Termin, der in seiner Vorstellung erst nach dem Sieg der Weltrevolution eintreten würde. Als sachkundiger Mentor konnte ihm sicher auch Fidel Castro wertvolle Ratschläge erteilen, denn er hatte 1959 in Kuba genau dieselbe Kriegslist benützt.
Zuvor, am 22. Oktober 1975, waren allerdings südafrikanische Truppen auf angolanisches Gebiet vorgedrungen, in der müßigen und verspäteten Hoffnung, den sowjetischen Zugriff auf Angola zu verhindern. Dieser lächerliche Versuch geschah mit halboffizieller Unterstützung

des amerikanischen Staatssekretärs Henry Kissinger, dem die Hände gebunden waren, da jegliche amerikanische Hilfe für Savimbi zu diesem Zeitpunkt – wie übrigens auch zu jedem späteren – von einem Kongreß abgelehnt worden wäre, den im April der Fall von Saigon und der Einmarsch der Truppen von Hanoi in Südvietnam (unter völliger Mißachtung der Pariser Verträge von 1973) gelähmt hatten. Der südafrikanische Versuch endete mit einem schändlichen Fiasko, erlaubte es aber den Hofsängern des internationalen Kommunismus, zu behaupten, die kubanische Militärpräsenz sei nur eine „Antwort" auf die südafrikanische Aggression, obwohl sich bereits seit mehreren Monaten Zehntausende kubanische Soldaten in Angola befanden. Gabriel Garçia Marques, Nobelpreisträger für Literatur 1982, geschickter Erbe der großen Freunde und literarischen Verbündeten des Totalitarismus, wie Rolland, Barbusse, Aragon, Neruda oder Sartre, schrieb eine Serie von Reportagen, um die humanitäre Ankunft der Kubaner zu erzählen, die in äußerster Bedrängnis der Demokratie und dem Sozialismus von Angola zu Hilfe eilten. Es wäre eigentlich sehr lehrreich nachzurechnen, wie viele Autoren, von denen man ohne Übertreibung sagen kann, daß sie Blut auf der Füllfeder haben, mit dem Nobelpreis für Literatur ausgezeichnet wurden – der zum Beispiel Jorge Luis Borges unter dem Vorwand verweigert wurde, daß dieser die argentinischen Generäle der Periode 1974–1984 unterstützt hätte, was eine gut gemachte Verleumdung ist.

In Wirklichkeit nahm es die Linke Borges übel, daß er den Terrorismus nicht gutgeheißen hatte, der die Diktatur der argentinischen Generäle ja erst *hervorgerufen* hatte. Das ist etwas ganz anderes, aber es genügte, um ihn zu einem „rechten" Schriftsteller zu stempeln, folglich nicht preiswürdig. Ein hübsches Muster für linke Logik: hätte Borges, ohne das geringste Risiko auf sich zu nehmen, dem Terrorismus gehuldigt und dann die Generäle mit Petitionen und Artikeln beschimpft, die er an den verschiedensten Stellen Europas unterschrieben hätte, so hätte er den Nobelpreis vielleicht bekommen können.

Eine auch nur oberflächliche Studie der Ereignisse von 1975 und ihrer Abfolge genügt, um die lügnerische Propaganda zu Staub zerfallen zu lassen, die Garçia Marquez aufgestellt hatte: oder eher, sie hätte genügen müssen und mußte genügen. Aber die Legende, nach der die UNITA nur als Instrument des „Apartheidregimes" real ist, befriedigte zu viele Wünsche im Herzen der weltweiten Linken. Anfang Oktober 1987 wurde diese historische Lüge von einem britischen „Universitätsprofessor" und „Spezialisten für afrikanische Fragen" in der vielgehörten BBC-Sendung „The World Today" zur gleichen Zeit wiederholt, da die große Herbstschlacht zwischen Kubanern und UNITA ausbrach, diesmal mit der offenen Unterstützung der Südafrikaner. Nach 1980 war Savimbi so in die Enge getrieben worden, daß er sich auf die südafrikanische Hilfe hatte stützen müssen, da die westlichen Demokratien ihm entweder überhaupt keine oder zu wenig Hilfe geleistet hatten. So hatten sie ihm und seinen Anhängern nur die Wahl zwischen dem Selbstmord oder der Kooperation mit Pretoria gelassen. Die internationale Linke erachtete diese Angolaner als würdelos, da sie nicht lieber gestorben waren, als südafrikanische Hilfe zu akzeptieren. In der Bequemlichkeit und Sicherheit einer Pariser, Londoner oder New Yorker Redaktionsstube ist leicht tugendhaft sein. Seit damals setzte sich die Ansicht der Linken durch: In Angola herrsche ein fortschrittliches Regime, das für den wirtschaftlichen Fortschritt, die soziale Gerechtigkeit kämpft und einen „eigenen Weg" in Richtung Demokratisierung sucht. Dieses Regime sähe sich einer entstabilisierenden Verschwörung gegenüber, geführt von „Unaussprechlichen" ohne Unterstützung vom Volk, bewaffnet von der Apartheid und der CIA. Da war es wieder, das alte Übel, von dem man die Linke endgültig geheilt geglaubt hatte, nämlich eine Diktatur als legitim zu betrachten, sobald sie sich marxistisch nennt, eine fremde Besatzung als achtbar, sobald sie vom sowjetischen Block ausgeht, und ihre Gegner als faschistisch, reaktionär und käuflich, weil sie freie Wahlen verlangen. Dieses alte Übel war nicht verschwunden – es war nur in die dritte Welt übersiedelt. Nicaragua war ein anderes Beispiel dafür. Die Linke klammerte sich an ihre Denkmuster der Vergangenheit, und sie konnte nicht sehen, daß ihr Szenario von der Entkolonisierung, vom Befreiungskrieg und von der „jungen Volksrepublik der dritten Welt, die den Weg des Sozialismus wählt", sich nahtlos in ein anderes, größeres Szenario einfügt, in das von der Ausbreitung des Sowjetimperiums. Sie hatte aus den wirtschaftlichen, politischen und menschlichen Fehlentwicklungen, die besonders in Afrika aus der Unabhängigkeit entstanden sind, nichts gelernt. All das hinzugewachsene Wissen über das Scheitern der klassischen kommunistischen Systeme wie auch der sozialistischen Modelle der dritten Welt blieben ungenützt. Trotz aller Gegenbeweise konnte es den Vorurteilen der Linken nichts anhaben. Das Wissen brachte sie wohl zeitweilig ins Wanken, doch danach begann sich die dogmatische Maschine wieder zu drehen, denn sie kann zwar manchmal bocken, niemals jedoch endgültig steckenbleiben.

Einen neuen Beweis dafür liefert ein Satz von François Mitterrand am 10. Oktober in Montevideo während seiner Reise nach Argentinien und Uruguay: „Die Demokratie ist nichts ohne Entwicklung." Ich weiß seit langem, daß für François Mitterrand eine Idee ihre Bedeutung nicht aus dem ihr innewohnenden Wert schöpft, nicht als Ausdruck von

Kenntnissen, sondern daß eine Idee eher einem Pfeil vergleichbar ist, dessen ganzes Interesse von der Haltung bestimmt wird, in der er abgeschossen wird, und von der Zielscheibe, auf die er gerichtet ist. Für jeden Menschen, besonders für jeden Politiker, teilt sich der Wert einer Idee zwischen ihrer Wahrheitsfunktion und ihrer Nützlichkeitsfunktion auf, zwischen ihrem Erkenntniswert und ihrem polemischen Wert. Das ist keine, zumindest nicht nur böse Absicht. Es ist der natürliche und vollständige Triumph der taktischen Dimension des Denkens über die begriffliche Dimension.

Diese Eigenschaft der Präsidentenseele verleiht dem Aphorismus von Montevideo eine um so größere Bedeutung. Wenn der Präsident eine solche Feststellung getroffen hat, so bedeutet das, daß er damit die Zweifel und Leiden der Linken nach zehn Jahren heftiger Kritik an der Dritten-Welt-Bewegung seitens der Ökonomen und Historiker beruhigen wollte. Nur aus Güte, aus der Sorge und Notwendigkeit heraus, die demoralisierte Truppe der Gläubigen zu stärken, und nicht, weil er diese Behauptung für wahr hält, kann ein so intelligenter Mensch ein so dummes Klischee übernehmen.

Wäre die Demokratie tatsächlich nichts ohne ihre Entwicklung, dann wäre die Französische Revolution nicht nötig gewesen, ebensowenig wie die amerikanische Revolution und die englische Reformation. Zu der Zeit, als diese Ereignisse stattfanden, zeigten die betreffenden drei Nationen alle Symptome dessen, was man heute Unterentwicklung nennt. Die Schweiz war im 19. Jahrhundert ein sehr armes Land. Trotzdem praktizierte sie seit Jahrhunderten auf Kantonsebene eine Form von demokratischer Demokratie, die dem übrigen Europa weit voraus war. Hätte man das verbieten sollen, solang die Schweiz nicht reich geworden war? Ich dachte, die Freiheit sei ein Gut an sich, unabhängig vom Einkommensniveau der Bevölkerung. Und ich dachte, die Linke hätte das begriffen. Der Ausspruch von Montevideo beweist, daß das nicht der Fall ist und daß man sehr schnell in die abgedroschenste Schablone der Galerie ideologischen Strandguts zurückfällt, wonach nämlich persönliche und politische Freiheiten nicht real existieren, solange nicht alle wirtschaftlichen und sozialen Rechte befriedigt sind. Welche denn überhaupt? Ab welchem Entwicklungsniveau kann man davon ausgehen, daß eine Gesellschaft reif ist für die Demokratie, und wie dieses Niveau bestimmen? Denn alles ist relativ. Jede Gesellschaft kann je nach den geltenden Kriterien, nach dem ins Auge gefaßten Gebiet oder Sektor als unterentwickelt oder als entwickelt gelten. Brasilien ist gleichzeitig über- oder unterentwickelt. Spanien mit seinem Andalusien, Italien mit seinem südlichen Teil, Großbritannien mit seinem nördlichen Teil – betreiben sie alle mit ihren Armutsnischen eine De-

mokratie, die nach Mitterrands Worten „nichts" ist? Frankreich war 1944 zutiefst unterentwickelt: Nahrungsmittelknappheit, Mangel an Kleidung, an Wohnraum, an Elektrizität, an Heizung, an Transportmitteln, das mittlere Pro-Kopf-Einkommen niedriger als im Jahr 1900. Hätte man die Freiheit aufschieben sollen, das Vichy-Regime solange verlängern, bis die Fülle der Entwicklung erreicht gewesen wäre? Und wer wäre befugt gewesen, den Grad an Entwicklung festzulegen, von dem an die Demokratie aufhören würde, ein „Nichts" zu sein, um zu einem „Etwas" zu werden?
Man sieht schon, was Mitterrand dazu getrieben haben kann, solcherart die porös gewordene Fassade der Dritte-Welt-Ideologie einzureißen. Es kann einen Sozialisten schon irritieren, wenn er sieht, welche Lawine von Studien und welche starken geistigen Strömungen in der ganzen Welt auf dem Entwicklungssektor der demokratischen Politik, der Marktwirtschaft und dem privaten Unternehmertum die treibende Kraft zuschreiben. Man mußte sich dagegen stemmen und den liberalen Torheiten ein Ende setzen. Unglücklicherweise gibt es eine Bestandsaufnahme der kollektivistischen Wirtschaftsformen in der dritten Welt, und auch eine Rede kann nichts daran ändern. Dieses Resümee ist bestürzend. Es hat wohl seine Gründe, wenn die Führer der Entwicklungsländer nur mehr auf den freien Markt schwören, sogar mit dem naiven Eifer der Neubekehrten. Die Ironie der Aktualität brachte es mit sich, daß am selben Tag, da der französische Präsident den Appell von La Plata von sich gab, zwei der zähesten Fossile der sozialistischen Fauna, nämlich der General Jaruzelski in Polen und der unsägliche Ne Win, genialer Erfinder des Wirtschaftsmodells von Burma, die Geschäftsschlüssel zurückgaben, denn ihnen krachte schon das Haus über dem Kopf zusammen. Sie ließen ihre Mitbürger wissen, daß sie sich in Zukunft auf nichts anderes mehr verlassen könnten als auf ihren persönlichen Einfallsreichtum. In einem solchen Umfeld zeugte es von einer bemerkenswerten Taubheit gegenüber der Sprache der Fakten, wenn Mitterrand auf das Versatzstück der Entwicklung als Antithese zum privaten Unternehmertum und als von der Demokratie unabhängige Sache zurückgriff. Die Worte, in Südamerika ausgesprochen, standen in krassem Gegensatz zur Geschichte, auf die Mitterrand bekanntlich so versessen ist. Eine solche Unkenntnis – wie ich meine, vorgetäuscht – unabdingbarer Informationen ist undenkbar, wenn er ernsthaft über Entwicklung nachdenken wollte. Ich will sagen: er mußte wissen, daß Argentinien und Uruguay ehemalige entwickelte Länder sind, die aufgrund von Krisen in der politischen Demokratie in die Unterentwicklung zurückgefallen sind. Von 1938 bis ungefähr 1955 waren diese beiden südamerikanischen Länder Großbritannien und

Frankreich in ihrem durchschnittlichen Lebensstandard und ihrem Sozialstatus ebenbürtig. Ihr Wohlstand wurde zerstört: in Argentinien durch den peronistischen „Justizialismus", eine Art antikapitalistisches Gewerkschaftssystem, auf autoritäre Weise der Umverteilung verschrieben, und später in beiden Ländern durch den „revolutionären" Terrorismus der Montoneros und der Tupamaros, alle beeinflußt vom Marxismus der Marke Castro–Guevara. Die Staatschefs verfügen über viel bessere Informationsmittel als die Allgemeinheit, sollte man meinen. Warum machen sie davon nicht mehr Gebrauch? Aber aus dem Mund des ersten Sozialisten Frankreichs ließ der Kernspruch in der Pampa den Wunsch erkennen, die Wirklichkeit nicht wahrzunehmen, sondern zu beschwören, dank des Stoßgebets der dogmatischen Besessenheit, eine derart verkommene Gedankenwelt, daß sie schon mehr in den Bereich der Immunologie gehört als in den der Ideologie.
Denn in der klassischen Ideologietradition erscheint diese Formulierung Mitterrands allzu unbesonnen und überläßt gerade die Sache der „Sache", die er zu verteidigen glaubt, ungeschützt der sicheren Zerstörung. Jedes Kind würde sehen, daß sie indirekt ein Plädoyer zugunsten der unbestreitbaren Erfolge des nicht demokratischen Kapitalismus ist, wie in Taiwan oder Südkorea (bevor die Demokratisierung begann), die wunderbare Wachstumsraten zustandebrachten unter der autoritären Führung mehr oder weniger aufgeklärter Despotismen, oder in Singapur, einem „muskelstarken" aber nicht diktatorischen Regime. Die Südafrikanische Republik trägt als einzige in Afrika das Banner der Entwicklung, und wenn die Schwarzen dort unter einer vom moralischen Standpunkt aus unerträglichen Segregation leiden, so ist zumindest ihr Lebensstandard zwar deutlich schlechter als jener ihrer weißen Mitbürger, aber doch besser als der Lebensstandard der Schwarzen in irgendeinem anderen Land des Kontinents. Sogar das Chile eines Pinochet entwickelt sich und steht besser da als seine Nachbarn, wie Bolivien oder Peru, obwohl Chile Krisen durchgemacht hat, die aber weniger schrecklich waren als die wirtschaftlichen Katastrophen, die seinerzeit Allende herbeigeführt hatte. In den letzten fünfzehn Jahren der Franco-Diktatur hat Spanien einen Aufschwung genommen, wurde modern, hat seine Industrie völlig neu ausgestattet und eine Mittelschicht entwickelt, der es gutgeht. Insgesamt haben die großen klassischen entwickelten Länder seit zwei Jahrhunderten ihre Erfolge vor allem dank der fast ständigen Vereinigung von Kapitalismus und Demokratie verwirklicht, doch findet man auch Fälle von sprunghafter Entwicklung ohne Demokratie – zumindest während einer gewissen Zeitspanne –, aber niemals ohne Kapitalismus. Was Präsident Mitterrand unabsichtlich mit seiner Maxime von Uruguay deut-

lich gemacht hat, ist letztlich, daß es bei allen möglichen verschiedenen denkbaren Kombinationen nur eine einzige Zutat gibt, die völlig unvereinbar ist mit Entwicklung: der Sozialismus.

Woher kann diese Weigerung oder Unfähigkeit kommen, die doch geheimnislosen Erfahrungen zu bedenken und in die Überlegungen miteinzubeziehen, die uns die Wirtschaftsgeschichte der Welt in der Nachkriegszeit gelehrt hat? Auch da hatte man in der Wirtschaft wie auch in der Haltung der Linken gegenüber „fortschrittlichen" totalitären Ländern zu einem bestimmten Zeitpunkt geglaubt, die nichtkommunistische Linke habe einen großen Schritt vorwärts getan, um den Dogmatismus zu verlassen, und sei bereit, zumindest die elementarsten Erfahrungswerte zur Kenntnis zu nehmen. Ich fürchte, nichts davon trifft zu. Ähnlich prangerte François Mitterrand die „ungerechte Macht des Gesetzes" an, als er von vornherein den Wahlen in Neukaledonien jeden demokratischen Wert absprach, selbst wenn sie korrekt ablaufen sollten, weil sie auf der Beziehung Kolonisator–Kolonisierter beruhen. Da tut er nichts anderes als einen vagen marxistischen Stereotyp wiederholen. Das Gesetz ist „die Organisation der Gewalt, die dazu dient, eine bestimmte Klasse Schachmatt zu setzen", schrieb im Jahre 1917 Lenin mit fast den gleichen Worten, um die Bolschewiken vor der demokratischen Versuchung zu warnen. Wo bleibt der Fortschritt, siebzig Jahre später? Inwieweit zeugt ein derartiger Ausspruch des französischen Präsidenten von einer intellektuellen Erneuerung bei den Sozialisten? Selbstverständlich geben die Sozialisten heute, wenn sie an der Regierung sind oder an die Regierung zu kommen wünschen, einer nach dem anderen unter dem Druck der Tatsachen einen Großteil ihrer Dogmen auf. Als letzte hat die französische sozialistische Partei in ihr Programm von 1981 bis 1983 den „Bruch mit dem Kapitalismus" in einem entwickelten Land aufgenommen und teuer dafür bezahlt. Aber ihre „Vorschläge" von 1987, die angesichts der Präsidentschaftswahlen von 1988 verfaßt wurden, haben sorgfältig alle Drohungen wie „Gesellschaftsveränderung" oder „andere radikale Strukturreformen" gestrichen, die ihr „Projekt" von 1980 darstellten. Alain Duhamel schrieb im Oktober 1987 ganz treffend: „In den nächsten sieben Jahren wird Frankreich vielleicht wieder einen Sozialisten als Präsidenten haben: es wird aber keinen sozialistischen Präsidenten mehr haben"[1]. Abgesehen von der englischen Labour-Party, die noch immer zahlreiche Exemplare der letzten europäischen messianischen Linken zu ihren Anhängern zählt und seit 1979 ihre Hartnäckigkeit mit schweren und wiederholten Wahlschlappen büßte, haben die sozialistischen Parteien in der Praxis seit 1980 einen gemäßigten Liberalismus betrieben, auch in der dritten Welt, obwohl sie das Gesicht wahren, indem sie ihn „pragmatischen" Sozialismus nennen. Wenn man diese Art von Rhetorik verallgemeinert, könnte man es „Schiffahrt" nennen, wenn jemand in einem Schiff auf hoher See fährt, das erfahrungsgemäß nach kurzer Fahrt Schiffbruch erleidet, und „pragmatische Schiffahrt" die Entscheidung, an Land zu bleiben. Aber wenn es die „pragmatische" Aktion – der pure Pleonasmus – der Sozialisten ausnahmslos verstand, sich der Wirklichkeit zu nähern, so hat sich, wie zum Ausgleich, ihre Weltanschauung noch mehr davon entfernt. Alles geschieht so, als müßten sie im „ideologischen Bereich" mit doppelt großen Bissen essen, um die Entbehrungen auszugleichen, die sie ihren Körpern im „Bereich der Ausführung" zumuten. Tatsächlich ist die Ideologie die Hauptquelle für die Störung der Information, denn sie bedarf der systematisierten Lüge, einer allgemeinen, nicht nur zufälligen. Sie muß sich, um aufrecht zu bleiben, ständig gegen das Zeugnis der Sinne und der Intelligenz, ja gegen die Wirklichkeit selbst verteidigen. Dieser anstrengende Kampf führt dazu, daß die Dosis an Lüge, die benötigt wird, um die Wahrheit zurückzudrängen, die sich aus der erbarmungslosen Wirklichkeit ergibt, von Tag zu Tag erhöht werden muß. So strahlt der Marxismus-Leninismus auf dem Ideologietheater am hellsten in jenem Augenblick, da er bei seinen Anhängern jede Glaubwürdigkeit als richtungweisendes Prinzip der menschlichen Gesellschaft verliert, ähnlich dem Sonnenlicht, dessen Quelle erloschen ist, das uns aber nach Millionen von Jahren erst heute erreicht. Daher stammt die Überlegenheit der Linken in der Produktion der Lüge. Sie kann sich einfach mit der gewöhnlichen Lüge nicht zufriedengeben, wie sie die Rechte in der Politik mit Schwung betreibt, die macchiavellistische, die taktische, den Umständen angepaßte, opportunistische, auf den eigenen Vorteil bedachte, professionelle Lüge. Die Linke bedient sich der Lüge ebenfalls mit Eifer und Fleiß, aber sie baut sie zu einem wesentlich anspruchsvolleren Konstrukt aus, da die Ideologie sie dazu zwingt, das Weltbild ständig zugunsten der Vision, die man haben möchte, abzuändern. Eine liberale Regierung mag das Unrecht begehen, der Apartheid gegenüber zu weich zu sein, aber sie wird ihre Existenz nicht leugnen. Die Linke dagegen hat lange Zeit die Existenz der sowjetischen Konzentrationslager, der Umerziehungslager in Vietnam, der Folter in Kuba, des Hungers in China geleugnet. Die Rechte hat vielleicht gegenüber Franco aus wirtschaftlichen und militärischen Gründen eine übertriebene Freundlichkeit an den Tag gelegt, doch sie hat niemals behauptet, Franco hätte in Spanien reguläre, freie und pluralistische Wahlen abgehalten. Im Gegenteil, *The Observer*, eine linke Londoner Wochenzeitschrift, schrieb am 23. August 1987, daß es seitens der Reagan-Administration eine Schande sei, „die *gewählte* Regierung von Nicaragua" stürzen zu wollen. Wie milde ein Journalist auch den Sandinisten gegenüber sein mag, er dürfte, wenn er seine Arbeit ernsthaft betreibt, nicht behaupten können, die Wahlen vom Herbst 1984 in Nicaragua könnten dazu führen, die bestehende Regierung als „demokratisch gewählt" zu bezeichnen. Was würde man über den *Sunday Telegraph*" sagen, wenn er von der „demokratisch gewählten Regierung des Generals Pinochet" spräche unter dem Vorwand, letzterer habe ebenfalls Wahlbesprechungen abgehalten? Schließlich will Reagan die Sandinisten nicht „stürzen": er hat von ihnen immer nur verlangt, freie Wahlen zu akzeptieren, und er hat beschlossen, den Contras zu helfen, solange im Land keine freien Wahlen abgehalten worden sind. Man kann diese Politik ablehnen, aber man kann nicht behaupten, sie sei demokratiefeindlich, denn sie zielt ja ganz im Gegenteil darauf ab, die Demokratie wieder herzustellen.

Niemals haben so viele massive sozialistische Hungersnöte in der dritten Welt stattgefunden wie in den achtziger Jahren. Aber die westliche Linke versucht hartnäckig zu beweisen, daß dieses Übel auf alles andere zurückzuführen ist, nur nicht auf die totalitäre Regierungsform oder auf die sozialistische Führung der Wirtschaft. Die nicht-kommunistische Linke hat sich, will man ihr Glauben schenken, „enttotalitarisiert". Aber sonderbarerweise bleibt ihr Ausredensystem für die Schlappen des Totalitarismus unverändert.

Kommen wir zum Beispiel auf das Szenario „Hungersnot explodiert in Moçambique" zurück, wie wir es im Feber 1987 verlassen haben. Der Botschafter der Vereinigten Staaten in Maputo hat soeben einen Bericht für das State-Department ausgearbeitet, wonach dreieinhalb Millionen Moçambiquer direkt von einer schweren Hungersnot bedroht sind, die noch größere Ausdehnung erreichen wird als die Hungersnot in Äthiopien im Jahr 1984. Washington beschließt umgehend, mehrere Millionen Dollar als Soforthilfe zu schicken und ruft die Staaten, die internationalen Organisationen und die nichtstaatlichen Organisationen zur Hilfeleistung auf.

Ein Kommentator der BBC erklärt am 7. Februar, daß diese Hungersnot auf das Zusammentreffen von zwei Faktoren zurückgehe: die Trockenheit und den Guerillakrieg gegen die Regierung, der von der RENAMO geführt wird, unterstützt von Südafrika.

So erweist sich einmal mehr, daß eine Hungersnot, die in einem marxistisch-leninistischen Land ausbricht, *niemals* die Folge von Regierungshandlungen oder des Wirtschaftssystems ist. Sie kann nur auf natürliche Schicksalsschläge zurückzuführen sein oder auf Sabotage, die feindliche Mächte von außen anstacheln.

Das ist genau die Erklärung, mit der kommunistische Führer seit 1917

Hungersnöte oder den Konsumgütermangel rechtfertigen, einen fast ständigen Charakterzug ihrer Regime. Warum nehmen die westlichen Beobachter diese Entschuldigungen mit weniger kritischem Geist an, als ihn manchmal die kommunistischen Führer selbst zeigen?
Moçambique ist seit 1975 sozialistisch, seit seiner Unabhängigkeit. Seit zwölf Jahren übt eine Partei, die FRELIMO (Befreiungsfront von Moçambique), die Alleinherrschaft aus. Von Anfang an steht sie unter der Aufsicht einer riesigen Kohorte von sowjetischen und ostdeutschen Beratern. Die Revolution, die alle Fortschrittlichen der ganzen Welt herbeisehnen, kann sich ohne Hindernisse entwickeln.
Nach zwei oder drei Jahren ist das Unheil unübersehbar geworden. So wendet sich Samora Machel, der Führer der FRELIMO, schon 1980 an die Vereinigten Staaten, Europa und sogar an Südafrika, um Kredite zu bekommen, ohne deshalb das Wirtschaftssystem ändern zu müssen – denn mit finanzieller Solidarität seiner sowjetischen Beschützer rechnet er gleich gar nicht. Die Situation wird nicht besser. Wenn durch den anhaltenden Guerillakrieg auch weiterhin die Ernten – oder das, was davon bleibt – verschwinden und das Transportwesen zusammenbricht, so ist das doch nicht die Hauptursache für die Lebensmittelknappheit. Eine Knappheit, die während des vorangegangenen fünfzehnjährigen Befreiungskrieges gegen die portugiesische Armee niemals so schwerwiegend gewesen war. Ein Krieg, der sich auf die landwirtschaftliche Produktion und die Verteilung der Nahrungsmittel genauso unheilvoll auswirkte wie die danach folgende Erhebung. Außerdem unterstützt Südafrika zwar ohne jeden Zweifel die RENAMO, doch kann man nicht Südafrika allein die Schuld an ihrer Existenz geben. Man müßte sich vielleicht darauf einigen, auch im Fall der antikommunistischen Guerilla nach den tieferen Gründen für ihre Auftreten zu fragen, unabhängig von der ausländischen Unterstützung, die sie erhalten möge.
Auch ohne die Einmischung Pretorias wünschen sich die Moçambiquer den Sturz einer Polizeidiktatur, die ihnen nichts anderes bringt als Hunger. Die Trockenheit kann vielleicht ein oder zwei Jahre lang wüten, doch sie ist nicht ewig und wird nur deshalb zur Katastrophe, weil sie eine bereits endemische Nahrungsmittelknappheit verschlimmert. Wir werden im zwölften Kapitel sehen, daß die Ideologie, wie in der UdSSR oder in Vietnam so auch in Moçambique, die tiefere Ursache für die Hungersnot ist. Der Sozialismus stellt sich überall das Ziel, einen „neuen Menschen" zu formen. Diese Idee zieht sich durch die ganze Geschichte des Kommunismus. 1793 kommt sie bei den Jakobinern auf. Der Staat wird zum Eigentümer der Individuen. Die Kollektivfarmen erlauben vor allem die Vernichtung der Freiheit. Zufällig zer-

stören sie dann auch die Landwirtschaft, doch die Landwirtschaft ist nicht ihr Hauptziel. Wenn eine Hungersnot erst einmal eine so riesige Menschenmasse bedroht – dreieinhalb Millionen –! dann muß die verantwortliche Regierung dem tatenlos zugesehen haben, ohne darauf hinzuweisen, aus Angst, das Gesicht zu verlieren, aus Propagandagründen. Eine schlichte Krise in der Nahrungsmittelversorgung zieht strenge Rügen seitens der Weltöffentlichkeit nach sich; doch eine Tragödie weckt nur Mitleid und führt zu einem Strom an Hilfslieferungen, von denen dann Regierung und Armee soviel abzweigen, wie sie brauchen, um ihr eigenes politisches Überleben sicherzustellen.

Das äthiopische Muster taucht wieder auf. Und obwohl im Fall Moc̆ambique die Vereinigten Staaten die ersten waren, die die Weltöffentlichkeit wachriefen, stand doch von vorneherein fest, daß der Tadel auf sie zurückfallen würde.

Es ist bedauerlich, wenn man feststellen muß, daß das Erklärungssystem, das politische Persönlichkeiten und Zeitungen, die nichts Kommunistisches an sich haben, verwenden, oft mit jenem zusammenfällt, das die Regierungen von Maputo, Luanda, Addis Abeba oder Hanoi verwenden, um sich selbst von der Schuld an der herrschenden Hungersnot freizusprechen. Wo sind die intellektuellen Früchte hin, die die Erkenntnis aus siebzig Jahren Hungersnot oder chronischer Nahrungsmittelknappheit unter kommunistischen Regimes gebracht haben müßten? Wie weit kann die Dokumentation, die darlegt, daß die Ursachen dieser Lebensmittelknappheit zum großen Teil in der sozialistischen Organisation der Wirtschaft zu suchen sind, die Urteilskraft der Kommentatoren beeinflussen, die das Glück haben, über diese Menge an Informationen zu verfügen? Diese Informationen werden samt und sonders abstrahiert und vereinheitlicht. Am Ende unseres Jahrhunderts gibt es mehr Menschen als zu Beginn, die aufgrund dieser Informationen die Sterilität des Sozialismus für bewiesen erachten. Doch wenn es darum geht, einen besonderen Fall einzuschätzen, nützen sie fast gar nichts. Aber eigentlich zählt nur das, denn gerade in diesen Einzelfällen ist es wichtig, ob dieselben Fehler wiederholt werden oder nicht, solange noch Zeit zum Handeln ist. Und sie werden wiederholt.

Ich halte das Vorurteil, jenen Regimes, die theoretisch als fortschrittlich eingestuft werden, eine spezielle Immunität zuzuerkennen, die ihnen gleichzeitig die Demokratie, das Einhalten der Menschenrechte und die Versorgung ihrer Bewohner mit Nahrungsmitteln erspart, keineswegs für überwunden. Auch nicht jenes zusätzliche Vorurteil, wonach sich ein Liberaler oder „Konservativer" in einer demokratischen Kultur wenig oder gar nicht von einem „Rechten" unterscheidet. Die nicht kommunistische Linke rühmt sich, die Marktwirtschaft, begleitet von beliebig vielen Korrekturmaßnahmen, als den einzig möglichen Weg erkannt zu haben. Und doch reagiert sie in jeder konkreten Situation reflexartig in die genaue Gegenrichtung zu dieser angeblichen Überzeugung. Sie benimmt sich wie ein Arzt, der alle Eide schwört, er hätte das Grundgesetz, wonach Arsen dem menschlichen Organismus eher schädlich ist, bestens verstanden, und der sich doch bei jedem Patienten beeilt, starke Dosen davon zu verschreiben, und alle, die ihn daran zu hindern suchen, als öffentliche Vergifter bezeichnet. Im allgemeinen tadelt man den Sozialismus, weil er zu Hunger und Repression führt, und man lobt die Demokratien, weil sie die reichsten und am wenigsten ungerechten Gesellschaften der Geschichte geschaffen haben, wie groß auch immer ihre Mängel sein mögen. In der Realität der individuellen und konkreten Diagnose sind es die gewählten Führer der blühenden demokratischen Systeme, die eine ganze Linke als reaktionär abqualifiziert, und es sind die totalitären Tyrannen, die dieselbe Linke hartnäkkig für fortschrittliche Menschenfreunde hält.

Zum Beispiel las ich 1986 mit einer Empörung, die glücklicherweise gemäßigt wurde durch den Spaß, den jedes gute komische Spektakel vermittelt, in der *International Herald Tribune* vom 14. Jänner einen Bericht über den Verlauf des 48. PEN-Club-Kongresses in New York. Tags darauf berichtete dieselbe Zeitung wie Günter Grass Saul Bellow beschimpft hatte, der die Kühnheit gehabt hatte, die Vereinigten Staaten nicht als völlig reaktionär zu verdammen. Wenn sich Schriftsteller oder Literaturbosse erheben und den Saal verlassen, nur weil der als Redner eingeladene Außenminister George Shultz auftritt, ganz, als wäre er Minister in einer totalitären Regierung, so gibt es für mich nur eine Erklärung dafür: Eine Mischung aus politischer Inkompetenz und intellektueller Unehrlichkeit; besonders wenn dieselbe Zuhörerschaft einen Amadou Mahtar M'Bow einlädt und voll Respekt reden läßt, der doch ein Strandräuber der UNESCO ist. Daß siebzig Schriftsteller in einem offenen Brief, der sichtlich die Meinung zahlreicher anderer Teilnehmer wiedergibt, die Einladung an Shultz, den Vertreter eines demokratischen Staates, als unpassend bezeichnen, und das in einem Land, wo die Macht *von den Bürgern* ausgeübt wird, scheint mir angesichts der Situation der Welt in ihrer heutigen Gesamtheit eine Dummheit. „Ihre Administration", schrieben die Unterzeichner dieses Briefes, „stützt Regierungen, die ihre Bürger wegen ihrer Überzeugungen zum Schweigen verurteilen, verhaften, ja sogar foltern." Welche Regierungen? Südafrika? Das ist ganz eindeutig der dringendste Fall im Jahr 1986. Aber kann man sagen, daß die amerikanische Administration Botha „stützt" und die Apartheid verteidigt? Das ist ganz einfach falsch. Wie die europäischen Regierungen auch, würde Washington

sich nur zu gern der Apartheid entledigen, wenn das möglich wäre, ohne dabei den wirtschaftlichen Ruin Südafrikas herbeizuführen, zum Nutzen einer Formel vom „Sozialismus afrikanischer Prägung", dessen Freveltaten im übrigen Kontinent im vorhergegangenen Kapitel behandelt wurden.
Einige Unterzeichner dieses Briefes und weitere sehr bekannte amerikanische Schriftsteller, wie Norman Mailer und William Styron, hatten 1983 die Einladung von Jack Lang, dem damaligen französischen Kulturminister, und François Mitterrand angenommen, an Kulturfeierlichkeiten in der Sorbonne teilzunehmen. Zu diesem Zeitpunkt hatte Frankreich unter seiner sozialistischen Regierung den Verkauf von Waffen und Kernkraftwerken an Südafrika wiederaufgenommen. Diese amerikanischen Schriftsteller kamen trotzdem, um dem französischen Präsidenten in Paris Beifall zu spenden – allerdings wurden sie in einer Concorde eingeflogen und auf Kosten der französischen Steuerzahler im „Ritz" untergebracht, was die Toleranzgrenze hinaufsetzen mag. Welche anderen Folter-Regime unterstützte zum Zeitpunkt des PEN-Kongresses die amerikanische Administration noch? Chile? Nein. Sie unterstützte Pinochet nicht im geringsten. Und Lateinamerika insgesamt ist seit 1983 demokratischer, als es seit einem Vierteljahrhundert gewesen ist. El Salvador? Aber Napoleon Duarte war ein linker Christ-Demokrat, allen Sabotageversuchen der Guerilla zum Trotz demokratisch gewählt, einer Guerilla, die wußte, daß sie eine Minderheit war. Die Türkei? Sicherlich, aber sollte man die Türkei unter sowjetische Kontrolle geraten lassen, indem man sie aus der NATO ausschloß? Man konnte es sehr gut für unumgänglich halten, sie als Mitglied zu halten, auch wenn man gar nicht darüber erfreut war, daß sie vom demokratischen Weg abgewichen war. Außerdem darf man nicht vergessen, daß die Türkei vom Europarat nicht ausgeschlossen worden war und daß die europäischen Regierungen daher ihr gegenüber eine ebenso zwiespältige Haltung einnahmen, wie die Reagan-Administration. Haben die amerikanischen Schriftsteller also den Saal verlassen, als François Mitterrand 1983 das große Auditorium der Sorbonne betrat? Übrigens kehrte die Türkei im Dezember 1983 zur Demokratie zurück, was in keinem der „fortschrittlichen" Länder der Fall ist, die üblicherweise bei den amerikanischen „Liberalen" so beliebt sind. Was M. M'Bow betrifft, so war er einer der größten Gegner der Gedanken- und Schaffensfreiheit, der jemals an der Spitze einer internationalen Organisation gelandet ist. Er hat nach 1976 mehrmals versucht, bei der UNESCO die „internationale Informationsordnung" durchzubringen, die nur darauf abzielte, ein allgemeines Zensursystem zugunsten der schlimmsten Diktatoren der dritten Welt einzuführen. Wenn man den

Stand der Information auf unserem Planeten einigermaßen kennt, ist es lächerlich, zu sehen, wie der PEN-Club bei diesem Kongreß ernsthaft eine Studie über eine geheimnisvolle „Zensur in den Vereinigten Staaten“ vorschlägt und zugleich M. M'Bow und seinem unermüdlichen Streben nach weltweiter Zensur seine Reverenz erweist. Die Worte, mit denen Günter Grass die Vereinigten Staaten angriff, zeugen von derselben Verdrehung der Begriffe und Tatsachen. Mit ein wenig Schamgefühl müßte sich Grass daran erinnern, daß ja wir, die Europäer, den Nationalsozialismus, den Faschismus, den Stalinismus, den Francismus, den Pétainismus, den Antisemitismus erfunden haben. Nicht die Vereinigten Staaten. Was das McCarran-Walter-Gesetz aus dem Jahr 1952 betrifft, das vor dem Kongreß angefochten wurde, so kann man sicherlich seine Abschaffung verlangen, wobei man im Auge behalten muß, daß die Vereinigten Staaten nicht die einzige Demokratie sind, die sich das Recht vorbehält, ein Visum an Propagandisten zu erteilen, die zu Recht oder zu Unrecht für die Institutionen gefährlich scheinen. Das McCarran-Walter-Gesetz hat übrigens Georgy Arbatov und andere sowjetische oder kommunistische Wortführer niemals daran gehindert, Bücher und Artikel in den Vereinigten Staaten zu veröffentlichen oder dort Vortragsreisen zu absolvieren. Außerdem ist es 1987 abgeschafft worden, aber dieses Ereignis hat keinen Lärm gemacht.
Hätte man 1986 in den Vereinigten Staaten nach Anzeichen totalitären Geistes suchen wollen, so hätten sie sich, wie ich fürchte, nicht in der Administration gefunden, sondern im amerikanischen PEN-Club, zumindest nach seiner Selbstdarstellung beim Kongreß. Dieser hatte, so glaube ich, die Entfremdung zum Thema. Er hat tatsächlich die Entfremdung eines großen Teils der amerikanischen Intellektuellen gegenüber ihrem eigenen Volk und dem Großteil der demokratischen Welt perfekt veranschaulicht. Die Intoleranz und der Fanatismus, von denen die Sitzungen geprägt waren, machen aus ihm die Verkörperung des Gegenteils der Werte, die zu verteidigen er vorgibt.
Was nützt es, wenn wir uns über die Wahlniederlagen der westlichen kommunistischen Parteien freuen, wenn ihr Kult des Irrtums und des Terrors, ihre Intoleranz und ihre Verachtung des Menschen auf breite Schichten der nicht kommunistischen Linken übertragen wurden? Und wie ist zu erklären, daß diese Linke, die sich als nicht totalitär versteht, darauf besteht, in den achtziger Jahren entgegen ihren eigenen Werten die totalitären Regimes zu verteidigen? Denn das Prinzip der arithmetischen Gleichberechtigung zwischen Totalitarismus der Rechten und der Linken, dessen unausweichlich irreführenden Charakter ich aufgezeigt habe, wird nicht einmal wirklich angewendet. So wurde im April 1986 im Pariser Hotel Lutétia eine Versammlung abgehalten, bei der

ehemalige politische Häftlinge aus Kuba Zeugnis darüber ablegten, wie sie vor ihrer Befreiung gefoltert und mißhandelt worden waren. Die Zuhörer auf der Tribüne, darunter Yves Montand, Jerge Semprun, Bernard-Henri Lévy und ich selbst, beschränkten sich darauf, den Zeugen, Männern und Frauen, Fragen zu stellen, die eine nach der anderen von Armando Valladares, dem Organisator des Treffens mit der Internationalen der Widerstandskämpfer, weitergegeben wurde. Dieses Vorgehen folgte dem Sacharow-„Tribunal", das sich selbst wieder am Russell-„Tribunal" der sechziger Jahre orientiert hatte. Im Saal verfolgten rund 200 Menschen die Sitzung, und auch aus dem Publikum wurden Fragen an die Folteropfer gestellt. Ein Dutzend Journalisten waren da, sowohl von den Agenturen als auch von den Print- und Elektronikmedien. Aber man fragt sich, wozu sie dort gewesen sind, denn ein Großteil der Presse widmete der Veranstaltung nicht eine einzige Zeile. Dabei hatten die Berichte der Gefangenen nichts Ideologisches an sich, es waren nur Berichte über Erlebtes und genaue Beschreibungen von Einzelheiten. Hätten Journalisten die Glaubwürdigkeit der Zeugen bezweifeln wollen, hätten sie jede Möglichkeit gehabt, die Zeugen ins Kreuzverhör zu nehmen. Aber sie taten es nicht. Die Journalisten zeigten in diesem Fall nicht die geringste Eile, um dieses „heilige Informationsrecht" zu nützen, von dem sie immer so groß reden, wenn es um andere Akten und Ordner geht. Man kann sich ohne Mühe vorstellen, welche Blüte an Berichten wir in den französischen und ausländischen Zeitungen gesehen hätten, wären die politischen Gefangenen und die Folteropfer bei dieser Versammlung Opfer der südafrikanischen Polizei gewesen. Woraus man neuerlich schließen darf, daß die nicht kommunistische Linke ihre Parteilichkeit zugunsten der marxistischen Totalitarismen keineswegs aufgegeben hat. Ihr einseitiges Schweigen ist wohl eher durch eine Art intellektuelle Lähmung zu erklären als durch eine wohlüberlegte Wahl. Widerwillig muß sie, um glaubwürdig zu bleiben, gewisse unbestreitbare Tatsachen zugeben. Aber ihre grundlegenden Ansichten hat sie nicht geändert, vor allem nicht über den Ort, an dem die wahre Trennlinie zwischen Reaktionären und Fortschrittlichen verläuft. Vielleicht bleibt Castro aus Trägheit für sie auf der guten Seite dieser Linie, während sich Valladares auf die falsche Seite gestellt hat, auch wenn er kein anderes Verbrechen begangen hat, als sich als erster ins Gefängnis schicken zu lassen.[2]

Ich bin übrigens ungerecht, wenn ich sage, daß es keine Reaktion auf unsere Versammlung gab. Es gab eine, und zwar in Form einer Verleumdungs- und Beschuldigungskampagne gegen Valladares. Im Westen wurden Dokumente im Umlauf gebracht, die von sowjetischen und kubanischen Geheimdiensten gefälscht worden waren. Aus ihnen ging hervor, daß der Dichter ... ein Agent der Polizei des Diktators Batista gewesen sei (den Castro gestürzt hatte). Abgesehen davon, daß die Jugend Valladares' während der fünfziger Jahre eine solche Betätigung seinerseits recht unwahrscheinlich scheinen läßt, enthielt sein falscher „Ausweis" als Polizist schwerwiegende Fehler, die von den „Organen" begangen wurden: er zeigte ein zu junges Foto, und die Größe des „Agenten" war im metrischen System angegeben, obwohl Kuba doch zur Zeit von Batista noch das System von „Fuß" und „Inch" benützte. Die Verleumdung wurde von der linken griechischen Zeitschrift *Pontiki* in Umlauf gebracht, einer Wochenzeitschrift, die sich selbst gern unter die Fahne des „Aufklärungsjournalismus" stellt. Dieses Etikett hatte anfangs einen sehr genauen beruflichen Sinn, wurde inzwischen aber sehr vielseitig verwendbar und dient allzuoft der Lüge als Passierschein. Laut *Pontiki* bestand der „Aufklärungsbericht" und die „Informationspflicht" darin, Valladares als „Faschist, Mörder, Verleumder, Humanoid *(sic)*, falschen, samt und sonders von der CIA erfundenen Dichter" zu bezeichnen. Als man ihm diese „aufklärenden" Beschimpfungen mitteilte, klagte Armando Valladares die griechische Wochenzeitschrift. Ein Minister der sozialistischen Regierung unter Andreas Papandreou sagte *zugunsten* der verleumderischen Zeitschrift aus. Valladares' Klage wurde abgelehnt. Das Gericht kam in seinen Erwägungen zur Ansicht, der Verfasser des Artikels habe „keine persönliche Feindschaft gegen den Kläger" gehabt und „nicht die Absicht, ihn zu beleidigen"! Ich wüßte nicht, daß diese sonderbare „gerechte" Entscheidung, die ihrerseits von den Agenturen ausführlich verbreitet wurde, die Empörung der linken Presse in Westeuropa hervorgerufen hätte. Valladares ist tatsächlich Vizepräsident der Organisation „internationale Résistance", die das Kolloquium von Paris leitete und bei der Linken als reaktionär gilt. Warum? Man weiß letzten Endes nicht mehr, was man tun und welchen Standpunkt man einnehmen muß, um den kommunistischen Totalitarismus kritisieren zu dürfen, ohne als reaktionär zu gelten. Es ist falsch, zu behaupten, die nicht kommunistische Linke verlange nicht mehr und nicht weniger als die Kritik des Totalitarismus von einem demokratischen Gesichtspunkt aus. Denn auch wenn man genau das tut, so reicht es nicht. Sie verlangt, daß man ihn überhaupt nicht oder zumindest nur in der historischen Betrachtung kritisiert und hinzufügt, das sei eine abgeschlossene Sache, und die Gegenwart biete nur mehr Hoffnung auf Verbesserung. Eine Parteilichkeit, die vielleicht weniger einer freiwilligen Wahl entspringt als einer psychologischen Barriere: Aber für ihre Opfer ist das Ergebnis das gleiche.

Man sieht also: In dieser ganzen Debatte, einem kleinen Beispiel unter

Tausenden, war es keineswegs die Information, die das Benehmen eines Großteils der Informationsprofis bestimmte. Die Möglichkeit, sich umfassend über das repressive System in Kuba zu informieren, wenn auch unter einer äußerst genauen Kontrolle der gelieferten Details, spielte beim Empfang, den man der Versammlung im Lutétia bereitete, eine ganz nebensächliche Rolle. Der Linken stellten sich nur die Fragen: Wer sind die Organisatoren, und auf welche Mühlen werden die Zeugenaussagen Wasser gießen? Dieser letzte Punkt war und ist immer und seit je der wichtigste. Er transzendiert die Beschäftigung mit der Unrichtigkeit oder Wahrheit der weitergegebenen Begriffe. Die schreckliche, inquisitorische Frage, die eine Zeitlang bei der französischen Linken üblich war, lautete: „Von welchem *Standort* aus sprechen Sie?“ Abscheulich vulgär, da sie auf elegante Weise kryptisch sein wollte, war diese Frage nur ein Eingeständnis, daß die Wahrheit hinter die ideologischen Zugeständnisse zurücktritt und daß Allianzen wichtiger sind als Informationen. Die unzulässige Verquickung ist bekanntlich ein Prozeß, der darin besteht, daß man dir vorwirft, du würdest die Gesamtheit der Ideen oder der Handlungen einer Person oder einer Partei, die über die Maßen widerlich ist, bejahen, nur weil deine Ansichten zufällig in einem bestimmten Punkt mit den seinen übereinstimmen. Da Hitler weite Sektoren der deutschen Industrie verstaatlicht hat, betreibe ich eine falsche Verquickung, wenn ich zum Beispiel sage, daß François Mitterrand wegen seines massiven Verstaatlichungsprogramms im Jahr 1981 in Wirklichkeit ein Anhänger des Nationalsozialismus ist. Aber auch da ist die bösartige Verquickung nur in einer bestimmten Richtung verheerend: Wenn du, sagen wir, über Castro etwas Schlechtes sagst, dann findest du dich an der Seite von Pinochet, der dasselbe sagt, und daher bringst du dich in Mißkredit; aber daß du dich unvermeidbar an die Seite von Castro gestellt siehst, weil du über Pinochet Schlechtes gesagt hast, entehrt dich keineswegs. Doch die beiden Diktatoren haben in Wirklichkeit gleich viel Blut an den Händen, der eine wie der andere. Auch wenn sie es leugnet, verwendet die nicht kommunistische Linke schamlos und ständig diese bösartige Verquickung; das heißt, sie ersetzt die intellektuelle Diskussion der Argumente durch die moralische Hinrichtung der Personen.

Die moderne Linke kommt nicht auf den Gedanken, daß die perfekte Gesellschaft, die sie zu konstruieren beabsichtigt, ebenso wie die mittelmäßige Demokratie, deren wir uns, dem Himmel sei Dank, noch mancherorts erfreuen dürfen, nicht ohne etwas Aufrichtigkeit, Rechtschaffenheit und Wahrheitsliebe bestehen kann. Sie versteht nicht, daß die Gedankenfreiheit die Demokratie zerstört, sobald sie zur Freiheit der Lüge und Verleumdung wird. Sie bleibt dem alten Prinzip des Fa-

natismus treu, daß eine gerechte Sache – und welche Sache ist das in den Augen ihrer eigenen Anhänger nicht? – ungerechte Vorgangsweisen erlaubt. Hat sie verstanden, wird sie jemals verstehen, daß die Demokratie die Regierungsform ist, in der es keine gerechte *Sache*, sondern nur gerechte *Methoden* gibt?
Ist es zum Beispiel gerecht, einen Artikel über Peru folgendermaßen zu überschreiben: „Mario Vargas Llosa, Held der Kampagne der neuen Rechten?“ Man weiß, was für ein Echo der Ausdruck „Neue Rechte“ bei einem französischen Leser bewirkt und worauf er sich bezieht. Ich habe darüber in einem anderen Kapitel gesprochen. Daraus folgt, daß *Le Monde* (30. September 1987) mit diesem Artikel seiner Korrespondentin in Lima andeuten will, daß sich Vargas Llosa einer faschistoiden Haltung nähert. Die Zeitung versucht, ihren Lesern nahezulegen – und damit einem nicht nur französischen, sondern in großem Maß auch europäischen und lateinamerikanischen Publikum – der Schriftsteller unterstütze gegebenenfalls autoritäre Lösungen, die den Reichen bevorteilen, und die sicherlich „reaktionär“ sind.
Worum geht es bei dieser Affäre? In der Hoffnung, die Last der Auslandsverschuldung durch einen Staatsstreich loszuwerden, verkündete der peruanische Präsident Alan Garcia im September 1987 seine Absicht, alle Banken des Landes mit einem Schlag zu verstaatlichen. Man kann sich dieser Maßnahme, so will mir scheinen, aber auch widersetzen, ohne faschistisch zu sein, ja sogar, weil man demokratisch ist. Die Verstaatlichungen haben in Lateinamerika der Wirtschaft niemals auf die Beine geholfen oder das Los der Ärmsten verbessert, ob sie nun Militärdiktaturen oder marxistischen Diktaturen zu verdanken waren. Besonders in Peru hat eine zugleich militärische und marxistische Diktatur von 1969 bis 1980 massive Verstaatlichungen durchgeführt, die der Bevölkerung in schmerzlicher Erinnerung geblieben sind, denn in diesem Zeitraum sank der Lebensstandard um die Hälfte, was damals wie auch sonst immer die Ärmsten am meisten traf. Ebenso unheilvoll waren die Folgen der mexikanischen Experimente, über die nachzudenken in ganz Lateinamerika so normal erscheint: die Verstaatlichungen der Banken durch den Präsidenten José López Portillo, die ein Unheil für die Wirtschaft und für den Lebensstandard der kleinen Leute darstellten. Wenn man eine zerbrechliche Demokratie erhalten will, so ist es im übrigen, abgesehen von allen wirtschaftlichen Überlegungen, natürlich, sich vor einer Hypertrophie des Staatssektors zu hüten, und das ganz besonders in Lateinamerika, wo die Korruption Tradition hat und wo die politische Klasse die Kunst versteht, die Wirtschaft zu ihrem Vorteil zu manipulieren und zu diesem Zweck die demokratischen Prozeduren zu verfälschen. Die Geschichte des PRI, (der institutionalisier-

ten „revolutionären“ Partei) in Mexiko, die seit 1929 an der Macht ist, beweist das zur Genüge. Sogar der Präzedenzfall Peru, das durch die gefräßigen Verstaatlichungen seitens des marxistischen Militärs ruiniert wurde, hindert die Korrespondentin von *Le Monde* nicht daran, auszurufen: „Wenn der Staat in den letzten zwanzig Jahren seinen Handlungsspielraum erweitert hat, so in dem Versuch, die ungerechte Verteilung des Einkommens zu beheben.“ Aber versuchen bedeutet nicht gelingen, und „die Erweiterung des Handlungsspielraums“ des Staates hat nur die Ärmsten in noch tiefere Armut gestürzt. Anstatt die Tatsache zu untersuchen und uns darüber zu informieren, beschränkt sich die Verfasserin des Artikels darauf, den veraltetsten „fortschrittlichen“ Katechismus nachzubeten.

Madame Bonnet sagt uns auch nicht, daß die Gegner der Verstaatlichungen in großem Maß aus den Reihen der Wähler kommen, die für Alan Garcia gestimmt haben. Und welcher Partei gehört Alan Garcia an? Der Alianza Popular Revolucionaria Americana (APRA). Was ist die APRA? Ein Zusammenschluß lateinamerikanischer Parteien, 1924 von dem Peruaner Victor Raúl Haya de la Torre (1895 bis 1979) gegründet, ein Zusammenschluß, der ungefähr der europäischen Sozialdemokratie entspricht. Mit anderen Worten, die APRA ist aus der Weigerung einer ganzen sozialistischen Strömung entstanden, der Dritten Internationale anzugehören, eine Weigerung und ein Bruch mit Moskau, der der Situation beim Kongreß von Tours in Frankreich vier Jahre vorher entspricht, den die übrigen sozialistischen Parteien in der ganzen Welt nachahmen werden, um zur sozialistischen Internationale zu gelangen, zu der die APRA gehört. Diese Strömung des demokratischen Sozialismus folgt also einer langen Tradition der Feindschaft gegen den kommunistischen Kollektivismus. Bei der Verstaatlichung der Banken in Peru kann man folglich beweisen, daß Vargas Llosa der Tradition des demokratischen Sozialismus in Lateinamerika treu ist und daß sich Alan Garcia davon entfernt.

Leider kommt keine dieser wirtschaftlichen, politischen und historischen Informationen im Artikel vor, der den Lesern von *Le Monde* zur Kenntnis gebracht wird. Hätte man die echten Perspektiven aufgezeigt, so hätte das den Leser aller Wahrscheinlichkeit dazu gebracht, am „Faschismus“ und am angeblich zur „neuen Rechten“ passenden Stil von Mario Vargas Llosa zu zweifeln. Warum diese Finte? Weil es das Ziel des Artikels ist, den Schriftsteller zu desavouieren, indem man andeutet, daß er schlicht und einfach in die Reihen der „Reaktion“ paßt. Seit Jahren ist Vargas Llosa gemeinsam mit Octavio Paz der Anti-Castro, der Anti-Kommunist, der Anti-Dritte-Welt-Verfechter, der Anti-Garcia Marquez, der Anwalt einer politischen Demokratie in Lateinamerika.

Man muß ihn also nach rechts abschieben, am besten zur „neuen" Rechten. Man hat nicht das Recht, Demokrat zu sein, wenn man in Lateinamerika nicht Marxist ist. Das ist um so absurder, als andererseits *Le Monde* anscheinend in denselben Jahren über die Rückkehr zur Demokratie in Argentinien, Brasilien oder Bolivien sehr erfreut war, die sich allesamt Regierungen gegeben haben, die entschlossen waren, ihre Wirtschaft zu privatisieren. Würde man den Herausgeber der Zeitung oder den Leiter des Auslandsressorts fragen, ob man aufgrund der Ausrichtung der Mehrzahl der von ihnen über Lateinamerika veröffentlichten Artikel in der Annahme recht gehe, daß sie auf diesem Kontinent die Rückkehr zu einer Politik im Stil eines Castro oder Allende vorantreiben, so würden sie sofort widersprechen und lautstark behaupten, das sei unzulässig. Zahlreiche linke Zeitungen greifen in allen Ländern den Liberalismus gnadenlos an, aber mit wenigen Ausnahmen würde keine den Sieg des Sozialismus herbeisehnen. Und doch beschäftigen sie sich gleichzeitig damit, jene Menschen, die ihn kritisieren, auf hinterlistige Art schlechtzumachen.
So schreibt die Korrespondentin von *Le Monde* in Lima immer noch gleichartige Artikel: „Die neue Rechte wird vom ‚Institut für Freiheit und Demokratie' vertreten, das vor sieben Jahren – in Wirklichkeit 1979 – von Mario Vargas Llosa gegründet wurde. Seine Philosophie faßt der Wirtschaftskundler Hernando de Soto in seinem Werk *Der andere Weg* zusammen, einem Essai über die informelle Wirtschaft." Unter dem Gesichtspunkt „Informationspflicht" ist in diesem Paragraphen alles wunderbar. Zunächst ist es nicht Vargas Llosa, der das Institut Freiheit und Demokratie gegründet hat. Es ist Hernando de Soto selbst: Vargas Llosa ist einer seiner Freunde und Unterstützer und hat die Einleitung zu seinem Buch verfaßt, das 1986 erschien. Dann gehört das Institut keineswegs zur Ideologie der neuen Rechten. Die Mitarbeiter der Zeitschriften *Eléments, Nouvelle Ecole* oder des GRECE („Groupement de recherche et d'étude pur la civilisation européenne", gegründet 1969, eine Kulturbewegung im Umfeld der Neuen Rechten) sind niemals dorthin eingeladen worden. Das „Institut für Freiheit und Demokratie" versteht sich in der Tradition von Tocqueville, Montesquieu, Locke, Adam Smith, von Mises, Schumpeter, Aron, Hayek, was, wie wir zu hoffen wagen, keinerlei Sympathie für den Faschismus erwarten läßt. Ich glaube nicht, daß Lateinamerika unter einem Übermaß an dieser toleranten und liberalen Tradition gelitten hat oder daß die Intellektuellen, die sie vertreten, solche Verungimpflichung verdienen. Die Journalistin von *Le Monde* hat sicherlich das Recht, die Ideen dieser Intellektuellen zu kritisieren. Aber das tut sie nicht. Sie unterstellt ihnen Ideen, die nicht die ihren sind. Und zu guter Letzt hütet sie sich

wohlweislich, uns über den Inhalt des Werkes von Hernando Soto, *El Otro Sandero (Der andere Pfad)* zu informieren. Da es nicht ins Französische übersetzt ist, gibt es in Frankreich nur wenige Leser, die wissen können, was diese Forschungsarbeit (keine *„philosophische"*) enthält und die verstehen werden, was der Autor unter „informeller" Wirtschaft versteht. Die Leser werden vor allem keine Ahnung davon haben, daß die von Hernando de Soto geleitete und unterzeichnete Arbeit die Wirtschaft der Ärmsten und ihre Überlebenstechniken in einem Staatssystem beschreibt, das im Interesse der Reichen organisiert ist, und zwar weniger im Sinne der Kapitalisten als der politischen, bürokratischen und gewerkschaftlichen Klasse, wie immer in Lateinamerika.

Wenn man *El Otro Sandero* liest, überkommt einen bereits beim ersten Blick auf die Zahlen große Verblüffung. Denn der informelle Sektor besteht in diesem riesigen Land nicht nur aus dem, was wir in Europa „Jobs" nennen oder Schwarzarbeit. Die peruanischen Informellen reparieren nicht nur verstopfte Abflüsse außerhalb der offiziellen Arbeitszeit oder streichen an Sonntagen die Zimmerdecke aus. Sie sind auch weit mehr als Bauchladenverkäufer: die Gesamtziffer ihrer Handelstätigkeit übersteigt die aller Großunternehmen zusammengenommen. Allein in der Hauptstadt bietet der informelle Handel 439.000 Personen einen Arbeitsplatz und macht – ob im Freien oder in Geschäften – 83% des Gesamtvolumens aus. Die informelle Industrie erzeugt fast alle maschinengefertigten Produkte: Möbel, Fernseher, Waschmaschinen, Kleidung, Küchengeräte, Ziegel, Zement, elektrisches Material, Schuhe, verschiedene Werkzeuge. Aber es kommt noch besser: die Informellen beherrschen die Bauindustrie und die öffentlichen Verkehrsmittel. Sie haben ganze Viertel konstruiert, Hunderttausende Wohnungen, zuerst für sich selbst, dann für die anderen: ich spreche nicht von Slums, sondern von normalen Miethäusern. Die Hälfte der Bevölkerung von Lima lebt in Häusern, die von „Informellen" gebaut wurden. Was die öffentlichen Verkehrsmittel betrifft, vom Gemeinschaftstaxi bis zum Minibus und sogar zum Autobus, so müßten 95 Prozent der Einwohner zu Fuß gehen, wenn Lima plötzlich auf die offiziellen städtischen Transportmittel beschränkt wäre. Insgesamt werden 60% der Arbeitsstunden auf dem informellen Sektor geleistet. Und dieser Sektor ist nicht mit heimlichen Werkstätten zu vergleichen, wo ein Galeerenchef ein unterbezahltes Proletariat ausnützt. Die Armen der dritten Welt selbst bauen diese informelle Wirtschaft, denn es ist für sie die einzige Überlebensmöglichkeit.

Hernando de Soto und seine Mannschaft haben das in der Praxis bewiesen und im Experiment nachgeprüft. Sie haben einen alten Mann, einen bescheidenen Bürger, Vertreter des kleinen Mannes, eingeladen, einen Gewerbeschein zu beantragen, um im Einklang mit allen Bestimmungen eine Konfektionswerkstatt zu eröffnen. Um die Genehmigung zu bekommen, mußte der Mann seinen Antrag in elf aufeinanderfolgenden, verschiedenen Minister- oder Stadtbüros vorbringen und verfolgen. Zehn von elf Beamten haben vom ihm ein Trinkgeld verlangt, im dortigen Spanisch *mordida* genannt (wörtlich: „Bissen"). Der Antragsteller hatte als Auftrag bekommen, Trinkgelder und Bestechung abzulehnen, um herauszufinden, wie sehr diese Weigerung eine Bewilligung verzögern würde. In zwei Fällen mußte man allerdings nachgeben, sonst wäre der Antrag endgültig begraben worden. Der angehende angebliche Schneider brauchte insgesamt hundertneunundvierzig volle Arbeitstage, um seine Amtswege durchzuführen, und wenn man die Kosten und den Verdienstentgang zusammenrechnet, so hat er 1.231 Dollar ausgegeben. Wenn man weiß, daß die Summe für die Zahl der verschwendeten Tage genau zweiunddreißig Minimallöhne im Peru von 1986 darstellt, so wird man verstehen, daß es praktisch für fast die gesamte aktive Bevölkerung ausgeschlossen ist, unter legalen Bedingungen ein Handwerksunternehmen zu schaffen. Das nennt Madame Bonnet „Erweiterung des staatlichen Handlungsspielraums" zur „Heilung der ungerechten Einkommensverteilung".

Andere vergleichbare Experimente haben das erste bestätigt: 43 Einreichtage und 590,56 Dollar, um rechtmäßig einen bescheidenen Platz für einen Obst- und Gemüsestand auf der Straße zu erlangen. Und der Gipfel: für eine Gruppe von Familien, die irgendeinen Baugrund suchten, um dort ihre Wohnungen zu errichten, sechs Jahre und elf Monate an Behördenwegen ... Daher das uneindämmbare Anwachsen des „wilden" Unternehmertums und des informellen Marktes. Es übersetzt nur das sprichwörtliche Bestreben jedes Lebewesens, am Leben zu bleiben.

Daher auch die Unsinnigkeit allen theoretischen Geschwätzes. Der Liberalismus ist zuallererst eine spontane Vorgangsweise, was noch lange nicht bedeutet, daß er unter allen Umständen eine Erfolgsgarantie bedeutet. Zunächst ist er die natürliche Reaktion eines Menschen auf die materiellen Probleme, die die Gesellschaft ihm bereitet. Jenseits dieser wirtschaftlichen Grundmethode kann man über alle Eingriffsmöglichkeiten diskutieren, die diese Vorgangsweise manchmal verbessern, meistens behindern, aber niemals ersetzen.

Die Tatsachen beweisen es. Entgegen den Schablonen, die ohne neuerliche Überprüfung abgepaust werden, ist die Freiheit des Untnernehmertums vielleicht vor allem die Verteidigung der Kleinen gegen die Dicken und der Schwachen gegen die Starken. Und umgekehrt bildet ein Staat, der sich als Korrektor dieser Ungerechtigkeit versteht, am Ende oft ein Schwergewicht gegen die Kleinen und Schwachen und schützt die Großen und Starken: politische Klasse, bürokratische Klasse, große Unternehmen, aufgeblasenes Heer, mächtige Gewerkschaften. Zur Umgehung dieser Wälle müssen die Wehrlosen ihr Glück in der Parallelwirtschaft versuchen, das heißt in der echten.

Das gilt vor allem, aber nicht nur für die dritte Welt. Blicken wir uns doch auch einmal in den entwickelten Ländern um uns um. Die Bedeutung der italienischen Untergrundwirtschaft ist bekannt, sie ist sogar in den höchst offiziellen Berichten der CENSIS *(Centro studi investimenti sociali)* verzeichnet und aufgelistet. Die Lage in Spanien ist um nichts weniger deutlich. Die Regierung von Felipe González hat 1986 einen Bericht vorgelegt, in dem die von fünf privaten sozialen und wirtschaftlichen Studiengesellschaften erarbeiteten Forschungsresultate zusammengefaßt sind. Für diese Arbeit wurden 64.000 Einzelgespräche geführt. Es stellte sich heraus, daß es im damaligen Spanien 300.000 kleine heimliche Unternehmen gab, deren Jahresumsatz auf 3.000 Milliarden Peseten geschätzt wird, also ein Viertel des realen Bruttonationalprodukts. In manchen Gebieten – Andalusien, Levanto – erreicht die informelle Wirtschaft 40% der Gesamtproduktion. Diese Zahlen bedeuten auch, daß die tatsächliche Arbeitslosigkeit glücklicherweise unter den 21% der offiziellen Statistiken liegt. Außerdem kann man, sobald der informelle Sektor 25% des BNP sichert – in der dritten Welt bis zu 60 oder 70% – diesen Sektor der Volkswirtschaft nicht mehr als Manöver der großen Kapitalisten bezeichnen oder dem Wunsch einiger kleiner Schwindler zuschreiben, den Finanzminister zu betrügen und den Sozialversicherungsbeiträgen zu entgehen. Es zeugt von intellektueller journalistischer und politischer Verantwortungslosigkeit, wenn man die wahren Hintergründe eines solchen Phänomens nicht untersucht und die positiven Auswirkungen für die Hilflosen, die der Staat vernachlässigt, außer acht läßt. Sicherlich müßte die spanische Schattenwirtschaft theoretisch jedes Jahr Hunderttausende Peseten an das Finanzamt überweisen. Ein ziemlicher Verlust also an Steuern. Aber der Bericht läßt erkennen, daß die zerbrechlichen Unternehmen des Schattensektors in Spanien wie in Peru oder Italien sich nicht rentieren würden, wenn man sie normal besteuerte: sie würden verschwinden. Die wahre Frage, die sich der Gesetzgeber stellen muß, ist folglich, warum es Gesetze und Regelungen gibt, die so beschaffen sind, daß ein beachtlicher Teil der nationalen Produktion zum Untergang verurteilt wäre, wollte man sie anwenden. Was ist in diesem Fall schlecht, und was muß geändert werden? Die Realität oder das Gesetz?

Warum aber finden sich im Artikel einer Korrespondentin solche Verleumdungen eines selbstlosen Schriftstellers? Es ist weder ein Leitartikel noch der Kommentar einer bedeutenden Persönlichkeit. Einfach ein Bericht über Peru – aus dem man allerdings über Peru nichts erfährt.

Woher kommt diese Verdrehung der Wahrheit? Aus dem Wunsch, den Mythos zu verteidigen, wonach der Liberalismus rechts und der Sozialismus links steht? Die Lektüre der Klassiker des Liberalismus und die historische Erfahrung zwingen uns dazu, diese vereinfachenden Gleichsetzungen zu revidieren. Deshalb verzichten die Sozialisten auch lieber auf die Möglichkeit, zu wissen. Sie nehmen nicht ohne Schmerz zur Kenntnis, daß der Sozialismus die Armut, die Ungleichheit, die staatliche Willkür verstärken kann. Das aktuelle sozialistische Verteidigungssystem besteht darin, zu sagen: der Liberalismus schafft jede soziale Solidarität ab. Und das ist falsch: Welche Gesellschaften haben denn die perfekten und teuren sozialen Schutzmechanismen erfunden, aus denen wir alle unsere Vorteile ziehen, wenn nicht die liberalen Gesellschaften? Und dann machen die Sozialisten die folgenden Unterschiede: sie sagen ja zum politischen Liberalismus, hingegen nein zum ökonomischen Liberalismus.

Das ist nicht nur falsch, sondern es ist absurd. Es genügt übrigens, Marx zu lesen, um das zu verstehen. Denn wie kann man entweder die Gesamtheit oder den Großteil der wirtschaftlichen Macht der bürgerlichen Gesellschaft entziehen, um sie dem Staat zu übertragen, und gleichzeitig hoffen, daß die Bürger dem Mißbrauch der politischen Macht widerstehen werden? Woher sollten sie die Mittel dazu haben, wo man sie doch gerade von jenen Plätzen, wo sie ihre Selbständigkeit unter Beweis stellen müssen, vertrieben hat? So haben die liberalen Autoren immer darauf bestanden (ist das vielleicht jenes schändliche Geheimnis, das die Sozialisten um jeden Preis bewahren wollen?), daß die wahre Grenze zwischen links und rechts zwischen jenen Systemen zu ziehen ist, wo die Staatsbürger das Wesentliche der wirtschaftlichen Entscheidungsgewalt behalten und jenen Systemen, wo sie sie verloren haben? Der wirtschaftliche Interventionismus reduziert immer die politischen Freiheiten, und wären es die einfachen Abgabenfreistellungen des Ancien Régime.

In seinem Buch *Die allgewaltige Regierung* amüsiert sich Ludwig von Mises, einer der großen Wiener Ökonomen, der wegen des Nationalsozialismus emigrierte, die zehn vordringlichen Maßnahmen, die Marx im *Kommunistischen Manifest* (1847) beschreibt, mit Hitlers Wirtschaftsprogramm in Zusammenhang zu bringen. „*Acht von diesen zehn Punkten*", schreibt Mises ironisch, „*wurden von den Nationalsozialisten mit einer Radikalität durchgeführt, die Marx begeistert hätte.*"

Das trifft ganz besonders auch auf die Zentralisierung des Kreditwesens in der Hand des Staates zu, eine absolute Waffe, die den Sozialisten ebenso teuer war wie Hitler oder Mussolini, und genau darum geht es auch bei Vargas Llosa und Alan Garcia. Denn Nationalsozialismus und Faschismus waren, vergessen wir es nicht, fast ebenso begeisterte Verstaatlicher wie der Stalinismus. Vielleicht dachte Vargas Llosa an alle diese Präzedenzfälle, als er 1987 auf die Gefahr für die Demokratie hinwies und auf die Bremswirkung für die Wirtschaft, falls das gesamte Bank- und Finanzwesen in der Staatshand konzentriert wird, besonders wenn dieser Staat wie in diesem Fall von Korruption zernagt ist. Man sieht bei diesem genauen Beispiel, wie ein Journalist am Ausgang des 20. Jahrhunderts in einer der besten Zeitungen der Erde einen Artikel schreiben kann, ohne die Information zu berücksichtigen, weder jene, die die Aktualität liefert, noch jene, die aus der Geschichte kommt.
Diese Haltung hätte nichts Sonderbares an sich, sie würde der Logik entsprechen, wenn *Le Monde* oder jede andere anspruchsvolle Zeitung (es könnte der *Guardian* sein, die *New York Times, El Pais* oder die *Repúbblica)* eine Kampfzeitung wäre, im Dienst des totalitären Kollektivismus. Aber so ist es ja nicht! Wenn man die Verantwortlichen der Zeitung in ihre Bastionen zurücktreiben könnte, so würden sie sich umgehend dem Prinzip der vollständigen Kollektivierung der Banken entgegenstellen. Warum die Argumente von Vargas Llosa verdrehen und seine Person verunglimpfen, wenn man gar nicht an die Sache glaubt, zu deren Gunsten man das tut? Sicherlich entsteht diese Inkonsequenz aus einer Art ideologischem Überbleibsel. Man glaubt nicht mehr an den Sozialismus, aber man beschmutzt weiterhin die Anhänger des Kapitalismus, als könnte man ihnen noch etwas Zusammenhängendes entgegenhalten. Dieses Überleben eines Phänomens nach dem Verschwinden seines Anliegens, seiner Causa, ist eine der Quellen für ideologische Lüge. Man weiß, daß der Liberalismus mit dem Faschismus nichts gemein hat, aber man versteift sich darauf, zu behaupten, daß der Sozialismus der einzige wahre Gegenspieler des Faschismus sei. So polemisiert der Herausgeber des *Nouvel Observateur,* Jean Daniel, mit Jean-Marie Domenach, der einstmals dem Marxismus nahestand, aber heute völlig von dieser Ideologie geheilt ist, und der aus diesem Grund nicht darum herumkam, umgehend den Vorwurf der Komplizität mit der extremen Rechten von Jean-Marie Le Pen einstekken zu müssen. In seiner Antwort auf den Protest von Domenach schreibt Jean Daniel unter anderem: „Die liberale Rechte hat es genau gespürt: Le Pen gehört zu ihrem Familienalbum, genauso wie die italienischen Terroristen zum Familienmagazin der marxistischen Linken

gehören."[3] Die Verquickung ist ganz geschickt, denn sie erlaubt es, Unparteilichkeit vorzutäuschen. Es ist das alte Spiel vom Rücken-An-Rücken-System, von der Gleichstellung bei der Schuldzuweisung.
Aber der Vergleich fällt in Scherben, sobald man ihn am Maßstab der elementarsten historischen und politischen Kenntnisse mißt. Der Ausdruck „Familienalbum der kommunistischen Partei" wurde in Italien im Laufe der siebziger Jahre von Rossana Rossanda verwendet, der Seele der linkslastigen Bewegung von *Il Manifesto.* Das Argument war stichhaltig. Es erinnerte die Kommunisten daran, daß sich ihre Partei zwar mit dem „Parlamentslegalismus" und der „formalen" Demokratie verbündet hatte, daß die marxistisch-leninistische Doktrin aber grundsätzlich davon ausgeht, die bürgerliche Demokratie sei ein künstlicher Köder und die proletarische Revolution könne nur mit Hilfe von Gewalt durchgeführt werden. Folglich, so schreibt sie weiter, sind es die Terroristen der roten Brigaden, die der Basisdoktrin treugeblieben sind, und nicht die verbürgerlichten Politiker der Führung der PCI. Diese müssen zumindest ihre Gewissenserforschung ablegen und anerkennen, daß man nicht ungestraft die bolschewistische Doktrin von der gewaltsamen Machtergreifung predigen kann und dann jede Verantwortung ablehnen, wenn die Leute sie anwenden. Die roten Brigaden hatten sich letzten Endes, so sagte Frau Rossanda, darauf beschränkt, den Marxismus-Leninismus beim Wort zu nehmen.
Nichts dergleichen in der liberalen traditionellen Lehrmeinung. Wo findet man in den *Federalist Papers* oder bei Tocqueville auch nur den Embryo einer Rechtfertigung der Gewalt für die extreme Rechte? Das Feindbild für Charles Maurras, für Mussolini (ich nehme an, daß Jean Daniel den großen Historiker des Faschismus, Renzo de Felice, gelesen hat), und für Hitler war der Liberalismus, die „faule" Parlamentsdemokratie, alle Parteien zusammen. Sie haßten sie mehr als sie die Kommunisten haßten, von denen Maurras von seinem Standpunkt aus zu Recht sagte: „Das sind nicht die Schlimmsten: die sind wenigstens keine Republikaner." Die Zielscheibe der Terroristen der OAS (Organisation de l'Armée Secréte) in Frankreich und die Partisanen von Le Pen waren während des Algerienkrieges Gaullisten. Sie haben zwanzigmal versucht, de Gaulle zu ermorden, niemals Maurice Thorez oder Guy Mollet, die entsprechenden Chefs der kommunistischen Partei und der sozialistischen Partei. In welcher Absicht kann ein politischer Schriftsteller wie Jean Daniel, unzweifelhaft vertraut mit allen diesen Daten, freiwillig einen solchen historischen Unsinn behaupten, wenn nicht aus Gründen der unzulässigen Verquickung? Und warum solcherart die Moral zugunsten einer Politphilosophie einbremsen, an die er nicht einmal mehr glaubt, wenn nicht, weil der letzte Einwand, der

ihm gegen die Liberalen in der Hand bleibt, darin besteht, daß sie anfangs mit den Faschisten zusammengehen? Unter der Herrschaft des ideologischen Restmagnetismus ist er gezwungen, diesen Mythos zu schmieden, und muß zu diesem Zweck alle Informationen beiseitelassen, die sein Gedächtnis ihm liefert, was ihn zusätzlich in eine Absurdität fallen läßt: denn wenn Liberalismus und Faschismus ein und dasselbe wären, wenn es also in unserer Zeit nur faschistische Regimes und sozialistische Regimes gegeben hätte, dann ist unklar, wo die Freiheit im 20. Jahrhundert ihre Nische gefunden hätte. Daß es ihr trotz allem gelungen ist, zu überleben, ist eben gerade auf die Widerstandskraft von Regimes zurückzuführen, die weder sozialistisch noch faschistisch waren und die letzten Endes jene sind, deren sich die Menschheit am wenigsten schämen muß.

Wir befinden uns hier vor dem extremen Fall von Ideologen, die nicht mehr an ihre eigene ideologische Botschaft glauben. Aber bilden wir uns nicht ein, daß sie deshalb weniger intolerant wären. Ganz im Gegenteil. Eine Denkrichtung, die weiß, daß sie auf dem absteigenden Ast sitzt, kämpft darum nur um so wilder um die Erhaltung ihrer Identität. Im Bewußtsein der Schwäche ihrer Stellung verdoppeln die Linksideologen ihre Anstrengungen und ihre Begierde, ihre Identität zu verteidigen. Sie werden auf diesem Weg immer weiter getrieben, weil sie das Feld der Information und Argumentation fliehen, wo sie sich von vornherein besiegt wissen. Sie kämpfen nur mehr für einen Untergrund an intellektuellem Austausch, aber sie führen diesen Kampf mit einer Wildheit, die durch den Verlust ihrer Aufrichtigkeit vermehrt wird. In den allgemeinen Analysen liest man oft sozialistische Texte, die auch von den streitbarsten Liberalen unterschrieben werden könnten. Aber der Verzicht auf theoretische Dogmen macht es um so dringlicher, den Feind auszurotten, weil man ihn nicht mehr widerlegen kann. Jaques Julliard, Leitartikler beim *Nouvel Observateur,* Seite an Seite mit Jean Daniel, schreibt in einem ausgezeichneten Buch[4]: „Die (französische) Linke errang (1981) ihren Sieg, als sie schon mitten auf dem ideologischen Irrweg dahinschritt." Weiter: „Der soziale Nutzen der Verstaatlichungen hat sich als fast Null erwiesen." Julliard bemerkt außerdem mit ironischer Rohheit, daß „die Sozialisten heute die Sozialdemokratie entdecken, aber es ist zu spät". Selten erlauben sich Liberale derart strenge Urteile. Die linken Staatsmänner ihrerseits rivalisieren mit ihren Intellektuellen, um die alten Prinzipien anzuzweifeln. Man kann seit 1982 oder 1983 keine Zeitung aufschlagen, ohne zum Beispiel zu lesen: „Argentinien: Präsident Alfonsin geht den öffentlichen Sektor an" (*Le Monde,* 30. November 1986). Oder: „Radjif Gandhi hält eine heftige Rede gegen vierzig Jahre sozialistische Politik" (*ibd.,* 1. November

1986). Wenn es nicht der sozialistische Regierungschef Spaniens, Felipe González ist, der sagt: „Die Bezeichnungen liberal, sozialistisch und konservativ machen keinen Sinn". Zahllos sind die Behauptungen dieser Art. Das nährt die Hoffnung, man könnte sie endlich in einem zivilisierten Gespräch lesen.

Schimäre! Gerade weil die Ereignisse ihre Lehre ruiniert haben, verteidigen die amerikanischen „Liberalen" ihr kulturelle Identität so verzweifelt. Diese Verteidigung besteht in Frankreich darin, daß man alle Staatsbürger mit der extremen Rechten verwechselt, die nicht mit der linken „Sensibilität" in Einklang zu bringen sind. Deshalb ist die Zeit der deutschen Besetzung, vor allem nach dem Barbie-Prozeß, zum verpflichtenden Vergleichsgegenstand geworden. Man vergleicht jeden, der nicht die Idee der Linken oder zumindest ihre Propagandathemen teilt, damit. Aber die meisten Mitbürger haben in jenen Ländern Europas, wo es 1986, 1987 und 1988 Wahlen gegeben hat, gegen die Linke gewählt, oder wie in Spanien und Frankreich für eine Linke, die mehr liberal als sozialistisch ist. Das ergibt wirklich viele Neo-Nazis in Europa, zwischen der Hälfte und zwei Drittel der Bevölkerung so ungefähr! Diese völlige Absurdität stört die Propagandisten keineswegs. Sollte ab sofort jeder, der nicht zu ihnen gehört, ein Nazi sein? „Die Regierung Jacques Chirac ist die reaktionärste, die Frankreich seit Vichy erlebt hat", ruft Pierre Mauroy, ehemaliger sozialistischer Minister, im Dezember 1986, zum Zeitpunkt, wo sich die Studentendemonstrationen gegen die Aufnahmeprüfungen an der Universität abspielen. Serge Klarsfeld, dieser Anwalt, der soviel dafür geleistet hat, die historische Wahrheit über die Deportationen von französischen oder in Frankreich wohnhaften Juden nach Deutschland während der Okkupationen darzustellen, wendet sich (in *Le Monde* vom 27. Oktober 1987) an die sogenannte „Kommission der Weisen", die den Auftrag hatte, eine Studie in Hinblick auf eine eventuelle Refom des Staatsbürgerschaftsgesetzes zu erarbeiten. Er erinnert die „Weisen" daran, daß 1941 der „Hochkommissär für Judenfragen der Regierung Vichy, Xavier Vallat, sich weigerte, in Frankreich geborene Kinder ausländischer Eltern als Franzosen anzuerkennen, was 1942 zur Deportation und zum Tod der meisten von ihnen führte". Seit damals ist es klar, daß man sich zum Komplizen dieses Verbrechens gegen die Menschlichkeit von 1942 macht, wenn man fünfundvierzig oder fünfzig Jahre später das Staatsbürgerschaftsgesetz revidiert. Die beiden Situationen haben nicht die geringste Beziehung zueinander. Keine Razzia mit Abtransport in die Todeslager bedroht die Afrikaner und Maghrebiner. Niemand hat jemals ins Auge gefaßt, ihren in Frankreich geborenen Kindern die französische Staatsbürgerschaft zu verweigern. Es wurde ganz im Gegenteil angeregt, daß der Betreffende bei Erlangung der Großjährigkeit seine endgültige Zugehörigkeit zu dieser Staatsbürgerschaft unterschreiben soll, damit solchermaßen gewisse Unklarheiten abgeschafft werden. Die Anregungen rufen Widersprüche hervor (deshalb hat man eine „Kommission der Weisen“ ins Leben gerufen). Aber wer wollte leugnen, daß der Zustrom an Immigranten, die Häufigkeit der Ein- und Ausreisen in unserem ausgehenden Jahrhundert zu neuen Schwierigkeiten führt, besonders mit den Herkunftsländern? Wie soll man es einem Staat in dieser neuen Situation verbieten, seine Normen für die endgültige Erlangung der Staatsbürgerschaft neu zu überprüfen, wenn Millionen von Menschen mit einer vorher ungekannten Leichtigkeit herumreisen können? Verdient ein solcher Staat, daß man ihn mit den Nazis und mit den Kollaborateuren vergleicht? Auch wenn er sich irrt, wenn er den Mittelweg zwischen Ausnützung und Diskriminierung zu ertasten versucht, muß man ihn noch nicht mit der höchsten Beschimpfung bedenken, die letzten Endes zur paradoxalen Trivialität verkommt, weil sie mechanisch bei jeder Gelegenheit ausgesprochen wird, was sie lächerlich und bedeutungslos macht? Da ist sie wieder, die „Banalisierung“! Die Arbeit, die Serge Klarsfeld seinerzeit durchführte, brachte ihm allseits Achtung ein, aber sie darf nicht zur Entschuldigung für die unbedachte Verwendung der Beleidigung und der Erpressung verkommen, und auch nicht zu historischen Verquikkungen, die jeder Seriosität entbehren. Insgesamt liegen die Dinge sehr einfach. Wir haben alle verstanden. Zwischen 1985 und 1990 ist man in Frankreich ein Nazi, wenn man in irgendeinem Punkt anderer Meinung ist als ein „Mann der Linken“. Außerhalb des Sozialismus, und zwar, das ist der Gipfel, eines Sozialismus, der nicht einmal mehr weiß, wie er sich selbst definieren soll, gibt es keinen anderen Weg als den Hitlerismus, der heute umgetauft wurde in „Neigung für Le Pen“[5] ... Es ist sonderbar, zu beobachten, wie Menschen voll Inbrunst die „Ausgrenzungsverfahren“ verurteilen und sie selbst voll Brutalität betreiben, um jeden, der ihnen zu widersprechen wagt, samt und sonders in die Hölle der Verdammten zu schicken. Wie würde Regis Debray reagieren, wenn seine Unterstützung für die Fronte Farabundo Marti in Salvador (kommunistisch) ihm einen Vergleich seitens seiner Gegner sagen wir mit Lavrenti Beria einbrächte, dem hochfahrenden Geheimpolizeichef Stalins? Die gesamte Linke würde dieses Vergehen als abstoßend, dumm und lächerlich einstufen. Aber wenn dasselbe Vergehen von der Linken kommt, dann ist alles in Ordnung. Und zwar, ich präzisiere das neuerlich, von der nichtkommunistischen Linken, jene, die periodisch verkündet, sie habe den stalinistischen Verirrungen abgeschworen. Was manchmal zweifelhaft scheint. Régis Debray trifft bei den Seinen auf keine wie immer geartete Kritik, wenn er in seinem Buch *Les Empires contre l'Europe* (1985) verschiedene Autoren, die für seinen Geschmack etwas zu antisowjetisch sind, mit Marcel Déat vergleicht. Letzterer, ein Kollaborateur unter der Nazi-Besetzung, wurde bei der Befreiung zum Tod verurteilt wegen seines Zusammengehens mit dem Feind. Welche Ähnlichkeit besteht zwischen einem Mann, der auf Kollaboration mit einer totalitären Macht drängte, von der Frankreich besetzt war, und Intellektuellen, die verhindern wollen, daß das Land zum Opfer einer anderen totalitären Macht wird, nämlich der Sowjetunion? Zumindest auf der ethischen Ebene zerstört sich diese Analogie selbst. Sie beruht auf keiner Tatsachenanalyse. Da er übrigens weder über diese Tatsachen diskutieren, noch auf die Argumente eingehen will oder kann, nimmt Debray Zuflucht zur Analogie, um jene mit Schmutz zu bewerfen, die zu widerlegen er unfähig ist. Die Ideologie schaltet nicht nur die Wahrnehmung der Realität aus, sondern auch die Ausübung des moralischen Gewissens. Genauer gesagt, die Ideologie dient als Kriterium für die Unterscheidung von Gut und Böse. Unter diesem Deckmantel wird eine niedrige Verleumdung, eine widerwärtige Beschimpfung zu einem erlaubten Mittel, sobald sie dazu dient, einen Widerspenstigen zu treffen. Die Ideologie wünscht nicht, die Wahrheit zu kennen, sondern sie will ihr Glaubensgebäude schützen und alle jenen ruinieren, die nicht denselben Glauben haben wie sie – eine bessere geistige Lösung fällt ihr nicht ein. Die Ideologie beruht auf einer Einstimmigkeit in der Lüge und verlangt daher den automatischen Ausschluß desjenigen, der sie zu teilen verweigert. Deshalb verlangt sie gleichzeitig das Aussetzen der intellektuellen Fähigkeiten und der Moral. Abgesehen von seiner Infamie zeichnet sich Marcel Déats Vergleich durch Dummheit aus. Aber Debray ist nicht dumm. Folglich muß seine Intelligenz zugestöpselt sein. Man sieht ja sicherlich den Vorwand für seinen Vergleich. Marcel Déat rechtfertigt die Kollaboration mit der Notwendigkeit eines „antibolschewistischen Kreuzzugs". *Ergo:* alle Antisowjets sind Pro-Nazis. Wir treffen hier unseren alten Freund wieder, den Paralogismus, der von einem einzigen gemeinsamen Punkt darauf schließt, daß alle anderen Punkte auch gleich sind, wo doch sogar der gemeinsame Punkt nicht von allen, die ihn akzeptieren, aus den gleichen Gründen anerkannt wird. Die höheren Philosophiestudien, die Régis Debray abgeschlossen hat, schließen die Möglichkeit aus, er habe einen so schwerwiegenden Fehler an formeller Logik wissentlich begehen können. Er wallfahrt unter der Regentschaft des ideologischen Infarkts, der noch weiter verbreitet ist als der des Herzmuskels. Ich füge hinzu, daß eine bescheidene Dosis historischer Kenntnisse, die anfangs seinem Gedächtnis sicherlich innewohnten, es aber plötzlich verlassen haben, ihn hätten auf der Hut sein lassen müssen gegen diesen Vergleich, der für seine These in Wirklichkeit gefährlich ist. Denn Marcel Déat war Sozialist, hat niemals aufgehört, sich als solcher zu bezeichnen, und war vor allem, wie viele Sozialisten der Zwischenkriegszeit, Pazifist. Der Pazifismus führte ihn unmerklich in die Kollaboration, nachdem er sich aus diesem Grund im Januar 1936 als Luftfahrtminister einer militärischen Intervention gegen Hitler widersetzt hatte, der soeben das Rheinland besetzte. Wie auch Debray, war Déat Doktor der Philosophie und Sozialist, und wie er liefert er den Musterfall eines Menschen, den seine großen intellektuellen Fähigkeiten und seine ausgezeichneten Intuitionen durch eine Verkettung von abstrakten, von der Erfahrung immer weiter entfernten Argumenten zu einer Politik führte, die das genaue Gegenteil seiner ursprünglichen Absicht darstellt. Er ist eines der lehrreichsten Opfer ideologischer Verirrung. Inkonsequenter Quartiermacher des Totalitarismus, Fürsprecher einer Tyrannei als Wall gegen eine andere, so steht Déat als Vorläufer einer Strömung der achtziger Jahre da, nämlich der Strömung der Grünen in Deutschland oder der französischen Unterzeichner des „Appells der Hundert“[6], was nicht heißt, daß *ich* eine unzulässige Verquickung zwischen ihnen und Déat betreibe.

Die Ideologie funktioniert als Informationszerstörungsmaschine, selbst um den Preis von Versicherungen, die der Evidenz völlig entgegenlaufen. Wenn Régis Debray beispielsweise 1979 behauptet, daß Wort Gulag sei „vom Imperialismus *durchgesetzt* worden“[7] („Imperialismus“ bedeutet für ihn natürlich *amerikanischer* Imperialismus), so erleben wir hier beim künftigen diplomatischen Berater des Präsidenten der französischen Republick den Prozeß der Umkehrung der Realität, wie er für die Ideologie typisch ist. Er verwandelt die Wirkung in Ursache. Wenn es einen Gulag gibt, so seine Auffassung, dann nicht, weil Lenin und Stalin ihn geschaffen haben, sondern weil der „Imperialismus“ dieses Wort verwendet, das im übrigen von der sowjetischen Verwaltung der Strafanstalten geschmiedet wurde!

So mancher westliche Ideologe verteidigt das Prinzip des Sozialismus mit mehr Inbrunst als die kommunistischen Führer selbst. Chruschtschow, Gorbatschow, Deng Xiaoping formulierten gegen die tausendundeinen Wunden ihrer Wirtschaftssysteme Bemerkungen und Kritiken, deren Rohheit manchmal die persiflierendsten Epigramme der „Reaktionären“ im Westen übertrifft. Das Buch von Michail Gorbatschow, *Perestroika*, im Westen Ende 1987 veröffentlicht, ist stellenweise eine der beißendsten Anklagereden gegen die Sterilität der sowjetischen Wirtschaft und ihre lächerlichen Auswüchse. In seinen zornigen Tagen hat Castro oft in aller Öffentlichkeit die Mangelerscheinungen und die Unproduktivität des „revolutionären" Kuba zu einem trostlosen Bild zusammengestellt. Ganz im Gegenteil dazu hörte ich, im Sommer 1987, wie der Erzbischof von Toronto unter anderen guten Aposteln Kuba als Eldorado beschrieb, eine Schweiz der Karibik. Diese Widersprüche kommen daher, daß die kommunistischen Führer mit den Realitäten auf Kriegsfuß stehen, wie sehr sie sie auch listig zu umgehen suchen, während die Ideologen, auch wenn sie Kirchenleute sind, in der Nichtigkeit der Werte und der Schwerelosigkeit des Irrealen leben. Die Machthaber lügen, ja, und auch ihr gesamtes System beruht auf der Lüge. Sie bekriegen die Information während Jahrzehnten. Dann, eines schönen Tages, sind sie gezwungen, selbst und öffentlich zuzugeben, was jedermann ohnehin seit langem wußte (ausgenommen die westlichen Ideologen). Das ist der genaue Sinn des Wortes *„glasnost":* offiziell aussprechen, was jedermann wußte. Die Machthaber entschließen sich zu dieser Vorgangsweise, wenn sie nur mehr die Wahl haben zwischen Freimütigkeit und Zusammenbruch. Felipe Gonzáles hat das Recht, wenn er 1987 zur Ironie Zuflucht nimmt gegen die marxistischen Sektierer der spanischen sozialistischen Partei, die ihm seine zu liberale Politik vorwerfen, indem er ihnen antwortete, diese Politik sei, mit Verlaub, durch Gorbatschow und Deng Xiaoping „zu Tal gefahren"[8]. Die Letzteren sind selbstverständlich durch interne Widersprüche gelähmt, denn sie wollen die Krankheiten der Wirtschaft heilen und gleichzeitig das politische System beibehalten, das deren Ursache ist. Aber letztlich ist dieser Widerspruch selbst schon eine reale Gegebenheit. Die Ideologen dagegen haben es nur mit ihren eigenen Abstraktionen zu tun, die auf keinerlei Widerstand stoßen, wenn nicht auf jenen der Information, die sie ja eben durch „die wunderbare Macht der magischen Tugend"[9] abschaffen.

In den Industrieländern drängt eine „magische Tugend" darauf, die sozialistische Doktrin weiterhin zu loben, obwohl kein einziger Sozialist, sei er sozialer oder wirtschaftlicher Handlungsträger, sie noch ausdrücklich zur Anwendung vorschlägt. Die ideologische Lüge besteht in diesem Fall darin, alte Schmähreden gegen den Kapitalismus weiterzuführen, obwohl man, seit man die Trägheit des Sozialismus zur Kenntnis genommen hat, schon weiß, daß man ihn durch nichts ersetzen kann. „Den Kapitalismus im Herzen treffen", dieser Schlachtruf François Mitterrands klingt heute sonderbar hohl und hat keine Anhänger mehr.

Im Zusammenhang mit der dritten Welt wird die ideologische Zerstörung der Information noch offenkundiger, denn sie führt zur absichtlichen Fälschung oder Verheimlichung bekannter Zahlen, die leicht zugänglich sind, und die alle kennen oder sich verschaffen können. Wie würde die Presse reagieren, wenn ein Minister, ein Bischof oder ein bekannter Intellektueller in einer öffentlichen Diskussion behauptete, Frankreich hätte fünf Millionen Einwohner, das Durchschnittsjahreseinkommen in den Vereinigten Staaten liege unter 1.000 Dollar oder der Lebensstandard in Deutschland sei seit 1945 kontinuierlich gesunken? Und doch sind es Albernheiten dieses Kalibers, die jeden Tag im Westen über die dritte Welt verbreitet werden. Ähnliche Abstrusitäten nehmen Informationsprofis wohlgefällig beim Wort oder verzichten zumindest darauf, zu protestieren – wenn sie nicht gar selbst deren Erfinder sind.

Nehmen wir ein Beispiel, das nicht zum Scherzen einlädt: dasjenige der Verhungerten in jedem Jahr. Da der marxistische Sozialismus in den kommunistischen Systemen schiefgegangen ist und in den demokratischen Ländern niemals ohne irreparable oder lang und kostspielig wieder gutzumachende Schäden ausprobiert wurde, dient er nur mehr als rhetorisches Mittel, um den Kapitalismus in der dritten Welt an den Pranger zu stellen. Der Kapitalismus gebiert ohne Unterbrechung einen weltweiten Völkermord, behaupten die Dritte-Welt-Solidariäts-Aktivisten ständig. Wir, die wir in den Industrieländern wohnen, verwandeln angeblich die armen Länder in Friedhöfe, wir rauben und hungern sie aus, was stillen, täglichen Massenhinrichtungen gleichkommt, die die Folgen und die Bedingung unserer Bereicherung sind. Der Schweizer Soziologe Jean Ziegler hat uns diese Rede über den Tod in zahllosen Werken eingebleut. Das ist der letzte Rettungsanker für die Ideologie. Denn wenn es bedauerlicherweise klar wird, daß der Sozialismus keine Menschenseele rettet, so bleibt doch der Trost, daß der Kapitalismus jedermann umbringt, was für den Ideologen vielleicht das Wesentliche ist. Wir haben das Paradies verloren: behalten wir zumindest die Hölle.

In dieser makabren Buchhaltung macht die Beliebigkeit der Ziffern nur der Gutgläubigkeit Konkurrenz, mit der sie hintergeschluckt werden. Bei einem „Presseclub“[10] beschwor Louis Mermaz, eine hochrangige Persönlichkeit der sozialistischen Partei und von 1981 bis 1986 Präsident der Nationalversammlung und Minister in einer Regierung Rocard von 1988, die Presse, doch „diese Ungeheuerlichkeit des *kapitalistischen Systems* anzuprangern, die der Hunger in der Welt darstellt und die jedes Jahr 50 Millionen Todesopfer fordert, darunter 30 Millionen Kinder“. Im Jänner 1982 verbreitet Terre des Hommes, eine private Hilfsorganisation, die auch internationale Propaganda macht, auf dem französischen Fernsehkanal Antenne 2 eine Serie von Sendungen, über eine Woche verteilt, deren Leitfaden lautet: „50 Millionen Menschen sterben jedes Jahr an Hunger.“ 1984 widmet der *Nouvel Observateur*[11] dem Hunger in der Welt eine breite „Enquete“, die mit dem folgenden Satz eröffnet wird: „Der Zweite Weltkrieg hat in fünf Jahren 45 Millionen Tote gekostet[12]: ebensoviele Männer, Frauen und Kinder sterben heute *jedes Jahr* an den Folgen des Hungers.“ Ich entnehme diese Zitate den französischen Medien, aber ich habe ähnliche Zahlen in vielen Debatten über die dritte Welt in den Vereinigten Staaten, in Südamerika und in Skandinavien gehört. Diese Arithmetik dient sogar häufig als Ablenkungsmanöver, um die Diskussion über andere Themen abzuwürgen. Während einer Fernsehsendung, in der es um Bücher über AIDS und die Epidemien ging, versuchten die Teilnehmer, die Zahl der an AIDS Erkrankten abzuschätzen, und ein Arzt unterbrach plötzlich die Diskussion mit dem Satz: „Das ist jedenfalls keine sehr große Zahl, wenn man sie mit einer anderen vergleicht: bedenken Sie, daß 40.000 Menschen *täglich* auf der Welt verhungern!“ Ein französischer Historiker von großer Wertschätzung, der im Fernsehen eines seiner Werke über die Epidemien in den verschiedenen Zeitaltern kommentierte, nämlich Jean Delumeau, Professor am Collège de France, nickte mit bedauerndem Gesichtsausdruck und wurde von der stillen und mitleidigen Zustimmung der ganzen Gesprächsrunde unterstützt. Der betreffende Arzt[13] zeigte sich sicherlich weniger gefräßig als Mermaz oder Terre des Hommes, denn 40.000 pro Tag ergibt schon nur mehr, wenn ich mich so ausdrücken darf, 14,600.000 Hungertote pro Jahr: eine gewaltige Reduktion.

Das ist nett von ihm, aber leider ungenügend. Wie jeder qualifizierte Demograph einem Neugierigen nachweisen kann, sterben jedes Jahr insgesamt auf der ganzen Erde ungefähr 50 Millionen Menschen. Es können nicht alle an Hunger sterben oder 60% Kinder sein oder ausschließlich zur dritten Welt gehören. Die Weltbevölkerung belief sich zu diesem Zeitpunkt, als diese Behauptungen an das gemeine Volk verteilt wurden, auf ungefähr 4 Milliarden 700 Millionen Menschen, mit einer Sterblichkeit von 11 Promille, alle Todesursachen, alle Regionen und alle Altersstufen zusammengenommen. In dieser Gesamtsumme schwanken die Todesfälle, die jedes Jahr direkt auf Nahrungsmittelknappheit zurückzuführen sind, je nach Jahr zwischen einer und zwei Millionen. Im Jahrzehnt 1980–1990 kamen fast alle diese Opfer aus Afrika, genauer gesagt aus Ländern, die von einem marxistischen Regime regiert oder besser gesagt belästigt werden: Äthiopien, Madagaskar, Angola und Moçambique; dazu kommt noch der Sudan, der nicht marxistisch ist.

Entgegen den Behauptungen der Ideologen ereignen sich die tödlichsten Hungersnöte unserer Zeit in den kommunistischen Ländern und können daher nicht vom Kapitalismus stammen. Tatsächlich ist der

große Auslöser von Hungersnöten der Sozialismus. Die Hauptgründe für die zeitgenössischen Hungerkatastrophen sind politisch. Zu den bekanntesten unter diesen politischen Gründen zählt die Kollektivierung des Bodens in der Sowjetunion während der dreißiger Jahre (fünf bis sechs Millionen Tote in einer einzigen Republik, der Ukraine), der „große Sprung nach Vorwärts" von Mao Tse Tung (mehrere Dutzend von Millionen) oder die kürzlichen Zwangsumsiedlungen in Äthiopien. Jedesmal, wenn man wirklich auf eine dieser horrenden Zahlen stößt, die von Scheinheiligen oder Naivlingen vorgebracht werden, tragen fast immer kommunistische Machthaber die Schuld, die aus purer ideologischer Laune und ohne wirtschaftlicher Notwendigkeit in einer Gratisaktion in einem einzigen Land den Weltrekord an Hungertoten mehrmals zu schlagen imstande sind.
Während man in der Mehrzahl der nichtkommunistischen Länder, inklusive Indien, das noch 1970 als hoffnungsloser Fall galt, mit den schwersten Hungerkatastrophen einigermaßen zurecht gekommen ist, indem man die Produktivität erhöhte, Reserven bildete, die Transportsysteme verbesserte und die klimatischen Probleme überwand, kommen nur noch in kommunistischen Ländern oder in solchen, die dem marxistischen Sozialismus nahestehen, Lebensmittelkatastrophen von mittelalterlichen Dimensionen vor.
Wie fremdartig erweist sich doch das Lieblingsschlachtroß der sozialistischen Ideologen mit Dritte-Welt-Spezialisierung, wenn zunächst einmal die Todesfälle wegen Mangelernährung in der ganzen Welt tatsächlich letzten Endes nur 2% bis 4% von dem betragen, was sie sagen, und wenn dann dieser noch immer sehr große und gräßliche Prozentsatz auch noch dem Sozialismus angelastet werden muß und nicht dem Kapitalismus, den er hätte vor den Richter bringen sollen. Verstehen wir uns richtig: das Problem des „Hungers in der Welt" betrifft viel mehr menschliche Wesen, als direkt Hungers sterben. Chronische Unter- und Fehlernährung betreffen riesige Bevölkerungen, die Sowjetunion inbegriffen (wenn ich Michail Gorbatschow Glauben schenke, und ich habe jedes Vertrauen in ihn!) und bewirken Anfälligkeiten für verschiedene Krankheiten, die das Menschenleben verkürzen. Aber nicht davon wollen die Ideologen sprechen, um so weniger, als die Lebenserwartung – das wissen sie nicht, aber es ist trotzdem wahr – seit einem Vierteljahrhundert auf der ganzen Welt gestiegen ist (ausgenommen die Sowjetunion: ich bedaure zutiefst, wenn es so aussieht, als wäre ich besessen: aber was kann ich dafür?). Sie sprechen tatsächlich nicht von Nahrungsmittelknappheit, sondern von 50 Millionen *Toten*, was einen sehr genauen Sinn ergibt, der aber absurd ist.
Aber hier, in diesem Beispiel, das ich unter Hunderten anderen, eben-

falls möglichen, gewählt habe, liegt das Mysterium von der Nutzlosigkeit oder der Verweigerung der Information. Ein Mann wie Louis Mermaz hat intellektuell wie praktisch das perfekte Rüstzeug, um sich zu informieren, denn er hat ja einerseits ein Philosophiedoktorat und verfügt andererseits als Vorsitzender der Nationalversammlung zum Zeitpunkt, an dem er spricht, über zahlreiche Mitarbeiter, die fähig wären, ihm ein Dossier über jedwedes Thema zusammenzustellen. Wie kann er solche Übertreibungen von sich geben? Und vorausgesetzt, er hätte wissentlich die Zahlen übertrieben aus Gründen der Propaganda, wieso hat ihm kein einziger der fünfzehn oder zwanzig Journalisten, die am „Presseclub" teilnahmen, widersprochen und die grundlegenden Statistiken dagegengehalten, die er schon von Berufs wegen hätte kennen müssen? Ist es denkbar, daß ein Professor am Collège de France, ein bekannter Historiker und Spezialist für die Geschichte der Epidemien, also auch der Hungersnöte, nicht in einer stillen Ecke seines Gehirns die nötige Auskunft gespeichert hat, um die Posse eines Arztes abzubrechen, der sich irrt, und zwar sicherlich nicht aus Unfähigkeit oder Unzulänglichkeit des Erkenntnisvermögens, sondern aus einfacher Oberflächlichkeit oder aus einem ideologischen Vorurteil heraus? Aufgrund welcher unerklärbaren Zerstreutheit vergißt der Direktor eines Fernsehkanals, die falschen Zahlen zu kontrollieren, die Terre des Hommes ihm liefert, und gibt sie in völliger Blindheit an Millionen Fernsehzuseher weiter – ohne auch nur Proteste einzuheimsen, die man zumindest teilweise von einer Zuseherschaft hätte erwarten können, in einem Land, dessen Schulbildung zu den höchsten der Welt gehört? Man wird mir sicher entgegenhalten, daß es nicht die Aufgabe der Medien sein kann, gehobene Volkshochschulkurse mit Hilfe von tödlich langweiligen Statistiken abzuhalten, sondern daß sie die Zuseher berühren sollen, um Hilfsaktionen anzukurbeln. Eine irreführende Spitzfindigkeit, denn das unrealistische Aufblasen der Zahlen läuft Gefahr, ganz im Gegenteil der Entmutigung Tür und Tor zu öffnen. Warum sollten die Mitbürger der reichen Länder weiterhin der dritten Welt helfen, wenn man ihnen weismacht, daß der Lebensstandard der letzteren ständig sinkt? Von 1960 bis 1984 betrug die Reallohnsteigerung pro Einwohner 22% in Afrika, 122% in Asien und 162% in Lateinamerika. Aber während derselben Jahre verbreiten Schlagwörter, die sich durchgesetzt haben, den Glauben, daß „die Abstände größer werden" und „das Elend wächst", von Stunde zu Stunde. Die Neigung zur Solidarität wird durch das Gefühl aufrechterhalten, daß sie zumindest eine kleine Chance hat, nützlich zu sein. Angesichts einiger überschaubarer Hungergebiete, wo eine oder zwei Millionen von unseren Brüdern vom Tod bedroht sind, sagt sich die Öffentlichkeit der reichen Länder, es sei nicht unmöglich, das Schlimmste zu verhindern, das sei ganz im Gegenteil sogar relativ einfach, und es sei folglich eine um so dringlichere Aufgabe und Pflicht, als sie jene, die sie ausüben werden, zu konkreten Ergebnissen führen wird. Wenn man anfängt, der Öffentlichkeit mit 50 Millionen jährlichen Toten unter der Nase herumzufuchteln, wenn man von einer riesigen Flutwelle spricht, die sich beim Zusehen vergrößert, dann fühlt sie sich überfordert. Eine Epidemie von solch kosmischem Ausmaß ist eine Herausforderung für die Phantasie und sie gibt uns das Gefühl, unfähig zu sein, sich ihr zu wehren. Diese statistischen Jonglierereien sind weit davon entfernt, zur Handlung zu drängen, sie haben die unverzeihliche Wirkung, die Energien zu bremsen, wenn sie die Hilfeleistungen von vornherein als einen lächerlichen Kanten Brot darstellen, der auf einem Ozean von Leichen schwimmt. Das Ziel der Ideologen ist es allerdings nicht, den Unglücklichen zu helfen, sondern den Kapitalismus anzuprangern. Die Mythen dienen diesem Ideal besser als die Wahrheit.

In der dritten wie in der ersten Welt diagnostizieren wir eine Krankheit, die ich weiter oben beschrieben habe: die Ideologen, die nicht mehr an ihre Ideologie glauben, aber sich um so mehr Mühe geben, sie zu verteidigen. Die Linke weiß, daß der Sozialismus gescheitert ist, aber um so wütender behandelt sie die Liberalen als reaktionär. Warum? Die Sozialisten sind zu „pragmatischen" Liberalen geworden, aber sie wollen ihre eigene Bekehrung nicht öffentlich zugeben. Sie müssen also Mittel und Wege finden, um ihre Andersartigkeit zu beweisen, und daher verkünden sie, die Liberalen seien nach rechts gerückt und nur sie selbst, die Sozialisten, hätten den Liberalismus „mit menschlichem Gesicht" gefunden. Näher ans Zentrum gerückt, nähren die Sozialisten die Illusion von einer kulturellen Identität, indem sie die Zentrumsparteien nach rechts rücken lassen.

Das erstaunliche Gedeihen und die augenscheinliche Unverwundbarkeit der ideologischen Lüge, besonders wenn es um nackte Tatsachen geht und nicht um komplizierte Interpretationen, läßt eine Frage entstehen, die nicht ohne Tragweite bleibt. Zu welchen praktischen Folgen kann die Bestätigung der Menschen führen und wieviel ist die öffentliche Meinung über diese Handlungen wert, wenn sich die eine wie die andere auf Begriffe stützt, die von der Wirklichkeit dermaßen weit entfernt sind? Und warum läuft das so ab, zu einer Zeit, wo die der Wirklichkeit entsprechenden Begriffe in fast allen Bereichen so leicht zugänglich sind?

9

DER BEDARF AN IDEOLOGIE

Was ist eine Ideologie? In dreifacher Hinsicht eine Ausnahmebewilligung: intellektuell, praktisch und moralisch. Die erste besteht darin, daß man nur diejenigen Fakten behält, die der These, die man verteidigt, dienlich sind beziehungsweise, daß man andere einfach erfindet, die anderen dagegen wegläßt, vergißt, jedenfalls verhindert, daß sie bekannt werden. Die praktische Ausnahmebewilligung unterdrückt das Kriterium der Wirksamkeit, nimmt den Mißerfolgen jede Widerlegungskraft. Eine der Funktionen der Ideologie ist übrigens, Entschuldigungen zu erstellen, die sie dann lossprechen. Manchmal beschränkt sich die Entschuldigung auf eine schlichte Behauptung, auf einen Glaubensakt: „Man darf die Schwierigkeiten, denen sozialistische Länder in ihrer Entwicklung begegnen, nicht dem Sozialismus anrechnen", schreibt Michail Gorbatschow in seinem 1987 veröffentlichten Buch *Perestroika.* Reduziert man diesen Satz auf seine logische Ausstattung, so hat er etwa folgende Aussage: „Man darf die Feuchtigkeitsprobleme, die in überschwemmten Ländern entstehen, nicht dem Wasser anrechnen." Die moralische Ausnahmebewilligung schafft jeden Begriff von Gut und Böse für die ideologischen Akteure ab; oder besser gesagt, bei ihnen ersetzt der Dienst an der Ideologie die Moral. Was für den gewöhnlichen Sterblichen Verbrechen oder Laster ist, ist es nicht für sie. Der ideologische Ablaß für Mord und Völkermord ist von den Historikern ausführlich beschrieben worden. Man erwähnt weniger oft, daß er auch die Veruntreuung öffentlicher Gelder, den Nepotismus, die Korruption heiligt. Die Sozialisten haben von ihrer eigenen Moral eine so hohe Vorstellung, daß man, hört man ihnen zu, glauben könnte, daß sie aus der Korruption eine ehrliche Angelegenheit machen, wenn sie sie ausüben, statt daß sie ihre Tugend befleckte, weil sie ihr erliegen.

Da sie gleichzeitig von Wahrheit, Ehrlichkeit und Wirksamkeit befreit, versteht man auch, daß die Ideologie, die so große Bequemlichkeiten bietet, sei es auch unter anderem Namen, bei den Menschen seit Anbeginn der Zeiten so hoch im Kurs gestanden ist. Es ist hart, ohne Ideologie zu leben, denn man sieht sich dann einer Existenz gegenüber, die nur Einzelfälle kennt, und jeder davon verlangt die Kenntnis der einmaligen Daten, die ihn kennzeichnen, und birgt das Risiko des Irrtums und des Mißerfolgs bei der Handlung, mögliche schwerwiegende Folgen für einen selbst, die Gefahr von Leid und Ungerechtigkeit für andere Menschen und eine Wahrscheinlichkeit der Gewissensbisse für denjenigen, der die Entscheidung fällt, in sich. Nichts dergleichen gilt für die Ideologie, die über dem Wahren und Guten schwebt, die selbst die Quelle des Wahren und Guten ist. Nehmen wir einen Minister, der wegen seiner Tugend, seiner Achtung für die Menschenrechte, seiner Freiheitsliebe bekannt ist. Er wird nicht zögern, auf eine Verwaltung Druck auszuüben, ja sie zu bedrohen, um seine Frau völlig irregulär zur Professorin einer renommierten Schule ernennen und den jetzigen Inhaber des Postens absetzen zu lassen. Der despotische Machtmißbrauch im Dienste des trivialsten Familienfavoritismus, den er voll Abscheu geißeln würde, sähe er ihn außerhalb seiner Einflußsphäre, scheint ihm nicht mehr schändlich, wenn er von ihm selbst kommt. Das ist nicht simple Selbstgefälligkeit. Kein banaler psychologischer Mechanismus. Dieser Mensch ist nicht isoliert, er wird von der heiligen Substanz der Ideologie begleitet und unterstützt, die sein Gewissen auspolstert und ihn dazu bringt, zu glauben, daß er selbst an der Quelle aller Tugend sitzt und daher nur gute Handlungen von ihm ausgehen können. „Um zu verstehen, wie es geschehen kann, daß ein Mensch ein Eiferer seiner Religion ist und gleichzeitig ein Lüstling, schreibt Pierre Bayle, muß man nur bedenken, daß bei den meisten Menschen die Liebe zur Religion nicht verschieden ist von den anderen menschlichen Leidenschaften ... Sie lieben ihre Religion wie andere ihren Adel oder ihr Vaterland ... Es ist also völlig vereinbar, wenn jemand glaubt, die Religion, in der er erzogen wurde, sei sehr gut, und gleichzeitig alle Laster übt, die sie verbietet." In ihren Anfängen ist eine Ideologie ein Glutnest an Glaubensinhalten, das zwar zerstörerisch ist, aber in den Gemütern edle Gedanken entflammen kann. An ihrem Ende verkommt sie zu einer Interessensgewerkschaft.

Obwohl die Ideologie keine Wirksamkeit besitzt, weil sie ja kein reales Problem löst, weil sie nicht aus einer Analyse der Tatsachen entspringt, ist sie doch auf die Handlung hin konzipiert, sie verändert die Realität, und sogar viel stärker als die exakte Wissenschaft. Das ist eigentlich das Thema dieses Buches. Die Ideologie ist unwirksam in dem Sinn, daß sie nicht die Lösungen bietet, die ihr Programm ankündigt. So führt die Kollektivierung des Bodens nicht zur Fülle, sondern zum Mangel. Sie hat trotzdem einen unglaublichen Einfluß auf die Wirksamkeit, da sie ja einen wirtschaftlichen Irrweg, der für die Landwirtschaft tödlich ist, in die Realität umsetzen kann und ihn Hunderten Millionen von Menschen aufzwingt. Mit anderen Worten, die Kollektivierung ist keine landwirtschaftliche Wahrheit, sondern eine ideologische Realität, die zwar für die Landwirtschaft zerstörerisch wirkt, aber doch im 20. Jahrhundert auf viel konkretere Weise verbreitet wurde als die schlichte landwirtschaftliche Wahrheit. Wenn man zu Sowjetunion, China, Vietnam und Kuba die zahlreichen Länder der dritten Welt hinzufügt, wo die Experimente mit Kollektivfarmen, mit Kooperativen und staatlicher Verwaltung die traditionelle Agrikultur ruiniert haben, ohne sie durch eine moderne Landwirtschaft zu ersetzen, wird man bemerken, daß dieser Wahnsinn in unserer Epoche zumindest mit dem Pragmatismus gleichgezogen hat. Während des letzten Drittels des 20. Jahrhunderts konzentriert sich die produktive Landwirtschaft, die jedes Jahr große Überschüsse für den Export produziert, auf eine sehr kleine Zahl von Gegenden dieser Erde: Nordamerika, Westeuropa, Australien und Neuseeland, Argentinien. Diese Länder mit „kapitalistischer" Landwirtschaft stellen das Lebensmittelreservoir des Planeten dar, die Kornkammer der Welt, und garantieren gleichzeitig ihren Nutznießern einen gehobenen Lebensstandard. Fast überall sonst (mit glücklichen Ausnahmen: unter anderem Brasilien und Indien) hat man auf mehr oder weniger systematische Weise kollektivistische oder kooperative Formen ausprobiert, die jedoch nur den Zusammenbruch der Produktion, Lebensmittelknappheit, Elend, Hunger gebracht haben. Diese Bilanz versteht man beim ersten Hinschauen, aber sie hindert die Ideologen nicht daran – nicht einmal jene, die gar nicht ausdrücklich den Marxismus predigen –, jedesmal, wenn sie den Fall einer Wirtschaft der dritten Welt untersuchen, dieselben „Agrarreformen" bürokratischen Typs und zentralistischer Verwaltung vorzuschlagen, die schon in so vielen Ländern das Signal für eine Fahrt in die Hölle gegeben haben.

Die Ideologie ist ein Musterbeispiel für jene vertrauten Begriffe, deren scheinbare Klarheit schwindet, sobald wir versuchen, sie präzise zu definieren. Um 1800 herum entstanden, bezeichnete der Terminus zuerst das Studium der Entstehung von Ideen, im einfachen Sinn von geistigen Vorstellungen, und anschließend die philosophische Schule, die sich diesem Studium verschrieb. Marx und Engels haben fünfzig Jahre

später dem Begriff Ideologie den zugleich reichen und wirren Sinn gegeben, den er im großen und ganzen bis heute besitzt.
Die Ideologie wird in ihrer Theorie zur Gesamtheit der Begriffe und Werte, die die Herrschaft einer sozialen Klasse über eine andere rechtfertigen. Die Ideologie könnte nach ihrer Auffassung nur Lüge sein, schließt aber die Ehrlichkeit nicht aus, denn die soziale Klasse, die davon etwas hat, glaubt an diese Lüge. Das hat Engels das „falsche Gewissen“ genannt. Zu allem Überfluß kann die Lüge sogar der ausgebauten Klasse wahr erscheinen, ein Irrtum, den man mit einem Ausdruck getauft hat, dem ebenfalls eine große Karriere beschieden war, nämlich der „Entfremdung“. Im weiteren Sinn kann man unter Ideologie nicht nur politische und ökonomische Auffassungen verstehen, sondern auch moralische, religiöse, familiäre, ästhetische Werte, das Recht, den Sport, die Küche, die Zirkusspiele und das Schachbrett.
Die Ideologie scheint unter dem Stern des Widerspruchs geboren zu sein. Wenn sie Illusion und Lüge ist, wie kann sie dann erfolgreich sein? Auch wenn man aufgrund mancher ihrer Eigenschaften die Ideologie als irrational bezeichnen kann, muß man bemerken, daß viele Ideologen nicht immer zu Unrecht angeben, sich auf wissenschaftliche Argumentation zu stützen. Sicherlich weigern sie sich, die Argumente und Fakten zur Kenntnis zu nehmen, die ihnen mißfallen, was das genaue Gegenteil eines wissenschaftlichen Geistes darstellt. Und meistens enden sie bei jener irrationalen Art zu urteilen, die man Holzzunge nennt.
Dazu kommt, daß jeder Ideologe glaubt – und es gelingt ihm, andere das glauben zu machen – daß er ein allgemeingültiges Erklärungssystem besitzt, auf objektive Beweise gestützt. Marx hatte letzten Endes diesen Aspekt seiner Theorie einverleibt. Unwichtig, antworten so bedeutende Soziologen wie Talcott Parsons, Raymond Aron, Edward Shils: die Ideologie lebt auf keinen Fall aus der Unterscheidung von Richtig und Falsch. Sie ist eine unentwirrbare Mischung von Bemerkungen über Teilaspekte, die nach den Bedürfnissen der Sache ausgesucht werden, und von leidenschaftlichen Werturteilen, die Fanatismus offenbaren und nicht Wissen. Für Shils ist die Ausstrahlung des Ideologen mit jener des Propheten verwandt, mit dem religiösen Reformator, nicht mit dem Gelehrten, und sei er auch ein Irrgläubiger.
Umgehend fällt einem ein Einwand ein: müssen sich Religionen nicht von Ideologien unterscheiden? Sicherlich, aber es gibt religiöse Reformatoren wie Savonarola oder Khomeini, die ihre Religion zu einer politischen und sozialen Ideologie ausdehnen, der ein totalitäres System zur Verfügung steht, dessen Funktion es ist, den Absolutismus der Macht zu legitimieren. Ähnlich kann man die Widerrufung des Edikts

von Nantes und die Verfolgung der Protestanten durch Ludwig XIV. als ebenso ideologischen wie religiösen Akt auslegen, denn der Begriff der Monarchie von Gottes Gnaden verlieh dem Katholizismus die Funktion, den Absolutismus zu legitimieren. Wenn die Propheten in die Ideologie abschweifen, mausern sie sich zu Menschen der Tat und zu politischen Führern.

Die Erklärung durch den reinen Fanatismus genügt nicht, um zu erfassen, was ein ideologisches System ist oder wie stark seine Wirkungskraft in der Realität ist. Deshalb kommt man zum Ausgangspunkt zurück: die Ideologie enthält immer ein wenn schon nicht rationelles, so doch „verständliches" Element, wie es Max Weber nannte, und eine Dosis von Wirkungskraft. Das ist um so notwendiger, als die Ideologie – das ist einer ihrer wesentlichen Bestandteile – die Massen beeinflußt und aktiviert. Sie formt manchmal eine ganze Kultur oder zumindest einen sozialen oder kulturellen Sektor: die Intellektuellen, die Kader, die Arbeiter, die Studenten. Man kann nur in Gegenwart von kollektivem Glauben von Ideologie zu sprechen beginnen. Der einsame Ideologe ist relativ harmlos. Die Ideologie war für Lenin und für seine Nachfolger eine Waffe im Klassenkampf und für den Sieg der Weltrevolution. Sie ist also viel militanter als das Vorurteil, die tröstliche Illusion, der banale Fehler, die absolutorische Entschuldigung, die sanfte Manie oder die überkommene Vorstellung, obwohl sie auch all das umfaßt und sich daraus ernährt. Die überkommene Vorstellung kann passiv sein, während die Ideologie immer aktiv und gleichzeitig kollektiv ist.

Manchmal begegnet man bei den Moralisten oder den Romanschreibern dem Mysterium der ideologischen Kristallisation in seiner erschreckenden Fülle. Ohne auf Klassiker zurückzukommen, die zu bekannt sind, als daß man über sie Einigkeit erzielen könnte, den Großinquisitor der Brüder Karamasov, die Dämonen, könnte man auch bei Cioran Absätze über die Ideologie finden: in der *Genealogie des Fanatismus*, in der *Abhandlung über den Verfall*, und in *Geschichte und Utopie*. Oder auch im Roman von Mario Vargas Llosa, *Geschichte der Maya*, großartige und bedrückende Schilderung der Geschichte und des Wachsens der terroristischen Ideologie innerhalb einer Gruppe. Der Schriftsteller läßt uns den konkreten Fall von innen sehen, so wie ihn die Individuen selbst erleben, wie eine zugleich wahnsinnige und vernünftige Vision, die sich aber doch in Handlungen umsetzt. Es könnte die Geschichte der Begründer des Leuchtenden Pfades in Peru sein, dieser maoistischen Philosophieprofessoren, die (wie die Roten Khmer) davon überzeugt sind, sie hätten das Recht, alle Menschen zu töten, die sich ihren Plänen widersetzen.

Denn die Ideologie ist eine Mischung aus starken Emotionen und einfachen Ideen, die zu einer konkreten Vorgangsweise verschmelzen. Sie ist zugleich intolerant und widersprüchlich. Intolerant, weil sie es nicht ertragen kann, daß es außerhalb noch etwas anderes gibt. Widersprüchlich, denn sie besitzt die sonderbare Fähigkeit, auf eine ihren eigenen Prinzipien zuwiderlaufenden Weise zu handeln, ohne das Gefühl zu haben, sie zu verraten. Ihr wiederholtes Scheitern führt sie niemals dazu, diese Prinzipien in Frage zu stellen, es bringt sie im Gegenteil dazu, ihre Anwendung zu radikalisieren.

In seinem Buch *L'Idéologie* (1986) bringt der Soziologe Raymond Boudon aufschlußreiche Studien über historische oder zeitgenössische Fälle von Ideologie: er denkt über *Den Geist des Jakobinertums* nach, wie Augustin Cochin ihn sieht, über die Dritte-Welt-Bewegung und die „Dependenztheorie", über die Affäre Lyssenko. Bei dieser letzteren scheint er mir zwei Charakterzüge ideologischen Verhaltensmusters zu unterschätzen. Das eine ist die abstrakte Orthodoxietreue, auch wenn ihr die Praxis geopfert werden muß. Denn es ist außerordentlich wahr, so schrieb Jacques Monod, daß sich die Basis der klassischen Genetik weder mit dem Geist noch mit dem Buchstaben der Dialektik der Natur nach Engels vereinbaren läßt. Der andere Aspekt ist der, daß die praktische Anwendung der Theorien Lyssenkos eine der Ursachen für das Zurückbleiben der sowjetischen Landwirtschaft war, ein schönes Beispiel dafür, daß sich die Ideologen davon nicht beeinflussen lassen, wenn die Wirklichkeit sie Lügen straft. Wie kann man die „Rationalität" einer selbstmörderischen Ideologie erklären? Raymond gelingt es großartig, die Verwüstungen darzustellen, die die Ideologie in der Soziologie selbst bewirkt, wie auch in der Wissenschaftsphilosophie. Wenn er einige Bücher bloßstellt, die im vergangenen Vierteljahrhundert Furore machten, kann man einmal mehr sogar im intellektuellen Milieu sehen, wie weit gestreut die Ansätze sind, „die überkommenen Ideen die Autorität der Wissenschaft verleihen". Die wütende und dogmatische Reaktion der Ideologen der Antipsychiatrie auf die Entdekkung des organischen Ursprungs der Schizophrenie illustriert diese „Entgleisung", wie Pareto gesagt hätte, ebenso wie die gelehrte Scharlatanerei der ersten rassistischen Theorien am Ende des 19. Jahrhunderts.

Da Marx und Engels den Begriff Ideologie gemeinverständlich gemacht haben, indem sie ihn dem sozialistischen Vokabular einverleibten, im Anschluß an ihr 1846 vollendetes Werk *Die deutsche Ideologie*, verwenden wir das Wort seither vor allem in einer politischen Bedeutung und in einem politischen Umfeld. Noch bevor sich die Strömung des Sozialismus bildete, haben die Französische Revolution und die

Philosophen des 18. Jahrhunderts, die sie vorbereiteten, alle Ideologien auf die politische Ideologie zurückgeführt. Seither gehen wir unterschwellig davon aus, daß es sich nur um politische Doktrinen handeln kann, wenn wir von „ideologischen Kämpfen“ sprechen oder ein mögliches „Ende der Ideologien“ herbeisehnen, besonders im 20. Jahrhundert. Das ist selbstverständlich für den Leser oder Hörer. Sogar der islamische Fundamentalismus agiert weniger auf dem Gebiet der reinen Religion als in seiner Eigenschaft als politische Bewegung, die mit religiösen Rechtfertigungen verkleidet ist. Deshalb betrifft er uns, denn er zeigt sich in einem Teil der dritten Welt vor allem als Haß gegen die westliche demokratische Kultur, und als Wille, sie zu zerstören. Schon Torqueville hat in *L'Ancien Régime et la Revolution* gezeigt, „wie die Französische Revolution eine politische Revolution war, die wie die religiösen Revolutionen handelte“. Sie sollte nicht die einzige bleiben. Aber man findet auch religiöse Revolutionen, die wie politische Revolutionen handeln.

Diese Seuche ist nicht neu. Die Kreuzzüge im Mittelalter, die Religionskriege im 16. Jahrhundert waren ebenso politisch wie religiös. Die Religionen dienten immer wieder als ideologische Vehikel für Eroberungs- und Kolonisationskriege, die den Besiegten mit Gewalt einen radikalen Wandel ihrer Gesellschaft aufzwangen, was der Islam im Maghreb tat und das Christentum in der Neuen Welt. Es ist normal, daß man in unserer Zeit immer wieder auf politische Beispiele stößt, wenn man über die Ideologie nachdenkt, so wie man vor dem 18. Jahrhundert immer wieder auf religiöse Beispiele stieß.

Und doch wimmelt es sogar zu unserer Zeit nur so von Ideologien, die nicht politisch sind. Man findet sie in der Philosophie, in der Moral, in der Kunst, ja sogar in den Wissenschaften. Wenn man bedenkt, daß eines der wesentlichen Wesensmerkmale der Ideologie die Undurchlässigkeit für Informationen ist, im Hinblick auf den Schutz eines Interpretationssystems, so stellt man fest, daß die ideologische Hülle Glaubenskonstellationen gegen analytische Angriffe der Realität schützt, und zwar in fast allen Bereichen des Denkens, ja jeder menschlichen Tätigkeit. Die Ideologie ist politisch, sobald sie auf die Erringung oder die Erhaltung der Macht abzielt. Aber nicht alle Ideologien haben die Macht als erstes Ziel, obwohl keine von solch eigennützigen Zwecken gänzlich frei wäre. Zum Streben nach intellektueller Herrschaft kommt jene hinzu, den Einfluß zu erhalten, und sei es nur in einer Sippschaft, in einer Quelle für Universitätspositionen, in materiellen Ressourcen und in Ehrenämtern. Der Damm, der gegen die Verbreitung einer neuen wissenschaftlichen Theorie errichtet ist, ist oft nur das allzu menschliche Widerstandswerk einer Generation oder einer Gruppe von

Gelehrten, deren Karriere, Position und Prestige vollständig von der Autorität abhängen, die ihnen die Theorie verleiht, die vom Thron gestützt werden soll. Albert Einstein selbst hat es gesagt: eine Entdekkung setzt sich nur sehr wenig durch die Demonstration und den Beweis durch, die sich der intellektuellen Überzeugung der Wissenschaftlergemeinde aufzwingt; sie installiert sich eher durch das schrittweise Abtreten der Vertreter der alten These und dadurch, daß die einflußvollen Posten langsam auf die neue Forschergeneration übergehen. Aber welches Gesicht die menschlichen Schwächen, die Eitelkeit, der Haß, die Rivalitäten und die Interessen, ja sogar die intellektuelle Blindheit in den Streitereien, die die Gelehrten auseinanderdividieren, auch immer haben mögen, wie groß ihre Möglichkeiten auch sein mögen, die Verbreitung oder die Akzeptanz der Erkenntnisse zu verzögern, es werden in diesem Bereich letztlich doch objektive und authentische Kriterien der Information sein, die den Kampf entscheiden.
Das kann man für den riesigen Stamm von Doktrinen nicht sagen, die Wissenschaft und Ideologie vermengen, oder die, genaugenommen, eine auf die Wissenschaft gestützte Ideologie darstellen, konstruiert mit Hilfe von Elementen, die den wissenschaftlichen Disziplinen und der wissenschaftlichen Sprache entlehnt werden. Der Marxismus ist die bekannteste unter diesen Mixturen, aber es gibt zahlreiche andere, und ich würde sogar sagen, daß es dieser Typus von Doktrin ist, der die menschlichen Dispute am deutlichsten ernährt, aus dem einfachen Grund, daß sie weder völlig kontrollierbar noch völlig abzulehnen sind. Sie sind folglich wunderbar dafür geeignet, die Leidenschaften am Kochen zu halten, und sie verschwinden im allgemeinen wegen Erschöpfung des Gegners und Ermüdung des Publikums, da es ja keinen Beweis gibt, der in den Diskussionen einen Schlußpunkt setzen könnte. Aber im sogenannten Kulturleben nehmen sie viel mehr Platz ein, verschlingen viel mehr Zeit, schwärzen viel mehr Papier, machen viel mehr Lärm auf den Ätherwellen als die Erkenntnisse im engen Sinn des Wortes. Um das zu verstehen, muß man, da man es nicht erklären kann, annehmen, daß sie einen Bedarf befriedigen: den ideologischen Bedarf. Der Mensch empfindet alle möglichen Bedürfnisse nach intellektueller Betätigung als Wissensdrang. Die *libido sciendi* ist entgegen den Annahmen von Pascal nicht der hauptsächliche Motor der menschlichen Intelligenz. Sie übt nur einen nebensächlichen Einfluß aus, und nur bei einer kleinen Anzahl von uns Sterblichen. Der normale Mensch sucht nach der Wahrheit erst, nachdem er alle anderen Möglichkeiten erschöpft hat.
Wörter wie „Rationalismus", „Positivismus", oder „Strukturalismus" bezeichnen zunächst eine Arbeitsmethode, dann eine Hypothese über die

Natur der Wirklichkeit, und schließlich eine umfassende ideologische Vision. Sicherlich steht im Hintergrund aller Stadien von wissenschaftlicher Forschung ein theoretisches Bild, daß das Idiom zusammenfaßt, in dem eine Generation von Gelehrten ihre Ansicht von der Wirklichkeit am liebsten formuliert: Mechanismus oder Vitalismus, Fixheit oder Evolutionismus, Funktionalismus oder Strukturalismus, Atomismus oder „Gestaltismus". Seit dem Boom der Molekularbiologie bestimmen Vokabular und Darstellungsform aus Informatik und Linguistik die wissenschaftliche Sensibilität, die sich in Wörtern wie „Programm", „Code", oder „Botschaft" ausdrückt. Michel Foucault nannte diese teilweise konventionellen Bilder „diskursive Formationen". Aber Foucault war der Ansicht, sie seien völlig ideologisch, und er beabsichtigte, solchermaßen jede Unterscheidung zwischen Wissenschaft und Ideologie auszulöschen. Was darauf hinauslief, zu sagen, daß es in seinen Augen kein wahres Wissen gab, sondern nur Sehweisen.
Es ist natürlich, daß Foucault die Unterscheidung zwischen Wissenschaft einerseits und Ideologie mit wirtschaftlichem Anstrich andererseits auslöschen wollte, denn diese Abschaffung ist Wesensmerkmal für diese Art von Ideologie, in der er selbst voll Glanz brillierte. Was die Ideologie mit wissenschaftlichem Thema definiert, ist, daß sie zum Bereich von Demonstration und Experiment gehören will, gleichzeitig aber die Konfrontation mit dem Wissen meidet, außer unter Bedingungen, die ihr passen und die sie selbst auswählt. Ihre Verwendung der Information gibt sich als wissenschaftlicher Vorgang, ohne sich ihm zu unterziehen, und hat nur für denjenigen Beweiskraft, der vorher in diese Ideologie eingetreten ist, ohne Bedingungen zu stellen. Der wissenschaftlichen Ideologie die Ungenauigkeit ihrer Unterlagen oder die Extravaganz ihrer Induktionen vorzuwerfen stellt ein Symptom schlechten Geschmacks dar, ja ein Zeichen von Böswilligkeit, da ja in der dem ideologischen Denken innewohnenden Zweckgebundenheit der Wert der Unterlagen von der These herkommt, die man sie aufstellen läßt, und nicht aus dem Wert der These und der Qualität der Unterlagen. Das Publikum ist übrigens während des Zeitraums, in dem eine Ideologie wissenschaftlichen Stils seine Gunst genießt und seinem Bedürfnis entspricht, keineswegs durch Gegenargumente zu erschüttern, die auf der Kontrolle der Fakten und der Schlußfolgerungen fußen, da es ja von dieser „diskursiven Formation" nicht genaue Kenntnisse verlangt, sondern eine gewisse affektive Vergütung, die gleichzeitig dialektisch sein sollte.
Wer erinnert sich noch an die Herrschaft, die in Europa wie in den Vereinigten Staaten das Werk Teilhards de Chardin ungefähr zwischen 1955 und 1965 ausübte? Groß war die Schwierigkeit, ihr zu ent-

kommen, und ein Buch oder eine Zeitung aufzuschlagen, ohne einen Hinweis auf dieses Werk anzutreffen. Teilhard befriedigte einen starken ideologischen Bedarf, denn er brachte eine Versöhnung von Christentum und Evolutionismus, von menschlicher Paläontologie und kosmischem Spiritualismus. Seine Werke, voll von salbungsvollem Wortreichtum und hermetischer Weitschweifigkeit, wurden Verkaufsschlager. Er verführte die Linke ebenso wie die Rechte (ausgenommen die christlichen Fundamentalisten), war der Vordenker des zweiten Vatikanischen Konzils 1962 und blieb ein Jahrzehnt lang unberührbar für die Kritik, in der liberalen und gemäßigten Presse ebenso wie in der marxistischen, die in ihm – durch dicken Nebel allerdings – den Zauberer sah, der die Vereinigung von Marxismus und Christentum vollziehen könnte. Der Teilhardismus hatte eine solch verhexende Ausstrahlung bei den Intellektuellen, daß die einzigen, die nicht zu Wort kamen, die Biologen waren, zumindest die echten, die genug Durchblick bewahrt hatten, um der ideologischen Versuchung zu entgehen und genug Wagemut, um zuzugeben, daß sie Bedenken hatten. Überflüssig hinzuzufügen, daß die ideologischen Verteidigungsmechanismen rund um die Uhr funktionieren. Und durch ein Spiel von sonderbarem spontanem Konsens der kulturellen Gemeinschaft, die Wache stand, verwarfen sie jene Informationen, die den teilhardischen Nachtgespinsten hätten schaden können, noch bevor sie überhaupt das Tageslicht erblickten. Ich hatte selbst Gelegenheit, die Wirksamkeit dieses Verteidigungsrings zu kontrollieren, als ich lange Zeit vergeblich versuchte, in Frankreich die Übersetzung eines Artikels gegen Teilhard herauszubringen, verfaßt vom englischen Biologen Peter Medawar, der soeben den Nobelpreis 1960 für Medizin erhalten hatte. Ich erfuhr von diesem Artikel bei einem Aufenthalt in Oxford im Jahr 1962, als ich in der Zeitschrift *Mind* blätterte; und mehrere Freunde, Biologen oder Philosophen aus dem College, in dem ich mich befand, bestätigten mir, daß er in Großbritannien das Durchdringen des Teilhardismus gestoppt hatte, und zwar ohne jede Polemik, durch simples Aufzeigen der Schwächen in der biologischen und paläontologischen Information, die dem Geschwätz Teilhards als Abflugrampe dienten. Als ich den Ärmelkanal mit *Mind* unter dem Arm überquerte, zweifelte ich nicht daran, den einen oder anderen der Verantwortlichen bei den verschiedenen französischen Zeitungen, für die ich damals schrieb oder mit denen ich freundschaftliche Beziehungen hatte, dafür interessieren zu können. Ich traf aber ganz im Gegenteil umgehend auf einen sonderbaren Widerstand und spürte eine allgemeine Tendenz zum Verschleppen. Der Artikel war zu lang, zu technisch, zu ... englisch. In Wirklichkeit war er sehr klar, ganz sicherlich viel klarer als das unklare Geschreibsel

Teilhards, er war technisch in Reichweite jedes Lesers, der die Wissenschaftsrubriken der anspruchsvollen Zeitungen gewöhnt ist; und ich erhielt von Medawar die Vollmacht, den Text in seiner französischen Fassung zu komprimieren und nur die augenscheinlichsten Beispiele zu behalten. Nichts nützte. Ich bemerkte langsam: Ich stand vor einem Fall, wo die Wissenschaft unfähig war, der Ideologie Widerpart zu bieten. Die ideologische Verwendung der Biologie, wie später die ideologische Verwendung der Psychiatrie oder der Linguistik durch Michel Foucault oder Roland Barthes, gehören ihren Anhängern zufolge nicht in den Bereich des Tribunals der Genauigkeit, dessen Kompetenz sie leugnen, da sie der Ansicht waren, sie seien einem beschränkten „Szientismus", einer Wissenschaftsgläubigkeit, keine Erklärung schuldig. Die Funktion von Ideologien mit wissenschaftlichem Anstrich ist es, das Prestige der Wissenschaft in den Dienst der Ideologie zu stellen, und nicht, die Ideologie unter die Kontrolle der Wissenschaft zu bringen. Der Erfolg des Teilhardismus beruhte darauf, daß er „die katholische Kirche und die Moderne versöhnte", indem er nämlich ein metaphysisches Getränk durch Worte verdaulich machte und das christliche Dogma als vereinbar darstellte mit der Entwicklung der Arten und mit der menschlichen Paläontologie. Man verlangte von ihm sonst nichts, außer diese ideologische Mission zu erfüllen. Niemand hatte ihn sichtlich jemals in der hauptsächlichen Absicht gelesen, sich über die Wissenschaften vom Leben zu informieren. Aber, und das ist die ganze Zweischneidigkeit der Ideologie, alle mußten so tun, als hätten sie ihn zu diesem Zweck gelesen, und zugleich verabscheuten sie jede kritische Prüfung seiner ernsthaften wissenschaftlichen Basis. Medawar verkörperte folglich den Teufel, den man um jeden Preis zum Schweigen bringen oder als platt und phantasielos in Mißkredit bringen mußte, obwohl es in diesem Fall, ich wiederhole es, keinerlei politischen Einsatz gab. Daher auch die Ausflüchte meiner Freunde in den Chefetagen der Zeitungen. Sie waren keine wütenden Anbeter des verehrten Paters. Ich würde sogar sagen, man möge mir diesen vertraulichen Ton verzeihen, er war ihnen schnurzegal. Aber, schon von Berufs wegen gute Antennen für die Atmosphäre, die sie umgibt, spürten sie, daß sie nichts zu gewinnen hatten, wenn sie Medawar abdruckten, außer das Risiko des „rückständigen Szientismus" geziehen zu werden und des Mangels an Sensibilität gegenüber dem „Wagemut" und der „Modernität" – wobei diese letztere Eigenschaft bizarrerweise meistens den aufwendigsten Flickschustern veralteter Lehren zugesprochen wird. Bei einem Abendessen bei meinem Freund, dem Historiker Pierre Nora, hatte ich die Genugtuung, zu hören, wie François Jacob (der 1965 selbst den Nobelpreis für Physiologie und Medizin bekommen sollte) dem Herausgeber einer großen Wochenzeitschrift erklärte, wie interessant die Studie von Peter Medawar sei und wie gesund ihre Veröffentlichung in Frankreich. Ich hatte den bitteren Trost zu sehen, daß der große Biologe seine Zwecke ebensowenig erreichte wie ich selbst, trotz seiner unvergleichlichen Autorität. Durch alle diese Abenteuer amüsiert, erzählte ich sie mit allen Details einem sehr gebildeten Mann, der die Redaktion der Kulturseiten eines wichtigen Magazins aufgegeben hatte und jetzt Geld suchte, um seine eigene literarische und philosophische Zeitung zu gründen. Er lachte aus vollem Hals über den ideologischen Opportunismus und über die Unterwerfung unter die intellektuellen Moden, die alle diese angeblichen „Meinungsmacher" vollzogen hatten, deren glücklichen Konformismus ich ihm soeben geschildert hatte. „Ich nehme Sie beim Wort", sagte ich, „und wenn Sie ihre eigene Zeitung gründen, versprechen Sie mir, daß Sie diesen Medawar in einer der ersten Ausgaben abdrucken." Er leistete den Eid. Und er hielt Wort – aber auf folgende Weise: in der ersten Nummer der neugeborenen Zeitung, die ich mit fröhlicher Gier entfaltete, als der große Tag gekommen war, nahm der Artikel von Medawar die Hälfte der Titelseite ein, die andere aber ein Lobgesang zu Ehren von Teilhard, ausdrücklich bestellt und verfaßt von der Feder eines bekannten Beweihräucherers des berühmten Jesuiten. Es ging also nicht mehr darum, endlich der Wissenschaft in Gegenüberstellung zur ideologischen Fälschung das Wort zu erteilen, sondern darum, zwei „Meinungen" zu veröffentlichen, beide als gleichwertig dargestellt, als „pro" und „kontra". Der beweisbare Gedanke und der Plunder – sie wurden zu zwei „Standpunkten", die beide gleich achtenswert schienen. Die Wahrheit war noch nicht stark genug, um allein dazustehen. Das Drolligste an der Sache war, daß durch einen Schnitzer im Redaktionssekretariat die Überschriften „pro" und „kontra" verwechselt worden waren, so daß die Überschrift „pro" in großen Lettern über der Studie von Medawar prangte, wogegen die Überschrift „kontra" majestetisch die Schmeichelrede des Teilhardliebhabers krönte! Was, wie man sich vorstellen kann, die Debatte für die Leserschaft besonders nachvollziehbar machte. Drei Jahre später sprach keiner mehr von Teilhard de Chardin. Er hatte einem anderen Experten für Mischungen von Metaphysik und Kenntnis Platz gemacht, diesmal sollte als Grundwürze nicht das Christentum dienen, sondern der Marxismus: Althusser.

Die ideologische Mischung Althussers ist jedoch, wenn auch analog zu Teilhard, doch in viel stärkerem Maß politisch. Sie ist zugleich ein Nebenprodukt wie auch ein Zubringer der Politik, was uns zum verbreitetsten Ideologietypus bringt. Eine andere Seite seiner Funktion entspricht andererseits einem zugleich intellektuellen und affektiven Bedürfnis: die Verjüngung der marxistischen Lehre, zu einem Zeitpunkt, wo ihre Deutungskraft als Theorie zu Staub zerfiel. Die Althussersche Würze verzögerte diesen Verfaulungsprozeß um gut zehn Jahre, an manchen Orten sogar um zwei Jahrzehnte: auf den Philippinen habe ich noch 1987 einen Althusserianer gefunden. Das Verdienst des Autors von „*Das Kapital' Lesen*" bestand zunächst darin, daß er der sterbenskranken Lehre einige Hormone einimpfte, die er damals sehr wackeren Disziplinen entnommen hatte: dem Strukturalismus, der Psychoanalyse nach Lacan, der Linguistik, der Philosophie der „Rede". Diese Art von medizinischer Erster Hilfe wird in allen Operationssälen für ideologische Wiederbelebungsversuche praktiziert. Aber Althussers Eigenständigkeit bestand auch und vor allem darin, daß er nicht versuchte, den Marxismus zu retten, indem er ihn „vermenschlichte", wie man es immer naiverweise versucht hatte. Er hatte verstanden, daß Humanismus, Menschenrechte und Demokratie den Kommunismus in eine Einbahnstraße lenkten. Man kann einer Ideologie nicht neue Kräfte geben, indem man ihr Gegenteil kopiert, oder indem man so tut, als ob man es kopierte. Um sie wieder auf die Beine zu bringen, muß man dem, was sie einzigartig macht, Kraft und Prestige verschaffen, dem, was zur Zeit ihrer Größe ihre höchste Anziehungskraft für ihre authentischen Anhänger ausmachte. Die unersetzbare Essenz des Marxismus ist nicht der Begriff des Klassenkampfes oder die gerechte Verteilung der Güter oder die Abschaffung entfremdender Arbeit, das alles sind Ideen, die schon vor Marx von mehreren Historikern entwickelt worden waren, so von Augustin Thierry und François Guizot oder von den Utopisten, sondern es ist die Diktatur des Proletariats, sowie ihre bekannte historische Ausführung, der Stalinismus. Die raffinierte Rechtfertigung, die Althusser dem Stalinismus liefert, dem er in wunderbar provokanter Ironie bei genauem Nachdenken nur einige ärgerliche „bürgerliche Tendenzen" vorzuwerfen hatte, erlaubt es dem Marxismus, in voller Montur zu sterben, zumindest als Philosophie.

Nicht nur unsere Fähigkeit, Dokumente nachzuschlagen und nachzudenken, lähmt und verhindert das ideologische Bedürfnis im Bereich der Wissenschaft, der Geschichte oder der Philosophie, sondern sogar unsere Fähigkeit, Tatsachen zu beobachten, die sich uns von selbst darbieten und die zu unserer visuellen, taktiven oder auditiven Wahrnehmung gehören, im Rahmen einer ganz banalen Sinnestätigkeit. Selbst wenn man die absichtlichen Lügner ausspart, bedenken wir doch, wie hoch die Zahl der großen Intellektuellen und der berühmten Journalisten ist, die im 20. Jahrhundert nur Reichtum und Wohlstand in Ländern gesehen haben wollen, wo ganze Völker hungers starben. Diese ideologischen Halluzinationen sind nicht neu. Eines der reinsten Beispiele, die man in der Vergangenheit findet, ist die Entdeckung des Südpazifiks am Ende des 18. Jahrhunderts, ich meine, die Art und Weise, wie sie in Europa geschildert wurde.[1]

Die „Tahiti-Lüge“ entsteht tatsächlich am Berührungspunkt eines Europa der Aufklärung, voll von Vorurteilen über den „edlen Wilden“, mit einer Realität, die ihre ersten Beobachter auf sehr nachlässige Weise studierten, besonders was ihre Originalität betrifft, die sie aber an sich sehr wenig interessierte. Und doch – man könnte fast sagen: leider – waren die Expeditionen nach Tahiti absichtlich aus bedeutenden, auserlesenen Intellektuellen zusammengesetzt, aus Gelehrten und begeisterten Lesern der *Enzyklopädie.* Diese Auswahl brachte gute Ergebnisse bei der botanischen oder astronomischen Beobachtung. Sobald es dagegen um die Sitten und um die Gesellschaft ging, erwiesen sich diese „Philosophen-Seefahrer“, wie man sie nennt, die Engländer Samuel Wallis und James Cook, oder der Franzose Louis Antoine de Bougainville, buchstäblich als unfähig, zu sehen, was sie vor den Augen hatten. Sie sind losgefahren auf der Suche nach der verwirklichten Utopie, nach dem „neuen Kythera“, und sie machen aus ihren Träumen den Rohstoff ihrer Beobachtungen.

Sie brauchen einen ehrlichen „edlen Wilden“: daher verschweigen sie die ständigen Diebstähle, deren Opfer sie sind, oder sprechen sie nur mit spitzen Lippen aus. Der edle Wilde muß den Frieden lieben: sie werden also nur mit Bedauern und ohne sie zu betonen die Stammeskriege bemerken, die unablässig die Inseln heimsuchten, genau zum Zeitpunkt der Expeditionen. Wenn europäische Schiffe angegriffen werden, oder Matrosen umgebracht, dann streichen die europäischen Erzähler diese unguten Episoden so gut sie können aus ihren Berichten, um lange bei den Versöhnungs- und Freundschaftszeiten mit den Tahitianern zu verweilen. Diese Momente sind sicherlich voller Annehmlichkeiten, und sei es nur wegen der sexuellen Freiheit, die auf den Inseln herrscht, wegen des Fehlens jeglichen Schuldgefühls in Verbindung mit der Wollust, dem hauptsächlichen Thema der moralischen Betrachtungen unserer Zeitgenossen. Diderot betonte das übrigens in seiner Schrift über die Reise Bougainvilles. Aber wenn man in diesen Reiseberichten zwischen den Zeilen liest, erfährt man, daß die tahitischen Köstlichkeiten nicht ohne Gegenposten vergeudet wurden, denn der Preis ihrer Liebe wurde genau nach ihrer Jugend und Schönheit berechnet und im vorhinein nach gemeinsamen Regeln ausgehandelt. Eine Sitte, die sich letzten Endes nicht sehr von der Praxis im Garten des Palais-Royal oder anderen Liebesnestern von Paris unterschied, die Bougainville, ein mondäner und kultivierter Freidenker, regelmäßig aufsuchte. Muß der edle Wilde nicht ein Anhänger der Gleichheit sein?

So bemerkten die Seefahrer-Philosophen niemals freiwillig die rigorose Einteilung der tahitischen Bevölkerung in vier stark hierarchisierte Klassen. Frei von jedem Aberglauben, verehrt der Ozeanier kein Götterbild, so berichtet man uns: was eher darauf schließen läßt, daß die Sehkraft der Seefahrer zu wünschen übrig läßt. Der Polynesier ist vage gottgläubig, versichern sie uns. Er hat sicherlich Voltaires philosophisches Wörterbuch gelesen, und er betet ein „höheres Wesen" an. Da haben wir ihn, den Vorläufer von Robespierre!
Widerwillig geben diese aufgeklärten Männer, die aus der rohen Zivilisation gekommen sind, um die natürliche Güte des edlen Wilden zu betrachten, dennoch zu, daß die Tahitianer trotz ihrer philanthropischen Neigungen Menschenopfer und Kindstötung praktizieren. Weitere bedauerliche Verirrung: zahlreiche ozeanische Völker sind Menschenfresser. Cook, übrigens der hellste Kopf unter den Forschungsreisenden dieser Zeit, wird alle seine Zweifel in diesem Zusammenhang anläßlich einer letzten ethnographischen Beobachtung verlieren, da er unglückseligerweise seine Karriere in den Mägen einiger Eingeborener der Inseln von Hawaii beendete. So wurde, sagt Eric Vibart, „der Tahitianer niemals so dargestellt, wie er war, sondern so, wie er sein sollte, um in die Essenz des Traums zu passen". Deshalb auch bleibt der Kampf gegen die Falschheit und ihre ewigen Quellen, deren größter Teil in einem jeden von uns sitzt, so schwierig.
Mit einer paradoxen Pointe wäre man versucht, in diesem Abschnitt unserer Kulturgeschichte darauf zu schließen, daß der ärgste Feind der Information der Augenzeuge sei. Zumindest ist das leider häufig der Fall, wenn dieser Zeuge voll von Vorurteilen am Ort des Geschehens auftaucht und unweigerlich dazu neigt, jenem Teil der Öffentlichkeit zu schmeicheln, an den er sich anschließend wenden wird. Das Beispiel von Polynesien und der Literatur des 18. Jahrhunderts steht keineswegs allein da. Zu allen Zeiten haben die Menschen ihre politischen Träume auf ferne Länder projiziert oder haben sie dorthin mitgenommen.
Die Lüge, die unfreiwillige oder halbbewußte Blindheit kommen daher, daß wir die äußere oder ferne Wirklichkeit als einfaches Element der ideologischen Schlacht benützen, die in unserer eigenen Kultur, ja manchmal in der trivialsten und vergänglichsten politischen Arena jenes Landes tobt, das zufällig das unsere ist. Die französischen Sozialisten leugneten 1975 die Existenz irgendeiner totalitären Verschwörung in Portugal, aus Angst, das Auftauchen von Anzeichen eines für die entstehende Demokratie gefährlichen kommunistischen Projekts könnte sich ungünstig auf den Ruf der Linksunion (sozial-kommunistisch) in Frankreich auswirken. Jeder Journalist, der ohne Nachgiebigkeit beschrieb, was er in Lissabon sah, wurde umgehend beschuldigt, er

wolle der Linksunion in Frankreich schaden. Portugal hat kein Recht auf eine unabhängige Existenz! Seine Geschichte hatte die Verpflichtung, ein Plädoyer für oder gegen das gemeinsame Sozial-kommunistische Programm der Franzosen zu sein. Statt daß die Erweiterung der Information durch die Erfahrung dazu gedient hätte, die Aktion besser zu berechnen, dient die schon a priori programmierte Aktion zur Kontingentierung der Information. Ebenso stellte in der vorrevolutionären Zeit der Seefahrerphilosophen des 18. Jahrhunderts der Glaube an den edlen Wilden, von dessen natürlicher Güte man annahm, sie sei der korrumpierenden Kultur, dem Despotismus und dem Aberglauben entgangen, einen Hauptbestandteil des ideologischen Apparats des Jahrhunderts der Aufklärung dar.

Aus dem Pazifik Beobachtungen mitzubringen, wonach der Naturzustand oder was man dafür hielt, Züge enthielt, die oft viel unmenschlicher waren als unsere, hieß diesen Apparat möglicherweise zu erschüttern und das wiederum bedeutete, Hobbes gegen Rousseau Recht zu geben. Wie fast immer überwog die Sorge um den Streit zu Hause die Sorge um die allgemeine Wahrheit.

Wenn auf den wissenschaftlichen Geist nicht – wie in der Physik oder der Biologie – ein bestimmender Zwang ausgeübt wird, kann er auch zur Beute der Ideologie werden, besonders wenn es um Soziobiologie, Soziologie, Anthropologie und Geschichte geht. Ich beziehe mich hier nicht auf die unbestreitbare Relativität des Standpunkts des Beobachters in den Humanwissenschaften, deren Theorie Raymond Aron in der Nachfolge von Max Weber in seiner *Einführung in die Geschichtsphilosophie* weitergeführt hat. Diese Relativität, die integrierender Bestandteil der Bedingungen für eine geschichtliche Bewußtwerdung ist, setzt die Ausmerzung der *subjektiven* Informationsverzerrung voraus. Ohne eine kaum vorstellbare Objektivität zu erreichen, das heißt die völlige Übereinstimmung von Begriff und Objekt, kann sie doch zumindest die Unparteilichkeit anstreben. Letztere wird dagegen von der Ideologie manchmal zum Nachgeben gezwungen, wenn die Natur einer Disziplin selbst einen Bereich der Ungenauigkeit in der Beobachtung öffnet und in der Praxis den Beobachter der Kontrolle durch die wissenschaftliche Gemeinschaft entzieht. Claude Lévi-Strauss schwärzt in *Das Rohe und das Gekochte*[2] heftigst die *Enciclopedia Bororo* der Salesianerpatres an. Er bestreitet erbarmungslos die Genauigkeit, ja die Wahrhaftigkeit der in dieser Enzyklopädie zusammengetragenen Beobachtungen, die der Gesellschaft der Bororo gewidmet ist. Da diese Indianer Brasiliens nur von den Salesianern und Lévi-Strauss selbst studiert worden sind, läßt man sich von einer gewissen Unruhe erfassen, wenn man feststellt, daß es diesen Gelehrten, obwohl wenig zahlreich,

nicht gelingt, wenn schon nicht zu einer gemeinsamen Interpretation, so doch wenigstens zur gleichen Auffassung über die rohen Tatsachen aus dem Leben eines Stammes zu gelangen, die noch weniger zahlreich sind als sie selbst, da sie kaum mehr Individuen zählen als ihr eigener Anthropologenklub, der sich mit Indianern Brasiliens befaßt. Lévi-Strauss' Zorn kommt daher, daß die Salesianer keine Strukturalisten sind und daß gewisse Tatsachen, die sie berichten, seine strukturalistische Interpretation schwächen. Die ideologische Deformation – falls wir es hier mit einer Deformation zu tun haben: für einen Dritten unmöglich, zu entscheiden – ist also in diesem Fall nur epistemologisch. Sie hat nichts Politisches an sich. Ein Gelehrter klammert sich an sein Interpretationsmuster und lehnt die rebellischen Tatsachen wie auch diejenigen, die sie berichten, ab. Das ist eine ziemlich häufige Ursache für die Ablehnung von Information und sie gehört sozusagen zur Wissenschaft dazu. Aber viele andere Ursachen dieser Ablehnung können auch von außen kommen und moralischen, religiösen, politischen oder kulturellen Vorurteilen zuzuordnen sein, die mit der Forschung in keinem Zusammenhang stehen. Man wird sich an die Polemik erinnern, die rund um das Werk von Margaret Mead entstand, vier Jahre nach dem Tod der berühmten amerikanischen Anthropologin im Jahre 1978. In ihren beiden Hauptwerken, die jahrzehntelang zu den Grundstudien jedes Anthropologiestudenten gehörten,[3] hat Margaret Mead angeblich die Sitten der ozeanischen Inselbewohner, die ihr Studienobjekt gebildet hatten, geschönt. Die Sitten seien in Wirklichkeit wesentlich weniger sanft, als sie es dargestellt hatte, und die Beobachterin hätte es absichtlich unterlassen, die neurotischen Züge zu notieren, wie auch die Depressionen, die repressive Grausamkeit und die Raubgier, die so manches Verhalten in diesen Gesellschaften kennzeichnen. Als Schülerin von Franz Boas und treu seiner „Kulturalistenschule", hätte Margaret Mead gleichsam mit der „Linksideologie" der Seefahrerphilosophen des 18. Jahrhunderts gleichgezogen und unter der Herrschaft eines „Dritte-Welt-Solidaritäts-Vorurteils" gehandelt, allerdings avant la lettre, das heißt sie hätte die „kulturelle Identität" der primitiven Gesellschaften idealisiert, um sie der Scheinheiligkeit, dem Egoismus und der eigennützigen Gewaltsamkeit der kapitalistischen Industriegesellschaften gegenüberzustellen, wie der Weiße sie produziert hat.
Diese Verherrlichung der nichtwestlichen Gesellschaften bringt den „Liberalen" manchmal Überraschungen ein oder drängt sie dazu, die Moral der fernen Gesellschaften nach Kriterien zu beurteilen, die jenen, deren sie sich in der Beurteilung ihrer eigenen bedienen, diametral entgegenstehen. Ich erinnere mich an das Erstaunen eines deutschen Pfarrers in Windhoek in Namibia, der mitten in seiner Predigt verblüfft

und verunsichert innehielt, weil er in der Kirche bei den Gläubigen, fast alle schwarz, einen riesigen Lacherfolg eingeheimst hatte, als er tugendhaft gerufen hatte: „Vergessen wir es niemals! Die Bochiman sind Menschen wie alle anderen!" Dieser brave Pastor hatte entdeckt, daß auch die Schwarzen ihre „niedrigen Rassen" haben. Noch tugendhafter, und vor allem inkonsequenter, ein Journalist der *Washington Post*, eine Quintessenz des amerikanischen „Liberalen", erbarmungslos für seine eigene Gesellschaft, wie schrankenlos barmherzig für die Sitten in Saudiarabien, einem Land, auf das in der dritten Welt seine Wahl fällt, um den Balsam seiner verständnisvollen Fürsorge ausgießen zu können.

In der *Washington Post* konnte man 1987 einen Artikel mit der folgenden Überschrift lesen: „Die saudische Rechtsprechung scheint uns grausam, aber sie funktioniert",[4] gezeichnet David Lamb, ehemaliger Korrespondent dieser Zeitung im Mittleren Osten. Aus der Feder eines „Liberalen", der für Amerika davon überzeugt ist, daß ein Übermaß an Strafmaßnahmen nichts bringt, und in einer Zeitung, die sich so überzeugend für die Menschenrechte in den westlichen Demokratien einsetzt, wie die *Washington Post*, war dieser Artikel ziemlich überraschend. Der Autor räumt anfangs ein, die von der saudischen Rechtsprechung vorgesehenen und reichlich angewandten Bestrafungen, die noch dazu öffentlich vollzogen werden, wie Geißelung, Abschneiden von Gliedmaßen, Köpfen, Steinigen, könnten „nach westlichen Kriterien" brutal „scheinen". Aber genau von diesen ethnozentrischen Kriterien müssen wir uns, so sagt er, frei machen, und verstehen, daß diese Rechtsprechung aus der Sharia stammt, dem mohammedanischen Gesetz, das heiligen Ursprungs ist und daher keine Milderung erlaubt, die die Nachsicht der Richter oder die Entwicklung der Sitten mit sich bringen könnte. Sogar die Anwesenheit eines Anwalts, wenn man einem Verdächtigen ein Geständnis entreißt, stellt eine westliche Sitte dar, und wir können nicht verlangen, daß der Islam sie übernimmt, ohne der Verständnislosigkeit und Respektlosigkeit gegenüber der mohammedanischen Mentalität schuldig zu werden. Und vor allem hat diese Rechtsprechung, die uns barbarisch erscheint, einen bedeutenden Vorteil: sie ist wirksam! Der Beweis? Nach den Statistiken von 1982, so führt Mr. Lamb aus, hat man in Saudiarabien 14.000 Verbrechen und Delikte gezählt, auf eine Bevölkerung zwischen 6 und 11 Millionen, je nach Schätzung, (die, wenn ich mir die Frechheit einer Nebenbemerkung erlauben darf, in bezug auf die Exaktheit der saudischen Statistiken zum Träumen einlädt). Aber im gleichen Jahr zählt die Stadt Los Angeles, bei einer ähnlichen Bevölkerung von 7 Millionen Einwohnern, eine halbe Million Verbrechen und Delikte. Fast vierzigmal mehr!

Diese Zahlen sprechen Bände! Und unser Journalist hat keine bessere Schlußfolgerung, als zu ihrer Rechtfertigung einen amerikanischen Universitätsprofessor zu zitieren, einen Spezialisten der Sharia, den er in Riyad getroffen hatte: „Zugegeben, in diesen Ländern hacken sie schuldigen Leuten manchmal ein paar Hände ab und verhindern so Greuel wie Vergewaltigung und Mord. Aber können Sie wirklich sagen, daß das aus ihnen Barbaren und aus uns zivilisierte Leute macht?" Es ist bemerkenswert, daß diese Ansichten von Intellektuellen vorgetragen werden, die es zu Hause schon als Eingriff in die Menschenrechte betrachten, wenn die Polizei Identitätskontrollen macht – da geht es allerdings um keine „kulturelle Identität".
Dieser bedeutende Islamexperte übersieht das Detail, daß Vergewaltigung und Mord nicht ein Abhacken der Hände nach sich ziehen, sondern die Geißelung, manchmal mit tödlichem Ausgang, und das Köpfen. Nur kleine Diebe werden mit Handabhacken bestraft. Und wie rechtfertigt Mr. Lamb, in den Vereinigten Staaten sicherlich ein Vertreter der sexuellen Revolution und der Frauenbefreiung, die Bestrafung, die in Saudi-Arabien für den Ehebruch vorgesehen ist, und zwar nur für den der Ehefrau, die nämlich darin besteht, sie unter den Steinen einer öffentlichen Steinigung zu begraben? Diese Hinrichtung wurde seit den Zeiten der Bibel allerdings modernisiert: es ist nicht mehr die sadistische, verabscheuungswürdige Menschenmenge, die mit der Hand die Steine auf die Ehebrecherin wirft. Im heutigen Arabien fährt ein Kipper auf den Hauptplatz, mit einer Ladung Kieselsteine, die auf einmal auf die Unglückliche ausgeleert werden und sie gleichzeitig begraben und erschlagen. Trotz dieses humanitären und technischen Fortschritts wird der Geist unseres Journalisten plötzlich von Furcht überschattet: jener nämlich, seine Lobrede auf das saudische „Strafrecht" könnte den Fürsprechern der Todesstrafe *in Amerika* und einer repressiven Justiz *im Westen* ungesunde Argumente liefern. Er verirrt sich in umständlichen und aufwendigen Berichtigungen, er geht so weit, ins Auge zu fassen, daß die saudischen Verbrechensstatistiken vielleicht nicht ganz verläßlich sind, und daß die Araber vielleicht nicht wegen der Überzeugungskraft der Repression so wenig Verbrechen begehen, sondern eher deshalb, weil sie „eine Gesellschaft sind, die an die Heiligkeit der Familie glaubt ... ein religiöses, moralisches Volk ..." Wie soll man sich diese chaotische Mischung aus Verehrung für schauerliche Sitten und so verwegenen Wechselbädern der politischen Meinung erklären? Erstens durch das bekannte Tabu vom absoluten Respekt vor der „kulturellen Identität", das es Herrn Lamb verbietet, eine andere Zivilisation als die westliche zu beurteilen oder gar zu verdammen. Ein Tabu von um so erstaunlicherer Kraft, als Saudiarabien in den

Augen eines „Liberalen“ nur als reaktionär gelten kann. Kein fortschrittlicher Parameter paßt hierher, der ihm als Entschuldigung dienen könnte. Zweitens haben die islamische Revolution im Iran und der Fundamentalismus bei der Linken eine Strömung ausgelöst, die dem mohammedanischen Fundamentalismus günstig ist, wo immer sie ihm auch begegnet, und auch den moralischen, geistigen und politischen Tugenden des Islam – die groß sind, daran gibt es keinen Zweifel, aber vielleicht nicht gerade in den von der *Washington Post* beschriebenen und geschätzten Erscheinungen. Drittens und letztens dient das Lob der Sharia zunächst dazu, die westliche Zivilisation zu verleumden, aber auf eine Art und Weise, die den Höhepunkt der ideologischen Absurdität darstellt, denn unser guter Journalist verbietet uns gleichzeitig, das Modell, das er so lobt, nachzuahmen, weil man dann in die repressive Perversion fiele.

Als sie den Begriff der Ideologie in seinem modernen Sinn herausarbeiteten, haben Marx und Engels zweifellos eine der wesentlichen psychischen Eigenschaften des Menschen aufgedeckt. Daß unsere Überzeugungen, unsere Weltanschauung, unsere Meinungen über Gut und Böse meistens nicht aus dem Denken innewohnenden Gründen entstehen und daher nur durch das Denken auch nicht widerlegbar oder veränderbar sind, hatten La Rochefoucauld oder Pascal oder La Bruyère oder Chamfort schon klar formuliert und geschildert, und zwar mit dem Reichtum und der Vielfalt einer subtilen Detailstudie, welche weit über die beiden Begründer des Kommunismus hinausgeht. Aber ihnen kommt das Verdienst zu, eine präzise und allgemeingültige Theorie aufgestellt zu haben, die zeigt, wie unsere Irrtümer, soweit sie Ursachen haben, die außerhalb des Denkens liegen, nicht nur mittels der reinen kritischen Überlegung, der Argumentation oder der Information korrigiert werden können. Bis dahin hatten alle philosophischen Abhandlungen über den Irrtum angenommen, er sei auf technische Fehler, mangelhafte Überlegungen, unzulängliche Methoden und Unvollkommenheiten bei den Überprüfungsmechanismen zurückzuführen. Nur den Moralisten verdankten wir die Intuition, daß der Appetit auf das Falsche, der Wunsch, sich zu irren, der Durst, zu lügen, das Bedürfnis, zu glauben, man tue das Böse im Namen des Guten, beim Entstehen des Irrtums eine viel wichtigere Rolle spielen als die eigentlichen intellektuellen Mängel – ganz im Gegensatz zur Meinung der Philosophen. Diese Vorgänge stellten vielleicht sogar eine primitive Form der Anpassung des Menschen an die Wirklichkeit dar. Sobald der Mensch denken konnte, hatte er auch schon Angst vor der Erkenntnis. Die Fähigkeit des Menschen, in seinem Kopf fast jede beliebige Theorie aufzubauen, sie sich selbst zu beweisen und dann an sie zu glauben, ist unbegrenzt. Nur seine Widerstandskraft gegen alles, was die Theorie widerlegen könnte, kommt ihr gleich, und auch die Virtuosität, jede Theorie schnell durch eine andere zu ersetzen, und zwar nicht, um neuen Informationen Rechnung zu tragen, die man vorher nicht kannte, sondern um neuen praktischen oder leidenschaftlichen Forderungen nachzukommen. Mit ihrer Theorie über die Ideologie kehrten Marx und Engels nicht zum einfachen Pragmatismus zurück. Der Pragmatismus behauptet, daß unsere Begriffe zwar der theoretischen Objektivität ermangeln, aber eine praktische Objektivität besitzen, da sie ja Werkzeuge sind, die durch und für das Handeln zurechtgeschnitten wurden. In der marxistischen Theorie von der Ideologie haben die Begriffe nur den Status lügnerischer und gauklerischer Rechtfertigung für das Handeln, ohne ausgesprochene Wirkungsfunktion. Zugleich subjektiv und kollektiv, trennt uns die Ideologie vom Konkreten ebenso wie von der Wahrheit.

In der Beschreibung haben Marx und Engels also den Nagel auf den Kopf getroffen. Dagegen sind sie in der Anwendung eher ärmlich. Zumindest paßt ihre Hypothese nur zu einem beschränkten Abschnitt der ideologischen Produktion. Für sie sitzt die einzige Quelle der Ideologie in der sozialen Klasse, in der Klassenzugehörigkeit und im Klassenkampf. Es gäbe keine andere Ideologie als die der Klassen. Die Schwachheit dieser Erklärung kommt zunächst daher, daß sie eine vereinfachende Soziologie der sozialen Klassen voraussetzt. Diese wären demnach homogen und von hermetischen Grenzen umgeben, es gibt keine Entwicklung, keine Grenzüberschreitung, keine Osmose, keine Beweglichkeit, keine Progression, außer in der revolutionären Chirurgie und in der Diktatur des Proletariats. Die ganze Geschichte der Gesellschaften seit der Mitte des 19. Jahrhunderts, zumindest der kapitalistischen Gesellschaften, straft diesen allzu allgemeinen Entwurf Lügen. Und dann, wie einfach würde alles, wenn die Ideologie ihr Entstehen nur dem Klasseninteresse verdankte! Rationelle Behandlung für rationelle Krankheit. Man wüßte, womit man es zu tun hat. Aber nichts berechtigt zur Bequemlichkeit einer derart reduzierenden Analyse. Marx ahnte davon etwas, denn er erfand ja, wie man weiß, den Begriff der „Entfremdung", um ein Vorgehen zu bezeichnen, durch das wir oft die Ideologie der Klasse, die uns beherrscht, annehmen. Dieses Paradoxon beruht auf einer immer noch rationellen Soziologie, denn man nimmt an, daß die herrschende Klasse über Kommunikationsmittel verfügt, über Kultur, Unterricht, Verbreitungsmöglichkeiten, über religiöse, politische und moralische Eintrichterungsverfahren, die es ihr erlauben, die Mentalität und den Glauben der beherrschten Klassen zu formen. Bedauerlicherweise ist die umgedrehte Entfremdung weit weniger ra-

tionell, obwohl ebenso manifest, nämlich jene der herrschenden Klassen, die einer Ideologie zugehören, die ihren Interessen zuwiderläuft, oder auch jene einer ganzen Kultur, die intellektuelle Konstruktionen unterschreibt, deren Ziel es ist, ihre Zerstörung zu rechtfertigen. Außerdem kann man der beherrschten Klasse Überzeugungen aufdrängen, die für die führende Klasse zugleich äußerst feindlich, wie auch völlig falsch sind. Schließlich stellt die Ideologie eine Vielfalt dar, die weit über die kindische Alternative von der herrschenden Superstruktur, die die selbstmörderische Entfremdung überlagert, hinausgeht. Als mehr als vulgäre Vermummung der sozialen Bezugssysteme, die sie meistens sehr schlecht ausdrückt und mit denen sie oft überhaupt keine Beziehung unterhält, scheint die Ideologie, ohne darauf zu verzichten, nötigenfalls auch als banale Scheinheiligkeit aufzutauchen, auf geheimnisvolle Weise ein höchst spirituelles Bedürfnis nach Lüge zu stillen.
Die Verformung der Wissenschaft durch die Ideologie stammt aus diesem Bedürfnis, das rein ist von jeder materialistischen Zutat. Die Politik kann, das ist augenscheinlich, ihren Einfluß auf sie ausüben, aber eher als geistige Leidenschaft denn als Übersetzung des Klassenkampfes, mehr noch durch intellektuellen Terror und seine natürlichen Begleiter: Konformismus und Angst. Ein großer Spezialist in islamischen Studien, Bernard Lewis, hat die neueste Tendenz angeprangert, wonach die Orientalisten, sogar in den Vereinigten Staaten, in Großbritannien oder auf dem europäischen Kontinent, ausschließlich aus den Reihen der Vertreter eines mohammedanischen Fundamentalismus und militanter Palästinenser stammen sollen.[5] Das ist, so lesen wir in „gelehrten westlichen Zeitschriften, die offen vom Libyen eines Oberst Ghaddafi subventioniert werden, eine unumgängliche Bedingung für „Objektivität". Das schönste dabei ist, daß diese Definition von Objektivität von bedeutenden englischen, amerikanischen oder französischen Orientalisten vertreten wird. Wenn nur die Griechen das Recht hätten, über das griechische Denken zu schreiben, müßte man die Werke von Zeller, von Gomperz, von Rodier, von Brochard, von Guthrie verbrennen. Sogar um an den westlichen Universitäten zu unterrichten, soll man die Orientalisten, so wird uns gesagt, unter den Arabern wählen, jedenfalls unter Mohammedanern, keinesfalls unter Juden, denen dieser Beruf verboten werden müßte. Bernard Lewis zitiert eine pakistanische Zeitschrift, die die moralische Kompetenz des großen Islam- und Arabienkenners Evariste Lévi-Provençal (1894–1956), des Autors einer berühmten *Geschichte der Mauren in Spanien* anzweifelt. Die Idee, daß es für die Arbeit über die islamische Kultur, selbst die des Mittelalters, nötig sein könnte, mit dem derzeitigen islamischen Radikalismus und

Fundamentalismus zu sympathisieren, ist ein Schandfleck auch in anderen Disziplinen. Ein beachtlicher Prozentsatz der Hispanologen an amerikanischen Universitäten sind seit 1960 Sympathisanten von Fidel Castro. Seitens der Sinologen und Sowjetologen kann man die Unterwürfigkeit mit der Angst begründen, wenn nicht entschuldigen, man könnte kein Einreisevisum nach China oder in die Sowjetunion mehr bekommen und sich solcherart vom eigenen Studienobjekt abschneiden. Aber muß man sich wirklich, um seine Kompetenz in Sachen Geschichte hispanischer Kultur zu erhalten, die Einreise nach Kuba offenhalten, das ja nur ein sehr kleines Fragment der Hispanität ist, interessant, sicherlich, aber nicht unumgänglich notwendig? Die Verdrehung des wissenschaftlichen Geistes findet ihre Erklärung in der reinen Ideologie und im Milieu-Konformismus. Habe ich nicht gehört, wie der Herausgeber eines großen französischen enzyklopädischen Wörterbuchs eines Tages in einer Fernsehsendung sagte, es sei seiner Meinung nach besser, den Artikel „Castro" einem Castro-Anhänger und „Marx" einem Marxisten anzuvertrauen? Wenn man so gut unterwegs ist, warum bittet man dann nicht das Politbüro der französischen Kommunistischen Partei, sie zu verfassen? So wäre man einer vollständigen „Objektivität" sicher.
Aufgrund einer sonderbaren Auffassung von Wissenschaft scheint es, daß man, um sich in einer Kultur zu spezialisieren, die aktuellen Machthaber in dem Land, das man studiert, bewundern muß. Diese Forderung gilt natürlich nur für die kommunistischen Länder und die dritte Welt. Verlangt man von den Anglisten, sie sollten der konservativen Partei beitreten, wenn Frau Thatcher an der Macht ist? So schreibt John K. Fairbank, Direktor des angesehenen Center of East Asian Studies in Harvard – ein Zentrum, das übrigens seinen Namen trägt – in einem Bericht der New York Times aus dem Jahr 1987 über die Übersetzung von *La Forêt en feu* von Simon Leys, die Empörung von Leys vor den massiven Zerstörungen klassischer Kunstwerke unter der Mao-Diktatur sei Ausdruck eines „elitären" Standpunkts. So bewundert ein großer Chinaspezialist Mao derartig, daß er fröhlichen Herzens die Hälfte des Kulturguts verschwinden sieht, dem er sein Leben gewidmet hat! Stellen wir uns vor, daß man die Moschee von Djuma in Isfahan zerstört, die von Omeyyades in Damaskus, die Medersa von Fes, die Alhambra von Granada, und daß ein Islamist von internationalem Rang verkündet, es sei „elitär", auch nur eine Träne über diese verschwundenen Kunstwerke zu vergießen. Das gäbe ein Zetergeschrei! Aber sobald es um Mao Tse-tung geht, wird der Bildersturm respektabel. Ich warte nur auf den Italienisten, der uns zum Beweis seines großen wissenschaftlichen Geistes mitteilen wird, es wäre außer für

eine kleine Elite kein großer Verlust, wenn man die Uffizien, Sankt Peter in Rom und vielleicht auch den Dogenpalast in Rom verbrennte, denn – um eine Formulierung von M. Fairbank wiederaufzunehmen – die Künstler, denen man diese Kunstwerke verdankt, „lebten nicht in einer gerechten Gesellschaft". Unter uns gesagt, dieser berühmte Sinologe scheint mir sein Thema schlecht zu kennen, wenn er sich einbildet, das kommunistische China oder irgendein anderes kommunistisches Land sei eine „gerechte Gesellschaft". Man sieht, wie die bis zum Wahn getriebene Ideologie authentische Gelehrte, deren Aufgabe die Erkenntnis ist, dazu bringen kann, sich für die Vernichtung der Quellen der Erkenntnis zu beglückwünschen.

Wenn sie ihre Meinung ändern, dann, weil sich die bestehende politische Macht in dem Land, für das sie Spezialisten sind, geändert hat. Jene Sowjetologen, die jene düsteren Schilderungen der sowjetischen Wirtschaft und Gesellschaft, die in den Jahren 1970 von nur um Unparteilichkeit bemühten Historikern gemacht wurden, als tendenziös und polemisch abtaten, entdeckten von dem Moment an, wo Gorbatschow selbst die „Stagnation" seines Vorgängers verurteilte, plötzlich eine gnadenlose Hellsichtigkeit gegenüber der Ära Breschnjew. Man fragte sich, welche die „Aufgabe des Intellektuellen als Gegenspieler der Mächte" sein könnte, um ein bekanntes Klischee aufzugreifen, und die „heilige Unabhängigkeit des Forschers" bei diesen erbärmlichen plötzlichen Meinungsumschwüngen. Ähnlich bemerkte Jonathan Chaves,[6] einer der wenigen amerikanischen Sinologen, die vor den eisigen Füßen Mao Tse-tungs keinen Kniefall taten, in jenen Jahren, wo die chinesische kommunistische Partei selbst die Greueltaten zugab, die während der Kulturrevolution begangen wurden (1966–1976), daß man von den „*China Experts*" eine kleine Selbstkritik erwartet, das Eingeständnis, sie hätten sich geirrt. Aber weit gefehlt! Sie geben heute zu, daß die Kulturrevolution, der „zehnjährige Holocaust", wie man in China sagt, eine monströse Verirrung war, aber sie geben das nicht zu, weil sie es verstanden haben, sondern weil sie weiterhin der offiziellen Linie Pekings folgen. Sie vertragen den kritischen Geist Deng Xiao Ping oder seinem Nachfolger gegenüber heute nicht mehr, als sie ihn seinerzeit gegenüber Mao Tse-tung vertrugen. Es geht doch, noch einmal, darum, herauszufinden, wozu die Denkfähigkeit denn wirklich dient, diese Maschine, die Informationen empfängt, speichert, einordnet, kombiniert und interpretiert. Ich habe 1970 mehrere Seiten in einem meiner Bücher, *Uns hilft kein Jesus und kein Marx*,[7] der Analyse des kleinen roten Buchs und anderer Schriften von Mao Tse-tung gewidmet, und habe dabei die intellektuelle Armut, ja, die burleske Idiotie der Denksprüche des Pekinger Despoten unterstrichen. Welche Erleichterung empfand ich im Jahr darauf, als das befreiende Werk von Simon Leys erschien *Des Präsidenten Mao neue Kleider*,[8] und ich bemerkte, daß ich nicht mehr der einzige war, der meine Ansicht hatte. Aber wer wird uns jemals erklären, wie Dutzende Millionen von Intellektuellen auf der ganzen Welt, Studenten und Professoren, die Elite der höheren Studien in den demokratischen Gesellschaften, während fünf bis sechs Jahren dieses Gewebe aus anspruchsvollen Nichtigkeiten voll Zerknirschung meditierten? Und es handelte sich um Intellektuelle der freien Welt, die nichts und niemand dazu zwang, den Geist dermaßen abdanken zu lassen. Sie hatten eine gleichzeitig freiwillige und selbstlose Dummheit, ähnlich ihren großen Ahnen aus der Stalinzeit, die ebenfalls, abgesehen von ihrem Stalinismus, hervorragende Köpfe waren. „Was soll man von einem Romain Rolland, von einem Langevin, von einem Malraux sagen, schrieb Boris Souvarin im Jahre 1937, die das sowjetisch genannte Regime bewundern und billigen, ohne daß Hunger oder Folter sie dazu zwingen?" Und Souvarin bemerkte, daß die Redaktion der *Humanité* – der Zeitung der französischen Kommunistischen Partei – in nichts derjenigen der *Pravda* nachsteht, wenn es um Liebedienerei und Niedertracht geht, ohne daß sie die Entschuldigung hätte, in den Zangen einer totalitären Diktatur gefangen zu sein. Jonathan Chaves erzählt in seinem Artikel in *Chronicles,* er persönlich habe Forscher gekannt, Spezialisten der chinesischen Kultur, die einen Kollegen immer wieder rügten, wenn dieser etwas Günstiges über die *Ombres chinoises* (Paris 1974) von Simon Leys gesagt hatte. Das Phänomen, von dem wir eben ein neues Beispiel gesehen haben, ist jenes, daß paradoxerweise Leute, für die das intellektuelle Leben den Beruf darstellt, in ihren Urteilen und Verhaltensmustern von allen möglichen Kräften bewegt werden, nur nicht von der Kraft der Intelligenz. Ähnlich den Sinologen geraten auch die Sowjetologen leicht auf diesen Irrweg, der darin besteht, zu behaupten, daß man die Führer eines Landes bis in ihre kleinsten Angewohnheiten billigen muß, um würdig zu sein, dieses Land zu studieren. Schon wieder dieses Kriterium! Nur wer von der Sklaverei überzeugt ist, dürfte die griechische oder römische Geschichte studieren, nur ein Pro-Nazi die Geschichte Hitlers und nur ein Bilder- und Bücherstürmer die Biographie von Savonarola. In den Vereinigten Staaten sind so viele – glücklicherweise nicht alle – Sowjetologen solche Bewunderer ihres Studiengegenstandes, daß sie wie Stephen Cohen die wissenschaftlich zweifelhafte Ehre hatten, ihre Bücher ins Russische übersetzt und in der Sowjetunion verbreitet zu sehen, so sehr paßten diese Arbeiten zu den offiziellen Thesen. Symptomatisch für die Vernichtung des wissenschaftlichen Geistes durch die Leidenschaft ist der Satz von Moshe Lewin in der Einleitung zu seiner pro-stalinistischen *Entstehung des sowje-*

tischen Systems, wo er voll Empörung die „neueste antisowjetische Mode in der französischen Intelligenzia" brandmarkt.[9] Mit einer Handbewegung schiebt Lewin dieses antisowjetische Phänomen beiseite, als wäre es eine vergängliche Pariser Nebelschwade, eine flüchtige, mondäne Schrulle. Auf diese Weise hört ein Historiker, durch die Ideologie erblindet, auf, sich als Historiker zu benehmen und weigert sich, ein kulturelles Ereignis zur Kenntnis zu nehmen, das entgegen seinen Behauptungen von großer Bedeutung ist. Seit 1917 sind die französischen Intellektuellen in den Marxismus-Leninismus verstrickt und die Sowjetunion ihrerseits in den Streit rund um den Stalinismus, den „Sozialismus mit menschlichem Gesicht", die marxistische Erkenntnistheorie und den dialektischen Materialismus. Ob Fürsprecher oder Feinde, alle definieren sie sich selbst in bezug auf diesen Verbund von Theorien und Wirklichkeiten. Heute, nach siebzig Jahren, verliert diese Debatte ihre Substanz, es ist eine tote Debatte, die sowjetische Frage ist abgeschlossen, zumindest im alten Sinn, man hat die Sache verstanden, der Marxismus interessiert niemanden mehr, oder er interessiert lediglich als eine philosophische Lehre unter vielen. Das ist eine beachtliche historische Wende, vergleichbar dem letzten Atemzug der mittelalterlichen Scholastik in anderen Jahrhunderten. Und jemand, der sich als Historiker versteht, begreift das nicht!

Ideologischer Druck auf die Wissenschaft mit Gewalt und durch Gewalt wurde zu Zeiten eines Kopernikus, Giordano Bruno oder Galilei ausgeübt. Heutzutage ist er nur mehr in den Geschichtswissenschaften und in der Soziologie möglich, und weniger oder gar nicht in den exakteren Wissenschaften. Trotzdem zögern die Physiker nicht, ihr Prestige als Gelehrte zu nützen, um ideologische Schlachten außerhalb des Feldes ihrer Kompetenz zu schlagen oder über Fragen, die mit ihrer Kompetenz nur eine scheinbare Verbindung haben. Das war und ist der Fall bei Physikern, die, aus politischen Gründen oder weil sie einem einseitigen Pazifismus huldigen, der Aufrüstung mit Kernwaffen in ihrem eigenen Land feindlich gegenüberstehen, und ihre Prestige als Gelehrte dazu nützen, um die Öffentlichkeit zu beeindrucken und ihr im Namen der Wissenschaft kategorische Urteile zu verpassen, die in Wirklichkeit von unwissenschaftlichen Motiven diktiert sind.

Im Gegensatz zu den meisten anderen Intellektuellen erfahren jene wissenschaftlichen Forscher, deren Methoden und Forschungsgegenstände unüberprüfbare Behauptungen unmöglich oder zumindest schwierig machen, Beweiszwänge, die ihren Disziplinen innewohnen. Aber außerhalb dieser Disziplin können sie sich von diesem Zwang befreien, wenn ihr Charakter oder die ideologische Leidenschaft sie dazu drängt. Die Strenge, der sie in Ausübung ihrer Wissenschaft unterworfen sind, und ohne die sie ihre Wissenschaft einfach gar nicht betreiben könnten, kann nicht auf Bereiche außerhalb ihres Forschungsfeldes übertragen werden oder außerhalb ihres spezifischen Gegenstands. Die größten Wissenschaftler hören oft auf, solche zu sein, sobald sie sich von ihrem Spezialgebiet entfernen. Sie können zu den schlimmsten Gedankensprüngen fähig sein oder zu den dümmsten Absonderlichkeiten, wenn sie sich von ihrem Gebiet entfernen. Anders gesagt, ihre Intelligenz kann, wenn sie sich einem profanen Gegenstand zuwendet, die Sperr- und Schutzgitter verlassen, die eine wissenschaftliche Arbeit durch ihre Grundgesetze jedem aufzwingt, der sich ihr widmet. Während dieser Arbeit haben sie keine Wahl. Es ist hopp oder tropp: man macht sie innerhalb der Regeln oder gar nicht. Aber außerhalb dieser Arbeit kann sich die Phantasie revanchieren. Parteinehmende Unehrlichkeit, Schwäche der Argumentation, Ablehnung oder auch Fälschung der Tatsachen, Gewicht persönlicher Ressentiments können die Leistungen eines Kopfes beeinträchtigen, der zurück in der Wiege der Wissenschaft oder unter der Bedingung, sie gar nicht erst zu verlassen, zu den besten zählt. Falsche, widerliche, lügnerische Behauptungen, die ein Frédéric Joliot-Curie, ein Albert Einstein oder ein Betrand Russell von sich geben konnten, wenn sie sich außerhalb der Physik oder der mathematischen Logik begaben, bilden ein Reservoir, aus dem zu schöpfen ich mir später erlauben werde, um dieses Buch aufzulockern. Keiner denkt selbstverständlich daran, diesen großen Männern das Recht streitig zu machen, alle Meinungen auszusprechen, die sie zu allen Bereichen haben, die sie interessieren, ohne sich auf ihre Spezialität zu beschränken. Dieses Recht steht jedem Wissenschaftler zu. Sie haben dieselbe Freiheit wie die übrigen Erdenbürger. Aber der Betrug beginnt, wenn sie den Stempel ihres wissenschaftlichen Prestiges Haltungen aufdrücken, die von ihrer Kompetenz abgeleitet scheinen, während sie in Wirklichkeit keineswegs von dort stammen. Wenn ein bekannter Gelehrter seine Sympathie für eine bestimmte politische Partei an die große Glocke hängt, ist das lediglich eine verzeihliche Propaganda-Aktion, wie auch Schriftsteller, Schauspieler, Maler und alle jene sie begehen, wenn sie ihren berühmten Namen in den Dienst einer guten Sache stellen, obwohl diese Beurteilungskriterien verlangt, die mit jenen, die sie in ihrem Hauptbetätigungsfeld so hervorstechen lassen, nichts zu tun haben.

Dieser leichte Mißbrauch von Vertrauen erlangt allerdings unentschuldbares Gewicht, wenn der Betreffende vorgibt, zwischen seinem Wissen als Gelehrter und seinen politischen oder moralischen Stellungnahmen bestehe ein inneres, ausgesprochen wissenschaftliches Band, dessen tatsächliche Existenz die breite Öffentlichkeit ganz eindeutig

nicht überprüfen kann. Das war Anfang der fünfziger Jahre beispielsweise der Fall, als ein Joliot-Curie das Prestige seines Nobelpreises für Physik dafür verwendete, die amerikanische Atombombe als schädlich und die sowjetische Atombombe als im höchsten Grade heilsam zu bezeichnen. Jemand kann sehr gut ein authentischer Gelehrter in Sachen Atomwissenschaften sein und dennoch Behauptungen aufstellen, die jeder Seriosität ermangeln, wenn es um Aspekte nuklearer Probleme geht, die nicht zur theoretischen Forschung gehören, wie zum Beispiel Probleme der Nuklearstrategie. Und doch wird die Öffentlichkeit aufgrund von Vergleichen und Annäherungen glauben, die Ansichten eines Atomphysikers in Sachen Atomstrategie seien besser begründet als jene eines Handelstreibenden oder eines Landwirtes. Das trifft aber nicht zu. Die zweite Disziplin ist trotz der gleichen Benennung von der ersten so weit entfernt wie die Chefetage eines Industriebetriebs von der Makro-ökonomischen Theorie. Ein Nobelpreis für Ökonomie ergibt nicht unbedingt einen guten Präsidenten für einen multinationalen Konzern, oder auch nur einen guten Greißler. General Pierre Gallois bemerkte ironisch, daß „das *Bulletin des scientifiques de l'Atome* seit seiner Gründung (knapp nach Ende des Zweiten Weltkrieges) jeden Monat die bevorstehende Atomkatastrophe ankündigt“[10].
Der Grund für diesen unendlich oft wiederholten Fehler liegt darin, daß man die Atomstruktur und die inneratomaren Methoden zur Freisetzung von Energie kennen kann, ohne sich deshalb in Strategiefragen auszukennen. Wenn er die Risiken eines Atomwaffenkonflikts abschätzen will, oder auch die eines konventionellen Krieges, dann muß ein Atomphysiker, auch wenn er Nobelpreisträger ist, dieselben Bedingungen erfüllen wie ein Normalbürger: er muß das politische, militärische, wirtschaftliche und ideologische Kräfteverhältnis zwischen den betroffenen Großmächten kennen, ihre Bündnissysteme, ihre Empfänglichkeit für Bedrohung, das Ausmaß und die Natur der Spannungen in den bilateralen Beziehungen, in den indirekten Zusammenstößen, etwa durch einen eingeschobenen Dritte-Welt-Konflikt, wie auch in den regionalen Konflikten. Die Kompetenz in Geostrategie ergibt sich nicht aus jener, die man in theoretischer Physik besitzt, ebensowenig wie vor tausend Jahren ein Schmied besser als ein Schafhirte die Politik und die Strategie hätte beurteilen können, unter dem Vorwand, daß ein Krieg damals mit Hilfe von Schwertern bestritten wurde und daß er es war, der sie herstellte. Ein guter Flugzeugbauer hat keine Voraussetzung dafür, ipso facto Generalstabschef der Luftwaffe oder Verteidigungsminister zu werden, ebensowenig wie ein Automobilingenieur das Zeug für einen Formel-Eins-Piloten haben muß. *The Bulletin of Atomic Scientists* veröffentlicht dagegen unter der Autorität der Wissenschaft zahlreiche

strikt politische Artikel. Ich konnte das am eigenen Leib erfahren, als der ausgezeichnete Physiker Rabinovich im Jahre 1972 dort mein Buch *Ni Marx ni Jésus* rezensierte. Vor allem meine These, die Vereinigten Staaten seien keine faschistische Gesellschaft und bewegten sich auch nicht in Richtung Faschismus, war ihm aufgefallen und er griff sie aufs heftigste an. Diese These hatte tatsächlich sowohl die europäische Linke als auch die amerikanischen „Liberalen" verblüfft, die damals in der wissenschaftlichen Gemeinde des Landes bei weitem in der Überzahl waren. Wegen des Vietnamkriegs und selbstverständlich ohne die geringste Ahnung von der totalitären Gefahr, die Hanoi für Südostasien darstellte, galt es in diesen Jahren unter den amerikanischen Intellektuellen als erklärte Tatsache, daß die Vereinigten Staaten in eine Art Vornationalsozialismus schlitterten. Ich kann mich erinnern, daß ich zu einer Debatte in einer Art intellektuellem Zirkel, einem „Büro der Köpfe", wie Voltaire es nannte, das *Theatre for Ideas* hieß, eingeladen wurde, oder besser gesagt als Opfer abgeschlachtet. Das war im November 1971 in New York. Der Saal barst von Professoren aus den großen Universitäten der Ostküste. Das Podium war besetzt mit John Kenneth Galbraith als Moderator, Wassily Leontief (späterer Nobelpreisträger für Wirtschaft) und Eugene McCarthy, noch im Strahlenglanz seines Ringkampfes gegen den Präsidenten Johnson, den er zunächst durch seinen hartnäckigen Widerstand gegen den Vietnamkrieg und dann als demokratischer Kandidat k. o. geschlagen hatte, während einer brillanten Vorstellung bei den Vorwahlen im Jahre 1968. Besonders der unerwartet hohe Stimmanteil für Eugene McCarthy bei den Vorwahlen in New Hampshire, deren Stellenwert als Glücks- oder Unglücksbringer im amerikanischen Wahlaberglauben man kennt, demoralisierte Johnson und hatte einen wichtigen Anteil an der Entscheidung Johnsons, nicht zu kandidieren. Ganz nebenbei gesagt, ist diese berühmte Heldentat des Senators McCarthy in New Hampshire ein gutes Beispiel für die Heranbildung und Unzerstörbarkeit von falschen Vorurteilen. Die „liberale" Presse stellte das Resultat lautstark als Sieg von McCarthy dar. Es war zweifellos ein moralischer Sieg von politischer Bedeutung. Aber arithmetisch erreichte der Senator nur den zweiten Platz hinter Johnson, der also folglich in den Wahlurnen gesiegt hatte. Die Überraschung war entstanden, weil der Abstand zwischen den beiden demokratischen Rivalen kleiner ausgefallen war als vorhergesehen, in einem System, wo traditionellerweise ein Präsident, der vom ersten zum zweiten Mandat wechselt, in seiner eigenen Partei auf keinen ernstzunehmenden Rivalen stößt. Aber die Presse lieferte bei dieser Angelegenheit so passende Kommentare, daß es bald als gesichertes Allgemeinwissen galt, McCarthy habe Johnson bei den Vorwahlen von New Hampshire 1968 geschlagen. Alles spricht davon wie von einer historischen Wahrheit, und ich selbst glaubte daran. Eugene McCarthy selbst klärte mich über diesen Irrtum auf, anläßlich dieses Treffens im Theatre for Ideas.

Das war übrigens die einzige interessante Offenbarung, die ich erfuhr, zumindest was den Bereich der Tatsachen betrifft. Denn an Halluzinationen kam ich voll auf meine Rechnung. Eugene McCarthy, gefolgt von der Mehrheit des Saales und der Gesamtheit des Podiums, den Moderator, der sehr wenig moderierte, eingeschlossen, warf mir vor, eine schlechte Tat begangen zu haben, als ich die Fabel verbreitete, Amerika sei nicht in Richtung Totalitarismus unterwegs. Es war jene Zeit, wo die Formulierung von Dr. Benjamin Spock: „Amerika ist auf demokratische Weise faschistisch geworden" als das Nonplusultra an politischer Weisheit galt. Sonderbarerweise hatte ich selbst eher den Eindruck, ich hätte ein Buch zum Ruhme der amerikanischen Linken geschrieben (soweit das Thema die Vereinigten Staaten waren, was nur teilweise zutraf, da es mein Hauptziel war, einem noch unbekannten Typus von sozialer Mutation nachzugehen). Hatte ich nicht die Einmaligkeit dieser „Kulturrevolution" im wahrsten Sinne des Wortes aufgezeigt, die ja von den Universitäten ausgegangen war, die Einmaligkeit der Rassenrevolution und der Medienrevolution, die in Amerika begonnen hatten, um viel später, nach 1968, nach Europa überzuschwappen? Hatte ich nicht diese Neuheit betont, daß nun zum ersten Mal die öffentliche Meinung ihre eigene Regierung in Schach hielt, und zwar in einem Bereich, der bis dahin unantastbar war, nämlich dem der Außenpolitik, und das aus im wesentlichen ethnischen Gründen – geboren im Vietnamkrieg (zu Recht oder zu Unrecht, das ist eine andere Frage, die nur die Zukunft wird beantworten können)? In Wirklichkeit, von heute aus betrachtet, war mein Buch von einem viel zu starken Linksoptimismus gezeichnet. Wenn ich in bezug auf den inneren Wandel ungefähr richtig lag, so unterschätzte ich die Katastrophen, die der neuen Geisteshaltung in der Außenpolitik entspringen sollten, und die vielleicht aufgrund der Struktur jeder Demokratie unvermeidlich sind. Aber was ich 1970 sagte, war, daß die amerikanische Linke gewonnen hätte, politisch und kulturell. In meinen Augen war das ein tieferes Kulturphänomen, das mehr Konsequenzen haben würde als alles, was in den Büros der Exekutivmacht vor sich gehen mochte. Aber die amerikanische Linke war – ebenso wie die europäische – auf diesem Ohr taub. Sie brauchte, wie auch wir, ihr „faschistisches" Amerika, eine Art Werwolf, den sie für ihre ideologische Bequemlichkeit benötigte. Auf der einen wie auf der anderen Seite des Atlantik konnte die Linke meine andere Ansicht, auch wenn sie von

einem linken Gesichtspunkt aus formuliert wurde, nicht anders interpretieren als mit einem „Rechtsruck“.
Der gallige Rabinovitch, den ich etliche Monate später bei Freunden in Washington traf, analysierte mich in seinem Artikel ebenso und zeigte ihn bei unserem Gespräch. Er betrachtete mich während unseres kurzen Meinungsaustauschs ständig mit jenem zweideutigen Mitleid, das man für einen Kriminellen hegt, der demnächst an Krebs sterben wird. Mitleidig für den Sterbenden, gleichzeitig mit aller Strenge für den Mörder, so durchbohrte mich sein Blick mit seinem psychischen Laserstrahl, während seine Stimme mich seiner grundsätzlichen Achtung für die Überreste von *Homo sapiens* versicherte, die trotz allem und gegen meinen Willen immer noch in mir überlebten.
Um zum Mittelpunkt der Frage zurückzukommen, so sagte ich, es handle sich nur um eine halbe Schwindelei, wenn man eine subjektive Ansicht mit der Autorität verbrämt, die man in der Öffentlichkeit dank wissenschaftlicher Arbeiten erworben hat, die mit dieser Ansicht nicht in Zusammenhang stehen. Dagegen, und das betone ich lieber sechsmal als einmal, wiegt die Fälschung unendlich schwerer, wenn jemand die Wissenschaft in eine politische Entscheidung einbringt, und so falschen Daten und erfundenen Schlußfolgerungen den Anschein wissenschaftlicher Beweise verleiht. Hier begnügt sich der Gelehrte nicht damit, seine Berühmtheit auszuspielen, um einen ideologischen Gemeinplatz zu verbreiten, der mit seinem Spezialgebiet nichts zu tun hat. Er täuscht die Öffentlichkeit, wenn er eine These so darstellt, als sei sie aus der Wissenschaft erwachsen, die in Wirklichkeit nicht aus der Wissenschaft stammt, sondern ihm aus Beweggründen nahesteht, die zu seinen Kompetenzen keine Beziehung haben, die er aber mit den äußeren Merkmalen wissenschaftlichen Vorgehens verbrämt im Wissen, daß die Mehrzahl der Leute, die diese Botschaft erhalten werden, unfähig sind, die Seriosität der aufgestellten Behauptungen nachzuprüfen oder auch nur an ihnen zu zweifeln. Zu einem Manöver dieser Art haben viele Wissenschaftler ihren Beitrag geleistet, indem sie die Fabel vom „nuklearen Winter“ erfanden und verbreiteten. Dieser Ausdruck bedeutet, daß jeder Einsatz von Atomwaffen die Erde mit einem Schild radioaktiven Staubes umgeben würde, der so lange Zeit die Solarenergie von unserem Planeten abschirmen würde, bis das Leben und auf jeden Fall die Menschheit auf der Erde verschwinden müßte. Diese erschreckende Vision tauchte zunächst im Jahre 1982 in einem Horrorroman auf, der keinen wissenschaftlichen Anstrich hatte, und zwar in der schwedischen Ökologiezeitschrift *Ambio*, die ganz eindeutig vom Internationalen Friedensforschungsinstitut von Stockholm beeinflußt wird (SIPRI: *Stockholm International Peace Research Institute).* An-

fänglich stammt das Bild des Nuklearwinters aus dem Bereich der Friedensbewegung, die es als Schreckgespenst benützte, um die Demokratien zur einseitigen Abrüstung zu drängen und vor allem, um zu einem bestimmten Zeitpunkt die Stationierung von Raketen in Europa zu verhindern. Gruppen von Wissenschaftlern, die für diese einseitige Abrüstung eintraten, eilten damals zu Hilfe, wie die *Physicians for Social Responsability,* die *Federation of American Scientists* und die sehr berühmte und rührige *Union of Concerned Scientists* (was man mit „Vereinigung der verantwortlichen Wissenschaftler" übersetzen könnte oder auch mit „betroffen", „besorgt" oder auch mit „engagiert".
Diese Vereinigungen organisierten Gelder bei allen möglichen beflissenen Institutionen, um bei einer Mannschaft von Forschern, die vom Astrophysiker und Medienstar Carl Sagan angeführt wurde, einen Bericht über die Gefahr ausarbeiten zu lassen. Üblicherweise wird ein Artikel, besonders über ein so umstrittenes Problem, der „Beurteilung" durch Spezialisten unterzogen, die dem oder den Autoren gleichwertig sind (mindestens drei), bevor er in irgendeinem der anspruchsvollen Wissenschaftsmagazine erscheint, die internationalen Ruf haben. Aber der Bericht der Sagan-Gruppe entging sonderbarerweise dieser Prozedur.[11] Er erschien ohne Hindernis in der Zeitschrift *Parade,* deren Herausgeber, ein gewisser Carl Sagan, keinen Einwand gegen sich selbst einbrachte. Aber, was eine beunruhigendere Nachlässigkeit darstellt, er erschien wenig später, am 23. Dezember 1983, leicht abgeändert, aber immer noch ohne die üblichen Beurteilungen, in der höchst geachteten Zeitschrift *Science.* Wenige Tage später tauchte ein weiterer Artikel von Carl Sagan zum selben Thema, „Nuclear War and Climatic Catastrophe",[12] im Inhaltsverzeichnis der ehrenwertesten amerikanischen Zeitschrift für Politikwissenschaften, *Foreign Affairs,* auf (Winter 1983–1984). Ende Oktober wurde in Washington ein Kolloquium abgehalten über das Thema: „Die Welt nach dem Atomkrieg", und zwar zu einem Zeitpunkt, wo es mit dem Erscheinen der Spezialausgabe der *Parade* zusammenfiel. Man brachte die Beiträge dieses Kolloquiums sehr schnell unter dem Titel *The Cold and the Dark* („Kälte und Dunkel") heraus, lauter Musterbeispiele für die Scham, nicht auf schreierische Titel zurückzugreifen oder auf Methoden der Sensationspresse, wie man die Nerven der Leserschaft kitzelt, Methoden, die von den „liberalen" Intellektuellen immer verachtet werden. Noch vor jeder wissenschaftlichen Veröffentlichung, vor jeder Möglichkeit für nicht „betroffene" Wissenschaftler, den Bericht aufmerksam durchzugehen, hatte die Fondation Kendall schon 80.000 Dollar an die Public-Relations-Firma Porter-Novelli Associates in Washington überwiesen, damit sie die grobschlächtigsten und beängstigendsten Slogans unter die Leute

bringen konnte, die man aufgrund des Berichts formuliert hatte, schlichtweg verfrühte Behauptungen, bar jeder rationalen Argumentation. Jeder wissenschaftlichen Kontrolle entzogen, aber im Namen der Wissenschaft inszeniert, wurde die Mediencampagne mit Videoclips und mehreren Filmen weitergeführt, der berühmteste unter ihnen, *The Day after,* ging ja um die ganze Welt. Überall setzte sich der „Atomwinter" wie eine bewiesene Wahrheit durch, denn die Presse beschränkte sich meist darauf, das Propagandamaterial und die Überblicksdokumentationen zu benützen, die für eine schnelle Recherche ausgearbeitet worden waren, und die man ihr noch vor der Veröffentlichung des Gesamtberichts hatte zukommen lassen, und um so mehr vor den kritischen Reaktionen, die trotz allem in der wissenschaftlichen Szene bald auftauchten.

Diese kritischen Reaktionen befleißigten sich allerdings anfänglich äußerster Zurückhaltung, die ihren Verfassern durch die Furcht auferlegt war, der Sympathie für den Atomkrieg geziehen zu werden. Man weiß ja, welche moralische Eleganz und intellektuelle Redlichkeit der Korpsgeist in dieser Art von Debatte zeugen kann, besonders und vor allem auf Universitätsebene. Wenn sich auch sehr schnell in den Polstersitzen der National Academy of Sciences die Überzeugung breit machte, das Klimamodell des Atomwinters sei das, was man üblicherweise im Familienkreis als Humbug bezeichnet, als Schaumschlägerei, gemischt mit Betrug, so wagten es doch wenige Stimmen, das zu sagen, denn, um die direkte und farbige Sprache aufzunehmen, die Freeman Dyson, Nobelpreisträger für Physik 1984 verwendete, „der TTAOS-Bericht ist ein ausgesprochenes Monster an Wissenschaftsliteratur. Aber ich habe keine Hoffnung, die öffentliche Berichterstattung korrigieren zu können. Ich denke, ich werde mich folgendermaßen aus der Affäre ziehen: Wer will schon beschuldigt werden, für einen Atomkrieg einzutreten?" Trotz der natürlichen Angst vor Prügel, der auch die fleischliche Hülle der größten Geister nicht entkommt, fiel der Sagan-Bericht und das Werk *The Cold and the Dark* (das ein Kritiker des *San Francisco Chronicle* sich nicht entblödete, als das „wichtigste jemals veröffentlichte Buch" zu bezeichnen) nach etwa zwei Jahren im Wissenschaftsmilieu total in Mißkredit.

Endlich machte man den Mund auf und die Zeitschriften veröffentlichten Widerlegungen. Von Gewissensbissen geplagt, brachte der Herausgeber von *Foreign Affairs* in seiner Ausgabe vom Sommer 1986 den Artikel von zwei Wissenschaftlern heraus, die dem „Nationalinstitut für die Erforschung der Atmosphäre" angehören, und die den drei Jahre vorher erschienenen Artikel von Carl Sagan mit einer vernichtenden Kritik bedachten. Die Verfasser schrieben vor allem: „Auf wissenschaftlicher Basis kann man die weltweiten apokalyptischen Voraussagen der ursprünglichen These vom nuklearen Winter auf einen verschwindend niedrigen Wahrscheinlichkeitsgrad zurückstufen."[13] Andere ebenso kritische Artikel erschienen nach und nach in *Nature*, in *Science*, ja sogar in *Ambio*, die zusammengefügt am Phantasiegebäude, das rund um den nuklearen Winter aufgebaut worden war, keinen Stein auf dem anderen ließen. Aber als Schlagwort lebt der Ausdruck weiter, er erzeugt weltweit weiterhin die Wirkung, die die Friedensorganisationen beabsichtigten, die ihn in die Welt setzten. Die unerbittlichen Studien, die in höchst weisen Zeitschriften abgedruckt wurden, werden es niemals erreichen daß die Folgen der ursprünglichen Medien- und Filmkampagne ausgelöscht werden, um so weniger, als sich die gedruckte Presse, wo letztere breiten Widerhall gefunden hatte, für die kritischen Neueinschätzungen nicht interessierte, die später zutage kamen.

Man sieht also, daß ein intellektueller Schwindel das Gütesiegel der Wissenschaft erlangen und für Millionen von Menschen zur Bibelweisheit werden kann.

„... Wenn wir doch nur", so schreibt Pierre Bayle, „sehen könnten, was im Kopf der Menschen vor sich geht, wenn sie eine Ansicht auswählen! Ich bin sicher, wenn das möglich wäre, würden wir die Meinung einer unendlichen Menge von Menschen auf die Autorität von zwei oder drei Personen zurückführen können, die eine Doktrin, von der man annahm, sie wären ihr gründlich nachgegangen, ausgesprochen haben, um sie mehreren anderen weiterzugeben, und zwar aufgrund des Vorurteils, sie hätten die entsprechenden Verdienste; diese wieder gaben sie mehreren anderen weiter, die es aus natürlicher Faulheit bequemer fanden, ein für allemal zu glauben, was man ihnen sagte, anstatt es sorgfältig zu prüfen. Auf diese Weise wuchs die Anzahl der gutgläubigen und faulen Anhänger von Tag zu Tag und diente den anderen Menschen als Vorwand, um sich die Mühe, eine Meinung genauer zu prüfen, zu ersparen, wo sie doch so allgemein akzeptiert wurde und weil sie sich zu Recht einredeten, sie habe nur aufgrund jener soliden Überlegungen soweit kommen können, die man anfangs anstellte, um diese Meinung aufzustellen; und letztlich merkte man, daß es nötig ist, zu glauben, was alle Leute glauben, um nicht für einen Eigenbrötler zu gelten, der alles besser wissen will als alle anderen." Denn lassen wir alle Hoffnung auf Wahrheit fahren: obwohl ihr Gegenteil bewiesen war, überlebte die Vision vom nuklearen Winter in der Phantasie der Menschen. In ihrer Ausgabe vom 23. Jänner 1986 bedauerte *Nature*, die wichtigste englische Wissenschaftszeitschrift und eine der wichtigsten in der ganzen Welt, den fortschreitenden Niedergang der Objektivität im Umgang mit wissenschaftlichen Daten und die besorgniserregende Unbekümmertheit etlicher Forscher, wenn sie Theorien vorbringen, die jeder festen Grundlage entbehren. „Nirgends", so schreibt *Nature* weiter, „ist das deutlicher als in der neueren Literatur über den nuklearen Winter, eine Forschung, die für ihren Mangel an wissenschaftlicher Sorgfalt zu trauriger Berühmtheit gelangte." Aber nach dem illusionslosen Kommentar von Russel Seitz im vorher zitierten Artikel erreichten diese verspäteten Richtigstellungen in ernstzunehmenden Veröffentlichungen die breite Öffentlichkeit nicht. Das Übel in der Weltmeinung war getan, und es gibt kein Mittel dagegen. Nur wenige Monate nach der Widerlegung in *Nature* veröffentlichte *New York Times* trotzdem einen Artikel, in dem Frederick Warner, vom SCOPE (dem Scientific Committee on Problems of the Environment), voraussagte, die Auswirkungen des nuklearen Winters auf die Umwelt würden 4 Milliarden Tote nach sich ziehen. Ein Jahr zuvor, im September 1985, hatte SCOPE sich in der *Washington Post* noch mit zweieinhalb Milliarden begnügt.

Geht es hier um eine „nützliche Lüge", die man entschuldigen könnte, solange sie nur der Sache der Abrüstung und des Friedens nützt? Wäre das der Fall, so müßten wir uns dennoch fragen, ob Gelehrte einen Freibrief haben, der es ihnen erlaubt, Daten zu fälschen, und sei es in lobenswerter Absicht. Sagen wir ja? Dann geben wir ihnen auch einen Freibrief für Fälschungen im Namen einer verdammenswerten Absicht. Niemand bestreitet Carl Sagan und seinen Anhängern das Recht, als Staatsbürger pazifistische Meinungen auszusprechen und zu verbreiten. Ihr Betrug besteht darin, daß sie die Kraft ihrer Eigenschaft als Gelehrte vorbringen und so, als ob sie aus ordnungsgemäß überprüften wissenschaftlichen Entdeckungen ableitbar wären. Jeder Mensch neigt dazu, zu glauben, daß seine politische, religiöse oder ideologische Causa moralisch jedes Täuschungsmanöver rechtfertigt. Aber wenn sich die Wissenschaft diesem Schwindel beugt, unter Mißbrauch der Unwissenheit der meisten Menschen, so folgt daraus, daß die Autorität der einzigen Vorgangsweise vernichtet wird, die der Mensch bis zum heutigen Tag erfunden hat, um sich selbst Wahrheitskriterien zu unterwerfen, die von seinen subjektiven Wünschen unabhängig sind.

Oder, genauer gesagt, Schwindeleien dieser Art, die häufiger sind, als man glauben würde, beweisen, daß sogar bei den Gelehrten die ideologische Leidenschaft den Sieg über das Berufsgewissen davonträgt, sobald Unsicherheit und Komplexität der Daten in einer Debatte genügend Verwirrung stiften, um eine ideologische Lüge als wissenschaftliche Wahrheit zu verkleiden.

Dazu kommt, daß die Causa, für die jene Urheber der Mär vom nuklearen Winter die Wissenschaft verraten haben, weit davon entfernt ist, rein zu sein. Sie kämpften in Wirklichkeit nicht für die allgemeine Abrüstung, sondern nur für die Abrüstung im Westen. Ihre Campagne war gegen die amerikanischen Militärprogramme gerichtet, die aufgrund der Abstimmungen im Kongreß 1983 und 1984 ausgesetzt worden waren, sie heizte den Antiamerikanismus in der dritten Welt an und unterstützte die europäischen Pazifisten, die eine Erweiterung der europäischen Raketenprogramme bekämpften. Sie hätte demnach nicht zum Rückgang, sondern zum Ungleichgewicht der Rüstung geführt, zum Schaden des Westens und zum Nutzen der Sowjetunion. Diese schätzte das keineswegs falsch ein und ließ in allen ihren Konzerten die Partitur vom nuklearen Winter spielen, die im Westen komponiert worden war. Gipfel der Ironie: Die Wissenschaftsakademie der Sowjetunion hatte, wie auch die sowjetischen Gelehrten, die im August 1984 in Sizilien am 4. Internationalen Kongreß über den Atomkrieg teilnahmen, zunächst an der Seriosität der höchst abenteuerlichen Hypothese ihrer amerikanischen Kollegen mutige Zweifel angemeldet. Ihre Skrupel wurden umgehend weggekehrt, und ihre eigenen Propagandadienste, damals unter der Leitung von Boris Ponomarev, verurteilten sie zum Schweigen. Besteht die Kunst der sowjetischen Dienste nicht in bewährter Technik darin, sich auf westliche Arbeiten zu stützen, um Thesen zu verbreiten, die dem Westen gegenüber feindlich eingestellt sind? Sie beziehen sich zum Beispiel auf Paul Ehrlich, einen der großen Handelsreisenden in Sachen nuklearer Winter, ein Biologe, der schon mit einer ersten pseudo-wissenschaftlichen Erfindung bekannt wurde, die er 1968 in seinem Buch *Die Bevölkerungsexplosion* vom Stapel ließ, auf das ich noch zurückkommen werde.

In einem Artikel, der 1984 in den *Nouvelles de Moscou* erschien, später als Broschüre von der Dokumentationsabteilung der UNESCO (wer sonst!) verbreitet, dient der Name Ehrlich dazu, eine neue Erfindung zu decken: nach dem nuklearen Winter würde die Menschheit von einem nuklearen *Sommer* geplagt werden! Tiefgekühlt, dann aufgetaut, würden wir schließlich gegrillt und anschließend von den ultravioletten Strahlen geblendet.

Wenn sich die Gelehrten, die solcherart das Prestige der Wissenschaft und die Gutgläubigkeit ihres Nächsten mißbrauchen, aufrichtig dem Frieden widmeten, würden sie nicht Anstrengungen machen, um eine Meinung zu verbreiten, die ein Ungleichgewicht der Rüstung zugunsten der Sowjets anstrebt. Denn das Resultat dieser Strömung ist, daß nur die westlichen Nationen auf *ihre* Regierungen Druck ausüben, um *ihre* Rüstung zu reduzieren. Aber das wahre Kriegsrisiko bringt ja gerade die einseitige Abrüstung. Bei unparteilichem Studium der gewon-

nenen Erfahrungen müßten die Wissenschaftler, wären sie ehrlich, bemerken, daß seit 1945 alle jene Gebiete der Erde, die im Bereich der gegenseitigen und ausgeglichenen atomaren Abschreckung liegen, Friedenszonen geblieben sind – zum erstenmal in der Menschheitsgeschichte für einen so langen Zeitabschnitt.
Dagegen würden ihnen die über 150 konventionellen Konflikte, die nur deshalb stattfinden konnten, weil sie außerhalb der Zone atomarer Abschreckung liegen, und die in vierzig Jahren mindestens 60 Millionen Opfer gekostet haben, gleich viele wie der Zweite Weltkrieg, oder sogar noch mehr.
Es ist sicher nicht unser Ideal, wenn der Frieden nur aus Angst vor der sicheren gegenseitigen Vernichtung aufrechterhalten wird. Die Menschheit muß alles tun, um sich in dieser Situation nicht festzufahren, die nur eine Behelfslösung sein kann. Aber der Ausweg kann nicht darin bestehen, daß man nur das demokratische Lager bearbeitet, um es zur einseitigen Abrüstung zu bringen, was ja nur den Weg zum totalitären Imperialismus freigibt. Man tut das zumindest auf ehrliche Weise, wenn man die einseitige Abrüstung als einfacher Staatsbürger verlangt, der das gute Recht hat, eine Meinung zu vertreten, die falsch und gefährlich zu finden andere Staatsbürger das gleiche gute Recht haben. Aber man benimmt sich unehrlich, wenn man vorgibt, diese Meinung stütze sich auf Wissenschaft oder Religion (letzteres kommt ebenfalls vor). Die „verantwortlichen" Gelehrten, die in Washington im September 1987 die Unterzeichnung des sowjetisch-amerikanischen Vertrages zur Reduzierung der Mittelstreckenraketen lautstark begrüßten – haben sie darüber nachgedacht, daß dieser Vertrag niemals hätte abgeschlossen werden können, wäre man fünf Jahre vorher ihren Vorschlägen gefolgt, das heißt, hätte die NATO nicht die europäischen Raketen entwickelt, was die Vereinigten Staaten jeden Tauschwerts beraubt hätte? Und vor allem darüber, daß es gar keinen Grund gegeben hätte, einen solchen Vertrag abzuschließen, wäre die UdSSR 1982 damit einverstanden gewesen, ihre SS 20 zurückzuziehen, als Gegenleistung zur Nichtaufstellung der Pershing 27.
Dafür, daß die Ideologie in vielen wissenschaftlichen Urteilen schwerer wiegt als die Wissenschaft, findet man eine weitere Bestätigung in der Reaktion des amerikanischen Wissenschafts-Milieus auf SDI, die strategische Verteidigungsinitiative, allgemein bekannt unter dem Begriff „Krieg der Sterne". Wenn man die traditionelle Feindseligkeit dieses Milieus gegen die Atomwaffen bedenkt, hätte man erwarten können, daß sie diese Initiative günstig aufnimmt und daß sie die Möglichkeit, auf eine Strategie überzugehen, die auf der aktiven Verteidigung beruht, daß heißt in einem Weltraum-„Schild" besteht, mit Wohlwollen

prüfen würde. Die reine Abschreckung beruht darauf, daß zwei Konfliktgegner nur Angriffswaffen besitzen, die angesichts einer sicheren gegenseitigen Vernichtung dazu dienen, daß einer den anderen lähmt. Es ist Sicherheit, gegründet auf der Gegenseitigkeit des Schlimmsten. Sie war von den amerikanischen Gelehrten und auch von den Bischöfen immer verurteilt worden, zunächst wegen ihrer Immoralität, denn man kann doch nicht auf eine Sicherheit setzen, die von einer ständigen gegenseitigen Todesdrohung lebt, und dann wegen der Gefahren, einen Atomkrieg durch Zufall auszulösen. Diese Katastrophe war schon oft als Fiktion inszeniert worden, besonders von Stanley Kubrick in seinem klassischen Film „Dr. Seltsam oder Wie ich lernte, die Bombe zu lieben" (1964). Doch siehe da, kaum war das Forschungsprogramm SDI 1983 von Präsident Reagan angekündigt worden, als die amerikanischen Wissenschaftler auch schon ihre Weste umdrehten, mit einer Verwandlungsgeschwindigkeit, die eines Leopoldo Fregoli würdig gewesen wäre, von dem die Theaterhistoriker sagen, daß er im gleichen Stück bis zu sechzig verschiedene Rollen zu verkörpern imstande war! Sie wandeln sich urplötzlich in wilde Befürworter der Angriffswaffen und in bedenkenlose Vertreter der aktiven Verteidigung! „Das *Bulletin of Atomic Scientists* vom Mai 1985", so kommentiert Pierre Gallois[14] ironisch, „singt Lobgesänge auf die sichere gegenseitige Zerstörung (MAD), nachdem es sie verdammt hatte, seit sie entwickelt worden war . . . Jenseits des Atlantik hat man sich soweit entwickelt, daß man jetzt eine Militärpolitik rühmt, die seinerzeit auf heftige Kritik gestoßen war." Es genügte tatsächlich, daß Reagan seinen Plan der aktiven Verteidigung vorstellte, und schon wurde die MAD-Doktrin, bis dahin ein Schandfleck in den Augen der Union of Concerned Scientists, der Physicians for Social Responsability und der Federation of American Scientists, für dieselben Vereinigungen von intellektuellen Eierköpfen und „verantwortlichen" Gelehrten zur letzten Insel pazifistischer Menschlichkeit und philanthropischer Tugend. Dr. Seltsam stammte von nun an aus dem Kreis der Nobelpreisträger, und er und die Seinen konnten im Chor den Untertitel dieses Filmes singen: *„How I learned to stop worrying and to love the bomb."*
Oh, sicherlich, Sorgen machten sie sich weiterhin, die „Verantwortungsbewußten" Wissenschaftler, aber diesmal wegen SDI. Was einer Militärdoktrin die Verurteilung einbringt, das ist, so scheint es, nicht die Gesamtheit der sie bestimmenden und ihr innewohnenden Charakteristika, sondern die Tatsache, daß sie die Doktrin der amerikanischen Administration ist. Sobald sie das nicht mehr ist, wird sie gut; und die darauffolgende wird ihrerseits automatisch schlecht.
Die Gelehrten, die die strategische Verteidigungsinitiative im *Bulletin*

of Atomic Scientists darlegten, bemühten sich einerseits zu beweisen, daß sie nicht zu verwirklichen sei und auch wirkungslos; andererseits sei sie so beängstigend, daß sie die Sowjets dazu bringen würde, neue, stärkere Waffen zu bauen, um den Weltraumschild zu durchbrechen. Diese Wissenschaftler schienen den Widerspruch zwischen den beiden Argumenten nicht zu spüren, und auch nicht ihre sichere gegenseitige Vernichtung auf logischer Ebene. Wenn die „Militarisierung des Weltraums", um die tendenziöse Wendung der kommunistischen Presse und gewisser Regierungen Westeuropas wiederaufzunehmen, das Risiko birgt, sie könnte den Rüstungswettlauf neu ankurbeln, so deshalb, weil sie viel mehr ist als ein Traum. Anders gesagt, warum sollten die Sowjets sich seit so vielen Jahren darum bemühen, zu erreichen, daß die Vereinigten Staaten das SDI-Programm aufgeben? Sie sollten ganz im Gegenteil frohlocken, wenn die Amerikaner einen Weg beschreiten, der durch übertriebenes Vertrauen in einen illusorischen Schutz zur Reduktion ihrer Angriffswaffen führt. Die Sowjetunion hätte über diesen unverhofften Fund Freudensprünge machen müssen. Das tat sie aber nicht, ganz im Gegenteil. Obendrein schienen die amerikanischen Wissenschaftler nicht zu wissen, daß die Sowjets selbst seit sehr langer Zeit und in eindeutiger Verletzung des ABM-Vertrags aus dem Jahr 1972, an ihrem eigenen aktiven Verteidigungsprogramm arbeiteten, was Michail Gorbatschow übrigens letzten Endes offiziell bei einer Pressekonferenz während des Washingtoner Gipfeltreffens im Dezember 1987 zugegeben hat, und was jeder von diesen wütenden westlichen Strategie-Strafpredigern hätte wissen müssen. Wie soll man denn Zbigniew Brzezinski nicht glauben, wenn er schreibt: „Wenn diese SDI-Initiative technisch nicht machbar, wirtschaftlich ruinös und militärisch leicht abzuwehren ist, dann ist es unklar, warum SDI weiterhin entstabilisierend wirken sollte und warum die Sowjets etwas dagegen haben sollten, wenn Amerika ein solch selbstzerstörerisches Unternehmen beginnt; und noch unklarer ist, warum die Sowjets dann ein so unerwünschtes Ding für sich selbst nachbauen sollten."[15]

Was den technischen Teil der Arbeit der Union of Concerned Scientists (UCS) betrifft, die 1984 die praktische Vergeblichkeit, ja Sinnlosigkeit von SDI zu beweisen trachtete, so werde ich mich hüten, in die Details einer Diskussion einzugreifen, die meine Kompetenzen überschreitet. Man hatte aber schnell den Eindruck, sie könne nicht sehr sorgfältig sein, wenn man nur merkte, daß sie umgehend von renommierten Gelehrten angegriffen wurde, die den Verfassern an Bekanntheit nicht nachstanden. Lowell Wood zum Beispiel, vom Lawrence Livermore National Laboratory, zeigte im Bericht von UCS grobe Rechenfehler auf. Bei einem Vortrag während des Kolloquiums von Erice in Sizilien am 20. August 1984 zeigte Wood, wie diese Fehler die Gesamtheit der Beweisführung zerstören. Robert Jastrow, Professor für Physik in Dartmouth, hakte ebenfalls bei den Zahlen ein, von denen UCS ausging, und zeigte die großen Schwächen des Berichtes auf.[16] Die Verfasser des Berichts beantworteten diese Kritiken mit solchen Veränderungen der Schlußfolgerungen ihrer ersten Version, daß sie kaum wiederzuerkennen war. Der Inkompetenteste unter den Nichtfachleuten wußte jedenfalls genug, um angesichts dieses Schauspiels zu verstehen, daß die wissenschaftlichen Überzeugungen nicht unbestritten reagierten in einer Debatte, wo sogar die Physiker beim Nachrechnen ihrer Berechnungen Richtigstellungen vornehmen mußten, die von „Eins zu Zwei“ bis „Eins zu Fünfzig“ reichten! Zusätzlich wurden auch diese Richtigstellungen umgehend von ihren Kollegen bestritten. Es ist sicherlich schön, unter Forschern eine solche Entfaltung intellektuellen Wetteifers zu erleben, aber es war nicht anständig von ihnen, anfangs der Öffentlichkeit zweifelhafte Hypothesen oder irreführende Spekulationen als absolute Wahrheiten zu verkaufen.

Trotz dieser recht erbärmlichen Abenteuer büßte der politico-strategische Dogmatismus der Physiker nichts an seiner Bissigkeit und seinem Hochmut ein. 1987 veröffentlichte eine Arbeitsgruppe der American Physical Society einen 424 Seiten starken Bericht über die Lenkwaffen, das heißt über die aktive Verteidigung. Noch bevor qualifizierte Kommentatoren die Zeit gehabt hätten, diesen Bericht aufmerksam durchzugehen, stürzten sich Presse und elektronische Medien schon darauf, um zu verkünden, er habe zum Thema SDI sehr negative Schlußfolgerungen. „Die größten Namen der modernen Physik haben Zweifel in bezug auf den Krieg der Sterne. Eine große Verzögerung kündigt sich an“, lautet zum Beispiel die Titelstory von *New York Times* am 25. April: „Physicists Express Star Wars Doubt; Long Delays Seen.“ Kann man eine Kultur als wissenschaftlich bezeichnen, wo man der Öffentlichkeit hypothetische Behauptungen zweifelhafter Forscher als endgültige Schlußfolgerungen vorstellt, nicht aber die Argumente, die dorthin führen oder die Einwände gegen diese Argumente? Was die Zeitungen und Fernsehanstalten den Amerikanern übrigens nicht sagten, war, daß die Verfasser des Berichts zwar alle hervorragende Wissenschaftler waren, daß aber nicht ein Spezialist für Lenkwaffen darunter war, nicht einmal Charles Townes, einer der Erfinder des Lasers, der aber mit der Praxis der betreffenden Waffen keine Erfahrung hat. So lesen wir beispielsweise in einem Absatz, daß der Motor der Langstreckenraketen drei bis sechs Minuten zum Verbrennen braucht; an einer anderen Stelle ist von zwei bis drei Minuten die Rede.[17] Aber vom Standpunkt der Möglichkeit, diese Raketen im Weltraum abzufangen, duldet dieser wesentliche Punkt keine annähernde Ausdrucksweise. Und vom Standpunkt der Rolle, die die Wissenschaft in unserer Kultur spielt, zur Zeit der Massenkommunikationsmittel, sind wir gezwungen, festzustellen, daß die Überzeugungen der Menschheit in ihrer Gesamtheit keineswegs aus einem breiteren Zugang zum wissenschaftlichen Denken stammen, noch aus einem besseren Verständnis der Elemente einer Debatte, einer Beteiligung am Wissen, also einer Demokratisierung des Wissens, und sei sie auch nur summarisch. Die Öffentlichkeit hat nur Zugang zu den stark vereinfachten Schlußfolgerungen und nicht zu den Überlegungen, die sie herbeigeführt haben, nicht einmal wenn es um Probleme geht, die relativ einfach darzustellen sind (wie zum Beispiel im Fall von AIDS). Die moderne Öffentlichkeit lebt noch immer, wie ihr Vorgänger im Mittelalter, unter der Herrschaft des Autoritätsarguments: „Es ist wahr, weil ein gewisser Jemand, Nobelpreisträger, es gesagt hat."

Sowohl die reine Abschreckung als auch die aktive Verteidigung soll so dargestellt werden, daß sie Angst auslöst, und daher verbreitet man immer den Mythos des „unbegrenzten Rüstungswettlaufs". Warum sollte man, so heißt es, ein Waffenarsenal aufstocken, das schon jetzt imstande ist, „mehrmals die gesamte Erde zu vernichten"? Nichts stimmt weniger als dieses Bild. Eben gerade weil sie an Genauigkeit gewonnen haben, haben sie an Zerstörungskraft verloren: man muß nicht alles in einem Umkreis von tausend Kilometern zerstören, wenn man die Zielscheibe mit einer möglichen Fehlerquelle von höchstens wenigen Metern treffen kann. Die modernen Kernwaffen haben nicht mehr den „overkill" der Zivilbevölkerungen zum Ziel. Sie zielen nicht mehr auf die Städte, sondern auf andere Kernwaffen: die Silos, die U-Boot- und Zerstörerbasen. Die ganze derzeitige Technologie beruht auf der Fähigkeit, genaue Ziele zu zerstören, ohne bewohntes Gebiet zu verwüsten. Das trifft für die taktischen Waffen in noch höherem Maß zu. Die zivilen und auch die militärischen Opfer wären weit weniger zahlreich als die Verluste, die ein konventioneller Krieg schafft, wie das irakoiranische Abschlachten, der afghanische Krieg oder die Bürgerkriege in Zentralamerika. Natürlich bin ich weit davon entfernt, zu glauben, daß man sie nicht um jeden Preis vermeiden sollte! Genau dieses Ziel hat die Abschreckung und das Gleichgewicht der Kräfte, wie auch SDI. Aber entgegen allen geläufigen Behauptungen ist das amerikanische Atomwaffenpotential ständig kleiner geworden. Was die Atomsprengköpfe betrifft, so erreichte es 1967 seinen höchsten Stand. In bezug auf die Megatonnen, die ja die geeignetste Maßeinheit darstellen, um die Massenzerstörungskraft zu messen, so war der Stand schon 1960 am höchsten. Damals umfaßte das Waffenarsenal viermal so viele Maga-

tonnen wie heute, da es ja, wie ich schon sagte, die Zielgenauigkeit erlaubt, die Stärke jeder einzelnen Waffe zu reduzieren.
Die Wissenschaftler gehören zu den Intellektuellen. Es ist in Frankreich heute Mode, nicht mehr das Wort „Gelehrter" („savant") zu verwenden, das, so scheint es, altmodisch wirkt. Man spricht also von „Wissenschaftlern" („scientifique"). Das Ärgerliche daran ist, daß man solchermaßen darauf verzichtet, Substantiv und Adjetiv zu unterscheiden, was sowohl für die Klarheit als auch für den Wohlklang Unzulänglichkeiten mit sich bringt. Eine sonderbare Art und Weise, die französische Sprache zu verteidigen, die darin besteht, keine Gelegenheit auszulassen, um zu ihrer Verarmung beizutragen. Das Englische seinerseits bewahrt die Unterscheidung zwischen dem Hauptwort *(scientist)* und dem Eigenschaftswort *(scientific).*
Die Intellektuellen in Amerika, und vor allem an den Universitäten, stehen wesentlich weiter links als der Durchschnitt des Landes, zumindest wenn „links" bedeutet, die strategische Überlegenheit den totalitären Regimes anbieten zu wollen, was ich bezweifle; aber was den Wortschatz betrifft, so ist man machtlos gegen die Gewohnheit. Die amerikanischen Intellektuellen neigen zur Ansicht, die einzige Kriegsgefahr sei jene, die von ihrer eigenen Regierung kommt, welches Sicherheitssystem diese auch immer einführt. In ihren Augen wäre es am besten, gar keines zu haben. Ihr angeborener Haß gegen die Regierung der Vereinigten Staaten war zusätzlich während der SDI-Affäre dadurch vervielfacht, daß diese Regierung einen Ronald Reagan als Oberhaupt hatte. Ich habe meinerseits keine absolute Gewißheit, was die Machbarkeit von SDI betrifft, obwohl ich dazu neige, mich bestimmten Spezialisten in Strategiefragen anzuschließen, deren Argumentation *für* die Weltraumverteidigung mir vernünftig erscheint, insbesondere Albert Wohlstetter.[18] Dagegen bin ich sicher, daß in amerikanischen Wissenschaftskreisen dieses Programm vor allem unter dem Einfluß heftiger politischer und ideologischer Leidenschaften diskutiert wurde. Diese Verfälschung der wissenschaftlichen Debatte ist immer dann möglich, wenn eine Frage, die einerseits mit Ideologie überfrachtet ist, andererseits noch zu wenige eindeutig wissenschaftliche Gewißheiten umfaßt, um dem Einfluß der außerhalb der Wissenschaft entstandenen Vorurteile einen Riegel vorschieben zu können. Wenn die Dinge so liegen, wird die ganz persönliche Rechtschaffenheit der Gelehrten zum einzigen Schutzwall gegen die Verfälschung. Und solange eine methodologische Zwangsjacke fehlt, ist diese Rechtschaffenheit unter ihnen gleich weit verbreitet wie unter den anderen Erdenbürgern, und das heißt, sie ist sehr selten.
Die Macht der Ideologie findet ihren Humus in der mangelnden

menschlichen Neugierde, was Tatsachen angeht. Wenn uns eine neue Information erreicht, reagieren wir dergestalt darauf, daß wir uns zunächst einmal fragen, ob sie unser gewöhntes Denkschema verstärken oder schwächen wird, aber dieser Überhang an Ideologie wäre unverständlich, wenn der Drang nach Wissen, Entdecken, Wahrheitsfinden unser psychisches System so sehr bewegte, wie es behauptet wird. Das Bedürfnis nach mentaler Ruhe und Sicherheit scheint stärker zu sein. Am meisten interessieren uns nicht die neuen, sondern die gewohnten Ideen. Der Aufschwung der Wissenschaften seit dem 17. Jahrhundert legt es nahe, der menschlichen Natur einen ständigen Wissensdurst und eine unersättliche Neugierde für die Tatsachen zuzuschreiben. Doch die Geschichte lehrt uns etwas anderes: wenn der Mensch tatsächlich eine intensive intellektuelle Aktivität entwickelt, so zum Zweck, ausgedehnte, ebenso wort- wie erfindungsreiche Erklärungssysteme zu erstellen, die ihm Geistesruhe bringen mit ihrer Illusion eines allgemeinen Verstehens, anstatt demutsvoll die Tatsachen zu erkunden und sich unbekannten Informationen zu öffnen. Die Wissenschaft mußte und muß, um zu entstehen und zu gedeihen, gegen jene ursprüngliche Tendenz kämpfen, die außerhalb und innerhalb ihrer Reihen herrscht: die Gleichgültigkeit gegenüber dem Wissen. Die gegensätzliche Neigung kennzeichnet – aus Gründen, die wir noch nicht erfaßt haben – nur eine unendliche Minderheit von Menschen, und auch bei ihnen nur in manchen Bereichen ihres Verhaltens und nicht in allen. Deshalb begegnet man der Ablehnung einer neuen Information – oder auch einer alten, die aber den Mangel hat, richtig zu sein – und der Weigerung, sie zu prüfen, oft auch in Abwesenheit und jenseits jeder ideologischen Motivation. Vor eine unerwartete Erkenntnis gestellt, ist der Mensch auch abgesehen von jedem Vorurteil eines Mangels an Interesse fähig, das nur aus der geistigen Unbeweglichkeit kommt.

Was kann unschuldiger sein als die Assyriologie? In welcher Disziplin kann sich ein Intellektueller heutzutage weniger die Macht erhoffen, seinen Nächsten zu beherrschen und eine Ideologie in den Dienst seiner Karriere zu stellen? Man muß also davon ausgehen können, daß es sich hier um das letzte Gebiet handelt, in dem die „Gemeinde der Gelehrten" auch nur die geringste Lust empfinden könnte, eine neue Erkenntnis abzulehnen. Welche Motivation, welcher Ehrgeiz könnten ihn dazu treiben, die von außerhalb der Wissenschaft stammen? Und doch ist das geschehen. Die einfache Weigerung, etwas zu lernen, war die einzige böse Fee, die sich über die Wiege dieser Disziplin neigte. Man kann verstehen, daß bestimmte historische Bereiche von den Ideologen eifersüchtig bewacht werden, beispielsweise die Französische Revolution, ein Territorium, das noch mit radioaktiven ideologischen Scherben bestückt ist, und das wir nur betreten wie ein Geisterschloß, wo noch Gespenster herumgeistern, die sich posthum in die zeitgenössischen Schlachten einmischen wollen. Aber wo blieb die Assyriologie? Nur der Drang nach dem Unwissen, die *libido ignorandi*, erklärt ihre mühevollen Anfänge. Tatsächlich, als 1802 ein junger deutscher Lateinspezialist, Georg Friedrich Grotefend, die königliche Gesellschaft der Wissenschaften an der Universität Göttingen darüber informierte, er habe den Schlüssel zu den „Inschriften in Persepolis, die man Keilschrift nennt", gefunden, was die reine Wahrheit war, blieb besagte Gesellschaft eisig. Und doch, so schrieb der Assyriologe Jean Bottéro (*Mésopotamie*, Paris 1987), war es Grotefend, der „als erster die Straße beschritt, die ein halbes Jahrhundert lang sein sollte, und an deren Ende man endlich das unerhörte dreifache Geheimnis beherrschen würde, das während zweitausend Jahren die assyrischen und babylonischen Inschriften geschützt hatte".

Entmutigt durch die Gleichgültigkeit der königlichen Gesellschaft, gab der junge Latinist seine Forschungen auf. Diese apathische Reaktion auf die Information ist die Grundtatsache, mit der wir rechnen müssen, wenn wir die Wirren der Kommunikation und des Verstehens ergründen wollen. Sie geht jedem ideologischen Szenenauftritt voraus. Sobald dies geschieht, wird die natürliche Unfähigkeit zur reinen Erkenntnis verzehnfacht: sie wird nicht ganz und gar neu geschaffen.

In jener Minderheit, die von der Anomalie intellektueller Neugier heimgesucht wird, vom Gefallen an den Tatsachen und dem Interesse an der Wahrheit, kann es vorkommen, daß der Entdecker ein Amateur ist. Das war der Status des deutschen Latinisten, es war auch der Status seines Nachfolgers, der die Arbeiten fortsetzte und die Entzifferung der mesopotamischen Schriften zu Ende führte, H. C. Rawlinson, von Berufs wegen einfacher Offizier der Westindischen Kompanie. Rawlinson, so sagte Bottéro, war ein Forscher, „dessen Intelligenz, Beharrlichkeit und Genie ihm in der entstehenden Geschichte des antiken Nahen Ostens den größten Namen nach Grotefend eintragen sollte". Ebenfalls durch einen Amateur – einen Architekten, Michael Ventris – wurde im zwanzigsten Jahrhundert, im Jahre 1952, die „Linear-B"-Schrift des minoischen Kreta entziffert. Die Hellenisten bereiteten diesem endgültigen Durchbruch auch keinen sehr warmherzigen Empfang. Im Vorwort zur französischen Übersetzung des Buches von John Chadwick, *Die Entzifferung von Linear B*, schreibt Pierre Vidal-Naquet, ein hervorragender französischer Graecist, im Jahr 1972[19]: „Wir werden aufzeigen, wie M. Ventris' sensationelle Entdeckung aufgenommen wurde. Mit neunzehn Jahren Abstand ist es erlaubt, zu glauben, daß die Dinge *letzten Endes* nicht so schlecht gelaufen sind, und daß der zeitgenössische Hellenismus, eine sicherlich besonders konservative Disziplin, im *ganzen gesehen* die Neuheit *ziemlich schnell* angenommen hat." (Kursivierungen vom Autor). „Nichtsdestoweniger", fährt Vidal-Naquet fort, „ist die Geschichte des Widerstands höchst lehrreich." Trotz aller dieser schamhaften Euphemismen erkennt man doch den Aufmarsch von Dummheit und Böswilligkeit, den der unglückselige Ventris durchmachen mußte. Ich will beileibe nicht behaupten, daß die Wissenschaft nur dank der Amateure Fortschritte macht. Außerdem waren Entdecker wie Ventris oder Rawlinson keineswegs Amateure, auch wenn sie sich mit ihrem Hauptbetätigungsfeld außerhalb der Universitätswelt bewegten. Bestens vorbereitet, hatten sie sich selbst eine gleiche, wenn nicht umfassendere Ausbildung auferlegt als jene, die diese Forschungen von Berufs wegen betrieben. Wenn ihr Status Aufmerksamkeit verdient, so deshalb, weil ein Amateur per definitionem von keiner Macht profitiert, von keinem Verbündetennetz im sozialen Milieu der Gelehrten oder in der Universitätsbürokratie. Der Empfang, den man seiner Entdeckung bereitet, kann also nur aus einer ausschließlich wissenschaftlichen Wahrnehmung stammen, aus der Einschätzung seiner Verdienste. Die seltenen Beispiele sind ein guter Maßstab, um die Stärke der rein intellektuellen Anstrengungen des Menschen im allgemeinen und des Forschers im besonderen zu messen. Aber man kann ganz ruhig bleiben: zwischen potentierten Fachleuten sind Haß und Hinterlist ganz genauso mächtig und wirksam.

Die Ideologie verschärft und vergiftet diese angeborene Angst vor den Tatsachen nur. Der Beschwörungsmechanismus des amerikanischen Sowjetologen Moshe Lewin, den ich weiter oben erwähnte, liefert ein hübsches Beispiel für diese Animosität. Die Beschwörung – eine magische Praxis, die dazu bestimmt ist, schädliche Einflüsse auszuschalten – besteht darin, eine störende Tatsache auf geistigem Weg mit Nichtigkeit zu schlagen, indem man sie als unwichtig, ja nichtig erklärt. Vor den neueren Antisowjetismus der französischen Intelligentsia gestellt, macht Lewin daraus, wie oben beschrieben, ein „Pariser" Phänomen, also ein mondänes, eine oberflächliche und etwas dümmliche Mode: die Angst, so sagt er, bei der kindischen Idee, sowjetische Panzer könnten jeden Moment den Ärmelkanal erreichen. Es hatte wohl eine Fernsehsendung, die 1985 einem solchen möglichen Konflikt in Europa nachging, und die von Yves Montand präsentiert wurde, die Aufmerksamkeit auf strategische Realitäten gerichtet, die übrigens – M. Lewin möge verzeihen, er sitzt ja auch friedlich in einer Entfernung von sechstausend Kilometern von unseren Gefilden – für uns Europäer keine reine Mythologie sind. Dennoch hat das Schreckgespenst eines Frontalangriffs, über das Lewin sich lustig macht, nicht den entscheidenden Faktor bei der ideologischen Kehrtwende ausgemacht, die ihm solchen Kummer bereitet. Der entscheidende Faktor war eher die Tatsache, daß man sich der Besonderheiten der totalitären Wirklichkeit bewußt wurde, wie auch des Risikos einer Finnlandisierung Westeuropas, wenn auch ohne Krieg. Wenn also Lewin über die seiner Meinung nach unbegründeten Phobien der „Pariser intellektuellen Klasse" spöttelt, die sich „vor allem für sich selbst interessiert" . . ., weil sie sich von der pro-sowjetischen Ideologie gelöst hat, so benimmt er sich nicht wie ein Wissenschaftler, der historische Daten analysiert, sondern wie ein Politiker, der im Parlament mit den Krawallen aus den hintersten Reihen konfrontiert ist. Die Aufrichtigkeit der anderen scheint ihm undenkbar. Ohne ihn wegen eines so menschlichen Zuges tadeln zu wollen, bemerke ich bei ihm eine Gleichgültigkeit der Information gegenüber und einen Unwillen, neue Hinweise zur Kenntnis zu nehmen, alles Fehler, die normalerweise bei einer guten Ausbildung als Historiker hätten ausgemerzt sein müssen. Lewin gelingt es nicht, eine kulturelle Tatsache zu schlucken wie die ideologische Entwicklung in Europa (und nicht nur in Frankreich oder Paris), denn diese Tatsache widerspricht seiner Ausgangsforderung: nämlich, daß seiner Meinung nach die Unterdrückung der Freiheit keine tragende Komponente des sowjetischen Systems darstellt.

„Geschichte wäre eine ausgezeichnete Sache, wäre sie nur wahr." Dieser Ausspruch Tolstois geht weiter, als es zunächst scheint. Sicherlich, von einer gänzlich wahren Geschichte zu träumen, stellt einen epistemologischen Nonsens dar. Die Geschichtsphilosophen, besonders Max Weber und in seiner Folge Raymond Aron, haben es gezeigt: der Standpunkt des Historikers ist relativ. Das kommt daher, daß er selbst von einem geschichtlichen Augenblick ausgeht, dessen integrierender Bestandteil er ist, in den er eingeschlossen ist, und von dem aus er einen anderen historischen Augenblick beobachtet. Aber ich beziehe mich hier nicht auf philosophische Betrachtensweisen: oder besser gesagt, ich halte sie für anerkannt und erwiesen. Ich beziehe mich auf die brutalen Verfehlungen gegen die Wahrheit, diejenigen, die zu vermeiden ein Historiker über die entsprechenden Mittel verfügt. Die Frage ist nicht, ob der Historiker die absolute Wahrheit erreichen kann, sondern, ob er sie anstrebt, nicht, ob der Historiker alle Tatsachen kennen kann, sondern ob er alle Tatsachen, die er kennt, berücksichtigt, oder ob sich wirklich bemüht, alle jene Tatsachen, die man kennen kann, auch wirklich zu kennen. Davon kann aber nicht die Rede sein, oder das ist zumindest der Ausnahmefall. Innerhalb der Relativität, die der Position als Beobachter innewohnt, ein schlichter epistomologischer Gemeinplatz, gibt es eine Mischung aus methodologischer Objektivität

und persönlicher Integrität, die man Unparteilichkeit nennt, oder es kann oder sollte sie immer geben. Damit er sich diesem strengen Maßstab nähert, sollte der Historiker so viele Qualitäten besitzen, daß es fast unmöglich scheint, sie alle in einer Person zu vereinen, und sie sind auch tatsächlich höchst selten in einer Person vereint. Gewisse frühere Historiker besitzen sie, auch wenn ihre Unterlagenforschung „aus der Mode" ist, und heutige Historiker entbehren sie, obwohl sie weitaus bessere Forschungsmöglichkeiten zur Verfügung haben.
Die Vorgangsweise, der wir meistens begegnen, selbst bei Historikern hohen wissenschaftlichen Niveaus (ich spreche nicht von den Büchern mit schlicht verlogener Propaganda, wo die Fälschung nicht einmal den Anschein der Objektivität wahrt), beruht auf der Auswahl der Dokumente, die die Tatsachen wie eine Mustersammlung behandelt, von denen man jene, die zum Beweis einer Theorie dienlich sind, aussucht und die anderen so gut wie möglich versteckt. Wenn man jene Geschichtsforschung beiseiteläßt, die eine Minderheit wissenshungriger Köpfe von Zeit zu Zeit betrieben, so ist die Geschichte fast immer als Instrument in einem ideologischen Krieg verstanden worden, sei er politisch, religiös, nationalistisch, ja humanitär oder auch . . . wissenschaftlich, ich meine damit, bedingt durch die Verteidigung von Theorien und Vermutungen einer bestimmten historischen Schule.
Man versteht leicht dieses Gewicht der Ideologie, und es ist fast entschuldbar, wenn der Historiker sich eines Gegenstandes annimmt, der noch aktuell ist: wie zum Beispiel der Kommunismus, die Sowjetunion, der Sozialismus, der Totalitarismus, die dritte Welt. Man versteht es, obwohl man bei einem wissenschaftlichen Forscher ja das Recht hätte, zu erwarten, daß er es uns ermöglicht, den Verirrungen der täglichen Polemik ein wenig zu entwischen, statt daß er uns noch tiefer darin verstrickt. Und doch, geben wir es zu, der nötige Abstand ist hier weniger leicht zu erreichen, als wenn es um eine weit zurückliegende Vergangenheit geht. Die dauernden Umkehrungen der Aktualität, die passenden oder unpassenden Entdeckungen stehen ständig der Erstellung eines Erklärungsmodells im Weg, an dem der Historiker arbeitet. Es sind oft die Nachfolger der sowjetischen oder chinesischen Führungspersönlichkeiten selbst, die die Modelle der westlichen Sowjetologen oder Sinologen zu Fall bringen. Welch Bitterkeit muß im Herzen eines Moshe Lewin keimen, oder eines Stephen Cohen, wenn sie in der *Literaturnaya Gazeta* vom 30. September 1987 lesen, daß die Anzahl der Opfer, die auf Kosten der Hungersnot und des Terrors während der dreißiger Jahre und des Weltkriegs gehen, bei weitem die negativsten Schätzungen der antikommunistischen Geschichtsschreibung übertreffen, wenn man den plötzlich mitteilungsbedürftigen sowjetischen De-

mographen folgt. 1940 zählte die UdSSR 194,1 Millionen Einwohner, 1946 ging sie auf 167 Millionen zurück. Da der Krieg 20 Millionen Sowjetbürger das Leben gekostet hatte, gehen 7 Millionen auf Kosten der Repression. Es kommt noch schlimmer: dieser Unterschied wird noch größer, wenn man nicht von einer statischen Bevölkerung als Berechnungsbasis ausgeht, die ja demographisch eine reine Unwahrscheinlichkeit darstellt, sondern von der Bevölkerung von 1940, vergrößert um ihre voraussehbare Vermehrung während der sechs folgenden Jahre. Verlängert man das Bevölkerungswachstum der dreißiger Jahre, das aufgrund der erhöhten Sterblichkeit wegen der Hungersnöte und des Terrors ohnehin ausgesprochen niedrig war, so kommt man zu einer Zahl von 213 Millionen Einwohnern, die die UdSSR im Jahr 1946 hätte haben müssen. Es geht also um 46 Millionen verschwundener Staatsbürger, das sind 26 Millionen, die durch Hunger oder Unterdrückung umgekommen sind. Eine solche Zahl läßt erwarten, daß viele unerwartete Dinge in der Geschichte des Kommunismus noch auf uns zukommen. Aber wie sollen sich unsere westlichen Historiker anstrengen, ihr Geheimnis zu lüften, wenn sie schon Dinge, die leicht zu wissen sind, nicht zur Kenntnis nehmen! Bedenken wir doch, daß schon vor der Aufrüttelung des Westens durch den *Archipel Gulag*, der unsere Sowjetologen sehr vorübergehend aus ihrem dogmatischen Schlaf aufscheuchte, allein in Frankreich bereits über sechzig Bücher über die sowjetischen Lager veröffentlicht worden waren, die alle im Katalog der Nationalbibliothek verzeichnet sind, und zwar in den Jahren 1920 bis 1974 – eine Zahl, die Christian Jelen und Thierry Wolton in *L'Occident des dissidents* (Paris 1979) errechnet haben. Viele Historiker warten, bis diese kommunistischen Greueltaten von den kommunistischen Machthabern selbst aufgedeckt werden – selbstverständlich immer nur bei ihren Vorgängern –, um dann erst diese Tatsachen zur Kenntnis zu nehmen.

Diese offiziellen Eingeständnisse erlauben übrigens eine amüsante und leichtfüßige Wiedergutmachung: man entdeckt in ihnen den Beweis dafür, daß es dem Regime gutgeht und daß es einen Neuanfang setzt, da ja seine Offenheit beweist, wie sehr es sich seiner Wunden bewußt ist und wie vorsichtig es bei seinem Wettlauf um den Fortschritt sein wird. So gelten die kommunistischen Regime im Westen niemals als begehrterer Kultgegenstand als ausgerechnet dann, wenn sie verkünden, daß alle ihre Staatsangehörigen dahinvegetieren oder sich in Luft auflösen. Als Gorbatschow am 17. Oktober 1987 zugab, in der UdSSR sei „das Nahrungsproblem noch immer nicht gelöst, vor allem auf dem Land", erntete er im Westen enthusiastischen Beifall. In der UdSSR, in China, in Polen, in Vietnam, scheint es den Anspruch auf Machtaus-

übung zusätzlich zu stützen, wenn man Irrtümer und Verbrechen eingesteht. Man möge sich die folgenden Zeilen auf der Titelseite einer französischen Zeitung im August 1944 vorstellen: „Positive Entwicklungen des Regimes. Eine ideologische Revolution: die Vichy-Regierung gibt die Fehlentscheidungen der Kollaboration zu. Ihre Position ist dadurch gefestigt." Wie viele Historiker und Kommentatoren arrangieren sich auf diese Weise, wenn sie gezwungenermaßen Standpunkte einnehmen müssen, die sie früher bekämpft hatten, damit es den Anschein hat, sie hätten niemals widerrufen!
Für alle diese intellektuellen Turbulenzen gibt es eine Erklärung, wie wir bereits gesehen haben: im gewählten Beispiel vermischen sich Vergangenheit und Aktualität, historischer und politischer Diskurs, und sie beeinflussen einander. Ist jener Historiker des Kommunismus nicht gleichzeitig ein politischer Leitartikler, den die große Presse regelmäßig darum bittet, den Sinn der neuesten Entwicklungen zu kommentieren und eine Linie für das weitere Vorgehen vorzuschlagen? Wer direkt in der Gegenwart mitmischt, wird es um so schwieriger haben, bei der Vergangenheit unparteiisch zu bleiben. Dagegen sollte Heiterkeit und Zufriedenheit herrschen, wenn die Vergangenheit weit zurückliegt. Aber auch davon kann keine Rede sein. Nichts zeigt das besser als die Geschichtsschreibung zur Französischen Revolution. Die Fachleute haben oft die große Entfernung einer unerreichbaren Sowjetunion dazu genützt, sie nicht so zu beschreiben, wie sie war, sondern so, wie sie hätte sein sollen. Sie schufen so, wie auch im Fall des maoistischen China, ein erkünsteltes Ideal, einen odeologischen Irrweg. Aber neben dem räumlichen Irrweg gibt es auch den zeitlichen Irrweg.
Die unlösbare Kontroverse über die Französische Revolution interessiert uns hier weniger wegen der Interpretationsunterschiede zwischen Historikern, die sie aufdeckt, und die ja nur normale Manifestationen jeder lebendigen Forschung sind, sondern eher wegen der Interdikte, die außerhalb der Wissenschaft liegen, die die Revolution durchqueren und ständig neu aufleben lassen. Diese Interdikte betreffen übrigens in erster Linie die Tatsachen, und erst in zweiter die Interpretationen. Die Anhänger des Jakobinismus hassen einen Forscher, der störende Tatsachen über die jakobinische Version von der Revolution ausgräbt oder bestätigt, mehr als jeden prinzipiellen Revolutionsgegner, einen Edmund Burke, einen Joseph de Maistre, einen Charles Maurras, die sozusagen ihre eigenen ideologischen Gegenspieler darstellen, in einem blutsverwandten Antagonismus. Als Vertreter entgegengesetzter Lehren genießt man die Schlachten, die in Behauptungen ausgetragen werden, und man fürchtet viel mehr die neuen Erkenntnisse, die den Schlachtrossen selbst die Fesseln durchtrennen. Deshalb hat sich die

Geschichte der Revolution, vor allem die Historiographie der Universitäten und Schulen, wie sie in der Dritten Republik entstanden ist, mehr darum bemüht, die Urkunden zu sichten, als neue zu suchen, beziehungsweise eher darum, die Thesen zu schützen, als neue aufzustellen. Der ideologische, politische und kämpferische Imperativ beherrscht die wissenschaftlichen Anliegen, und auf um so perfidere Weise, als er sich oft den Anschein der Wissenschaft gibt, unterstützt von großen Namen der Universitätsgeschichte, Albert Mathiez oder Alphonse Aulard, und von den Schulbüchern eines Ernst Lavisse oder Malet und Isaac. Die mangelnde Neugier für die Quellen beginnt im übrigen sehr früh. Michelet, der erste, gibt sich mitten im 19. Jahrhundert die Mühe, die Archive zu durchwühlen, und sein Nachfolger Tocqueville seinerseits durchstöbert sogar die Provinzarchive. Es ist kein Zufall, daß ausgerechnet diese beiden großen Köpfe sich nicht für fähig halten, die historische Wahrheit nur aus dem Brunnen ihrer Gedanken zu schöpfen. Vor ihm haben der Konservative Adolphe Thiers und der Sozialist Louis Blanc, beide Verfasser einer *Geschichte der Revolution* (Histoire de la Révolution), oder Lamartine in seiner *Histoire des Girondins* (Geschichte der Girondisten), die von sehr konformistischer revolutionärer Sentimentalität gekennzeichnet ist, aus zweiter Hand gearbeitet, sie begnügen sich mit Dokumenten und Berichten, die schon veröffentlicht waren, und mit der mündlichen Überlieferung. Man hat beinahe zwei Jahrhunderte, bis 1986, warten müssen, um zu einer annähernd ernsthaften Einschätzung der Opfer der Unterdrückung in der Vendée zu kommen, und zwar dank Nachforschungen in den Archiven der Dörfer, oder auch zu einem Verzeichnis der Anzahl der Notleidenden unter der Revolution im Vergleich der Hilfsbedürftigen unter dem Ancien Régime, oder auch zu einer wirtschaftlichen Gesamtbilanz der neuen Regimes. Und auch diese mit Zahlen belegten Schätzungen wurden seitens der Vertreter des „Revolutionskatechismus" mit unaussprechlichen Magenkrämpfen zur Kenntnis genommen.

Die Zähigkeit dieses Katechismus erstaunt um so mehr, als ja vernünftige Geister, sogar ein François Guizot, dessen Vater unter der Terreur guillotiniert worden war, die politischen und sozialen Errungenschaften der Revolution für unwiderruflich hielten. Außerdem wächst das Ketzertum der „Katechisten" mit der Zeit und spitzt sich zu, je mehr die Gefahr einer Restauration des Ancien Régime oder auch nur einer modernen konstitutionellen Monarchie im Nichts der undurchführbaren Hirngespinste versinkt. Die Mumifizierung eines mythischen Bildes von der Revolution entsprach folglich bei den Republikanern einem anderen Bedürfnis als jenem, eine politische Bedrohung, die ja von Tag zu Tag weniger plausibel wurde, abzuwehren. Wenn die Monarchisten mit der Action française vor 1939 in Frankreich noch einen unleugbaren Platz in der öffentlichen französischen Diskussion innehatten, so glaubten sie selbst doch niemals an einen Erfolg. Die Demokratie hat sich sicherlich im 20. Jahrhundert verteidigen müssen, nach rechts wie nach links, aber gegen Angriffe, die von den modernen Totalitarismen kamen, den Früchten einer Denkweise, die von ganz anderer Art war als die der Traditionalisten. Liegt das Geheimnis der stirnrunzelnden Wachsamkeit und der Angst vor den Tatsachen, die jene großen Priester des Revolutionskultes auszeichnen, nicht eben im ursprünglichen Mißverständnis der Revolution, dieser Revolution, die gleichzeitig die Mutter der Demokratie und die Mutter der Demokratiegegner ist? Die umschattete Empfindsamkeit und der unstillbare Zensurhunger der Katechisten, die nur zeitweise durch die öffentliche Bestätigung eines Universitätsunterrichts, der ihren Wünschen entgegenkommt, beruhigt wurden, kommen sie nicht beide aus der Zweideutigkeit ihrer Aufgabe? Sie müssen den jakobinischen ursprünglichen Kern beschützen, von dem die gesamte politische Innovation unserer Zeit ausgeht: Die Verbreitung der Sklaverei unter dem Deckmantel einer Verteidigung der Freiheit. Zwei Todfeinde, zwei unversöhnbare Systeme sind beide aus der Revolution hervorgegangen: Liberalismus und Totalitarismus, oder, in zeitgemäßeren Ausdrücken, Demokratie und Kommunismus, stammen aus der Revolution. Die reinen Erben des Jakobinismus bemühen sich, letzteres zu verbreiten, und verstehen sich gleichzeitig als Verteidiger des ersteren. Daher ihre Forderung: ihr müßt die Terreur, die Schreckensherrschaft, im Namen der Freiheit akzeptieren. Denn „Die Revolution ist ein Ganzes" und „Wo gehobelt wird, da fliegen Späne". Die Geschichte der Französischen Revolution neu schreiben, sie berichtigen, sie von Schuld freisprechen, sie idealisieren, ihr einen Heiligenschein aufsetzen, ihr die Absolution erteilen, sie jeden Tag aufs Neue beginnen – all das enthält zweihundert Jahre danach dieselben ideologischen Bedürfnisse wie die ständigen Umschreibungen und Verschleierungen der neueren und zeitgenössischen Geschichte durch die Sowjetunion. Was aber die Langlebigkeit des Revolutionskatechismus noch interessanter macht, ist die Tatsache, daß sie im Namen der Wissenschaft blüht und gedeiht, in einer freien Kultur, ohne direkten politischen Zwang, ohne Bedrohung für die Sicherheit des einzelnen – ausgenommen für seine Karriere. Der Einsatz ist die Rechtfertigung oder die Ablehnung eines Phänomens, das im 20. Jahrhundert „totalitäre Diktatur" heißen wird, und nicht nur die der Revolution als eines Systems, das die Demokratie an die Stelle des Ancien Régimes setzte. Diese Debatte findet zwischen Autoren statt, die alle im wesentlichen der Revolution ihren Sanctus erteilen, von denen aber die einen der

Ansicht sind, sie habe das Recht, ja die Pflicht gehabt, zum Terror Zuflucht zu nehmen, um ihr Überleben zu sichern, während die anderen befinden, sie habe sich selbst verraten und zerstört, indem sie ihn ausübte.

Zur Bewunderungsschule der Schreckensherrschaft gehört im neunzehnten Jahrhundert Adolphe Thiers, ein Mann der Rechten par excellence, jener, der die Pariser Commune im Jahr 1871 im Blut ersticken sollte, Lamartine, der Opportunist, und auch die sozialistischen Gesichtsschreiber. Zu ihr zählen im 20. Jahrhundert vor allem Alphonse Aulard, Albert Mathiez und Albert Soboul. Schon 1796 hatte Graccus Babeuf dieser Schule ihre Devise gegeben: „Der Robespierrismus, das ist die Demokratie." Die liberale Schule, die im Gegensatz dazu in der Schreckensherrschaft ein Zeichen für das Versagen der Demokratie sieht und sie daher für so ungerechtfertigt wie unannehmbar hält, umfaßt Namen wie Michelet, Tocqueville, Edgar Quinet, Taine. Obwohl sie vom literarischen Talent und ihrem Wissenschaftsbewußtsein her weitaus überlegen war, wurde diese zweite Schule, jene der liberalen Demokratie, immer von der ersten erdrückt. Ich bekenne, daß ich kurz vor der Mitte unseres Jahrhunderts eine Reifeprüfung und dann die Zulassungsprüfung zur Ecole normale supérieure bestanden habe, beide mit dem Spezialfach Revolution, ohne daß meine ausgezeichneten Professoren ein einziges Mal in ihren Vorlesungen Alexis von Tocquville's *L'Ancien Régime et la Révolution* auch nur erwähnt hätten. Die drei kleinen Bände von Albert Mathiez' *Révolution française* mußte man dagegen praktisch auswendig können. Die Rückkehr zu Tocqueville zeichnete sich im Universitätsbetrieb erst gegen 1960 ab. Wenn die Linke Michelet immer zu ihrem Erbteil zählte, so schiebt sie doch seine Strenge der Schreckensherrschaft gegenüber immer beiseite. Die Polemik, die Edgar Qunet's *la Révolution* hervorrief, gibt schon Leinwand ab für das ideologische Melodrama, das in der Folge bis zum Überdruß immer wieder inszeniert wurde, bis zur Superproduktion der Gedächtnisfeier 1989. Nach einem Drehbuch, das nicht aufhören sollte, wiederholt zu werden, und zwar nicht nur im Zusammenhang mit der Revolution, geht es in dieser Diskussion niemals darum, herauszufinden, ob das, was der Autor sagt, wahr oder falsch ist, sondern wozu es dient und wem es nützt oder schadet.

Die heftigsten Widersacher eines Quinet – allen voran Louis Blanc – beschuldigen ihn, er schwäche und verrate die demokratische Bewegung. Vergessen wir nicht, daß sich in diesem Fall der „Verräter" dazu entschlossen hat, ins Exil zu gehen, um nicht unter der Herrschaft von Napoleon III. leben zu müssen, übrigens ganz wie sein Staatsanwalt. So will schon ein Teil der Linken dem anderen die Pflicht, über die

Vergangenheit zu lügen, auferlegen, und zwar unter dem Vorwand, nur so könne man den Zusammenhang mit der Gegenwart bewahren. Welche Vergangenheit? Quinet geht von einer hoffnungslosen Wirklichkeit aus, die von der Linken mit Hilfe einer um so besorgteren Wachsamkeit verheimlicht wird, als sie ins Auge springt: die Revolution ist ein Mißerfolg gewesen. Losgetreten, um die politische Freiheit durchzusetzen, hat sie zuerst zur Schreckensherrschaft und dann zu Napoleons I. Militärdiktatur geführt. Ihre sozialen Reformen sind nicht zu bezweifeln. Aber wie schon Tocqueville sagte, von diesem Gesichtspunkt aus war die Revolution schon angelaufen, wenn nicht gar zu drei Vierteln vollendet, als sie begonnen hat. Ihr wahrer Erfolg wäre es gewesen, in Frankreich ein dauerhaftes und friedliches System politischer Freiheit zu etablieren. Aber es gelang ihr vor allem, einer schweren Form von Tyrannei den Weg zu ebnen. Schlimmer: auch der Neuaufguß von 1848 hat eine Republik geschaffen, die regierungsunfähig war, um neuerlich in einem Staatsstreich zu enden und in einer zweiten Machtergreifung durch ein autoritäres Regime.

Welche Serie von Bankrotten! Jede andere politische Familie als die französische Linke würde weit weniger brauchen, um den Wert ihrer Ideen in Frage zu stellen. Und die erste Idee, die man in Frage stellen muß, sagt Edgar Quinet, ist jene der Rechtmäßigkeit der Schreckensherrschaft. In einer Seite von mitreißender Modernität spricht Edgar Quinet einen Satz aus, der zum großen Sophismus des 20. Jahrhunderts wurde: „Gleichheit ohne Freiheit“, so schreibt er, „außerhalb der Freiheit, das ist das oberste Hirngespinst, dem unsere Theoretiker uns während unserer ganzen Geschichte nachlaufen lassen: der Anreiz hält uns in Atem ... Ich vertage die Erforschung politischer Garantien auf die Zeit, wo das soziale Niveau erreicht sein wird ... Ich nehme an, daß das Hirngespinst erreicht sein wird ... Wer wird beurteilen, ob es das tatsächlich ist? ... Und neuerlich ist die Freiheit vertagt; es wäre besser gewesen, von Anfang an zu sagen, daß sie auf alle Ewigkeit vertagt ist!“

Was Jules Michelet angeht, so betreffen seine Vorbehalte Quinet gegenüber weniger die Schreckensherrschaft der Terreur selbst, die beide Historiker mit gleicher Schärfe verurteilen, als die Art, sich auszudrükken. Während Quinet in den Ereignissen von 1793 einen schlichten Rückfall in den alten Absolutismus sieht, erfaßt Michelet genau, daß das Phänomen eine Art historischer Erstaufführung darstellt, eine geistige Erstausgabe. François Furet lenkt die Aufmerksamkeit auf einen unbekannten (oder vielleicht willentlich vernachlässigten) Aspekt der Analyse des Jakobinertums bei Michelet. Für den Verfasser der *Histoire de la Révolution française* unterwerfen die 3.000 Gesellschaften und

40.000 Komitees des Jakobinerklubs Frankreich der Herrschaft einer Einheitspartei avant la lettre, oder dem „demokratischen Zentralismus", wie man heute sagt.[20]

Diese Herrschaftstechnik des Klubs – wir Bürger des 20. Jahrhunderts kennen seine Ingredienzien nur zu gut. Furet führt sie fogendermaßen aus und übersetzt damit Michelet in unseren Wortschatz: „Verwendung einer ideologischen Orthodoxie, Disziplin eines zentralisierten Aktivistenapparats, systematische Säuberung der Gegner und Freunde, autoritäre Handhabung der gewählten Institutionen." Michelet hatte recht: Diese neue Herrschaftstechnik war von anderer „Natur" als der Absolutismus des Ancien Régime.

1869 bereichert Michelet seine *Histoire* um ein bitteres Vorwort, mit der Überschrift: „Der Tyrann". „Unter ihrer so wirren Form", sagt er über die Schreckensherrschaft, „war diese Zeit eine Diktatur." Diese Diktatur führte später zu jener von Bonaparte. „Der geschwätzige, jakobinische Tyrann führt zum militärischen Tyrannen. Und der militärische Tyrann bringt den Jakobiner mit." Michelet lehrt uns hier, daß Diktatur und Demokratie Urwirklichkeiten darstellen, die man unter allen sozio-ökonomischen Bedingungen antreffen kann. Teilen wir sein Erstaunen, wenn er fragt: „Aus welchem Starrsinn heraus wird eine dermaßen klare Angelegenheit immer noch in Zweifel gezogen?"

Laut Michelet haben die Abteilungen des Klubs (heute würden wir von Parteizellen sprechen) Frankreich durch ein netzartiges Stützpunktsystem besetzt und überwacht. Man wird bemerken, daß er damit die Analysen eines Augustin Cochin vorwegnimmt, dieses Historikers, der im Ersten Weltkrieg an der Front gefallen ist, bevor er sein Werk vollenden konnte, um fünfzig Jahre später von François Furet neu entdeckt zu werden. Die Originalität Cochins besteht darin, daß er als erster im Jakobinertum das Phänomen des Totalitären im Reinzustand erkannt hat, dieses eigenständige Phänomen, diese Diktatur des verlogenen Wortes, die mit den alten Autoritarismen nichts zu tun hat, auch nicht mit der Klassenherrschaft oder mit dem populistischen Cäsarentum. Großteils nach seinem Tod veröffentlicht, wurden die Arbeiten Cochins vom ewigen Alphonse Aulard vernichtend kritisiert, mit jener süßlichen Unaufrichtigkeit, die darin besteht, ein Buch zu verurteilen, ohne ein Wort darüber zu verlieren, was es enthält, und sogar, indem man ihm Dinge unterschiebt, die es gar nicht enthält. So behauptet Aulard in diesem Fall, Cochin habe sich darauf beschränkt, die alte These des Abbé Barruel wieder aufleben zu lassen, derzufolge die Revolution aus den Freimaurerlogen hervorgegangen wäre. Aber das findet man bei Cochin gar nicht. In *L'Esprit du jacobinisme* liest man vieles andere, was Aulard in seiner Zusammenfassung ausläßt. Diese Abschreckungsmethode trug ihre Früchte: Cochin versank in der Vergessenheit. Dafür, daß er ihn daraus hervorholte, zog sich Furet etliche strenge bischöfliche Ermahnungen zu, seitens der Inquisition der Jakobinerkatechistik, die immer noch aktiv ist. Ihre Moral ist klar: es geht nicht darum, ob man die Texte Cochins zur Verfügung haben soll oder nicht, um sie dann eventuell abzulehnen; noch viel besser ist es, wenn sie gleich gar nicht existieren, oder zumindest unauffindbar bleiben. (Es ist bitter für die Inquisitoren, daß dieser Text 1979 neu herausgegeben worden ist.) Verschwinden lassen, das ist das höchste Denkargument.

Dasselbe war übrigens der Schule der Schreckensherrschaft gelungen, und zwar im Fall von Taine, der vom unvergänglichen Aulard anfangs des Jahrhunderts zu unrecht vernichtend beurteilt wurde, und Taine war – sonderbares Zusammentreffen – 1908 von Augustin Cochin in seiner *Crise de l'histoire révolutionnaire* voll Inbrunst und Sachkenntnis verteidigt worden.

Kaum hatte Taine Teile seines Werkes *Origines de la France contemporaine*[21], veröffentlicht, die der Revolution, der jakobinischen Machtergreifung und der Schreckensherrschaft gewidmet sind, als sich die „Republikaner" auch schon zusammenfanden, um eine Gegenoffensive zu organisieren. Charles Seignobos und Alphonse Aulard (Inhaber der Lehrkanzel für die Geschichte der Französischen Revolution, die an der Sorbonne eigens für ihn geschaffen worden war), bemühten sich, zu beweisen, Taine sei als Historiker nicht kompetent. Aulard rupft Taine, um Zitierfehler aufzuspüren. Nach Taines Tod schreitet Augustin Cochin zum Gegenangriff: Er stellt fest, daß bei einer Probe von 140 Seiten, die 550 Zitate beinhalten, der Prozentsatz der Fehler bei Taine um die 3 Prozent liegt, während Aulard, der Taine kritisiert, 38 Prozent Fehler macht. Trotzdem war Taine, der große Geist, posthum der Verlierer einer Schlacht, aus der Aulard, der Mittelmäßige, als Sieger hervorging. Nachdem sie am Ende des 19. Jahrhunderts einen großen Verkaufserfolg erlebten, wurden die *Origines* allmählich immer seltener neuaufgelegt.

Warum? Taines Essay war der infame Status einer konterrevolutionären Kriegsmaschinerie verpaßt worden. Und das ist, wie mir scheinen will, ein Irrtum, und zwar aus einem doppelten Grund. Der erste: wenn es auch sicher ist, daß Taines Antijakobiner-Register von sehr heftigem Ton und manchmal auch von unangenehmer Übertreibung ist, so ist er doch nicht strenger als die Urteile, die schon vor ihm von mehreren als links eingestuften Historikern über die Schreckensherrschaft gefällt worden waren, und Taine selbst war vor den *Origines* als links bekannt. Der zweite: die *Origines de la France contemporainex* beziehen sich, wie ihr Titel schon zeigt, nicht nur auf die Revolution. Vor ihr liegt das ausgehende Ancien Régime, und nach ihr das, was Taine das „moderne Regime" nennt, von den Anfängen des napoleonischen Systems bis 1880, und beides nimmt breiten Raum ein.

Überdies kann man Taine nicht in dem Sinn als Reaktionär einstufen, als plädierte er für eine Restauration oder auch nur Rehabilitierung des Ancien Régime. Seine Darstellung der letzten Jahrzehnte des alten Frankreich, die übrigens einige der prachtvollsten Seiten des Buches ausmachen, ist viel strenger als jene der Historiker des 19. Jahrhunderts, die der Revolution viel freundlicher gesinnt sind. Seiner Meinung nach war das Ancien Régime weder reformierbar noch weiterhin gangbar. Das Elend war zu groß, die Führungsschichten unfähig, das politische System in einem Zustand der Fäulnis und der unheilbaren Lähmung. Der Akt Taine hat also mit der Sache, in der sich später die rechte Historiographie zu Wort melden sollte, beispielsweise bei einem Pierre Gaxotte, nichts zu tun.

Während sie so tut, als verteidigte sie die Demokratie, wo doch in Wirklichkeit alle ihre Zielscheiben Vertreter der Demokratie sind, sucht die Bewundererschule der Schreckensherrschaft in der Revolution das rechtfertigende Argument für den Totalitarismus. Das wird nach dem bolschewistischen Staatsstreich 1917 völlig klar, als die Stars der Revolutionshistoriographie sich zu Fürsprechern der leninistischen Diktatur erklären, und zwar im Namen der 93 und des Volksgesundheitskomitees. In einer *Enquête sur la situation en Russie,* die 1919 von der Menschenrechtsliga veröffentlicht wurde, kann man folgendes lesen:[22] „Auch die französische Revolution wurde von einer diktatorischen Minderheit gemacht, behauptet Aulard. Sie bestand nicht in den Gesten eurer Duma in Versailles, sondern sie hat sich in der Form der Sowjets weiterentwickelt. Die Stadtkomitees von 1789, dann die Revolutionskomitees haben sich bei euch wie bei uns eines Vorgehens befleißigt, das in ganz Europa und sogar in der ganzen Welt damals dazu führte, daß man die Franzosen als Banditen einstufte. Auch uns ist das gelungen. Jede Revolution ist das Werk einer Minderheit."

Und Aulard dazu: „Wenn man mir sagt, daß es eine Minderheit gibt, die Rußland terrorisiert, dann verstehe ich dabei folgendes: in Rußland gibt es eine Revolution." Eine ermutigende Definition der Revolution! „Ich weiß nicht, was los ist", fügt Aulard hinzu, „aber es erstaunt mich zu sehen, daß wir in unserer Französischen Revolution so wie ihr eine bewaffnete Einmischung zurückschlagen mußten, wir haben Emigranten gehabt wie ihr. Ich frage mich dann, ob es nicht das alles war, was unserer Revolution den gewaltsamen Charakter verlieh, den sie hatte. Wenn in jenen Zeiten die Reaktion nicht die Einmischung beschlossen und ausgeführt hätte, die ihr ja kennt, hätten wir vielleicht nicht Blut vergossen, oder hätten nur wenig Blut vergossen. Aber weil man die Französische Revolution daran hindern wollte, sich zu entwickeln, deshalb hat sie alles zerschlagen."

Man erkennt hier das Ausredensystem wieder, das so vielen totalitären Regimes des 20. Jahrhunderts als Reisepaß dienen sollte, sobald sie sich als sozialistisch verstanden, auch den blutigsten, auch den verheerendsten. Nachdem er während der schlimmsten repressiven Momente seitens des kommunistischen Regimes im Jahr 1977 in Äthiopien geweilt hatte, sagte der kommunistische italienische Führer Giancarlo Pajetta, das Klima in Addis-Abeba erinnere letzten Endes an jenes in Paris unter der Französischen Revolution. Wie im Paris der Jahre 1792 und 1793 kann man zu Mittag erfahren, so scherzt Pajetta, daß der Mann, mit dem man am Vorabend zu Abend gespeist hat, soeben hingerichtet worden ist. Diese Überraschungen gehören also laut Pajetta zum Charme einer solchen Situation, womit er der Erinnerung an das Pariser Leben unter Robespierre gleichzeitig historische Achtung und eine Poesie der Folklore verleiht. Wenn „der Robespierrismus die Demokratie" ist, dann zählen die Massaker, der Hunger, die Lager und die Boat-people wenig. Rote Khmer und Sandinisten, Fidel Castro und die Herren von Hanoi haben die historische Vernunft und die sozialistische Moral auf ihrer Seite. Man kann ihnen die Verletzungen der Menschenrechte und ihre Unfähigkeit, das Volk zu ernähren, nicht mehr vorwerfen. Das sind oberflächliche Kritiken, Gejammer der ersten Instanz, banal und empirisch, während sich ja jede Revolution als Teil einer langfristigen Dialektik versteht, oder genauer gesagt einer Dialektik, deren Frist nie zu Ende geht. Die Umstände, unter denen ein revolutionäres Regime lebt, sind immer außergewöhnlich und ungünstig, was einen daran hindert, es nach seinen Taten zu beurteilen, wobei man diese aber gleichzeitig rechtfertigt. Dieser Zauberspruch, der es erlaubt, die Kontrolle durch die Wirklichkeit ständig zu verhindern, ist ein Dienst, den die Jakobinerschule der Linken erwiesen hat. Albert Mathiez, der doch viel intelligenter ist als Aulard, denkt doch nichtsdestoweniger fast in den gleichen Ausdrücken wie er, denn die Ideologie nivelliert die Intellektuellen: „Jakobinertum und Bolschewismus verdienen beide den Titel einer Diktatur, sie sind aus Bürgerkrieg und Außenkrieg erwachsen, zwei Klassendiktaturen, die mit denselben Mitteln vorgehen – dem Terror, der Beschlagnahmung und den Steuern, und die in letzter Instanz ein ähnliches Ziel verfolgen, nämlich die Veränderung der Gesellschaft, und zwar nicht nur der russischen oder der französischen Gesellschaft, sondern der Gesellschaft im allgemeinen."[23]

In diesem Vergleich beschränkt sich Mathiez nicht darauf, etwas zu beschreiben, sondern, ich muß deutlicher werden, er stimmt zu.

Aber, fremdartiges und widersprüchliches Benehmen, die solchermaßen entblößte historische Wissenschaft, die eine Schreckensherrschaft wie die Terreur als einzigen Weg zur „weltweiten Veränderung der Gesellschaft" rühmt, macht alle Anstrengungen, ihre belegten Tatsachen so gut wie möglich zu verstecken. Warum? Wenn die Schreckensherrschaft ein Gnadenmittel, ein Allheilmittel für die Menschheit ist, könnte man ihre Verbreitung gar nicht genug empfehlen. Welchen Zweck sollte es dann haben, das Ausmaß zu verniedlichen, in dem sie zu unser aller Wohl von unseren großen Ahnen praktiziert wurde? Aus welcher Schüchternheit heraus sollte man zum Beispiel die Bedeutung der Massaker des Vendée-Kriegs verheimlichen, wenn sie für das Wohl des Vaterlands und der Menschheit unumgänglich waren? Und doch, welch Aufstand, als mit der Unterschrift eines neuen Gladiators gezeichnet und schon für die ideologische Guillotine vorgesehen, im Jahr 1986 ein Buch erschien, das unveröffentlichte Dokumente enthielt und einen Titel trug, dessen provokanten Charakter ich gar nicht beschönigen möchte: *Der Franko-französische Völkermord, die Vendée ins rechte Licht gerückt.*[24]

Es ist typisch französisch, daß diese Staatsthese, der Meisterstreich eines dreißigjährigen Historikers, vor allem einen Streit über den Wortschatz ausgelöst hat. War es die erste Reaktion, das Interesse an Archivmaterial zu ermessen, das nach zweihundertjährigem Kellerdasein ans Licht kam? Hat man die Tragweite der neuen Dokumente abzuschätzen versucht, den Fortschritt zu ermessen, der sich für das Verständnis der Tatsachen daraus ergibt? Nichts von alledem! Alle Arbeit stand still, und die Doctores gerieten sich über die Frage in die Haare, ob der Verfasser recht hatte, in seinem Titel den Ausdruck „Völkermord" zu verwenden.

Im 20. Jahrhundert aufgekommen, ist dieses Wort im Kontext des Jahres 1793 ein Anachronismus, so wirft man ein. Warum denn eigentlich? Mir will scheinen, daß man das Recht hat, das Wort Völkermord zu verwenden, wenn man es mit Umständen und Kriterien zu tun hat, die nichts an Klarheit zu wünschen übrig lassen, nämlich:

– wenn die Gewalt, die gegen die Feinde oder die Rebellen ausgeübt wird, darauf hinzielt, manchmal ganz offen und ausgesprochen, diese nicht nur zu unterwerfen, sondern zu vernichten;

– wenn sich diese Vernichtung auf die gesamte Bevölkerung erstreckt, ob sie kämpft oder nicht, auf alle Geschlechter und alle Altersstufen, und zwar aufgrund eines vorher ausgearbeiteten Plans, der über die militärischen Operationen hinausgeht;

– wenn in dieser Absicht die Lebensgrundlagen der Zivilbevölkerung systematisch zerstört werden, ihre Behausungen, ihre Felder, Werkstät-

ten, Werkzeug, Vieh, und zwar absichtlich, nicht nur aufgrund unkontrollierbarer Plünderungen durch die Soldateska;
– wenn die organisierten Massaker, die auf eine Absicht und nicht auf die Anarchie zurückzuführen sind, weitergehen, nachdem die Ordnung wiederhergestellt und der Gegner bezwungen ist.

Man kann sicherlich nicht leugnen, daß diese vier Aspekte beim Vendée-Krieg oft alle erfüllt sind, und zwar aufgrund einer Politik auf höchster Ebene. Der Konvent verkündet direkt oder über Vermittlung seiner Vertreter vor Ort mehrmals seine feste Entschlossenheit, „den Boden der Freiheit vollständig von dieser verdammten Rasse zu reinigen", und „die Vendée zu entvölkern". Die Massaker an Gefangenen, an Frauen, sogar an Schwangeren, an Kindern und Alten führen dieses Programm wortgetreu durch. Die Zerstörung der Güter vervollkommnet es: „Man hat in der Vendée noch nicht genug gebrandschatzt, während eines Jahres darf kein Mensch und kein Tier auf diesem Boden die Möglichkeit finden, zu überleben", schreibt der Konvent an den Wohlfahrtsausschuß. Er will in der Erinnerung der Menschen sogar den Namen Vendée auslöschen, und ein Abgeordneter des Konvents schlägt vor, in der Liste der Départements „Vendée" durch „Vengé" zu ersetzen. (Das „Département vengé" bedeutet auf Französisch „das gerächte Departement".)

Was die Fortsetzung der Massaker jenseits des Strebens nach Aufrechterhaltung der Ordnung betrifft, ein Übergriff, der die Absicht spüren läßt, mit diesem rebellischen Volk Schluß zu machen, so hatte sie schon ein so wenig royalistischer Historiker wie Edgar Quinet empörend gefunden, der 1865 schrieb: „Die großen Ertränkungsaktionen in Nantes wurden im Dezember 1793 durchgezogen. Wie können diese Aktionen Nantes gerettet haben, das ja schon im Juni gerettet worden war, das heißt fünf Monate vorher? Carrier fährt mit den Hinrichtungen fort, nachdem die Kämpfer der Vendée bereits nach Le Mans abgebogen waren. Hat Carrier oder Marceau dieses Abbiegen bewirkt? Ähnlich hat sich die Schreckensherrschaft der Grande Terreur überall nach ihren Siegen benommen."

Die Puristen des Lexikons der Blutbäder führen gegen Secher trotzdem ins Feld, das Wort „Völkermord" sei nur dann angebracht, wenn die Morde eine fremde Bevölkerung treffen. Aber wäre dann der Schrekken von Kambodscha zur Zeit von Pol Pot kein Völkermord? Wäre die „Entkulakisierung" der dreißiger Jahre in der Sowjetunion kein Völkermord? Die 200.000 Ugander, die von den Soldaten des Präsidenten Obote von 1982 bis 1985 umgebracht wurden, keiner? Die 1915 erschlagenen Armenier – waren sie nicht türkische Staatsbürger? Wirklich, der Unterschied ist kaum zu merken. Was das quantitative Kriterium betrifft, wie will man ein solches festlegen? Bestimmte Historiker verziehen ihren Mund vor den Massakern der Vendée, weil sie die Ausbeute etwas mager finden. Man kann immer alles besser machen, sicherlich: aber man müßte jenes Ausmaß festlegen, von dem an Massenhinrichtungen den Status eines Völkermords verdienen.

Die Unterdrückung in der Vendée hat auf störende Weise die Grenzen dessen überschritten, was die Situation verlangte; diese Feststellung ist so wahr wie die Tatsache, daß der republikanische Unterricht auf armselige Weise seit einem Jahrhundert ihr Ausmaß und ihre schrecklichen Details verheimlicht hat, und zwar sowohl in den Schulbüchern wie an den Universitäten. Die Vendée wurde in die Katakomben der Geschichtsbücher von royalistischem und klerikalem Anstrich verbannt. Aber da geschieht das Paradox: Reynald Secher, der schon allein durch die Wahl seines Forschungsgegenstandes in die Ecke der Konterrevolutionäre gedrängt wurde, stellt aufgrund der Seriosität seiner Untersuchung die Information in einem Sinn richtig, von dem kein republikanischer Historiker jemals zu träumen gewagt hätte. Ohne Parteilichkeit stellt er fest, daß die Verluste der Vendée letzten Endes viel geringer sind, als man es immer angenommen hatte.

Hoche, der zeitweise die republikanische Armee vor Ort befehligte, schätzte die Zahl der Toten auf 600.000. Später und bis zu unseren Tagen gehen auch jene Historiker, die diese Zahl übertrieben fanden, niemals unter 300.000. Secher aber kommt nach genauem Studium der Quellen zu dem Schluß, daß von den 815.029 Einwohnern, die die Vendée im Jahr 1792 zählte, 117.257 in den Kämpfen oder bei den Massakern umgekommen sind, also 15% der Bevölkerung. Das ist weniger als man annahm, aber doch sehr viel. Bedenken wir, daß dieser Prozentsatz, wenn man ihn auf die derzeitige französische Bevölkerung überträgt, einer Zahl von 7,5 Millionen Opfern entspricht. Die Hinrichtungen und Zerstörungen verteilen sich selbstredend sehr unterschiedlich auf die einzelnen Gemeinden. Manche verlieren bis zur Hälfte ihrer Einwohner und ihrer Häuser, andere weniger als 5%. Sicherlich konnte die Zentralgewalt den Vendée-Aufstand nicht dulden, schon gar nicht zu einem Zeitpunkt, wo sich ein Krieg nach außen bereits abzeichnete. Aber die Verwandlung der Unterdrückung in Völkermord geht auf Kosten der Ideologie und nicht der Strategie. Andere Willkürakte belegen dies übrigens an anderen Orten des nationalen Territoriums, wo kein Bürgerkrieg brütete. So wird das winzige Dorf Bédoin in der Vaucluse bestraft, weil es eines nachts seinen Freiheitsbaum hatte fällen lassen. Da der Abgesandte des Konvents den Schuldigen nicht findet, wendet er die Kollektivstrafe an: 63 Einwohner werden guillotiniert oder erschossen, die anderen vertrieben, das Dorf

wird völlig eingeäschert. „In dieser Gemeinde gibt es keinen Funken Staatsgesinnung", kommentiert der Abgesandte in seinem Bericht voll tugendhafter Sanftmut.
Wie alle Mächte, die ihre Legitimität auf eine Ideologie gründen, scheint der Wohlfahrtsausschuß unfähig, sich zu fragen, warum das Volk ihm aktiv oder passiv Widerstand leistet. In seinen Augen ist er selbst das wahre Volk. Als absolutes, abstraktes, monolithisches Volk kommt es ihm nicht in den Sinn, daß das konkrete, lebendige, flatterhafte, unterschiedliche Volk aufrichtige und echte Gründe zur Unzufriedenheit hat. Am sonderbarsten ist die Tatsache, daß die Gegenden im Westen vor der Revolution links standen, wie man heute sagen würde. Es bedurfte des jakobinischen Ketzertums, um sie nach rechts zu drängen, wo sie dann ständig geblieben sind, wie die Geschichte des französischen Wählerverhaltens zeigt.
Geistreich, wie er war, hat Clemenceau die Dummheit seines Lebens ausgesprochen, als der das berühmte „Die Revolution ist ein Block!" erfand. Nein. Nichts Menschliches ist ein Block. Nur die Tyrannen denken in Ausdrücken wie „Block". Man kann sich als Erbe eines Frankreich aus dem Jahr 1789 verstehen, ohne es sich deshalb zur Pflicht zu machen, die Vendée, Bédoin oder die Schreckensherrschaft zu rechtfertigen.
Die gesamte wissenschaftliche Forschung ordnet sich in einen Rahmen ein, den ihre Zeit vorgibt, ein „Paradigma", um den Ausdruck Thomas Kuhn's aus seiner *Struktur der wissenschaftlichen Revolutionen* wieder aufzunehmen. Werke wie *Almagesta* von Ptolemäus, die *Prinzipien* von Newton, die *Chemie* von Lavoisier, die *Allgemeine Theorie* von Keynes haben für ein Jahrzehnt, ein Jahrhundert oder ein Jahrtausend die Grenzen abgesteckt, innerhalb deren man die Probleme in einem bestimmten Forschungsgebiet stellen würde. In diesem Sinn ist jedes Denken durch einen ideologischen Hintergrund geprägt. Aber es wäre müßig, daraus ein Argument zu schmieden – wie ein Michel Foucault oder ein Louis Althusser es taten – um jeden Unterschied zwischen Erkenntnis und Ideologie zu leugnen, und zu behaupten, daß in Wirklichkeit die Ideologie die einzige intellektuelle Realität darstellt. Diese Haltung führt zum Skeptizismus, denn sie macht aus der Erkenntnis eine simple Abfolge von ideologischen Interpretationen, oder, schlimmer, sie bewirkt im Gegenteil einen Dogmatismus der Ideologie, die dann als einzig wahre Erkenntnis gilt. In beiden Fällen leidet die These unter der Vermischung von zwei sehr unterschiedlichen Phänomenen. Das Paradigma im Sinne Kuhns besitzt vielleicht die Charakterzüge und Eigenschaften einer allgemeinen Hintergrundleinwand, die ohne Wissen des Forschers seine Tätigkeit vorausbestimmt. Aber es geht um

eine wissenschaftliche Darstellung, die zur Wissenschaft dazugehört und die man ihr verdankt, es geht also nicht um eine Ideologie, sondern ganz genau um das, was man eine Theorie nennt, die zusammenhängende Projektion eines Augenblicks der Erkenntnis, in deren Mittelpunkt der Forscher nach Kriterien arbeitet, die wissenschaftlich bleiben. Von ganz anderer Art ist das Eindringen einer nicht wissenschaftlichen Ideologie in das Zentrum der Wissenschaft selbst, wofür ich mehrere Beispiele angeführt habe; oder, um genauer zu sein, die Fälschung, Verdrehung und Verstümmelung der Wissenschaft zugunsten einer Ideologie. Ohne jeden Zweifel wird dieser Betrug immer schwieriger, wenn die Bereiche, in denen er sich durchsetzen möchte, an wissenschaftlicher Strenge gewinnen. Aber in zahlreichen Disziplinen schwebt noch genügend Ungewißheit, damit sich tendenziöse Manipulationen einschleichen können, um so mehr, als sie weniger darauf aus sind, die wissenschaftlichen Kreise zu beeinflussen, als vielmehr eine Öffentlichkeit, die der Kontrollmöglichkeiten entbehrt und daher gern bereit ist, den berühmten Gelehrten aufs Wort zu glauben. Der Forscher, der sich innerhalb des Kuhnschen Paradigmas bewegt, tut dies mit völliger Aufrichtigkeit. Er ist sich dessen nicht bewußt, daß er den Auswirkungen des epistemologischen Substrats seiner Zeit unterliegt, von dem aus er erst die Objektivität respektiert. Das ist nicht der Fall, wenn ein „revisionistischer" amerikanischer Sowjetologe wie zum Beispiel ein gewisser Getty anläßlich eines Kolloquiums in Boston im Jahr 1987 behauptete, die Anzahl der Opfer der Kollektivierung und der stalinistischen Säuberungsaktionen der dreißiger Jahre habe 35.000 nicht überschritten.[25] Eine offensichtlich lächerliche Zahl, auch in bezug auf die niedrigen Hypothesen der Sowjets, und sie zeigt nur die Ungeschicklichkeit des Propagandisten. Daß aber M. Getty sie in einer Universitätsversammlung von hohem Niveau vertreten kann, ohne daß man ihn auffordert, umgehend alle seine Funktionen niederzulegen, beweist, wie dünn manchmal die Sorge um die Tatsachen ist in dieser angeblichen „Forschung".

Was die Französische Revolution betrifft, so geht es hier eher um einen Kampf zwischen zwei Paradigmen, um nur jene Autoren zu erwähnen, die sie für vorteilhaft halten. Nach ersterem diente sie als Übergang von der absoluten Monarchie zur liberalen Demokratie, war von bedauerlichen „Schnitzern" begleitet, hätte sich wahrscheinlich um einen geringeren wirtschaftlichen und menschlichen Preis durchführen lassen, hat aber letzten Endes den unwiderruflichen Übergang von der alten Welt zur modernen politischen Gesellschaft erreicht und besiegelt, die auf der Gleichheit der Bedingungen, dem gleichen Gesetz für alle, der Volkswahl für die Regierung, der Freiheit der Kultur und der Information, sowie auf der Unverletzbarkeit der Rechte des einzelnen beruht. Nach dem zweiten Paradigma nimmt die Revolution die sozialistische klassenlose Gesellschaft vorweg und rechtfertigt sie, die Diktatur des Proletariats, die Herrschaft der Einheitspartei, den allgewaltigen Staat. Ab sofort gibt es keine „Schnitzer" mehr. Weit davon entfernt, Schwächen oder perverse Rückfälle darzustellen, waren sie nötig, um die konterrevolutionären Komplotte aufzudecken, seien sie intern oder extern. Was aber erstaunt, ist, daß die Vertreter dieser Version, wie auch die zeitgenössischen Sachwalter der totalitären Systeme, die Notwendigkeit und Legitimität einer Schreckensherrschaft verkünden, deren Ausmaß und Grausamkeit sie gleichzeitig soweit wie möglich leugnen und vertuschen. Mangel und Unterdrückung wie auch wirtschaftlicher Mißerfolg werden, so gut es geht, ebenfalls verheimlicht, beschönigt und jedenfalls von der Verantwortung der Regierenden getrennt gesehen. Ebenso werden wir im 20. Jahrhundert hören, wie Stalin den Kulaken die Schuld an der Hungersnot gibt, Hanoi dafür das Bürgertum verantwortlich macht, oder wie das Regime von Kabul den Volkswiderstand nur mit den „imperialistischen Einmischungen" erklärt. Die Tatsachen gleichzeitig leugnen und rechtfertigen, das entsteht aus einem lebenswichtigen Grund: es vermeiden, das Paradigma selbst zu verlassen. Nicht alle Anhänger dieses Paradigmas verteidigen alle derzeitigen totalitären Regime: sie treffen untereinander ihre Wahl. Etliche werden mehr oder weniger bewußt auf das Jakobinermodell zurückgreifen, um die Sandinisten zu loben, aber nicht die Roten Khmer, die doch eine allzu schwere Hand haben. Vor der Wirklichkeit des sandinistischen Regimes verschließen sie die Augen, die alte Dialektik tritt in Aktion, die Abstraktion wird die konkreten Fälle austreiben, die der allgemeinen These zuwiderlaufen könnten. Vor anderen Regimes wird das nicht geschehen. Oft versteinert in uns, ähnlich wie Gesteinsschichten, etwas, das Léon Brunschvicq die „Zeitalter der Intelligenz" nannte. Die ältesten dieser Zeitalter können nur auf Umwegen in Aktion treten. In anderen Augenblicken schweigen sie und lassen andere Zeitalter sprechen, die begieriger sind nach authentischer Erkenntnis, oder nach einer Erkenntnis, die nur zur Hälfte von der Liebe zur Unwissenheit verstümmelt wird.

Eine übrigens unumgängliche Verstümmelung, denn wie jede totalitäre Ideologie schreit auch das jakobinische Paradigma sein Geheimnis hinaus, um es gleichzeitig zu verbergen. Daß nämlich jede nach dem jakobinischen Vorbild im Namen der Freiheit vollendete Revolution in Wirklichkeit die Staatsmacht vergrößert und die Freiheit des Zivillebens zerstört. Noch vor Lenin oder Mao hatte Mirabeau das sehr genau gesehen, der versuchte, Ludwig XVI. die beginnende Revolution zu „verkaufen", und in einem seiner vertraulichen Memoranden schreibt, wobei er sich auf diese Feststellung stützt: „Vergleichen Sie den neuen Zustand mit dem Ancien Régime; dort entstehen Tröstungen und Hoffnungen. Ein Teil der Akten der Nationalversammlung, und zwar der wichtigere, ist eindeutig für eine monarchistische Regierung von Vorteil. Das will doch etwas heißen, wenn man ohne Parlament ist, ohne Provinzen mit Landständen, ohne Klerus, ohne Privilegierte, ohne Adelsstand? Die Idee, nur eine Klasse von Bürgern herauszuformen, hätte Richelieu gefallen: diese gleichmäßige Oberfläche erleichtert die Ausübung der Macht. Mehrere Regierungsperioden einer absoluten Monarchie hätten für die königliche Autorität nicht soviel erreichen können wie dieses eine Jahr Revolution." Dieser Abschnitt stellt eine der ältesten Analysen am lebenden Objekt dar, die über die berühmte Unterscheidung zwischen autoritärem und totalitärem Regime je gemacht wurden, und sie wird von den Totalitären zurückgewiesen, weil sie genau die wichtigste Unterscheidungslinie zwischen politischen Regimes trifft. Vor dem König, der sich an den alten, autoritären Typus festklammert, lobt Mirabeau die deutlich größeren Vorzüge der totalitären „Modernität" in bezug auf den Staat.

So beweist die Historiographie der Revolution mit erstaunlicher Genauigkeit, wie sehr der Aphorismus, oder sagen wir besser der Truismus, eines Benedetto Croce zutrifft, wonach „Die Geschichte immer zeitgenössische Geschichte ist", und zwar in dem Sinn, daß sie Teil der Augenblickskultur ist. Aber diese unfreiwillige Relativität der Vision darf nicht mit der Willkür der Fälschung verwechselt werden. Erstere schließt wissenschaftliche Redlichkeit keineswegs aus, letztere schließt sich selbst von der Wissenschaft aus.

Ob es nun um Geschichte oder um zeitgenössische Fragen geht, ich werde später weitere Beispiele für Fälschung oder wahnwitzige Interpretationen von Fakten geben: etwa anläßlich der „Bevölkerungsexplosion" der dritten Welt, anläßlich der Chancengleichheit in den demokratischen Gesellschaften, anläßlich der Beziehung zwischen Entwicklung und Unterentwicklung. Aber die Unterordnung des Wissens unter die Ideologie kommt aus verschiedensten Ursachen. Im Alltag kriecht der allzu ungezwungene Umgang mit Fakten und Argumenten oft auf sehr niedrigem Niveau einher. Ein primitiver Opportunismus dient häufig denjenigen als „Denken", die man mit einem Euphemismus als politische „Verantwortungsträger" bezeichnet. So hat die kommunistische Partei zunächst in Frankreich gegen die „faschistische Gefahr" Sturm geläutet, um am 10. September 1927 in der *Humanité* plötzlich zu versichern, „es wäre falsch, glauben zu machen, wir befänden uns in diesem Land vor einer faschistischen Bedrohung". Warum dieser Wan-

del? Sehr einfach: die Tradition der Linken will, daß die KP im Fall einer faschistischen Gefahr mit den Sozialisten und anderen „Republikanern" eine Allianz gegen die höchste Gefahr bildet. 1934 wechselte sie von der Taktik „Klasse gegen Klasse" und „Feuer auf die Sozialdemokratie" zum „Comité des intellectuels antifascistes" und zur „Front populaire". 1987 hat die PCF (FKP, Französische Kommunistische Partei) die Taktik der Feindschaft gegenüber der PS (Parti Socialiste), dem „Agenten der Rechten in der Sparpolitik" gewählt. Weder 1984 noch 1987 wurde die politische Realität von Le Pens Front National für sich und in sich analysiert. 1984 ging es darum, die „faschistische Gefahr" aufzublähen, um die Liberalen beschuldigen zu können, sie hätten sie entstehen lassen. 1987 mußte diese Gefahr in der Versenkung verschwinden, um die Linksunion wieder loswerden zu können.
Während der Militärdiktaturen in Argentinien und Uruguay riefen die Kommunisten dagegen die Vereinigung aller Demokraten zum Kampf gegen den Faschismus auf. Durfte man daraus ableiten, daß sie nach der Rückkehr der Demokratie in ihre Länder endlich zu Hause den Pluralismus akzeptieren würden und den „Sozialismus mit menschlichem Gesicht" in den kommunistischen Ländern? Das zu glauben, hätte bedeutet, den authentischen ideologischen Opportunismus zu verkennen oder, wenn man lieber will, die unerschütterliche ideologische Starrheit.
Um nur eine einzige genaue und sehr konkrete Episode zu erzählen: In Uruguay findet während des Prozesses der Wiedererrichtung einer Demokratie am Sonntag, 27. November 1983, nachmittags eine riesige Volksversammlung statt, in einem Park von Montevideo. Man hat die Tribüne am Fuß jenes Obelisken errichtet, der an die verfassunggebende Versammlung im Jahr 1830 erinnert, dem Jahr der ersten Verfassung in Uruguay. Anwesend sind die Vertreter, Aktivisten und Sympathisanten aller politischen Strömungen des Landes. Die Menschenmenge ist riesig. Es ist die größte Demonstration, die es in Uruguay seit sehr langer Zeit gegeben hat. Der Tribüne gegenüber, rechter Hand, sind die ersten Reihen des Publikums wie zufällig nur mit engen Reihen von Aktivisten der kommunistischen Kleinpartei besetzt. Zur Eröffnung der Vereinigung werden auf der Tribüne unzählige Glückwunsch-, Symathie-, Unterstützungs- und Ermutigungsbotschaften verlesen, die aus der ganzen Welt eingetroffen sind, um die Wiedererstehung der Demokratie in Uruguay zu begrüßen. Jede Botschaft wird rituell mit Beifall, Ovationen und Hochrufen quittiert. Kommt der Augenblick, wo der Sprecher der Botschaften, der nach und nach die Schriftstücke aus einem Korb hervorholt, der vor ihm steht, das Freundschaftstelegramm zieht und zu lesen beginnt, das Lech Walesa

im Namen von Solidarnosc dem „vom Faschismus befreiten“ Volk Uruguays schickt. Augenblicklich beginnen die ersten Reihen des Publikums zu schreien, zu pfeifen, zu buhen, zu trampeln, und die Solidarnosc zu verunglimpfen mit Schreien wie: „Nieder mit Walesa! Nieder mit dem amerikanischen Imperialismus!«

Auf einer höheren Ebene begegnen wir der Tatsache, daß ein unfreiwilliges Vorurteil, meistens das einer ganzen Epoche, nur der persönlichen Unaufrichtigkeit zugeschrieben wird. Jules Ferry, der Mann, der gegen das zweite Kaiserreich kämpfte und in Paris am 4. September 1870 die Republik ausrief, der Minister, dem Frankreich die großen demokratischen Gesetze über Pressefreiheit, Versammlungsrecht, sowie kostenlose, nichtkirchliche Grundschulpflicht verdankt, rief am 28. Juli 1885 zur Tribüne der Abgeordnetenkammer hinauf: „Meine Herren, man muß lauter und wahrer sprechen! Man muß offen sagen, daß die höheren Rassen gegenüber den niedrigen Rassen ein Recht haben. Ich wiederhole, daß es für die höheren Rassen ein Recht gibt, weil es auch eine Pflicht für sie gibt. Sie haben die Pflicht, die niedrigen Rassen zu zivilisieren.“ Heute glaubt man, daß der Rassismus nur von der Rechten ausgeht. Dabei vergißt man, daß die Ungleichheit der menschlichen Rassen im 19. Jahrhundert der Linken wie der Rechten als Evidenz erschien. Das Wort „Rasse“ wurde übrigens oft in einem ebenso kulturellen wie biologischen Sinn verwendet. Der Fehler der Menschen des 19. Jahrhunderts bestand darin, daß sie der „Rasse“ ökonomische, soziale oder politische Verhaltensweisen zuordneten, die sie streng verurteilten. Unserer ist es, daß wir in anderen als den westlichen Kulturen vor lauter Angst, man könnte uns des Rassismus beschuldigen, verdammenswerte Haltungen entschuldigen, darunter auch rassistische Verhaltensmuster. Als im Mai 1987 der Colonel Sitiveni Rabuka auf den Fidji-Inseln eine Regierung stürzt, die ordentlich gewählt worden war, nur deshalb, weil sie unter indischer Vorherrschaft steht und der Colonel die Macht den Melanesiern zuspielen will, sind im Westen die Stimmen, die die Errichtung dieses neuen Regimes auf ausdrücklicher rassistischer Basis verurteilen, äußerst schwach. Aber eine Mehrheit von Bürgern indischen Ursprungs, auf den Fidji-Inseln geboren, wie auch Angehörige anderer Ethnien, sehen sich aufgrund ihrer Rasse ihrer politischen Rechte beraubt. Wenn Rabukas Regime vom Commonwealth auch ausgeschlossen wurde, so verlöschten die Proteste gegen diese neue Apartheid doch sehr schnell und haben auf unserem Planeten keine Wirren ausgelöst. Nachdem er am 25. September 1987 einen neuen Staatsstreich unternommen und sich selbst zum General ernannt hatte, mußte Rabuka am 5. Dezember die Macht den Zivilisten übertragen. Eine Übergangsregierung unter dem Premierminister, der vor

den Wahlen vom April 1987 dieses Amt innegehabt hatte, übernahm unter Mißachtung des Wahlresultats die Aufgabe, eine neue Verfassung und Neuwahlen vorzubereiten. Die Wahlen haben bis heute nicht stattgefunden. Als der Colonel Jean-Baptiste Bagaza, Herr über Burundi, der Anfang September gerade einer Einladung zum Gipfel der Frankophonen in Montreal – trotz des deutlich rassistischen Regimes in seiner Heimat – folgte, vom Hauptmann Pierre Buyoya gestürzt wird, freut sich der Vatikan, weil letzterer den Abbruch der Betrügereien seines Vorgängers gegen die Kirche verkündet. Aber Rom verlangt nicht die Änderung der ethnischen Beziehungen, die die Herrschaft der Tusi über die Hutu verewigen, wie ich es weiter oben beschrieben habe, und die die bekannten Massaker von 1972 herbeigeführt hatten. Der Präsidentenhauptmann legte übrigens Wert darauf, festzuhalten, daß er am status quo nichts ändern würde, die schwarze Apartheid würde aufrechterhalten, mit dem Segen der religiösen Autoritäten und der internationalen Gemeinschaft. Als am 15. September dieses selben Jahres 1987 in Burkina Faso (vormals Obervolta) Hauptmann Blaise Compaoré einen Regierungswechsel herbeiführt, indem er, um an seine Stelle zu treten, Hauptmann Thomas Sankara ermordet sowie einige Dutzend seiner Mitarbeiter, ärgern sich die Verteidiger der Menschenrechte und der Demokratie im Westen nicht mehr als im Jahr 1983, als in Grenada das Politbüro der marxistisch-leninistischen Partei NEW JEWEL (übrigens Mitglied der sozialistischen Internationale!) es für nötig erachtet hatte, unter etwa 150 anderen Personen auch seinen Chef Maurice Bishop zu töten, der seinerseits im Jahre 1979 mit Hilfe eines Staatsstreichs an die Macht gekommen war. Ein noch stärker pro-sowjetischer Clan als Bishop hatte letzteren liquidiert, aber die amerikanischen „Liberalen" sparten sich ihre Empörung für die amerikanische Landung in Grenada auf, die etwas später über die Bühne gehen sollte.
Vor diesen bizarren politischen Sitten, vor der unglaublich hohen Anzahl von Militärs, die in diesen Ländern an der Regierung sind (wobei eine Militärdiktatur nur dann eine Verletzung der Demokratie darstellt, wenn der Diktator Pinochet oder Strössner heißt), ist die Stummheit der westlichen Kritiker nur durch eine schlichte Umkehrung des ideologischen Filters zu erklären, was hundert Jahre früher bewirkt hätte, daß diese Verwirrungen der Unfähigkeit der „niederen Rassen", sich selbst zu regieren, zugeschrieben worden wäre. Einmal ist es das rassistische Vorurteil, das andere Mal das antirassistische Tabu, das eine vernünftige Analyse dieser Phänomene verhindert, nämlich eine Analyse der Gesamtheit der politischen, sozialen, ökonomischen, religiösen und kulturellen Fakten, die ihrerseits wieder eine Studie rechtfertigen, wie jede andere Tatsache ähnlicher Art, ja wie jede mög-

liche ähnliche moralische Einstufung. Als der italienische Kommunistenchef Giancarlo Pajetta im Scherz das Pittoreske von Addis Abeba im Jahr 1977 als „sehr wie Paris 1793“ beschreibt, bekennt er sich zu einem Zeitpunkt als Opfer des Charmes der äthiopischen Hauptstadt, als sie mehr als 100.000 politische Häftlinge beherbergt und wo man sogar Kinder unter zwölf Jahren zum Tod durch Erschießen verurteilt. Damit eine solche Reaktion möglich ist, müssen Ideologie und Revolutionskult Pajetta schon mit solide schützenden Ohrenschonern schmücken.

Bedenken wir also neuerlich die vierfache Funktion der Ideologie: Sie ist Machtinstrument; Verteidigungsmechanismus gegen die Information; Vorwand, um sich dem moralischen Anspruch zu entziehen, indem man das Böse mit gutem Gewissen tut oder billigt; und, eine Methode, um das Kriterium der Erfahrung auszuschalten, das heißt, ein Mittel, um die Kriterien von Erfolg und Mißerfolg entweder völlig zu eliminieren oder auf unbekannte Zeit zu verschieben.

Die Schildwache, die vor dieser psychischen Festung Wache schiebt, sortiert die Informationen lediglich nach ihren Möglichkeiten, die Ideologie zu stärken oder zu schwächen. Ein ehemaliger ständiger Korrespondent für *Newsweek* in Moskau, Andrew Nagorski, beschreibt in seinem übrigens von allen Standpunkten aus erbaulichen Erinnerungsbuch, *Reluctant Farewell* (New York 1985), die Reaktionen, auf die er stößt, wenn er im Westen auf Urlaub weilt, besonders zum Zeitpunkt, als gegen 1982 der Streit der „Euromissile“ seinen Höhepunkt erreicht. Es ging darum, ob man die Pershing II und die Langstreckenraketen in Westeuropa stationieren solle, als Gegengewicht gegen die sowjetischen SS-20. „Während meines kurzen Ausflugs in den Westen“, so beschreibt Nagorski, „fand ich, daß meistens die Meinungen über diese Themen bereits festgefahren waren. Jene Leute, die die Entscheidung der NATO guthießen, neue Raketen aufzustellen, begrüßten meine Bemerkungen über den Kreml als Munition für ihre Anhängerschaft, während die Gegner das, was ich über sowjetische Ansichten zum Thema Westen zu sagen hatte, als unwichtig abtaten. Ich fühlte ein deutliches Unbehagen darüber, wie schnell man in jeder Diskussion zu diesem Thema ein endgültiges Urteil über mich fällte. Es ging darum, sich in einer inneren politischen Debatte auf die eine oder andere Seite zu schlagen, und was für eine Beziehung all das zu den sowjetischen Absichten hatte, schien völlig nebensächlich.[26]

Sollte der Mensch ein intelligentes Wesen sein, das sich nicht von der Intelligenz leiten läßt? Ohne ihre übrigen Eigenschaften einschränken zu wollen, gehe ich davon aus, daß die Intelligenz dazu dient, uns schädliche Erfahrungen zu ersparen, da sie es uns so oft wie möglich erlaubt, die verschiedenen Aspekte einer Situation zu analysieren, um die Folgen einer Handlung vorauszusehen oder zumindest ungefähr abzuschätzen. Insgesamt ist es eine Fähigkeit der Vorwegnahme und Simulation einer Handlung, mit deren Hilfe wir unsere Entschlüsse lenken können, ohne allzu gefährliche Versuche in die Praxis umsetzen zu müssen, um zu sehen, was sie bewirken. Doch wir benützen diese Fähigkeit äußerst selten, ja, wenn man uns in eine gleiche Situation bringt, wiederholen wir oft Verhaltensmuster, die bereits schiefgegangen sind.

10

MACHT AUF ABWEGEN

Weh, wir haben den Herren dieser Erde ihre ehebrecherische Macht nur zu oft abgeschaut, um zu herrschen. Das ist der unglückselige Ursprung all unserer Leiden.

Alphonse de Lamartine
An die Christen in der Zeit der Versuchung
Harmonie, I, 6.

Kein Beruf ist verschrieener als der des Journalisten. Keinem wird mehr geschmeichelt.

Robert de Jouvenel,
La Republique des camarades

Es wäre übertrieben und ungerecht zu schreiben, daß die Information auf der einen Hälfte der Welt verboten und auf der anderen Hälfte falsch ist. Denn in Wahrheit wird sie in der großen Mehrzahl der Staaten unterdrückt und verboten.

Man kommt zwar tatsächlich auf etwa fünfzig Länder, in denen die Informationsfreiheit nicht existiert, und auf etwa dreißig, wo es sie gibt, doch dieser Abstand wird noch größer, wenn man weniger die Anzahl der Länder betrachtet als jene der Menschen, denn unter den Staaten ohne Information finden sich manche Länder mit der höchsten Bevölkerungszahl der Erde. Zwischen den beiden übrigens fluktuierenden Gruppen kann man bei großzügiger Bemessung noch etwa dreißig politische Regimes ausmachen, unter denen die Presse eine Art Halbfreiheit genießt. Diese vermischte Situation birgt für die Journalisten paradoxerweise mehr Gefahren als ein System der vollständigen Zensur. Zahlreich sind die jährlichen Opfer der Repression, die bis zum Mord gehen kann, gerade aufgrund der Ungenauigkeit der Grenzen, die in aller Stille ihrer Neugierde gesetzt werden. Und da die Information im größten Teil der Welt verboten, stark zensuriert oder auch verfolgt wird oder sogar unerreichbar ist, gefährlich im Empfang wie auch in der Weitergabe, wird sie in unseren Augen so wertvoll und unantastbar, daß wir sie schließlich von jeder Fehlerquelle ausnehmen und im Schutz jeglichen Irrtums wähnen, wenn es um eines der wenigen Länder geht, wo Freiheit herrscht. In diesen Ländern ist es eine Art Gotteslästerung, wenn man die Presse rügt, eine Gotteslästerung, die sicherlich häufig begangen, aber dennoch im Prinzip nicht weniger verabscheut wird. Doch sogar in jenen Gesellschaften, die sich auf eine lange demokratische Tradition stützen und die einen großen Respekt für die Gedankenfreiheit beweisen, wird nur ein geringer Prozentsatz der Zeitungen und Medien im Hinblick darauf konzipiert und benützt, daß sie dem Leser genaue Information und seriöse Kommentare liefern, sicherlich im Rahmen der menschlichen Möglichkeiten: ich spreche hier nur von der Absicht.

Abgesehen davon wird in einer Demokratie dem Bürger von Gesetzes wegen die Meinungsfreiheit garantiert, aber nicht die Unfehlbarkeit, ebensowenig wie das Talent, die Kompetenz, die Rechtschaffenheit, die Intelligenz oder die Prüfung der Fakten, die alle schon auf das Konto des Journalisten gehen und nicht auf jenes des Gesetzgebers. Aber wenn es passiert, daß ein Journalist kritisiert wird, weil er in Sachen Genauigkeit oder Ehrlichkeit nicht korrekt war, dann brüllt der gesamte Berufsstand auf, und tut so, als glaube er, das Prinzip der Meinungsfreiheit selbst sei in Frage gestellt und der Presse solle „ein Maulkorb verpaßt werden". Der Kollege hat nur, so heißt es, sein „Informationshandwerk" ausgeübt. Was würde man von einem Gastronomen halten, der, beim Verkauf von verdorbenen Lebensmitteln ertappt, die Kritik mit der Bemerkung abwehrte: „Ich bitte Sie, lassen Sie mich meine Berufung als Ernährer erfüllen, diese geheiligte Pflicht! Sind Sie denn für eine Hungersnot?" In Wirklichkeit wollen die meisten Menschen, die Zeitungen oder andere Kommunikationsmittel gründen, einen Standpunkt durchsetzen und nicht die Wahrheit suchen. Es ist nur besser, so zu tun, als suche man die Wahrheit, wenn man einen Gesichtspunkt durchsetzen will. Ähnlich wie ja auch von den Millionen Büchern, die gedruckt werden, nur ein winziger Teil der Literatur als Kunst oder als Mitteilung von Erkenntnissen gewidmet ist, hat es sich auch nur eine Minorität unter den Presse- und Kommunikationsunter-

nehmen zum Ziel gesetzt, hauptsächlich der Information zu dienen. Diese Art von Beschäftigung schafft einen Typus von Zeitungen, die in der riesigen Mauer der schlicht kommerziellen oder parteigebundenen Presse eine winzige Schießscharte abgeben.
Die Verwechslung von Meinungsfreiheit, die auch Lügnern und Wahnsinnigen zugestanden werden muß, und Information als Beruf, der seine eigenen Widersprüche birgt, steht am Beginn der liberalen Kultur. Vor der zweiten Hälfte des 19. Jahrhunderts, das heißt, vor dem Aufkommen der Presseagenturen, der Reporter, des elektrischen Telegraphs, beziehen sich alle Betrachtungen über die Pressefreiheit, von John Miltons *Diskurs über die Freiheit* bis Voltaire und Tocqueville, ausschließlich auf die Gedankenfreiheit. Je weiter die moderne Demokratie fortschreitet, um so deutlicher stellt sich heraus, daß eine ihrer Stützen darin besteht, daß jeder, wie Voltaire sich ausdrückt, die Freiheit hat, „schriftlich zu denken". Wir müssen, so sagt er, das Recht des einzelnen verteidigen, der Öffentlichkeit seinen Standpunkt bekanntzumachen, auch wenn uns dieser Standpunkt mit Abscheu erfüllt, und wir dürfen ihn selbst nur durch das Wort und die Argumentation bekämpfen, niemals mit Gewalt oder Verleumdung: auf diese Weise zeichnet sich das Prinzip der Toleranz ab. Aber dieses Recht, nach Belieben der Vernunft oder der Unvernunft zu frönen, hat nichts mit dem Recht zu tun, falsche Informationen abzudrucken, was etwas ganz anderes ist. Am Beginn der Demokratie steht die Debatte über die Presse keineswegs im Kontext des Rechts, zu informieren oder informiert zu werden: es geht nur um Toleranz und Verschiedenheit der Meinungen. So behandelt der berühmte erste Zusatz zur amerikanischen Verfassung, der das Presserecht in den Vereinigten Staaten begründet, im selben Satz, und das ist bedeutsam, gleichzeitig die Religionsfreiheit, die Meinungsfreiheit, die Versammlungsfreiheit und die Petitionsfreiheit. Aber das Verbot, das in diesem Artikel enthalten ist, „die Freiheit der Rede oder der Presse einzuschränken", auf dieselbe Ebene gesetzt wie das Verbot, die Freiheit des einzelnen, seine Religion zu wählen, einzuschränken, impliziert damit keineswegs, daß die amerikanische Regierung die Verfassung überschritten hätte, wie behauptet wurde, als sie es verbot, daß Reporter im Jahr 1983 die Truppen in den ersten Stunden der Landung auf Grenada begleiteten. Die erste Novellierung impliziert auch nicht, daß eine Zeitung das Recht habe, ein vertrauliches Staatsdokument zu veröffentlichen, das auf verbotene Weise in ihre Hände geraten ist. Man kann allerdings ins Auge fassen, dieses Recht anzuerkennen oder auch jenes, daß die Presse von Rechts wegen im vorhinein über alle militärischen Operationen auf dem laufenden gehalten werden soll: aber weder das eine noch das andere Recht können

aus dem ersten Zusatz abgeleitet werden, aus dem ausgezeichneten Grund, daß dieser Paragraph keineswegs die Information behandelt. Auch in Frankreich kreisen nach dem Untergang des ersten Kaiserreichs, sowohl unter der Restauration als auch unter der Juli-Monarchie, alle Diskussionen über die Presse und über die möglichen, erwünschten oder unerwünschten Gesetze, um sie zu zügeln oder nicht, nur um den Begriff der Meinung. Alle liberalen Denker, Benjamin Constant in seinen *Principes de politique* (1815), Royer-Collard in seiner Rede über die Freiheit der Presse vor der Abgeordnetenkammer im Jahr 1817 beginnen damit, festzuhalten, daß „die freie Veröffentlichung der individuellen Meinungen durch die Presse nicht nur die Bedingung für die politische Freiheit ist, sondern sie ist das notwendige Prinzip dieser Freiheit, denn nur sie kann im Busen einer Nation eine allgemeine Meinung über ihre Angelegenheiten und über ihre Interessen herbeiführen“.[1] Im Anschluß daran nimmt in den Überlegungen dieser politischen Denker jene Frage breiten Raum ein, wie man den Mißbrauch der Meinungsfreiheit bestrafen könnte, oder jene Meinungen, die der Ehre, dem Ansehen oder der Sicherheit des einzelnen oder dem Bürgerfrieden schaden könnten. Kann man diesen Mißbrauch verhindern, ohne die Freiheit selbst zu schädigen? Im allgemeinen kommen sie zu dem Schluß, es sei besser, die Unannehmlichkeiten zu akzeptieren, als sie durch die Gesetzgebung zu verhindern, denn die öffentliche Weisheit, eine Folge der Erfahrung mit der Freiheit und mit der Angewohnheit, die Thesen gegeneinanderzustellen, wird ja Sorge tragen, die Verleumder und Aufwiegler in Mißkredit zu bringen. Benjamin Constant stellt die „Frenetiker, die zu unserer Zeit gerne die Notwendigkeit unter Beweis stellen würden, eine bestimmte Anzahl von Köpfen, die sie aussuchen, rollen zu lassen, und sich im Anschluß daran damit rechtfertigen, sie hätten ja nur ihre Meinung gezeigt“, auf die gleiche Stufe wie jene „Inquisitoren, die aus diesem Wahnsinn Kapital schlagen möchten, um jede Manifestation von Meinung der Rechtsprechung seitens der Autoritäten zu unterwerfen“. Wie man sieht, geht es in all dem nur um die Meinung, um das Recht, den persönlichen Gesichtspunkt zum Ausdruck zu bringen, aber niemals um jenen Komplex, den wir im allgemeinen heute als „die Probleme der Information und der Medien“ bezeichnen.[2]

Für Tocqueville spielen die Zeitungen jene Rolle, die heutzutage die lokale Presse oder das Kabelfernsehen in einer abgeschiedenen Gemeinde spielen: sie dienen als Zement, als Bindeglied zwischen den Bewohnern. Ohne die Presse könnten die Staatsbürger im Individualismus verharren, zu dem sie die egalitäre Demokratie drängt. „Wenn die Menschen untereinander nicht mehr auf solide und ständige Weise verbunden sind (er meint natürlich: wie in den aristokratischen Gesellschaften), wird man nicht mehr erreichen können, daß eine große Zahl gemeinsam agiert... Das kann man üblicherweise und bequemerweise mit Hilfe einer Zeitung erreichen; nur eine Zeitung kann in einem gleichen Augenblick in tausend Köpfe denselben Gedanken pflanzen." In dieser Perspektive ist der Überfluß an Presse in den Vereinigten Staaten laut Tocqueville eine Folge der zahlreichen Vereinigungen, das heißt der lokalen Demokratie, worin er, wie man weiß, zu Recht den grundlegenden Charakterzug und die Quelle für die Authentizität der amerikanischen Demokratie sieht. Der Absatz aus *Über die Demokratie in Amerika,* den ich hier zitiere, stammt aus dem Kapitel „Über die Beziehungen zwischen Vereinen und Zeitungen".

Die Presse hat also in dieser Auffassung eine mobilisierende Funktion. Sie dient dazu, die einzelnen Statsbürger rund um ein gemeinsames Projekt zu versammeln, was eine gute Sache ist, so fährt Tocqueville fort, auch wenn das Projekt nichts wert ist, denn es entreißt sie zumindest dem Individualismus. „Ich werde keineswegs leugnen, daß die Zeitungen in den demokratischen Ländern die Bürger des öfteren dazu bringen, gemeinsam sehr unnütze Unternehmungen anzugehen; aber gäbe es die Zeitungen nicht, gäbe es fast keine gemeinsamen Aktionen. Das Übel, das sie auslösen, ist also viel kleiner als jenes, das sie heilen." Tocqueville besteht solchermaßen darauf, bei der Presse nur die mobilisierende Funktion in Betracht zu ziehen, die es verhindert, daß die Menschen in jene einsame Erstarrung fallen, die eine Konsequenz der demokratischen Zerstückelung ist. Man ist verwirrt, festzustellen, daß einer der größten modernen Theoretiker der Demokratie, einer ihrer Beobachter mit der größten Intuitionsgabe, die Bedeutung jener anderen Funktion nicht bemerkt hat, die in jedem demokratischen System die Presse unabkömmlich macht: die Funktion der Information. Wenn jedoch die Demokratie jene Regierungsform ist, in welcher die Bürger über die allgemeinen Ausrichtungen der Innen- und Außenpolitik entscheiden, indem sie durch ihre Stimme zwischen den verschiedenen Programmen der Kandidaten wählen, die sie dazu ausersehen, zu regieren, dann hat diese Regierungsform nur dann Sinn und kann nur dann im Interesse ihrer Mitglieder voranschreiten, wenn die Wähler über die Angelegenheiten der Welt wie auch ihrer eigenen Nation korrekt informiert sind. Deshalb ist in einer Demokratie die Lüge so schwerwiegend, in jener Regierungsform, die nur in der Wahrheit überhaupt machbar ist, und die zur Katastrophe führt, wenn sich die Bürger aufgrund falscher Informationen entscheiden. In den totalitären Regierungsformen täuschen die Machthaber und die Staatspresse die Gesellschaft, aber die Regierungen üben ihre Politik nicht aufgrund ihrer eigenen Lügen aus. Sie selbst haben andere Unterlagen zur Verfügung. In den Demokratien ist die Macht, wenn sie die Meinung täuscht, gezwungen, ihre Handlungen den Lügen anzupassen, die sie der Öffentlichkeit aufgezwungen hat, denn es ist ja die Öffentlichkeit, die die Machthaber wählt oder absetzt. Und gerade um diese tödliche Gefahr abzuwenden, interveniert die Presse, oder sollte sie intervenieren, denn das ist der Punkt, der die Presse mit der Demokratie untrennbar vereint.

Aber bedauerlicherweise hat gerade hier die ursprüngliche Verwechslung zwischen der Funktion der Meinung und der Funktion der Information oder, genauer gesagt, der Vorsprung der Funktion der Meinung auf die Funktion der Information zu einem Irrtum geführt, der bis in unsere Tage anhält. Einerseits ist sich alle Welt darüber einig, daß die Demokratie ein System ist, in dem sich alle Meinungen ausdrücken können, vorausgesetzt, sie tun es friedlich. Sie ist aber andererseits auch ein System, das nur dann funktionieren kann, wenn ihre Bürger über ein Minimum an genauen Informationen verfügen. Doch diese zweite Funktion wurde, was immer man auch sagen mag, niemals vollständig von der ersten getrennt gesehen, noch jemals für sich selbst in ihrer ganzen Bedeutung erkannt. Und vor allem ist sie immer standhaft unterschätzt worden.

Das kommt von verschiedenen üblichen Gemeinplätzen her, mit denen man uns in allen Kolloquien und Debatten die Ohren vollsingt. Die Presse, so wiederholt man uns bis zum Überdruß, muß pluralistisch sein. Es ist aber die Meinung, die pluralistisch sein kann, nicht die Information. Ihrer eigenen Natur nach kann die Information falsch oder wahr sein, aber nicht pluralistisch. Ich bin mir natürlich dessen bewußt, daß nicht jede Information diesen idealen Grad an kontrollierbarer Sicherheit haben kann, die jedes Zögern, jede Kontroverse abschneidet und jeden Widerspruch im Keim erstickt. Der „Pluralismus" betrifft sie also nur, insoweit sie zweifelhaft ist. Man kann zugespitzt formulieren, je pluralistischer eine Information ist, um so weniger ist sie eine Information. Ihrem Wesen nach soll sie jedenfalls nach Gewißheit streben, und es gibt im übrigen viel mehr Informationen, die das erreichen können, als im allgemeinen behauptet wird, in der Absicht, es sich zu ersparen, das überhaupt zu berücksichtigen. Das Klischee von der Unmöglichkeit der Objektivität ist oft nur ein Asyl für die Faulheit – oder für die Schurkerei. Auf jeden Fall besteht die Objektivität, wenn es darum geht, eine Frage der Tatsachen anzuschneiden, nicht darin, wie oft in völlig irriger Weise behauptet wird, zwei entgegengesetzte Meinungen innerhalb einer Debatte darzustellen. Wenn beide Meinungen auf falschen Informationen bestehen, worin besteht dann das Interesse der Debatte? Dieses Interesse kann es sicherlich sein, die Gesinnungsart und die Verschiedenheit der ideologischen Familien in einem Land widerzuspiegeln. Aber darauf kann sich die Aufgabe der Presse nicht beschränken. Die Gegenüberstellung von inkompetenten Meinungen hat niemals das Wissen um die Tatsachen ersetzt. Die Pflicht der Presse ist es, dieses Wissen zu erlangen und weiterzugeben. Der Pluralismus wird in seine Rechte wieder eingesetzt, sobald der Augenblick kommt, aus diesen erwiesenen Tatsachen Schlüsse zu ziehen, Hilfsmaßnahmen vorzuschlagen und Heilmittel zu erfinden. Leider wird in der Praxis der „Pluralismus“ fast immer schon vor diesem Stadium ausgeübt, er sortiert die Meinungen, verlegt ihnen den Weg, übergeht sie stillschweigend, verleugnet sie, beschneidet oder erweitert, ja erfindet sie, um den Prozeß der Meinungsbildung schon in seinem embryonalen Stadium zu verfälschen. Wenn man den „Pluralismus“ anführt, so bezieht man sich ohne rot zu werden auf das angebliche Recht jeder Zeitung, die Information auf ihre Art darzustellen. Das gilt als so selbstverständlich, daß man zum Beispiel während der zahllosen Krisen der sozialistischen französischen Tageszeitung *Le Matin*, die letzten Endes einging, des öfteren von jedem neuen Herausgeber hören konnte, er garantiere „die linke Verankerung“ dieser Zeitung. Doch jemand, der wirklich an seine eigene politische These glaubt, hat es nicht nötig, „verankert“ zu sein. Er ist davon überzeugt – oder er müßte es sein – daß die Rechtmäßigkeit seiner These eben gerade durch die Exaktheit seiner Information bewiesen wird. Wenn er das Bedürfnis verspürt, zu verkünden, daß er die Information in einem seiner Theorie günstigem Licht präsentieren wird, so bedeutet das ja schon, daß er von der Gültigkeit dieser letzteren nicht mehr gar so überzeugt ist, und zugibt, wie tödlich Unparteilichkeit für sein Lager wäre. Eine andere, rituelle Dummheit besteht darin, die Presse als „Gegenmacht“ zu definieren. Es ist wahr, daß es die Rolle der Presse ist, die Wahrheit zu sagen, und daß die Macht die Wahrheit nicht sehr liebt, wenn sie ihr nicht günstig ist. Aber es ist auch wahr, daß sie nicht immer ungünstig ist. Die Presse muß also nicht aufgrund einer übrigens selektiven Automatik und unter allen Umständen eine Gegenmacht sein. Dieser Begriff selbst ist übrigens absurd, und wenn er der Wahrheit entspräche, wenn die Macht es unweigerlich verdiente, daß man gegen sie ist, so müßte man an der Demokratie verzweifeln, denn das würde heißen, daß sich eine demokratisch gewählte Regierung immer irrt, daß also das Volk, das wählt, an erblicher und unheilbarer Idiotie leidet. Aber die Vorstellung, eine gute Zeitung sei nur jene, die immer die Macht bekämpft, bleibt nicht ohne Folgen, wenn man die praktische Unmöglichkeit der Medien aus den freien Staaten berücksichtigt, in den kommunistischen

Ländern seriöse Reportagen zu machen, und auch angesichts des zugegebenermaßen schwachen Wunsches, das durchzusetzen. Daraus kann man schließen, daß neun Zehntel ihrer Informationen aus Unterlagen bestehen, die gegen die Demokratien selbst sind. Diese werden vor allem seitens ihrer weniger demokratischen Verbündeten unter Anklage gestellt, die für Beschuldigungen besonders geeignet sind, da sie im allgemeinen sowohl für Information offenstehen als auch moralische Verdammungen verdienen. Man sieht also, aufgrund welcher Verkettungen das demokratische Informationssystem dem gefälligen Lauf eines Dauerprozesses folgt, der sich gegen die Demokratie selbst richtet, und wie dieser, erfunden zu ihrer Verteidigung, dazu beiträgt, sie zu zerstören.

Sicherlich ist die Informationsfreiheit für die demokratische Kultur unabdingbar. Sie ist ein konstituierender, ein tragender Bestandteil derselben. Aber leider verwandelt sich die Demokratie einem militärisch-totalitären System gegenüber, das ihre Vernichtung betreibt, ohne es zu wollen in Gift für ihr eigenes Blut, und sie stellt Argumente her, die dazu dienen, zu beweisen, daß sie es nicht verdient, zu existieren.

Sie rechtfertigt damit die Aggression, deren Gegenstand sie seitens des Totalitarismus ist, der weit davon entfernt ist, ihr ebenbürtig zu sein, wie unvollkommen sie auch immer sein mag. Man wird antworten, sie könnte sich leicht den Unzulänglichkeiten dieses Irrtums entziehen, indem sie selbst vollkommen wird und nicht mehr auf den strategischen Schutz zurückgreift, den jedes Regime, das nicht unfehlbar ist, benötigt. Das läuft darauf hinaus, zu behaupten, die Demokratie habe im Grunde nur die Wahl zwischen Heiligkeit und Tod.

Ich bin weit davon entfernt, der Marotte zu folgen, man müsse irgendeinen heiligen Konformismus aufstellen, um die Demokratie zu retten. Ich verlange für sie nur die Wahrheit, aber die ganze Wahrheit. Noch einmal, wesentlich ist es, die Informationsfunktion der Kommunikationsmittel zu begrenzen, da ja eine schlechte Information der Öffentlichkeit verheerende Folgen für die Demokratie mit sich bringt, verheerender als für jedes andere politische System.

Die Rolle eines Überwachers, eines Richters, ja, eines Inquisitors für die Macht, die die Presse für sich verlangt, ist vielleicht heilsam und notwendig, würde aber demnach eine Art Beamtenschaft erfordern. Und wie alle Beamtenstände braucht sie Garantien für ihre Kompetenz und Unparteilichkeit. Und die „Vierte Gewalt" oder die „Gegengewalt" ist nur eine De-facto-Macht. Sie besitzt keine konstitutionelle Substanz außer jener, die sich vom Recht jedes Bürgers ableitet, zu sagen und zu schreiben, was er will. Während die anderen Gegengewalten, die Justiz und die Rechtssprechung, selbst Gewalten sind und ihre

Mitglieder nach Kriterien der Repräsentanz, der Kompetenz und der Moral ausheben, die in der Verfassung festgelegt sind, durch Gesetze oder Verordnungen, gibt es keine solche Bedingungen für das Einstellen eines Journalisten. Die Berufsdiplome der Journalistenschulen haben nur beschreibenden Wert. Abgesehen davon, daß sie nicht sehr viel garantieren, sind sie nicht verpflichtend, im Gegensatz zu den Titeln, die das Gesetz von den Ärzten, den Anwälten oder den Professoren verlangt, wenn sie ihren Beruf ausüben wollen. Daher ist das journalistische Corps selbst Richter über seine Fähigkeiten und über die Rechtschaffenheit seiner Mitglieder, über die Qualität ihrer Arbeit, natürlich unter Mitarbeit der Öffentlichkeit, aber diese verfügt fast niemals über die Elemente, mit denen sie die Information, die man ihr liefert, konfrontieren soll, da ein Großteil der Informationselemente, die sie sammeln könnte, ja gerade aus der Zeitung kommt, die man liest, aus der Fernsehanstalt, der man zuschaut, und dem Radio, das man hört. Wenn zufällig jemand über eine Informationsquelle verfügt, die außerhalb dieser Organe liegt, wenn seine Zeitung oder sein Fernsehen einmal ein Problem abhandeln, das er kennt, über seinen Beruf, seine Gegend, ein fremdes Land in dem er gelebt hat, über Ereignisse, in die er einbezogen war berichtet, dann fällt der mittlere Bürger über die Art und Weise, wie die Presse berichtet, fast immer ein ziemlich strenges Urteil, ja, er ist manchmal empört. Das ist ein beunruhigendes, wenn auch häufiges Symptom, und jeder von uns ist schon einmal Zeuge davon gewesen.

Die Presse wird um so härter verurteilt, je genauer der Leser oder der Fernseher das Thema kennt, um das es geht. Wenn sich der Journalist auf das „Recht, zu informieren“ beruft, auf ein „Informationsrecht“, so bezieht er sich auf sein eigenes Recht, die Tatsachen so darzustellen, wie er es für gut befindet, und kaum jemals auf das Recht des Publikums, mit Genauigkeit und Aufrichtigkeit informiert zu werden. Wenn die Medien Fehler machen, und seien es auch manchmal schwere und grobe mit unheilvollen Folgen, so können diese Fehler nur wieder von der Presse selbst angeprangert werden, wenn diese Anprangerung Echo und Erfolg haben soll, und das ist eine seltene und ungern gesehene Sache, besonders in Frankreich. Erbarmungslose Angriffe gegen andere Zeitungen werden meistens nur von Extremistenblättern losgetreten, und so schreibt die Öffentlichkeit sie auch nur der politischen Leidenschaft zu. Sie beziehen sich auf die vorgefaßte Meinung und auf einen Mangel an Professionalität. Und doch ist es gerade das Gebiet der Professionalität und der Qualitätskontrolle für das Sozialservice Information, wo sich die „vierte Gewalt“ und der Anspruch, die Aufgabe als „Gegengewalt“ zu erfüllen, legitimieren könnten. Diese „Aufgabe“ ver-

wandelt sich übrigens wie durch Magie für manche Zeitungen in „Pro-Gewalt“, wenn die Gewalt zufällig in die Hand jener Partei, der ihre Vorliebe gilt, fällt oder zurückkehrt.
Um diesem Vorwurf zu begegnen, verschanzen sich die Journalisten hinter der angeblichen Unterscheidung zwischen Meinung und Information, eine andere Schablone erhabener und hohler Behauptungen. Diese Unterscheidung wird fast niemals respektiert. Die ganze, der modernen Presse innewohnende Kontroverse kommt ja eben genau daher, daß jenes Recht, das als erstes anerkannt wurde, nämlich das Recht, alle Meinungen auszusprechen, auch die extravagantesten, die verabscheuungswürdigsten, das Recht, Unrecht zu haben, zu lügen, Schnitzer zu machen, auf die Informationspflicht, die erst später auftauchte, abgefärbt hat, obwohl sie ja, ohne sich selbst zu zerstören, dieses Recht auf Willkür nicht für sich beanspruchen kann. Von den ursprünglichen Ansätzen bleibt immer etwas bestehen. Wenn man heute aufgrund von Beweisen einen Journalisten als Fälscher oder als Ignoranten entlarvt, und sei es auch aus Anlaß einer ganz bestimmten Information, so wird man sofort beschuldigt, man betreibe „Hexenjagd“, man greife die Pressefreiheit an und lehne den „Pluralismus“ ab.
Nach einem berühmten Ausspruch ist „der Kommentar frei, die Information aber heilig“. Ich gestehe, daß ich oft den Eindruck habe, es sei umgekehrt: daß nämlich die Information frei ist und der Kommentar heilig. Aber das böseste Übel ist eine Meinung, die sich als Information verkleidet. Die amerikanischen Journalisten machen sich oft über ihre europäischen Zunftbrüder lustig, besonders über die Franzosen und Italiener, die, so sagen sie, in ein und demselben Artikel Tatsachen und Kommentare vermischen, indem sie die Neuigkeiten, die sie verbreiten, die Erklärungen und Handlungen der Politiker, die sie auf neutrale Weise berichten sollten, mit Werturteilen spicken. Allerdings haben sehr viele Journalisten es derart eilig, bekanntzugeben, was sie über einen bestimmten Politiker Böses wissen und Gutes über einen anderen, aus lauter Angst, man könnte sie für einen Komplizen des ersteren und Gegner des letzteren halten, daß sie schon nach den ersten Zeilen ihres Artikels außer Atem geraten und die Tatsachen äußerst schlecht darstellen. Der amerikanische Journalismus zeichnet sich auch in der Art, wie er reine Informationsartikel redigiert, durch eine strenge Disziplin aus, wobei er sich an einen gewollt unpersönlichen Stil hält, ohne dabei in den notwendigerweise trockenen Stil der Agenturen zu verfallen. Er vermeidet es, mit Anspielungen zu arbeiten, und erinnert jedesmal an alle Tatsachen, die man wissen muß, um die Nachricht zu verstehen, ganz so, als hätte der Leser bis dahin nichts über dieses Thema gelesen. Die *news,* die *stories,* die *news analysis* und die *columns* stellen

klar abgegrenzte journalistische Kategorien dar, die in Konzeption und Lay-out deutlich abgegrenzt sind, ebenso wie die nicht gezeichneten Leitartikel, die als einzige die Meinung der Herausgeber einer Zeitung wiedergeben. Aber die größte Gefahr für die Objektivität der Information kommt nicht aus der Vermischung der journalistischen Methoden, obwohl man sicherlich auch gut daran täte, sie auszumerzen, ohne daß diese Vorsichtsmaßnahme ausreichte. Übrigens ist jener schlechte Redakteur, der subjektive Bemerkungen ganz eindeutig auf seine Kappe nimmt, seinen Artikel mit Nebensätzen bestückt, die nicht aus den Tatsachen erwachsen, sondern aus der Parteigängersauce, nicht der gefährlichste. Denn der Leser bemerkt den ungeschickten Taschenspielertrick, der da vor seinen Augen abläuft. Die wahre Gefahr kommt daher, daß man falsche, gestutzte oder veränderte Nachrichten im Ton unerschütterlicher Neutralität präsentieren kann, eine Möglichkeit, derer sich auch die besten Zeitungen der Welt häufig bedienen. Es ist einfach, ein einseitiges Urteil als genügend überprüfte Tatsache darzustellen, ohne daß der Leser das umgehend bemerkt, wie es ja auch jedem möglich ist, eine Interpretation als Information auszugeben. Und die amerikanischen Journalisten aus Presse und elektronischen Medien spielen da genauso mit wie ihre europäischen Kollegen, obwohl ich zugeben muß, daß sie es meist auf weniger grobe und sichtbare Art tun.

Ein Musterbeispiel für die europäische Methode finde ich, zufällig herausgegriffen, in der spanischen Zeitung *El Pais* vom 10. Februar 1988 anläßlich eines relativ unbedeutenden Ereignisses: das Resultat der Primärwahlen bei den *Caucuses,* privaten Beratungsvereinen im Staat Iowa, ganz am Beginn der Vorwahlkampagne für die Präsidentschaftskandidaten. Der Artikel trägt die Überschrift: „Der Sieg des Fanatismus". Um welchen Fanatismus geht es? Um jenen von Pat Robertson, einem evangelischen Prediger und Fernsehstar, einem Virtuosen der „Elektronikreligion", der in Iowa den Vizepräsidenten George Bush überflügelte. „Ein Sieg, der dank einer noch nie dagewesenen Mobilisierung fanatischer Christen erreicht wurde, und zwar über den Fernsehkanal der evangelischen Kirchen, die mit dem Recht auf Abtreibung Schluß machen wollen, desgleichen mit der sowjetischen ‚Tyrannei', und die das Gebet in den öffentlichen Schulen wieder einführen wollen."[3] Der Leser hat hiemit die Mitte des Artikels erreicht, ohne viel über das Thema erfahren zu haben, für das er sich interessiert, nämlich: Die Prozentzahlen, die die verschiedenen Kandidaten der beiden Parteien erreicht haben. Dagegen ist er ausführlich über die persönlichen Empfindungen des Sonderberichterstatters informiert, den die Zeitung nach Des Moines, die Hauptstadt von Iowa, entsandt hat, Empfindungen, für die ich eine ebenso respektvolle Achtung wie auch eine tiefe Gleichgültigkeit empfinde. Ich habe nicht 60 Peseten ausgegeben, um mich über die Schwingungen zu informieren, die Pastor Robertson in der Seele des spanischen Korrespondenten ausgelöst hat. Anstatt eine Untersuchung zu machen, behauptet er zunächst ganz naiv, man habe nie und nirgends in der Geschichte einen vergleichbaren Massenaufstand von „fanatischen Christen" gesehen, was bei ihm eine beunruhigende Portion krassen Unwissens voraussetzt, und er überlegt sich nicht, wo die Ursachen für die Mobilisationsfähigkeit der evangelischen Kirche liegen könnten, oder welches die sozialen Wurzeln seines populären Erfolgs sein könnten, was das einzig wirklich interessante Thema wäre, über das wir gern Auskünfte und Erläuterungen bekämen. Der Sonderberichterstatter legt vor allem darauf Wert, uns mitzuteilen, daß er Robertson verachtet. Und daß er seinerseits folglich Hochachtung verdient. Ohne für die „moralische Mehrheit" und für Pat Robertson mehr Sympathie zu empfinden als unser Redakteur, muß ich daran erinnern, daß man in einer Demokratie nicht das Recht hat, einen Staatsbürger als „fanatisch" zu bezeichnen, selbst wenn man seine Ideen verabscheut, solange sich dieser Bürger darauf beschränkt, seine Meinungen frei auszusprechen (dieses geheiligte Recht!), und zwar im Rahmen einer Wahlkampagne. Wenn die Abtreibung aufgrund eines Gesetzes erlaubt wurde, hat dieser Mann nicht das Recht, in einem Appell an die Wähler zu versuchen, ein gegensätzliches Gesetz durchzubringen? Und desgleichen, wenn er das Gebet in den Schulen zur Pflicht machen will? Wer nicht mit ihm einverstanden ist, braucht ja nur seinerseits mit Hilfe von Überzeugung und Argumentation eine Kampagne gegen ihn zu organisieren. Fanatismus besteht ja nicht im Inhalt der Meinungen, die man vertritt, sondern in der Art, wie man sie durchsetzen will. Solange es nicht mit Gewalt, mit Intoleranz, mit Verfolgung oder mit Terror geschieht, vergeht man sich nicht gegen die Demokratie. Der Korrespondent von *El Pais* scheint diesen Unterschied nicht zu begreifen, der ja die Basis für jede Möglichkeit von Pluralismus ist, wenn er das Bedürfnis spürt, das Wort sowjetische „Tyrannei" unter Anführungszeichen zu setzen, womit er gleichzeitig seinen Abscheu vor einer so schwarzen Böswilligkeit manifestiert – den kommunistischen Totalitarismus Tyrannei zu nennen! – wie auch seine Auffassung von wahrer Toleranz.

Das winzige Musterstück, das ich hier analysiert habe, wiederholt sich tagtäglich unter tausend verschiedenen Aspekten in der freien Presse: Anstatt einer Untersuchung verfaßt der Journalist eine Sonntagspredigt. Auf einer höheren Verfeinerungsebene geht es dann nicht mehr um die Meinung, die anstelle der Information gesetzt wird, sondern um Meinung, präsentiert als Information, in der Form und im Stil einer Information. Nehmen wir Gorbatschows Rede, die er Ende Oktober 1987 vor dem Zentralkomitee der kommunistischen Partei der Sowjetunion hielt. Am 3. November 1987 widmen *New York Times* und *Wall Street Journal* ihre Titelseite dieser Ansprache, wobei erstere als Headline wählt: „Gorbatschow hält strenges Gericht über die Verbrechen Stalins und hält eine Lobrede auf Chruschtschow", letztere: „Gorbatschow zollt dem harten Kern Tribut, indem er seinen Angriff auf Stalin mäßigt". Man konnte die Rede des Generalsekretärs im einen oder anderen Licht sehen. Aber es ging dabei nicht um Interpretationen, nicht um Information. In Wirklichkeit kritisierte Gorbatschow Stalin sehr hart, aber die internationale Öffentlichkeit war enttäuscht, denn sie hoffte, er würde noch weiter gehen. Er ging jedoch in der Strenge weniger weit als Chruschtschow 1956, sogar deutlich weniger weit. Er lobte die „Entschlußfähigkeit" und die „Organisationstalente" Stalins während des Krieges, während Chruschtschow ja gerade seine Unfähigkeit, Willenlosigkeit, ja Fahrlässigkeit während der ersten Wochen der deutschen Invasion im Juni 1941 aufgedeckt hatte. Gorbatschow rehabilitierte übrigens auch Bucharin nicht, der während der Moskauer Prozesse der Vorkriegszeit erschossen worden war, diese Rehabilitierung sollte erst im Februar 1988 erfolgen. Er beschuldigte Trotzki, den viele gerne freigesprochen gesehen hätten. Sagen wir also, daß die Überschrift des *Wall Street Journal* zu jenem Zeitpunkt eher der Realität dieser Rede entspricht als jene der *New York Times*, aber darum geht es gar nicht: die beiden Überschriften stellen Werturteile dar und nicht Berichterstattungen, sie spiegeln die geheimen Wünsche der Redakteure wider, ihre impliziten Voraussagen über die Gruppenkämpfe, die das Politbüro trennten, oder auch über die Beschlüsse Gorbatschows, über seine künftigen Absichten und seine Ehrlichkeit. Jedoch schrieb schon Karl Marx selbst mit sehr viel Hausverstand: „Die Diskussion über Realität oder Irrealität des Gedankens wird, sobald man sie von der Praxis trennt, völlig scholastisch."

Man wird bemerken, daß ich mich nur auf ausgezeichnete Zeitungen bezogen habe, und auch auf unabhängige Zeitungen. Aus diesem Anlaß füge ich meiner Liste der überkommenen und oberflächlichen Idee über Presse und elektronische Medien die folgende hinzu: den Irrtum, der Unabhängigkeit die Tugend der Objektivität wie selbstverständlich zuzuschreiben. Wenn man von der „großen unabhängigen Morgenzeitung", oder auch „Abendausgabe" gesprochen hat, so glaubt man, alles gesagt zu haben, um das Vertrauen der Öffentlichkeit zu rechtfertigen, und die Zeitungen lieben es, sich selbst diese Attribute zu geben. Doch sowenig die Freiheit Unfehlbarkeit garantiert, sowenig garantiert die

Unabhängigkeit Unparteilichkeit. Sie ist günstig für die Unparteilichkeit: aber sie ersetzt sie nicht. Man kann sehr gut unabhängig und gleichzeitig unaufrichtig sein. Ich kann, wenn ich das nötige Geld habe oder finde, und wenn ich außerdem von einem genügend großen Teil des Publikums gelesen werde, weil ich seinen Vorurteilen und Leidenschaften entgegenkomme, eine Zeitung gründen in der offenen Absicht, in völliger Unabhängigkeit eine verlogene Version der Aktualität und eine unwürdige Darstellung der Menschen, die meinen Standpunkt nicht teilen, zu verbreiten. Dazu ist es gar nicht nötig, daß ich einer politischen Partei verpflichtet bin, Finanzinteressen oder einer Regierung. Der Mensch muß gar nicht gezwungen sein, unaufrichtig zu sein, und wird es doch. Das gelingt ihm großartig auch ganz allein. Er hat auch keine äußere Macht nötig, die ihn zur Inkompetenz zwingt, so groß ist seine Fähigkeit, sie allein zu vollbringen, und ganz spontan. Denn sowenig sie die Unparteilichkeit garantiert, sowenig garantiert die Unabhängigkeit die Kompetenz oder die Unterscheidungsgabe. In den privaten amerikanischen und europäischen Fernsehketten wimmelt es ebenso von inkompetenten Journalisten wie in den öffentlichen Anstalten. Wie der Pluralismus, stellt auch die Unabhängigkeit *eine der Bedingungen* dar, die eine ehrliche und genaue Information *möglich* machen, aber sie machen sie nicht sicher.

Günstige Voraussetzungen genügen nicht: man braucht auch Menschen, die fähig und willens sind, davon zu profitieren, um eine gute Information zu produzieren. Diese darf nicht von vornherein für erreicht gelten, nur aufgrund irgendeines natürlichen Determinismus, ebensowenig wie die Freiheit des Schaffens schon genügt, um ständig talentierte Schriftsteller, Maler und Komponisten zu erzeugen. Das erklärt, warum bestimmte Zeitungen, die zu den allgemein bekanntesten und geachtetsten gehören, die den Stolz der am weitesten entwickelten demokratischen Kulturen ausmachen, ebenso wie etliche der verehrtesten audiovisuellen Gesellschaften ihre Zeitgenossen getäuscht haben und wieder täuschen können, und zwar über wesentliche Punkte und in wirklich erstaunlichem Ausmaß, wenn man die Breite ihrer Informations- und Überprüfungsmöglichkeiten bedenkt. Während des Jahrzehnts vor dem Zweiten Weltkrieg bezog die Londoner *Times*, wie man weiß, einen Standpunkt, der zwar sicherlich nicht dem Hitlerregime, wohl aber der Versöhnung und Abrüstung das Wort sprach als den besten Methoden, um Hitler zu beruhigen und den Frieden zu erhalten. Als verführerische Möglichkeit und als diplomatische Arbeitshypothese kommt die Entspannung gegenüber totalitären Regimes regelmäßig in den Demokratien zu Ehren. Jeder hat sicherlich das Recht, dafür zu sein, daß man diesen Weg versucht, und die Herausgeber von *Times* hatten das Recht, ihn zu empfehlen, wenn das Gewissen ihnen diese Wahl diktierte. Die Willkür, vom Gesichtspunkt des „Informationsberufs" aus gesehen, begann in dem Augenblick, da *Times* begann, jene Informationen zu verschweigen, die andeuteten, daß der Versöhnungsgeist der demokratischen Regierungen die Kriegsambitionen Hitlers keineswegs verringerte. Insbesondere verschwieg die *Times* die Breite der deutschen Wiederaufrüstung, die zunächst heimlich geschah, entgegen den geltenden Abkommen und Verträgen, und dann immer offenkundiger. Hier kann man wieder feststellen, wie sich die Information nach der Meinung der Zeitung richtet und nicht umgekehrt. Alle Anzeichen stimmten zusammen, um einen Ausgang anzuzeigen, der logischerweise nur in einer Aggression Hitlers enden konnte, aber die *Times* schätzte sie absichtlich falsch ein oder leugnete ihre Bedeutung. Die Erinnerungen eines französischen Diplomaten, der damals in London Dienst tat[4], zeigen mit Freude an Genauigkeit und am Detail an diesem Beispiel jene Mechanismen auf, mit denen die Regierungen solche Informationen ablehnen, die zu ihren Interpretationsmustern nicht passen, wie auch solche, mit deren Hilfe die Presse aufgrund derselben Selektion in die öffentliche Meinung eine verfälschte Sicht über die wahre Bedrohung einschleust. Das Täuschungsmanöver ist kaum zu sehen und schwer zu erkennen, denn es findet im Stadium der Information statt, die sie abfängt, und nicht auf der Ebene des Kommentars. Wenn man den enormen Einfluß der *Times* auf die englische Öffentlichkeit und insbesondere auf das Foreign Office bedenkt, wenn man auch die Hegemonie des englischen Kabinetts in den außenpolitischen Entscheidungen der demokratischen Länder bedenkt, da ja Paris damals weder die Autorität, noch die Möglichkeiten hatte, London zu widersprechen, so kann man die große „Unabhängige Tageszeitung" teilweise dafür verantwortlich machen, zur Entscheidung der Machthaber und der Öffentlichkeit für eine fügsame Politik im Sinne Neville Chamberlains beigetragen zu haben, die letztlich Hitler dazu brachte, den Krieg loszutreten.

Die *New York Times* wird heute nicht weniger gelesen, gefürchtet und bewundert als ihre Londoner Namensschwester im Jahr 1938, vielleicht sogar noch mehr, da die amerikanische Presse, vor allem über das Bindeglied *International Herald Tribune*, weltweit verbreitet ist. Obwohl eine der vollständigsten und am besten informierten Zeitungen der Welt, übrigens unabhängig von ihren veränderlichen und unterschiedlichen politischen Einstellungen, entzog die Natur der *New York Times* doch nicht jenes hervorhebendste Merkmal des *Homo Sapiens*, nämlich die Kunst, nicht zu sehen, was ist, und zu sehen, was nicht ist.

Diese Gabe war dem ständigen Korrespondenten der *New York Times* in Moskau während der zwanziger und dreißiger Jahre in großzügiger Weise zugedacht worden: dem berühmten Walter Duranty. Wenn dieser Journalist während der riesigen Hungersnot oder während des großen Terrors die UdSSR beschreibt, und zwar für die einflußreichste Zeitung der mächtigsten Demokratie der Welt, die übrigens die Heimat der gestrengen, „investigativen" Reportage ist, dann unterscheidet er sich in nichts von den untertänigst stalinistischen Artikeln der damaligen kommunistischen Zeitungen, seien sie westlich oder sowjetisch. Bei einer Inspektionsreise in die Ukraine im Jahr 1933 verkündet Duranty seinen transatlantischen Lesern voll Freude, er habe genug gesehen, um kategorisch behaupten zu können, alle Gerüchte von einer Hungersnot in diesem Gebiet seien lächerlich. Vier Jahre später, anläßlich der Prozesse von Moskau, verpaßt der berühmte ständige Korrespondent seinen Amerikanern eine andere Behauptung auf ebenso kategorische Weise, wonach es seiner Meinung nach undenkbar wäre, daß Stalin, Voroschilow, Budenny und das Kriegsgericht ihre Freunde ohne übermächtige Beweise ihrer Schuld hätten verurteilen können. Duranty behauptete dabei, vergessen wir das nicht, daß er sich nicht auf dem Gebiet der Analyse oder der Interpretation befinde, sondern auf dem der Bestandsaufnahme. Man möge sich vorstellen, daß ein europäischer Journalist in den Vereinigten Staaten im Jahr 1860 in seiner Zeitung berichtet hätte, er könne nach einem Lokalaugenschein kategorisch behaupten, die „Gerüchte von einem Bürgerkrieg seien lächerlich" und sei „undenkbar", daß auf diesem Gebiet der Union auch nur ein einziger Schuß gefallen sein könnte. Was für ein Urteil würde ein amerikanischer Historiker über das Niveau des Journalismus im 19. Jahrhundert fällen, wenn er heute von einer solchen „Reportage" erführe? Die Presseleute, die nicht gerade dazu neigen, sich selbst zu kritisieren, studieren die Irrtümer ihrer Vorgänger nicht genug. Daher begehen sie ihrerseits ähnliche Fehler. Wer hat aus der unqualifizierten und entwürdigenden Verletzung der Amtspflicht eines Duraty seine Lehren gezogen? Ebenfalls in den *New York Times* schreibt Harrison Salisbury, ein anderer zeitgenössischer Starreporter, während des Vietnamkriegs, die amerikanische Luftwaffe bombardierte nicht im Norden militärische Ziele: Eine falsche Information, deren *einzige* Quelle Hanoi war, wo Salisbury 1967 vierzehn Tage verbrachte, ohne allerdings mitzuteilen, daß sein „scoop" nur aus den kommunistischen Propagandadiensten stammte. *Time Magazine* machte es, ohne es zu wissen, noch besser, denn sein Hauptkorrespondent in Saigon während des Krieges, ein englischsprechender Vietnamese, Phan Xuan An, nicht nur einfacher freier Mitarbeiter *(stringer)*, sondern volles Redaktionsmitglied *(staff reporter)*, entpuppte sich sofort nach dem Einmarsch

der kommunistischen Armeen in den Süden, im Jahr 1975, als kommunistischer Agent! Man sah ihn wenig später bei einer Militärparade an der Seite von Pham Van Dong auf der Tribüne thronen, mit dem gesamten Politbüro von Hanoi. Was Sydney Schanberg von der *New York Times* betrifft, so will er nach dem Fall von Saigon und Phnom Penh im Jahr 1975 mit eigenen Augen gesehen haben, wie der allgemeine Lebensstandard der Bevölkerung plötzlich deutlich stieg, im Kambodscha der Roten Khmer ebenso wie im Vietnam der Konzentrationslager und der Massenhinrichtungen. Sein Artikel vom April 1975 mit dem Titel: „Indochina ohne Amerikaner: für die Mehrzahl ein besseres Leben", würde es verdienen, in allen Journalistenschulen analysiert zu werden. Ich bezweifle, daß dies ihre Lieblingsbeschäftigung ist, ebensowenig wie die Analyse jenes Artikels eines Sonderbeauftragten der *New York Times* in Angola, James Brooke, vom 3. Jänner 1985, demzufolge „in Angola die Schriftsteller in der Atmosphäre der Befreiung eine Blütezeit erleben". Ich gestehe, ich habe vergeblich versucht, Unterlagen über diese luxuriöse Wiederauferstehung der Literatur in Angola zu finden, die laut Brooke unter der Ägide jener platonischen Akademie erfolgte, jener unerwarteten Gattung, die sich Politbüro von Luanda nennt. Ich bin nicht fündig geworden. Aber da man nie an den Anpassungskünsten des menschlichen Geistes verzweifeln soll, wollen wir uns an der Neuigkeit ergötzen, daß jene „Atmosphäre der Unabhängigkeit", von der Brooke spricht, eine Atmosphäre, die zum damaligen Zeitpunkt durch die Anwesenheit von 50.000 kubanischen Soldaten, 2.000 sowjetischen „Beratern" (darunter ein General) und 1.000 Nordkoreanern gekennzeichnet war, die künstlerische Schaffenskraft soweit anregen konnte, daß sie den kommunistischen Sektor von Angola in ein neues Florenz unter den Medici verwandelte.
Ich nehme nicht die *New York Times* aufs Korn, das möge man mir glauben. Ich liebe diese Zeitung sehr. Ich versuche, nur gute Zeitungen zu lesen. Aber gerade in den guten Zeitungen, wo man es nicht erwartet, erstaunt und ärgert einen das Unsinnige besonders. Das vorübergehende Versacken des Rufs von *Le Monde* während der siebziger Jahre kam daher, daß die Verdrehungen der Wahrheit und das Umschreiben der Information im Sinne ideologischer Vorurteile in dieser Zeitung mehr schockierten als in anderen, deren mittelmäßige Berufsethik man von vornherein kannte. Man ist nicht überrascht, wenn man beispielsweise in den *New York Times* die ausgezeichnete Reportage von Richard Bernstein über Moçambique liest (3. September 1987). Erst, wenn M. Brooke vor den Ästheten der MPLA in Angola in Ekstase verfällt, ist man verblüfft.
Ist es dann gerechtfertigt, das Recht auf Irrtum einzufordern? Man

kann, man soll diese Rechte in jenen Artikeln anwenden, die dem Nachdenken, der Meinung, der Analyse, der Voraussage gewidmet sind. Aber das Recht auf Irrtum ist in der Information nur dann einzufordern, wenn man vorher beweisen kann, daß der Journalist sein möglichstes getan hat, um die Wahrheit zu finden, Erkundigungen einzuziehen und alle erreichbaren Elemente zu sammeln, und daß er nichts von dem, was er erfahren hat, verschwiegen, und nichts erfunden hat, wo er nichts wußte. Unnötig, hier die Unmöglichkeit zu betonen, jemals zu einer umfassenden Information zu kommen. Das ist selbstverständlich, und man kann in einem Artikel sehr gut und klar anzeigen, wo die Grenze verläuft, bis zu der man eine solche Information erlangen konnte und jenseits derer die Unsicherheit und die Vermutung beginnt. Aber ein aufmerksames Studium der Presse und der elektronischen Medien zeigt uns leider, daß die Irrtümer und Unterlassungssünden, abgesehen von einem ansehnlichen Teil, der der reinen Inkompetenz zuzuschreiben ist, sehr oft freiwillige Irrtümer und Auslassungen sind. Wenn Walter Duranty 1933 das Bestehen einer Hungersnot in der Ukraine leugnet, so nicht deshalb, weil es ihm unmöglich ist, sich über diese Epidemie zu informieren. Er sagt es auch nicht: er sagt im Gegenteil, daß er sich ausführlich informieren konnte, und daß er folglich berufen ist, zu bestätigen, daß es in der Ukraine nicht die leiseste Hungersnot gibt. Weshalb? Er hat genau erkannt, daß es um eine absichtliche Hungersnot geht, um einen Völkermord mit Hilfe des Hungers. Und da er das zweifellos nicht schreiben will, zieht er es vor, die Tatsache selbst zu leugnen. Aber weshalb? Auch ohne Kommunist zu sein, ist Duranty wohl der Meinung, es sei besser, wenn die Sowjetunion im Westen einen guten Ruf hat. Daher behandelt er die Information nicht mehr als Ziel, mit dem Kriterium der Genauigkeit, sondern als ein Mittel im Sinne der Wirkung, die sie erzielen kann. Das Unglück dabei ist, daß ausgerechnet in jenem ohnehin sehr begrenzten Teil der modernen Welt, wo Presse und elektronische Medien frei sind, die Information oft in diesem Sinne gehandhabt wird. Nicht immer und auch nicht überall, das nicht; aber doch in einem Ausmaß, das genügt, um dem guten Funktionieren der Demokratie zu schaden. Anstatt ihre Mitbürger zu informieren, wollen die Journalisten sie allzuoft gängeln. Was ist das eigentlich, eine Demokratie? Ein System, in dem die Bürger sich selbst regieren. Wozu dienen in diesem System die Presse und die elektronischen Medien? Dazu, den Bürgern jene Informationen zur Verfügung zu stellen, ohne die sie sich selbst nicht guten Gewissens regieren können oder damit sie zumindest wissen, worum es geht, wenn sie diejenigen Leute aussuchen und beurteilen, von denen sie regiert werden. Dieses organische Bindeglied zwischen self-government und Information, ohne das die Wahl des Bürgers blind wäre, macht ja die Freiheit der Presse in der Demokratie erst sinnvoll, ja sogar notwendig. Wenn die Informationen, die die Presse der Öffentlichkeit liefert, falsch sind, wird der Prozeß der demokratischen Entscheidungsfindung selbst verfälscht. Er wird um so mehr verfälscht, als die Medien gleichfalls einen Einfluß auf die Machthaber ausüben, einmal direkt, aber daneben auch über den Umweg der Strömungen, die sie in der Öffentlichkeit entstehen lassen, und die ihrerseits wieder die Machthaber beeinflussen.

Es ist schwierig, der Presse in den Vereinigten Staaten keine Rolle zuzuschreiben, vor allem ganz bestimmten unter jenen Zeitungen, die für die Ausformung der Begriffe, nach denen die amerikanischen Machthaber, allen voran Präsident Roosevelt, an die Konferenzen von Teheran und Jalta während des Zweiten Weltkriegs herangingen. Diese Begriffe vermittelten der amerikanischen Delegation einen Geist der Versöhnung und des Nachgebens, der am Ursprung der meisten späteren Schwierigkeiten des Westens steht. Hätte die amerikanische Presse der dreißiger Jahre ihren Lesern die Texte Lenins über die Endgültigkeit der kommunistischen Eroberungen besser bekannt gemacht, so hätten die westlichen Regierungschefs Zentraleuropa und Nordkorea nicht ganz so leichtfertig an Stalin ausgeliefert, nur aufgrund des Versprechens, die Sowjetunion werde diese Gebiete wieder freigeben, sobald dort freie Wahlen stattgefunden hätten oder nach der Unterzeichnung eines Friedensvertrags. Die gleichen Leute, die sich geweigert hatten, Hitlers Programm, das er in *Mein Kampf* mit großer Klarheit dargelegt hatte, wörtlich zu nehmen, verließen sich, um die Nachkriegszeit aufzubauen, auf eine idyllische Vision von der Sowjetunion. Sie verkannten und leugneten die Hungersnöte, die auf die erzwungene Kollektivierung, den Massenterror und die blutigen Unterdrückungsmaßnahmen zurückzuführen waren, oder sie hielten sie für Betriebsunfälle. Die meisten Moskau-Korrespondenten der scheinbar seriösen und objektiven Zeitungen hatten ihnen die Tatsachen verheimlicht, die vor allem von den Zeitungen der extremen Rechten aufgegriffen wurden, wodurch sie sich der parteiischen Leidenschaft verdächtig machten. Es ist folglich nicht erstaunlich, daß die Verhandler von Jalta glaubten, die Welt nach dem Krieg wiederaufbauen zu können mit dem guten Glauben Stalins und seinem Respekt für ein gegebenes Wort als einzigem Zement! Roosevelt betont die Wichtigkeit dieses Faktors in den vertraulichen Mitteilungen, die er seinen Mitarbeitern macht, vor allem dem Admiral Leahy, damals Stabschef im Weißen Haus. Ein anderer Lieblingswahn der Presse in den dreißiger Jahren besteht darin, eine bevorstehende oder bereits stattfindende Bekehrung der Sowjetunion zur Demokratie und zum Kapitalismus festzustellen. Diese Wahnidee taucht im Westen schon 1922 auf und erscheint in periodischen Abständen immer wieder. So konnte man zum Beispiel in der *Herald Tribune* des Jahres 1936 lesen – die damals noch *New York H. T.* hieß –: Rufus Woods, amerikanischer Zeitungsboß, sagte am 12. Mai auf der Durchreise durch Paris nach zwei Monaten Lokalaugenschein in Deutschland und Rußland: „Rußland findet zu sich selbst zurück in einem Entwicklungsprozeß weg vom Kommunismus in Richtung Sozialismus, unter Übernahme der kapitalistischen Produktionsmethoden. Der Fetisch vom gleichen Einkommen ist zugunsten einer Stufenskala aufgegeben worden, wie es sie in kapitalistischen Ländern gibt. Außerdem werden Arbeiter aufgrund der tatsächlich produzierten Stückzahl bezahlt; das hat zu einem Boom in der Produktion geführt. Drittens hat die Sowjetunion ihren Versuch, die Verteilung zu kontrollieren, aufgegeben und erlaubt jetzt freie Märkte, die mit den staatlichen konkurrieren. All das bringt Rußland mit einer Stärke, von der niemand geträumt hätte, wieder auf die Beine." Man wird bemerken, daß Rufus Woods neben richtigen, aber falsch interpretierten Beobachtungen (der Akkordlohn, ein sehr hartes Mittel wirtschaftlicher Unterdrückung, dargestellt als liberale Maßnahme!) Dinge behauptet, die er aus guten Gründen nicht hat beobachten können, wie die Handelsfreiheit, die völlig erfunden ist, oder das Ansteigen der Produktion. Und doch stellt er beides als sichere Informationen dar, als von ihm gebührend untersuchte Tatsachen. Er scheint keinerlei Zweifel zu hegen über die Grenzen der Tatsachenbeobachtung in einem totalitären Land, nicht mehr als Generationen von Kollegen vor und nach ihm. Er ist ebenso überzeugt, alles nach Belieben gesehen zu haben, als käme er von einer Forschungsreise in die Schweizer Eidgenossenschaft zurück. Wie viele westliche Journalisten werden sich dreißig oder fünfzig Jahre später lächerlich machen und ihre Leser und ihre Zuschauer in die Irre führen, indem sie ähnliche Eindrücke aus der Volksrepublik China, aus Kuba oder Nicaragua publizieren! Und das, ohne dadurch in Verruf zu kommen.

Übertreiben wir den Einfluß der Presse nicht, aber unterschätzen wir sie auch nicht beim Heranbilden der Begriffe, nach denen sich die Machthaber richten. Senator Tom Conally (selbstverständlich nicht zu verwechseln mit John Conally, dem späteren Gouverneur von Texas und dem Finanzminister Nixons) sagt beispielsweise am 25. Mai 1943 in der *New York Times:* Stalin sei dabei, die kommunistische Wirtschaft abzutragen, den Sozialismus über Bord zu werfen und sich in Richtung demokratischen Kapitalismus zu bewegen. Folglich eine wunderbare Begründung, ihm in den soeben eröffneten diplomatischen Verhandlungen zu vertrauen, da er ja schließlich Roosevelt ähnlich wird, und die UdSSR ein Land wie die Vereinigten Staaten. Man scheint bereits in ein neues goldenes Zeitalter der westlichen Intelligenz eingetreten: jenes der sogenannten „Konvergenz der Systeme" während der sechziger Jahre. Im Juli 1988 schreibt Valéry Giscard d'Estaing, in *Paris-Match*, die sowjetische Verfassung werde dank Gorbatschow der amerikanischen Verfassung „analog". Senator Tom Conally ist wohlgemerkt weder zu vernachlässigen, noch dumm. Er gehörte zu den Schlüsselfiguren im Kongreß in Sachen Auslandspolitik und sollte später auf amerikanischer Seite einer der Architekten der atlantischen Allianz sein. Er hat in den entscheidenden Jahren von Teheran und Jalta gemeinsam mit vielen anderen dazu beigetragen, in die damalige diplomatische Doktrin des Westens das falsche und fatale Postulat von einer Sowjetunion im Zuge der Demokratisierung und bar jeden Eroberungsgeistes einzuführen. Hatte sie nicht eben mit der Auflösung der Komintern bewiesen, daß sie ihre imperialistischen Ambitionen aufgab? Eine neuerliche Täuschung, ein Fangnetz, in das sich die westlichen Machthaber ohne Vorbehalt stürzten. Die Sowjetunion hat seit 1945 ausführlichst bewiesen, daß sie nicht den Komintern braucht, um expansionistisch zu sein, und daß die kommunistische Internationale eine drohende Realität bleiben kann, auch wenn sie keine offizielle und sichtbare Struktur hat.

Man kann, wie ich schon sagte, die Presse nicht für die Analysefehler der politischen Führungskräfte verantwortlich machen. Aber sie ist auch nicht völlig unschuldig daran. Die öffentliche Meinung entsteht in der Demokratie aufgrund der Informationen, die die Presse liefert, und die Machthaber können nicht ungestraft der öffentlichen Meinung zuwiderhandeln. Wer Ende 1987 in Washington während des Gipfeltreffens zwischen Gorbatschow und Reagan versuchte, eine elementare Vorsicht gegenüber dem Abkommen über die Mittelstreckenraketen zu verlangen, der wurde umgehend an den Rand der allgemein vorherrschenden Meinung gedrängt und im Ghetto der letzten Bastion der sogenannten Ultra-Konservativen angesiedelt, für einen Politiker keine sehr erstrebenswerte Umgebung. Überdies läßt die aktive Politik in der Demokratie wenig Spielraum, um sich zu informieren, und auch wenig Wunsch danach. Man ist oft über die Unwissenheit oder die „Lücken" überrascht, die manche wichtigen Politiker in privaten Gesprächen zeigen, ja sogar in öffentlichen Ansprachen, denn die berufliche Deformation, die Überforderung durch den Beruf, die ständig wachsende Zeit, die vom Medienleben verschlungen wird, all das führt dazu, daß sie sich immer weniger für den Inhalt der Dokumente interessieren und immer mehr dafür, wie die Öffentlichkeit darüber denkt, mit einem Wort, was die Presse darüber sagt. Die Polemiken und Demonstrationen, die Ende 1986 in Frankreich die Reform der Universitäten scheitern ließen, drehten sich überhaupt nicht um den Inhalt des Gesetzesentwurfs, den die Mehrzahl gar nicht kannte. Es war ein Phänomen reiner Interaktion im Dreieck zwischen den Befürchtungen der Mittelschüler, dem Aufblasen dieser Befürchtungen durch die Medien und deren Ausnützung durch bestimmte politische Parteien. Über die Ursache des Problems keine einzige Nachricht. Ähnlich hatte letzten Endes Roosevelt vor dem Krieg in Moskau einen sehr weitsichtigen Beobachter: sein Botschafter William Bullitt (Botschafter in der UdSSR von 1933–1936, in Frankreich von 1936–1940), der alles kommen sah, inklusive den Hitler-Stalin-Pakt. Aber Roosevelt zog es sichtlich vor, Walter Duranty zu glauben.[5]

Sobald die Journalisten, wenn sie vorgeben, reine Information zu betreiben – und sie betreiben sie ja glücklicherweise in einem weiten Bereich ihrer Tätigkeit – vermeinen, das Recht zu haben, die Aktualität so zu präsentieren, daß sie die Meinung in eine Richtung lenken, die ihnen richtig erscheint, wird der Demokratie eine ihrer Grundlagen beschnitten. Sie wird genauso gefährlich beschnitten wie durch eine korrupte Justiz oder durch einen Wahlbetrug. Wir dürfen niemals den Grundsatz vergessen, wonach der Totalitarismus nur dank der Lüge überleben kann und die Demokratie nur dank der Wahrheit. Die Journalisten halten dieses Prinzip sehr oft für zweitrangig. Die Meinungsfreiheit scheint ihnen jene Freiheit einzuschließen, die Information nach ihrem eigenen Gutdünken zu inszenieren und nach jener Richtung, die sie der Öffentlichkeit aufzwingen wollen. Wie sehr diese Behauptung stimmt, beweist die Tatsache, daß die Journalistengewerkschaften in bestimmten Redaktionen verlangen, es müsse eine Art Gegengeschäft durchgeführt werden, ein „Ausgleich“ der verschiedenen politischen Verpflichtungen, und zwar nicht unter den Leitartiklern, sondern in den Informationsabteilungen, so als könnten ideologische Kriterien Berufskriterien ersetzen oder als könnte eine Redaktion zu einer Art Parlament werden, dazu bestimmt, den ganzen Fächer der politischen Parteien eines Landes widerzuspiegeln, und als könnte die Information in ihrer endgültigen Form aus einem Kompromiß zwischen verschiedenen tendenziösen Fälschungen entstehen! Dieses Perversion des Begriffes Objektivität, die dem Vorbild der Meinungsvielfalt nachempfunden ist, geht davon aus, daß die wahre Information aus einem Potpourrie von Vorurteilen entstehen könnte. Sie hat beispielsweise in Italien seit den siebziger Jahren jenes Ungeheuer geschaffen, das man *lottizzazione* getauft hat (Parzellierung). Diese Vorgangsweise beim Zusammenstellen einer Redaktionsmannschaft besteht darin, daß man „Parzellen“ von Platzreservierungen verteilt: so und so viele Posten für kommunstische Journalisten, so und so viele für Christdemokraten, so und so viele für Sozialisten, und so weiter. Ein Chefredakteur beim *Corriere della Sera*, der 1986 eingesetzt wurde, gab vertraulich zu, er könne sich von gewissen unfähigen Mitarbeitern nicht trennen, weil durch ihren Abgang das Kontingent einer bestimmten politischen Partei unter das vorgeschriebene Limit sinken würde.

Wie könnten die Journalisten offenener und treuherziger zugeben, wie dünn ihr Vertrauen in ihre eigene Integrität als reine Informateure ist, als durch solche Vorsichtsmaßnahmen? Wir kommen immer wieder auf den ewigen grundlegenden Widersinn zurück, in allen Kontroversen über die Presse: ist sie eine Gegengewalt? Hat sie zuviel Macht? Zu wenig? Ist ihre Freiheit von Tag zu Tag stärker bedroht? Ist sie zu arrogant oder erfüllt sie für die Bürger ihre Aufgabe des Aufdeckens? Unter diesen rituellen Fragen wird eine fast immer weggelassen: Was war wahr, was war falsch an den Informationen, die Presse und elektronische Medien bei einer bestimmten Angelegenheit geliefert haben? Trotz aller Bedeutung der anderen Fragen scheint mir, daß hier der wichtige Punkt für die Gesundheit der Demokratie liegt. Und es ist genau derjenige, von dem am wenigsten die Rede ist.

Im Jänner 1987 mußte der Intendant der BBC, Alasdair Milne, von seiner Position zurücktreten, nach fünf Jahren der verschiedensten Konflikte mit der konservativen Regierung wie auch mit dem Board of Governors der Corporation, teils wegen Fehlern in der Verwaltung, teils wegen Protesten der Journalisten. Diese hatten wenige Tage vorher die Kündigung Milnes verlangt, mit dem Argument, er habe das Vertrauen seiner Mannschaft eingebüßt (*The Times*, 30. 1. 1987). In der britischen und ausländischen Presse wurde die Affäre aber meistens unter dem Blickwinkel eines Angriffs auf die legendäre Unabhängigkeit der BBC gesehen. *Le Monde* (31. 1. 1987) verwendet als Schlagzeile für einen Leitartikel auf der ersten Seite: „BBC: das Ende eines Mythos". Der „Mythos" ist natürlich jener von der Unabhängigkeit der BBC gegenüber der politischen Macht. Dem Kommentator kommt keinen Augenblick in den Sinn, es könnte auch der Mythos ihrer Objektivität sein. Doch ist die Unabhängigkeit in einer Anstalt öffentlichen Rechts oder gegenüber einem privaten Eigentümer nur im Namen der Objektivität, die gleichzeitig Kompetenz und Rechtschaffenheit voraussetzt, sinnvoll. Es scheint abwegig, sie im Namen des Rechts auf Lüge oder Irrtum einzufordern. In den Kämpfen, die zwischen Redaktionen und öffentlichen oder privaten Eigentümern ausbrechen, ist das eine Frage, die niemals gestellt wird, so als wäre es ein für allemal bewiesen, daß die Angehörigen des Berufs „Journalist" ihre Arbeit immer auf perfekte Weise ausführen, ohne Irrtum und Niedertracht. Eine Redaktion muß ihre Unabhängigkeit gegenüber Politikern und Aktionären sehr wohl verteidigen, aber nicht, um daraus beliebigen Nutzen zu ziehen. Kann die journalistische Zunft behaupten, die einzige soziale Gruppe auf der Welt zu sein, die das Privileg der Unabhängigkeit genießt, ohne daß sie an eine technische, professionelle oder deontologische Vorschrift gebunden wäre, außer jener, die das eigene Gewissen dem Journalisten diktiert und deren Richter nur er selbst ist? Es ist unhaltbar, wenn man jedes kritische Hinterfragen dieser übernatürlichen Immunität als Angriff auf die Menschenrechte und der öffentlich garantierten Freiheiten verurteilt. Was würden die Journalisten sagen, wenn man dasselbe Vorrecht den Politikern einräumte, den Unternehmensleitern, den großen wirtschaftlichen und finanziellen Verantwortungsträgern, den Gewerkschaftsbossen, den Intellektuellen, der Polizei, den Beamten, den Abgeordneten, kurz allen jenen, die herunterzumachen der Journalist seine Zeit verliert? Der Journalist existiert nur als Produkt einer Kultur, in der es die Freiheit der Kritik gibt. Er kann nicht ohne Scheinheiligkeit über Entwürdigung klagen, wenn diese Freiheit der Kritik, von der er ja lebt, auf ihn selbst angewendet wird.

Nach der gewaltsamen Kündigung des Intendanten der BBC habe ich die englische Presse und einen Teil der Presse auf dem europäischen Kontinent aufmerksam gelesen. Ich habe viele Leitartikel über Grundsatzfragen gefunden, über den Angriff auf die Freiheit der BBC und über die Probleme der Beziehung eines staatlichen Fernsehens zur Macht. Diese Meinungen waren natürlich unterschiedlich, aber alle blieben sie im Bereich der Verallgemeinerungen. Es gab keinen Artikel – oder ich habe zumindest keinen gefunden – der mit den einfachen Worten begonnen hätte: „Ich habe mir die fraglichen Sendungen noch einmal vorführen lassen, und zwar jedesmal im Dabeisein eines Spezialisten für die behandelten Themen. Es folgen die Tatsachen und Argumente, die es erlauben, zu begründen, ob die BBC ihrer Aufgabe gerecht wurde oder nicht."

Die erste Reportage, die einen schweren Konflikt zwischen BBC und Konservativen entfesselte, war im Frühjahr 1982 dem Krieg auf den Malwinen gewidmet. Sie begünstigte die Argentinier. Ohne behaupten zu wollen, daß sich England in dieser Geschichte immer gut benommen hat, kann man doch eine gewisse Empörung in der konservativen und sogar in der Arbeiter-Wählerschaft verstehen angesichts einer Reportage, die alles Unrecht auf der britischen Seite sah. Die Verfasser der Reportage konterten im Namen der Informationsfreiheit und der Berufsethik. Sie wurden von der Druckpresse kollegial unterstützt bis zu dem Augenblick, wo einer der Autoren der Reportage gestand, ihn selbst habe die Art, wie die Sendung „gekocht" worden war, angeekelt:

der Redakteur hatte bei der Montage alle Tatsachen, Interviews und Stellungnahmen, die der britischen Sache gedient hätten, herausgeschnitten.
Im Jänner 1984 werden in der Sendereihe „Panorama" die Resultate einer „Untersuchung" gesendet, wonach die Konservative Partei von Aktivisten der extremen Rechten unterwandert sei. Zwei Parlamentsabgeordnete, Neil Hamilton und Gerald Howarth, werden in dieser Sendung des Rassismus, des Antisemitismus und des Faschismus geziehen. Die beiden Abgeordneten protestieren und verlangen eine Richtigstellung, um so mehr, als sich bei näherem Hinschauen die vertraulichen „Quellen", auf die sich die Autoren des Beitrags berufen, als inexistent herausstellen und sich in Nichts auflösen. Trotzdem beharrt der Intendant der BBC darauf, zu behaupten, diese Quellen seien ausgezeichnet und die Auskünfte gut begründet („well founded"). Er besteht auf seiner Diffamierung. Ihre beiden Opfer strengen folglich einen Prozeß an, den sie gewinnen: die BBC muß jedem 20.000 Pfund (ca. 400.000 Schilling) an Entschädigung und Zinsen überweisen, dazu kommen noch 250.000 Pfund an Gerichts- und Anwaltskosten. Zusätzlich verurteilt das Gericht die BBC, den beiden Abgeordneten öffentlich Abbitte zu leisten – eine Erniedrigung. Wie man sieht, geht es in dieser Angelegenheit um einen schwerwiegenden beruflichen Fehler und um eine Verfehlung gegen die Ehre, die für die BBC sowohl finanziell kostspielig als auch rufschädigend war. Wenn man die Reaktion, die durch diesen Fehler bewirkt wurde, als „Angriff der politischen Mächte auf die Unabhängigkeit der BBC" darstellt, so begeht man wahrlich eine zusätzliche Vergewaltigung der allerheiligsten „Informationspflicht".
Eine andere umstrittene Sendung bewirkte im Juli 1985 einen Sturm der Entrüstung, weil sie einen irischen IRA-Terroristen, Berry Adams, in absonderlich sympathischem Licht zeigte. Man spürte, daß der Redakteur, der sich mit dem Sprecher der IRA unterhielt, mit ihm ein Herz und eine Seele war und seine Rechtfertigung des Terrorismus akzeptierte, da sie angeblich „der Unterdrückung Widerstand leistete". Eine vielzitierte, in einer Demokratie absurde Behauptung, ein Sophismus, den alle subversiven Bewegungen totalitärer Provenienz verwenden, die eben gerade von der Freiheit profitieren, die ein Rechtsstaat ihnen bietet, um zu versuchen, ihn abzuschaffen.
Diese Verteidigung der Gewalt und des Blutes fiel zu allem Überfluß auch noch genau in die Mitte einer Periode der Verschlimmerung des Terrorismus. Sie kam vor allem genau nachdem die Maschinengewehr-„Diplomaten" der Libyschen Botschaft in London vor ihrem Fenster aus eine junge Polizeibeamtin erschossen hatten, die den Auftrag hatte,

die Botschaft gegen libysche Anti-Ghaddafi-Demonstranten zu schützen. Angesichts der Empörung, die nach dieser hehren Tat im Land herrschte, intervenierte der Innenminister Leon Brittan beim Board of Govenors der BBC, zu beantragen, daß diese wahrlich unpassende Sendung verschoben werden möge, eine Quasi-Provokation, die geplant und angekündigt, aber noch nicht gesendet worden war. Nachdem der Board of Governors diesem Antrag stattgegeben und die Ausstrahlung verschoben hatte, traten die Journalisten der BBC in einen eintägigen Prostesttreik, wobei sie von vielen Kollegen aus der privaten Fernsehanstalt ITV unterstützt wurden. Im Gegensatz zum vorhergehenden Fall stellte die beanstandete Sendung keine Verfälschung der Information im wörtlichen Sinn dar. Eine Fernsehanstalt, die zahlreiche Persönlichkeiten aller Geistesrichtungen einlädt, kann sehr gut eine Debatte mit einem Terroristen organisieren, auch wenn das von einem etwas zweifelhaften Geschmack zeugt. Das deontologische Problem entstand durch das Wohlgefallen des Journalisten am Terrorismus. Was soll eine „Debatte", wenn jegliche Antwort, jeglichen Einwurf fehlt? Mann kann es schon für falsch verstandene Gerechtigkeit halten, wenn man die Ansicht eines Terroristen, der den Mord für ein normales politisches Ausdrucksmittel in einem Rechtsstaat hält, gleichberechtigt derjenigen eines einfachen Bürgers gegenüberstellt, der verlangt, man möge dieses Recht und diese demokratischen Einrichtungen einfach respektieren. Man hätte aufzeigen können, daß die Symmetrie zwischen dem Mörder und seinem möglichen Opfer nur dem Schein nach zumutbar war. Aber die Debatte hätte trotz allem existiert und hätte gerade diese Asymmetrie betont. Wenn aber nur der Terrorist zu Wort kommt, mit dem Segen eines Präsentators, der zumindest wohlwollend war, wenn nicht gar ein möglicher Komplize, so stellt das auf gewisse Weise eine Verfehlung gegen die „Informationspflicht" dar. Denn diese Pflicht hätte es verlangt, daß man dem Zuschauer auch jene Argumente und Tatsachen nahebringt, die gegen den Terrorismus sprechen, und nicht nur jene, die ihn verherrlichen. Man kann endlich darüber diskutieren, ob es sich da um Information oder um Meinung handelte, aber es ist nicht abwegig, zum Schluß zu kommen, daß die BBC in diesem Fall die Unparteilichkeit nicht respektiert hat, die der notwendige Gegenspieler zu ihrer Unabhängigkeit ist.

Es ist auch nicht abwegig, die Art und Weise zu untersuchen, in der die BBC in ihren Fernsehjournalen und Magazinen die amerikanischen Aktionen gegen Libyen im April 1986 „coverte". Der Vorsitzende der Konservativen Partei, Norman Tebbit, veröffentlichte im Oktober 1986 einen 21 Seiten starken Bericht, den jedermann einsehen und anfechten kann: aber nur, wenn man ihn mit Argumenten und wohlbegründeten

Beispielen anficht, die den seinen widersprechen, denn der Aktenordner ist nicht leer, im Gegenteil. Aus den genauen Elementen, die Tebbit in seinem Text vorlegt, geht eine eindeutige, unzweifelhafte Absicht hervor, die Information im Sinne eines antiamerikanischen und antibritischen Vorurteils zu biegen und absichtlich zu verdrehen, da die Regierung in London es der amerikanischen Luftwaffe gestattet hatte, ihre Basen in Großbritannien zu benützen. Die Polemik darüber, ob die amerikanische Operation berechtigt war, ist sicherlich legitim: man kann, man mußte alle nur erdenklichen Diskussionen über dieses Thema organisieren. Dagegen verlegt die Einseitigkeit in der Auswahl und Darstellung der Informationen die Polemik auf hinterhältige und verstohlene Weise auf eine Terrain, wo man das Publikum verrät, denn man spricht es im Ton der Objektivität an, verhehlt ihm aber einen Teil der Informationen, den es benötigen würde, um sich selbst aus der Kenntnis der Sachlage heraus eine Meinung zu bilden. Die Empörung, die Tebbits Bericht auslöste, scheint mir im übrigen ein schlechter Scherz zu sein. Man spricht von „Zensur". Seit wann ist es verboten, kritische Bemerkungen über aktuelle Sendungen zu veröffentlichen, die bereits gesendet worden sind, und zu überprüfen, ob sie den Tatsachen entsprechen oder nicht? Seit wann definieren die Wörterbücher es als „Zensur", wenn veröffentlichte Dokumente im nachhinein überprüft werden? Begehen nicht eher jene Leute einen Akt der Zensur, die jede Kontrolle über die Wahrhaftigkeit der Fernsehjournale verbieten wollen und die es hätten verhindern wollen, daß der Tebbit-Bericht das Licht der Welt erblickt? Im Namen welcher exorbitanten Dispens sollten die Journalisten der Vertrauenskontrolle entkommen, die auch der größte Historiker, der größte Memoirenschreiber, der größte Gelehrte über sich ergehen lassen muß? Im Namen der Pressefreiheit? Aber hat denn ein Gelehrter das Recht, ein Experiment zu fälschen, und sei es im Namen der wissenschaftlichen Forschung?
Milne mußte schließlich wegen einer Sendung im Jänner 1987 über einen äußerst geheimen militärischen Beobachtungssatelliten, der die Sowjetunion überfliegen sollte, den Hut nehmen. Damit berührte man nicht nur Meinungsfragen, sondern gefährdete die Sicherheit des Landes und seine Verteidigung. Die Dokumente über diesen geheimen Satelliten waren zwar von der linken Wochenzeitschrift *The New Statesman* veröffentlicht worden – aber muß man alles veröffentlichen, was man weiß? Ein Problem, das so alt ist wie die Presse selbst. Aber es gibt einen wesentlichen Unterschied zwischen der privaten Zeitung einerseits, die von den Herausgebern nach Belieben geführt wird, auf eigenes Risiko, und die zu kaufen oder nicht zu kaufen der Leser die Freiheit hat, und einer Anstalt öffentlichen Rechts andererseits, die zur

Gänze von den Sehern bezahlt wird (die BBC sendet absolut keine Werbung), und wo die Journalisten folglich nicht nur sich selbst verantwortlich sind.

Schon immer galt die BBC als so ziemlich das einzige Beispiel für eine gelungene staatliche Rundfunkanstalt, sowohl in bezug auf ihre Qualität wie auch auf ihre Unparteilichkeit. Sie verstand es, dem Druck der Regierungen siegreich zu widerstehen, ob er von den Konservativen oder von der Arbeiterpartei ausging: Harold Wilson beispielsweise war während der sechziger Jahre wohl jener Premierminister, der, obwohl Sozialist, die negativsten Berichte der BBC seit dem Krieg bekam.

Aber dieser an ein Wunder grenzende Erfolg der völligen Unabhängigkeit eines staatlichen Runkfunks hatte eine nicht weniger vollständige Gewissenhaftigkeit in der Präsentation der Information und der Diskussion zur Bedingung. Diese Gewissenhaftigkeit begann nach 1968 zu schwinden, als Großbritannien von der allzu bequemen Ideologie erfaßt wurde, wonach es keine neutrale Information gibt, sondern nur eine „Kampfinformation". Dieser Ramschkommunismus war seit 1970 zur geläufigen Doktrin der Elite von Cambridge und Oxford geworden, das heißt auch der jungen Neulinge bei der BBC. Ich höre seit Jahren jeden Morgen das bewunderungswürdige „BBC World Service", sicherlich die umfassendste Radiosendung der Welt über internationale Ereignisse. Ich konnte nicht umhin, zu bemerken, wie kaum merkbare gewisse deutliche Verfehlungen gegen die Neutralität der Information auftauchten, und zwar im Zusammenhang mit heiklen Themen wie Nicaragua, SDI oder Gorbatschows Reformen![6]

Wer immer die finanziellen Mittel dafür hat, kann selbstverständlich eine Zeitung gründen, um zu erklären, daß die Erde eine Scheibe ist und die Sonne sich dreht. Wenn sie Leser findet, um so besser. Wenn nicht, wird sie in Konkurs gehen. Aber eine staatliche Fernsehanstalt ist ein öffentlicher Dienst, der folglich nur dann machbar und annehmbar ist, wenn er auf Kompetenz und Rechtschaffenheit beruht, denn die Öffentlichkeit hat keine Möglichkeit, ihn mit Sanktionen zu belegen, wie sie das bei einer privaten Zeitung machen kann. Die journalistische Rechtschaffenheit besteht nicht nur darin, dem Druck der Regierungen standzuhalten, sie besteht darin, *jedem* Druck standzuhalten: ideologischem, politischem, kulturellem, wo immer er herkommt. Das Wunder der BBC wird sich nur wiederholen, wenn sich ihre künftigen Verantwortlichen auf diesen Grundsatz besinnen und ihm wieder folgen.

Sogar in jenem kleinen Bereich der Weltpresse, wo es Freiheit gibt, sprechen oder schreiben die meisten Leute, die von Berufs wegen Information betreiben, nicht, um zu informieren, sondern um irgend etwas zu beweisen. Was die seriöse Presse von jener unterscheidet, die es nicht ist, ist die mehr oder weniger große Fehlerquote, die eine tendenziöse Information enthält. Gute Zeitungen geben der Genauigkeit den Vorzug und bemühen sich, die Tendenz entweder verfechtbar zu halten oder widrigenfalls praktisch unsichtbar; und sie verstehen es, ziemlich oft nolen volens auch solche Informationen zu bringen, die ihre Lieblingsinterpretationen außer Kraft setzen können. Sie wissen nur allzugut, daß dies der Preis für ihre Autorität ist, der Grund, weshalb sie weiterhin gelesen oder gesehen werden, und zwar von Lesern oder Fernsehzuschauern, die nicht alle ihre politischen oder ethischen Ansichten unterschreiben. Die schlechten Journale ihrerseits wählen, arrangieren und verändern die Informationen auf so offensichtliche und ungeschickte Art, daß nur Parteigänger, deren einziges Anliegen es ist, für ihre fixen Ideen eine Bestätigung zu finden, es überhaupt ertragen, sie zu lesen oder ihnen zuzuschauen.

Und dennoch geschieht es, daß auch jene Informationsmedien, die den höchsten beruflichen Respekt genießen und das größte internationale Prestige, sich dazu hinreißen lassen, die einfache Tatsachenberichterstattung zu verfälschen. 1984 veröffentlichte ein New Yorker Institut, das *Institute for Applied Economics,* eine Studie darüber, wie die drei Fernsehjournale der drei großen amerikanischen *Networks,* ABC, NBC und CBS, in ihrer täglichen Berichterstattung den wirtschaftlichen Aufschwung darstellten, der in den Vereinigten Staaten Ende 1982 begann und 1984 besonders stark wurde. Das Institut notierte während sechs Monaten alle Wirtschaftsinformationen, die diese drei Journale gaben. 1983 erlebte Amerika wohl das größte Wirtschaftswachstum der Nachkriegszeit und das höchste aller industrialisierten Länder in jenem Jahr, 7,7% in hartem Dollar; die geringste Inflation, 0,3%, und einen deutlichen Rückgang der Arbeitslosigkeit, die auf 8% der arbeitsfähigen Bevölkerung zurückging, nachdem sie 1981 bis auf 11% geklettert war. Von allen privaten oder offiziellen Wirtschaftsstatistiken, die während der sechs Beobachtungsmonate der *Networks* vom 1. Juli bis zum 31. Dezember 1983 in einem Rhythmus von 4 bis 15 Monaten veröffentlicht worden waren, ergaben 96% positive Ergebnisse und bestätigten damit, daß die Wirtschaft sich erholt hatte. Und während derselben Periode bezeichneten von 104 Informationen, Analysen, Interviews oder Kommentaren zum Thema Wirtschaft und Beschäftigung, die von den drei Abendjournalen bei ABC, NBC und CBS gesendet wurden, gezählte 86% die Situation als schlecht oder katastrophal. Mit anderen Worten, der weitaus größte Teil der Bevölkerung, für den wie in allen modernen Ländern die Fernsehjournale die hauptsächliche Informationsquelle darstellen, konnte absolut nicht ahnen, daß im Lande ein wirtschaftlicher Aufschwung stattfand, und zwar der stärkste seit 1973,

als die Krise begonnen hatte, ja sogar seit Ende des Zweiten Weltkriegs. Dieser Bericht des *Institute for Applied Economics* wurde vor allem im *Wall Street Journal* vom 7. März 1984 zusammengefaßt: Holmes M. Brown, *„How Television Reported the U. S. Recovery"*.
Oder besser gesagt, das Fernsehpublikum bekam von Zeit zu Zeit wohl etwas davon mit, doch nur, um umgehend erklärt zu bekommen, die angeblichen Fortschritte in den Statistiken hätten keinerlei praktischen Wert und würden für den Alltag keinerlei Verbesserung bringen. Die Medien konnten es natürlich nicht riskieren, die Informationen über den Wirtschaftsaufschwung gänzlich zu übergehen. Aber wenn sie ihnen Platz einräumten, dann nur, um sofort die Wirkung zu annulieren, indem sie einen Kommentar oder eine Reportage anhängten, die diese Informationen jeder allgemeinen Bedeutung beraubten, ja, jeder Wirklichkeit. So fiel die Arbeitslosigkeit zwischen Dezember 1982 und Dezember 1983 von 10,7% der Erwerbsfähigen auf 8,7%. In einem Jahr hatte der Wirtschaftsboom vier Millionen neue Arbeitsplätze geschaffen. Und am 2. Dezember 1983, am Tag, wo die Arbeitsmarktverwaltung diese Zahlen bekanntgibt, widmet sich ABC der Arbeitssituation im Midwest, „die von der Arbeitslosigkeit am härtesten betroffen ist" *(„where unemployment is most severe")*. Die Arbeitslosigkeit ist in 45 von 50 Staaten zurückgegangen, aber ABC wählt einen von den fünf Staaten aus, die nachhinken, um dort eine Reportage vor Ort zu drehen. Der Sonderbeauftragte entdeckt dort zwei mittlere Beamte *(„upper-middle class empoyees")*, die seit eineinhalb Jahren keine Arbeit haben. Ihr Fall ist absolut nicht repräsentativ für die übliche Dauer der Arbeitslosigkeit in Amerika, von der alle Journalisten wissen müßten, daß sie auch in den schwärzesten Stunden selten drei oder vier Monate im Durchschnitt beträgt, zum Unterschied von Europa, wo die Arbeitslosigkeit länger dauert. Die Auswahl dieser Fälle, zusätzlich zur geographischen Wahl eines der fünf Staaten, die zurückgeblieben sind, bringt den Gesamteindruck, der leicht zu erraten ist. In vier Minuten, bei zwanzig tatsächlichen Sendeminuten (unter Abzug der Werbung) ein riesiger Betrag, bringt der Sender die Aussagen der beiden Beamten, die natürlich sehr pessimistisch sind (man wäre das schon bei geringerem Anlaß!), düster und deprimiert in einem Ausmaß, daß einer von ihnen sogar andeutet, er spiele mit der Idee, seinem Leben ein Ende zu setzen. Mit diesem makabren, düsteren und verzweifelten Ton endet ein Fernsehjournal, dessen wichtigster Punkt es eigentlich gewesen war, das Zurückgehen der Arbeitslosigkeit im gesamten Land um zweieinhalb Punkte zu betonen!
Ich weiß schon, wenn eine gute Nachricht eintrifft, so hat der Journalist die Aufgabe, auch aufzuzeigen, daß es Orte und Menschen gibt, die sie

bedauerlicherweise nicht betrifft, und die wir nicht vergessen dürfen. Das soll er auch sagen, aber er soll nicht soweit gehen, daraus die Hauptnachricht des Abends zu machen! Denn welches moralische Recht behalten dann die Journalisten, den Politikern ihre Unredlichkeit vorzuwerfen, wenn sie in ihren Bilanzen Schattenspielereien vollführen, um nur die leuchtenden Teile des Bildes zu zeigen, wenn sie selbst die umgekehrte Amputation betreiben? Und auf schädlichere Art: denn die Öffentlichkeit erwartet vom Politiker gar keine objektive Information, es genehmigt ihm eine gewisse Bandbreite, in der er seine Ergebnisse verhübschen kann, während die Öffentlichkeit beim Journalisten die Unparteilichkeit erwartet. Dan Rather, der berühmte *editor* und *anchorman* der *CBS News*, schreibt in einem freien Kommentar der *New York Times* im Jahr 1987 – um gegen Personaleinsparungen in der Fernsehanstalt zu protestieren, die Zuseher verliert – daß „die Fernsehjournale Werkzeuge der Demokratie sind . . . Nachrichten sind ein Licht am Horizont . . . ein Leuchtturm, der den Bürgern einer Demokratie hilft" und verwechselt damit einmal mehr Prinzip und Praxis. Ebenso, wie ein Politiker das Recht verliert, sich als Vertreter der Demokratie zu verstehen, wenn in seinem Land die Wahlergebnisse gefälscht werden, verliert der Journalist dieses Recht, wenn er die Information bewußt verändert. Aus der Studie über die Fernsehjournale des Jahres 1983 und auch, so weit ich sie gesehen habe, jene von 1984, geht klar hervor, daß die amerikanischen Medien frenetische Anstrengungen gemacht haben, um den Wirtschaftsboom zu verheimlichen, um die Reagan-Administration die Erfolge ihrer Wirtschaftspolitik nicht genießen zu lassen. Während des ersten Jahresdrittels 1984 stiegt das Bruttonationalprodukt im unerhörten Rhythmus von 9,7%, jährlich berechnet. Während des ersten Semesters wurden zwei Millionen neue Arbeitsplätze geschaffen, davon 1,950.000 allein während der Monate Mai und Juni, so meldete die Arbeitsplatzverwaltung am 7. Juli: damit erhöhte sich die Anzahl der Personen, die seit dem Beginn der Krise Ende 1982 einen Arbeitsplatz gefunden hatten, auf sechseinhalb Millionen. Aber noch im Juni 1984 sah ich, wie Dan Rather eines Abends ein gutes Drittel seines Journals *CBS Evening News* der „Landwirtschaftskrise im Midwest" widmete, die in apokalyptischem Licht dargestellt wurde. Jedermann weiß, daß die Landwirte der reichen Länder als Nutznießer eines Subventionssystems mit künstlichen Preisen, die den Weltmarktpreis um ein Mehrfaches übersteigen, ihre Zeit damit verlieren, ständig von Krise zu schreien, um diese Privilegien zu behalten. Wir hatten also neuerlich das Recht, die persönlichen Dramen und die rituellen Klagen der Getreideproduzenten des Midwest an uns vorüberziehen zu sehen, die ebenfalls alle sichtlich am Rande des Selbstmords standen. Dan Rather konnte doch an jenem Abend den Schluß ziehen, daß die Verschlechterung der Wirtschaftslage so tief ging, daß sie die Wiederwahl Reagans im November 1984 in Frage stellte. Man weiß, daß letzterer in 49 von 50 Staaten wiedergewählt wurde. A la longue mußten sich die Medien letztlich doch den Tatsachen beugen: im Sommer 1987 war die Arbeitslosigkeit auf etwas über 5% gesunken (eine Quote, die als nicht zu überbieten gilt), die Inflation war überwunden, und ich sah einen resignierten Dan Rather, der an einem der ersten Septembertage 1987 in seinem Journal zugab, was jedermann wußte: die Vereinigten Staaten hatten soeben die längste Periode ununterbrochenen Wachstums in Friedenszeiten seit dem Ende der Sezessionskriege hinter sich, und diese Periode setzte sich fort.

Die wohlbegründeten Einwände gegen Reagans Wirtschafspolitik durften natürlich nicht fehlen: vor allem das Defizit der Außenhandelsbilanz und das Budgetdefizit. Der Börsenkrach vom Oktober 1987 zeigte auch die Zerbrechlichkeit des Finanzsystems der Wall Street auf. Aber man hat nur dann genügend Autorität, um diese Einwände vorzubringen, wenn man andererseits so ehrlich ist, auch die guten Resultate derjenigen anzuerkennen, gegen die man sich ausspricht, und als Journalist darf man sich jedenfalls nicht bemühen, diese zu verstecken. Eine Gesellschaft ist nicht verpflichtet, sich in einem System einzurichten, das wie die Demokratie nur dank eines Minimums an genauer Information, die allen bekannt ist, funktionieren kann. Die Untersuchungen, die die Zeitschrift *Public Opinion* durchführte, zeigen, daß die soziale Gruppe der amerikanischen Journalisten deutlich „liberaler", will heißen „radikaler" ist als der Landesdurchschnitt. Das ist ihr gutes Recht. Sich darüber Sorgen zu machen, wäre „Hexenjagd", wenn man persönliche Ansichten und Berufsregeln trennen könnte. Allzuoft kann davon gar nicht die Rede sein. Für mehrere amerikanische Medienmacher *mußte* die Wirtschaftspolitik Reagans ganz einfach ein Mißerfolg sein. Solange diese These entgegen den Aussagen der Zahlen noch haltbar blieb, hielten sie sie, aber was schwerwiegender ist, sie verkleideten sie vor allem als Information.

Wir kennen das: die Journalisten rechtfertigen sich mit dem Argument, die Presse sei eine „Gegengewalt", ein „Wachhund" *(watchdog)*, dem die Rolle zukommt, die Regierung zu überwachen, zu kritisieren, und ihr auf die Finger zu schauen. Wieder stoßen wir auf die Zweideutigkeit dieses Begriffs von der Gegengewalt. Wenn man von Meinungen spricht, so hat jeder die Freiheit, sie auszusprechen, auch wenn sie falsch, ungerecht, haßerfüllt, speichelleckerisch, bezahlt, ehrlich oder scheinheilig sind. Wenn man von Informationen spricht, wenn die Presse von sich selbst als „vierter Gewalt" spricht und sich eine Art

Richterstatut zubilligt, dann muß sie nicht a priori für oder gegen die Macht sein. Wenn die Information zufällig für die Macht ungünstig ist, dann bringt man sie. Aber man bringt sie auch im entgegengesetzten Fall. Darin könnte ihr Öffentlichkeitsanspruch bestehen, wenn es überhaupt einen gibt. Ein Staatsanwalt eröffnet die Sitzung nicht in der erklärten Absicht, den Angeklagten a priori verurteilen zu müssen, und betrachtet es nicht als Mißerfolg, wenn er ihn freispricht oder ihm mildernde Umstände zubilligt. Außerdem ist die Regierung des Landes, in dem die Medien operieren, nicht die einzige Macht, die eine „Gegengewalt" der Presse verlangt. Das sind auch die Oppositionsparteien, die zwar nicht an der Macht sind, aber Macht haben können, wie auch Unrecht; das sind auch die finanziellen und kulturellen, gewerkschaftlichen und religiösen Mächte – ja, auch die Presse selbst. Das sind auch die ausländischen Regierungen, die bei völliger Gleichberechtigung unabhängig von ihrer politischen Farbe Gegenstand unzensurierter Information sein sollten; wie auch in *allen Ländern* die Oppositionsparteien und -bewegungen, die Guerilla, die wirtschaftlichen Tatsachen, die Korruption, die Vergewaltigung der Menschenrechte, die Streitkräfte, die Unterdrückung, Erfolg und Mißerfolg. Die Kritik allem und jedem gegenüber, nicht nur der eigenen Regierung, muß in einer Presse, die sich als Richter oder Staatsanwalt versteht, auf der richtig recherchierten Information beruhen, aber sie darf nicht die Auswahl dieser Information *lenken,* noch dazu unter dem Gesichtspunkt eines selektiven Vorurteils, das die unbarmherzige Härte gegenüber dem einen in grenzenlose Langmut dem anderen gegenüber verwandelt.

Leider kämpft die Macht der vierten Gewalt nicht immer nur im Dienste der Wahrheit, weit gefehlt; und doch könnte nur die Unerbittlichkeit in diesem Dienst ihr eine grundsätzliche Legitimität verleihen, deren sie bisher ermangelt. Denn wenn die vierte Gewalt auch seit Urzeiten mit der Demokratie wesengleich ist, so erhält die Formel selbst nur aus der Analogie ihren Wert. Ich komme darauf zurück, denn ich habe oft festgestellt, daß das zu den am wenigsten verstandenen Unterscheidungen gehört. Die anderen drei Gewalten sind in Verfassungstexten definiert. Männer und Frauen, die sie ausüben, müssen nach genauen Regeln ausgesucht werden – Wahl, Prüfung oder Ernennung durch qualifizierte Autoritäten. Sie riskieren genau festgelegte Sanktionen im Fall des Mißbrauchs, der Willkür oder eines schwerwiegenden Fehlers. Diese Kriterien werden dagegen äußerst vage, wenn es um die Macht von Information und Kommunikation geht. Der Öffentlichkeit Informationen und Meinungen zu präsentieren, Bilder, Fotos, Reportagen oder auch eine Aufforderung, die eine oder die andere Entscheidung zu treffen, das ist ein Recht, das in den allgemeinen Rechten des

Staatsbürgers enthalten ist. Das Gesetz geht nicht darüber hinaus. Es gesteht hier keiner bestimmten Kategorie von Bürgern eine spezifische Macht über die anderen Bürger zu, was sie bei den anderen Gewalten tut, deren Aufgabe und Grenzen es genau beschreibt. Die Meinungsfreiheit gehört allen, aber sie gibt – wie auch die Bewegungsfreiheit – nicht die Reiseroute an. Die Macht, die von ihr möglicherweise ausgeht, ist eine De-facto-Macht, wie auch die Macht, die die Öffentlichkeit oder das Publikum erteilt, dank eines guten Rufs im Beruf – oder auch des schlechten, wie im Fall der Tendenz-, Skandal- und Rufmordpresse, die ja auch ihre Abnehmer findet. Man kann in der Presse und den elektronischen Medien Erfolg haben, weil man Skrupel hat, aber auch, weil man skrupellos ist. Im einen wie im anderen Fall wirst du Macht haben, ja sogar eine gewisse Rechtmäßigkeit, denn ein Teil der Öffentlichkeit folgt dir, kauft dich, hört dir zu, schaut dich an. Daher messen ausgezeichnete Beobachter unserer Epoche dem Begriff von der vierten Gewalt einen höchstens metaphorischen Wert bei.

Daraus ergibt sich eine reichlich bestürzende Situation: in der Mehrzahl der Länder ist die Presse Sklave der Macht oder genießt eine äußerst streng überwachte Freiheit und ist Repressalien und Verfolgungen ausgesetzt; in den Demokratien wiederum ist sie in ihrer Funktion als Information nur teilweise exakt und ehrlich. Die Macht fürchtet dort die Presse weniger, weil das, was sie sagt, wahr ist, sondern eher, weil das, was sie sagt, die öffentliche Meinung in Bewegung bringt, sei es nun wahr oder falsch. Ein sozialistischer Politiker, Befürworter eines vom Leninismus befreiten Sozialismus, ein Mensch, der wenig geneigt ist, das Monopol des Wortes zu suchen, Michel Rocard, hat einmal gesagt: „Die Macht der Medien ist heute viel stärker als die Macht der Politik." Und ein liberaler Politiker (im europäischen Sinn) oder „konservativ" im amerikanischen Sinn, jedenfalls ein Demokrat, Raymond Barre, kann seinerseits fragen: „Ist die vierte Gewalt nicht so mächtig geworden, daß sie die drei anderen daran hindert, zu funktionieren?" Eine Gewalt, die sichtlich am Beginn der demokratischen Verfassungen nicht vorgesehen war. Diese beiden Sätze stammen aus den Reden von Rocard und Barre anläßlich des Kolloquiums „Medien, Mächte und Demokratie", das in Paris im Mai 1987 vom internationalen Institut für Geopolitik organisiert wurde, unter dem Vorsitz von Marie-France Garaud. Und eine Gewalt (falls sie existiert), die man um so weniger bedingungs- und inventarlos akzeptieren kann, als sie auf keiner Garantie für die Echtheit der Nachrichten oder für die Redlichkeit in der Berufsausübung beruht. Die Wirkung, die eine „Information" auf die Öffentlichkeit hat, ist nicht geringer, wenn sie falsch ist, als wenn sie stimmt. Man wird das sowohl in den internationalen Beziehungen wie

in der Innenpolitik feststellen. Die Ungenauigkeit oder die Armut der mittleren Information kann uns zögern lassen, zu sagen, daß auch die demokratischsten Völker im Grunde ihre Wahlen nach den tatsächlichen Ergebnissen ausführen, die ihre Regierungen erreicht haben, und aufgrund einer zumindest elementaren Kenntnis der internationalen Situation, in der sich ihr Land befindet.
Höchst verwunderlich: die Verteidigung der Wahrheit ist nur selten das Kriterium der Presse, wenn sie gegen die Übergriffe der Macht rebelliert oder die wirtschaftlichen Mißgeschicke eines der ihren bedauert. Man beruft sich dann auf die „Unabhängigkeit", den „Pluralismus", selten auf die Glaubwürdigkeit und fast niemals auf die Kompetenz, die Vertrautheit mit den behandelten Themen, die für manche Leute völlig nebensächliche Bedingungen für die Arbeit in den Kommunikationsmedien zu sein scheinen. Als im Jänner 1988 die französische sozialistische Tageszeitung *Le Matin* wegen Lesermangels ihre Tore schließen mußte, brach der gesamte Berufsstand in Tränen aus ob dieser neuerlichen Einengung des „Freiheitsraums" – besonders hohle Formulierung und höchst unbestimmter Begriff –, aber niemand wagte zu sagen, daß *Le Matin* an tendenziösem Geist und beruflichem Unvermögen das Zeitliche gesegnet hatte. Schon seit mehreren Jahren durch das Elysée künstlich am Leben erhalten, das sogar soweit gegangen war, 1985 seinen ehemaligen Informationsminister Max Gallo an die Spitze der Zeitung zu setzen, konnte *Le Matin* nur dabei zusehen, wie sich die Leere unendlich vergrößerte, die sich um jede beliebige militante Zeitung bildet, bei der jeder im vorhinein weiß, was er darin lesen wird. Diese Zeitung strotzte wahrlich nicht von Unparteilichkeit, und überdies bewies sie eine berufliche Unfähigkeit, die manchmal alle Grenzen überschritt. Um nur ein Beispiel zu geben: Am 14. November 1986 kündigt sie auf der ersten Seite die brasilianischen legislativen Wahlen mit der folgenden Schlagzeile an: „Zum ersten Mal seit vierzig Jahren freie Wahlen in Brasilien". Der Irrtum mit den „vierzig Jahren" wird im Artikel wiederholt, was beweist, daß nicht das unglückliche Eingreifen eines Setzers ihn verschuldet hat, sondern daß der Redakteur und sein Chefredakteur ihn begangen beziehungsweise bestätigt haben. Seien wir barmherzig und nehmen wir an, der Journalist hätte die demokratischen Wahl des Präsidenten der Republik vom 15. Jänner 1985 vergessen, die ja nur von einem eingeschränkten Wählerkreis vorgenommen wurde; ebenfalls vergessen hat er die Gemeindewahlen vom darauffolgenden 15. November, die tatsächlich den ersten freien Urnengang zu einer allgemeinen direkten Wahl seit dem Ende der Militärdiktatur brachten. Nehmen wir aber dennoch an, daß der Fachmann des *Matin* für lateinamerikanische Fragen sich auf den Beginn der besagten Mili-

tärdiktatur und auf den Staatsstreich beziehen wollte, die die Unterbrechung der Demokratie in Brasilien bedeutet hatten: dann bleibt immer noch die Tatsache bestehen, daß dieser Staatsstreich im Jahr 1964 stattgefunden hatte, zweiundzwanzig Jahre vorher und nicht vierzig. Diese Auskunft hätte er in jedem Handwörterbuch nachschlagen können. Wenn ein Politiker die Wahlen verliert, heißt es, „die Wählerschaft habe ihm das Vertrauen entzogen“, weil er sein Mandat schlecht erfüllt hat. Warum heißt es niemals, daß einer Zeitung „von ihren Lesern das Vertrauen entzogen wurde“ und zwar aus dem nämlichen Grund?
Dagegen war es nicht Zusehermangel, wenn Michel Polac 1987 von TF 1 wenige Monate nach der Privatisierung dieser Fernsehanstalt gekündigt wurde, denn seine Sendereihe *Recht auf Antwort* (Droit de réponse) zog viele Zuseher an, trotz eines späten Sendetermins am Samstag abend. Für die Leser, die keine Franzosen sind, muß ich hinzufügen, daß *Recht auf Antwort* eine Diskussionssendung war, die der Radio- und Fernsehjournalist Michel Polac produzierte und moderierte. Sie hatte politische, soziale, internationale, manchmal wissenschaftliche, historische oder philosophische Inhalte. Außerdem lud Polac in regelmäßigen Abständen ein halbes Dutzend Leitartikler der Printmedien ein, um über aktuelle Themen zu diskutieren. Von den Sozialisten im Jahr 1981 ernannt, als TF 1 noch eine staatliche Fernsehanstalt war, verteidigte Polac während sechs Jahren die sozialistische Ideologie aufs hefigste, mit einer geschickten Härte dem Liberalismus gegenüber. Als die Liberalen im März 1986 wieder an die Macht kamen – TF 1 war immer noch staatliches Unternehmen –, nahmen sie ihm seine Sendereihe nicht weg, die weiterhin als wöchentliche Tribüne für die Linke diente. Im November 1986 anläßlich der Studentendemonstrationen, als die Polizeiaktionen zum Tod eines jungen Mannes führten, dem unerhörte Brutalitäten vorausgegangen waren, von dem man aber nicht sagen konnte, er sei von den verantwortlichen Autoritäten der öffentlichen Ordnung vorsätzlich begangen worden oder er gehöre zum Wesen des französischen politischen Systems, widmete Michel Polac diesen Ereignissen ein *Recht auf Antwort* von unerhörter Heftigkeit, wobei er die Regierung Chirac mit den infamsten vergangenen und gegenwärtigen faschistischen Diktaturen verglich. Er verlor seinen Posten, der mit öffentlichen Geldern bezahlt wird, dennoch nicht. Er verlor ihn endgültig, weil er *nach* der Privatisierung von TF 1 den Eigentümer des Fernsehunternehmens beschimpft hatte oder hatte beschimpfen lassen, das als „Scheißkanal“ bezeichnet wurde und zwar bei einer Direktübertragung. Aufgrund dieser Heldentat von seinem „Scheißunternehmer“ vor die Tür gesetzt, konnte sich Michel Polac während einer breitangelegten Pressekampagne, die sich nach seiner

Kündigung über viele Wochen hinzog, als Opfer der politischen Verfolgung und als Märtyrer der Freiheit darstellen und wurde als solcher dargestellt. Das beweist wohl, daß die Journalisten jene Kriterien, mit deren Hilfe sie die anderen beurteilen, nicht auf sich selbst anwenden. Ich sehe keinen Grund, warum die Fernsehkunst nicht Pamphlet-Sendungen umfassen soll, auch wenn sie hinterhältig, tendenziös und ausschließlich polemischer Natur sind, denn in der Literatur wimmelt es ja von talentierten Werken, die genau diese Charakteristika tragen und die zu verlieren schade wäre. Aber die Verfasser dieser Werke haben das immer auf eigenes Risiko getan, ohne vorzugeben, sie hätten in alle Ewigkeit ein Anrecht auf ein monatliches Gehalt, das von jenen überwiesen wird, die von ihnen angegriffen werden: Staat oder Privatunternehmer. Man konnte Polac weder im Namen der Informationspflicht verteidigen, denn es war nicht gerade sein Hauptanliegen gewesen, diese zu erfüllen, noch im Namen der Freiheit der öffentlichen Debatte, denn die Art, wie er die seine geführt hatte, war alles andere als gerecht und billig. Seine Sendung war eine Gerichtsverhandlung, deren Ausgang von vornherein feststand. Wer gegen die These war, die Polac selbst vertrat, stellte die Angeklagten dar, sie waren meist überhaupt nicht eingeladen oder sie waren sehr in der Minderzahl, und man brachte sie zum Schweigen, irgendein Gevatter verunglimpfte sie, machte sie lächerlich und schrieb ihnen die Rolle des Bösewichts zu. Die Kamera schwenkte von jedem Gegner weg, der sich anschickte, ein Argument zu präsentieren, das der Lieblingsdoktrin des Redakteurs hätte gefährlich werden können. Dieses Schauspiel konnte belustigen, aber wie kann man behaupten, daß Objektivität, Toleranz und Respekt vor der anderen Meinung seine wesentlichen Beweggründe gewesen seien? Alle müssen Zugang zu den Freuden des Ketzertums haben: keiner kann verlangen, ein Leben lang dafür bezahlt zu werden, daß er sich ihm hingegeben hat. Überdies gab es ärgerlicherweise keine ähnliche Fernsehsendung der entgegengesetzten Ideologie, weder im TF 1 noch in einem anderen Fernsehkanal. Die übliche Rechtfertigung mit dem Hinweis auf die Pluralität der entgegengesetzten Exzesse war folglich nicht einmal sichergestellt. Die übrigen politischen Fernsehdebatten waren zwar weniger verbohrt, wurden aber großteils von sozialistischen Journalisten produziert und redigiert, die zur Zeit der sozialistischen Regierung eingeschleust worden waren und ihre Posten behalten hatten. Die „Freiheit", die Polac verkörperte, war die eines Monopols. Sie betraf weder die echte Information noch den ausgeglichenen Gedankenaustausch. Wenn die Kündigung Polacs als rein politischer Racheakt, als freiheitstötende Tyrannei, als erklärter Wille der Macht, Presse, Information, Meinung und Denken zu ersticken, dar-

gestellt wurde, so hielt diese Auffassung einer Prüfung nicht stand. Es war abermals schlechter Journalismus, und der Journalismus ist kaum jemals schlechter, als wenn er den Journalismus selbst behandelt.
Ich kann zu diesem Themenkreis ein persönliches Zeugnis ablegen. Als ich Redaktionschef des *L'Express* war, von 1978 bis 1981, und wenn innerhalb der Redaktion oder zwischen Eigentümer und mir eine Krise eintrat, las ich über diese Krise des öfteren Artikel meiner Kollegen, ohne daß ihre Verfasser den Bedarf verspürt hätten, sich mit mir in Verbindung zu setzen, um meine Version mit jener zu vergleichen, die man ihnen geliefert hatte. Diese letztere stammte meistens von einem bestimmten Clan innerhalb der Redaktion, der im Rahmen eines politischen Kampfes oder innerer Intrigen ein Netz von Freundschaften dazu benützte, um draußen einen Bericht zu veröffentlichen, der so geschrieben war, daß er seiner Sache diente. Kein Mensch auf der anderen Seite dachte daran, diesen Bericht zu überprüfen, mit Hilfe der elementarsten Vorsichtsmaßnahme, die ein Journalist oder Historiker, der seine Sache versteht, treffen würde: den Quellenvergleich. Ich habe immer wieder gesehen, wie dieser Berufsfehler (der allerdings eine französische Besonderheit darstellt) wieder und wieder gemacht wurde, und zwar anläßlich von falschen oder halbrichtigen „Informationen", die mich betrafen oder eine Angelegenheit, in der ich mich sehr gut auskannte, ohne daß der Verfasser, der manchmal sogar ein Telex der Agence-France-Presse verantwortete, sich die Mühe gemacht hätte Auskünfte einzuholen, die er wirklich leicht bekommen hätte. Allerdings lag ihm sicherlich weniger daran, der Öffentlichkeit Auskünfte mitzuteilen, sondern vielmehr eine These.
Diese Vorherrschaft der These über die Tatsache erhebt sich bis zu manchmal komischen Gipfeln. Anfang 1988 machte Daniel Ortega, Präsident der kommunistischen Regierung in Nikaragua, eine Propaganda- und PR-Tournee in Westeuropa. Besonders Schweden bereitete ihm einen herzlichen Empfang. Er erklärte in diesem Land, Nikaragua leide aufgrund einer langen Trockenheit unter Nahrungsmangel, was Schweden dazu brachte, seine jährliche Hilfe umgehend von 35 auf 45 Millionen Dollar zu erhöhen. Es steht Schweden frei, die Rechnung Moskaus zu begleichen, aber warum soll man dabei eine so flagrante wissenschaftliche Unwahrheit schlucken? Wer jemals ein wenig in Zentralamerika gereist ist, wird zutiefst über die „lange Trockenheit" erstaunt sein. Ich beschränke mich darauf, abzuschreiben, was das *Grand Dictionnaire encyclopédique Larousse* in zehn Bänden (Ausgabe 1982) über das Klima dieser Gegend schreibt: „Warmes und feuchtes Tropenklima. Die karibische Seite, von Passatwinden heimgesucht, hat ein fast ständig *regnerisches* Klima, während die Ebenen und die Pazifikküste

weniger *niederschlagsreich* sind und eine deutliche Trockenzeit haben" (Kursivstellungen vom Autor). Acht Zehntel des Territoriums von Nikaragua liegen auf der karibischen Seite. Der Rest lebt unter der Herrschaft tropischer Regenfälle, die fixe Daten und Stunden haben. Unvorhergesehene Trockenzeiten sind in dieser Gegend ein unbekanntes Phänomen. Mit diesem Text bewaffnet, telefonierte ich mit einem alten schwedischen Freund, Herausgeber einer der wichtigsten Tageszeitungen von Stockholm, um ihn zu fragen, ob die Presse seines Landes ihre Arbeit getan habe, indem sie die liebenswürdige klimatologische Posse Daniel Ortegas richtiggestellt, und ob er selbst ihr, um die Augen seiner Mitbürger zu öffnen, eine seiner berühmten Glossen voll Hausverstand gewidmet habe. „Sie sind verrückt", sagte er, „ich habe keine Lust, als Reaktionär bezeichnet zu werden!" Und auf diese Weise hat der Sandinismus in jenem Land, das den Nobelpreis für die Wissenschaft verleiht, Zentralamerika ungestraft die Trockenheit der Sahelzone andichten können.
Dagegen regnete es heftig in Paris, an jenem Dezembertag 1985, als Präsident François Mitterand offiziell den General Jaruzelski empfing. Gar mancher war darüber erstaunt, unter anderem Premierminister Laurent Fabius selbst, daß diese Ehre jener unglückseligen Person zuteil wurde, die Solidarnosc und die polnischen Freiheitshoffnungen vereitelt hatte. Welches politische Kalkül konnte diese sonderbare Willfährigkeit rechtfertigen? Man suchte vergebens das zu erraten. Da begann ein sonderbares Gerücht zu kursieren: der heimliche Grund für diese unverständliche Gastfreundschaft sei, daß Mitterrand aufgrund dieser Konzession von Moskau demnächst die Ausreiseerlaubnis für sowjetische Juden erhalten würde, und diese Juden sollten über Warschau als Transitplatz reisen, von wo sie mit einem Flugzeug der Air France weiterfliegen würden. Dieser romantische und unwahrscheinliche Plan wurde vor allem von zwei berühmten Leitartiklern „entlarvt", die, wie man so sagt, „dem Elyséepalast nahestanden", übliche Vertraute und privilegierte Verbreiter der präsidentiellen Gedanken, Serge July und Jean Daniel. Ihre Leitartikel endeten beide mit einem Schlußsatz der Art „Wer zuletzt lacht, lacht am besten" und „Wer heute lacht, wird morgen grotesk sein". Über die Möglichkeit dieser Flugzeugtransportaktion befragt, die Mitterand hätte triumphieren lassen, antwortete der Historiker und Sowjetologe Michel Heller sehr vorsichtig, wie phantastisch ihm diese Hypothese erschien. Von einer massiven Visumsgenehmigung für die ausreisewilligen Juden war damals nicht das geringste Anzeichen zu bemerken; wäre es der Fall gewesen, so ist nicht einzusehen, warum sie über Polen hätten ausreisen sollen, und auch nicht, was Jaruzelski in diesem Gemälde verloren hatte, und letzt-

lich schon gar nicht, wie die Flotte der Air France hätte ausreichen sollen, um alle diese Leute zu transportieren – wenn sei nicht alle ihre Flüge in der restlichen Welt hätte streichen wollen. Seinerseits vor einem Radiomikrofon über die Skepsis Michel Hellers befragt, antwortete Théo Klein, Präsident des CRIF, des Vertretungsrates der jüdischen Einrichtungen in Frankreich, ein sichtlich vertrauensvoller und optimistischer Mann „Gott bewahre uns vor den Sowjetologen!" Ich hoffe, daß Gott Herrn Théo Klein und einige andere weiterhin unter seinen heiligen Schutz stellt, denn während der folgenden Jahre wurde nichts von ihrem wunderlichen Plan konkretisiert, nach dem die sowjetischen Juden via Warschau hätten evakuiert werden sollen, und den François Mitterand mit General Jaruzelski ausgebrütet hatte. Aber am auffallendsten war, daß keiner von denen, die jene falsche Information verbreitet hatten, in der Folge den Bedarf verspürte, sie zurückzunehmen, ihr Entstehen zu erklären oder sich wegen des Irrtums zu entschuldigen.

Bußfertigkeit ist nicht gerade die hervorragende Eigenschaft der Presse. Wenn die Medien sich dazu bereit finden, eine Selbstkritik ins Auge zu fassen, dann handelt es sich meist nur um eine höchst edle Selbstkritik, die sich um Fragen dreht wie die folgenden: die Grenzen für das Eindringen in das Privatleben einer Person; das Risiko, sich von den Terroristen manipulieren zu lassen, so daß den Attentaten und Geiseldramen zuviel Platz eingeräumt wird; die Gewöhnung an den Schrecken, die beim Publikum ausgelöst werden kann, weil es so viele Kriegsbilder sieht; mögliche Folgen des Schauspiels der Gewalt bei den Kindern; die Gleichgültigkeit der Nachricht gegenüber, die eben aus der Anhäufung der Nachrichten entsteht; die Betäubung des kritischen Geistes und die Schwächung des Gedächtnisses, die beide vom ununterbrochenen Fluß der Schlagzeilen zugedeckt werden; diese Fragen sind sehr lobenswert und interessant; aber alle sind, wie man bemerken wird, ethische Fragen, die sicherlich denjenigen zur Ehre gereichen, die sie stellen und zwar nicht ohne Narzißmus. Sie haben leider nichts zu tun mit der wichtigsten aller Fragen: es sind keine Selbstkritiken, die sich auf die Wahrheit oder Falschheit der Information beziehen, auf die Daseinsberechtigung des Journalismus in bezug auf Irrtum, Lüge, Kompetenz.

Helfen uns Presse und elektronische Medien dabei, unsere Welt besser zu erkennen, oder nicht? Welchen Anteil an Wahrheit enthält das, was sie vermitteln? Man wird mir zustimmen, daß hier das Hauptproblem liegt: aber es ist selten jenes, das in Angriff genommen wird. Und wenn, dann kommen aus dem journalistischen Milieu heftige, ja wütende Ablehnungen. Es wehrt sich dagegen, auf dem Gebiet des Wahren und Falschen in Frage gestellt zu werden, das doch eigentlich das einzige ist, das zählt. Als 1976 Michel Legris, ein ehemaliger Mitarbeiter von *Le Monde,* ein Buch herausgab mit dem Titel *Le Monde tel qu'il est,*[7] wo er entlarvte, was er von der Parteilichkeit dieser Zeitung hielt und genaue Beispiele gab für Verfälschung oder Beschneidung der Wahrheit. Jacques Fauvet, damals Herausgeber der berühmten Tageszeitung, dachte gar nicht daran, auf die Einwände zu antworten oder gar die Irrtümer zu berichtigen, weder seine eigenen noch die von Legris. Er bemühte sich lediglich, mit allen ihm zur Verfügung stehenden nichtintellektuellen Mitteln den Verfasser des gottlästerlichen Buches zu desavuieren und ihn beruflich zu ruinieren. Die Kollegen lachten zwar alle insgeheim darüber, wie die Unfehlbarkeit einer Zeitung bestritten wurde, die sich in der Rolle des großen Lehrmeisters der französischen Presse gefiel, aber sie hüteten sich wohlweislich, aus lauter Angst vor dem Bannspruch und der Macht von *Le Monde,* dem armen Legris Arbeit zu geben, der solcherart auf lange Zeit in entmutigender Arbeitslosigkeit verbrachte. Der „Aufdeckungsjournalismus" hört plötzlich auf, geheiligt zu sein, wenn er den Journalismus selbst zum Thema macht. Ein Zeitungsherausgeber übernimmt dann sofort das Verfahren der Hinrichtung aus Groll, das er mit solcher Erhabenheit geißelt, wenn er es bei einem Politiker oder Unternehmensleiter entdeckt. Ebenso taten *Times Magazine* und CBS alles Menschenmögliche, um 1968 das Erscheinen eines Buches von Renata Adler, einer Journalistin und Juristin, zu verhindern, das *Reckless Disregard* hieß, was ungefähr soviel heißt wie „Verachtung ohne Skrupel" oder „Zynische Verachtung der Tatsachen". 1983 hatte General William Westmoreland einen Prozeß gegen CBS angestrengt, und zwar aufgrund einer Sendung „Vietnam Deception" („Vietnamesische Täuschung"), in der man ihn als Chefkommandierenden während der Kriegszeit in Vietnam unter Anklage gestellt hatte. Im selben Jahr hatte der israelische General Ariel Sharon einen Prozeß gegen *Time* angestrengt, wegen eines Artikels, der ihn beschuldigte, den Befehl zum Massaker an den Palästinensern in den Lagern von Sabra und Schatila erteilt zu haben, im Jahr 1982 während des Libanonkrieges, ein Gemetzel, das von den christlichen libanesischen Truppen ausgeführt wurde, die zwar von Israel bezahlt wurden, von denen man aber nicht hatte beweisen können, daß sie mit dem Einverständnis des israelischen Heereskommandos gehandelt hätten, da sich bei näherem Hinsehen das Gegenteil als wahrscheinlicher herausgestellt hatte. Beide Prozesse endeten mit Kompromissen zwischen den prozeßführenden Parteien. Die Kläger erhielten nur halb Recht, *Time* und CBS entgingen der Verurteilung wegen Verleumdung bzw. Rufschädigung. Daraufhin ging Renata Adler sämtliche Aussagen und den Bericht *in extenso* des Prozesses noch einmal durch. Sie analysierte sie bis ins kleinste und kam zur Schlußfolgerung, daß *Time* und CBS zwar der Verurteilung wegen Verleumdung (libel) entgangen waren, die Tatsachen aber dennoch aufs schwerste verdreht und außerdem nach den ersten Protesten gelogen hatten, um die Fehler, die sie begangen hatten, zu vertuschen (cover up). Im Sommer 1986 druckte *The New Yorker* in zwei Folgen die besten Auszüge aus *Reckless Disregard.* Anstatt auf Argumente mit Argumenten zu antworten, ließen *Time* und vor allem CBS sofort die Druckmaschine der Einschüchterung gegenüber dem Redakteur Alfred A. Knopf anwerfen, inklusive Prozeßandrohung, um ihn zu schrecken und die Verschiebung *sine die* des gesamten Werkes zu erreichen. Nicht so sehr die Möglichkeit eines Prozesses jagte Knopf Schrecken ein, sondern die Aussicht, es sich mit *Time* zu verscherzen und aus den Seiten der Literaturkritik auf immer zu verschwinden, wie auch die Aussicht, seine Autoren würden auf ewig von der Liste der Gäste gestrichen, die von CBS zu ihren Fernsehdebatten eingeladen werden. Die linken (far left) Zeitungen und Grüppchen nahmen paradoxerweise *für* die beiden Riesenanhäufungen des Medienkapitalismus Stellung! Sie leisteten ihnen Rückendeckung gegen das Erscheinen des Buches und beeilten sich, Renata Adler durch Verleumdungen in Mißkredit zu bringen, denn ihnen lag an der These, die Vereinigten Staaten hätten in Vietnam die ausschließliche Schuld, wie auch Israel im Libanon. Fürwahr ein angenehmes Klima der intellektuellen und moralischen Rechtschaffenheit!

Selten sind jene Menschen, die die Information nicht unterdrücken, selbst wenn die Information ihr Beruf ist, sobald sie ihnen ungelegen kommt. Die Presse sieht und versteht sich als Gegengewalt. Aber sie handelt nach der Art der Macht, ja sogar brutaler als die Macht, wenn sie etwas ersticken will, was sie stört, denn sie wird weniger kontrolliert als die Macht. Ich spreche nicht von politischer oder ideologischer Kontrolle, sondern von professioneller und deontologischer Kontrolle und beide existieren im Fall der Presse nicht. Sie ist sogar der einzige Beruf, wo es überhaupt keine Kontrolle gibt. Weit davon entfernt, in diesem Sinn die Antithese der Mächte zu sein, ist sie eher eine Kopie davon, und zwar mit einem Maß an Willkür, dessen Luxus sich in der Demokratie keine politische Macht erlauben darf, sie ist das uneheliche Kind der Anarchie und des Absolutismus – die „ehebrecherische Macht", von der Lamartine spricht, die „Macht auf Abwegen", eine wild gewachsene Imitation der „Herren der Erde". In den Demokratien kommen die schlimmsten Angriffe gegen die Pressefreiheit manchmal von der Presse selbst. „Das ist ein Fall", kommentiert William Safire, der schließlich die Veröffentlichung von *Reckless Disregard* durchsetzte, nachdem das Buch mehrmals zurückgestellt worden war, „das ist ein Fall von Vorauszensur gegen ein Buch seitens mächtiger Kommunikationsgesellschaften, die bereit sind, die Zensur sofort anzuprangern, wenn sie sie bei Regierungen feststellen" (*New York Times,* 28. 10. 1986).

Die Ungleichheit zwischen der Zensur, die in einer Demokratie von der Regierung ausgeht, und jener, die von der Presse ausgeübt wird, besteht darin, daß die erstere meist angeprangert und verhindert wird, was bei der letzteren nicht geschieht, da ihr dies ja nur seitens der Presse selbst widerfahren könnte. Zweifellos leugnen sie jene, die nicht mitspielen, häufig und auch heftig, aber sie wagen nicht, das öffentlich zu tun, aus Angst, schief angesehen zu werden. Die Politiker oder die Wirtschaftsbosse ernten, wenn sie die Medien kritisieren, auch dann, wenn sie damit Recht haben, nur Unbeliebtheit und den Ruf, sie seien Gegner der Meinungsfreiheit. Die Zeitungen haben manchmal untereinander polemische Auseinandersetzungen aufgrund ideologischer Vorurteile, aber niemals oder selten über die professionelle Qualität ihrer Arbeit. Ich möchte zum Hintergrund der Prozesse von Westmoreland und Sharon keine Stellung beziehen, ich sage nur einfach, daß CBS und *Time* mit Argumenten über den Inhalt der Aktion hätten antworten müssen, was sie ja von den anderen auch verlangen, und nicht mit dem Versuch, durch Erpressung des Herausgebers alles zu vertuschen. Sind in der Demokratie denn die Journalisten die letzten Staatsbürger, die das Privileg genießen, jene Informationen verschwinden zu lassen, die sie ärgern? Als 1977 der Herausgeber des *Giornale,* Indro Montanelli, auf der Straße von Kugeln der Terroristen „Rote Brigade" schwer verletzt wurde, berichtete der *Corriere della Sera,* der mit Montanelli im Clinch lag, „ein Journalist", sichtlich bar jeder Identität, sei das Opfer eines Attentats geworden. Ein persönlicher Streit führte dazu – es lebe die heilige Informationspflicht! –, daß der berühmteste Leitartikelschreiber der italienischen Presse nicht einmal das Recht hatte, sich unter seinem eigenen Namen die Haut durchlöchern zu lassen! Und das im *Corriere,* dessen Star er während dreißig Jahren gewesen war ...

Die Presse liegt ständig auf der Lauer, um die Fehler der politischen Machthaber aufzudecken, aber sie liebt es keineswegs, wenn man die ihren aufdeckt, und sie weigert sich im allgemeinen, sie zuzugeben oder richtigzustellen. Am 21. April 1982 sendet CBS zur besten Sendezeit eine Fernsehdokumentation von Bill Moyers, der arme Familien darstellt, die Opfer der Streichungen bei den Sozialausgaben geworden waren, die also, mit anderen Worten – und es gab keinen Irrtum über die Botschaft des Journalisten – durch den Willen Reagans ins Elend

geworfen worden waren. Das Weiße Haus protestiert. Es erinnert zunächst daran, daß Reagan im Gegensatz zu den ständigen Behauptungen in der Presse nicht die Sozialausgaben verringert hat, sondern nur die jährliche Steigerungsrate der Sozialausgaben (was nach Abzug der Inflation ergibt, daß man auf diesem Gebiet im Jahr 1982 mehr ausgegeben hat als im Jahr 1981). Es stellt im Anschluß daran fest, daß die drei Fälle in der deutlichen Absicht der Verleumdung ausgesucht worden waren, denn sie waren keineswegs repräsentativ: in zwei Familien gingen die Einstellungen der Beihilfen auf das Konto der lokalen Behörden und waren von einem Bundesstaat oder einer Stadt ausbezahlt worden, nicht vom Bundesbudget; und im dritten Fall hatte man sie gestoppt, noch bevor Reagan Präsident geworden war! Das Weiße Haus stellt fest, daß es das Recht der CBS nicht anzweifeln will, zu senden, was sie will, denn das erste „amendment", der erste Zusatz, ist heilig, und es habe auch nicht die *„fairness doctrine"* der Federal Communications Commission anrufen wollen. Das Weiße Haus verlangt nur eine bestimmte Sendezeit, damit sein Sprecher der Öffentlichkeit die Bemerkungen weitergeben kann, die ich eben aufgezählt habe. CBS verweigert dieses Erwiderungsrecht, und Bill Moyers rechtfertigt diese Weigerung damit, Herr Reagan habe „sich entschieden, die Reichen, Mächtigen und Wohlorganisierten bei seinen Budgetkürzungen nicht zu verlieren, sondern sich vielmehr an die Schwachen zu halten, mit einem Budget, das die Ärmsten am meisten belastet" (*New York Times,* 23. 4. 1982). Mit anderen Worten, er antwortete mit allgemeinen und vagen Vorwürfen, ohne zu geruhen, die genauen Gegendarstellungen zu beachten, die man ihm zur Kenntnis gebracht hatte.
Dieses Beispiel illustriert die absurde Situation, in der sich die Menschheit heute gegenüber der Information befindet. In der Mehrheit der Länder unserer Erde, zumindest in den Ländern, die den Großteil der Weltbevölkerung beherbergen, hängt die politische Macht der Presse einen Maulkorb um. In den Ländern, wo sie frei ist, kann sie gegen die politische Macht oder jede andere Institution, auch gegen Privatleute, ungerechtfertigte Anschuldigungen vorbringen, ohne die Kriterien der Wahrheit zu berücksichtigen und ohne sich anzustrengen, ihre Fehler auszubessern. So kann die CBS dem Präsidenten der Vereinigten Staaten ein Erwiderungsrecht über Tatsachenmitteilungen verweigern, ohne Erklärungen zu geben. Die amerikanischen Journalisten haben im übrigen niemals die Gültigkeit des *Communications Act* (Kommunikationsgesetz) aus dem Jahr 1934 wirklich akzeptiert oder anerkannt, in dem die *„fairness doctrine"* oder „Doktrin der Gewissenhaftigkeit" bzw. der „Unparteilichkeit" festgelegt ist. Diese Doktrin sah vor, jede Station solle im Gegenzug der Lizenz- und Frequenzerteilung ein Lastenheft

unterschreiben und sich verpflichten, ihre Macht nicht dazu zu benützen, nur einen Aspekt der Dinge darzustellen oder wesentliche Themen zu verschweigen. Der Standpunkt des Berufsstands lautet, niemand außer dem Journalisten selbst sei fähig, die Art und Weise zu beurteilen, wie er seinen Beruf versteht: ein auf der ganzen Welt einmaliges Privileg. Und es trifft zu, daß die anständigen und vertrauenswürdigen Zeitungen es nur aufgrund der Fähigkeiten und Skrupel der Journalisten sind, von denen sie gemacht werden. Die anderen schwimmen auf den trüben Fluten einer ungewissen Kultur und schöpfen aus den schäbigen Resten eines antiken philosophischen Wracks, folgen dem Richtspruch, wonach „es keine Objektivität gibt", eine Floskel, die, wie Kant es ausdrücken würde, ein „Asyl der Ignoranz" darstellt, oder besser gesagt, der Arroganz. Denn was es nicht gibt, das ist selbstverständlich die Unfehlbarkeit. Die Unparteilichkeit gibt es, das heißt, keineswegs die unerreichbare absolute Objektivität, sondern die Anstrengung, sie zu erreichen. In der Mehrzahl der Fälle von schweren Irrtümern, die man in der Presse findet, ist diese Anstrengung mehr als zweifelhaft. In einer großen Zahl der Fälle ist sogar eine Anstrengung in die entgegengesetzte Richtung offenbar.

Ich habe früher ein Muster für Spektakel geliefert, das die europäische Links- und Mitte-Links-Presse anläßlich des halben Siegs des „Televangelisten" Pat Robertson bei den Primärwahlen von Iowa im Februar 1988 während der Investitionskampagne aufführte. Die Inquisition kehrte zurück, der Taifun des Fanatismus überschwemmte Amerika, ein bigotter Totalitarismus blies zum Angriff auf das Weiße Haus! Drei Wochen später war Pastor Pat Robertson in der Versenkung verschwunden. Die Primärwahlen von New Hampshire, von Süd-Carolina und schließlich der „Superdienstag" (8. März 1988) der Südstaaten warfen seine Wahlhoffnungen in das politische Nichts zurück, aus dem sie für jeden seriösen Beobachter gar nie aufgetaucht waren. Am 15. März in Illinois war die Zahl der von ihm erreichten Abgeordneten Null, was ihn aus dem Wettbewerb warf. Empfanden die Zeitungen daraufhin das Bedürfnis, ihre Analysen zurückzunehmen und uns zu erklären, wie sie zu ihrer vorhergehenden und übertriebenen Überbewertung der Bedeutung des Paters gekommen waren? Keineswegs.

Die Presse der freien Völker wird der Demokratie nicht dienen und ihre Aufgabe gegenüber der Öffentlichkeit nicht erfüllen und auch der künftigen Presse der im Augenblick noch versklavten Völker nicht als Vorbild dienen können, solange sie militante Organe als Informationsorgane verkleidet. Ein Informationsorgan ist nicht eine Zeitung, in der überhaupt keine Meinung zu Wort kommt, ganz im Gegenteil: das ist eine Zeitung, bei der die Meinung aus der Analyse der Informationen resultiert. Eine militante Zeitung ist folglich jene, wo die Meinung der Information vorausgeht und ihr als Richtschnur dient, ihre Wahl bestimmt und die Kommentare bestimmt. „Der Spiegel“, sagt Rolf Dahrendorf, der zugleich deutscher Staatsbürger und Direktor der *London School of economics* ist, „vertritt zugleich eine anti-europäische und anti-westliche Auffassung von deutscher Einheit“ (*Newsweek,* 19. 4. 1982). Wir können sogar sagen, daß *Der Spiegel* eindeutig pro-sowjetisch ist, denn er hat ja zum Beispiel 1981 eine Position vertreten, die gegen Soldarnosc und für Jaruzelski eintrat. Elisabeth Noelle-Neumann, Direktorin des wichtigsten Meinungsforschungsinstituts der Bundesrepublik Deutschland, konnte sagen, daß die „im Grunde linke Orientierung der jüngeren Deutschen wahrscheinlich vom *Spiegel* geprägt wurde“, der ja tatsächlich immer die Friedensbewegung unterstützte und den Haß gegen den Atlantikpakt schürte. Das ist ein Recht, das niemand ihm streitig machen kann. Aber das Recht, sich als Nachrichtenmagazin darzustellen, als das mächtigste, sagen wir ruhig als das einzige in Deutschland, dieses Recht hat das berühmte Wochenblatt nicht. Wenn es tatsächlich Nachrichten veröffentlicht, und viele, und machmal sehr gute, so sortiert es sie sorgfältig nach ideologischen Kriterien. Aber in Pressedingen ist die Todsünde nicht, Meinungen zu vertreten, sondern das zu tun und dabei so zu tun, als tue man es nicht. Die Antwort auf diesen Einwurf kennen wir auswendig: die Rolle der Presse, so wird uns gesagt, besteht darin, systematisch das, was die Regierung macht, zu kritisieren und im großen und ganzen das Establishment nicht aus den Augen zu lassen. Zunächst einmal widerspricht die Presse nicht systematisch dem, was irgendeine Regierung tut. Wenn die Mehrheitsverhältnisse sich ändern, dann beginnt eine Zeitung, die bisher üblicherweise sehr gern die Erfolge der vorigen Regierung verschwieg, auf einmal eher die Mißerfolge der aktuellen Regierung zu verschweigen. Außerdem betrifft die Information ja nicht nur die Innenpolitik. Das Schlagwort von der Gegengewalt muß in einem internationalen Rahmen gesehen werden. Wenn man in einer Demokratie ständig seine eigene Regierung angreift, wenn sie sich gegen die Übergriffe einer totalitären und imperialistischen Macht verteidigt, so heißt das noch lange nicht, seiner Rolle als Gegenmacht gerecht zu werden: es heißt ganz im Gegenteil, daß man sich in die Reihen der stärkeren Macht eingliedert. Es ist falsch, daß der *Spiegel* angeblich gegenüber jeder Art von Regierung unerbittlich ist: er ist es vor allem gegenüber demokratischen Regierungen und selten gegenüber kommunistischen Regierungen, ja niemals gegenüber der sowjetischen Regierung, deren guter Wille, Aufrichtigkeit und friedliche Absichten seiner allgemeinen Vorsicht entzogen zu sein scheinen. Wie soll man nach der Machter-

greifung von Michail Gorbatschow im Jahr 1985 die Tatsache verstehen, daß die Funktion eines watchdog (Wachhundes), die sich die „liberale“ Presse und die Medien in Amerika selbst zuschreiben, eine so geringe Rolle gegenüber dem sowjetischen Chef gespielt hat, um sich einzig und allein auf Reagan zu konzentrieren? Selbstverständlich soll die Information nicht zensuriert werden, wenn sie für eine demokratische Macht ungünstig und für eine totalitäre Macht günstig ist, solange sie nur wahr ist. Doch wir können beruhigt sein: das ist keineswegs die häufigste Art von Zensur. Die amerikanische Presse versteht ihre Rolle als Wachhund fast ausschließlich in bezug auf die amerikanische Macht, vor allem wenn sie republikanisch ist, und auf ihre Verbündeten oder Stützpunkte in der Welt. Aber heißt das, eine Wachhundfunktion erfüllen? Ein guter Wachhund muß einen Instinkt dafür haben, was am gefährlichsten ist, nicht dafür, was am nächsten liegt. Nicht der ist ein starker Mann, der seine Frau schlägt und dabei den Mörder seines Sohnes laufen läßt oder ihm gar seinen Wagen borgt.
Die ausschließliche Therapie von der „Gegenmacht“ und vom „Wachhund“ führt zum Aberglauben, die journalistische Arbeit beschränke sich nur in bezug auf ihre „Pflicht“ „für“ oder „gegen“ das oder jenes zu sein. Diese vereinfachende Auffassung läßt einen aus den Augen verlieren, daß sie sich zuallererst in bezug auf den Inhalt der Unterlagen motivieren lassen sollte, in bezug auf die Substanz der Informationen und erst in der Folge und davon ausgehend überlegen, ob sie verurteilt oder billigt, und in welchem Verhältnis. Niemals war dieses Vergessen auf den Inhalt der Unterlagen, diese Gleichgültigkeit gegenüber dem, was auf dem Spiel stand, zugunsten einer Aufmerksamkeit, die sich ausschließlich auf den Konflikt zwischen Presse und Macht bezog, so deutlich wie in der Geschichte der amerikanischen Landung auf Grenada im Jahr 1983. Um kurz zu rekapitulieren: Man wird sich daran erinnern, daß es der Presse nicht erlaubt wurde, das Expeditionskorps während der ersten beiden Tage dieser Operation zu begleiten, die zum Ziel hatte, eine ziemlich blutige sowjeto-kubanische Diktatur auf dieser Insel zu entmachten. Erinnern wir uns an die einzelnen Elemente der Ereignisse: Die fragliche Diktatur besaß selbstverständlich keinerlei Legitimität – was die „Liberalen“ niemals stört, solange die Diktatur eine marxistische ist – und hatte 1981 eine demokratische Regierung gestürzt; während zwei Jahren hatte die Tyrannei der New-Jewel-Bewegung (einer kommunistischen Partei, die von der Sozialistischen Internationale aufgenommen worden ist!) unter der wirksamen Kontrolle der Sowjeto-Kubaner regiert, freundlich von Nordkoreanern, Ostdeutschen und anderen Menschenfreunden assistiert, und zwar unter der Scheinregierung eines örtlichen Kommunisten, Maurice

Bishop; Anfang Oktober 1983 war dieser während einer lebhaften Diskussion innerhalb der marxistischen Junta, deren Vorsitz der kubanische Botschafter führte, mit seinen Freunden, ihren Familien, seiner eigenen, inklusive Frauen und Kindern, ermordet worden, ein Massaker von etwa 200 Personen, nach niedrigen Schätzungen 140; das „Ministerium" Bishops wurde „ersetzt" (sozialistische „Legitimität" zweiten Grades, sehr häufig) durch eine Offiziersjunta, das Ruling Military Council; und letztere verstärkte noch die Unterdrückung, die schon seit langem eine terrorisierte Bevölkerung unter Druck hielt, deren Leiden in Washington bekannt und den „Liberalen" gleichgültig waren; die Sowjeto-Kubaner hatten in Grenada einen riesigen Militärflugplatz und eine U-Boot-Basis errichtet. Woraus klar hervorging, daß man erlebte, wie ein neuer sowjetischer Brückenkopf auf den karibischen Inseln installiert wurde, zu einem Zeitpunkt, wo ein anderer in Zentralamerika errichtet wurde; nach der Liquidierung Bishops hatte ein Sturm der Panik die Nachbarinseln verunsichert, die sich plötzlich nur wenige Kabellängen vom Wolfsrachen entfernt sahen; sie ließen auf diskrete Weise ihre Verzweiflungsschreie nach Washington gelangen, nachdem sie London vergeblich um Hilfe gebeten hatten, das sich taub stellte. (Das hinderte Frau Thatcher nicht daran, im nachhinein gegen die amerikanische Operation zu protestierten: die Zugehörigkeit Grenadas zum Commonwealth beinhaltete sichtlich nicht die Pflicht Grenada zu helfen, wohl aber das Recht, auf jene zu schimpfen, die Grenada befreiten, nach einem langen Schweigen über die Übeltaten derjenigen, die es unterworfen hatten.)
Über alle diese Unterlagen verlor die amerikanische Presse nicht ein Wort. Das einzige Drama, das sie rührte und von dem sie sprach, war die Beleidigung, als deren Opfer sie sich betrachtete aufgrund der Tatsache, daß man sie vom Ort der Handlung am 25. und 26. Oktober ausgesperrt hatte. Sie interessierte sich praktisch nicht für die Situation in der Karibik und ersparte es sich, dem Leser die politischen und geostrategischen Ursachen nahezubringen, die Reagan dazu gebracht hatten, die Operation durchzuführen – wobei sie natürlich diese Gründe bestreiten und ihre eigene Analyse vorlegen hätte können. Dieses Problem von nationalem und internationalem Interesse wurde in den Hintergrund geschoben. Die Wiedereinführung der Demokratie in Grenada, die perfekt gelang, zur großen Erleichterung der Bevölkerung, verblaßte vor dem größten Verbrechen gegen die Menschenrechte, das heutzutage denkbar ist: die Medien und Zeitungen während achtundvierzig Stunden ausgeschlossen zu haben. Edward M. Joyce, Präsident der CBS, verdammte in diesem Vergehen „die Morgendämmerung eines neuen Zeitalters der Zensur, der Pressemanipulation, der Be-

handlung der Medien als Handlanger der Regierungen". Die Journalisten beriefen sich auf das allgegenwärtige erste *Amendment* und vergaßen dabei einmal mehr, daß dieses die Meinungsfreiheit garantiert, nicht aber anregt, die Armee habe die Verpflichtung, in ihrem Gepäck Reporter mitzuführen, um jede militärische Operation zu „covern". Die amerikanische ANPA (Zeitungsherausgeberverband – *publishers*) sprach von „Geheimkrieg": er war aber keineswegs geheim (falsche Information!), sondern seitens der Regierung schon zu Beginn der Operationen angekündigt, ja, an die große Glocke gehängt. Aber sie wurde tatsächlich in der ersten Zeit nur von Communiqués und Filmdokumenten des Generalstabs gecovert. Das ist etwas anderes, auch wenn es ungenügend ist. *Editor and Publisher*, die wöchentliche Berufszeitschrift der amerikanischen Printmedien, bedauerte, Amerika habe *aufgehört, die bestinformierte Nation der Welt zu sein* (nicht mehr und nicht weniger!), weil seine Regierung das *angeblich* auch noch in seinem Namen tat *(„particularly about what their government is doing supposedly on their behalf")*. Dieses *supposedly* ist eine Meisterleistung! Denn soviel mir bekannt ist, war die fragliche Regierung ja demokratisch gewählt und überschritt die verfassungsmäßigen Grenzen des Handlungsspielraums nicht, welcher der Exekutive seitens der Verfassung eingeräumt wird, und konnte daher ohne Mißbrauch davon ausgehen, sie handle innerhalb des Gesetzesrahmens *im Namen des Volkes. Editor and Publisher* konnte das dagegen nicht.

Es mag vorkommen, daß demokratische Regierungen die Journalisten in ihrer Informationsarbeit behindern. Während des Algerienkriegs haben die französischen Regierungen der IV. und V. Republik in diesem Punkt schwer gesündigt. Es ist um so selbstverständlicher, wenn man ihnen deshalb Vorwürfe machte, als sie damit ja ihre eigenen Grundsätze verraten. Der Fall liegt anders bei den totalitären Regierungen. Die UdSSR hat niemals behauptet, sie halte es für das Recht ausländischer Journalisten, frei in Afghanistan herumzuspazieren. Was in einem totalitären Regime die Rechte der menschlichen Person verletzt, ist nicht die Verweigerung der Pressefreiheit: das Regime selbst verweigert sie. Man muß es in seiner Gesamtheit demokratisieren, um auch seine Information zu demokratisieren. Die Wachsamkeit der freien Journalisten den Demokratien gegenüber darf sicherlich auch niemals nachlassen, aber sie hat doch mit geringeren Schwierigkeiten zu kämpfen. Das gilt besonders für die Vereinigten Staaten, die von allen Demokratien vielleicht am transparentesten sein wollen. Aber das Berufsgewissen der Journalisten muß auf der Höhe dieser Transparenz stehen.

Seien wir gerecht: gewisse Journalisten waren sich dessen bewußt, daß ihre Vorwürfe gegen Reagan oft mehr den Narzißmus des Volksstammes widerspiegelten als handfeste Kritik, die übrigens nicht überzeugen konnte. Schon vor der Invasion fanden kaum 13,7% der in einer Meinungsumfrage befragten Amerikaner, Presse und elektronische Medien seien vertrauenswürdig. Nach der Operation erhob eine Umfrage Anfang Dezember, daß nach sechs Wochen Sperrfeuer der Medien gegen die „Zensur" der Administration nur 19% der Staatsbürger der Ansicht waren, die Presse hätte die Landetruppen von der ersten Minute an begleiten sollen. Die Anschuldigung der *Washington Post,* wonach diese 48 Stunden Abwesenheit der Presse „den Gesamtcharakter der Beziehungen zwischen Regierendem und Regiertem betreffe", klang nach melodramatischer Übertreibung. Mit mehr Klarsicht fragte sich *Time* eher, wie die Medien sich ein so tiefes Ressentiment der Öffentlichkeit hatten zuziehen können (*„Farranging resentment"*) und warum ihr zeitweiliger Ausschluß in Wirklichkeit den Normalbürger so gefreut, ja in ihm eine Art Rachegefühl wachgerufen hatte. In der Tat, warum? Anstatt völlig aus der Luft gegriffene Seifenblasen zu produzieren, die nur den Streit schüren sollten, wären die Zeitungen und elektronische Medien besser beraten gewesen, auf diese Frage eine Antwort zu suchen.

Die Antwort lautet: die Administration hatte, im Einvernehmen mit der Mehrheit der Staatsbürger, absolut kein Vertrauen in die Unparteilichkeit, mit der die Medien von den ersten Phasen der Expedition berichten würden. Sie dachte, sie würden sich beeilen, der Nation ein möglichst verstümmeltes und vor Widerlichkeiten strotzendes Bild zu liefern, gewürzt mit dem Interview eines Castro-Anhängers, der von „imperialistischem Verbrechen" sprechen würde, um eine pazifistische Reaktion der Öffentlichkeit zu bewirken. Dreiviertel der Presse stand den strategischen und politischen Motiven feindlich gegenüber, die Reagan zu seinem Beschluß geführt hatten. Sie neigte schon im vorhinein dazu, sie nicht einmal zur Kenntnis zu nehmen und *a priori* zu leugnen, sie könnten wohlüberlegt sein. Seit Vietnam und Watergate beschränkt sich die Presse auf ihren Auftrag, bedingungsloser Feind der Macht zu sein. Aber es gibt Methoden, um der Öffentlichkeit Antipathie gegen die Macht einzuflößen, die mit vernünftiger politischer Kritik nichts mehr zu tun haben. Die Administration wußte sehr gut, mit welchen Verfahren das Fernsehen schon während der ersten Minuten der Aktion in Grenada peinliche Szenen herausgreifen könnte, um die Operation in Mißkredit zu bringen und die Aufmerksamkeit von ihren allgemeinen Zielen abzulenken. Zum Beispiel: Während der ersten Stunden des Kampfes gegen die kubanischen Besetzer fielen amerikanische Geschoße auf ein psychiatrisches Spital. Ein schreckliches Ereignis, von dem gesprochen werden mußte, aber unter der Bedingung, daß von al-

len Aspekten der Operation berichtet würde. Aber wahrscheinlich hätte die Berichterstattung für 100 Millionen amerikanische Fernsehkonsumenten nur diesen einen Aspekt herausgegriffen, wenn die Fernsehmannschaften zugleich mit den Truppen gelandet wären. „Was wäre geschehen“, schreibt Leonard Sussman, der von 1967 bis 1988 Freedom House geleitet hat, eine Institution, die auf die weltweite Untersuchung der Medienproblematik spezialisiert ist, „wenn das Farbfernsehen in der ersten Nacht der Grenada-Intervention das zerbombte Spital gezeigt hätte, Leichen und vielleicht einen verwundeten Geisteskranken, der in den Trümmern herumirrt? Hätte dieses einzelne Bild bewiesen, daß die politische Basis für die amerikanische Intervention – das Ausschalten einer kubano-sowjetischen Basis – von seiner Konzeption her falsch war? Daß der Mord an Premierminister und Zivilbevölkerung einige Tage vorher gerechtfertigt gewesen wäre? Daß die Amerikaner sich zurückziehen sollten, ohne die Mörder zu bestrafen?“
Das war jedenfalls nicht ihre Meinung, denn eine Umfrage von CBS, die wenig später durchgeführt wurde, bestätigte, daß die Analyse der Administration über die Situation auf der Insel vor der Intervention völlig mit jener der grenadischen Bevölkerung übereinstimmte, die tatsächlich die Intervention als Befreiung erlebte. Eine starke Mehrheit der befragten Grenader, nämlich 91%, gaben an, sie seien glücklich, daß die Vereinigten Staaten interveniert hätten; 85% sagen, sie hätten vorher in Angst gelebt, und zwar für sich selbst und für ihre Familien, 76% meinen, Kuba habe ihrer Meinung nach Grenada endgültig unter Kontrolle behalten wollen und 65%, der Flughafen sei ohne jeden Zweifel nur gebaut worden, um für sowjetische und kubanische Zwecke zu dienen, und nicht für touristische.
Hinzuzufügen wäre, daß die amerikanischen Truppen nach wenigen Wochen die Insel verließen, wo freie Wahlen stattfinden konnten und wo die Demokratie wieder eingeführt wurde. Trotz dieser blendenden Klarheit der Sprache der Fakten habe ich noch 1987 in Paris, fast vier Jahre nach dem Ereignis, während des Kolloquiums „Medien, Macht und Demokratie“, das ich bereits erwähnte, Dutzende von amerikanischen Journalisten und Lehrer in Journalistenschulen heftig und verzweifelt darüber klagen gehört, daß sie während zwei Tagen von Grenada ausgeschlossen worden waren, so, als handle es sich um das schauerlichste Verbrechen, das jemals gegen die Menschenrechte begangen worden war. Wenn sich ein Beruf, dessen Daseinsberechtigung es ja gerade ist, die Meinung erfassen zu können und zu wissen, wie man mit der Öffentlichkeit spricht, sich dermaßen isoliert, und zwar sowohl von der Öffentlichkeit seines eigenen Landes wie auch von der des befreiten Landes, das Gegenstand der Polemik ist, so bedeutet das,

daß er sich in eine Art von Stammesautismus eingeigelt hat, der mit den Erfordernissen seiner Aufgabe kaum im Einklang steht. Autismus ist nach Antoine Porot bei dem Subjekt, das darunter leidet, „die Polarisierung alles geistigen Lebens in eine innere Welt und der Kontaktverlust mit der äußeren Welt". Für Menschen, deren Beruf es ist, die äußere Welt zu beobachten, ist das ziemlich ärgerlich. Woher kommt das Übel? Immer noch daher, daß sich zu viele Journalisten nicht von dem leiten lassen, was ist, sondern von dem, was es zu beweisen gilt. Und ich befasse mich im vorliegenden Kapitel, ich wiederhole es bis zum Überdruß, nur mit den Ländern, in denen die Presse frei ist. Von den anderen zu reden ist müßig. Aber es ist eben gerade interessant, zu untersuchen, wie der Mensch die Freiheit nützt, wenn er sie hat, und auch – darum geht es ja in diesem Buch – wie er die Möglichkeit, zu wissen, und auch zu sagen, was er weiß, nützt. Wenn es um Länder geht, in denen die Zensur ihr Unwesen treibt, so habe ich oft das Paradoxon bemerken können, daß der Durchschnittsbürger, und vor allem der Intellektuelle, dort über viele Punkte der Weltangelegenheiten besser informiert ist als einer in den freien Nationen, weil er durch das Hindernis der Zensur gerade schärfer geschult ist und um so fähiger, das Wahre vom Falschen, die Spreu vom Weizen zu trennen und die authentische Information um so eher zu erkennen, als er ihrer eher entbehrt.

Ich denke nicht daran, zu behaupten, die Regierungen, auch die demokratischen, seien immer im Recht oder täten immer nur das Gute. Die Presse greift sie sehr oft zu Recht an. Ich beziehe mich auf die kindische Karikatur einer Presse, die alles für ihrer unwürdig hält, was nicht Angriff gegen die politische Macht und alle etablierten Mächte ist. Natürlich bemühen sich die Regierungen, die Verbreitung von Nachrichten zu verhindern, wenn sie für sie ungünstig sind, und jenen Gehör zu verschaffen, die ihnen schmeicheln. Natürlich ist es die Daseinsberechtigung der Presse, das Gleichgewicht wiederherzustellen und das bekannt zu machen, was die Regierungen (und auch die Oppositionsparteien in ihrem jeweiligen Bereich) am liebsten im Dunkel belassen würden. Doch diese Rolle der Presse gilt nur dort, wo sie auf dem gewissenhaften Respekt für die Information beruht. Aber es gibt in jeder Demokratie ebenso wenige Zeitungen, die sie respektieren, wie es auf der Welt Länder gibt, die die Demokratie respektieren. In den anderen Fällen, und sie sind bei weitem zahlreicher, ist die Presse nicht das Gegengewicht oder das Gegengift gegen die politische Unredlichkeit: sie ist Teil davon, sie stellt eines ihrer wichtigsten Instrumente dar. Wenn wir in einem Gespräch die Zeitungen und elektronischen Medien jenes Landes, in dem wir uns befinden, Revue passieren lassen, dann teilen wir sie spontan und ohne entschlossenen Protest danach ein, ob sie

einer bestimmten politischen Richtung zuzuordnen sind oder nicht, einem bestimmten finanziellen, kulturellen, religiösen, rassischen, sexuellen Milieu. Wenn wir sie einzuschätzen versuchen, dann fast niemals nach der Qualität ihrer Informationen, die ja das wichtigste Kriterium darstellen müßte. Die Information wird übrigens in den meisten Fällen nicht nach ihrem eigenen Wert, ihrer Richtigkeit oder Falschheit beurteilt, sondern als Zeichen einer Meinung. Eine bestimmte Information veröffentlichen, beweist, daß man eine bestimmte Meinung hat. Ob sie wahr ist oder nicht, ist von zweitrangiger Bedeutung.
Sogar die Art und Weise, wie man selbst eine Kleinnachricht behandelt, besonders wenn man sie großspurig „Gesellschaftsphänomen" taufen kann, „klassifiziert" eine Zeitung genauso sicher wie ihre politischen Vorurteile. Am 1. Dezember 1987 verhaftet die Polizei in Paris den geheimnisvollen „Alte-Damen-Mörder", einen Mann, der im Laufe einiger Jahre mindestens dreißig alte Menschen getötet hatte, die allein lebten, und ihnen ihre Ersparnisse raubte. Es stellt sich heraus, daß der Mörder ein Schwarzer ist, homosexuell und drogensüchtig. Während einer Woche werden die linken Tageszeitungen, *Le Matin, Libération, le Monde, la Croix, l'Humanité* diese Verhaftung unter die Teppiche ihrer Redaktionen kehren, ebenso wie die Person des Mörders. Sowohl die Nachricht selbst als auch ihre Details werden sehr geizig verteilt. Sie werden verstreut und in den Tiefen der Überblicksberichte versteckt, widerwillig berichtet, an manchen Tagen überhaupt nicht. Wenn man sie erwähnt, dann mehr um die Aufmerksamkeit vom Verbrecher selbst abzulenken und die Nachricht ins Politische zu ziehen. So schreibt *Libération* am 3. Dezember auf Seite 13 unter der Überschrift: „Ein Mörder streckt die Waffen" Folgendes: „Im Juli 1986, nach dreieinhalb Monaten Regierungsbeteiligung, muß Charles Pasqua bereits neun Morde an Großmüttern beklagen. Genau dieselbe Ziffer wie die Linke seit 1984." Lag das Problem wirklich hier? Ausgehend von einem Erfolg der Polizei, der nur mit einer sehr schwierigen Untersuchung zu erreichen war, gelingt es der *Libération,* den Innenminister zu tadeln! Dieser Absatz setzt übrigens den Beginn für eine journalistische Vorgangsweise, die es zu merken gilt: Wenn jemand, den du nicht liebst, einen Erfolg hat, so veröffentliche nicht die neueste Nachricht, die dich ärgert, sondern lieber eine, die drei Jahre zurückliegt, und suche dabei eine Gelegenheit aus, wo dein Prügelknabe jämmerlich in die Irre gelaufen ist. Man versteht schon die Motive für so viel Diskretion: die Angst vor dem antischwarzen und dem antihomosexuellen Rassismus. Die Feindseligkeit gegen die Einwanderer konnte sich übrigens an ihm gar nicht entzünden, denn Thierry Paulin, der Mörder, war französischer Staatsbürger. Auch die Sorge, die Ausgrenzungsmechanismen ge-

genüber Drogensüchtigen könnten verstärkt werden, spielte mit. Aber wie kann man übersehen, daß diese Verheimlichung, die von Berufs wegen schon nicht zu akzeptieren ist, sich gegen die Sache wendet, der sie zu dienen vermeint? In der Hierarchie der Verbrechen im Frankreich des 20. Jahrhunderts steht Paulin durch die Anzahl seiner Opfer sehr weit oben, knapp nach Dr. Petiot, der während des Krieges mehrere Dutzend Juden ermordete, um sie zu bestehlen, aber noch vor Landru. Wenn in einer Handvoll Zeitungen nicht darüber geredet wird, während ganz Frankreich nur darüber redet, so ist das ganz einfach ungeschickt, denn dieses Schweigen wird nicht die ganze Bevölkerung daran hindern, auf dem laufenden zu sein. 1979 hatte mich Jimmy Goldsmith, der Eigentümer des *Express,* darum ersucht, in unserer Zeitung nicht von der „Diamantenaffäre" zu sprechen, jenen Diamanten, die Giscard vom „Kaiser" Zentralafrikas, Bokassa, geschenkt bekommen hatte, was für den Präsidenten der Republik eine schwere Erschütterung bedeutete, für den Goldsmith Sympathien hegte. Ich weigerte mich selbstverständlich, erstens aus Prinzip, und zweitens mit dem Argument, daß unser Schweigen Giscard natürlich überhaupt nicht nützen würde, sicherlich aber dem *Express* schaden. Ebenso kann auch der Rassismus nur schlimmer werden, wenn die Öffentlichkeit bemerkt, daß einflußreiche Zeitungen die Verantwortlichkeit eines Verbrechers verharmlosen, der eine Serie schrecklicher Verbrechen begangen hat, nur weil sich herausstellt, daß der Verbrecher ein Schwarzer und Homosexueller ist. Sie erreichen die Irritation vieler Menschen, die nicht umhin können, darüber nachzudenken, wie diese Nachricht breitgetreten worden wäre, hätte der Mörder als Weißer mehrere Araber umgebracht.

Diese unwürdigen journalistischen Lausbubenstreiche grenzen den Rassismus nicht ein, sondern sie geben ihm ganz im Gegenteil neuen Zündstoff, sie gehören zum Teufelskreis der ergänzenden Paranoia, aus dem man nur herauskommen kann, wenn man endlich aufhört, die Rasse oder die Homosexualität als entscheidende Faktoren zu betrachten, die irgend etwas verändern, sei es zum Guten oder zum Bösen. Zu beglückwünschen wäre eine antirassistische Zeitung, die klar und offen erklärt, inwiefern der Rassismus praktisch eine widersprüchliche Position ist, die wissenschaftlich dumm und moralisch nicht zu vertreten ist, nicht aber eine Zeitung, die Informationen unterdrückt, von denen sie annimmt, sie könnten dem Rassismus Vorschub leisten. Sie denkt dann genau so, wie es den Politikern vorgeworfen wird, die sich einbilden, ein Problem lösen zu können, indem sie durchsetzen, daß man es verschweigt. Sie gesteht außerdem implizit dadurch ein, daß sie zu ihrer eigenen Linie kein Vertrauen hat, wenn sie das Bedürfnis verspürt, zu lügen, um ihr treu zu bleiben, und sei es auch nur eine Unterlassenslüge.

Die Tatsache, daß die Meinung des Journalisten die Information bestimmt und nicht umgekehrt, und zwar in neun Zehnteln aller Fälle, ist in den üblichen Gesprächen der Presseleute untereinander und aller derjenigen, die mit ihnen zu tun haben, ein offenes Geheimnis. „Was fällt dir ein! Natürlich wirst du nicht ausgerechnet in der Zeitung X diese Information finden!" Diese Sätze sind eine bekannte Leier, die wie ein Axiom des gesunden Menschenverstandes gehandelt wird. In den internationalen Kolloquien über Journalismus feiert man die Hochmesse und den Kult der heiligen und unantastbaren Information, man stigmatisiert die „Zensur", die von den teuflischen Mächten Staatsraison und Geld ausgeübt wird. Aber wenn man unter sich ist, weiß man sehr gut, daß eine bestimmte Person von dem einen nicht reden wird und eine andere nicht von jenem, wobei „das eine" und „jenes" von einem neutralen Gesichtspunkt aus Informationen sind. 1980 bat mich Juan Luis Cebrian aus Madrid, Herausgeber von *El Pais,* um einen Unterstützungsbrief, der bei einem Prozeß, der gegen ihn anhängig war, verlesen werden sollte, und bei dieser Gelegenheit fragte ich ihn, nachdem ich natürlich seinem Wunsch nachgekommen war, wieso ausgerechnet seine Zeitung als einzige in ganz Europa die „affaire Marchais" nicht erwähnt hatte, das heißt, die Tatsache, daß *L'Express* ein Dokument veröffentlicht hatte, das in den deutschen Archiven aufgetaucht war und das zweifelsfrei bewies, daß der augenblickliche Generalsekretär der französischen Kommunistischen Partei 1942 und 1943 als *freiwilliger* Arbeiter nach Nazideutschland gekommen war und nicht als deportierter, wie er es immer behauptet hatte. Cebrian antwortete mir mit lobenswerter Aufrichtigkeit und ganz zwanglos: „Ja, ich weiß, wirklich, das ist bedauerlich, aber der Chef des Auslandsdienstes war gerade auf Dienstreise und sein Adlatus, der ihn vertrat, ist Kommunist; er hat also die Affäre verschwiegen." Damit gab er ohne Umschweife zu, daß grundsätzlich auch der Chefredakteur oder Herausgeber einer Zeitung Schwierigkeiten hat, im eigenen Haus zu verhindern, daß eine Information in den politischen Ansichten desjenigen ihre Quelle hat, der sie vermittelt – oder der sich weigert, sie zu vermitteln. Mein Freund Cebrian und seine Zeitung haben – würden Sie das bezweifeln? – zahlreiche „Journalistenpreise" erhalten, in allen Ländern.

Abgesehen von höchst seltenen Ausnahmen wird im Pressemilieu trotz aller gegenteiligen Beteuerungen, die für die Außenwelt gedacht sind, die Tatsache, daß die politischen Ansichten der Journalisten als Kriterium für ihre Darstellung der Information dienen, als Realität gehandelt. In Italien wurde diese Kapitulation vor der Parteilichkeit sogar institutionalisiert, und zwar, wie schon weiter oben erklärt, unter der Bezeichnung „*Lottizzazione*": das bedeutet soviel wie Zerschneiden in Scheiben. Kommen wir darauf zurück. Als Paolo Romani (Paris-Korrespondent des Giornale in den achtziger Jahren) während einer UNESCO-Konferenz diese sonderbare Sitte darstellte, ging er sehr ins Detail und beschrieb, wie die politischen Parteien direkt bei der Anstellung und bei der internen beruflichen Karriere der Journalisten intervenieren. Die Parteien wachen über die Einhaltung des „Gleichgewichts", wie das in Italien schamhaft genannt wird. So geben die italienischen Journalisten – anders als in anderen Ländern, wo man diese Verbindungen üblicherweise leugnet oder verschleiert – ihre Zugehörigkeit zu einer Partei offen und unumwunden zu, die sich letztlich um ihren „Karriereplan" kümmert. Viele haben ein Parteibuch, führt Romani aus; die übrigen bekennen sich offen zum „Umfeld" *(area)*, sei es sozialistisch, christdemokratisch, republikanisch, kommunistisch. Nach einem charmanten Ausdruck halten sie sich diesem Umfeld gegenüber in einer Art „konstruktivem Bereitschaftszustand". Die Kunst, die journalistischen Parzellen nach Proporz aufzuteilen, je nach der Stärke der Parteien, erreicht bei der RAI, der staatlichen Rundfunkanstalt, ihre höchste Perfektion (die privaten Fernsehanstalten haben nicht das Recht, Information zu betreiben). Jedes Fernsehjournal besitzt auf ganz offizielle Weise seine politische Färbung: das des ersten Kanals ist christdemokratisch, das des zweiten sozialistisch und das des dritten kommunistisch. Man könnte gar nicht offener zugeben, daß niemand, nicht einmal unter Journalisten, auch nur das geringste Vertrauen in das berühmte „Berufsgewissen" als solches hat, ebensowenig in die „Deontologie" der Journalisten. So begann am 17. März 1988 während der Ministerkrise, die durch den Fall der Regierung Goria ausgelöst worden war, das Journal von RAI 2 um 19.45 Uhr mit guten zehn Minuten über Bettino Craxi, den sozialistischen Führer, obwohl der Präsident der Republik nicht ihn, sondern Ciriaco de Mita, den Führer der Christdemokraten, mit der neuen Regierungsbildung beauftragt hatte. Und vor allem möge man uns mit der Floskel vom „Pluralismus" verschonen! Die kommunistischen Journalisten, die 1981 direkt von der Partei in das französische Fernsehen gesetzt wurden, erreichten das nicht aufgrund des „Pluralismus".

Was mich am meisten betroffen hat in all den Jahren, in denen ich den Journalismus beobachtet und selbst betrieben habe, ist die geringe Anzahl an Fachleuten, die sich als solche benehmen, das heißt, deren Neugierde vor allem auf die Tatsachen gerichtet ist. Diese reduzierte Sippschaft kann auch Meinungen erzeugen und Urteile abgeben, sogar sehr ausgeprägte. Das ist nicht der fragliche Punkt. Unparteilichkeit heißt nicht Gleichgültigkeit. Ganz im Gegenteil: je mehr Wert jemand auf die Ideen legt, um so weniger erträgt er, wenn sie auf einem Informationsvakuum beruhen. Die Meinung ist im Journalismus nur dann interessant, wenn sie eine Form der Information ist. Ich will damit sagen, daß ein Leitartikel völlig bedeutungslos ist, wenn er nicht auf soliden und ordentlich analysierten Unterlagen beruht. Der Todfeind der Zensoren und Ideologen ist nicht die reine Meinung, und auch nicht die willkürliche „Laune" irgendeines Publizisten: Es ist die auf Information gestützte Meinung, mit anderen Worten, der Beweis. Was der Ideologe fürchtet, ist nicht, daß du sagst: „Ich mag das kommunistische Regime in Vietnam nicht", sondern wenn du auf Tatsachen gestützt sagst: „Das kommunistische Regime in Vietnam hat in zehn Jahren eine Million Unschuldige getötet." Er fürchtet nicht, daß du sagst: „Ich bin gegen das, was die französischen sozialistischen Regierungen zwischen 1981 und 1985 gemacht haben", sondern daß du, auf Beweise gestützt, sagst: „Die Sozialisten haben dazu beigetragen, daß in Frankreich um 1984 das Phänomen der Massenbettelei wieder aufgetaucht ist, das seit mehreren Jahrzehnten verschwunden gewesen war."

Schlechte Schlußfolgerungen haben häufig schlechte Informationen als erste Ursache. Von da aus verbohren sie sich in der Meinung und nichts kann sie dort wieder ausmerzen. Nehmen wir das Vorurteil, wonach François Mitterand mit der Hilfe der Linksunion und des Gemeinschaftsprogramms das Auseinanderbrechen der französischen kommunistischen Partei bewirkt hätte. Jeder weiß, daß in der elementarsten Logik das bloße Zusammenfallen zweier Tatsachen nicht genügt, um zwischen ihnen einen ursächlichen Zusammenhang aufzustellen. Die kommunistischen Parteien haben sich in ganz Eurpa in Nichts aufgelöst, oder sind zumindest deutlich zurückgegangen: ebensogut ohne Union mit den Sozialisten und ohne Regierungsbeteiligung, wie etwa in Spanien und Portugal, wie mit Regierungsbeteiligung, wie etwa in Finnland. Sie sind geschmolzen, als sie stalinistisch waren, wie die französische und portugiesische Partei, aber auch, wenn sie Eurokommunisten waren, wie die spanische Partei, die praktisch verschwunden ist. Sogar die mächtige italienische Partei ist in zwölf Jahren von 34 auf 21% der Stimmen zurückgegangen, sobald Craxis PS ihr feindselig gegenübertrat und ständig Fortschritte machte. Schließlich brach die PCF deutlich in der Periode zwischen den legislativen Wahlen 1978 und den Präsidentschaftswahlen 1981 zusammen, das heißt, genau in jenen drei Jahren, wo Kommunisten und Sozialisten in offenem Krieg miteinander lagen, das Gemeinschaftsprogramm von Mitterand als „geschlossen" erklärt worden war und die Linksunion nach dem Bruch vom

Herbst 1977 völlig zerstückelt in der Gosse lag. Als diese Union voll im Schwung war, erlaubte sie dagegen der PCF, einen der größten Triumphe ihrer Geschichte zu erringen, und zwar bei den Gemeindewahlen (élections municipales) vom Frühjahr 1977. Alle diese Argumente werden die Leitartikelschreiber nicht daran hindern, diesen Gemeinplatz weiterhin wiederzukäuen, der sichtlich nicht umzubringen ist.[8] In den Schnörkeln zu Ende gehender Kolloquien wird oft die Möglichkeit erwähnt, „Deontologie-Kommissionen" ins Leben zu rufen, sozusagen journalistische „Ordnungsräte". Aber wer würde da über wen urteilen? Auf gewissen Weise existieren diese Kommissionen in etlichen Ländern als Zeitungen und Zeitschriften, die der Presse und den elektronischen Medien gewidmet sind. Aber diese Spezialschriften, die gute und schlechte Noten verteilen, stellen sich niemals auf den Standpunkt der Genauigkeit der Information. Sie verwenden als Wertkriterium die Ausrichtung der Information. Das trifft für das vielleicht angesehenste unter allen diesen Organen zu, die *Columbia Journalism Review*, die von jener Journalistenschule veröffentlicht wird, die als die beste in den Vereinigten Staaten gilt. Die Zeitschrift nimmt sich vor, Lob und Tadel außerhalb jeder ideologischen Perspektive zu verteilen, keine wie immer geartete Tendenz anzunehmen, weder links noch rechts zu sein. Und doch hat *Public Opinion* 1984 eine Studie veröffentlicht, die statistisch alle kritischen Artikel der Medien der *Columbia Journalism Review* während 10 Jahren untersucht. Daraus geht hervor, daß 78% der Artikel von einem deutlich linken oder „liberalen" Standpunkt aus verfaßt waren, 12% von einem „konservativen" Standpunkt und 10%, ohne daß man eine bestimmte Tendenz hätte feststellen können. Die Auffassung von Journalismus, wie die *Columbia Journalism Review* ihn vertritt, ist jene eines Angriffsjournalismus, der aus Prinzip die etablierten Autoritäten angreifen muß und für die Sorgen der unterdrückten Minderheiten offen ist. Die *Revue* geißelt unermüdlich die Lauheit der Presse im Verfolgen dieser Ziele. 1983 zum Beispiel wirft sie ihr, wie auch dem Fernsehen, ihre Parteilichkeit zugunsten Reagans vor. Die Medien sind, so sagte sie, „die *Pravda* in Potomac", ein „Abwasserkanal für die Erklärungen des Weißen Hauses und seine offizielle Image-Pflege". So kann sich herausstellen, daß eine professionelle Zeitschrift, die dafür geschaffen wurde, die anderen zu überwachen, unfähig oder zumindest nicht sehr darauf erpicht ist, ihre eigene Information zu überprüfen. Tatsächlich beweist eine Studie, die eine Gruppe von Soziologen über die Telejournale der drei Fernsehkanäle während einer bestimmten Periode durchführte, daß die Informationen, die Reagan in günstigem Licht zeigten, insgesamt 400 Worte umfaßten, jene, die ihm feindlich gesinnt waren, dagegen 8.800 Worte, also ein Verhältnis von

22 zu 1 zugunsten der negativen „Stories". In der Außenpolitik wendet die *Columbia Journalism Review* (für Eingeweihte die CJR) meistens Kriterien an, die weniger professionell als ideologisch sind, wenn sie die Arbeit der Journalisten untersucht. Wenn sie die Reportagen durchgeht, die dem Iran gewidmet sind, bedauert sie, daß die Medien der Gerechtigkeit gegenüber Khomeini ermangeln und sein Regime als autoritär und reaktionär darstellen. Es heißt die Dritte-Welt-Solidarität bis zum Militantismus treiben, wenn die CJR andeutet, die amerikanische Presse habe den „Freiheitskampf", den ihr zufolge die Ayatollahs führen, zur Karikatur gemacht. Man sieht es, wir sind weit von jenem rein technischen Maßstab entfernt, den diese Zeitschrift eigentlich verwenden sollte, um die Vorzüge und Nachteile der Informationsmedien abzuwägen.

Die Journalistenschulen sind übrigens nicht gerade Orte, wo man vor allem unterrichtet, wie man die Information recherchiert und kontrolliert. Die Schüler entwickeln dort eher den Sinn für ihre soziale Berufung im Dienst einer edlen Sache, die sie selbst definieren, und der sie zum Siege verhelfen sollen. Diese edle Sache war im CFJ von Paris (Centre de formation des journalistes – Ausbildungszentrum für Journalisten) während des Jahrzehnts 1970–1980 das Gemeinschaftsprogramm der vereinigten Linken. Zu dieser Zeit verlangte eine Delegation der „besten Schüler" des CFJ eines Tages, mich zu sehen und besuchte mich im *Express.* Folgende Frage zu stellen waren sie gekommen: „Warum haben Sie eine Titelseite des *Express* der Affäre Marchais gewidmet und nicht der Diamantenaffäre von Giscard? Ist das nicht ein Beweis für Ihre politische Parteilichkeit, für Ihre Milde gegenüber der Macht und für Ihre Feindschaft gegen die Linke?" Ich antwortete zunächst, daß meine persönlichen Meinungen tatsächlich aus meinen Leitartikeln klar hervorgingen, wo ich meine Abneigung für die Ideen von Georges Marchais niemals zu verbergen gesucht hatte, wie auch meine (relative) Vorliebe für Giscard d'Estaing. Doch kam meine Entscheidung in der Frage, die sie beschäftigte, keineswegs aus meinen persönlichen Ansichten: sie folgte rein professionellen Kriterien. Die Diamantenaffäre war vom *Canard Enchaîné* und von *Le Monde* gleichzeitig „lanciert" und dann von der gesamten Presse aufgenommen worden, uns inklusive. Aber wir hatten keine neuen, noch nicht veröffentlichten Elemente, die es gerechtfertigt hätten, diese Affäre als Titelgeschichte zu wählen. Ich hatte wohl versucht, neue Elemente zu entdekken, die nur der *Express* hätte präsentieren können: Ich hatte eigens dafür (obwohl der Eigentümer der Zeitung alles gemacht hatte, um mir das auszureden) eine ganze Mannschaft von Journalisten ausgeschickt, um an der Elfenbeinküste zu versuchen, den Ex-„Kaiser" Bokassa zu treffen (den vermutlichen Schenker der Diamanten). Aber die Polizei der Elfenbeinküste hatte jeden Kontakt verhindert. Dagegen war das Papier, das einen Beweis für eine Tatsache brachte, die man lange geahnt hatte, ohne dafür einen echten Beweis zu haben, nämlich, daß Marchais mit dem Feind in Kriegszeiten kollaboriert hatte, da er ja freiwillig in eine Hitlersche Waffenfabrik arbeiten gefahren war, das ware eine Entdeckung des *Express.* Es hatte uns viel Zeit, Nachprüfungen und Arbeit gekostet, bis einer unserer Männer Zugang zum Zettelkatalog der französischen Freiwilligen in Deutschland erhielt, der in Augsburg aufbewahrt wird, zunächst einmal, um diesen Zettelkatalog überhaupt zu finden. Das war eine Exklusivität unserer Zeitung, und es war logisch, daß wir sie als Titelgeschichte verwendeten. Das war außerdem eine keineswegs private, sondern höchst politische Affäre, denn es war politisch nicht gleichgültig, daß der Generalsekretär der französischen kommunistischen Partei mit den Nazis kollaboriert hatte und daß folglich die Sowjets aller Wahrscheinlichkeit nach ein Dossier von ihm besaßen. Ich zitierte im übrigen mehrere Artikel, in denen wir die Politik von Giscard d'Estaing ernsthaft kritisiert hatten, ja äußerst heftig, wenn sie uns kritikwürdig erschien. Ich verstand aufgrund der erstarrten Gesichter meiner Gesprächspartner, daß ich für sie etruskisch sprach. Meine Sprache blieb für sie völlig hermetisch verschlossen. Für sie hatte die Deontologie nichts mit der Suche nach authentischer und unveröffentlichter Information zu schaffen, mit dem Sammeln von neuen Originaldokumenten, mit der Ideendebatte, die nur auf Argumenten fußt. Sie verlangte zunächst, die Linke zu unterstützen, und erst in zweiter Linie, widrigenfalls, die Linke und die Rechte mit gleichem Maß zu messen – unabhängig davon, über welche Informationen man verfügte, sollte man niemals der Linken Unrecht geben. Das war ihr Begriff von „Objektivität". Selbstverständlich war nur die liberale Presse verpflichtet, dieses gewissenhafte Gleichheitsprinzip zu beachten. Unsere linken Kollegen ihrerseits hatten das moralische Recht, einzig und allein die Rechte anzugreifen und einzig und allein die Linke zu unterstützen. Darin bestand die eigentliche und volle Objektivität. Und da wir diesen Grad an Vollkommenheit niemals erreichen konnten, hatten wir, die kleinen Brüder, wir, die liberale Presse, die Pflicht, zumindest diese mindere Form von Objektivität zu respektieren, die der *a priori* Egalitarismus darstellt, gleichgültig, welches die Tagesneuheiten sein mögen. Warum, so fragten sie mich, behandeln Sie so oft den Kommunismus, den Totalitarismus, den sowjetischen Expansionismus, den Sozialismus, den Maoismus, die Dritte-Welt-Solidaritätsbewegung? Ich antwortete, es sei nicht meine Schuld, wenn seit 1945 diese Arten von Weltanschauungen und politischen Kräften die

internationale Szene beherrschten. Sie hatten die gleiche Verhaltensweise wie bestimmte Politiker, die mir vorwerfen, ich verfälsche die Realität, weil ich sie widerspiegele.
Auf diese Verfälschung spielen die Politiker tatsächlich an, wenn sie die Journalisten beschuldigen, Urheber allen Unheils zu sein. Ein kindischer Vorwurf, den wir mit dem Ritual der ironischen Bemerkung „natürlich, schon wieder sind die Journalisten schuld“ beiseiteschieben. Was die Politiker als gute Presse betrachten würden, wäre jene, wo die Auswahl im entgegengesetzten Sinn zum üblichen gemacht würde und man nur jene Nachrichten behielte, die ihrem Ruhm dienen. Das gibt es im übrigen, da ja bestimmte Zeitungen bestimmten Parteien (seien sie an der Macht oder nicht) systematisch feindlich gesinnt sind oder auch bestimmten Ideologien, und bestimmte andere Zeitungen ihnen systematisch freundlich gegenüberstehen. So daß der Streit ohne Ausweg ist, da ja auf beiden Seiten die Unredlichkeit herrscht, auf der Seite der Journalisten ebenso wie auf der Seite der Politiker. Es ist sicher, daß eine große Anzahl von Journalisten nicht jene Rolle des unschuldigen Boten spielt, den man aus Aberglauben für die schlechte Nachricht, die er bringt, verantwortlich macht. Sie tun im allgemeinen viel mehr, als nur eine Nachricht zu überbringen: sie machen sie pikanter oder verhübschen sie ganz im Gegenteil, je nach den Gefühlen, die sie dem Empfänger gegenüber empfinden. Sie neigen dazu, unterwegs jene Nachrichten zu verlieren, die zu großes Vergnügen bereiten könnten, beziehungsweise jene, die dem Empfänger zu schwer zu schaffen machen könnten. Dieser seinerseits erwartet vom Boten, er solle zu seinen Gunsten eine gute Auswahl treffen, und er verdächtigt ihn, oft zu Recht, absichtlich eine schlechte Auswahl getroffen zu haben, um ihm zu schaden und ihn zu demoralisieren.
Der Journalist spielt im öffentlichen Leben eine Doppelrolle: er ist zugleich Schauspieler und Informant. Wenn er ehrlich an die Sache glaubt, deren Anwalt er ist, darf er zwischen seiner Rolle als Schauspieler, dem Einfluß, den er auszuüben sucht, und seiner Rolle als Informant keinen Konflikt erleben. Auf der Basis von Informationen, die gewissenhaft zu berichten und zu analysieren er sich bemüht, arbeitet er Argumente aus, trifft seine Wahl und empfiehlt Lösungen. Wenn er dagegen versucht ist, die Information zu verstümmeln und zu fälschen, so kann man wahrscheinlich darauf schließen, daß seine Sache keine sehr gute ist. Das Auseinanderdividieren von „Informationspresse“ und „Meinungspresse“ führt in die Irre. Wenn die Meinung gut ist, kann es auch die Information ohne Zögern sein: Wenn die Information dazu gezwungen ist, sich schlecht zu machen, so kann die Meinung nicht sehr viel wert sein. Der vorgebliche Antagonismus der beiden Kompo-

nenten des Journalismus ist ein falsches Problem. Man hat immer Skrupel, wenn man die Presse kritisiert, denn die Pressefreiheit ist jedenfalls ein so seltenes und so zerbrechliches Gut, daß man sich innerhalb unserer Berufssparte spontan mit jedem Journalisten solidarisiert, dem es an den Kragen gehen soll, selbst wenn seine Sache nicht ausgezeichnet ist. Diese Solidaritätsregel erleidet allerdings Ausnahmen, die, wie jedermann leicht erraten wird, ideologischer Natur sind. 1984, beim internationalen Fernsehfestival von Sevilla, schlug Christine Ockrent, damals Intendantin der Information Antenne 2, der Jury, zu der sie gehörte, vor, man solle einen Text zugunsten von Jacques Abouchar unterschreiben, eines Journalisten ihres Kanals, der von den Sowjets in Afghanistan gefangengenommen worden war und der Spionage beschuldigt wurde. Unter dem Vorsitz von Robert Escarpit, einem ehemaligen Mitarbeiter von *Le Monde* und Professor für „Kommunikationswissenschaften" in Bordeaux, setzte sich die Jury zusammen aus Sean Mc Bride, Friedensnobel- und Leninpreisträger, Gründer von Amnesty International, einem spanischen Schriftsteller, Antonio Gala, dazu Enrique Vaquez, Chef der Information beim spanischen Fernsehen (TVE) und einer Vertreterin des sowjetischen Fernsehens, einer Frau Formina oder Formida (meine Quellen sind widersprüchlich, was die Orthographie betrifft). Kurz, Formida, Formina oder Formica, ich weiß es nicht, ließ eine Rede gegen die Provokation von Christine Ockrent vom Stapel, und jedermann kroch vor ihr auf dem Boden. Jedermann, außer Christine Ockrent selbst, die, die Vergeblichkeit ihrer Anstrengungen trotz mehrerer Abschwächungen des ursprünglichen Textes erkennend, die Jury verließ und das nächste Flugzeug nach Paris bestieg. Besonders belehrend war die Haltung von Enrique Vasquez (sprechen wir nicht von Escarpit, der immer schon prosowjetisch war), der, obwohl von einer der gemäßigten sozialdemokratischen Regierungen ernannt, Moskau gegen seinen Kollegen unterstützte, der ins Gefängnis geworfen war, nur „weil er seinen Job gemacht hatte", nach einer geheiligten Formel, die niemals wahrer gewesen war. Wie konnte man nach dieser Heldentat die Proteste der Jurymitglieder gegen die Vergehen gegen die Pressefreiheit in Chile oder in Südafrika noch ernst nehmen?

Die Presse gerät manchmal außer Rand und Band, um Priviliegien zu verlangen, die in einer Demokratie inakzeptabel sind. Vom juristischen Standpunkt aus führt sie einen schlechten Kampf, wenn sie im Namen ihrer Freiheit verlangt, man solle ihr das Recht zusprechen, bestehende Gesetze zu verletzen. So wurden im März 1987 zwei italienische Journalisten verhaftet, weil sie in ihren jeweiligen Zeitungen, *Unità* und *República*, ein Dokument veröffentlicht hatten, das aus den Akten eines

Kriminalfalles stammte, der sich noch im Untersuchungsstadium befand. Sie hatten dieses Dokument nur dank eines „Maulwurfs", eines Informanten, erhalten können, der zu den Beamten des Justizministeriums oder des Justizpalais gehörte. Man verlangt von den Journalisten, ihre Quelle anzugeben: Sie weigern sich – was zum Ehrenkodex des Berufs gehört und Achtung verdient. Aber der Ehrenkodex ist nicht immer demokratisches Gesetz, sonst dürfte ja auch ein Mord, der wegen einer Familienvendetta begangen wird, nicht Gegenstand einer Anklage sein. Die beiden Journalisten wandern also ins Gefängnis. Dasselbe geschieht in den Vereinigten Staaten, wenn Journalisten sich weigern, sich einem sogenannten *sub poena* des Staatsanwalts zu fügen, das von ihnen verlangt, ihre Quellen anzugeben, „unter Androhung" der Gefängnisstrafe. Umgehend schreiben die Zeitungen von Faschismus, vom Ende der Freiheiten und der Menschenrechte. „Die Presse in Handschellen", schreibt die *Reppública* vom 18. März. Aber in allen demokratischen Ländern, besonders in Großbritannien, das schon viel länger viel demokratischer ist als Italien, wird es streng geahndet, wenn jemand eine laufende gerichtliche Untersuchung kommentiert. Wir haben in diesem Fall außerdem noch den Fall der Veruntreuung seitens eines Beamten, ein Fall, der im Strafgesetz vorgesehen ist, und eine Veröffentlichung, die ohne jeden Zweifel den Verlauf der Untersuchung beeinflussen kann. Wie kann man für sich selbst das Privileg der Gesetzesübertretung verlangen, wenn man es zu seinem Beruf gemacht hat, diese in allen anderen Bereichen der Gesellschaft anzuprangern? Man kann die Entscheidung treffen, ein gewisses Risiko auf sich zu nehmen und unter Mißachtung der Gesetze ein besonders wichtiges Dokument zu veröffentlichen, aber man kann diejenigen, die einen daraufhin verfolgen, nicht des Faschismus beschuldigen. Die Journalisten müssen das verstehen: Sie können nicht einerseits weiterhin ihrem Opportunismus frönen, den sie bei den Politikern verdammen, ohne die gleichen Entschuldigungen zu haben, da sie ja keine Verantwortung für die Handlung tragen, und andererseits die Immunität verlangen, die sie als Diener der reinen Wahrheit verdienen – sie sind das tatsächlich manchmal, aber nicht immer.

Die Parteilichkeit ist allerdings nicht das einzige Laster, das den Beruf des Journalisten bedroht. Fügen wir ein Übel hinzu, das ebenfalls viele Opfer findet: die Inkompetenz, die Unfähigkeit. So sonderbar das scheinen mag, der Journalismus ist zweifellos das einzige Handwerk, in das man ohne jede Vorbereitung aufgenommen wird. Ich habe schon meine Skepsis gegenüber den Journalistenschulen erwähnt, obwohl sie manchmal sehr gute Subjekte hervorbringen, die aber sicherlich auch dann gut gewesen wären, wenn sie die besagten Schulen nicht durchlaufen hätten. Die Professoren, die dort unsere künftigen Kollegen ausbilden sollen, üben selbst die Kunst, die sie lehren, nicht eben auf brillante Weise aus. Es bleibt außerdem jedem selbst überlassen, ob er ein Zeugnis einer Journalistenschule erwerben will. Die Auswahl in den Redaktionen (seien sie staatlich oder privat) geschieht vor allem durch Beziehungen, durch Zufall oder durch politische Wahl. Man hofft, daß das Talent von selbst kommen wird. Aber wenn es nicht kommt, muß man den schlechten Journalisten dennoch behalten, denn die Kündigung ist zumindest in Europa entweder unmöglich oder sehr schwierig und teuer. Viele Redaktionen gehen solchermaßen von „Mitarbeitern" über, die wenig mitarbeiten, unbrauchbar sind und bedauerlicherweise dennoch gebraucht werden. Aber sogar intelligente Journalisten können Opfer der Vorurteile werden über die Themen, die sie behandeln, und sie erreichen nicht immer die nötige Kultur, um zu verstehen, was sie sehen oder lesen. Das stimmt besonders für Länder, wo die Information, oder besser gesagt die Desinformation seitens der Machthaber geschickt gelenkt wird – um so wahrer, ich habe es auf diesen Seiten schon oft gesagt, als das Mißtrauen der Journalisten, erbarmungslos auf der Wacht in den Demokratien, gefährlich schlummert in den „linken" totalitären Ländern. Es genügt zum Beispiel nachzulesen, was der *Guardian* zwischen 1980 und 1984 regelmäßig über Polen geschrieben hat, um einem unwiderstehlichen Lachanfall zu erliegen. Liebhaber komischer Literatur können sich an die Anthologie halten, die *Survey* in seiner Spezialausgabe über Polen zusammengestellt hat, (Sommer 1983, XXVI, 3).

In *Reluctant Farewell* hat Andrew Nagroski, der ehemalige Moskau-Korrespondent von *Newsweek*, sehr gut beschrieben, wie schlecht vorbereitet, die westlichen Journalisten sind, von welch leichtgläubiger Naivität, von welchem Mangel an Eifer sogar beim Aufspüren der Information und beim Erforschen des Milieus. Zur Zeit seines Aufenthalts sprachen die meisten nicht russisch und hingen daher, um ihre Arbeit zu machen, völlig von den fremdsprachigen Diensten der Agentur TASS ab. Für alles Übrige vertrauten sie ihren sowjetischen Übersetzern, die, wie man erraten wird, alle Beamte irgendwelcher „Organe" waren, oder den westlichen Diplomaten, die von der Realität ebenso abgeschnitten waren wie sie selbst. Fast keiner verfügte in Sachen Sowjetologie und Geschichte des Kommunismus über die Kenntnisse, die man erreichen kann, auch wenn man nicht russisch spricht. Unter den wenigen, die der Sprache mächtig waren, fand Nagorski sehr wenige, die Lust hatten, im Land herumzufahren und andere Sowjetbürger außer den offiziellen kennenzulernen. In der Mehrheit hüteten sie sich vor den Dissidenten, deren Gegenanklagen sie langweilig fanden, und

deren Standpunkte, wie sie sagten, den Westen nicht interessierten. So bestand das Wesentliche der „Reportagen“ der westlichen Journalistengruppen darin, das, was die sowjetischen Behörden ihnen zur Verfügung stellten, neu zu gruppieren, mit anderen Worten, die Botschaft, die diese Behörden in den Westen weitergeben wollten. Der größte Teil des Materials, das die westlichen Korrespondenten verfaßten, bestand in Fernschreiben der TASS und in Artikeln der sowjetischen Presse, nach Bedarf umgeschrieben. Michael Binyon, Moskau-Korrespondent der Londoner *Times* während der Jahre 1980–1984, schreibt in seinem Buch *Life in Russia* („Leben in Rußland“), er habe seine „Reportage“ im wesentlichen auf der Lektüre der sowjetischen Presse aufgebaut, denn, so sagt er, „es ist weiser und taktvoller, die Russen selbst ihre Kritik ihrer Gesellschaft machen zu lassen, statt sie als Außenseiter mit anderen Ansichten und anderen Visionen zu beurteilen und zu maßregeln“. Viele Korrespondenten, so kommentiert Nagorski, fanden in Moskau die Ansichten von Binyon völlig gerechtfertigt, während sie überall anders diese Rechtfertigung ihrer Arbeit abgelehnt hätten, wenn sie sich nur als simples Echo einer vom Staat kontrollierten Presse versteht. Man kann schwerlich den siegreichen Kult der freiwilligen Ignoranz mit größerem Stolz vor sich hertragen. Und es handelt sich um den Korrespondenten einer „konservativen“ Zeitung! In einem Land wie der UdSSR, wo der Staat die gesamte Kommunikation kontrolliert, ist das ein sehr originelles methodologisches Prinzip. Man sieht, daß die berühmte Tapferkeit der Presse als „Gegengewalt“ sonderbar verkümmert, sobald die Gewalt keine demokratische ist, das heißt, sobald sie es eben gerade am nötigsten hätte, „gekontert“ zu werden – oder zumindest auf Widerspruch zu stoßen. Man schaudert bei der Idee, wie viele westliche Journalisten während so vieler Jahrzehnte dieselben Methoden in Peking und Hanoi angewendet haben, in Havanna, oder Managua, in Warschau oder Äthiopien.
Ihre Trägheit macht aus ihnen, wie man mühelos verstehen wird, gelehrige Vehikel für die Desinformation, zweifellos ohne ihr Wissen, aber genau das ist ja das *Nonplusultra* der Desinformation. In *Para Bellum* beschreibt sie Alexander Zinoviev, wenn er eine seiner Personen, sie trägt den Spitznamen „Der Westler“, weil er sich innerhalb der „Organe“ darauf spezialisiert hat, den Westen hinters Licht zu führen, sagen läßt: „Der Feind muß so handeln, wie wir es wünschen, und dabei davon überzeugt sein, daß er nach seinem eigenen Willen handelt und gegen unsere Interessen.“ Ich behandle in diesem Buch die eigentliche Desinformation nicht, denn es geht mir ja nicht darum, zu zeigen, wie die freie Presse sich von den Desinformationsdiensten in totalitären Ländern einspannen läßt, ein Thema, über das es eine umfassende Lite-

ratur gibt, und das ich in meinem eigenen Werk *So enden die Demokratien* behandelt habe; sondern darum, wie sie sich selbst täuscht, absichtlich oder unabsichtlich, aus Ideologie oder Inkompetenz. Ich erwähne die Desinformation hier nur, um anzudeuten, daß man sie zu leicht mit ähnlichen Begriffen verwechselt, die aber technisch anders liegen.
Die Desinformation muß im wahren Sinn des Wortes verstanden werden. Wir verwenden sie heute zu Unrecht als Synonym für Gegenwahrheit, für Täuschung, für tendenziöse Darstellungen. Die Desinformation ist sicherlich all das, aber sie ist auch etwas viel Subtileres. Sie besteht darin, daß man sich so verhält, daß der Gegner selbst oder, falls das unmöglich ist, ein unbeteiligter Dritter die falsche Nachricht bekanntmacht oder die These verteidigt, die man zu verbreiten wünscht. Die Lüge hat um so mehr Opfer, als niemand ihre wahre Quelle auch nur ahnt.
Im Oktober 1985 veröffentlichte eine indische Zeitung, *The Patriot,* einen Artikel, um „aufzudecken", daß das Aids-Virus bei Gen-Experimenten entstanden war, die von der amerikanischen Armee im Hinblick auf den biologischen Krieg durchgeführt worden waren. Das Virus hatte sich in der Folge nach New York ausgebreitet, dann in die dritte Welt, wohin es von amerikanischen Soldaten verschleppt wurde. Am 30. Oktober 1984 nahm die *Literaturnaya Gazeta* die Information aus *Patriot* auf und stigmatisierte die amerikanischen Untaten. Darin besteht die Originalität der Desinformation. Sie erlaubt es, lautstark zu schreien: „Schaut her! Das sagen ja nicht wir, sondern wir beschränken uns darauf, eine ausländische Zeitung zu zitieren." *The Patriot,* ein prosowjetisches Organ, ist in Indien dafür bekannt, sich für diese Art Operationen herzugeben. Aber wer weiß das schon außerhalb Indiens? Und das Schönste an der Geschichte ist, daß der fragliche Artikel in Wirklichkeit gar nicht erschienen war! Sicherlich hatten die sowjetischen Dienste ihn den Herausgebern geschickt, und da sie nicht einen Augenblick daran zweifelten, er werde zum vereinbarten Zeitpunkt erscheinen, hatten sie dem Redakteur der *Literaturnaya Gazeta* mitgeteilt, er könne sich darauf berufen. Nachlässigkeit oder Sabotage? Mangel an Koordination? Jedenfalls hatte keiner die Idee, das nachzuprüfen, außer ein Jahr später Bharat Bushan, ein Journalist der *Times of India,* der seine Untersuchung durchführte und die schreckliche Wahrheit aufdeckte. Der Artikel war vom *Patriot* niemals veröffentlicht worden! Aber dieses Verwechselspiel hinderte das Gerücht nicht daran, bestens zu gedeihen und die Runde durch die dritte Welt zu machen, denn es wurde, ausgehend von der *Literaturnaya Gazeta,* von den Presseagenturen ausgeschlachtet, auch wenn sie nicht die Verantwortung für die These übernahmen. In Brasilien fiel der *Estado de Sao Paolo,* eine äu-

ßerst seriöse und respektable Zeitung, darauf herein und lieh der Theorie ihre Gutgläubigkeit. Im September 1986, beim Gipfeltreffen der Blockfreien in Harare (Zimbabwe), wurde an alle Delegierten ein Bericht verteilt, der allen Anschein der seriösen Wissenschaft zeigte – mit Tabellen, Schemata, Beilagen, Bibliographie. Der Bericht kam zum Schluß, daß das Aids-Virus bei Experimenten im Laboratorium von Fort Detrick, Maryland, entstanden war. Er war von zwei „Forschern des Institut Pasteur von Paris" unterzeichnet, von den Doktoren Jakob und Lilli Segal. Bei Nachforschungen stellte sich heraus, daß das Institut Pasteur von diesen beiden „Gelehrten" nie etwas gehört hatte, die man schließlich in Ostberlin aufspürte. Aber die Blockfreien wurden nach ihrer Heimkehr natürlich niemals über diese Berichtigung informiert.

Der schönste Tag der Desinformation war jedoch unbestreitbar der 26. Oktober 1986, der Tag, an dem der *Sunday Express* in London seinerseits die Theorie aufgriff. Denn in der Kunst der Desinformation gilt: je weiter rechts die Zeitung steht, die das Gerücht verbreitet, um so mehr Gewicht verleiht sie ihm, denn, so sagt sich der Leser, sie würde es nicht nachbeten, außer tief bekümmert und aufgrund vor zweifellos sehr starken Beweisen. Am 31. Oktober 1986 veröffentlichte die *Pravda,* die, ich erinnere daran, die offizielle Tageszeitung des Zentralkomitees der Kommunistischen Partei der Sowjetunion ist, eine Karikatur, die einen Arzt in weißem Arbeitskittel zeigt, der einem amerikanischen Offizier eine riesige Eprouvette reicht, in der schwärzliche Dinge schwimmen, das Virus, während der Offizier ihm ein Bündel Dollarscheine in die andere Hand schiebt. Die Unterschrift zur Zeichnung lautete: „Aids, schreckliche und unheilbare Krankheit, ist nach der Ansicht gewisser *westlicher* Forscher eine Schöpfung aus den Laboratorien des Pentagon." (Hervorhebungen durch den Autor.) Als zusätzliches Almosen löste der Artikel des *Sunday Express* eine neue Flut von Agenturmeldungen auf der ganzen Welt aus. Es war ab sofort zu spät, um die Mystifikation auszulöschen, obwohl der *Estado de Sao Paolo* es ehrlicherweise versucht hatte: Er entschuldigte sich Ende November 1986 bei seinen Lesern, weil er sie „über die Grundlagen falscher Informationen aus der Sowjetunion" in die Irre geführt hatte. Diese Selbstkritik brachte der brasilianischen Tageszeitung übrigens eine scharfe Zurechtweisung in der sowjetischen Presse ein. Sie erinnerte daran, daß sie sich nur ganz demütig darauf beschränkt hatte, „Auskünfte, die von der westlichen Presse selbst geliefert worden waren" aufzugreifen, die „von den größten westlichen Experten *(sic)*" bestätigt worden seien. (*Literaturnaya Gazeta,* 3. Dezember 1986.) Wie dem auch sei, sie hatte einen Sieg errungen: In der dritten Welt ist es

heute schwierig, jemanden zu treffen, der nicht davon überzeugt ist, Pentagon und CIA hätten die Aids-Epidemie losgetreten.
1987 gelang es den Desinformationsdiensten sogar, in das Programm eines großen französischen Verlages ein Buch einzuschleusen, in dem nicht nur der Roman des KGB in seiner Gesamtheit wiedergegeben wurde, sondern wo noch eine ganz besonders burleske Harlekinade hinzugefügt wurde: das Pentagon hätte das HIV-Virus dergestalt hergestellt, *daß es nur die Schwarzen anstecken könne* und die *Weißen* verschone! Nebenbei gesagt, setzt diese wissenschaftliche Idiotie bei denjenigen, die sie verbreiten, den schärfsten Rassismus voraus: nämlich die Überzeugung, die Schwarzen seien *biologisch* anders gebaut als die Weißen, eine notwendige Bedingung für den selektiven Erfolg des Virus. Um diese Wahnideen zu entkräften, schrieben westliche Gelehrte zahlreiche Abhandlungen. Ich werde sie nicht zitieren, denn wenn man den Fabrikanten der Desinformation folgt, dann verheimlichen diese Gelehrten ihre Gedanken, die einen, weil sie selbst für den CIA arbeiten, die anderen, weil sie Angst haben. Ich werde also sowjetische Gelehrte zitieren. Einer davon ist Victor Jdanov, Direktor des Virologie-Instituts in Moskau und erster sowjetischer Aids-Spezialist. In *Sovietskaia Kultura* vom 5. Dezember 1985 schreibt Dr. Jdanov als Antwort auf die Ankläger des CIA, es gäbe das Aids-Virus in Afrika sicherlich schon seit Tausenden von Jahren. Während des 2. Internationalen Aids-Kongresses im Juni 1986 in Paris gab Dr. Jdanov einem Journalisten, der fragte, ob die Amerikaner Aids fabriziert hätten, folgende Antwort: „Das ist eine lächerliche Frage. Warum nicht die Marsmenschen?" (Reuter, AP, UP, 25. Juni 1986). Der andere sowjetische Gelehrte ist Valentin Pkrovski, Präsident der sowjetischen Akademie für Medizin. Professor Pkrovski sagt in *Le Monde* vom 6. November 1987: „Kein einziger sowjetischer Forscher hat jemals von künstlicher Erzeugung des Virus gesprochen. Wie alle Wissenschaftler meines Landes bin ich der Ansicht, daß das Virus natürlichen Ursprungs ist."
Die Ehrlichkeit dieser Stellungnahmen rettet die Ehre der sowjetischen Wissenschaft insgesamt. Die Desinformationskampagne hat dort weniger Tunichtgute oder Komplizen gefunden als in gewissen westlichen Medien! Das HIV-Virus ist nicht nur viel zu komplex, als daß der Mensch es hätte herstellen können, man hat auch schon lange vor 1981 Aids-Fälle registriert, vor jenem Jahr also, in dem die Krankheit sich ausbreitete, und viel früher als der Zeitpunkt, wo die teuflischen Gelehrten des Pentagon angeblich, laut KGB, mit dem Virus gearbeitet haben. 1960 zum Beispiel veröffentlichte die englische Medizin-Zeitschrift *The Lancet* einen klinischen Bericht über einen Patienten, der 1959 an einer nicht identifizierten Krankheit gestorben war und die

1983 in einem weiteren *Lancet*-Aufsatz als Aids diagnostiziert wurde. Ich werde diesen Abstecher auf das Gebiet der Desinformation damit schließen, daß sie zwar nicht direkt Teil meines Themas ist, aber doch dazugehört, weil nur das Vorurteil oder die Inkompetenz es ihr erlauben, in der Presse der freien Länder jemanden zu täuschen. Man könnte rechtens von unseren Medien eine bessere Vorbildung erwarten, die sie gegenüber den oft sehr groben Finten der Desinformation weniger leichtgläubig machen würden. Da es mir ja darum geht, mich zu fragen, warum der Mensch – Journalist oder nicht – mit soviel gierigem Schwung Dinge in die Arme schließt, die falsch sind, obwohl er so leicht wissen könnte, was stimmt, war ich es mir zumindest schuldig, die Erfolge der Desinformation anzuführen, soweit sie durch diese Prädisposition erklärbar sind – durch diese „erworbene Immunschwäche". Überdies befindet sich hier die extreme Rechte Seite an Seite mit der extremen Linken, durch eine Konvergenz in der Desinformation, wie man sie auch beim Terrorismus häufig beobachtet. 1988 nahm die Zeitschrift *Eléments*, das Organ der neuen französischen Rechten, die Zeitungsente des KGB wieder auf, und zwar in der Nummer 63 unter dem Titel: „Aids, das Pentagon auf der Anklagebank".

Die heutige Welt ist gespalten in solche Länder, wo die Regierung die Presse ersetzen will, und in solche Länder, wo die Presse die Regierung ersetzen will. Die Krankheit der ersteren wird nur durch die Kraft eines einzigen Heilmittels zu bekämpfen sein: die Demokratie, oder einen Beginn von Freiheit. Die Heilung der letzteren, jener, die schon demokratisch sind, liegt in den Händen der Presse selbst. Es war höchste Zeit für alle Journalisten, und nicht nur für eine Handvoll unter ihnen, sich zu entschließen, ihr wahres Handwerk endlich voll auszuüben: genaue und vollständige Informationen zu geben, und im Anschluß daran alle Meinungen, Analysen, Aufforderungen und Empfehlungen, die sie wollen, solange sie auf diesen selben genauen und vollständigen Informationen beruhen.

Niemand wird gezwungen, in einer Kultur zu leben, wo die weltweite Verbreitung der Information den bestimmenden Faktor für die kollektive Entscheidung und das kollektive Urteil darstellt, anstelle der Astrologie, der Vogelschau oder der Würfel. Aber es stellt sich heraus, daß diese Kultur begonnen hat, und wir haben sie selbst so, wie sie ist, gebaut. Wir müssen uns also an ihre Regeln halten, andernfalls zerstören wir sie. Durch ihre Natur kann sie nur dann funktionieren, wenn sie von der Erkenntnis genährt wird. Daraus folgt, daß in dieser bestimmten Art von Kultur die Verfälschung der Wahrnehmung, das Vergessen der Erfahrung und die Täuschung als hauptsächliches politisches Talent ganz besonders zerstörerische Konsequenzen hat. Vergiften wir nicht selbst die Quellen, aus denen das Wasser rinnt, das wir trinken.

11

DER VERRAT DER LEHRER

Wie alle Züchter von Sündenböcken halten auch sie ihr Opfer für schuldig. Einen Sündenbock gibt es daher für sie gar nicht.

René Girard

Die westliche Kultur dreht sich um das Wissen, und um die westliche Kultur drehen sich alle übrigen Kulturen. Man muß keineswegs in Ethnozentrismus fallen, wenn man diesen letzteren Satz ausspricht, der übrigens nur insoweit stimmt, als er das Wissen betrifft, vielleicht auch noch in bezug auf die Menschenrechte und auf die Demokratie. Überall besteht ein Verlangen nach Entwicklung, überall wird daher auch implizit oder explizit die einzige Bedingung für Entwicklung anerkannt, nämlich das Umsetzen von Wissen in Tun. Die Forderung nach der „kulturellen Identität" ist oft nichts anderes als eine Methode, um diese Bedingung ablehnen zu können, ohne gleichzeitig auf die Wohltaten der Entwicklung zu verzichten. Sie läuft ungefähr darauf hinaus: gebt uns Entwicklung in der Form von Subventionen, dann ersparen wir uns die Anstrengung, mit der Realität eine Ursache-Wirkung-Beziehung herzustellen. Denn genau darum geht es in der Dritte-Welt-Bewegung bei uns, nicht aber in der dritten Welt selbst, ich meine damit, es geht darum in der Fiktion, nicht aber in der Wirklichkeit. Denn die Dritte-Welt-Bewegung ist keine Philosophie der Entwicklung, sondern eine des Ressourcentransfers, der die Unterentwicklung verewigen soll, die Armut aber gleichzeitig lindert, und der vor allem die Geldsorgen der für diese Armut Verantwortlichen oberflächlich berei-

nigt. Unter „Schutz der kulturellen Identität“ verstehen die Anhänger dieser Bewegung weniger die Verteidigung der Kultur im engeren Sinn des Wortes, sondern viel eher die Wahrung des Rechts auf Ineffizienz bei der Produktion und auf Korruption in der Verwaltung. Es ist nämlich nicht einzusehen, warum ästhetische Werte oder künstlerische und literarische Schöpfungen, die ja, wenn alles aufgegessen ist, das einzige Unterscheidungsmerkmal für die kulturelle Originalität der einzelnen Zivilisationen darstellen, warum also diese Werte und diese Schöpfungen ihrer Identität nur deshalb verlustig gehen sollten, weil eine Gesellschaft auf anderen Gebieten das macht, was rationell und überall notwendig ist, um aus der Armut herauszukommen, sei es auf wirtschaftlicher, technischer oder politischer Ebene. Mir fällt auf, daß keine Gesellschaft heutzutage a priori den Bedarf an Entwicklung leugnet, und daß sich folglich alle – manche mit einem lachenden, manche mit einem weinenden Auge – darüber einig sind, die zentrale Rolle des Wissens als Axiom anzuerkennen.
Aber wird diese in der Theorie als zentral anerkannte Rolle auch in der Praxis respektiert? Wird sie in der Praxis in jenem Prototyp von Kultur akzeptiert, in deren Mittelpunkt sie steht, sozusagen als seine Definition, ja, als die Bedingung für ihre eigene Funktionstüchtigkeit, nämlich in der westlichen Zivilisation? Ich würde sagen, daß sie auf irgendeine Weise gegen ihren Willen diesen Ehrenplatz einnimmt, oder, genauer gesagt, ihretwegen, aber gegen unseren Willen. Müßte man die eifersüchtigen Hüter des geistigen und ästhetischen Eigenwertes der Kulturen, zu denen ich auch gehöre, beruhigen, so würde es genügen, ihre Aufmerksamkeit auf die Widerstandskraft gegen das Rationale zu lenken, die sich gerade in jener Zivilisation entfaltet, die sich selbst auf dem Grundstein des Rationalen errichtet hat. Doch liegt darin noch nicht der radikalste innere Widerspruch. Ist es nicht so, daß gerade die am schwersten dahinsiechenden Kulturen, zum Beispiel die vorcolumbianischen, die ja nur dazu errichtet und organisiert waren, um einen ebenso blutrünstigen wie totalitären astrologischen Irrsinn in Szene zu setzen, ohne daß sich jemand oder etwas seinen Rasereien hätte entziehen können, daß also gerade diese Kulturen eine Kunst hervorgebracht haben, die zu den größten und originellsten der gesamten Menschheitsgeschichte zählt?
Der wahre Antagonismus ist nicht jener, der Trennung, Widerspruch und Unvereinbarkeit zwischen „kultureller Identität“ und Rationalität einführt, sondern jener, der diesen Widerspruch innerhalb der Realität selbst sieht: das heißt, also jener Antagonismus, der in einem kulturellen System, das mit dem Wissen entstand, aufgrund des Wissens und für das Wissen, dieses Wissen aus seinem ureigensten Bereich verbannt.

Dieser Bereich ist sicherlich nicht der einzige, aufgrund dessen das Leben wert ist, gelebt zu werden, doch für einen Aktionsrahmen muß es von Nachteil sein, wenn er gleichzeitig gefordert und abgelehnt wird. In seinem treffenden Essay *La Défaite de la pensée* hat Alain Finkielkraut einen wesentlichen Aspekt dieser Entfremdung ganz hervorragend beschrieben. Doch der innere Widerspruch, über den die gegenwärtige Kultur des Wissens stolpert und der sie lähmt, reicht meiner Meinung nach viel tiefer als nur in jene Schichten, in denen sich deutliche Abnützungseffekte der Massenmedien breitmachen sowie eine Verflachung der Werte aufgrund der Weigerung, eine gewisse hierarchische Ordnung zwischen den Kulturen anzuerkennen. Der Strom der Erkenntnis ist bis viel weiter flußaufwärts vergiftet als nur bis dorthin, wo die Quelle in Gestalt von Presse und elektronischen Medien an die Erdoberfläche tritt.
Wie ist es in der Kultur des Wissens um jene bestellt, die für das Wissen die Verantwortung tragen, mit den Intellektuellen? Unter diesem Begriff faßt man die Denker, Schriftsteller, Künstler und auch Wissenschaftler zusammen, soweit sie sich zu politischen oder moralischen Fragen äußern. Wie sie das tun, darüber habe ich weiter oben bereits mehrmals nachgedacht. Die Lehrer werden viel seltener zu den Intellektuellen gezählt. Und dabei sind gerade sie es, die das Wissen vermitteln, oder das, was als Wissen gilt, sie sind es, die die Kultur an ihrer Wurzel prägen und den Schlüssel in Händen halten, der jeder Generation den Zugang zu ihrer Weltanschauung öffnet, von den einfachsten Lehrern an den Grundschulen bis hin zu den erlauchtesten und berühmtesten Universitätsprofessoren. Dazwischen liegt jene Gruppe von Lehrern, die für die Weltanschauung einer Gesellschaft vielleicht am bedeutendsten sind: die Lehrer der mittleren Stufen, die Kinder und Jugendliche im Alter von zehn bis achtzehn Jahren erziehen. In unserem ausgehenden 20. Jahrhundert ist ihr Einfluß noch entscheidender als in der Vergangenheit, denn die fortschreitende wirtschaftliche Gleichstellung in den modernen Gesellschaften öffnet einer immer größeren Zahl von Jugendlichen den Zugang zur Bildung.
Sicherlich sind nicht alle Lehrer „Intellektuelle". Nur ein Teil von ihnen ist an der Weiterentwicklung der Kultur beteiligt oder wird für daran beteiligt gehalten. Sogar nur sehr wenige haben jenes persönliche Verhältnis von Urteil und Geschmack zu dieser Kultur, das, im Guten wie im Schlechten, den Intellektuellen ausmacht; oder, weniger schulfüchsig ausgedrückt, den gebildeten Menschen. Wenn man die Lehrenden als die Einpauker der Kultur bezeichnet, so schmälert man keineswegs ihre Verdienste, denn sie rekonstruieren ja das Bild der Kultur und setzen es neu zusammen, damit es kinder- und jugendgerecht wird. Zu al-

len Zeiten, insbesondere aber, seit die Schulpflicht für alle sozialen Schichten eingeführt wurde, hat der Pädagoge diese Funktion eines Dolmetschers ausgeübt, der jeder Generation in komprimierter Form den gegenwärtigen Stand an Wissen und Werten lieferte. Aber jeder Übersetzer kann, das wissen wir nur allzugut, dem Originaltext untreu werden, und die Pädagogen scheuten sich nie, diesen gemäß ihren eigenen Vorurteilen und dem ihnen überantworteten Erziehungsauftrag umzuschreiben. Sie sind zweifellos nicht allein: sie folgen ministeriellen Rundschreiben, Anweisungen von der Hand ihrer Vorgesetzten, von Ämtern und Kommissionen aller Art sowie von den Lehrplänen, die ihnen allgemeine Richtlinien vorgeben und manchmal den genauen Inhalt des Unterrichts vorschreiben. Allerdings übt die Lehrerschaft in den freien Ländern auf jene Behörden, von denen sie eigentlich kontrolliert werden sollte, einen nicht zu umgehenden Einfluß aus, vor allem auf dem Umweg über ihre mächtigen Gewerkschaften. Die administrativen und pädagogischen Verantwortlichen, die ja im übrigen naturgemäß aus den Reihen der Professoren und Lehrer stammen, könnten nie ungestraft gegen diese „Lehrerfestung" zum Angriff blasen. Zur entscheidenden Frage wird jene nach dem geistigen Standort einer sozialen Gruppierung beziehungsweise einer bestimmten Kategorie von Intellektuellen, in diesem Fall der Professoren, sowie die Frage nach ihrer Beziehung zum Wissen, nach ihrem pädagogischen Verantwortungsbewußtsein und nach ihrer Berufsethik.
Stellen wir zunächst einmal fest, daß sich der Unterricht, obwohl er unter der ideologischen Flagge unparteiischer Wissensvermittlung segelte, stets gleichzeitig als Kampfinstrument verstand, wobei dieser Widerspruch voll herrlicher Naivität übergangen wurde. Noch vor dem 19. Jahrhundert, als eine Gruppe von Gesellschaften begann, die Ausmerzung des Analphabetismus und die Einführung der allgemeinen Schulpflicht als ihre Aufgabe zu sehen und beides in die Tat umzusetzen, bemerken wir im pädagogischen Verhalten von allem Anfang an eine eher normative als deskriptive Norm. Später sehen wir, wie die Pressefreiheit und die Schulpflicht gemeinsam mit der modernen Demokratie wachsen, ja, sich zu einem organischen Bestandteil der Demokratie entwickeln, Demokratie kann auf Information nicht verzichten, und neben der Presse ist der Unterricht letzten Endes lediglich eine andere Facette der Information. Und dennoch, oder vielmehr daher, ist er hin- und hergerissen zwischen einem Selbstverständnis von Erziehung als Information und Erziehung als Bildung, und von dieser Zweigleisigkeit konnte er sich nie ganz befreien. Man sollte, so glaube ich, zur Bezeichnung des ersteren auf das schöne Wort Unterweisung zurückgreifen, worunter die bloße Wissensvermittlung zu verstehen wäre, und

den Begriff Erziehung für die zweite Auffassung vorbehalten, die darauf abzielt, der Persönlichkeit eine bestimmte Sicht der Wirklichkeit und einen Verhaltensstil mitzugeben.
Darüber hinaus kann ein Professor entweder unterrichten oder indoktrinieren. Überwiegt das Unterrichten gegenüber der Indoktrination, dann hat die Erziehung ihre Funktion erfüllt, und zwar sowohl im Interesse jener, denen sie zuteil wird, als auch im Interesse einer wohlverstandenen Demokratie. Wenn hingegen die Indoktrinierung überwiegt, wird Erziehung zu einem Unheil, mißbraucht die Kindheit und setzt den Schwindel an die Stelle der Kultur.
Wenn die totalitären Gesellschaften der Erziehung als Bildung, soweit sie das Wissen betrifft (denn überall sonst kann sie nach Lust und Laune im Takt der Gewohnheit dahinschreiten oder nach den Zufällen der Mode gehen), mit einem Wort, die Indoktrination, den größten Teil des Erziehungssystems widmen, so ist das ein sicheres Zeichen dafür, daß diese Erziehung als Bildung der böse Genius jeden Unterrichts ist. Alles, was direkt oder indirekt die ideologischen Kreise tangiert, fällt dort unter den Hammer der Zensur und der Lüge. Glücklicherweise können ein bestimmtes Grundwissen, bestimmte grundlegende Wissenschaften und bestimmte Techniken in ihrer Authentizität vermittelt werden, ohne die Ideologie zu stören oder von dieser gestört zu werden. Dadurch wird es für diese Gesellschaften von einem rein praktischen Standpunkt aus überhaupt erst möglich, zu bestehen, auch wenn zahlreiche wichtige intellektuelle Aktivitäten dort unter Sauerstoffmangel dahinvegetieren, weil es ihnen verboten ist, sich ihrer eigenen Logik gemäß zu entfalten, deren Entwicklung eine lebende Widerlegung der Ideologie darstellen würde. Zu manchen Zeiten jedoch vereinnahmt die Ideologie alle Disziplinen und alle Praktiken, verläßt ihr ureigenstes Gebiet, und dringt in jene Bereiche vor, die im allgemeinen dem Lernen und der Ausbildung vorbehalten sind, vorausgesetzt, sie stellen keine politische Bedrohung dar. Eine solche Katastrophe ereignete sich in der UdSSR zu jener Zeit, als zunächst Stalin und später dann Chruschtschow die „Biologie" Lyssenkows durchsetzten, wie ich oben gezeigt habe. In China passierte das Unheil zur Zeit der Kulturrevolution – jenem großen Modeereignis für den Westen –, als man nicht einmal einen Salat pflanzen oder einen Nagel einschlagen durfte, ohne sich an die im kleinen roten Buch vorgeschriebenen Methoden zu halten, das nichts als ein Gewebe aus leeren Floskeln war und daher das Land in prähistorischer Finsternis versinken ließ. Kubanische Schüler haben, wenn es um allgemeine Ideen geht, nur Zugang zu den Parolen des „lider maximo", und in gleicher Weise wurden albanischen Schülern die Vollblutwerte eines Enver Hodscha eingetrichtert oder

den kleinen Deutschen des Jahres 1935 die Grundzüge der Naziideologie. Alle Diktatoren waren, und das kommt geradezu einem Pleonasmus gleich, Schänder der Erziehung wie auch der Presse, und zwar aus dem gleichen Grund. „Möge die Schule in allen Stufen und in allen ihren Sparten", so proklamierte Benito Mussolini im Jahre 1925, „die italienische Jugend zum Verständnis des historischen Klimas der Revolution erziehen!" Dabei handelt es sich wohlgemerkt um die faschistische Revolution, denn eine solche gab es.

Im Namen einer anderen Revolution sagte ein Pädagoge der italienischen kommunistischen Partei im Jahre 1972 genau dasselbe: „Es gibt in der Welt und in unserem Land eine ganze Reihe von Ideen, die das beste darstellen, was die progressive und revolutionäre Bewegung seit einem halben Jahrhundert an Fortschritt hervorgebracht hat: Es liegt in unserem Interesse, daß sich diese Ideen in der Schule bestätigen."

Und wie sie sich dort bestätigt haben! Offen gestanden beweist schon allein die Tatsache, daß es in Italien wie auch in Frankreich seit Beginn der demokratischen Einrichtungen eine Trennung in konfessionellen und weltlichen Unterricht gab, daß Unterricht nie neutral war und niemals bloß darin bestand, der Jugend einfach Informationen zur Verfügung zu stellen und ihr die Freiheit zu lassen, sich selbst ein Urteil so bilden. Die Schüler an religiösen Instituten und an öffentlichen Schulen verwendeten unterschiedliche Lehrbücher, einschließlich der literarischen Textsammlungen, wobei es sich um zwei parallele, voneinander unabhängige Serien handelte, von verschiedenen Autoren zusammengestellt, mit verschiedenen Weltanschauungen, die verschiedenen Ereignissen und Konzepten den Vorzug gaben, und von verschiedenen Herausgebern veröffentlicht wurden – selbst die lateinischen Grammatiken! Es waren zwei getrennte Welten, und klarerweise konnte keine der beiden objektiv sein. Eltern, die ihre Kinder Anfang unseres Jahrhunderts in eine konfessionelle Schule schickten, wollten vor allem, daß ihre Kinder dort eine „christliche Erziehung" erhielten, selbst in jenen Fächern, die nichts mit Religion zu tun hatten oder zu tun haben sollten. Die öffentliche, weltlich geführte Schule versuchte den Kindern „republikanische" Werte, wie man dies in Frankreich nannte, zu vermitteln. Um dieses Ziel zu erreichen, wurde die Geschichte neu geschrieben und die Hierarchie der Literatur umgereiht. Anhand einer Untersuchung der Geschichtsbücher von Ernest Lavisse, die gegen Ende des letzten Jahrhunderts und zu Beginn des unsrigen bis zum Jahre 1914 im öffentlichen Unterricht in Frankreich den Ton angaben, beschreibt Pierre Nora das erbauliche republikanische Erziehungsziel, das als roter Faden diese Schulbücher durchläuft[1]. Der Ablauf der Geschichte beruht nach diesen Lehrbüchern zur Gänze auf dem Prinzip der Erklärung durch den Endzweck (was der szientistische Geist der Zeit nachdrücklich verurteilte). Denn die Geschichte Frankreichs wird hier in zwei Abschnitte geteilt: in jene vor und nach 1789. Die erste Periode, die mit der Geburt Frankreichs im Jahre 987 beginnt, ist nur die langsame, tastende Vorbereitung einer Französischen Revolution und einer Dritten Republik, deren Errichtung durch mittelalterliche Verschwörungen seitens des klerikalen Absolutismus leicht verzögert wird. In den konfessionellen Schulen wurde im Gegensatz dazu gelehrt, daß mit 1789 der Niedergang einsetzte. Diese Art und Weise, sich der Schule zu bedienen, um die ideologische Auseinandersetzung der Erwachsenen in die Jugendlichen hineinzutragen und dort die Truppen anzuheuern, die später die Wachablöse in jedem der verfeindeten Lager sicherstellen würden, ist ein weitverbreiteter Frevel einer pflichtvergessenen Pädagogik. Dies beweisen auch die glücklicherweise vergeblichen Bemühungen einiger religiöser Vereinigungen in manchen Bundesstaaten der USA, die Verbreitung der Darwinschen Evolutionstheorie zu verbieten. Doch auch wenn die Koexistenz und Konkurrenz von Erziehung als Persönlichkeitsbildung und Erziehung als Information in den freien Gesellschaften weiter bestehen und bestehen werden, und auch, wenn sich die Pädagogik nicht bloß vom Grundgedanken der Wahrheit leiten läßt, bleibt dies alles doch eine Frage der richtigen Mischung und der Weisheit. Gewinnt die Indoktrinierung die Oberhand, so reagiert die Gesellschaft, vorausgesetzt, diese bleibt weiterhin demokratisch und fähig zu einer solchen Reaktion. Sie unterbindet den Versuch, den Unterricht für eine einzige Ideologie zu vereinnahmen. Dies geschah in Frankreich im 19. Jahrhundert gegen den Klerikalismus und im Frühjahr 1984 gegen den Sozialismus, als die größten Demonstrationen seit 40 Jahren Mitterand veranlaßten, seinen Plan für ein „einheitliches" öffentliches nationales Erziehungswesen fallenzulassen, was das Todesurteil für die Privatschulen besiegelt hätte. Es ist wohl kaum anzunehmen, daß die Millionen Bürger, die damals in Paris und mehreren anderen großen Städten Frankreichs auf die Straße gingen, ausschließlich glühende Katholiken waren, die sich nur von ihrem Glauben leiten ließen, eine Hypothese, die in einer Zeit des stetigen Rückganges der religiösen Praxis nicht sehr plausibel wäre. Die Demonstranten waren in der Mehrheit nicht einmal Eltern, die ihre Kinder in Privatschulen schickten, die im übrigen keineswegs mehr den Stempel eines militanten Katholizismus tragen und in denen schon lange dieselben Lehrbücher wie an öffentlichen Schulen verwendet werden. Selbst wenn man von jenen Demonstranten absieht, die aus politischen Gründen diese Möglichkeit des Protests gegen die Regierung nicht auslassen wollten, so war das doch vorrangigste Motiv, das eine so große Masse mobilisieren konnte, die Angst vor der Bedrohung durch ein ideologisches Monopol. Das wirklich konfessionelle Sektierertum, der wahre Klerikalismus, war nicht mehr wie im 19. Jahrhundert christlich, sondern marxistisch. Marx wurde großgeschrieben, und die französische Lehrergewerkschaft war sein Prophet. Wie dies Emmanuel Le Roy Ladurie damals ganz richtig sah, lag ein Widerspruch darin, das weltliche Ideal anzurufen, um die ideologische Vereinnahmung der gesamten Jugend zu fordern. Im vergangenen Jahrhundert hatte man jenes Konzept der Weltlichkeit gerade deshalb formuliert, um die Ideologie im Unterricht zu bekämpfen und das Prinzip von der Neutralität des Wissens zu bestätigen. Und dann bediente man sich seiner, um genau das Gegenteil dessen zu fordern, was es bedeutete! Die Gesellschaft toleriert in der Schule bis zu einem gewissen Grad eine tendenzielle Ausrichtung, vorausgesetzt, der Hauptteil des Unterrichts bleibt seriös und professionell. Nachdem ich die Volks- und Mittelschule in der Zeit von 1929 bis 1941 bei den Jesuiten absolvierte, kann ich sagen, daß dies im Privatunterricht schon kurz vor dem Krieg geschah, andernfalls wäre diese Form des Unterrichts mangels Schülern verschwunden. Es ist ein eigenartiges Paradoxon, daß ich gerade in dem öffentlichen Lycée, in das ich überwechselte, um mich nach der Matura auf die Aufnahmeprüfung an die Ecole normale supérieure vorzubereiten, im Unterricht am meisten von Religion hörte. Gewisse Professoren an dieser öffentlichen Schule waren überzeugte Katholiken, von links oder rechts, und ließen ihren Glauben in den Unterricht viel mehr einfließen, als dies zuvor bei den Jesuitenpatres, denen ich zur Erziehung anvertraut war, der Fall gewesen war. Insgesamt gesehen jedoch gab es einen Bereich, der beiden Unterrichtssystemen gemeinsam war. In diesem Bereich lernte man das, was man zu lernen hatte, so, wie man es zu lernen hatte, nämlich aufgrund von Kriterien, die sich an die banalen Regeln der Wissensvermittlung hielten.

Und eben diesen Mäßigungspakt hat die Maßlosigkeit der Lehrer in den letzten Jahrzehnten des 20. Jahrhunderts gebrochen.

Durch eine pikante Koinzidenz wurden die französischen Geschichts- und Geographiebücher ausgerechnet 1953, im Todesjahr Stalins, stalinistisch. Wir stoßen hier auf jene Vorliebe der westlichen Marxisten, sich den offiziellen Thesen der kommunistischen Länder gerade dann anzuschließen, wenn diese selbst sie verwerfen oder überdenken. Bei einer Wortmeldung anläßlich eines Kolloquiums über das „Bild der UdSSR in französischen Schulbüchern“ zeigte der Historiker und Demograph Jacques Dupâquier in einer Untersuchung, die sich vor allem mit den Geographielehrbüchern beschäftigte, daß die sowjetische Wirtschaft in diesen mit rein ideologischen Worten beschrieben wird und sich einzig auf die offiziellen Statistiken stützt. Die Illustration besteht aus Dokumenten, die ausnahmslos aus sowjetischen Quellen stammen: „Sie strotzen vor Erfolg, Gesundheit und Vertrauen in die Zukunft." Die Autoren der Lehrbücher zeichnen ein idyllisches Bild der Kolchosen und heben deren Produktivität hervor! Sie loben den „Davydov-Plan zur Umleitung der sibirischen Flüsse" und die „ausgezeichneten Ergebnisse", die von den Schülern Mitschurins und Lyssenkows erzielt wurden! Dem wissenschaftlichen Unsinn Lyssenkows zuzustimmen, wäre ein noch haarsträubenderer Betrug als die übertriebene Gutgläubigkeit, die man den offiziellen Statistiken schenkte. Vergessen wir nicht, daß diese Unterstützung für die Verschleierungstaktik Lyssenkows nicht in Zeitungen der gleichen ideologischen Tendenz erschienen, deren Lektüre ja nicht verpflichtend war und die einander im übrigen widersprachen, sondern in Schullehrbüchern, die den Kindern als einzige Informationsquelle zu diesem Thema vorgesetzt wurden, und dies unter der Autorität des Ministeriums für nationales Erziehungswesen und des Erziehungsinspektorats. Der Vertrauensmißbrauch und der Verrat der moralischen Aufgabe des Lehrenden springen hier auf schmähliche Weise ins Auge. Der Gipfel aber war, daß der Chruschtschow-Bericht aus dem Jahre 1956 nichts an diesem Eifer für die Verfälschung und die Unfähigkeit ändern sollte. Bis 1967 vermittelten alle Lehrbücher ein einheitliches Bild der UdSSR, das den optimistischsten Klischees der Propaganda entsprach. Die Abbildungen kamen weiterhin von den beiden einzigen Agenturen Tass und Novosti. Der demokratische Nachholbedarf erklärt sich für die Autoren aus dem zaristischen Erbe und dem Einmarsch Hitlers, niemals jedoch aus der Hypothek Stalins. Ganz offensichtlich gehörte nur eine Minderheit von Lehrern und Lehrbuchautoren der kommunistischen Partei an oder wählten zumindest kommunistisch. Diese Feststellung illustriert jedoch nur ein Phänomen, dessen Ausmaß erst dann deutlich wird, wenn man versucht, die kulturelle und politische Geschichte unserer Zeit zu verstehen: d. h. den Übergriff der kommunistischen Ideologie und der marxistischen Weltsicht auf weite Kreise der nichtkommunistischen Linken. Das Klima der in diesen Jahren innerhalb des französischen Erziehungswesens herrschenden Intoleranz ist kaum zu beschreiben. Der Ausdruck „Hexenjagd" wird im allgemeinen für die Beschreibung von Akten der Intoleranz der Rechten gegenüber der Linken verwendet, nur selten umgekehrt. Diese Hexenjagd wütete damals innerhalb des Lehrkörpers nicht gegen die Rechte, sondern gegen die wissenschaftliche und pädagogische Redlichkeit. Dupâquier mußte diese schmerzliche Erfahrung machen. 1969 war es ihm gelungen, bei Bordas ein Lehrbuch herauszubringen, das sich, was die UdSSR betraf,

auf eine etwas seriösere Dokumentation stützte als die Statistiken, die Propaganda und die offiziellen Fotos, die von anderen Autoren ehrfurchtsvoll verwendet wurden. Er berichtet: „Wie zu erwarten, hob ein Zeter- und Mordiogeschrei an. Wir wurden von ‚*L'Ecole et la Nation*' angezeigt und erhielten an die Edition Bordas etwa vierzig Protestbriefe, in denen sich die ganze Bandbreite der Gefühle darlegte, von Trauer bis Wut. Die Entrüstung eines unserer Kollegen war so groß, daß er sie nur in Großbuchstaben zum Ausdruck bringen konnte: ‚DIES IST EINE SCHRECKLICHE DUMMHEIT UND STROTZT VON UNEHRLICHKEIT.' Ein anderer besaß das Zartgefühl, sogar direkt an M. Pierre Bordas zu schreiben, um ihm mitzuteilen, er hätte ihm immer vertraut, so daß seine Lehrbücher in allen Fächern und in allen Klassen seines Gymnasiums immer verwendet wurden, nach dieser Angelegenheit aber würden er selbst und seine Kollegen alles neu überlegen. Tatsächlich machte sich dies im Verkauf bemerkbar: Jährlich wurden nie mehr als 20.000 Exemplare des umstrittenen Lehrbuches verkauft, während die Verkaufszahlen des Lehrbuches für die dritte Klasse leicht 50.000 Exemplare erreichten."
In diesem Zusammenhang muß man darauf hinweisen, daß der Verkaufserfolg eines Schulbuches von der eigenständigen Entscheidung jedes Professors abhängt, der das eine oder andere Buch für seine Schüler auswählt, oder eben nicht. Dadurch wird verständlich, daß Verleger zögerten, Bücher vorzuschlagen, die auf Vorurteile seitens des Lehrkörpers stießen.
Zwischen 1980 und 1985 setzte eine Zeit des Tauwetters ein, und man kann von einer späten teilweisen Entstalinisierung der Geschichts- und Geographiebücher in Frankreich sprechen. Zweifellos ist dies auf die allgemeine Distanzierung der französischen Intelligentia von Marx zurückzuführen. Noch 1983 gab es jedoch Bücher, die sich treu an das Stalinsche Evangelium hielten, wie etwa jene der Collection Gauthier (in den ABC-Ausgaben), in denen man beispielsweise lesen kann, daß „es einige Anzeichen dafür gibt, daß Juri Andropow, der Leonid Breschnjew am 12. November 1982 an der Spitze der Kommunistischen Partei der UdSSR nachfolgte, die von seinem Vorgänger praktizierte Politik der Öffnung weiterführen werde".
Es steht einem unerschütterlichen Herausgeber frei, sich kostenlosen Vorhersagen dieser Art hinzugeben, Breschnjew als „offen" und den ehemaligen KGB-Chef als noch offener zu bezeichnen. Die Leser haben schon andere solche Aussprüche gelesen, und der Journalist kann sich immer noch später berichtigen. Aber Kinder in einem Schulbuch unter dem Deckmantel eines „öffentlichen Gutes" mit solch albernen, aber nicht unschuldigen Parolen zu überfahren ist schändlich.

Bei seiner Untersuchung der Geschichtsdarstellung der UdSSR in den französischen Geschichtsbüchern seit 1931 hob Maurice Decrop auf demselben Kolloquium hervor, daß von den 24 Lehrbüchern, die er als pro-bolschewistisch bezeichnete (gegenüber 21 antibolschewistischen und 10 gemäßigten), 23 in den Jahren zwischen 1946 und 1982 erschienen waren, was erneut den Prozeß der Stalinisierung des französischen Unterrichts nach dem Krieg deutlich macht. Unterstreichen wir noch einmal, denn darin liegt das entscheidende Kriterium, daß sich die Verfälschungen nicht auf die Wiedergabe von Meinungen, sondern von Ereignissen beziehen: Die Lehrbücher gehen etwa schweigend über den Aufstand von Kronstadt hinweg oder schreiben die Errichtung der Berliner Mauer ... der Bundesrepublik Deutschland zu[2]! Mit gutem Grund urteilt Ducrop, daß so krasse Zensuren und Verdrehungen „mehr auf eine Verweigerung von Information, denn auf ein Fehlen von Information" zurückzuführen zu sein scheinen. Er zieht den Schluß: „Es erhebt sich die Frage, wie es wirklich um die Neutralität des öffentlichen Unterrichts bestellt ist. In diesem Zusammenhang ist es interessant, einen Blick auf die Studie Jacqueline Freyssinet-Dominjons über die Geschichtslehrbücher der freien Schule, 1882–1949 (A. Colin, 1969) zu werfen.

Die Autorin stellt darin die öffentliche Schule als ein Modell an Objektivität dar, von dem die Schulen mit freier Trägerschaft meilenweit entfernt sind. Die weitgehenden Abweichungen in den Lehrbüchern, wenn es um die Darstellung der Geschichte der UdSSR geht, werfen die Frage auf, ob dies nicht eine Neuauflage des Gleichnisses vom Strohhalm und vom Balken ist."

Es scheint, als hätten alle Professoren, die wie wir damit unzufrieden waren, daß sie unbewußt im Dienst ihrer Ideologie standen, zu einem bestimmten Zeitpunkt, den man in den sechziger Jahren ansetzen kann, bewußt die Entscheidung getroffen, ihre Position der Stärke gegenüber der Jugend auszunützen, um die liberale Kultur zu bekämpfen und zu diesem Behufe die Geschichte umzuschreiben, anstatt sie zu unterrichten, so wie sich etwa zur gleichen Zeit die linken Beamten das Recht nahmen, die Gesetze zu mißachten anstatt sie anzuwenden. Der Unterricht wich der militanten Predigt: So gibt der Autor (Vincent, Edition Bordas, 1980) den Professoren in einem Lehrerhandbuch (d. h. jenem Handbuch, das dem Lehrer eine Unterrichtshilfe bieten soll) folgende Anweisungen:

„Man wird also zeigen, daß es in der Welt zwei Lager gibt:

– ein imperialistisches und antidemokratisches (USA);

– und ein anti-imperialistisches und demokratisches (UdSSR), indem man deren Ziele näher erläutert:

- Weltherrschaft durch Vernichtung des anti-imperialistischen Lagers (USA)
- Kampf gegen Imperialismus und Faschismus, Stärkung der Demokratie (UdSSR)."

Es sind also ganz konkrete Zielsetzungen vorgegeben: Aufgabe der Lehrer ist es nicht mehr, zu unterrichten, sondern den Kapitalismus zu stürzen und dem Imperialismus den Weg zu versperren. Die Erfüllung dieser Aufgabe zieht sich bis hin zu den Lehrbüchern für Fremdsprachen und fremdsprachige Literatur. So widmet das in den Abschlußklassen (Préparation au baccalauréat, Bordas, 1985) verwendete Spanischlehrbuch *Sol y Sombra* der beiden Universitätslektoren Pierre und Jean-Paul Duviols der Würdigung der Verdienste Fidel Castros ein ganzes Kapitel, ein anderes beschäftigt sich mit der mythischen Version der Gründe für den Sturz Allendes. Die modernen lateinamerikanischen oder spanischen in *Sol y Sombra* zitierten Autoren sind fast alle Kommunisten oder zählen zu deren Weggefährten. Unter dem Vorwand, ein repräsentatives Bild der hispanischen Kultur des 20. Jahrhunderts von ihren Vorläufern bis in die heutige Zeit zu geben, ist es den Herausgebern gelungen, eine Auswahl zusammenzustellen, bei der unter den spanischen Dichtern weder Ortega y Gasset, noch Azorin, Menéndez Pelayo, Peréz Galdós, Gómez de la Serna, Pérez de Ayala, Maeztu oder Salvador de Madariaga genannt werden bzw. von den Dichtern aus der Zeit vor 1936 weder Gerardo Diego noch Salinas oder Jorge Guillén erwähnt werden. Es ist nur vom „Märtyrer" Garcia Lorca – trotz anderslautender Legenden wurde er eher aus persönlichen denn aus politischen Gründen ermordet – und von den Komunisten Alberti und Hernández die Rede. Von einem der größten Dichter spanischer Zunge unserer Zeit und aller Zeiten, dem Nikaraguaner Rubén Dario, wird nur das *einzige* politische Gedicht wiedergegeben, das er je schrieb (und das noch dazu eines der wenigen mittelmäßigen), ein Gedicht, das sich 1905 an den amerikanischen Präsidenten Roosevelt richtet. Den Wert dieses Textes in den Augen der Brüder Duviols macht offensichtlich der Umstand aus, daß es sich dabei um eine Schmähschrift gegen die „Yankies" handelt. Die Brüder Duviols vergessen aber zu erwähnen – wenn sie dies überhaupt wissen –, daß Rubén Dario die Vereinigten Staaten angreift, um den spanischen Kolonialismus zu einem Zeitpunkt zu verteidigen, da Roosevelt mit der Absicht in Kuba interveniert, Spanien aus diesem Gebiet zu verdrängen. Der Dichter hängt hier aus sentimentalen Gründen, aus einer Nostalgie für eine blutarme koloniale Gesellschaft einer alten, antidemokratischen und reaktionären Welt nach. Und siehe da, sein Gedicht wird hier als

ein Vorläufermanifest der revolutionären Linken der sechziger Jahre dargestellt!
Was die kapitalistische Gesellschaft anlangt, so hat sie, darf man der französischen Lehrerschaft Glauben schenken, kaum mehr Lebensberechtigung als der Imperialismus, den sie hervorbringt. Das Lehrbuch *Initiation économique et sociale*, von J.-P. Cendron, C.-C. Echaudemaison und M.-C. Lagrange, das für die Klasse vor der Matura bestimmt ist, wählt zur ganzseitigen Illustration des Kapitels über „Das Kapital im Unternehmen" das Plakat für den Film „*La Banquière*", der nach dem Leben Martha Hanaus, einer berühmten Schwindlerin in der Zwischenkriegszeit, gedreht wurde. Warum nicht Stavisky? Die erste Seite des Abschnittes mit dem Titel „Was ist ein Unternehmen?" ziert in gleicher Weise eine Reproduktion des Plakats für den Film nach René-Victor Pilhes' Roman *L'Imprécateur*, das vereinfachende Instrumentarium eines Autors der extremen Linken, das ein überspitzt schwarzes Bild von einer fiktiven multinationalen Gesellschaft zeichnet. Einige Seiten später finden wir eine andere Abbildung: Die vier Brüder Willot, zwielichtige Geschäftsleute, die bei Erscheinen des Buches durch mehrere Skandale und damit in Zusammenhang stehende Prozesse in das Licht der Öffentlichkeit gerückt wurden. Das nennt sich Objektivität! Warum nicht Al Capone? So finden sich also in einem Werk, das die Jugend in die Wirtschaft einführen soll, zur Einprägung der beiden Institutionen Bank und Unternehmen, die vom 14. bis zum 20. Jahrhundert den Wohlstand der westlichen Welt begründeten, in das Gedächtnis der Jugendlichen nur die Namen von etwa einem halben Dutzend Gesetzesbrecher.
Auch die ganz kleinen Kinder kommen in den Genuß der antikapitalistischen Wachsamkeit der Lehrerschaft. In *L'Eveil à l'histoire* von M. und S. Chaulanges, einem kleinen Buch für die Grundschule, das 1985 in seinem 957tausendsten Exemplar (gerechter Himmel, welcher Schaden!) erschien und auf etwa hundert Seiten die Geschichte von der Urzeit bis heute beleuchtet, liest man im 59. und letzten Kapitel, das den Titel „Seit 1945: große Bedrohungen" trägt: „Vor allem in den Städten wird das Leben zunehmend immer mühevoller und ungesünder. Wie viele zu kleine, laute Wohnungen ohne jeden Komfort gibt es! Wie viele Leute müssen, um zu ihrem Arbeitsplatz und wieder zurück zu gelangen, zwei oder drei Stunden Wegzeit im dicksten Gedränge in Kauf nehmen! Die Luft, die wir atmen, ist voller Staub, Rauch, Benzindämpfe und Abgase; sie wird immer giftiger. Selbst während der Nacht tritt nur selten Ruhe ein. Die Folgeerscheinungen sind zahlreiche Krankheiten.
Auch unsere *Ernährung* ist ungesünder geworden. Wir essen immer we-

niger Naturprodukte. Das Weißbrot, das lange Zeit als Luxuslebensmittel galt, ist weniger gesund und nahrhaft als das Schwarzbrot früherer Zeiten. Und Obst und Gemüse, die mit Kunstdünger und wiederholt mit Insektiziden behandelt werden? Und das Fleisch von geimpften Tieren, die unnatürlich rasch gemästet werden? *Alkoholkonsum* und *Tabakgenuß* sind der Grund für viele Krankheiten."

Es erhebt sich die Frage, aufgrund welches unverständlichen Wunders die Lebenserwartung in unserem Jahrhundert, und vor allem nach 1950, unter diesen schrecklichen Bedingungen so rasch und spektakulär ansteigen konnte. Das Ehepaar Chaulanges erklärt den lieben Kleinen der Grundschule nicht, warum und wie es den durch eine immer ungesündere Ernährung vergifteten, durch eine immer toxischer werdende Luft erstickenden, durch immer langsamere Transporte ermüdeten, in immer kleineren Wohnungen zusammengepferchten, aufgrund des ständigen nächtlichen Lärms an chronischer Schlaflosigkeit leidenden, durch Alkoholismus und Tabakkonsum geschädigten, von Insektiziden infizierten und an immer zahlreicheren und verschiedenartigeren Krankheiten leidenden Menschen trotzdem gelingt, im Durchschnitt zweimal so lang zu leben wie im vergangenen Jahrhundert.

Die Eroberung des Schulbereichs durch die Linke (und zwar die marxistische und nicht die liberale) ist in ganz Europa zu beobachten. In Italien erfolgte die Umwandlung der Schule von einem Ort des Unterrichts zu einem Medium politischer Indoktrinierung in zwei Schritten. Seit 1968 läuft der Kampf der Linken, einfach alle Lehrbücher abzuschaffen! „Nein zum Lehrbuch!", können wir in einer Aussendung der Lehrergewerkschaft lesen. „Es wird von den Arbeitern finanziert, auch wenn der Staat es erwirbt. Es bringt der Verlagsindustrie mehrere Milliarden. Es wird von der Schule der Arbeitgeber durchgesetzt. Dies bringt eine Art des Unterrichts mit sich, der den Arbeitern nicht dienlich ist. Es begünstigt eine ungeeignete Klassenkultur." Diese Überlegungen erinnern an die in den sechziger Jahren vom französischen Soziologen Pierre Bourdieu in *La Reproduction* entwickelte Theorie, derzufolge der Unterricht immer nur dazu gedient hätte, die herrschende Klasse zu „reproduzieren". „Deshalb", so kündigt man in dem zitierten Manifest weiter an, „haben sich die Lehrer der Lehrergewerkschaft des didaktischen und politischen Kollektivs anläßlich ihrer Versammlung entschlossen, die Verwendung der Lehrbücher zu verweigern." Dieses Plädoyer für eine Rückkehr zur mündlichen Überlieferung führte zu einer verständlichen Panik unter den Herausgebern von Schulbüchern, die von einem Tag auf den anderen fürchteten, brotlos zu werden. Da jedoch kam ihnen die Kommunistische Partei zu Hilfe: dies war der zweite Schritt in dieser Aktion. Die Lehrbücher könnten überleben, bekamen die Verleger zu hören, würde man sich entschließen, diese in den Dienst des Guten und nicht des Bösen zu stellen. In einer von einem Verlagshaus der PCI veröffentlichten Studie war zu lesen, daß „wir eine Schule brauchen, in der man versucht, die Hindernisse zur Bildung revolutionärer Persönlichkeiten aus dem Weg zu räumen". (Zahlreiche Artikel in kommunistischen Zeitungen oder Zeitschriften blasen in dasselbe Horn.) Die Herausgeber gehorchten umgehend, und ab 1976 brachten sie Lehrbücher heraus, die auf einer Linie mit jener Ideologie lagen, die ihnen so eindrücklich nahegelegt wurde. In Italien wie in Frankreich gab man der kommerziellen Erpressung nach: Bei einer Lehrerschaft, die zu acht Zehntel, wenn zwar natürlich nicht aus eingeschriebenen Kommunisten, so doch aus Anhängern der „marxistischen Vulgata" (um Raymond Arons Formulierung zu zitieren) bestand, hatten die Herausgeber nur die Wahl zwischen Gehorsam oder Ruin. Das Ergebnis war durchaus erbaulich. Der große Journalist Lucio Lami widmete diesem Ergebnis ein ganzes Buch. In „La Scuola del plagio" („Die Schule der Fälscher", Armando Armando editore, Rom) führt er etwa 50 für die Grundschule, und damit für Kinder unter zehn Jahren bestimmte und nach der „intellektuellen und moralischen Reform" des Jahres 1976, wenn ich so sagen darf, für den Unterricht zugelassene Lehrbücher an. Die Lügen, die durch Weglassen oder Hinzufügen entstehen, ähneln so stark jenen in den französischen Lehrbüchern, daß ich davon Abstand nehme, den Leser durch die Wiederholung eines neuerlichen Schwalls an Zitaten zu ermüden. Ich beschränke mich auf ein einziges Zitat, in dem der Autor des Lehrbuches, ein „Professor" für Geschichte, es schafft, über den Zweiten Weltkrieg zu schreiben, ohne das deutsch-sowjetische Abkommen oder den Einmarsch und die Annexion der einen Hälfte Polens durch Stalin zu erwähnen, die gleichzeitig mit dem Einmarsch Hitlers in die andere Hälfte des Landes und deren Annexion stattfand. Daraus folgt, daß die UdSSR, die sich tugendhaft und friedlich aus dem Konflikt herausgehalten hatte, später ebenso wie Belgien das Opfer eines infamen unverschuldeten Angriffs wurde. „Hitler" (müssen die italienischen Kinder also lernen) „marschierte nacheinander in Österreich, der Tschechoslowakei und Polen ein. Die demokratischen Nationen, die versucht hatten, einen Konflikt zu vermeiden, mußten also in den Krieg eintreten. Mussolini, der Verbündete Deutschlands, der einen Blitzsieg der Deutschen vorhersah, erklärte Frankreich den Krieg (1940). Die deutschen Truppen fielen in Belgien ein, um die französischen Befestigungen zu umgehen und Frankreich in seinem Rücken zu treffen. Nach der Besetzung der Niederlande und eines Teiles Frankreichs, wandte sich

Deutschland gegen Rußland, das gezwungen wurde, in den Krieg einzutreten" (Auszug aus *Quale Realtà*, Lehrbuch für die 5. Grundstufe). Das Traurigste daran ist, daß diese Art des pädagogischen Betrugs in den Schulbüchern solche Blüten treibt, daß wir schließlich nur mehr darüber lachen. Sicher gab es immer eine gewisse Verfälschung in den Schulen, aber es gab Zeiten, in denen diese sich durch ein Mindestmaß an wissenschaftlicher Rechtschaffenheit in tolerierbaren Grenzen hielt, und andere, in denen diese Grenzen überschritten wurden. Auch hat die Demokratisierung des Unterrichts und der Eintritt in das Zeitalter der Massenerziehung den Aktionsradius enorm erweitert und die Anzahl der Opfer stark erhöht, denen der Kopf in der Schule vollgestopft wird. Beim Stöbern in den Buchläden entlang der Seine stieß ich einmal auf ein altes Geschichtslehrbuch, das offensichtlich für irgendeine katholische und royalistische Schule Anfang des vorigen Jahrhunderts bestimmt war, in dem die Restauration der Monarchie auf das Jahr 1799, das Ende der Revolution, verschoben und Napoleon Bonaparte zu einem Oberleutnant der Armee Ludwigs XVIII. gemacht wurde! Ich bezweifle, daß diese gewagte Darstellung der Fakten sich zu ihrer Zeit durchgesetzt hat, jedenfalls aber konnte sie nicht viele junge Köpfe verwirren, denn damals ging nur ein ganz geringer Teil der Bevölkerung zur Schule. Heute aber, da jeder in die Schule geht, können wir uns den Luxus einer lächelnden Indifferenz nicht leisten. Es gibt nur wenige Autoren, die die Öffentlichkeit auf diese „schulische Fehlinformation" (1983), um den Titel eines gekonnt demoralisierenden Werkes von Bernard Bonilauri zu diesem Thema zu zitieren, aufmerksam machen und diese entsprechend anprangern. (Anhand vieler Beispiele zeigt Bonilauri, daß die Lehrbücher vorwiegend drei Ziele vor Augen haben: 1) „Eine Beschönigung all dessen, was die Sowjetunion vertritt", 2) „Eine Verurteilung des Liberalismus"; 3) „Eine Unterwanderung des Pluralismus".)
Die Lehrer, zumindest die wortkräftigen, haben sich die Bildung von sozialistischen „Basispersönlichkeiten" unter ihren Schülern zum Ziel gesetzt. Wie einst die christliche Erziehung den Kindern bestimmte Informationen und Ideen vorenthielt – lag darin nicht der Grund für den Index? –, so rechtfertigte die Erziehung im Sinne dieses „Bruches mit dem Kapitalismus" eine Säuberung und Erweiterung des menschlichen Wissens gemäß dem, was man die Kinder glauben machen wollte. Seit 1968 und den in diesem Jahr von der amerikanischen Gegenkultur beeinflußten Unruhen kam eine zweite ideologische Komponente zu dieser unrühmlichen Praxis einer kindischen und zynischen Zensur hinzu, derzufolge schon die Vermittlung von Wissen und in logischer Folge auch das Lernen reaktionär war! Wir erlebten das Aufkommen der so-

genannten nicht direktiven Pädagogik, die es in einer Kraftanstrengung von 15 Jahren soweit brachte, daß ein gutes Drittel aller Kinder, die in eine Mittelschule eintreten wollten, das heißt, also bereits fünf bis sechs Jahre „Grundschulerziehung“ hinter sich hatten, nahezu Analphabeten waren und daß ein keineswegs geringer Teil der Studenten, die an die Universität kamen, zwar lesen konnte, nur wenige aber verstanden, was sie entzifferten. Dieser Verfall kann nur zum Teil auf den Anstieg der Schülerzahlen und das Fehlen eines qualifizierten Lehrpersonals zurückgeführt werden. Im wesentlichen ist er das Ergebnis einer ganz offiziellen Doktrin, einer freiwilligen Entscheidung, derzufolge die Schule nicht die Aufgabe haben *darf,* Wissen zu vermitteln. Man kann dies nicht als bloße Laune abtun: Unwissen ist heute, oder war es zumindest bis vor kurzem noch, in der Schule das Ziel eines bewußten Kultes, dessen theoretische, pädagogische, politische und soziologische Rechtfertigung in vielen Texten und Richtlinien explizit dargelegt wird. Gemäß den Richtlinien muß die Schule aufhören, Wissen zu vermitteln, um zu einem Fourier'schen Phalanster, einem Gemeindehaus „des Zusammenlebens“, „einem Ort des Lebens“ zu werden, an dem sich die „Öffnung gegenüber dem anderen und gegenüber der Welt“ vollzieht. Es geht darum, die von der Kritik als reaktionär empfundene Kompetenz abzuschaffen. Der Schüler darf nichts lernen, und der Professor muß keine Ahnung haben von dem, was er unterrichtet.

Ist dies nicht die rascheste Methode, ein schulisches Scheitern zu verhindern? Jene, die sich für diese neue Pädagogik ereifern, leugnen, daß es sich dabei um ein schulisches Scheitern handle: für sie gibt es dafür nur eine einzige Ursache, nämlich die soziale Ungleichheit. Sie glauben nicht an ungleiche Fähigkeiten oder Begabungen oder eine unterschiedliche Energie bei den einzelnen Menschen, auch nicht an qualitative Unterschiede der Veranlagung. Die Kluft, die zwischen den schulischen Ergebnissen beobachtet werden kann, resultiert daraus, daß die betreffenden Schüler sozial und kulturell entweder begünstigt oder benachteiligt sind. Es ist daher zuallererst wichtig, diese Kluft zu verhindern, denn dies könnte die Illusion aufkommen lassen und die irrtümliche Überzeugung stärken, daß einige Schüler bessere Erfolge haben als andere, weil sie intelligenter oder fleißiger sind oder einen besseren Professor haben als andere. Aber dem ist nicht so. Lediglich die soziale Schicht, wirtschaftliche Privilegien und der kulturelle Vorteil, den das Milieu mit sich bringt, erklären dieses Auseinanderklaffen. Alles, was in der Schule passiert, wird von Faktoren bestimmt, die außerhalb der Schule liegen. Der Theoretiker Pierre Bourdieu vertritt diese These vor allem in „Les Héritiers“ (1964) und „La République“ (1970). Um vor Augen zu führen, auf welch schwacher soziologischer Basis diese

These steht und wie willkürlich die ideologische Abstraktion ist, sollte man nicht ohne Bestürzung Philippe Beneton lesen, der in „Le Fléau du Bien“ (1983) (Kap. III und IV) die wissenschaftliche Dürftigkeit und die lächerlichen empirischen Grundlagen einer angeblichen „Untersuchung“ Bourdieus an einem Pariser Lycée bloßlegt. Schon in „L'inégalité des chances, la mobilité sociale dans les sociétés industrielles“ (1973) hatte Raymond Boudon aufgezeigt, daß dieser Dogmatismus unfähig ist, über die Tatsachen Rechenschaft zu geben. Die Schule hat also nur eine Aufgabe: Den Einfluß dieser Faktoren auszugleichen, indem man im schulischen Bereich eine rigorose Gleichheit von Ergebnissen einführt, die es andernorts leider nicht gibt. Wenn man zwischen „guten“ und „schlechten“ Schülern eine Kluft aufkommen läßt, wenn man es den angeblich „guten“ Schülern ermöglicht, sich rascher als die anderen mehr Kenntnisse als andere zu erwerben, so hieße das den Glauben an naturgegebene Ungleichheit oder an qualitative Unterschiede zu stärken und den Nutznießern der sozialen Ungerechtigkeit auch noch eine Prämie zuzuerkennen. Der gute Schüler muß auf dem Niveau des schlechten Schülers gehalten werden, und das gilt dann als gerechter sozialer Durchschnitt. Man verteilt den Schulerfolg so, wie der sozialistische Staat das Einkommen verteilt. Jeder Ansatz, im Unterricht eine Art Maschinerie zu sehen, die Talente erkennt und ihnen Entfaltungsmöglichkeiten bietet, wird als elitär abqualifiziert und unter diesem Vorwand als reaktionär verurteilt.

Vor mir liegt eine Resolution des Kongresses der Lehrergewerkschaft FEN 13, Sektion Bouches-du-Rhône, die am 22. Jänner 1988 in Aix-en-Provence von allen vertretenen Richtungen und Gewerkschaften einstimmig angenommen wurde. Ihr Ziel ist es, die Durchführung eines „Schulversuchs“ an einem Lycée in Marseille zu verleumden und zu verhindern, den der Verwaltungsrat der Schule beschlossen hatte und dessen Ziel es war, den geisteswissenschaftlichen Zweig der Schule wieder aufzuwerten.

Dieses Dokument betitelt sich bezeichnenderweise: „Gegen die Eliteschulen“ und ist folgendermaßen konzipiert:

„Im Lycée Saint-Charles in Marseille wurde ein Projekt zur Einführung einer Sektion A (die letzten beiden Klassen) beschlossen. Neben diesem „Elitezweig“ sollte eine weitere Sektion A weiterbestehen, die aber, ihrer besten Schüler, beraubt, keine Zukunft hätte.

Sollte dieses Projekt realisiert werden, würde damit ein gefährlicher Präzedenzfall geschaffen. Es würde offiziell ein selektiver Zweig eingeführt, auf dessen Zusammensetzung die Schüler keinen Einfluß haben. Aufgrund der Autonomie der Schulen würde dieses Projekt zu einem Konkurrenzkampf zwischen den Gymnasien in Marseille führen, der

die anderen Schulen veranlassen würde, ebenfalls Elitezweige einzuführen.
Die FEN, die sich stets für eine Demokratisierung des Unterrichts und die Zulassung möglichst vieler zum höchstmöglichen Bildungsstand eingesetzt hatte, verurteilt dieses Projekt und, allgemeiner gesagt, jede Errichtung von Spezialzweigen. Sie appelliert an ihre Mitglieder und überhaupt an alle Angehörigen des Lehrerstandes, sich gegen jedes selektive Projekt zu stellen."
Auffallend ist, daß diese gesamte pädagogische Philosophie, für die der oben angeführte Text nur ein Beispiel ist, sich auf zwei Postulate stützt, die nichts mit politischen Werten zu tun haben. Das erste ist das Postulat von der Gleichheit des genetischen Erbes aller Menschen. Das zweite erhebt die Ansicht zu einem Dogma, wonach die Schulergebnisse in direktem Zusammenhang mit den wirtschaftlichen Vorteilen und dem sozialen Milieu stehen, das heißt, daß kein Kind aus einem ärmeren Milieu als ein anderes jemals die Möglichkeit hätte, bessere Erfolge zu erzielen als dieses. Jede gängige Beobachtung widerlegt diese aus der Luft gegriffene Behauptung. Zur biologischen Absurdität kommt hier noch die soziologische hinzu. Der Unterricht als Mittel zur Wissensvermittlung stützt sich auf die Unkenntnis! Die Vertreter dieser obskurantistischen Pädagogik verwechseln, wie dies Laurent Schwartz in *Pour sauver l'Université* (1984) sehr schön gezeigt hat, die Gleichheit *vor* der Schule mit der Gleichheit *in* der Schule. Zur Illustration, wie diese Gleichheit vorangetrieben wird, möchte ich nur eine kleine Begebenheit erwähnen, die mir direkt erzählt wurde. Als Nutznießer der „Erneuerung der Schule" kommt ein Schüler im Alter von etwa siebzehn Jahren in die drittletzte Klasse, ohne lesen oder schreiben zu können. Ein Teil des Klassenrates schlägt am Ende des Jahres vor, den Schüler die Klasse wiederholen zu lassen; im folgenden Jahr soll er eine Berufsausbildung einschlagen. Ein anderer, größerer Teil, der schließlich das letzte Wort behält, beschließt, ihn in die nächsthöhere geisteswissenschaftlich orientierte Klasse („première littéraire") aufsteigen zu lassen (sic), „um seinem schulischen Handicap nicht noch ein psychologisches Trauma hinzuzufügen". Dies zeigt, was die Lehrergewerkschaft (FEN) von den letzten geisteswissenschaftlich orientierten Klassen, kurz Abschlußklassen A genannt, hält (Terminales A). Um zu ermessen, von welch schändlicher Dummheit diese Resolution in bezug auf das Lycée Saint-Charles strotzt, muß man wissen, daß die Terminales C, die naturwissenschaftlich orientierten Abschlußklassen als einzige wirkliches Ansehen genießen, wogegen die Terminales A eigentlich nur Auffangklassen sind. Daher gibt es in Marseille auch keine Vorbereitungsklassen für die Ecole normale supérieure Lettres,

die Eliteausbildungsstätte für Lehrer, auf Wettbewerbsniveau. Die guten Absolventen des geisteswissenschaftlich orientierten Zweiges gehen nach der Abschlußklasse nach Paris. Demnach bekämpft die FEN auf der einen Seite die „doppelte Ungleichheit" zwischen naturwissenschaftlichem und geisteswissenschaftlichem Zweig einerseits und Paris–Provinz andererseits, während sie auf der anderen Seite alles tut, um beide noch zu verstärken. Wer den Unterricht demokratisieren will, muß in Wirklichkeit erreichen, daß die wirtschaftliche Situation ein Kind nie daran hindern darf, den seinen Fähigkeiten entsprechenden Studien nachzugehen. Dies heißt aber wiederum nicht, daß alle Schüler die gleichen Begabungen hätten, das gleiche Niveau und die gleiche Art von Fähigkeiten. Nach dem gegenwärtigen Stand der Wissenschaft deutet nichts darauf hin, daß alle Menschen für alles gleich begabt seien, und es gibt viele Anzeichen, daß es für diese These keine Grundlage gibt. Wenn behauptet wird, daß dereinst alle Schulkinder Klassenbeste sein werden, nämlich an jenem Tag, an dem die Gesellschaft als ganze gerecht sein wird – um welche „Gerechtigkeit" geht es da überhaupt –, so können das nur die Früchte einer auf Unfähigkeit aufbauenden ideologischen Wahnvorstellung sein.

Bedauerlich ist, daß diese freiwillige Unfähigkeit heute genau unter jenem sozioprofessionellen Stand blüht, dessen Aufgabe es ist, den Schatz des Wissen von Generation zu Generation weiterzugeben. Wie François Jacob in seinem Buch *Le Jeu des possibles* schreibt, hat man gerade deshalb, weil nicht alle Menschen gleich sind, die Gleichheit der Rechte und den Kampf dafür erfunden. Die Gleichheit der Rechte gleicht die Ungleichheit der Begabungen aus – zwischen den Menschen natürlich, ein Phänomen, das beobachtet werden kann, und nicht zwischen den Rassen, was weder ein beobachtbares Phänomen noch ein wissenschaftliches Konzept darstellt. Herrschte eine natürliche Gleichheit, so wäre die juristische unnötig. Im übrigen sieht man sehr deutlich, wie im demokratischen Kapitalismus sowohl die wirtschaftliche Ungleichheit als auch der Einfluß der wirtschaftlichen Ungleichheit auf die kulturelle Ungleichheit, auf die schulischen und universitären Chancen verringert werden kann. Überhaupt nicht klar hingegen ist, außer man läßt das Wesen des Unterrichts und des Lernens außer acht, wie es zu bewerkstelligen und warum es wünschenswert wäre, daß alle Kinder unter den gleichen Bedingungen stehen, die gleichen Ergebnisse erzielen und sich in der Folge auf dieselben Aktivitäten vorbereiten, die sie später in gleicher Weise und mit gleich gutem Erfolg ausüben werden. Neben der Verfälschung der Schullehrbücher führt dieses unrealistische Prinzip zur Zerstörung des Unterrichts durch die Unterrichtenden selbst.

Die Gleichheit im Unterricht kann nur darin bestehen, Zugangsbedingungen zum Studium zu schaffen, unter denen jeder einzelne allein gemäß seiner wirklichen intellektuellen Begabungen Erfolg haben kann und nicht aufgrund seines sozialen Milieus. Das in ein tragendes Milieu hineingeborene Kind darf nicht begünstigt werden, wenn es mittelmäßig ist – und deshalb brauchen wir einen strengen und selektiven Unterricht. Das in eine mittel- und kulturlose Familie hineingeborene Kind darf nicht von einem Studium auf hohem Niveau ausgeschlossen werden, wenn es intelligent ist – und auch deshalb brauchen wir einen strengen und selektiven Unterricht, der geeignet ist, die Begabungen zu entdecken, anstatt sie zu unterdrücken, ihre Ausprägung zu verhindern und sie auf dem Niveau der schlechtesten Schüler zu halten. Letztere Auffassung von Gleichheit führt zum Schlimmsten, was man durch ihr Milieu benachteiligten Schülern antun kann: *Ihnen in der Schule noch ein zweites benachteiligtes Milieu aufzuzwingen!* Unter dem Vorwand, sie lebten in einem Umfeld, das ihre intellektuelle Aktivität lähme, überfordert man sie in der Klasse erneut. Genau das ist der Grundgedanke. Dieses pädagogische System macht die große historische Funktion der Schule, ihre wirklich demokratische Berufung zunichte, die darin besteht, die soziale Ungleichheit durch intellektuelle Ungleichheit auszugleichen. Seine bestimmende Ideologie postuliert Gleichheit und Identität aller Menschen. Die Ungleichheit des Studienerfolgs würde einzig durch soziale Ungleichheit erklärt. Da die Erfahrung dieses Postulat nicht bestätigt, muß man sie dazu zwingen, indem man ein allgemeines Scheitern organisiert, das sozusagen das Fegefeuer darstellt, durch das man in jenes Nirvana der totalen intellektuellen Gleichheit vordringt. Dieses wissenschaftsfeindliche Postulat führt in der Tat zur allerreaktionärsten Schule, denn nur die Kinder der tragenden Gesellschaftsschichten haben die materiellen Möglichkeiten und die notwendigen Verbindungen, um außerhalb eines steril gewordenen Unterrichts jene Bildung zu erhalten, die dieser Unterricht ihnen nicht mehr vermittelt. Diese angebliche Matrix der Gerechtigkeit gebiert die größte Ungerechtigkeit.

Die Schule war ein Instrument zur Fortbildung der Gesellschaft und zur Korrektur von Ungleichheiten und kann wieder dazu werden, aber eben, wie es ihre Aufgabe ist, auf dem Wege des Wissens und nicht durch eine Leugnung und Untersagung desselben. Die Demokratisierung des Unterrichts hat es mit sich gebracht, daß das Wissen zunehmend zu einem Hebel umfunktioniert wurde, mit dessen Hilfe eine anfängliche wirtschaftliche Ungleichheit korrigiert wird. Eine der wichtigsten Bedeutungen des Demokratieverständnisses ist es vielleicht, daß die Demokratie dazu dient, den soziologischen Determinismus für eine

Teilhabe an der Kultur auszulöschen. Doch geschieht dies mit Hilfe der Kultur selbst, und nicht durch das Gegenteil, nicht durch das Hervorbringen „verdummter Kinder", die einander in ihrer Dummheit ebenbürtig sind. Der Traum der neuen Pädagogen ist es, die Schule durch Lüge und Ignoranz zu einem Werkzeug der Zerstörung der Gesellschaft umzufunktionieren. Diese Taktik wird die Gesellschaft nicht zerstören, zum einen, weil diese Pädagogen die Gesellschaft nicht kennen, sich nicht die Mühe geben, sich mit ihr auseinanderzusetzen und sie aus der Sicht fauler und in ihrer Simplifizierung erschreckenden Vorurteile beurteilen; zum anderen, weil die Gesellschaft nicht lange eine Schule tolerieren wird, deren erklärtes Ziel es ist, sie von innen auszuhöhlen; und schließlich, weil die Schule, die sich für den Kläger hielt, durch die Selbstzerstörung um der besseren Zerstörung der Gesellschaft willen selbst zum Hauptangeklagten wird. Ihre Ineffizienz diskreditiert sie und macht sie lächerlich. Sie glaubte Revolution zu machen, aber sie erlitt Schiffbruch.
Zum Glück verteidigt sich die bürgerliche Gesellschaft mit aller Entschiedenheit gegen die Bemühungen der Lehrerschaft, sie wieder in den Analphabetismus zu stürzen. Die Forderung nach Erziehung bleibt weiterhin stark, ja wird sogar immer stärker, und der dadurch ausgeübte Druck verurteilt die neue Pädagogik teilweise zum Scheitern. Innerhalb eines Vierteljahrhunderts hat sich der Prozentsatz jener, die ein der Matura oder einem höheren Abschluß entsprechendes Diplom erworben haben, vervierfacht. Es stimmt, daß es sich dabei nicht mehr um ganz dasselbe Diplom handelt. Es stimmt auch, daß in einer Gesellschaft sehr wohl ein starker Anstieg der Zahl von Diplomen verzeichnet werden kann, ohne daß diese Zahl ausreichen würde, da der Bedarf an Diplomabschlüssen aufgrund der kulturellen und technologischen Veränderungen noch stärker gestiegen ist. Es kann dabei durchaus einen Anstieg der Absolut- und einen Rückgang der Relativzahlen geben. Wir wandeln uns zu einer Gesellschaft, in der die unqualifizierten Arbeitskräfte zurückgehen beziehungsweise im Verschwinden begriffen sind. „In Frankreich werden jährlich 80.000 praktisch analphabetische Jugendliche zu erwachsenen Behinderten" (Paul Camous, in *La Vie Publique,* September 1987), die vor dreißig oder fünfzig Jahren ganz normal in die Gesellschaft integrierte manuelle Arbeiter in der Landwirtschaft, der Industrie oder dem Handwerk gewesen wären. Man kann sich nicht damit zufriedengeben, daß die Zahl der Diplome in einem Land höher ist als je zuvor: man muß auch wissen, ob sie in dem gleichen Maß anstieg wie die Nachfrage. Einer Gesellschaft kann es durchaus gleichzeitig an unqualifizierter Arbeit für ihre Arbeitslosen wie an jungen Diplomanden für qualifizierte Arbeiten mangeln. Dies

erklärt, wieso die Öffentlichkeit trotz einer steigenden Zahl von Diplomabschlüssen den Eindruck haben kann, der Unterricht sei in seiner Aufgabe gescheitert, und daher einen effizienteren Unterricht fordert, wie dies aus allen Meinungsumfragen hervorgeht. Gleichzeitig zeigen diese Meinungsumfragen, daß die Achtzehn- bis Vierundzwanzigjährigen Mitte der achtziger Jahre die UdSSR für wirtschaftlich bankrott halten, für einen Friedhof der Menschenrechte und eine Bedrohung für die Demokratien – was glücklicherweise zeigt, daß dreißig Jahre des Vollstopfens der Köpfe via Schulbücher gescheitert sind[3]! In den neuesten Schulbüchern kommen die Pädagogen zunehmend von dem immer hoffnungsloseren Bemühen ab, ihre Schüler das sowjetische Modell bewundern zu lassen[4]. Dafür haben sie eine andere Basis gefunden, von der aus sie ihre Angriffe gegen den demokratischen Kapitalismus starten: die Dritte-Welt-Bewegung, für die der zunehmende Reichtum der entwickelten Länder nur einen Grund hat, nämlich die Verarmung der unterentwickelten Länder. Als Theorie, die jeder wirtschaftlichen und historischen Grundlage entbehrt, als einfache Substitution und örtliche Verschiebung der unhaltbaren marxistischen Ideologie vom Mehrwert, wurde die Dritte-Welt-Bewegung so oft und so gründlich widerlegt, daß ich nicht näher darauf eingehen möchte, außer um zu unterstreichen, daß es sich dabei um ein neuerliches Beispiel dafür handelt, wie beharrlich sich, vor allem im schulischen Bereich, falsche Darstellungen halten, obwohl alle nur erdenklichen Informationen zugänglich sind, die sie entlarven.

Einer anerkannten Meinung zufolge, würde das moderne Kind die Unzulänglichkeiten und die Parteilichkeit des Schulunterrichts durch jene Informationen kompensieren, die ihm die Medien bieten. Darin läge überhaupt eine der Ursachen für die „Demoralisierung" der Lehrer, die ihres „unfreiwilligen Publikums", das bisher ihre Herde ausgemacht hatte, sowie ihrer Autorität beraubt würden, die ihnen einst das Monopol der Wissensvermittlung eingeräumt hatte. Ich weiß nicht recht, ob Leute, die solche Überlegungen anstellen, ihren Kindern oft beim Fernsehen zugeschaut oder sich selbst beobachtet haben, wenn sie fernsehen. Abgesehen davon, daß die politischen Vorurteile der Journalisten in den Massenmedien, bald durch ihre Auswahl, bald durch Konformismus und Trägheit, oft kaum von denen der Professoren abweichen, abgesehen auch davon, daß Erziehung sich selbst in „kulturellen" Nachrichten nicht erschöpft, kommt man nicht umhin, an die Flüchtigkeit der durch das Fernsehen vermittelten Information zu denken und an jenen Dämmerzustand, in dem wir sie aufnehmen. Das Charakteristikum eines vom Fernsehen vermittelten Faktums liegt darin, daß es aus dem Kontext und der Vorgeschichte herausgerissen und weder irgendwo eingeordnet noch erklärt wird, außer durch notwendigerweise so dürftige Kommentare, daß es besser wäre, ganz auf diese zu verzichten. Die fesselnden Bilder und nicht die Bedeutung des Ereignisses bestimmen die Stärke des Eindrucks. Erziehung aber, die Einführung in die Kultur und das Hinführen zu einer selbständigen Meinung erfordert dieser passiven Aufnahme gegenläufige Voraussetzungen. Ich denke hier vor allem an die TV-Nachrichtensendungen, denn die verschiedenen Magazine haben in größerem Maße die Möglichkeit, sich der illustrativen Kraft des Fernsehens zu bedienen, ohne dabei auf Schlußfolgerungen oder Vergleiche verzichten zu müssen, kurz auf all das, was sich an das klare Bewußtsein wendet und eine Spur im Gedächtnis hinterläßt. Aber der Hauptanteil der Informationen über das Tagesgeschehen wird in den Nachrichtensendungen vermittelt. Unabhängig selbstverständlich von einer Beeinflussung durch Journalisten fördert die Eigenart dieses televisuellen Mediums beim Zuschauer gleichzeitig die Intensität des Eindrucks und die Schnelligkeit des Vergessens. Die Natur der Sache fordert eine rasche Abfolge und einen nicht zu großen Umfang der Themen. Damit fehlt eine Hierarchie. Eine sehr wichtige Nachricht aus der internationalen Politik oder der Wirtschaft steht neben einer Lokalnachricht oder einer Kuriosität. Der unvermeidlich sehr vereinfachte Kommentar wird, wenn auch physisch gehört, nur oberflächlich registriert. Das „ich habe es im Fernsehen gesehen" impliziert nicht, daß der Betreffende auch nur die leiseste Ahnung davon hat, was gesagt wurde. Das aus den Ursachen und dem Zusammenhang herausgelöste Bild spricht einen Bereich unserer Wahrnehmung an, in dem die intellektuelle Analyse und damit das Funktionieren des Gedächtnisses nur schwach wirksam werden. Wir erinnern uns an „die großen Augenblicke des Fernsehens", weil sie uns durch das Pathos, das Barock, das Schreckliche oder ihren objektiven Einfluß auf den Lauf der Geschichte im Gedächtnis geblieben sind.

Man könnte auf den Bewußtseinszustand des Fernsehzuschauers, der auch ein Fern-Auswähler ist, die vier von Freud zur Beschreibung des Traummechanismus eingeführten Bezeichnungen verwenden: „Verschiebung" (d. h., jemand kann die Rolle eines anderen spielen); „Dramatisierung" (d. h., die Geste tritt an die Stelle des Gedankens); schließlich „Verdichtung" und „Symbolisierung". Ich würde noch einen fünften Terminus hinzufügen: „Verflüchtigung".

Dies soll keine „Kritik des Fernsehens" sein, eine Kritik, die um nichts sinnvoller wäre als eine solche der Flugreisen. Halten wir einfach fest, daß die im Fernsehen vermittelten Informationen – selbst wenn ich in diesem hypothetischen Fall die Verfälschungen außer acht lasse, die sich durch Parteinahme, Zensur oder Inkompetenz ergeben – nur eine Art Aufzählung und keine Analyse von Tatsachen sind. Auch wird nur ein äußeres Bild der Ereignisse geboten, vor unseren Augen wird sozusagen ein Spiel aufgeführt, bei dem es uns nicht gelingt, den Text zu verstehen. Zweifellos ein prächtiges Schauspiel, das unser Wissen von der Erde und von unseren menschlichen Brüdern, so weit es sich auf das äußere Erscheinungsbild beschränkt, wunderbar, ja bis zum Überdruß bereichert hat. Dieses Wissen erlaubt es uns weder, aus diesen Tatsachen Lehren zu ziehen, noch sie miteinander in Verbindung zu bringen oder zwischen Ursache und Wirkung zu unterscheiden. Wie könnten wir die Ereignisse in einem Gesamtbild zum Ausdruck bringen und sie überlegend und wertend in unserem Gedächtnis verankern? Ein Eindruck jagt den anderen – und genau dessen wissen sich gewitzte Politiker zu bedienen.

Die Medien haben noch mit einer anderen Bürde zu kämpfen, die ihre Möglichkeit, zur Bildung beizutragen, schmälert: die Unmöglichkeit beziehungsweise Sinnlosigkeit jeder Richtigstellung. Jede Information, wie furchtbar falsch oder bar jeder Perspektive sie auch sein mag, treibt nach ihrer Verbreitung dahin wie ein manövrierunfähiges Schiff, das nichts und niemand mehr in den Hafen zurückführen kann, um es zu reparieren. Meinungsbildung ist zu einem großen Teil ein ständiger Prozeß der Richtigstellung, wobei sich die ursprüngliche Darstellung durch ständige Verarbeitung neuer Fakten unaufhörlich verändert. „Kinder haben weder Vergangenheit noch Zukunft", schreibt La Bruyère. Erziehung besteht darin, ihnen sowohl das eine wie das andere zu geben. Ich bezweifle, daß die Nachrichten in den Medien, die selbst weder Vergangenheit noch Zukunft haben, Erziehung ersetzen oder dieser bei der Erfüllung ihrer Aufgabe helfen können.

Auf Einwände dieser Art antworten die Lehrer für gewöhnlich zunächst, daß das Schicksal des Unterrichts stets mit politischen Faktoren verbunden war, und weiters, daß sie selbst, wie alle Bürger in einer Demokratie, das Recht auf eigene Meinung und politischen Kampf hätten. Wir haben es hier mit zwei Sophismen zu tun. Daß jede Gesellschaft, jeder Staat eine bestimmte Schulpolitik verfolgt beziehungsweise verfolgen muß, bedeutet nicht, daß die Professoren das Recht haben, im Unterricht Politik zu machen. Es ist sicherlich klüger, sie in Fragen der Schulpolitik zu Rate zu ziehen, doch wann immer dies in den vergangenen vierzig Jahren der Fall war, vertraten sie derart kindische, sektiererische und verantwortungslose Ansichten, daß man ihre innersten Motive mit voller Beunruhigung in Zweifel ziehen muß. Was das Recht der Professoren anlangt, in die Politik einzusteigen, und Gott weiß, daß sie sich dabei keine Zurückhaltung auferlegen, ja dort weitverbreitet Karriere machen, warum sollte dieses durch berufsbedingte Skrupel oder intellektuelle Ehrenhaftigkeit in der Wissensvermittlung beschnitten werden? Die Professoren haben natürlich keinen Grund, Vestalinnen zu bleiben. Julien Benda verurteilt in *Der Verrat der Intellektuellen* nicht das Engagement eines Intellektuellen an sich. Was er fordert, ist, daß gerade und vor allem sie ihr Engagement der Wahrheit und nicht die Wahrheit dem Engagement unterordnen sollten. Diese Aufgabe zwingt sich vor allem dem Lehrer auf, dessen Zuhörer nicht die Möglichkeit haben, ihm entweder zuzuhören oder nicht. Der Professor, der seiner Aufgabe untreu wird, fügt der Sünde wider den Geist noch die des Mißbrauchs eines Abhängigkeitsverhältnisses hinzu. Warum verabscheuen die Lehrer in allen demokratischen Ländern die liberale Gesellschaft so sehr, konkret, warum wählen sie häufiger links als der Durchschnitt der Gesellschaft, der sie angehören und deren Kinder sie unterrichten? Im 19. und im Verlauf der ersten Hälfte des 20. Jahrhunderts war es oft die Armee, die sich von der Grundtendenz der öffentlichen Meinung gefährlich weit in Richtung rechts und extrem rechts entfernte. Heute sind es die Professoren, die sich nach links und extrem links orientieren. Nicht nur in den europäischen Demokratien, auch in den USA selbst, lenkt dieser Umschwung unsere Aufmerksamkeit auf sich. 1982 beispielsweise freute sich Prof. Bertell Ollman von der Universität New York, feststellen zu können: „Heute vollzieht sich an den amerikanischen Universitäten eine marxistische Revolution“[5]. Das von Prof. Ollman selbst herausgegebene Lehrbuch *Entfremdung: der marxistische Menschenbegriff in der kapitalistischen Gesellschaft,* dessen Titel wie ein schlechter italienischer Scherz aus der Zeit Anfang der sechziger Jahre klingt, war 1982 an mehr als hundert amerikanischen Universitäten Pflichtlektüre und erschien in sieben Auflagen. Jeder europäische Beobachter konnte nur belustigt dieses amerikanische Schicksal eines intellektuell und politisch verfälschten Marxismus auf dem Alten Kontinent beobachten. „Die extremistischen Ideen“, schrieb Guenter Lewy in *Policy Review* (Winter 1982), „haben an Boden gewonnen und sind tiefer eingedrungen. Das hat nirgends so große Gültigkeit wie in den Colleges und Universitäten, an denen es Hunderte, vielleicht Tausende ganz offen sozialistische Professoren gibt.“ Die Veranstalter europäischer Symposien, die zunehmend größere Schwierigkeiten hatten, vor Ort Teilnehmer zu finden, die bereit waren, die Rolle des Marxisten vom Dienst zu übernehmen, grobschlachtig und ohne Komplexe, wurden dazu gezwungen, sie einfach aus den USA zu importieren! Sie gaben uns mit Zinsen und Zinseszinsen zurück, was wir ihnen geborgt hatten! Aber das Spektakel dieses herrlichen ideologischen Ping-Pongs über den Atlantik hinweg macht das Geheimnis nur noch undurchdringlicher: Woher kommt dieser wilde Haß der Intellektuellen auf die am wenigsten barbarischen Gesellschaften der Geschichte und ihr wütendes Bedürfnis, ausgerechnet die einzigen Kulturen zu zerstören, die der Intelligenz eine beherrschende Rolle einräumten?

12

DAS SCHEITERN DER KULTUR

Stellt man sich die Frage nach dem Wie und Warum, das eine Kultur, die aus dem Wissen geboren ist und vom Wissen abhängt, dazu bringt, das Wissen hartnäckig zu bekämpfen oder zumindest in seinem Gebrauch Enthaltsamkeit zu üben, so führt einen der Hausverstand dazu, in ganz besonderem Maß über die Rolle der Intellektuellen in dieser Kultur nachzudenken. Nach der anerkannten Weltanschauung müßte es auf der einen Seite die Intellektuellen, die Künstler, die Schriftsteller, die religiösen Autoritäten und die Gelehrten geben, die immer schon gegen alles und jedermann die Gerechtigkeit und die Wahrheit verteidigen, und dann, auf der anderen Seite, die Kräfte des Bösen: die Mächte, das Geld, die Kriegstreiber, die Aushungerer und Ausbeuter, die Polizei, die Rassisten, Faschisten und Diktatoren, die Unterdrükkung und die Ungerechtigkeit, die Rechte im allgemeinen und auch ein wenig die Linke, wenn sie manchmal auf sehr vorübergehende und untypische Irrwege gerät. Diese Vision ist um so mächtiger, als die Kommunikationsmittel in den Demokratien per definitionem in den Händen derjenigen liegen, denen sie schmeichelt.

Die anderen, diejenigen, die bei diesem Treiben tatenlos zuschauen, tragen in ihrem Herzen eine völlig entgegengesetzte Ansicht über die Intellektuellen, die aber genauso übertrieben ist. Sie unterstreichen erbarmungslos ihre Irrtümer, ihre Hinterhältigkeit, ihre Liebedienerei der Mode gegenüber, ihre Verantwortungslosigkeit, wenn sie zu den großen Problemen Stellung nehmen. Es gibt also nicht nur eine, sondern zwei Auffassungen über den Intellektuellen unserer Zeit.

Die erste wirft den Intellektuellen ihren Mangel an Verantwortungsbewußtsein bei der Ausübung ihres Einflusses vor, die Ungeniertheit, mit der sie die Information vernachlässigen, ja verfälschen, und ihre Ungerührtheit gegenüber den Schäden, die ihre Irrtümer anrichten. In Frankreich geht dieser Prozeß bis auf Tocqueville und sein berühmtes Kapitel über das Ancien Régime und die Revolution zurück mit dem Titel *Wie die Schriftsteller um die Mitte des 18. Jahrhunderts zu den wichtigsten Politikern des Landes wurden und die Folgen, die sich daraus ergaben.* Tocqueville legt darin klar, daß „gerade die Lebensbedingungen dieser Schriftsteller sie darauf vorbereiteten, diese allgemeinen und abstrakten Theorien in der Kunst des Regierens auszukosten und sich ihnen blindlings zu überlassen". Daher haben sie, „indem sie trotz der nahezu gänzlichen Entfernung, in der sie von der Praxis lebten, die Meinungsbildung in die Hand nahmen", den Prototyp des Intellektuellen geschaffen, der sich wie ein Parteichef gibt, ohne jedoch dessen Risken zu tragen.

Die zweite Vorstellung von der Rolle des Intellektuellen betrachtet im Gegenteil seinen Abstand von den Zwängen der Praxis als Vorteil. Er ist das moralische Gewissen der Gesellschaft, der Diener der Wahrheit, der Feind der Tyrannei, der Dogmen, der Zensur und der Ungerechtigkeit. In dieser ruhmreichen Tradition gibt es Höhepunkte, von der Calas-Affäre bis zur Dreyfus-Affäre und bis zum Kampf gegen den Rassismus. Für gewöhnlich identifiziert man die erstere dieser beiden Thesen mit der Rechten und die zweitere mit der Linken.

Diese blauäugige Absonderung der Spreu vom Weizen läßt die gesamte intellektuelle Geschichte der Alten wie der Neuen Welt seit drei Jahrhunderten außer acht. Es gibt ebenso viele Denker von rechts wie von links, die nicht realisierbare Utopien vertraten, pseudo-wissenschaftliche Dogmen und Parolen, die zu Katastrophen führten, vor allem zwischen den beiden Kriegen. Es gibt ebenso viele Denker von links, vor allem nach 1945, wie von rechts, die ihre Begabung darauf verwendet haben, die Lüge, die Tyrannei, den Mord, mit einem Wort, die Dummheit zu rechtfertigen. Bertrand Russell, der spätere Nobelpreisträger, erklärte 1937: „Großbritannien sollte abrüsten, und wenn die Soldaten Hitlers bei uns einmarschieren, sollten wir sie freundlich empfangen, wie Touristen; sie würden so ihre Steifheit verlieren und könnten unsere Lebensart als verführerisch empfinden." (...) „Würde die britische Regierung aufhören aufzurüsten und pazifistisch werden, so würde dieses Land nicht überfallen und wäre ebenso in Sicherheit wie Dänemark." In der Tat ein gutes Beispiel, wie sich 1940 zeigen sollte ... Russell vertrat die Meinung, daß nie ein Land ein anderes angegriffen hat, außer, weil es vor der Aufrüstung des letzteren Angst hatte. Als ersten Schritt in Richtung Weltfrieden schlug er die Zerschlagung des britischen Empires vor.

Bertrand Russell mag auf seinem Spezialgebiet – der symbolischen Logik – ein bedeutender Philosoph sein, was den in diesem Abschnitt behandelten Punkt betrifft, so ist er nichts desto trotz ein Dummkopf. Der Verfasser von *Der Verrat des Klerus,* eines der stolzesten Plädoyers für die notwendige Unabhängigkeit der Intellektuellen, Julien Benda, verstieg sich 20 Jahre nach diesem läuternden Werk dazu, das Todesurteil gegen Rajk beim Scheinprozeß in Budapest zu begrüßen. „Voltaire", so schreibt er in der kommunistischen Wochenzeitschrift *les Lettres françaises* vom 17. November 1949, „war ganz in die Rolle des Gelehrten geschlüpft, als er im Falle Calas intervenierte, ebenso Zola in der Dreyfus-Affäre; ich gebe vor, mich ebenso zu verhalten wie sie, indem ich das ungarische Urteil verteidige, dessen Gerechtigkeit mir nur die Parteigänger zu leugnen scheinen."

Das Bild vom engelsgleichen und priesterlichen Intellektuellen verleiht ihm auf allzu naive Weise die Unfehlbarkeit, den Mut, die Rechtschaffenheit und die Erkenntnisfähigkeit. Die kritische Sicht hingegen vermittelt einen übertriebenen Pessimismus, der dem Intellektuellen eine angeborene Leichtfertigkeit zuschreibt und einen beträchtlichen Mangel an Realitätssinn, auch wenn er im übrigen ein profunder Theoretiker oder ein glänzender Künstler ist. Beiden Auffassungen ist ein Laster gemeinsam: sie schreiben dem Intellektuellen gewissermaßen angeborene Eigenschaften oder Fehler zu.

Die Einschaltung eines Intellektuellen in öffentliche Angelegenheiten erfolgt also unter der Herrschaft von Überlegungen, Druck, Interessen, Leidenschaften, Feigheit, Snobismus, Emporkömmlerei, Vorurteilen und Heuchelei, die in jedem Punkt jenen ähneln, die auch andere Menschen bewegen. Die drei notwendigen Tugenden, um all dem zu widerstehen, nämlich Scharfblick, Mut und Ehrenhaftigkeit, sind bei den Intellektuellen nicht mehr und nicht weniger verbreitet als in den anderen sozioprofessionellen Kategorien. Daher ist ihr Beitrag zu den großen Irrwegen der Menschheit im Verhältnis ebenso groß wie jener ihrer übrigen Zeitgenossen.

Sieht man beispielsweise zwischen den beiden Kriegen von allen Intellektuellen ab, die der faschistischen oder der stalinistischen Versuchung nachgaben, so bleiben nicht viele Leute übrig. Die meisten Größen der italienischen Kunst und Literatur sind für die Errichtung und die Festigung des faschistischen Staates im Namen eines „revolutionären" Ideals eingetreten: D'Annunzio, Pirandello, Papini, Marinetti und die Futuristen, Ungaretti (der nach 1945 zum Stalinisten wurde) und zu einem geringeren Grad Benedetto Croce, der zumindest bis 1925 ein zwiespältiger Sympathisant war. Wie Antonio Gramsci, der kommunistische Theoretiker der totalen intellektuellen Machtübernahme, verab-

scheuen faschistische Theoretiker stets die demokratischen und parlamentarischen Einrichtungen. Sie predigen eine „Pädagogik der Gewalt", dieselbe, die man um 1970 bei der extremen Linken, unter den geistigen Vätern und Initiatoren des Terrors der Roten Brigaden wiederfinden wird. In ganz Europa wurde der Haß auf die liberale Gesellschaft zum gemeinsamen Anliegen zahlreicher Schriftsteller von rechts wie von links. In Deutschland verurteilten die linken Intellektuellen die Weimarer Republik in gleichem Maße wie die Nazis, und ihre Schläge trugen auch zu deren Sturz bei. In Großbritannien verdammten die ehrwürdigsten Denker, von Bernard Shaw bis zum Dekan von Canterbury, dem berühmten „roten Dekan", den Faschismus nur, um den Prozeß Moskaus und (in vollster Logik!) den deutsch-sowjetischen Pakt besser beweihräuchern zu können. Vor wie nach dem Krieg waren diese freiheitstötenden Stellungnahmen nicht Sache einiger altmodischer Zeitungsschreiber, sondern der berühmtesten Talente.
In Frankreich zählte das berüchtigte Komitee der antifaschistischen Intellektuellen von 1934, bereichert um Agenten der Komintern, nicht weniger zu den Gegnern der liberalen Demokratie als das gegnerische Lager. André Thirion beschreibt in *Révisions déchirantes* (1987), das sein Hauptwerk *Révolutionnaires sans révolution* aus dem Jahre 1972 vervollständigt, mit einer grausamen Lebensnähe diese eigenartige Verschachtelung des Totalitarismus von rechts und von links. „Wir sind für die liberale und parlamentarische Demokratie nicht weniger streng", schrieb beispielsweise 1935 Emmanuel Mounier, Vorreiter der linken Christen und Gründer der Zeitschrift *Esprit*. „Demokratie von Sklaven in Freiheit ..." Er fügte hinzu: „Wir leugnen keineswegs, daß die Faschisten angesichts der Regime, an deren Stelle sie treten, ein gewisses gesundes Element beisteuern." Nach der Befreiung zeigte Mounier eine Schwäche für den Stalinismus.
Glücklicherweise kann man dieser Anklage die Namen von Intellektuellen entgegenhalten, deren Antifaschismus vor und nach dem Krieg bezeugt ist, d. h. nicht darin bestand, einen Totalitarismus gegen den anderen auszutauschen: André Gide, George Orwell, André Breton, François Mauriac, Albert Camus, Raymond Aron, Octavio Paz, Vargas Llosa oder Carlos Rangel. Doch sind das nicht allzu viele, und man könnte nicht sagen, daß sich ihre Mitbrüder ihnen gegenüber immer sehr elegant verhalten hätten.
Als Albert Camus als Opfer eines Verkehrsunfalls am 4. Jänner 1960 im Alter von 46 Jahren starb, war er gleichzeitig einer der berühmtesten französischen Schriftsteller der Welt, andererseits der am meisten zerrissene. Auch der am meisten angegriffene. Als aus Algerien gebürtiger Franzose und Mann der Linken, der darauf pochte, ein solcher zu sein,

hätte er, so forderte man immer wieder, öffentlich eine eindeutige Stellung zum Algerienkrieg beziehen sollen. Statt als moralische Leitfigur zu dienen, schloß er sich seit Anfang 1956 in ein schmerzlich drükkendes Schweigen ein, das von vielen als Ausweichen interpretiert wurde. Er schwieg ostentativ, trotz der täglich schrecklicheren Tragödien in einem Konflikt, der schon sechs Jahre andauerte.

Wie kann man diese offensichtliche Flucht vor der „Verantwortung des Intellektuellen" erklären? Vor allem die Verfechter des Fortschritts und die Antikolonialisten, also jene politische Gruppierung, aus der er kam, fordern vom Schriftsteller Rechenschaft. Und ihre Erklärung fällt nicht wirklich zu seinen Gunsten aus. Für sie verkleidet Camus seine Verweigerung einer revolutionären Entscheidung hinter edlem Humanismus. Oder ganz einfach, der pied-noir in ihm hat dem fortschrittlichen Denker das Maul gestopft. Ein kurzer Satz im Dezember 1957 hat einen Skandal hervorgerufen. In Stockholm, wohin sich Camus begeben hatte, um den Nobelpreis in Empfang zu nehmen, erklärte er, über Algerien befragt: „Ich glaube an die Gerechtigkeit, aber ich werde eher meine Mutter als die Gerechtigkeit verteidigen!"

Diese Worte riefen innerhalb der verärgerten Linken einen Sturm der Entrüstung hervor. War dies nicht die französische Übersetzung des imperialistischen Evangeliums „My country, right or wrong"?[1] Camus stellte also seine Blutszugehörigkeit zum Mutterland, zur französischen Gemeinschaft in Algerien, über die Gerechtigkeit Antigones, über die „ungeschriebenen Gesetze" des politischen Rechtsguts.

Wie oft seitdem er diesen Satz gesagt hat, wurde die Abkürzung dieses Camus'schen Wortes von einer der „Gerechtigkeit" vorgezogenen „Mutter" in diesem Sinn zitiert, was einen Unsinn darstellt, oder zumindest eine Zweideutigkeit!

Wenn Camus nämlich von seiner Mutter sprach, ging es tatsächlich um seine leibliche Mutter und nicht um ein Symbol für die Heimat. Wenn es ein Symbol sein soll, dann eines für die Zivilbevölkerung, für die unschuldigen Opfer. Schon im März 1956 verwendete er dasselbe Bild in einem Gespräch mit Emmanuel Roblès: „Wenn ein Terrorist eine Granate auf den Markt von Belcourt (in Algier) wirft, den meine Mutter gerade besucht, und sie dadurch tötet, so wäre ich dafür verantwortlich, falls ich, um die Gerechtigkeit zu verteidigen, auch den Terrorismus verteidigt hätte. Ich liebe die Gerechtigkeit, aber ich liebe auch meine Mutter." Die Unmöglichkeit, den blinden Terrorismus auf algerischer Seite beziehungsweise den blinden Druck auf französischer Seite akzeptieren zu können, darin liegt der Schlüssel für das „Schweigen" Camus'.

Camus hatte Ungerechtigkeit und Unterdrückung schon immer auf der

Seite der Moslems bekämpft. 1937 war er sogar aus der Kommunistischen Partei ausgeschlossen worden, weil er den algerischen Nationalisten die Treue gehalten hatte, mit denen die Partei nach einer brüsken Richtungsänderung in Moskau gebrochen hatte. Aus extrem armen Verhältnissen stammend und als Sohn eines Landarbeiters, der Anfang des Krieges 1914 getötet wurde, und einer einfachen Frau, die weder schreiben noch lesen konnte, widmet er seine ersten Berichte 1938 in *Alger républicain* der „Not in Kabylien".[2] Später in Paris, nach der Befreiung, sind es die Hungersnot 1945 in Algerien, die Unterdrückung nach den Aufständen von Constantin und Sétif, die Camus zu seinen Leitartikeln im *Combat* inspirieren. Er wird es nicht müde, darin für die Araber Brot und Gerechtigkeit zu fordern. Er unterstützt die volkstümliche Bewegung der Freunde des Manifests von Ferhat Abbas, die Befürworter einer mit Frankreich verbündeten „algerischen Republik" (damals ein sehr gewagtes Programm) und protestierte gegen die Inhaftierung ihrer Führer, in der er einen großen politischen Fehler sah, der die moslemische Jugend den extremistischesten Strömungen in die Arme treiben würde.

Warum also wandte sich Camus zehn Jahre später von den französischen Fortschrittlichen ab, die ohne Vorbehalt die algerische Revolution unterstützten? Weil er ihnen das Recht absprach, ohne Unterschied alle Akte der algerischen Rebellen zu unterschreiben, wie er auch den Franzosen in Algerien, den Pieds-noirs, das Recht absprach, ohne Unterschied alle Akte der französischen Unterdrückung zu entschuldigen. Was Camus da entstehen sah, war der Massenterrorismus, und er erschrak vor seinen verheerenden Folgen für unsere Welt, den nicht die nur allzugut geschützten Anführer, sondern die breite Masse der Zivilbevölkerung, die weder Verantwortung trug, noch sich verteidigen konnten. Auch schrieb Camus von Juli 1955 bis Jänner 1956 eine Reihe von Artikeln in *L'Express,* mit denen er versuchte, bei den algerischen Revolutionären wie bei den französischen Militärs zu erreichen, sie mögen zumindest die Zivilbevölkerung mit Attentaten wie von Repressalien verschonen. Im Jänner 1956 richtete er vor Ort, in Algier, einen „Appell für eine zivile Waffenruhe in Algerien", der ihm Drohungen seitens der Ultras, wohlwollende Neutralität seitens der FNL (Front de libération nationale des insurges) und Verachtung bei den Fortschrittlichen einbrachte. Dieses Scheitern sollte sein letzter Versuch sein, den Lauf der Ereignisse direkt zu beeinflussen. In der Folge sollte er ständig bei der öffentlichen Hand zugunsten der in Frankreich inhaftierten Franzosen oder Algerier intervenieren, vor allem beim Präsidenten der Republik zugunsten der zum Tod verurteilten Algerier, doch gab er keine gesamtpolitische Erklärung mehr ab.

Sie waren ihm verhaßt, diese großstädtischen Franzosen, deren Parlament seit einem Jahrhundert gegen *alle* Reformen in Algerien gestimmt hatte und die es nun ganz natürlich fanden, daß die Pieds-noirs am Altar der Revolution geopfert wurden. Er spürte indes, daß die Stunde noch nicht gekommen war. Warum sollte ein Intellektueller weiterhin seine Meinung kundtun, wenn man ihn nicht fragte, was er dächte, sondern erwartete, er werde den einen oder anderen Fanatismus ermutigen! Bedurfte man seiner für diese Aufgabe? In einem Klima, wo jedes Lager für sein Gegenüber gänzlich aus „Schmutzfinken" besteht, verbot es sich Camus, das Blut der anderen zu riskieren mit „diesen Artikeln, die man umgeben vom Komfort eines Büros aus so leicht schreibt". Er fügt hinzu: „Ich habe die kollektive Unterdrückung verurteilt, noch bevor sie diese schrecklichen Formen annahm, die sie nun zieren ... Ich werde fortfahren, aber nicht mit denen, die immer geschwiegen haben, angesichts der grauenhaften Verbrechen und der wahnsinnigen Verstümmelungen durch einen Terrorismus, der Zivilisten, Araber und Frauen tötet."

Eine angenehme Art und Weise, die Schuld der beiden gegeneinander auszuspielen? Um Camus zu verstehen, muß man sein algerisches Bewußtsein im Zusammenhang mit der weiteren Diskussion sehen, die aus der Polemik rund um *Der Mensch in der Revolte* im Jahre 1951 entstand. Mit der Aussage, es gäbe weder auf der Linken noch auf der Rechten das absolut Gute, hatte Camus eine Verleumdungskampagne gegen sich selbst vom Zaun gebrochen, deren Bosheit und Unehrlichkeit nur in der Effizienz ihresgleichen fand. Jede politische Erklärung seinerseits wurde ohne Verzögerung verunstaltet, entstellt und lächerlich gemacht. Wozu also? Das Schweigen, in das sich Camus hüllte, war auch ein Schweigen, zu dem ihn die Intoleranz der Linken verurteilt hatte.

Es wäre vermessen, einen Wettbewerb der Verdienste zu veranstalten. Stellen wir einfach fest, daß der Intellektuelle aufgrund seiner Etikette noch keineswegs einen Vorsprung an Klarsicht besitzt. Was den Intellektuellen unterscheidet, ist nicht die Sicherheit seiner Entscheidung, sondern die Breite der ideellen, logischen und verbalen Quellen, aus denen er schöpfen kann, um diese Entscheidung zu rechtfertigen. Was ihn darüber hinaus unterscheidet, ist sein Einfluß. Durch seine Erkenntnisfähigkeit oder seine Verblendung, durch seine Unparteilichkeit oder Unehrlichkeit, durch seine Schurkerei oder Aufrichtigkeit zieht er andere in seinen Sog. Intellektuell zu sein, verleiht daher keine Immunität, die alles entschuldbar machen würde, sondern sie bürdet einem mehr Verantwortung als Rechte auf; und die Verantwortlichkeit ist zumindest gleich groß wie die Gedankenfreiheit, deren man sich erfreut.

Das Problem ist letztlich vor allem ein moralisches. Wenn Gabriel Garcia Marquez schreibt, die vietnamesischen Boat-people seien gewöhnliche Schwarzhändler und beschäftigen sich in Wirklichkeit mit betrügerischem Kapitalexport, so muß er wissen, daß dies unrichtig ist. Seine falsche Wahrheit ist daher kein Fehlurteil, sondern gehört in eine ganz andere Kategorie. Ebenso wie die falsche Wahrheit, die Jean Genet verbreitete, als er auf der ersten Seite von *Le Monde* 1977 eine Lobeshymne auf die Mörder der Baader-Bande anstimmte. Wollte man vorgeben, daß diese Niederträchtigkeiten entschuldbar seien, nur weil sie von Schriftstellern mit internationalem Ruf stammen? Dies hieße, dafür einzutreten, daß man um so weniger für das, was man sagt, einstehen muß, je mehr Zuhörer man hat.
Zu dieser alten Diskussion kam eine neue hinzu, jene über die Beziehungen der Intellektuellen zu den Medien. Man findet alle Stufen kultureller Qualität beim Fernsehen und beim Radio, von exzellent bis miserabel. Darin liegt nicht die wirkliche Frage: Sie liegt in der Veränderung des Verhaltens der Intellektuellen selbst durch die Existenz der Medien. Die Möglichkeit, ein breites Auditorium zu erreichen, mehr durch den theatralischen Effekt als durch eine gewissenhafte Analyse, drängt den Intellektuellen zu Kommunikationsstrategien der politischen Schwätzerei.
Daß sich der Intellektuelle der Medien bedient, ist ganz in Ordnung. Aber nur allzuoft bedient er sich ihrer nicht, um seine Ideen zu verbreiten: er verändert seine Ideen, damit sie in die Medien Eingang finden. Das ist Harlekin, der sich für Antigone hält ... So veröffentlicht Lucien Bodard 1961 *La Chine du Cauchemar* (Alptraum China). Als erster beschreibt er die Schrecken des großen Sprungs vorwärts, der 60 Millionen Chinesen an Hunger sterben ließ. Skandal! Er wurde verhöhnt! Er wurde „*sifflé en quattuor*", im Quartett ausgepfiffen, wie Stendhal sagte. Erst mit Maos Tod im Jahre 1976 und mit den Enthüllungen seiner Nachfolger, durfte man es sich erlauben, die Wahrheit über das kommunistische China zu sagen. Ich erinnere mich an eine Fernsehsendung, eine „Dokumentation" über China in den sechziger Jahren, wo derselbe Lucien Bodard, allein gegen alle, physisch kein Wort sagen konnte. Später sollte Jean Pasqualini, der Autor einer grundsätzlichen Dokumentation *Prisonier de Mao,* dasselbe Sperrfeuer erleiden. Simon Leys, dessen *Habit neufs du président Mao* aus dem Jahre 1971 und *Ombres chinoises* aus dem Jahre 1974 stammen, konnte das, was er hinsichtlich des Maoismus auf dem Herzen hatte, im französischen Fernsehen erst im Jahre 1983 zum erstenmal sagen, und zwar im Verlauf einer denkwürdigen Ausgabe von „Apostrophes". 25 Jahre lang haben die Medien dazu beigetragen, jene Bücher, die die Wahrheit über China

sagten, in den Hintergrund zu drängen, anstatt sie bekannt zu machen. Es waren nicht die Animateure, die die Initiative bei dieser Hinrichtung übernahmen, zumindest nicht immer. Es waren die *anderen Intellektuellen,* die ins Studio eingeladen waren und sich gegen diesen Verbreiter von Blasphemien verbündeten. Was geschah also in diesem Vierteljahrhundert, wo die Wahrheit über China verschleiert wurde, mit der vielgerühmten Massenerziehung durch die Medien? Und diese feige Verstellung der Wahrheit ist nicht den Moderatoren von Radio und Fernsehen zuzuschreiben – nicht einzig und allein –, es sind daher die Intellektuellen selbst, die sich sagen, daß sie sich nicht allzuweit von der herrschenden Meinung entfernen dürfen, oder die sich ihr instinktiv anpassen. Sie sind es auch, die meinen, um das breite Publikum der audiovisuellen Medien anzusprechen, müßten sie sich Methoden bedienen, die gleichzeitig vereinfachen und übertreiben. Auf diese Mittel verwies Julien Gracq schon 1950 in *La Littérature à l'estomac* in bezug auf das Radio, wo er sagte: „Das Gebrüll der Literatur verliert sich im Unendlichen."

In vielen Fällen, und ich habe bereits mehrere in den vorangegangenen Kapiteln beschrieben, bemerkt man, daß die Intellektuellen, deren selbstgewählter Auftrag es ist, die nicht Intellektuellen auf den Weg der Wahrheit zu führen, manchmal selbst am meisten dazu beitragen, sie zu einem Irrtum zu verleiten. Weiter oben haben wir einige Mechanismen dieser Art der verkehrten Erziehung aufgezeigt. Sei es, daß der Intellektuelle seinen Kompetenzbereich verläßt, aber trotzdem sein Prestige nützt, das er aus diesem gewonnen hat, um Thesen, von denen er nicht mehr versteht als der Mann auf der Straße, mit seiner Autorität zu umkleiden; sei es, daß er das Wissen, über das er innerhalb seines Spezialbereiches verfügt, verhehlt oder verfälscht, so daß dieses zusammenfällt mit einer außerhalb der Wissenschaft stehenden These, an der er aus nichtwissenschaftlichen Gründen festhält; sei es, daß er außerhalb seiner Kunst über kein Spezialgebiet verfügt, und er muß ja auch gar keines haben, sei er nun Romancier, Maler, Architekt, Dichter oder Komponist, der sich aber darum mit nicht weniger Ungestüm und Zuversicht zu einer ganzen Menge von Fragen äußert, die ihm fremd sind. Die Entwicklung von Grass, einem Verfechter der realistischen Sozialdemokratie in den siebziger Jahren, der schließlich in den schlammigen Extravaganzen des prosowjetischen Pazifismus versank, zeigt deutlich die Schwierigkeit, die einem Schriftsteller erwächst, der eine vernünftige Position der Mitte zu wahren sucht, die aber kaum zu Starrummel führt. Exzessive Flüche, sogar und vor allem, wenn sie jeder ernsthaften Grundlage entbehren, bringen ihrem Autor mehr Belohnung als die Ernsthaftigkeit im Bemühen um Verständnis. Als Günter Grass glaubte, er sei als Romancier berühmt genug, um das Recht zu haben, in der Politik völlig den Kopf zu verlieren, begann er damit, seine Mitbürger zu ermahnen, „einen Akt des Widerstandes zu setzen, und angesichts des drohenden Völkermords der amerikanischen Führung Widerstand zu leisten". Deutschland hielt dabei ihm zufolge das Mittel in Händen, die „1933 versäumte Gelegenheit zum Widerstand, als der Völkermord angekündigt wurde" wieder gutzumachen.[3] Tatsächlich gemahnt der Widerstand Grass' gegenüber dem Atlantikbündnis eher an den Widerstand der Pro-Nazis und Pro-Faschisten gegenüber der Demokratie in den dreißiger Jahren, und vor allem in Frankreich. Auch sie „leisteten Widerstand" gegenüber der Aufrüstung der demokratischen Länder. Ich enthalte mich des Kommentars und einer Qualifikation bei einer Theorie, derzufolge es das beste Mittel wäre, um die Schmach des hitlerschen Völkermordes wegzuwaschen, wenn man die sowjetische Macht politisch und strategisch in Westeuropa an die Herrschaft kommen läßt. Der Haß auf die Demokratie, den solche Erklärungen bei gewissen großen Intellektuellen der freien Welt durchblicken lassen, ist ränkevoll. So schrieb Bertrand Russell, der, wie wir bereits gesehen haben, 1937 meinte, Nazi-Deutschland stelle keine Gefahr für die Demokratien dar, vorausgesetzt diese wären bereit, einseitig abzurüsten, später im *Manchester Guardian* (30. Oktober 1951), daß die Vereinigten Staaten ein „Polizeistaat" geworden seien, vergleichbar dem Deutschland Hitlers und dem Rußland Stalins. Wir befanden uns, das stimmt, mitten in der McCarthy-Zeit. Aber genau das bedeutete eine Fehleinschätzung der Natur des McCarthy-Systems, das kurz darauf aus dem politischen Leben der USA verschwand, und zwar eben aufgrund der Spielregeln der Demokratie, jener Demokratie, die Russel so schlecht verstand, denn er hatte sogar 5 Pfund gegen Malcolm Muggeridge verwettet, daß Joseph McCarthy in Kürze zum Präsidenten der USA gewählt würde! Als der Senator von Wisconsin in Mißkredit gebracht und abseits jeder politischen Aktivität, in Ungnade gefallen, starb, mußte Russell seine verlorene Wette zahlen, änderte aber nicht seine Ansichten über das „totalitäre" Amerika.

Sydney Hook berichtet uns in seinen Memoiren *Out of Step* (1987), einem unerläßlichen Zeugnis für die Geschichte und den Geisteszustand der Intelligentia der Vereinigten Staaten (und indirekt auch Europas), während und nach dem Zweiten Weltkrieg ausführlich über seine Beziehungen und Diskussionen mit Albert Einstein. Er zitiert manche Unterhaltung und manchen Briefwechsel mit dem berühmten Physiker, die uns bestätigen, daß man auf seinem Gebiet ein Genie sein kann und in einem anderen Bereich völlig der Urteilskraft ermangeln. Und dies in einem Ausmaß, daß man zweifelt, es könne derselbe Geist sein, der sich mit den zwei verschiedenen Gegenständen beschäftigt, so sehr zeigt er sich intelligent hinsichtlich des einen und schwächlich hinsichtlich des anderen Bereiches. Diese Zwiespältigkeit des Denkens, in die die brillantesten Geister fallen, würde nur für sie selbst einen Schaden nach sich ziehen, wenn ihre Position eben nicht Millionen anderer Menschen durch die illegitime Übertragung einer Autorität von einem Bereich auf einen anderen beeinflußte.

Schon vor dem Krieg hatte Einstein in einem Ende 1938 an Max Born geschriebenen (und in dessen Korrespondenz veröffentlichten) Brief eine Kostprobe seiner politischen Erkenntnis gegeben, indem er seinem Freund und Kollegen anvertraute, er habe seine Meinung über die Prozesse in Moskau nach reiflicher Überlegung geändert. Dies ist zumindest ein Fall, bei dem er besser daran getan hätte, nicht nachzudenken, denn dieser Vorgang der Meditation führte ihn von dem richtigen Eindruck, daß die Prozesse nämlich verschleiert wurden, zu der irrigen Überzeugung, sie entsprächen der Wahrheit und dem Gesetz, so daß die Verurteilten ihm zufolge wirklich den Tod verdienten. Nach dem Krieg, als Einstein amerikanischer Staatsbürger geworden war, setzte er sich während der Präsidentschaftswahlen des Jahres 1948 in einem Unterstützungskomitee für Henry Wallace ein, den dritten Kandidaten, der keiner der großen Parteien angehörte und der Sowjetunion gegenüber alle Eigenschaften eines zugleich orthodoxen und eigentümlichen „nützlichen Idioten" in sich vereinigte. Es erstaunt im übrigen, zu sehen, wie viele europäische politische Flüchtlinge, unter ihnen auch durch die Totalitarismen vom alten Kontinent vertriebene Intellektuelle, Flüchtlinge, die schließlich ihr Überleben nur der Existenz und der Aufnahme in den Vereinigten Staaten verdankten, während des kalten Krieges und der ersten „Friedensoffensive" Moskaus im Jahre 1949 eine prosowjetische und antiamerikanische Position vertraten. Thomas Mann war in diesen Jahren ein weiterer Praktikant dieser erbaulichen und neuen Form der Ehrerweisung für die Demokratie, die ihn gerettet hatte. Das große Unglück des 20. Jahrhunderts wird es sein, jenes gewesen zu sein, in dem das Ideal der Freiheit in den Dienst der Tyrannei gestellt wurde, das Ideal der Gleichheit in den Dienst der Privilegien, und alles Sehnen, alle sozialen Kräfte, die ursprünglich unter dem Vokabel „links" verstanden wurden, in den Dienst der Verarmung und der Unterjochung. Dieser ungeheure Schwindel hat ein ganzes Jahrhundert verfälscht, teilweise durch den Fehler einiger seiner größten Intellektuellen. Er hat die politische Sprache und die politische Aktion bis ins kleinste Detail verfälscht, die Moral umgedreht und die Lüge in den Mittelpunkt der Gedanken gerückt.

Hüten wir uns davor, eine systematische Anklage gegen „die" Intellektuellen zu erheben. Ich neige vielmehr zu der Ansicht, daß die übliche Antithese zwischen der Theorie von den „Intellektuellen, die sich immer irren“ und jener der „Intellektuellen, die immer recht haben“ auf nichts anderem beruht als auf der Subjektivität des Beobachters und dem Postulat, von dem er ausgeht. Dieses Postulat selbst wird nur aus gefühlsbedingten, polemischen oder karrieristischen Gründen gewählt. Hätte es sich hingegen als wahr erwiesen, daß die berufsmäßigen oder ihrem Status nach Intellektuellen sich tatsächlich nicht mehr oder weniger irren als die anderen Menschen – die im übrigen alle bis zu einem gewissen Grad „Intellektuelle“ sind –, so müßte man die Hypothese von der Besonderheit der Gruppe „Intellektuelle“ dahingehend revidieren, daß die Gemeinschaft es ist, die dem einzelnen die besondere Fähigkeit zuspricht, die Menschheit zum Guten und Wahren zu führen. Und würde man erkennen, daß sie sich eher mehr irren als die anderen Menschen, so müßte man zu ergründen suchen, warum und wie es zu jenem Phänomen kam, das man nun zu Recht als Scheitern der Kultur bezeichnen könnte.

Gerne würde man Einstein seine politischen Kindereien verzeihen, solange es um moralische Fragen geht, wenn sie sich nicht manchmal auch auf Gebiete erstreckten, wo seine wissenschaftliche Kompetenz ihm als Geländer hätte dienen müssen und wo sich daher sein Abweichen von der Wahrheit nicht durch bloße Naivität erklären läßt, sondern und unglücklicherweise der Unaufrichtigkeit in Rechnung gestellt werden müssen. Worauf sonst sollte man die Weigerung Einsteins zurückführen, sich einem Protest gegen Frédéric Joliot-Curie anzuschließen, der 1952 bekräftigt hatte, er sei „nach tiefgreifenden persönlichen Befragungen“ zur Schlußfolgerung gekommen, daß die Vereinigten Staaten in Korea einen bakteriologischen Krieg führten? Es handelte sich dabei, wie wir wissen, um eine der ersten und denkwürdigsten Kampagnen sowjetischer Desinformation der Nachkriegszeit. In seinen Erinnerungen *J'ai cru au matin* erzählt der damalige Direktor der kommunistisch-französischen Tageszeitung *Ce soir*, Pierre Daix, mit allen Details, wie diese Kampagne von der internationalen kommunistischen Bewegung geleitet und organisiert wurde. Mit einer seltenen Offenheit beim Einbekennen von Fehlern der Vergangenheit, beurteilt Daix sich selbst sehr streng, wenn er auch zu der Zeit, als er diese Fehler beging, von der ideologischen Zugehörigkeit benebelt war (was bei Einstein, dem bloßen Sympathisanten nicht der Fall war): „Ich halte heute als Direktor einer Abendzeitung“, so schrieb er 1976 in *J'ai cru au matin*, „meine Beteiligung an der Lüge über den angeblichen bakteriologischen Krieg der Amerikaner in Korea für einen ebenso schweren Fehler wie meine Entgegnung an Rousset (David Rousset hatte die

Existenz von Konzentrationslagern in der UdSSR angedeutet). Falschmeldungen, Aufrufe zum Haß, das ganze ehrlose Arsenal des Journalisten habe ich verwendet." Die Schande war für Joliot-Curie zweifellos noch größer, der den Ruhm seines Nobelpreises für Physik zugunsten dieser Schändlichkeit verkaufte. Hatte er nicht tatsächlich aller intellektuellen Eigenständigkeit entsagt, als er 1951 sagte: „In das Zentrum des Kampfes gestellt, dank ihrer Mitstreiter über eine völlige Information verfügend und bewaffnet mit der Theorie des Marxismus, kann die Partei es nicht verfehlen, mehr zu wissen als jeder einzelne von uns." (Zitiert von Jeannine Verdès-Leroux in *Le Réveil des somnambules*, Paris, 1987.) Zweifellos war Juliot-Curie fremdgesteuert, aber ist das eine Entschuldigung?
„Daß ich fremdgesteuert war", so führt Pierre Daix mutig näher aus, „enthebt mich nicht der Verantwortung für die Fremdsteuerung, zu deren Verbreitung ich beigetragen habe. Sonst trügen auch die Nazis keine Verantwortung." Mehr noch gilt diese Bemerkung für Joliot-Curie, da seine Lüge sich ja auf ein wissenschaftliches Gebiet bezieht, wo die Fähigkeit, Illusionen aufzusitzen, mit der wachsenden Bedeutung der Überprüfungspflicht abnimmt, die ihm vertraut war. Und Einstein? Was soll man von seiner Weigerung halten, sich einem Protest anzuschließen, der die Pflichtvergessenheit Joliots anprangert? Die einzige Schlußfolgerung, die sich ergibt, wenn man sieht, wie eines der größten Genies der Wissenschaft in der gesamten Menschheitsgeschichte in völliger Kenntnis der Sachlage zumindest durch sein Schweigen einer wissenschaftlichen Mystifizierung mit politischer Zielsetzung zustimmt, ist, daß die Intellektuellen sich bis heute, in ihrer überwiegenden Mehrheit, ganz nach Lust und Laune von jeder Verpflichtung gegenüber der Wahrheit und jeder moralischen Verantwortung enthoben fühlen; wobei sie trotzdem Führungsrollen beanspruchen. In ihrem übertriebenen Fanatismus übertreffen sie in der Tat oft die schlimmsten Monster der Politik. Der Verlust jeder Moral ist nur lächerlich im Falle beispielsweise Marguerite Duras', die 1985 das französische Volk mit folgenden Worten davor warnte, was es erwarten würde, sollte es 1986 nicht sozialistisch wählen: „Ich bin da, um es euch zu sagen: Wenn ihr so weitermacht, werdet ihr dem Schreckgespenst Gaudin–Pasqua–Lecanuet gegenüberstehen, und ihr werdet mit ihnen allein sein, und dann wird es zu spät sein. Ihr werdet Teil einer Gesellschaft werden, die wir nicht mehr kennen wollen, nie mehr, und daher werdet ihr Mitglieder einer Gesellschaft sein, in der es uns nicht mehr geben wird: ohne wirklich und wahrhaftig intelligente Menschen, ohne Intellektuelle, ja, das ist das richtige Wort, ohne Autoren, ohne Dichter, ohne Romanciers, ohne Philosophen, ohne wirkliche Gläubige,

wirkliche Christen, ohne Juden, eine Gesellschaft ohne Juden, ihr versteht?" (Die Propaganda der sozialistischen Partei.)

So würde also diesen Intellektuellen zufolge die Rückkehr der Liberalen an die Macht gleichbedeutend sein mit dem Verschwinden aller „wirklich und wahrhaftig intelligenten" Bürger, zu denen sie sich natürlich zählten, „Ihr werdet einer Gesellschaft angehören, in der *es uns nicht mehr geben wird*", dem Verschwinden aller Philosophen, Romanciers, Dichter etc. ... und aller Juden (nachschlagen bei Hitler!). Aber nicht alle übertriebenen Worte sind unbedeutend, denn einige machen das Phantasma („Vorstellungsszenario, wo der Gegenstand präsent ist und in durch den Verteidigungsprozeß mehr oder weniger verzerrter Form die Erfüllung eines Wunsches und in letzter Hinsicht eines unbewußten Wunsches darstellt", *Vocabulaire de la psychoanalyse de J. Laplanche et J. B. Pontalis*) in der Seele der Romanschriftstellerin und zahlreicher anderer Intellektueller deutlich, die, so erstaunlich dies auch scheinen mag, noch nicht begriffen haben, was demokratische Abwechslung ist und sie immer noch so auffassen, als würde sie die Ächtung des Gegners nach sich ziehen. Darüber hinaus sehen sie nicht ein, daß es auch in einem anderen Lager als dem ihren Intellektuelle geben könnte. Die offensichtlich unsinnige Erklärung Marguerite Duras' spiegelt daher vor allem den Wunsch wider, im Falle eines sozialistischen Sieges all jene zu elminieren, die nicht wie sie denken. Im Widerspruch zu dem, was man oft glaubt, sind es die Intellektuellen in unserer Zeit, die gegenüber den Politikern in Verzug geraten sind, denn zumindest in den Demokratien würde es kein Politiker wagen, und sei es der verwegenste Demagoge, auch wenn er dazu Lust hätte, eine so radikale Sprache der „Ausgrenzung" zu sprechen, um einen modischen lexikalischen Sprachfehler zu verwenden.

Was aber in einem Land, in dem die Bürger durch das bürgerliche Recht vor dem Schrecken eines Wechsels im Stil Duras' geschützt sind, einfach einen komischen Akzent darstellt, das wird in anderem Zusammenhang tragisch, wenn die verbale Verantwortungslosigkeit der Intellektuellen plötzlich die Röte des Blutes annimmt. Sidney Hook, immer noch in *Out of Step,* berichtete von einer Unterhaltung mit Bertolt Brecht über die zum Zeitpunkt der Prozesse in Moskau hingerichteten alten Bolschewisten: „In diesem Augenblick sprach er einen Satz aus, den ich nie vergessen werde", schreibt Hook. Er sagte: „Diese Leute? Je mehr unschuldig, desto mehr verdienen sie, erschossen zu werden." Ich war derart verblüfft, daß ich glaubte, mich verhört zu haben: „Was sagen Sie da?" fragte ich. Er wiederholte ruhig: „Je mehr unschuldig, desto mehr verdienen sie, erschossen zu werden." Diese Worte lähmten mich völlig. „Warum? Warum?" rief ich aus. Er beschränkte sich darauf, mir eine Art nervöses Lachen zuzuwerfen. Ich wartete, aber er sagte nichts mehr, selbst nachdem ich meine Frage wiederholt hatte. Ich stand auf, ging in das Nebenzimmer und nahm seinen Hut und seinen Mantel. Als ich zurückkam, saß er immer noch in seinem Fauteuil, sein Glas in der Hand. Als er mich mit seinem Hut und seinem Mantel in der Hand sah, schien er überrascht. Er stellte sein Glas nieder, stand auf, nahm mit einem bläßlichen Lächeln seinen Hut und seinen Mantel und ging. Keiner von uns beiden hatte auch nur ein einziges Wort gesagt. Ich sah ihn nie mehr wieder.[4]

Wie man sieht, geht der Intellektuelle hier viel weiter als irgendein Politiker dies je in Ausübung selbst der schlimmsten Tyrannei tun würde, denn er *rechtfertigt* die Verbrechen des Staates von einem moralischen Standpunkt her, wenn er die politische Legitimität des nützlichen Mordes an Unschuldigen vertritt. „Ich sage", erhebt Julien Benda in *La Trahison des clercs* den Vorwurf, „daß die modernen Geistlichen *gepredigt* haben, der Staat solle sich nicht darum scheren, ob er gerecht ist; sie haben dieser Behauptung den Charakter einer Vorhersage gegeben, eines moralischen Unterrichts." 1927, in dem Jahr, in dem Benda diese Zeilen schrieb, konnte der ungerechte Staat wahlweise sozialistisch oder faschistisch sein. Nach dem Verschwinden der „rechten" Totalitarismen nach 1945, war dieses Recht den „linken" Diktaturen vorbehalten. Aber sowohl nach als vor dem Krieg übertrafen die Intellektuellen die Politiker hinsichtlich der Rechtfertigung reiner Gewalt. Selbst Stalin, selbst Hitler, selbst Mao, selbst die Erschießungskommandos der Communarden empfanden stets das Bedürfnis, nur „Schuldige" zu töten, das heißt zumindest vorzugeben, es handle sich um solche, und in der Folge deren Schuldigkeit zu erfinden. Das war die „raison d'être, die Daseinsberechtigung für die Revolutionstribunale unter der Schreckensherrschaft, für die Scheinprozesse in Moskau oder für die Spezialabteilungen in Vichy. Selbst die Roten Khmer, deren Führer immerhin bedeutende Intellektuelle waren, auch sie an der Sorbonne ausgebildete Philosophen (gutes Blut kann nicht lügen, wenn ich mich so ausdrücken darf), verhielten sich nicht ganz als würdige Verweigerer dieser raffinierten Linie, denn sie wagten es niemals zu behaupten, Unschuldige verdienten es um so mehr, getötet zu werden, je unschuldiger sie seien. Das heißt, als sie selbst Politiker geworden waren, schlossen die Anführer der Roten Khmer doch nie völlig die Möglichkeit aus, eines Tages zur Rechenschaft gezogen zu werden.

Diese Idee berührt jenen Intellektuellen hingegen keineswegs, der sich zugleich als „engagiert" und unverantwortlich sieht. Sarte wäre sehr erstaunt gewesen, hätte man ihn nach dem Grund für die Millionen Leichen gefragt, die von den verschiedenen totalitären Regimen angehäuft

wurden, für die er sein Leben lang mit soviel Eifer Propaganda gemacht hatte. Er, der Theoretiker des Engagements, er, der mit seiner unerbittlichen Dialektik aufzeigte, daß *wir alle* für die Verbrechen, die in der ganzen Welt begangen werden, verantwortlich sind, *selbst wenn wir nichts davon wissen*, er glaubte zweifellos, daß diese Verantwortung aufhört, sobald wir davon Kenntnis haben, was bei ihm der Fall war. Die intellektuelle Unzurechnungsfähigkeit, weit davon entfernt, sich auf die philosophische Abstraktion zu beschränken, erstreckt sich ganz konkret auf juristisches Gebiet. Dies ist ein interessanter Aspekt der gegenwärtigen Rechtsentwicklung. 1979 nahm die DST (Direction de la surveillance du territoire, interner Gegenspionagedienst, Gegenstück zum amerikanischen FBI oder dem britischen M15) einen ostdeutschen Physiker fest, der seit 1963 unter Vertrag mit dem Centre national de la recherche scientifique (Nationales Zentrum für wissenschaftliche Forschung) stand, von dem er, wie üblich, entsprechend bezahlt wurde. Es stellte sich heraus, daß Dobbertin als Fachmann für thermonukleare Fragen laut Geheimdienst der BRD, der der DST den Akt sowie alle Auskünfte überließ, immer schon für den Geheimdienst der DDR gearbeitet hatte.
Sofort, ohne noch diesen Angaben auf den Grund zu gehen, machte sich die französische Wissenchaft stark, um die Freilassung Dobbertins zu fordern und von einer „Campagne d'espionnite“ zu sprechen. Zwei Nobelpreisträger, mehrere Mitglieder des Instituts, der Direktor des Institut Pasteur verwiesen pikanterweise auf das „Universalitätsprinzip der Wissenschaft“. Welch herrlicher Euphemismus! Dobbertin selbst sollte in seinem schwarzen Humor noch weiter gehen. Er berief sich auf den Artikel der Helsinki-Beschlüsse über den freien Gedankenaustausch und es ist nur allzu wahr, daß die kommunistischen Länder diesen Artikel bei der Spionage angewandt haben. Er sprach sich für die „wissenschaftliche und technische Zusammenarbeit“ aus und für den „übernationalen Charakter der Forschung“, der sie ihrem Wesen nach, so führte er näher aus, jeder nationalen Justiz entziehe. Sein Anwalt sagte in seinem Plädoyer, sein Klient sei das Opfer eines „schweren Verstoßes gegen die Menschenrechte“. Im November 1981 richteten 500 französische Wissenschaftler eine Bittschrift an den Präsidenten der Republik und an den Justizminister, in der sie behaupteten, die weitere Belassung des angeblich ostdeutschen Spions im Gefängnis stelle eine Bedrohung für ihre Freiheiten und für ihre Wissenschaft dar. Einmal mehr ging der Faschismus durch! Im Mai 1983 wurde Dobbertin vorläufig auf freien Fuß gesetzt, nachdem seine Forscherfreunde Geld zusammengelegt hatten, um die von der Staatsanwaltschaft in Paris geforderte Kaution zu hinterlegen. 1988 hat sein Prozeß noch immer

nicht stattgefunden. Und Dobbertin hat seine „wissenschaftliche" Tätigkeit wieder aufgenommen.
1986 wurde ein mondäner Psychoanalytiker, dessen leichtfertiges Arbeiten im übrigen seit langem stadtbekannt war, von der italienischen Justiz verurteilt. Er zog seinen Patienten, meistens unterwürfigen Frauen aus der besseren Gesellschaft, Geldsummen aus der Tasche, die auch die übertriebensten Honorare, auf die dieser Schüler von Dr. Lacan aufgrund seiner Methoden ein Anrecht hätte haben können, hunderttausendfach überschritten. Das Geld diente dazu, die wundertätige und großtuerische Fondation Verdiglione zu finanzieren, die prunkvolle Kolloquien zu veranstalten pflegte, an denen sich vor allem die Persönlichkeiten der französischen Intelligentsia tummelten. Diese war nicht undankbar. Sie organisierte eine überdimensionale Kampagne, um Verdiglione als ein Opfer des Obskurantismus und einen Märtyrer der Wissenschaft darzustellen. Sie ging sogar soweit, die Affäre Verdiglione als eine „neue Dreyfus-Affäre" darzustellen, ein Vergleich, der das Andenken des Hauptmanns Dreyfus beleidigt und jede künftige Bezugnahme auf diese Affäre entwertet hätte. *Le Nouvel Observateur* vom 1. August 1986 fragte: „Kann ein Gericht über den strafbaren Charakter entscheiden, den der Einfluß eines Psychoanalytikers auf seinen Patienten, des Professors auf seinen Schüler, der Krankenschwester auf den kranken Greis, den sie pflegt, haben kann?" Auch wenn es um einen psychoanalytischen „Transfer", um eine psychoanalytische Übertragung geht, antworte ich selbstverständlich, wenn die betreffenden Fachleute diesen Einfluß dahingehend geltend machen, daß sie ihren Schäfchen Geld entlocken. Und Freuds Texte, die einen möglichen Mißbrauch der Übertragung für egoistische und persönliche Vorteile des Analysierenden verurteilen, lassen nichts an Klarheit zu wünschen übrig. Man überschreitet die erlaubte Grenze der Scheinheiligkeit, wenn man schamlos behauptet, es gäbe kein deontologisches Kriterium, das es erlaubt, eine grundlegende Unterscheidung zwischen uneigennützigem Einfluß, der rein pädagogischen oder therapeutischen Zwecken dient, und dem Einfluß des Hochstaplers auf seinen Gimpel zu treffen. Die Intellektuellen, die jener Kampagne so breites Gehör verschafften, haben ihre Hintergedanken bloßgelegt: was sie letzten Endes anstreben, ist, nicht mehr dem Strafrecht unterstellt zu sein. „Das Strafgesetz und das Gesetz der Analyse sind nicht dafür geschaffen, übereinzustimmen", schreiben die beiden Psychoanalytiker Maud und Octave Mannoni, und sie fügen hinzu: „Es ist Sache der psychoanalytischen Gesellschaften, gewisse mißbräuchliche Vorgangsweisen abzustellen, und sie allein sind dafür kompetent."
Ich weiß nicht, ob die Verfasser dieser Zeilen sich der Ungeheuerlich-

keit ihrer Forderung bewußt sind: es ist schlicht und einfach die Rückkehr zum Rechtssystem des Ancien Régime. Es gab nämlich vor 1789 ein Recht und Gerichte für die Adeligen, andere für den Klerus, und schließlich andere für den gemeinen Mann. Und doch blieben Verbrechen und Vergehen in keinem dieser Systeme völlig unbestraft, während die zitierten Intellektuellen heute schlicht und einfach für sich selbst und ihresgleichen Straffreiheit verlangen, gerade sie, von denen die meisten lauthals die Abschaffung der Ausnahmegerichte sowie der Hochsicherheitsgerichte forderten und die so weit gingen, oftmals Anträge zugunsten terroristischer Mörder zu unterzeichnen, zum letzten Mal beim Prozeß der Action Directe im Jahre 1987 in Paris.
Der Terrorismus wird im übrigen in ihren Augen zum wahren Wohltäter, wenn ein Intellektueller die Initiative ergreift, seine Theorie verfaßt und die anderen mitreißt. Man sah das, als die französischen Wissenschaftler, von denselben Gefühlen getragen wie bei der Affäre Dobbertin, im Jahr 1987 gegen die Verhaftung eines italienischen Biologen protestierten, nämlich Dr. Gianfranco Pancino, verdächtig, der ehemalige Anführer der terroristischen Bewegung „Arbeiterautonomie" gewesen zu sein, einer Bewegung, die während der siebziger Jahre für fast ebenso viele Morde verantwortlich war wie die roten Brigaden. Von verschiedenen Anklägern in 42 Haftbefehlen ausgeschrieben, alle von italienischen Behörden ausgestellt, und zwar zwischen 1980 und 1983, war Pacino im Jahr 1982 nach Frankreich geflohen, und war 1987 Gegenstand eines Auslieferungsbegehrens. 317 Wissenschaftler und Mediziner (*Le Monde,* 13. Jänner 1988), unterschrieben ein Gesuch, er möge „seiner Familie und seinen wissenschaftlichen Aktivitäten" zurückgegeben werden. „Er hatte in Frankreich ein neues Leben begonnen", erklärt einer seiner Kollegen, Dr. Fabien Calvio. „Die ungerechtfertigte Kerkerstrafe zerbricht zugleich sein Privatleben und sein Leben als Forscher. Wir wollen nicht zur Affäre an sich Stellung nehmen, aber wir wünschen, er möge hierher an seine Arbeit zurückkehren und die verlorene Zeit wieder einholen. Er muß freigelassen werden." Man beachte, daß die Verteidiger Pancinos wie schon bei Dobbertin bekanntgegeben, daß sie über die Sache selbst kein Urteil abgeben wollen. Das läuft darauf hinaus, daß Pancino nicht vor den Gerichten seines Landes erscheinen *darf,* selbst, falls er schuldig ist, eine Hypothese, die sie vorsichtigerweise nicht ausschließen. Daraus folgt, daß die Frage von Schuld und Unschuld bei einem Intellektuellen nicht gestellt werden darf, nicht in Betracht gezogen. Was er auch angestellt haben mag, der Intellektuelle darf nicht vor Gericht gestellt werden, nicht einmal, um freigesprochen zu werden. Und auch wenn er mit allen nötigen Beweisen verurteilt wird, beweist das letzten Endes nicht seine Schuld, denn

er stammt aus einem Gebiet, das über demjenigen der restlichen Sterblichen steht (wenn er zur Linken gehört, wohlgemerkt), denn sein Königreich ist nicht von dieser Welt. So wurde in den Vereinigten Staaten Alger Hiss, ein wichtiger Mitarbeiter von Franklin D. Roosevelt, Ende der vierziger Jahre wegen Spionage zugunsten der Sowjetunion verurteilt (er war unter anderem der „Maulwurf" Stalins bei der amerikanischen Delegation bei den Verhandlungen von Jalta, und man kennt ja die Konsequenzen). Nichtsdestotrotz war und ist Alger Hiss in den Augen der „liberalen" amerikanischen Intellektuellen immer noch ein politischer Märtyrer und ein „Opfer des McCarthysmus". Das geht so weit, daß ein junger Wissenschaftler, Allen Weinstein, als er dreißig Jahre später für ein Buch, *The Hiss-Chambess Case* (1978), über diese Angelegenheit Nachforschungen begann, anfangs von Hiss' Unschuld überzeugt war, aber – zum großen Ärger Hiss' – aufgrund seiner Entdeckungen seine Meinung völlig änderte.

Ich weiß nicht, ob die Intellektuellen das Ausmaß abschätzen, in dem sie sich selbst ins Unrecht setzen, wenn sie solche Forderungen aufstellen. Welche moralische Glaubwürdigkeit verbleibt ihnen, um für die Menschenrechte zu kämpfen und an allen Straßenecken vor dem Faschismus zu warnen, wenn sie andererseits in aller Ruhe namens ihrer Brüder das Recht auf Spionage für einen Ausländer in Frankreich einfordern, noch dazu auf Kosten des französischen Steuerzahlers, für einen Amerikaner in Amerika das Recht auf Verrat, das Recht auf Vertrauensbruch für einen Psychoanalytiker und das Recht auf Mord oder auf Anstiftung zum Mord für einen Biologen? Alles Rechte, die glücklicherweise nicht einmal die gewählten Vertreter eines Volkes besitzen, denen man in diesem Fall die parlamentarische Immunität entzieht.

Ich bedaure auch aus ganzem Hezen, wenn sich ein wertvoller Forscher im Gefängnis befindet. (Gianfranco Pancino wurde am 13. Jänner 1988, nach drei Wochen, vorläufig freigelassen.) Aber noch mehr bedaure ich in diesem Fall den Grund, aus dem er hineinkam. Denn schließlich ist er nicht als Forscher betroffen, im Gegensatz zu dem, was eine gewissenlose Propaganda glauben machen will, und es ist auch keine blinde Polizeimaschinerie, die die Vernichtung der Kultur verfolgt. Er steht unter dem Verdacht, an einer gewaltsamen Verschwörung gegen die Demokratie teilgenommen zu haben, und als Mann des Denkens und Überlegens hat er diese Wahl nicht in Unkenntnis und nicht in Naivität getroffen. Er ist ganz im Gegenteil, zumindest wird er dessen angeklagt und muß sich deshalb absolut verantworten, einer von denen, die auf Unwissende und Naive Einfluß ausübten. Wenn man nicht das Strafgesetzbuch neu schreibt, in dem Sinn, daß die Intellektuellen im allgemeinen und die Ärzte im besonderen den Mord ausüben

oder empfehlen dürfen, scheint es ungerecht, nur die manuellen Arbeiter mit den Strafen zu bedenken, die gegen terroristische Attentate vorgesehen sind.
Um auf die ernstzunehmende Frage zurückzukommen, die der Fall Pancino stellt, wie auch der Fall des Philosophen Toni Negri, der auch in Frankreich eine wohlwollende Komplizität genoß: Warum haben ab 1970 so viele italienische Intellektuelle den Terrorismus gebilligt, empfohlen oder praktiziert? Die konventionelle Antwort auf diese Frage ist, daß sie gegen die Ungerechtigkeiten der italienischen Gesellschaft revoltierten und gegen die Korruptheit des politischen Systems. Aber wie kann man bei dieser Theorie bleiben, wenn man weiß, daß der Terrorismus in dem Augenblick losbrach, wo Italien ein Ausmaß an Freiheit erlebte, das es niemals vorher in seiner Geschichte gekannt hatte, und im Augenblick des größten Erfolgs des kapitalistischen Systems, mit hohem Lebensstandard, hoher sozialer Solidarität und starker Verringerung der Ungleichheiten? Diese Entwicklung hatte in fünfundzwanzig Jahren aus einer Diktatur mit unterentwickelter Wirtschaft eine Demokratie mit moderner und dynamischer Wirtschaft gemacht. Tocqueville's Hypothese, wonach die bestehenden Unzulänglichkeiten gerade dann am wenigsten zu ertragen sind, wenn Verbesserungen stattfinden, kann eine unrealistische Gewaltanwendung seitens schlecht informierter Massen erklären, aber nicht bei Intellektuellen, die über alle notwendigen Elemente verfügen, um die Lage richtig einzuschätzen und eine korrekte Analyse vorzunehmen. Aber es sind ausgerechnet die Intellektuellen, Professoren und Studenten, die sowohl die Ideologie als auch den Löwenanteil an Ausführenden für den aktiven Terrorismus geliefert haben. Man soll folglich die Quelle für ihre Bekehrung zum Terrorismus anderswo suchen als in der rationalen Interpretation der Übel und Ungerechtigkeiten der italienischen Gesellschaft, die sicherlich sehr reell waren, die aber aufgehört hatten, unüberwindlich zu sein, und die deutlich weniger als zu jedem anderen Zeitpunkt zur gewaltträchtigen Verzweiflung und zur zerstörerischen Wut der „Verdammten dieser Erde“ paßten.

Rußland, durch die Stimme seiner Intelligentsia (Wort wie Phänomen sind eine Erfindung der russischen Kultur des 19. Jahrhunderts), und die Populisten der Jahre 1860–1880 erzeugten auf dieselbe Art eine Art innere Dritte-Welt-Bewegung. Rußland mußte die kapitalistische und demokratische Phase überspringen, um umgehend zur direkten Regierung der sozialistischen Bauernschaft zu gelangen. Diese Ideen dienten auch dem Terrorismus als Alibi, der seine Zielscheiben nicht immer gut wählte (oder wählte er sie zu gut?): das spektakulärste Opfer war Zar

Alexander II., der 1881 ermordet wurde, obwohl man ihm die Abschaffung der Leibeigenschaft verdankte.
Schritt für Schritt wurde jene russische Geistesströmung, die individuelle, aktuelle und konkrete Freiheit und Zufriedenheit als einzige Kriterien für den Fortschritt betrachtete, besiegt. Herzen, der Tolstoi übrigens Lügen straft, hatte diesen Gang der Geschichte vorausgesagt. „Der Sozialismus wird in allen seinen Entwicklungsphasen", so schreibt er, „soweit gehen, daß er seine Grenzen und seine Absurditäten erreicht. Dann erst wird neuerlich aus der titanischen Brust der Minderheit im Aufruhr ein Verweigerungsschrei aufsteigen, und der Todeskampf wird neu beginnen, wo der Sozialismus an die Stelle des derzeitigen Konservatismus treten und von der künftigen Revolution, die wir noch nicht kennen, besiegt werden wird . . ."
Die italienischen Intellektuellen gehen nicht von einer Kenntnis der italienischen Gesellschaft aus. Sie nehmen als Ausgangspunkt ihren eigenen internen Appetit auf revolutionären Messianismus und konstruieren sich eine Vision von Gesellschaft, die diesem Appetit als eingebildete Rechtfertigung dient. Unglücklicherweise beschränken sie sich im Einzelfall nicht darauf, in ihrer Ecke vor sich hin zu phantasieren: sie töten. In seiner Studie über „Intellektuelle und Terrorismus" hat Sergio Romano die Formel von der „offenbarten Revolution" verwendet, um dies psychische Verfassung der terroristischen Intellektuellen zu bezeichnen. Es ist eine Mischung aus Christentum und Kommunismus. Einerseits erwarten sie ein künftiges Ereignis, das unsere Welt und unsere Person mit einem Schlag von Grund auf verwandeln wird; andererseits können sie dank des Marxismus ihre Wünsche als wissenschaftliche Wahrheiten präsentieren. Zum Beispiel hat Toni Negri in einer Elektrizitätspanne, die 1977 New York in Finsternis tauchte – das große „Black out" – das Zusammenstürzen des Etatismus gesehen, wie er die Industriegesellschaft nennt. Sergio Romano unterstreicht zu Recht den mystischen und lächerlich primitiven Charakter dieser Interpretation, die aus einem technischen Gebrechen eine Strukturkrise macht oder darin sogar einen historischen Bruch sieht, ähnlich dem Sturm auf die Bastille oder auf das Winterpalais. Die Philosophie der Intellektuellen der terroristischen Revolution verbindet die Nichtigkeit des betrunkenen Magiers mit der Pedanterie des marxistischen Doktors und mit der Maschinenpistole des Mafiakillers.
Zu allem Überfluß sind zahlreiche Intellektuelle gleichzeitig für den Terrorismus und für den Pazifismus. Mit anderen Worten, sie predigen zwar die einseitige Abrüstung des Westens und lehnen eine Gewaltanwendung zur Verteidigung des Staatsgebietes in Kriegszeiten ab, praktizieren sie aber in Friedenszeiten bei ihren eigenen Mitbürgern.

Wir befinden uns hier zunächst vor einer ideologischen Verirrung klassischen Typs: Intellektuelle beschreiben die Tatsachen aufgrund ihrer Ideen, und nicht umgekehrt; und zweitens vor einem Verrat der ursprünglichen Aufgabe eines Intellektuellen: die Wirklichkeit verstehen, und schließlich vor einer Parodie auf die Handlung, die einer Parodie auf das Verstehen auf dem Fuß folgt. Denn in einer Demokratie besitzt der terroristische Mord nicht die Macht, die Wirklichkeiten zu verändern. Er ist ein symbolischer Akt, dessen einzige praktische Spur das Blut auf dem Gehsteig ist, als hätten die Terroristen es nötig, sich zu beruhigen und sich selbst zu beweisen, daß ihre Weltanschauung nicht nur Traum ist, wenn sie einen Passanten an der Straßenecke umbringen oder im Kofferraum eines Autos eine Leiche deponieren, von der sie am Abend im Fernsehen hören werden. Aber in einer Demokratie ist dieser Kadaver nur das absurde Stigma ihrer Ohnmacht und ihres Wahns, er hat keinen Einfluß auf den Lauf der Geschichte und kann auch gar keinen haben.

Ein weniger blutiger Aspekt im Verhalten terroristischer Intellektueller ist das, was ich pädagogische Usurpation nennen möchte. Ich habe schon von jenen Fällen von Willkür im Ausbeuten des Prestiges, in der Einschüchterung der Mengen durch den Ruf, die Titel, die Diplome gesprochen. Diese Mischung ist den Terroristen und den vielen Intellektuellen, die glücklicherweise keinen Terror anwenden, zumindest keinen physischen, gemeinsam. Im gegenständlichen Fall hatten wir es in Italien mit Universitätsprofessoren zu tun, die ihre Vorlesungen in revolutionäre „Kollektive" umwandelten, die, wie Sabino S. Acquaviva schreibt, „Wortfabriken" sind. „Diese Worte, die ständig neu ausgearbeitet werden und nach und nach die soziale Welt der betroffenen Individuen reinigen", wie Augustin Cochin in *L'Esprit du jacobinisme* schreibt. Dann „verbannen sie Dissidenten und arbeiten eine Unterscheidung aus zwischen einer Wahrheit, die zur äußeren Gesellschaft gehört und auf Tatsachen beruht, und einer Wahrheit, die nur der sozialen Gruppe gehört, die den revolutionären Kampf führen soll."[5]

Der entscheidende Faktor bei der Verbreitung von Ideen kommt hier daher, daß der intellektuellen Botschaft ein Charisma übergestülpt wird, das nur auf der prestigeträchtigen Stellung des Meisters, der sie ausspricht, beruht. Diese Art von Überstülpung treffen wir fast überall unter verschiedenen Formen, mit anderen Materialien, überall dort, wo wir auf eine Kommunikation treffen, die eher affektive als intellektuelle Vehikel benützt.

Ich weiß nicht, ob man davon ausgehen soll, daß der Klerus aus Intellektuellen besteht. Er umfaßt sicherlich viele von ihnen. Aber zu ihrem eigentlichen intellektuellen Wert gesellt sich jener spirituelle Anspruch, der auf ihrer Zugehörigkeit zu einer Religion beruht. Ihr Prestige und ihre Autorität genießen folglich einen doppelten Überlegenheitsgrad: jenen des intellektuellen Erdenbürgers über die anderen Menschen; jenen des überirdischen Intellektuellen über die irdischen Intellektuellen. Aber ist ein Priester-Intellektueller, und sei er auch Bischof, Kardinal oder Papst, auch nur für die Gläubigen wirklich überirdisch? Wenn er über wirtschaftliche, politische, soziale oder strategische Fragen spricht, verfügt er dann über Erleuchtungen göttlichen Ursprungs? Selbst der gläubigste Christ weiß, daß das falsch ist, oder er müßte es zumindest wissen. Weder die Heilige Schrift noch die Kirchenväter, noch die Konzile lehren uns, daß das Priesteramt allen Männern, die zum Priester geweiht werden, Allwissenheit einbläst. Die Unfehlbarkeit des Papstes (und, wie schon ihr Name sagt, sie gebührt einzig und allein dem Papst) bezieht sich nur auf dogmatische Fragen, jene, die an die Grundfesten des Glaubens rühren. Wenn „Befreiungstheologen" oder amerikanische Bischöfe in einem Hirtenbrief oder der Papst selbst in einer Enzyklika über wirtschaftliche oder strategische Themen sprechen, hängt der Wert ihrer Ansichten von genau den gleichen Faktoren ab, die den Wert der Ansicht von irgend jemand anderem bestimmen würden. Er hängt von der Kenntnis der Unterlagen ab, von ihrer Zuständigkeit, von ihrer Urteilskraft, von der Sicherheit ihrer Schlußfolgerungen und von ihrer intellektuellen Redlichkeit. Man muß ihre Texte und ihre Erklärungen nach denselben Kriterien beurteilen, die man bei den Schriften und Reden der anderen Menschen anwenden würde. Es stellt folglich eine bedauerliche Hochstapelei dar, wenn jemand sich auf die Autorität der christlichen Religion beruft, um sozusagen das göttliche Siegel auf Überlegungen zu drücken, die nicht mehr oder weniger wert sind als die Information, Intelligenz und Rechtschaffenheit ihrer Verfasser. Die Befreiungstheologen tragen in Wirklichkeit nichts anderes vor, als eine primär-marxistische Vulgata. Für sie genügt es, den Kapitalismus abzuschaffen, um die Unterentwicklung zu beenden. Hält man ihnen entgegen, daß alle Länder der dritten Welt, in denen man den Kapitalismus abgeschafft hat, noch tiefer gesunken sind, in einen noch tieferen Abgrund an Armut als alle anderen, und daß die einzigen Länder der dritten Welt, die eine Entwicklung geschafft haben, die kapitalistischen sind, dann antworten sie nichts, sie wollen das nicht wissen. Wie schon Swift sagte: „Man kann einer Person nicht etwas mit Hilfe der Vernunft ausreden, was man ihr nicht mit Hilfe der Vernunft eingeredet hat." Als Individuen und Staatsbürger können die Befreiungstheologen solange sie wollen die ökonomischen Ansichten ihrer Wahl vertreten, und seien sie aus einer abgrundtiefen Unkenntnis der elementarsten Fakten entstanden und aus einer hartnäckigen Weigerung, sich über die Wirklichkeit zu informieren. Sie folgen damit leider dem Verhalten, das uns anderen armen Sterblichen am vertrautesten ist. Aber intellektueller Mangel entwickelt sich zu moralischer Schufterei, wenn sie behaupten, daß ihre politischen Meinungen aus der christlichen Theologie abgeleitet sind. Ich möchte gerne wissen, wie. Keiner von ihnen hat jemals die Kontinuität des Bandes bewiesen zwischen den Prinzipien des Christentums und den erbärmlichen marxistischen Klischees, die ihnen als zweites Evangelium dienen. Die Kirche, so sagen sie, muß sich an die Seite der Armen stellen. Ausgezeichnet. Das ist nicht sehr originell und ich kenne niemanden, sei er Christ oder nicht, der heutzutage für die Vermehrung der Armut eintritt. Der Beitrag der Befreiungstheologie, wenn es ihn gäbe, müßte darin bestehen, daß sie uns irgendein originelles Heilmittel zeigt. Aber das ihre ist nur ein Leihmedikament, kopiert nach den längst veralteten Vorgestrigkeiten ideologischer Heiler im völligen Bankrott, und das in allen Ländern, in denen sie gewütet haben. Ich bestreite nicht ihr Recht, diese Ideologie zu vertreten, wenn sie ihnen entspricht, aber ich werfe ihnen vor, daß sie Millionen armer Leute und aufrichtiger Gläubiger täuschen, wenn sie den christlichen Pavillon auf dieser beschädigten Ware aufbauen.

Warum? Zweifellos deshalb, weil die Anhängerschaft des Katholizismus als eigentliche Religion zurückgeht. Die Befreiungstheologen haben lieber die marxistische Orthodoxie als überhaupt keine Orthodoxie. Der Hauptgegenstand ihres Hasses ist die liberale Gesellschaft, die mit ihren Milliarden von individuellen Varianten unkontrollierbar ist. Diese Gesellschaft, das wissen sie, werden sie niemals in die Hand bekommen, niemals vereinheitlichen können. Die kollektivistische Gesellschaft dagegen, die vom Marxismus ja schon vereinheitlicht wurde, kann ihnen, so glauben sie, eines Tages in die Hände fallen und einfach das Modell auswechseln. Sie protestieren nicht gegen die Armut in Äthiopien, in Kuba, in Moçambique oder in Nikaragua, denn dort herrscht eine gute Armut. Auf sie wird ebensoviel Schande und Lächerlichkeit fallen, weil sie die Sandinisten in den achtziger Jahren zu ihrem Lieblingsmodell für die Politik erkoren haben, wie in den sechziger Jahren auf jene Intellektuellen, die Fidel Castro mit so widerlicher Unterwürfigkeit schmeichelten.

Der Theologe Joseph Comblin, Verfasser der *Teologia de la revolución* (1970) und der *Teologia de la practica revolucionaria* (1974), schreibt im zweiten Buch: „Wenn man Befreiung als Emanzipationsprozeß gegenüber der imperialistischen Beherrschung der entwickelten Nationen begreift, dann kann man sie nur im Rahmen einer weltweiten Revolution vorstellen. Es ist nötig, daß die Veränderung weltweit geschieht. In diesem Sinn ist die Befreiung in Lateinamerika einer der Aspekte der Weltrevolution der zeitgenössischen Gesellschaft, die eine einheitliche Gesellschaft ist, die alle Nationen umfaßt." Es wäre schwierig, unterwürfiger den Buchstaben und den Geist der leninistischen Texte nachzuahmen. Man wird auch bemerken, daß sich Comblin geopolitische, wirtschaftliche und historisch-futurologische Betrachtungen erlaubt, die auf ihrem eigenen Gebiet bewiesen werden müßten und nicht, unter Dispens von allen technischen Beweisen, durch die Vormundschaft der Magie der „Theologie", die ebenso wunderbar wie irreführend ist.

Die Befreiungstheologen behaupten gerne, daß die Auseinandersetzung zwischen Ost und West sie nicht interessiert, daß sie sich mit Bodenproblemen beschäftigen, und daß sie den Kommunismus nicht verbreiten wollen und auch nicht die kommunistischen Staaten als Musterbeispiel hinstellen, und sei es auf indirekte Weise. Nichts ist falscher als das. Während man ihnen niemals ein Wort der Anerkennung für die kleinste soziale Errungenschaft der liberalen Gesellschaften entreißen wird, lösen sich ihre Zungen auf wunderbare Weise, wenn es darum geht, Staatslügen zu übernehmen, die in kommunistischen Ländern gang und gäbe sind. Im August 1987 begibt sich Pater Leonardo Boff, einer der Stars der Befreiungstheologie, in die UdSSR und gibt, als er in seine Heimat Brasilien zurückkehrt, eine Pressekonferenz, bei der er unter anderem folgendes mitteilt: „Der Sozialismus garantiert für eine wahrhaft christliche Existenz bessere Bedingungen als die Sozialordnung des Westens", wobei er anmerkt, „Vorurteile und Verleumdungen" würden im Westen über die Lebensbedingungen der Christen in der UdSSR verbreitet. Er fügt hinzu, daß „der Sozialismus deshalb den authentischen Christen bessere Bedingungen bietet", weil die sowjetische Gesellschaft Boff zufolge „nicht auf Ausbeutung, Individualismus und Konsum beruht, sondern auf Arbeit und gerechter Verteilung des Gewinnes."[6]

Es ist ein ziemlich weitverbreiteter Gemeinplatz, die katholische Kirche habe plötzlich, nach tausendneunhundertsechzig und etlichen Jahren bemerkt, daß sie sich immer im Feld der Starken befunden habe und daß es Zeit für sie sei, ihrem evangelischen Auftrag zu folgen und in das Lager der Schwachen hinüberzuwechseln. Sie ist folglich in das Lager des Antikapitalismus hinübergewechselt. Aber es wäre ein Irrtum, zu glauben, sie habe das aus plötzlicher Liebe für die Schwäche getan. Wenn sie die sozialistische Interpretation der Welt übernommen hat, dann nur deshalb, weil sie sich einbildet, wie ich hoffe zu Unrecht, das kommunistische Lager sei jenes der künftigen Sieger, besonders in der dritten Welt. Sie bleibt also ihrer Tradition treu: auf seiten der Starken.

Ich kann sie deshalb nicht rügen. Ich lenke nur die Aufmerksamkeit auf die Tatsache, daß bei diesem Taschenspielertrick die Verwechslung von Kenntnis und Glauben eines der schönsten Beispiele für jenen Triumph der Unwissenheit darstellt, der unsere Zeiten kennzeichnet.

Es geht nicht nur um Verwechslung von Wissen und Glauben, sondern eigentlich um einen Glauben, der in den Dienst des Unwissens gestellt wird und ihm als Garantie dient. Zum Beispiel geben die amerikanischen Bischöfe im Jahr 1984 ein „Projekt für einen Hirtenbrief" über die amerikanische Wirtschaft und die Beziehungen zwischen dritter Welt und entwickelter Welt bekannt. Sie behaupten darin etwa, die Armut in den Vereinigten Staaten sei seit zwanzig Jahren unaufhörlich ärger geworden, was ganz einfach allen Statistiken widerspricht, die sehr leicht zugänglich sind. Sie behaupten weiters, die dritte Welt sei ebenfalls immer ärmer geworden, während sich die industrialisierte Welt bereichert. Diese Behauptung ist erstens falsch und zweitens im Widerspruch mit der ersten. Denn wenn sich die reiche Welt immer weiter bereichert hat, kann ja die Armut nicht gleichzeitig größer geworden sein in den Vereinigten Staaten. Auch für den Mangel an Konsequenz gibt es gewissen Grenzen. Die praktischen Lösungen, die die Bischöfe anschließend vorschlagen, stammen aus dem alten Arsenal der Sozialdemokratie und aus dem Vorsehungsstaat. Sie glänzen vor allem durch Amateurhaftigkeit. „Das soziale Gewissen", kommentierte Robert Samuelson ironisch in einem Artikel der *Newsweek* (3. November 1984), „das den Geistesblitzen der obenerwähnten Bischöfe gewidmet war, genügt nicht, um wirtschaftliche Gerechtigkeit herbeizuführen. Europa", so bemerkt er, „hat die Prinzipien befolgt, die jene Bischöfe bewundern, und das hat, zumindest teilweise, seine massive Arbeitslosigkeit nach sich gezogen."

Wenn sich die Bischöfe um Wirtschaft kümmern wollen, müssen sie in *Wirtschaftsfragen* kompetent werden, sich seriöse *wirtschaftliche* Informationen beschaffen und die Kriterien beachten, die der Administration als Beweis in *Wirtschaftsfragen* dienen, anstatt das Banner ihrer bischöflichen Würde zu schwingen anstelle einer wissenschaftlichen Beweisführung.

Ich werde dasselbe vom Heiligen Vater selbst sagen, besonders, wenn es um seine Enzyklika vom Februar 1988 geht, *Sollicitudo rei socialis.* Natürlich weiß jedermann, daß die Enzyklika nicht vom Papst selbst verfaßt wird. Sie ist das Werk der päpstlichen Kommission Justitia et pax, unter dem Vorsitz des Kardinal Etchegaray, dem ehemaligen Erzbischof von Marseille und Verfasser eines Buches *Dieu à Marseille,*[7] das 1976 erschienen ist, und das sicherlich dazu beitrug, wenn schon nicht Gott, so doch Marseille besser bekannt zu machen. Der Verfasser vertieft in der Folge seine Überlegungen, um 1984 das Buch *J'avance comme un âne* (Ich stolpere vorwärts wie ein Esel) vorzulegen, ein Titel, den man fast unter die geoffenbarten Wahrheiten einzuordnen wagen könnte, denn der Kardinal Etchegaray ist der Hauptinspirator von *Sollicitudo rei socialis,* eine Tatsache, die vatikanbekannt ist. Was soll man denn wirklich zu diesem dürftigen Zauberbuch sagen, das sich den ökonomischen und sozialen Problemen widmet wie auch den Beziehungen zwischen der dritten Welt und den reichen Ländern, wenn nicht, daß es hätte um 1948 geschrieben werden können, daß es um vierzig Jahre zu spät kommt, daß es zugleich jeder Wissenschaftlichkeit entbehrt, aber auch an allen Erfahrungen, die von 1948 bis 1988 gesammelt wurden, vorbeigeht, und daß es seine archaische und unwissende Verurteilung des Kapitalismus auf gleicher Schuldzumessung an Kapitalismus und Sozialismus aufbaut, wie es damals üblich war? Die beiden Systeme werden als unfähig betrachtet, sich zu wandeln, und als gleich pervers eingeschätzt. Beide sind „imperialistisch". Zwischen beiden besteht keine Wertehierarchie. Nirgends wird erwähnt, daß das liberale System im Jahr 1988 absolut nicht mehr das ist, was es 1948 war, daß es insgesamt gesehen gelungen ist, während das totalitäre System (nicht weniger insgesamt) versagt hat. Zum Thema Unterentwicklung gelingt es der Enzyklika nicht, das alte Klischee, oft widerrufen, zu überwinden, das da heißt: „Wir sind reich, weil sie arm sind". Die beiden „ideologischen Blöcke" sind gleichwertig (diesen wirren Parallelismus kennen wird, als wäre die liberale Welt ein Block, dieser Unglückswurm!) und beide gelangen zu „sündigen Strukturen" – welch weise Formulierung! –, die gleichermaßen bösartig sind. Wie A. M. Rosenthal in *New York Times* schrieb, hat Gorbatschow wohl vor Vergnügen grinsen müssen, als er voll Freude diesen strengen Parallelismus bemerkte, den der Papst oder zumindest sein submissester Denker aufgestellt hat. Weniger zum Lachen ist die Tatsache, daß einmal mehr das vorliegende Wissen hintangehalten wurde, daß es die Kommission Justitia et pax nicht für nötig gehalten hat, die elementarste Forschungsarbeit zu leisten und die für eine ernsthafte Studie notwendige Dokumentation vorzulegen, daß sie nicht die Anstrengung gemacht hat, sich über den gegenwärtigen Stand der Diskussion zu informieren und daß sie das Prestige des Papstes mißbraucht hat, um ein Geschwätz von antidemokratischer Dritter-Welt-Magie zu verzapfen.

Ich beklage keineswegs, daß Roger Etchegaray als Individuum behauptet, der demokratische Kapitalismus sei schlimmer oder, mit gnädiger Erlaubnis der Kommission, vielleicht gleich schlimm wie der totalitäre Kollektivismus. Jeder hat das Recht, nach Lust und Laune Partei zu ergreifen. Ich beklage mich auch nicht, weil er von Wirtschaftsfragen nichts versteht. Niemand ist gehalten, sie zu lernen, allerdings unter der Bedingung, daß er nicht Anspruch darauf erhebt, sich einzumischen. Was unerhört ist, ist die Tatsache, daß er einen geistigen Aszendenten, in diesem Fall jenen der katholischen Religion und des Vatikan, mißbraucht, um in Millionen von wehrlosen Köpfen schwerwiegende Fragen einzutrichtern. Wenn sie sich dieses Prestigemißbrauchs bedienen, ähnlich wie man auch von Vertrauensmißbrauch spricht, dann verhalten sich die Glieder des Klerus wie Intellektuelle, denn das ist eine der bevorzugten Vorgangsweisen der Intellektuellen. Diese scheinen der Menge allzuoft sagen zu wollen: folgt einer Idee nicht deshalb, weil ihr sie verstanden habt und weil ihr sie richtig findet, folgt ihr, weil ich intelligent bin, weil ich sie angenommen habe und weil ihr mir folgen müßt, denn ich bin berühmt! Die Berühmtheit dürfte kein Passierschein für die Banalität oder den Irrtum sein. Ein anderer Kardinal, Kardinal Decourtray, Erzbischof von Lyon, Vorsitzender der französischen Bischofskonferenz und Primat von Gallien, gewährt dem *Journal du Dimanche* ein Interview (27. Dezember 1987), wo er uns mit einer Lawine von Platitüden über die französische Wahlkampagne überschüttet, die niemand jemals den Masochismus hätte, zu lesen, wäre ihr Verfasser nicht Erzbischof. „Das ist Tiefflug“, sagt er, „man spricht zuviel von den Skandalen“, und andere starke Gedanken von der Art, die man mit lässiger Geduld erträgt, wenn sie aus dem Mund eines geschwätzigen Reisegefährten kommen, die aber von ganz allein zu gedeihen vermögen, ohne das verwandelnde Siegel des Kardinalspurpurs. Da in den heiligen Schriften nirgends geschrieben steht, daß Gott den Bischöfen eine eigene Offenbarung zukommen läßt, damit sie die Tagespolitik beurteilen können, sind die Ansichten von Albert Decourtray die Ansichten von Albert Decourtray, nicht weniger und nicht mehr. Wenn man ihnen eine künstliche Autorität verleiht aufgrund der Stellung des Kirchenmannes, so entmündigt man die Öffentlichkeit, anstatt sie zu stärken, indem man an ihren freien Willen appelliert.

Diese Vorgangsweise der Suggestion im Werbestil ist häufig. So kamen fünfundsiebzig Nobelpreisträger auf Einladung des französischen Staatspräsidenten vom 18. bis zum 21. Jänner 1988 in Paris zusammen, um über die „Bedrohungen und Versprechen an der Schwelle zum 21. Jahrhundert“ nachzudenken. Für die Öffentlichkeit haben sie die Früchte ihrer Arbeit in der Form von sechzehn Schlußfolgerungen zusammengefaßt, die am 22. Jänner feierlich bekanntgemacht wurden. Der gnädigste Kommentar, den man über diese Konferenz machen kann, ist folgender: hätte sie fünfundsiebzig Hausmeister oder fünfundsiebzig Friseure oder fünfundsiebzig Hilfskellner zusammengerufen, so wäre das Ergebnis wahrscheinlich origineller gewesen.

Ich habe die höchste Achtung für die drei eben aufgezählten Berufe, und deshalb sage ich auch, daß mit ihnen das Ergebnis *origineller* ausgefallen wäre, denn kein Mitglied dieser sympathischen Berufsstände wäre einverstanden gewesen, das Gewebe von Platitüden und Irrtümern zu unterzeichnen, das die Nobelleute uns verpaßt haben. Dieses kulturelle Mißgeschick erinnert an eine Wahrheit, für die uns die Geschichte zahlreiche Beweise liefert: daß nämlich die intellektuelle Potenz, ja das Genie, nicht automatisch auf Gebiete außerhalb ihrer Kompetenz übertragbar sind.

Es ist mir nicht entgangen, daß die Konferenz von Paris vor allem eine Propaganda-Aktion für François Mitterrand darstellte. Und als französischer Steuerzahler bin ich glücklich, wenn ich meinen bescheidenen Beitrag zu den Reise- und Aufenthaltskosten dieser hohen Persönlichkeiten leisten durfte, die sosehr der Zerstreuung bedürfen. Ich darf auch ausführen, daß unter den Gästen Mitterrands oder vielmehr unter den Gästen der französischen Steuerzahler, viele Nobelpreisträger für Literatur oder für den Frieden waren. Das sind Leute mit sicherlich bewundernswerten Talenten und Verdiensten, aber ihre futurologischen Prophezeiungen werden von der Öffentlichkeit selten einmal als mathematische Wahrheiten verstanden, was den Schaden eindämmt. Aber es gab im Elyséepalast auch ein starkes Kontingent von wissenschaftlichen Nobelpreisträgern.

Was finden wir also in den „Sechzehn Schlußfolgerungen" dieser erhabenen Versammlung? Zunächst einmal, daß „alle Formen des Lebens als wesentliches Erbe der Menschheit zu betrachten sind" und daß wir folglich die Umwelt schützen müssen. Großartige Weisheit! Weiters, daß „die Menschheit eins ist, und jedes Individuum, das zu ihr gehört, die gleichen Rechte hat". Man hatte das schon einmal irgendwo gelesen, vor mehreren Jahrhunderten. Weiters: „Der Reichtum der Menschheit beruht auch auf ihrer Vielseitigkeit." Die Waghalsigkeit und die Neuheit dieser Aphorismen reißen uns wirklich von den Sesseln. Aber das ist noch gar nichts im Vergleich mit dem, was folgt. Man erzittert vor Dankbarkeit, wenn man die zerebrale Anstregung und die Kreativität zu ermessen sucht, die nötig waren, um herauszufinden, daß „die wichtigsten Probleme, vor denen die Menschheit heute steht, gleichzeitig universell und interdependent, voneinander abhängig sind". Mit solchen Verhaltensmaßregeln ausgestattet, können wir vertrauensvoll „das heraufdämmernde 21. Jahrhundert" erwarten.

Um so mehr, als die Nobelleute in der weiteren Folge des Dokuments die Waghalsigkeit und Genialität so weit treiben, daß sie zu behaupten wagen, daß „der Erziehung absoluter Vorrang eingeräumt werden muß", und zwar „besonders in den Entwicklungsländern"; oder auch, daß „Ernährung und Vorbeugemedizin wesentliche Instrumente für eine Bevölkerungspolitik" sind. Wir erfahren auch, wer hätte das gedacht, daß die „Molekularbiologie es erlaubt, in der Medizin Fortschritte zu erwarten". Unsere Pioniere der Wissenschaft ergehen sich solcherart in noch nie gehörten Formulierungen, zum Beispiel, daß „Fernsehen und Medien ein wesentliches Erziehungsmittel darstellen". Aber da sie ja gebildet und umsichtig sind, fügen sie hinzu, daß „die Erziehung dazu beitragen muß, den kritischen Geist gegenüber dem, was die Medien verbreiten, zu schärfen". Und daran hatte noch kein Mensch gedacht! Unsere großen Männer zwängen dann völlig unerwartete Vorschläge in ihre Zauberformeln, wie zum Beispiel den, die Ausgaben für die Rüstung zu senken, um das Geld, das sie verschlingt, anderen Zwecken zuzuführen, oder um eine internationale Konferenz zusammenzurufen, um die Probleme der Verschuldung der dritten Welt zu untersuchen. Da sie uns ihre praktischen Anregungen, wie dieses Problem zu lösen wäre, vorenthalten, dem im übrigen bereits zahllose Konferenzen gewidmet worden sind, müssen wir befürchten, daß dieser fromme Wunsch im Projektstadium steckenbleiben wird. Ähnlich ist auch die Abrüstung ein Klischee, das seit 1919 in allen Redaktionsräumen und allen Kanzlerämtern herumhängt: aber solange man uns nicht gesagt hat, wie wir die politischen, strategischen, nationalistischen, wirtschaftlichen und ideologischen Hindernisse, die ihr entgegenstehen, ausräumen, wird man weder etwas Neues noch etwas Nützliches gesagt haben.

Kein Kolloquium, das diesen Namen heutzutage verdienen will, darf stattfinden, ohne seine Meinung über Aids kundzutun. Das durfte nicht fehlen. Und was dabei herauskam, veranschaulicht leider nur allzugut, wie ein authentischer Wissenschaftler in die Irre gehen kann, der im Namen und unter dem Deckmantel der Wissenschaft unwissenschaftliche Aspekte verbreiten kann, die nur seinen politischen oder anderen Vorurteilen zu verdanken sind. Der britische Biologe John Vane, Nobelpreis für Medizin 1982, beweist, daß auch bei einem Gelehrten die Ideologie stärker ist als die Wissenschaft, wenn er in seiner flammenden Rede die pharmazeutischen Laboratorien angreift, die seiner Meinung nach daran schuld sind, daß sie keinen Impfstoff gegen Aids finden, weil sie „profitgierig" sind. Es gibt aber in dem Augenblick, wo er das sagt, grundlegende biologische Schwierigkeiten, die in der Natur des HIV-Virus selbst begründet sind, und die einer Entdeckung des vorbeugenden Impfstoffs gegen Aids entgegenstehen. Die hauptsächliche Schwierigkeit liegt sicherlich nicht im wirtschaftlichen Bereich. Profit? Wenn sich der ehrenwerte Dr. Vane die Mühe gegeben hätte, die Geschichte ein wenig zu studieren, das heißt, wenn er *eine wissen-*

schaftliche Haltung beibehalten hätte, auch wenn er sich außerhalb seines Spezialgebiets bewegte, hätte er ohne große Mühe festgestellt, daß alle pharmazeutischen Entdeckungen, die in unserem Jahrhundert die Medizin revolutioniert haben, in fünf oder sechs Ländern durchgeführt wurden, die alle kapitalistisch sind. Sie wurden in privaten Laboratorien gemacht, die der Grundlagenforschung viel mehr Geld widmen als die Staaten, oder von unabhängigen Institutionen, wie dem Institut Pasteur, das selbst großteils von den Gewinnen aus dem Verkauf seiner Impfstoffe lebt. Dagegen wurde nicht eine einzige pharmazeutische Spezialität in der Sowjetunion gefunden, einer Gesellschaft ohne Profit. Alle sowjetischen Medikamente sind Kopien westlicher Medikamente, und jeder weiß, daß die Ärzte, die die kommunistischen Staatsmänner betreuen, ihre Medikamente und ihre medizinischen Apparate aus dem Westen kommen lassen. Die ehrwürdigen Nobelpreisträger in Paris haben also die Banalitäten nur verlassen, geradewegs um in die Fälschung zu fallen.

Man könnte aus ihrem Nachdenken nicht die geringste konkrete Schlußfolgerung ziehen. Wenn sie die vagen Allgemeinweisheiten einmal verlassen, empfehlen sie auch keine einzige. Aber ich bin ungerecht. Eine formulieren sie, und die ist völlig konkret, die einzige, und sie hat für sie selbst unschätzbaren Wert. Das ist ihre sechzehnte und letzte Schlußfolgerung: „Die Konferenz der Nobelpreisträger wird sich in zwei Jahren neuerlich treffen, um diese Probleme zu studieren."

Man kann sich gleichermaßen fragen, wozu die soziologische Wissenschaft wohl hatte dienen können, wenn man die Verblüffung Frankreichs am Abend des 24. April 1988 sah, beim ersten Durchgang der Präsidentschaftswahlen, als es entdeckte, daß fast 15 Prozent der Wähler Jean-Marie Le Pen gewählt hatten, den Kandidaten der Front National, also der extremen Rechten. Dieses Resultat kommt daher, daß man seit der Wirtschaftskrise, die wegen des Ansteigens der Arbeitslosigkeit die Situation der Immigranten heikel machte, immer falsche Interpretationsmuster für das Ansteigen des Lepenismus angewendet hat. Der Irrtum der gesamten Politikerschaft war es, die Besonderheit des Phänomens Le Pen nicht zu sehen, ein um so unverzeihlicherer Irrtum, als er teilweise bewußt begangen wurde. Die Linke hat nur daran gedacht, im Siegeszug der Nationalen Front eine Waffe zu sehen, um die klassische Rechte anzuklagen, ohne zu bemerken, daß diese Waffe ein zweischneidiges Schwert war.

Wenn man die Nationale Front mit den Faschismusvarianten der dreißiger Jahre vergleicht, so begeht man zumindest eine geschichtliche Dummheit, habe ich weiter oben gesagt. Die Wählerschaft der Nationalen Front hat keinerlei allgemeine ideologische Motivation. Sie ist im armen städtischen Milieu entstanden, und zwar aufgrund der klassischen Reibereien mit starken Immigrantenkonzentrationen. Sie beinhaltet zunächst keinerlei prinzipiellen Rassismus. Der Beweis dafür, daß die Nationale Front keine Beständigkeit hat, war ihr Absinken unter 10% bei den Wahlen vom 5. Juni 1988: eine Partei, die in sechs Wochen zwei Millionen Stimmen verliert, ist nicht ernstzunehmen. Ihre Ziehharmonika-Wählerschaft wechselt beständig bei jeder Befragung, das Lager.

Eineinhalb Millionen Stimmen der Nationalen Front waren beim zweiten Wahlgang der Präsidentschaftswahlen am 8. Mai zu Mitterrand übergewechselt!

Man hätte das Problem auf soziologischer und wirtschaftlicher Ebene analysieren müssen, wie auch auf dem Gebiet des Unterrichtswesens und der Sicherheit, und zwar kühl und wirkungsvoll. Statt dessen hat die Linke alles getan, um es zu politisieren, bis zu dem Moment, wo sie bemerkte, daß ganze Stadtviertel, die einstmals kommunistisch oder sozialistisch gewählt hatten, plötzlich ebenfalls zur Nationalen Front überliefen. Mehr als 18% der Wähler von Le Pen bei den Europawahlen 1984 sind Arbeiter, 26% bei den Nationalratswahlen 1986 und 37 bis 40% beim ersten Urnengang der Präsidentschaftswahlen von 1988. Fast ein Viertel der Wählerschaft von Le Pen kehrte, wie schon erwähnt, beim zweiten Wahlgang zum sozialistischen Kandidaten zurück, und nicht zum liberalen, Jacques Chirac. Die Rechte ihrerseits ließ sich in der Falle fangen, die der intellektuelle Terrorismus der Linken geschaffen hatte. Sie fürchtete sich davor, die Grundsatzprobleme anzuschneiden, vor allem die materiellen, praktischen und psychologischen, die sich aus der Immigration ergeben, aus lauter Angst, man könne sie des Rassismus bezichtigen.

Es genügte ja schon zu sagen, daß solche Probleme existieren, um in den Geruch dieser infamen Anschuldigung zu kommen. Daher behandelte man sie überhaupt nicht, und man begnügte sich damit, gegen Le Pen einen abstrakten und ideologischen Kampf zu führen, der seine Position nur stärkte, denn er fand völlig außer Reichweite der betroffenen Bevölkerungsschichten und ihrer konkreten Situation statt. Da sie nur daran dachte, aus den Spannungen und Mißverständnissen ihren Vorteil zu ziehen und sie demagogisch auszuschlachten, ließ die Linke solcherart das Feld frei für die Demagogie – aber nicht für ihre eigene. Keine einzige mutige Stimme erhob sich – ich meine damit, ohne umgehend durch Beschimpfungen zum Schweigen verdammt zu werden –, um die Frage ihrem falschen ideologischen Kontext zu entreißen. Die Linke hat einzig und allein daran gedacht, die klassische Rechte zu destabilisieren, anstatt Le Pen selbst zu destabilisieren. Die klassische

Rechte beschränkte sich darauf, passiv zu reagieren, da sie zwischen ihrem sehnsüchtigen Wunsch, die verlorenen Wähler zurückzugewinnen, und der Furcht vor einer unsauberen Allianz unentschlossen hin und her schwankte.

Welchen Nutzen hat denn in einem der kultiviertesten Länder der Erde die angehäufte Arbeit von Hunderten Soziologen über die Konzentration verschiedener Ethnien in bestimmten Stadtgebieten gebracht? Ethnien, die in überbelegten Elendsquartieren wohnen, ohne angepaßtes Unterrichtssystem, mit einer Arbeitslosigkeit über dem landesweiten Durchschnitt, unter Lebensbedingungen, die das Verbrechen, die Banden von jugendlichen Müßiggängern begünstigen, die gewalttätig sind und manchmal drogenabhängig? Haben unsere Lehrmeister im Denken und im Reagieren aus den Tausenden von Studien, die in den Vereinigten Staaten während der sechziger Jahre über diese Themen in gleichen Situationen veröffentlicht wurden, ihre Schlüsse gezogen? Haben sie auch nur *West Side Story* gesehen? Aber konnten denn die französischen Soziologen, die beobachteten, welche Störungen bei der Bevölkerung des Gastlandes auftreten, wenn sie mit starken Konzentrationen von Einwanderern konfrontiert sind, ihre Beobachtungen unparteilich weitergeben und aufgrund der Analysen, die sie aufstellten, die entsprechenden Maßnahmen verlangen, die ergriffen hätten werden müssen? Hätte man sie nicht als Rassisten und Komplizen von Le Pen behandelt? Mußte die Linke nicht für ihre politische Propaganda das Phänomen Le Pen als Neuauflage der „Faschismusflut" der dreißiger Jahre behandeln, mußte sie nicht Frankreich als ein Deutschland am Vorabend der Machtergreifung durch Hitler beschreiben? Wenn man das Universitätsmilieu kennt, dann weiß man, daß jeder Wissenschaftler, der auf die Unrichtigkeit dieser Assimiliation hingewiesen hätte, die moralische Lynchjustiz riskierte, die Verfemung, die schändliche Vertreibung aus der heiligen Familie des Fortschritts in die faschistische Kloake? Ich habe oft gehört, wie ein Forscher im privaten Kreis über diese vergifteten Themen ganz anders sprach als in seinen öffentlichen Schriften, so daß mir der Überlebensinstinkt beim Gelehrten besser entwickelt scheint als die Liebe zur Wissenschaft.

Wir begegnen hier einer der häufigsten Formen von „Scheitern des Denkens" in Reinstkultur, und zwar dem Verbot, ein Phänomen mit seiner wahren Ursache in Verbindung zu bringen. Genauso wie man bei Pestepidemien oder Trockenheiten einst diese Plage irgendeiner Sünde zuschrieb und nicht natürlichen Gründen, isoliert man heute eine soziale Pest von ihren historischen Vorläufern und konstruiert einen Ursprung, der mit der Ideologie vereinbar scheint, die durchzusetzen man ein Interesse oder ein Vergnügen hat. Der Unterschied besteht darin, daß die „Intellektuellen“ früherer Zeiten die wahren Gründe einer Epidemie nicht kannten und auch nicht die Mittel hatten, um sie herauszufinden, während wir heutigen Menschen viel leichter die Genese einer sozialen Wirklichkeit zurückverfolgen können bis zu ihrem Ursprung. In unserem Fall besteht das Hindernis gegen das Wissen in einem Verbot, ordentlich zu sprechen, es liegt mehr in uns selbst als in der objektiven Schwierigkeit, das Problem zu lösen.

Ich habe oft die Verkehrung der Kausalzusammenhänge aufgezeigt, die bei Bürgerkriegen dazu führt, daß man die Wirkung für die Ursache hält, so zum Beispiel hält man in Moçambique die Rebellion der RENAMO für die Ursache der Hungersnot und nicht umgekehrt die von der Regierungspolitik verursachte Hungersnot für die Ursache der Rebellion. Der Terror, den die RENAMO (Nationaler Widerstand in Moçambique) ausübt, ihre Massaker, ihre Vergewaltigungen, ihre Plünderungen und ihre Zerstörungswut können nur Schauder einflößen. Aber dieses Gefühl darf uns nicht daran hindern, uns zu fragen, warum trotz der Militärhilfe, die der kommunistischen Regierung von Maputo seitens der UdSSR, der DDR und mehrerer Demokratien (Großbritannien, Frankreich, Vereinigte Staaten) zuteil wird, die RENAMO so stark werden konnte. Doch die Beobachter, die nur mit der Erklärung durch südafrikanische Hilfeleistungen zufriedenzustellen sind, stellen sich nur selten die Frage eines James Brooke, der klar und verständlich im *New York Times Service* zunächst einmal ausführlich und objektiv die Greueltaten der RENAMO beschreibt, um dann fortzufahren: „Zum Zeitpunkt der Erlangung der Unabhängigkeit im Jahr 1975 verließen etwa 90% der 250.000 portugiesischen Bewohner die ehemalige Kolonie. Die neuen Machthaber machten praktisch keine Anstrengung, um diese traurigen Verbannten zurückzugewinnen *(bedenken wir, daß ein Großteil dieser Weißen in Wirklichkeit seit mehreren Generationen geborene Moçambiquer waren)*, 93% der Afrikaner waren Analphabeten. Die Ausreise der Portugiesen führte zum wirtschaftlichen Zusammenbruch. In diese Leere stieß die FRELIMO vor, eine Guerillabewegung, die von der Vision eines sozialistischen Moçambique getragen war, das eines Tages als erstes afrikanisches Land Mitglied im COMECON, der Wirtschaftsunion des Ostblocks, werden könnte, der ja von der Sowjetunion beherrscht wird. Die Agenten der FRELIMO, die nur portugiesisch sprachen und den Marxismus besser kannten als die lokalen Stammessprachen *(mit anderen Worten: es waren heimische Intellektuelle)* brachten die Revolution in diese konservativen bäuerlichen Landstriche, schlossen die Kirchen und beraubten die traditionellen Häuptlinge ihrer Autorität. Die von den Portugiesen verlassenen Plantagen wurden in Staatsfarmen nach osteuropäischem Muster verwandelt *(eine Idee, die nur Intellektuelle haben konnten)*. Hunderttausende Bauern *(dieselbe Vorgangsweise wie in Äthiopien oder in Tanzania, und dieselbe Gleichgültigkeit der westliche Presse den Tatsachen gegenüber: zweite Intervention der Intellektuellen, die Nicht-Information, ohne vom Mangel an Mitleid zu sprechen – wenn die Henker nur rechtgläubig sind)* wurden vom Land ihrer Ahnen weggerissen, wie Vieh abgeführt und in 1.400 Gemeinschaftsdörfern angesiedelt. Die Widerspenstigen wurden in Lager geschickt, die man euphemistisch „Umerziehungszentren" nannte (auf ganz identische Weise wird dieses System in der UdSSR angewandt, in Vietnam, in Kuba und anderen sozialistischen Ländern, wo die Intellektuellen der Macht der Erziehung, was ja normal ist, eine große Bedeutung beimessen). Prügelstrafe und Hungersnot herrschen in diesen Lagern. „Dort fanden die Rebellen der RENAMO leicht Rekruten, wenn sie in die Lager einbrachen und mit dem Ressentiment gegenüber der Regierung arbeiteten" (*International Herald Tribune*, 12. Mai 1988).[8]

Auch wenn ich das Wort einem Reporter lasse, der sich darauf beschränkt, die Tatsachen vor Ort zu berichten, war es mir wichtig, hie und da zu unterstreichen, daß man die Unterwerfung der Intelligenz unter die Allmacht der Ideologie voraussetzt, wenn man diese Gesellschaft mit Gewalt und Handstreich verändern will und dabei absichtlich vergißt, was sie wirklich ist. Es handelt sich also um eine essentiell intellektuelle Vorgangsweise, per definitionem, unabhängig davon, welche Doktrin es sei. Eineinhalb Jahre nach der Unabhängigkeit veröffentlichte *Le Monde* über die FRELIMO eine Reportage-Serie, deren erste den Titel trug: „Einen neuen Menschen schaffen" (12. August). Die Aktion der Marxisten war also schon vor der RENAMO schiefgegangen.

Zogen sie irgendwelche Lehren aus dem Mißerfolg, als diese Aktion danebenging? Auch nicht mehr. Die Machthaber der ersten zehn Jahre des kommunistischen Polen, fast sämtlich Intellektuelle, bieten dafür eines der zahlreichen, aber beängstigendsten Beispiele, und zwar in ihren Augenzeugenberichten, die unter dem Titel ONI erschienen sind, was soviel heißt wie „Sie", ein Buch, von dessen Bedeutung ich schon gesprochen habe, als ich die Versteifung der polnischen Kommunisten auf ihre Schrecken mit jener von Darquier verglich (siehe oben).

„Sie", das sind in diesem Fall die Machthaber, die zwischen 1945 und 1956 das kommunistische Polen geschaffen haben, wobei 1956 das Jahr des ersten großen Volksaufstands gegen das Regime war. Sie haben es geschaffen, oder besser gesagt, sie haben sich zu den Werkzeugen einer Schöpfung gemacht, deren einziger wahrer Urheber Stalin war. Gelehrige Instrumente: die Mehrzahl dieser polnischen Parteiführer (oder

das, was von ihnen übriggeblieben war, denn Stalin hatte 1937 einen Großteil der in die UdSSR geflüchteten polnischen Kommunisten erschießen lassen), kamen 1945 aus Moskau, wo sie die entscheidenden Jahre ihres Lebens verbracht hatten. Manche hatten sogar die sowjetische Staatsbürgerschaft angenommen.
Eine junge polnische Journalistin kam auf die Idee, einige dieser Überlebenden der ersten Periode befragen zu gehen, und sie hatte das Talent, sie zum Sprechen zu bringen, aus ihrer Zurückgezogenheit heraus, während der etwa achtzehn Monate, in der die Polizeikontrollen schwächer waren und die Zivilbevölkerung brodelte, nämlich zwischen dem Fall Giereks 1980 und der Verkündigung des Ausnahmezustands im Dezember 1981. Ein Abnützungseffekt der libertären Trunkenheit? Jedenfalls wird man Zeuge, wie diese alten Stalinisten ihre Vergangenheit auspacken, ohne sich zurückzuhalten, wenn nicht ohne zu lügen: eine Mine, in der die Historiker während Jahrzehnten werden schöpfen können. Aber die unerhörte Lektion dieses Buches läßt die Umstände, in denen es entstanden ist, weit hinter sich. Es bezieht sich auf die menschliche Natur, auf ihre Beziehungen zur Wahrheit, zum Bösen, zu sich selbst. Sollte unsere Intelligenz nur eine Maschine sein, die unsere Fehler und unsere Verbrechen rechtfertigen soll, ohne jede Rücksicht auf unseren Nächsten? Sollte sie ein Gefängnis sein, in das das Licht niemals vordringt, weil wir selbst alle Öffnungen verstopfen?
Aus diesen Gesprächen, in deren Verlauf diese hartnäckigen Achtzigjährigen voller Stolz über ihr Werk aus Blut, Sklaverei und Elend delirieren, strahlt das Geheimnis der Erblüge, vielleicht dem Mittelpunkt des Menschen.
Die da sprechen, haben tatsächlich die Sowjetisierung in Polen durchgezogen, haben ihr Volk unter den Terror gestellt und unter die gesamte klassische Skala der Verfolgungen, Erpressungen, Hinrichtungen und Deportationen, um am Ende in einem erbärmlichen wirtschaftlichen und menschlichen Bankrott zu landen, in einer ungeheuerlichen Unbeliebtheit zur Zeit der Revolte von 1956, die sie hinwegfegte.
Und doch ist es unmöglich, sie dazu zu bringen, daß sie zugeben, sich getäuscht zu haben! Der Sozialismus scheint etwas zu sein, das der Mißerfolg niemals widerlegt, das der Haß des Volkes niemals demoralisiert. Der Marxismus-Leninismus, wiederholen wir es, weil sie selbst es unaufhörlich wiederholen, basiert auf dem Vorrang der Praxis, der verlangt, daß sich die Wahrheit einer Theorie aufgrund der Erprobung durch Tatsachen herausstellt, nicht durch Überlegungen. Aber „sie" umgehen unablässig die Tatsachen mit Hilfe von Spitzfindigkeiten und Abstraktionen. Feige leugnen sie ihre Verantwortung für Taten, die sie ausgeführt haben. Alles, was man ihnen entlocken kann, ist ein vages

„es hat Fehler gegeben". Aber sie fügen sofort hinzu: sie sind „erkannt", ja, „korrigiert" worden – meist durch die Opferung einer oder mehrerer Sündenböcke, die an den Galgen oder ins Zuchthaus geschickt wurden, wegen angeblicher Sabotage oder Spionage.
Hört unsere Verantwortlichkeit auf, wenn unsere unseligen Verhaltensweisen aus einer ehrlichen Überzeugung entsprangen? Sicherlich wird ein Mensch fast unwissentlich zum Fanatiker, aber das stellt keine Entschuldigung dar. Jeder von uns muß wissen, daß er in sich diese erschreckende Fähigkeit trägt, ein Erklärungssystem für die Welt zu konstruieren und gleichzeitig eine Maschinerie, die alle Tatsachen, die nicht in dieses System passen, ablehnt.
So erzählt Daix in *J'ai cru au matin,* daß er eines Tages in Moskau im Jahr 1953 auf eine Kolonne von Häftlingen stieß, die von Zuchthauswächtern zu einer Baustelle begleitet wurden. Aber er kann in diesem Phänomen, das er doch wahrnimmt, nicht das Indiz für ein totalitäres System erkennen. „Ich war überzeugt davon, es gehe um ‚Strafrecht' oder um gefangene Nazis. Wenn ich hätte denken sollen, daß diese Häftlinge mitten in Moskau, genau wie die unseren mitten im Dorf von Mauthausen zur allgemeinen Abschreckung dienten, so hätte mich zumindest irgend jemand auf diese Fährte setzen müssen." Und er bemerkte zu Recht: „Der Terror, wenn er wirklich allgemein und alltäglich ist, ist kaum zu bemerken." Daher auch die Blindheit eines Sartre, der zur gleichen Zeit eine Reportage aus der Sowjetunion mitbrachte, in der er behauptete: „Die Freiheit der Kritik ist in der UdSSR total."
Wie entstehen unsere Überzeugungen, wie verschwinden sie? Wieso ist ein intelligentes und mutiges Indiviuum nicht besser gefeit gegen das Ketzertum und das „Glück der Unterwerfung" als ein feiges, beschränktes Individuum? Wie befreit man sich vom Fanatismus?
Selten sind die Zeitgenossen, die von der Ideologie geheilt wurden und die Analyse dieser Verkettungen weit genug getrieben haben, um ihr erstens reell und vollständig zu entkommen, um sie zweitens zu erklären, ohne sie zu entschuldigen, und um letztlich den Gebrauch der Gedankenfreiheit in vollem Umfang wiederzuerlangen. Pierre Daix gehört dazu, oder auch Arthur Koestler, der in seiner Autobiographie[9] mit außergewöhnlicher Genauigkeit beschreibt, wie eine totalitäre Weltanschauung Platz greift, wie das System den Geist ausfüllt und die Blindheit, mit der es ihn schlägt. So gelingt es Koestler, als er 1933 die Ukraine bereist, nicht, zu merken, daß eine massive Hungersnot herrscht. Er *sieht* Menschen, die sichtlich ausgehungert sind, aber er kann *den Begriff Hungersnot* nicht aus diesen einzelnen Beobachtungen ableiten. Emmanuel Le Roy Ladurie in Paris-Montpellier (1982) und Alian Besançon in *Une génération* (1987) ist es ebenfalls gelungen, die

Errichtung und die Zerstörung dieser psychischen Konditionierungen objektiv zu beschreiben. Meistens sind die Leute höchstens zur Hälfte geheilt, und sie empfinden mehr Ressentiments denjenigen gegenüber, die ihre Fehler nicht teilen wollten, als denjenigen gegenüber, die sie dazu brachten, sie zu begehen.
„Wenn Sie sich nicht wie jene geirrt haben, haben sie nicht das Recht, etwas zu sagen", erinnerte mich eines Tages Indro Montanelli anläßlich einer Demonstration in Paris gegen den „Kriegszustand", den Jaruzelski 1981 in Polen ausgerufen hatte, bei der die anwesenden Sozialisten den liberalen Demonstranten zuschrien: „Ihr habt nicht das Recht, hier zu sein! Verschwindet!" In ihren Augen hatten nur diejenigen das Recht, gegen die Unterwerfung des polnischen Volkes zu protestieren, die vorher seine Urheber unterstützt hatten, währen diejenigen, die niemals ihre Komplizen gewesen waren, dieses Recht nicht besaßen. Wer das Monopol des Irrtums innehatte, hat die Absicht, sich auch das Monopol der Berichtigung dieses Irrtums vorzubehalten. Sie stellen sie im übrigen weniger als Richtigstellung dar denn als „Entwicklung", als Berücksichtigung neuer Elemente, „um das Wesentliche zu retten". Mit anderen Worten, sie haben ihrer Theorie verfeinert, indem sie sie veränderten und zwar dank unablässiger kreativer Überlegungen. Aber zur Zeit, wo ihre Analyse falsch war, war sie doch in jenem Augenblick die bestmögliche. Daraus folgt selbstverständlich, daß die schiere Anwesenheit von Leuten, die während der angekreideten Periode ihre Positionen bekämpften, sie auf unangenehme Weise daran erinnert, daß ihr Irrtum nichts Unvermeidliches an sich hatte und mehr an ihnen selbst lag als an den Umständen. Es ist für sie wichtig, diese Menschen zu vernichten, mit mehr Entschlossenheit als ihre ehemaligen Gefährten. Die ehemaligen Maoisten oder die alten Lobredner des „befreienden Progressismus" im Iran der Revolution wollen so denken, als hätte die gesamte Menschheit seinerzeit ihre Schnitzer gebilligt. Pioniere waren sie in der Wahnvorstellung, Pioniere wollen sie im bitteren Erwachen bleiben. Der Ausbund an einhelligem Pluralismus, an Pluralismus ohne die anderen, findet letzten Endes immer zu seiner natürlichen Neigung zurück. „Meine Fehler eingestehen, ja!" schreit er. „Aber wenn ich für mich meine Fehler eingestehe, so bringe ich damit zugleich alle diejenigen unter die Guillotine, die bis gestern mit mir einer Meinung waren, denn sie haben sich geirrt, und ebenso diejenigen, die gestern das sagten, was ich heute sage, denn die behaupteten es aus einer reaktionären Weltanschauung heraus, und ich werde nicht zulassen, daß man sie mit der linken Logik verwechselt, die meine Bekehrung bewirkt hat."
Das Bedürfnis, das Unwahrscheinliche zu glauben – und was, wenn

nicht das Unwahrscheinliche, befriedigt denn das Bedürfnis, zu glauben? – bewirkt grimmigere Intoleranz und hartnäckigere Rachsucht gegen die Ungläubigen bei den Weggefährten als bei den Aktivisten, als ob der Mensch einen halben Glauben leichter losließe als einen ganzen Glauben. Die „liberalen" Amerikaner oder die europäischen „Progressisten" verzeihen den anderen ihre eigenen Fehler viel weniger leicht als die Ex-Voll-Kommunisten. Wenn sie sich kritisieren, führt die Halbblindheit höchstens zu einer Halb-Klarheit und zu einer Halb-Aufrichtigkeit. In seinem *Voyageur dans le siècle* (1979) kann sich Bertrand de Jouvenel nicht dazu überwinden, seinen zögernden und vorübergehenden Beitritt zu den Ideologien der extremen Rechten Ende der dreißiger Jahre gerade ins Auge zu schauen und sie sich selbst zu erklären. Er wundert sich, er ist nervös, er ringt die Hände, verzichtet darauf, diese Eselei zu diagnostizieren, die bei einem Menschen seiner Intelligenz ja eine Entstehungsgeschichte haben muß, deren Rekonstruktion hätte lehrreich sein können. Um so mehr, als Jouvenel seit 1945 diese Erinnerung aus seinem Gedächtnis, zumindest aus seinen Gesprächen, verbannt hatte. Allerdings durfte man sich auch keine Absolution erwarten, wenn man in Richtung rechts ausgerutscht war, weder für die Zeit vor noch für die Zeit nach der Bekehrung. Wer dagegen mit der totalitären Linken fremd ging oder flirtete, hatte Zugang zu dem schmeichelhaftesten Kompensationen, und hat sie noch immer, gleichermaßen für die Zeit des Irrglaubens wie auch dafür, einen Strich darunter gezogen zu haben.

Alles geht auf die falsche Art und Weise zurück, in der man meistens das unlösbare Problem der „Rolle des Intellektuellen in der Stadt" stellt. Wie soll der Intellektuelle das Steuerruder der Gesellschaft sein, wenn sich herausstellt, daß er schon in seiner eigenen Gedankenwelt nicht fähig ist, diese Rolle zu spielen? Die Funktion des Intellektuellen in der Öffentlichkeit ist nicht zu erfüllen, wenn der Intellektuelle nicht zunächst einmal im intellektuellen Leben die Rolle des Intellektuellen auf sich nimmt. Wie kann er Lehrmeister für Ehrlichkeit, Gedankenstrenge und Mut für die Gesamtheit der Gesellschaft sein, wenn er schon unehrlich, ungenau und feig ist bei der Ausübung der Intelligenz?

Max Weber stellt eine berühmte Unterscheidung auf, deren Klarheit allerdings nur scheinbar ist, zwischen Gesinnungsethik, die dem reinen Intellektuellen zugeschrieben wird, und der Verantwortungsethik, die zum Tatmenschen gehört. Der erste gehorcht nur seinen Prinzipien und seiner Wahrheit, der zweite muß, unter den Zwängen der reellen Umgebung und des angestrebten Ergebnisses, mit dem Wahren ebenso wie mit dem Guten zu einem Kompromiß kommen, wie auch mit seinen eigenen Überzeugungen. In der Praxis kann man diese Unterscheidung in keinem konkreten Fall anwenden, denn ein Großteil der Intellektuellen aller Zeiten nimmt am Handeln teil, sei es direkt, sei es durch ihren Einfluß, und so werden sie dazu gebracht, eine Dosierung zwischen ihren Überzeugungen und den Bedürfnissen einer Situation vorzunehmen, wie ja auch die Tatmenschen, die glücklicherweise nicht alle vollständige Opportunisten sind. Aber die Wurzel der Frage ist es, herauszufinden, ob die reine Gesinnungsethik überhaupt existiert, das heißt, ob der Mensch einer völligen Ehrlichkeit überhaupt fähig ist, selbst wenn er nur Ideen debattiert, außerhalb der unmittelbaren Praxis. Ich glaube, er kann es, aber in einem statistisch zu vernachlässigenden Ausmaß, ohne Einfluß auf den Gang der Dinge, zumindest im kurzfristigen Bereich. Langfristig dagegen haben wir immer von neuem gesehen, wie der Intellektuelle im allgemeinen jede Verantwortung für die praktischen Konsequenzen seiner Behauptungen ablehnt, wie auch so weit wie möglich jede Verpflichtung, bei der Ausarbeitung seiner Überzeugung Beweise vorzulegen. Die Gesinnungsethik und die Verantwortungsethik versöhnen sich folglich bei den Intellektuellen mühelos zu einer verantwortungslosen Gesinnungsethik.

Diese Verantwortungslosigkeit bestätigt sich zunächst im ausgesprochen intellektuellen Stadium der Ausarbeitung einer Überzeugung, und in der Folge in der Weigerung, für die Folgen der begangenen Fehler geradezustehen, seien sie wissenschaftlich oder moralisch. Als Paul Ehrlich, damals Chef der Biologieabteilung an der Universität Stanford, im Jahr 1968 mit der *Bevölkerungsbombe* seine apokalyptischen, extravaganten Prophezeiungen zur Bevölkerungsexplosion vorlegte, die jeder seriösen Grundlage entbehrten, zeigte er nicht mehr Verantwortlichkeit im intellektuellen Bereich, als zwanzig Jahre später im moralischen Bereich, als er es unterließ, über seine Fehler und ihre ideologischen Hintergründe zu sprechen. Er wird sich damit begnügen, einfach ein anderes Thema anzuschneiden: das der Strategie, wie wir gesehen haben, und das der Verteidigung im Weltraum, wobei er die gleichen Talente entwickelte.

Nachdem sie fünfundzwanzig Jahre lang die Liguistik gequält hatte, um sie nur als Beiwerk für ihre Spinnereien zu mißbrauchen, macht die französische Philosophie heute spät aber doch reinen Tisch, eine Kosten-Nutzen-Rechnung. Ihre Vertreter fühlen sich nicht verhalten, diese Mystifikation zu bedauern, sie in ihren Ursprüngen zu analysieren, in ihren Gründen, in ihrem Ablauf und in ihren Missetaten. Warum so viele Beschimpfungen und keine einzige Entschuldigung an die Adresse derjenigen, die Widerstand leisteten? Als im Jahr 1988 das Buch von Thomas Pavel, *Le Mirage linguistique* erscheint, von zerstörender Heiterkeit, veröffentlicht die literarische und philosophische Zeitung *La Quinzaine littéraire,* die während eines Vierteljahrhunderts der heilige Ort der Verteidigung für die in diesem Werk angeprangerten Fehler gewesen war, eine völlig positive Zusammenfassung mit verwirrender Friedfertigkeit, ohne das Bedürfnis zu verspüren, die Vergangenheit zurückzunehmen. Wie haben wohl die getreuen Abonnenten der *Quizaine* reagiert? Stellen wir uns einen Leser des *Osservatore Romano* vor, der in seinem Lehrmeinungsblatt den Artikel eines Kardinals findet, der, ohne daraus ein Drama zu machen, beschreibt, daß die Evangelien in Wirklichkeit apokryph sind und von Nero und Petronius während eines nächtlichen Saufgelages verfaßt wurden. Er würde doch meinen, daß das Haus ihm eigentlich einige Erklärungen schuldet. Keine Sorge dieser Art in der *Quinzaine,* die (aus der Feder von Vincent Descombes) schreibt: „Was die Bilanz betrifft, die in *Linguistische Fatamorgana* gezogen wird, so wirkt sie um so bestürzender, als sie genau und gemäßigt ist. Es geht hier keineswegs darum, gegen irgend jemanden einen Prozeß anzustrengen oder eine Rückkehr zu den sicheren Werten zu verlangen. Worum es geht ist eher, die Buchhaltung der intellektuellen Unternehmungen in einem Buch festzuhalten, wie es der Staatsaufgabe der Philosophen und Gelehrten entspricht." Man wird feststellen, daß *la Quinzaine,* ohne den leistesten Versuch auch nur anzudeuten, die Fälscher auf dem Gebiet der Linguistik und der Philosophie zu entschuldigen, die Forderung nach Verantwortungslosigkeit beibehält: „Es geht hier keineswegs darum, gegen irgend jemanden einen Prozeß anzustrengen . . ." (Warum denn nicht? Was rechtfertigt diese Immunität, die ausgerechnet jenen gewährt wird, die sie aufgrund ihrer Ausbildung am wenigsten verdienen?) M. Descombes fährt fort: „. . . oder eine Rückkehr zu den sicheren Werten zu verlangen". (Welche? Worum geht es denn eigentlich? Was bedeutet diese Ironie? Gibt es, ja oder nein, eine wissenschaftliche Linguistik, die durch die mondänen Taschenspielertricks der Strukturalisten fehlgeleitet wurde?) Das Recht auf Irrtum kann nur dann anerkannt werden, wenn es vom Respekt für die wohlbegründete Entgegnung begleitet wird und von der Aufrichtigkeit in der Diskussion.

Das sind Geisteshaltungen, die man selten antrifft, besonders in einem kulturellen Universum, wo eher der Ausrottungswahn gegenüber dem Gegenargument vorherrscht, sogar auf einem Gebiet, das von den großen geostrategischen Entscheidungen unserer Zeit so weit entfernt ist wie etwa die Kunstgeschichte. So veröffentlicht ein wichtiger englischer Kunstgeschichtler, der in den Vereinigten Staaten unterrichtet, T. J. Clark, allmächtig an der Universität von Harvard, im Jahr 1985 *The Painting of Modern Life, Paris in the Art of Manet and His Followers.*

In diesem Buch behauptet Clark, der Skandal, den Olympia im Salon von 1865 bewirkte, sei nicht daher gekommen, daß Manet eine ästhetische Revolution gelungen war, die alle Perspektive-Gewohnheiten des Publikums wie der Kritik schockierte, sondern daher, daß er eine „proletarische Aktdarstellung" gemalt hatte, und daß die Hand der jungen Frau, die ihre Geschlechtsteile verdeckt, in Wirklichkeit den „Penisneid" und die Sehnsucht nach dem fehlenden Phallus bedeutet, von denen Freud als von einem Entwicklungsstadium in der Sexualpsychologie kleiner Mädchen spricht. Es versteht sich von selbst, daß man in den gesamten geschriebenen oder ikonographischen Unterlagen über den Künstler und seine Zeitgenossen auch nicht die winzigste Spur eines angedeuteten Hinweises findet, die es erlauben würde, diese plumpe Interpretation zu stützen, die sich selbst für subtil hält, und die nichts anderes ist als ein Überrest der psychoanalytischen Klischees der fünfziger Jahre. Ich bewundere Protagoras sehr, aber ich bin nicht mit ihm einverstanden, wenn er sagt „Man denkt nicht, was nicht ist." Guter Gott! Wir müssen arbeitslos werden! Denken, was nicht ist, etwas anderes machen wir ja gar nicht! Ich bin auch gar nicht gegen falsche Ideen, vorausgesetzt, sie sind lustig. Aber einen schweren Irrtum begehen, nur um, wie Clark, den widerlichen Beigeschmack der stalinistischen Lehre über die Kunst wiederaufleben zu lassen, die unter dem Hirtenstab eines Jdanov so um 1946 herumgeisterte, das ist kein geistreicher und eleganter Irrtum. Wir erkennen hier jene sonderbare Neigung der Intellektuellen unseres ausgehenden Jahrhunderts in den Vereinigten Staaten für die wiederaufgewärmten Überreste eines provinziellen, baufälligen Marxismus, der heute sogar in Ulan Bator nur ein müdes Lächeln bewirkt. Was den „Phallusverlust" betrifft, so erlebte ich zum letztenmal, daß jemand ein vages Interesse an diesem Thema wecken konnte, als ich 1967 in einer Diskothek von Saint Tropez gegen drei Uhr morgen einen jungen Mann auf diese Theorie anspielen hörte, und ich kann nicht schwören, daß die Zuhörer ihm aufmerksam folgten, und es war auf jeden Fall wirklich das allerletzte Mal. Aber schließlich hat T. J. Clark natürlich sehr wohl das Recht, daran zu glauben, an diese überholte Idee, und davon zu zehren; aber er hat nicht das Recht, so zu tun, als wäre er ein großer Historiker, und noch weniger das Recht, jene seiner Kollegen plump zu beschimpfen, die, seriöser als er, beweisen, daß seine These gleichzeitig primitiv und falsch ist. Ein Beweis, den Françoise Cachin antrat, Direktorin des musée d'Orsay, und zwar in der *New York Review of Books* vom 30. Mai 1985. Françoise Cachin war gerade, im Jahr 1983, für die große Manet-Ausstellung verantwortlich gewesen, der vollständigsten und gelehrtesten seit dem Tod des Malers hundert Jahre vorher, und von einer

Qualität, wie man sie in den nächsten hundert Jahren nicht mehr sehen wird. Sie hatte zu diesem Anlaß einen umfangreichen großen Katalog erstellt, eines der schönsten Monumente an Gelehrsamkeit, das jemals aufgrund einer Ausstellung das Licht der Welt erblickte. Was antwortet Clark dieser Françoise Cachin auf ihren langen und genauen Artikel, in dem sie die These widerlegt, wonach Manet's Werk eine Anklageschrift gegen Kapitalismus und Prostitution wäre?
Zunächst einmal wird Frau Cachin von Clark beschimpft. Das ist in den hohen Sphären des Reingeistigen viel häufiger als man annehmen würde – und er beschuldigt sie, sie nehme eine „Abrechnung" (schon wieder so eine Floskel, wenn einer nicht weiß, was er sagen soll) vor, die mit dem Thema nichts zu tun habe. Ein ebenso ärgerliches wie weitverbreitetes Vorgehen in der hohen Intelligentsia. „Kulturapparatschiks wie Frau Cachin haben eine staatliche Maschinerie zur Verfügung, die niemals aufhört, Retrospektiven auszuspucken (sic). Die Animosität in Frau Cachins Bericht war in großem Ausmaß, so glaube ich, auf meinen fehlenden Enthusiasmus für die meisten ihrer Produkte zurückzuführen." (*New York Review of Books*, 15. 8. 1985.) Die Eleganz der Formulierung steht hier in Konkurrenz mit der Erhabenheit der Gefühle. Nichts an diesem ganzen Gestammel hat, wohlgemerkt, auch nur die geringste Beziehung zum Hintergrund der Debatte. Wenn Clark endlich geneigt ist, der Sache auf den Grund zu gehen – und zwar im zweiten Teil seiner Antwort –, beschuldigt er Françoise Cachin, die Zitate seines Buches gefälscht zu haben. Der alte Trick, der darin besteht, von „verstümmelten Zitaten" zu sprechen, die „aus dem Zusammenhang gerissen" wurden, kann einen Autor, der seinen Gnadenschuß erwartet, zu paradoxen Fehlern in der Folgerichtigkeit führen. So zaubert Clark mit erhobener Stirn seine Geschichte von der Hand, die den Phallus bedeutet, einfach weg. So daß in der Antwort auf die Antwort Frau Cachin ihrerseits die vollständigen Zitate aus dem Buch T. J. Clarks wiederherstellen muß! Die Intellektuellen verstümmeln sicherlich häufig die Zitate ihrer Gegner, aber im allgemeinen werden ausgerechnet diejenigen dieses Verbrechens angeklagt, deren Zitate von seltener Genauigkeit sind! Die Sozialgeschichte der Kunst verlangt ein Minimum von Sorgfalt beim Verwalten des Beweises. Und die Nichtigkeiten des Herrn Clark sind nicht in den Untiefen militanter Lächerlichkeiten entstanden, sondern erklangen in den ehrwürdigen Tempeln universitären Denkens.
Auch da kann man das gute Gewissen nur bewundern, mit dem sich die Intellektuellen auf massivste Weise Schuftereien hingeben, von denen sie nicht ein Zehntel bei politischen oder ökonomischen Fachleuten dulden würden. Wenn man sie auf frischer Tat ertappt, so können die

Heldentaten, deren sie fähig sind, um jeder Verantwortlichkeit zu entgehen, den besten Akrobatenstücken der geschultesten Politiker durchaus das Wasser reichen. Wenn ich vom Verhalten „der Politiker" spreche, so verbleibe ich innerhalb der Grenzen technischer Beschreibung, denn für Intellektuelle wie für Politiker ist die Hauptfrage – noch häufiger und mit noch weniger Entschuldigungsgründen – vor einem Problem, einer Schwierigkeit oder einem Einwurf niemals die, ob etwas wahr oder falsch ist, sondern welche Folgen die Angelegenheit für das Interesse der Sache haben könnte. 1987 erscheint *Heidegger und der Nationalsozialismus*[10] von Victor Farias, einem chilenischen Autor, dessen Buch trotzdem zunächst in seiner französischen Version erscheint. Wohldurchdachte Entscheidung oder glücklicher Zufall, denn die Haltung der französischen Philosophen in bezug auf Heidegger, der sich in den letzten 50 Jahren aus anbeterischem Kotau vor dem Werk und verschämtem Verschweigen des Nationalsozialismus seines Autors zusammensetzt, stellte ein ethisch-konzeptuelles Nitroglyzerin her, das bei der leisesten Erschütterung eine ohrenbetäubende Explosion hätte hervorrufen können. Die ließ auch nicht auf sich warten. Kaum war das Buch erschienen, als zu Dutzenden kleine Bücher auftauchten, hunderte Artikel, Podiumsdiskussionen zuhauf, Extraausgaben von Zeitschriften, Kolloquien und Fernsehdebatten. Der Hunger in Äthiopien wurde in den Rauchfang gehängt, Gorbatschow für den Augenblick mit guten Ratschlägen verschont und seinen eigenen geistigen Fähigkeiten überlassen, die Vernichtung von General Pinochet abgeblasen; alle Angelegenheiten mußten stillstehen, denn die Ehre des Stammes die der infame Farias beschmutzt hatte, verlangte die Energie aller seiner Söhne. Die reine Logik hatte wie üblich gerade Sonntagsausgang, denn die Kettenglieder des Verteidigungssystems traten grosso modo wie folgt zutage: 1. was Farias sagt, ist falsch; 2. wir hatten das auch schon gesagt; 3. wir wußten nichts von diesen Scheußlichkeiten, aber sie stellen seitens Heideggers einen individuellen Irrtum dar, der seiner Philosophie keinen Abbruch tut; 4. auf jeden Fall steht es nicht Farias zu, das zu sagen, sondern uns; 5. deshalb haben wir bisher geschwiegen und alle Spuren des Heideggerschen politischen Weges verwischt.

Warum fühlte sich die französische Philosophie dermaßen betroffen und am Lebensnerv getroffen, von Eröffnungen in Frage gestellt, die ihrer Darstellung nach gar keine waren, die gleichzeitig wahr und falsch waren, was letztlich, so sagte sie, keinerlei Bedeutung hatte? Warum sah sich ein gewisser Farias, der plötzlich vom Status eines völlig Unbekannten zu dem eines akkreditierten Prügelknaben avancierte, zum nichtswürdigen Helfershelfer des ontischen Obskurantismus, des Rechts beraubt, über Heideggers Nazitum zu forschen? Wie man weiß, unterscheidet Heidegger zwischen der Ontologie oder der Wissenschaft vom Sein und dem „Ontischen", das die „Seienden" betrifft, das Niveau des „nicht authentischen Seins". Was den letzten Punkt betrifft, so kennen wir das Prinzip: Nur wer gelogen oder sich geirrt hat, kommt in den Genuß des Privilegs, den Irrtum zu korrigieren (allerdings ohne dabei sich selbst ins Unrecht zu setzen). Die anderen, die keine Dummheit gesagt haben, sind von vornherein disqualifiziert und um Stillschweigen gebeten: eine Sache des guten Geschmacks. Aber über die heideggersche Falle und über das üble Familiengeheimnis hatte die französische Philosophie nicht sehr viel gelogen, und mit gutem Grund; daher auch die Aufregung, die *Heidegger et le Nazisme* auslöste, diese Panik bigotter alter Mütterlein, die entdecken, daß der Herr Pfarrer kleine Buben anfaßt.

Das Nazitum des deutschen Philosophen ist immer schon bekannt gewesen. Jedesmal, wenn es an die Oberfläche hochkommt, stößt der Philosophenstamm das selbe Gekreische aus. Warum diese Wiederholungszyklen? Weil Heideggers Nazitum, das ja nicht zufällig war, sondern zutiefst mit seiner Lehre zusammenhing, die gesamte Philosophie in Frage stellt. Als die französische Philosophie zwischen 1935 und 1945 etwas schwach auf der Brust war und verzuckert werden mußte, schüttete man eine Portion Heidegger hinein, um sie aufzumöbeln. Man kontrollierte die Herkunftsbezeichnung des Weines nicht, nämlich den politischen Weinberg des Lieferanten. Seither lebt unsere Philosophie, die ja großteils links steht, mit diesem reaktionären Virus im Blut, was in periodischen Abständen zu unerhörten Erdbeben führt. Denn hinter Heideggers persönlichem, aktiven Engagement im Nationalsozialismus taucht das Problem auf, wie weit seine Philosophie selbst mit diesem politischen Engagement verbunden ist. Leitet sich das Nazitum Martin Heideggers aus seiner Philosophie ab? Ist diese Philosophie selbst folglich ein totalitäres Denkmuster? Ich meinerseits habe das immer geglaubt, ich habe es 1957 in *Pourquoi des philosophes?* geschrieben. Ich unterstrich dort bei Heidegger den Archaismus, den Haß auf den „Technikwahn", auf die liberale Kultur, auf die Industrie- und Handelsgesellschaft, den archaisch-mystischen Kult der primitiven Dorfgemeinschaft, alles Themen, die den Nazis sehr vertraut waren. Ich betonte bei Heidegger hauptsächlich den Totalitarismus im diskursiven Vorgehen selbst wie auch in seiner Darstellungsweise, die Behauptungen akkumuliert, um dieselbe Idee auf fünf oder sechs verschiedene Arten zu wiederholen, wobei sich Heidegger darauf beschränkt, vor den letzten Satz eines Paragraphen ein „folglich" zu setzen, obwohl es gar keinen deduktiven Zusammenhang zwischen den vorhergehenden Sätzen und ihrer angeblichen Schlußfolgerung gibt.

Diese charakteristische Vorgangsweise, die ich „terroristische Tautologie" nennen werde, findet man in Hitlers Reden wie auch in den sogenannten „theoretischen" Schriften Stalins wieder. Und gerade diese Vorgangsweise machte Heideggers Erfolg bei den Philosophen aus. Da die Philosophie in unserer Zeit nichts mehr beweisen kann, bot sich die Heiligsprechung der reinen, intransigenten und unerklärten Behauptung als der ersehnte Rettungsanker. Seit Heidegger ist die Philosophie mehr als jemals zuvor assertorisch und duldet keinen Widerspruch. Sie beruht nicht mehr auf dem Beweis, sondern auf der Verachtung jenes Widerspenstigen, der sich weigern könnte, sich einfangen zu lassen. Wenn ein so am Wort und durch das Wort lebendes Werk wie das von Heidegger, ein solches Gewebe von hohlen Platitüden für ein Monument des Denkens gehalten werden konnte, so beweist das schlicht und einfach, daß die zeitgenössische Philosophie mangels Substanz im Sterben liegt, so daß sie dazu verdammt ist, totalitär zu werden. Heideggers politisches Verhalten ist kein charakterlicher Zufall, keine subjektive Feigheit, sondern es ist integrierender Bestandteil seiner Philosophie. In einem Artikel über die totalitäre Kultur (*L'Express,* 7. Juni 19871) hatte ich jenen Satz aus seinem *Appell an die Studierenden* vom 3. November 1933 zitiert, der nach dem Erscheinen von Farias' Buch ausgegraben und oft wiederholt worden ist. „Sucht die Regeln für euer Sein in Dogmen und Ideen", schrieb Martin Heidegger, „der Führer selbst, und er allein, ist Deutschlands Wirklichkeit von heute und morgen."

Das Übernehmen des transzendenten Modells mündet, wie man sieht, sehr schnell in der Metaphysik der Inkarnation, deren Konsequenz der Persönlichkeitskult ist. Hitler war übrigens juristisch als „Titular der Staatsidee" anerkannt worden (Gesetz vom 1. März 1933). Wohlgemerkt: der Staats*idee,* nicht nur des Staates. Um diese despotische Eigenschaft einer Idee in einem Regieme zu legitimieren, braucht man totalitäre Ideologen. Heidegger war einer von ihnen. Wenn manche Leute Zweifel hatten über den inneren Zusammenhang zwischen Heideggers Philosophie als solcher und dem Nazitum, so empfand zumindest er selbst nichts dergleichen, denn er rechtfertigt sein Engagement in seinem theoretischen Wortschatz, mit Hilfe seiner eigenen technischen Terminologie. „Die nationalsozialistische Revolution", sagt er weiters am 12. November 1933, „bringt den völligen Umsturz unseres deutschen Daseins".

(Entreißen wir die Nichtphilosophen für einen Augenblick ihrer zivilisierten Ruhe, um ihnen darzulegen, daß im Heideggerschen Wortschatz das Dasein die „menschliche Wirklichkeit" bedeutet.) In einem posthumen Erinnerungsbuch erzählt Karl Löwith einen Tag im Jahr

1936 in der Umgebung von Rom, wohin er geflüchtet war, einen Tag des Spaziergangs in Gesellschaft Heideggers, der dort Ferien machte. Der Philosoph des Daseins trug im Knopfloch ein Hakenkreuz-Abzeichen. „Bei der Rückkehr“, so schreibt Löwith, „lenkte ich das Gespräch auf die Kontroverse der Neuen Zürcher Zeitung und erklärte ihm, daß ich weder mit dem politischen Angriff Barths gegen ihn einverstanden war, noch mit der Verteidigung Staigers, da meiner Meinung nach sein Engagement für den Nationalsozialismus im Wesen seiner Philosophie lag. Heidegger gab mir ohne Vorbehalt Recht und fügte hinzu, daß sein Begriff von ‚Geschichtlichkeit‘ die Basis für sein politisches ‚Engagement‘ darstelle.“

Diese ganze Kontroverse hatte im übrigen schon mindestens einmal stattgefunden, und zwar ausgerechnet dank der Veröffentlichung eines Textes von Löwith in *Les Temps modernes* von 1946, „Die politischen Implikationen der Existenzphilosophie bei Heidegger“, ein Text, der Alphonse Waehlens, den Kommentator des Philosophen, dazu geführt hatte, die erbärmliche und für die Philosophie zutiefst beleidigende These aufzustellen, es gäbe zwischen Heideggers Lehre und dem politisch-moralischen Engagement des Privatmannes keine Verbindung. Das beweist einmal mehr die Leichtfertigkeit der Philosophen angesichts der Folgen ihrer Stellungnahmen! Nach dem Zusammenbruch des Nationalsozialismus hat man völlig abgestumpfte Leute wegen Verbrechens gegen die Menschlichkeit hingerichtet, mit dem Argument, Befehlsnotstand entschuldige nichts, und man will uns nun weismachen, daß der größte Philosoph des 20. Jahrhunderts (wenn man seinen Verteidigern glauben will) sich einer völligen Undurchlässigkeit zwischen Gedanken und Handeln rühmen dürfe! Eigenwilliges Verteidigungssystem! Denn schließlich kann nur eines von beiden stimmen: entweder ergibt sich Heideggers politisches Engagement aus seiner Philosophie, und das stellt den Sinn dieser Philosophie in Frage; oder aber sie ergibt sich nicht daraus, und wenn ein Philosoph eine so schwerwiegende Wahl treffen kann, ohne daß es eine Verbindung zu seinem Denken gibt, so beweist das die Nichtigkeit der Philosophie selbst. Die Erinnerung an diese Polemik aus dem Jahr 1946 wurde von den Philosophen verdrängt, ebenso wie ein Beitrag von Lucien Goldmann, dem Autor von *Dieu caché,* zehn Jahre später, der anläßlich eines Kolloquiums im Stift von Royaumont Nazi-Texte von Heidegger öffentlich vorlas, womit er lebhafte Ablehnung hervorrief sowie einen erklärten, empörten Willen, nichts zur Kenntnis zu nehmen. Die Philosophen haben die historische Information also im vollen Bewußtsein der Tatsachen verweigert und die Prüfung der philosophischen Implikationen abgelehnt. In einer diskreten Notiz der *Critique de la raison dialec-*

tique schreibt Sartre im Jahr 1960: „Der Fall Heidegger ist zu kompliziert, als daß ich ihn hier darlegen könnte".[11] Seitens eines Autors, für den tausend Seiten nur ein kleines Vorwort darstellten, um magere, vermischte Beiträge einzuleiten, und der, soweit ich mich erinnern kann, niemals irgendeine Frage für seine allgemeine vernünftelnde Gefräßigkeit als zu komplex bezeichnet hat, überrascht diese plötzliche und vorübergehende Bescheidenheit. Sagen wir, der Zeitpunkt ist schlecht gewählt. Was die Epigonen betrifft, die sich nach dem Erscheinen von Victor Farias' Buch durch die moralische und intellektuelle Erbärmlichkeit ihrer Reaktionen ausgezeichnet haben[12], so verdienen sie nur deshalb unsere Aufmerksamkeit, weil sich in ihnen der Schiffbruch der modernen Philosophie offenbart sowie ihre essentielle Widersprüchlichkeit, wobei der Fall Heidegger sich darauf beschränkt, im untrennbaren Paar von Handeln und Denken das Nichts zu verkörpern.

Die Geschichte der Philosophie teilt sich in zwei Abschnitte: während des ersten hat man die Wahrheit gesucht; im zweiten hat man gegen sie gekämpft. Dieser zweite Abschnitt, dessen genialer Vorläufer Descartes und dessen verstümmelte Manifestation Heidegger ist, tritt mit Hegel in ihre Phase vollster Aktivität. Zwischen Descartes und Hegel strengten sich einige letzte Erben der wahrheitsliebenden Epoche vergeblich an, einen Mittelweg zu finden, um die unvermeidbare kommende Herrschaft der Fälschung zu vereiteln, darunter Kant, der pathetisch-ehrliche, und Hume, der subtile.

Die Affäre Heidegger hat keine andere Bedeutung, als daß sie die Armut aufdeckt, die von der angeblichen Tiefe der modernen Philosophie zugedeckt wird, und auch das Ausmaß der „Kultur des Sich-Entziehens", wie man das nennen könnte: das Engagement wird beim Eintritt verlangt, niemals beim Ausgang. Jene Zeitgenossen Heideggers, die zwar nicht Nazis waren, aber wie viele Linksintellektuelle der Weimarer Republik das Zentrum und die Sozialdemokraten für reaktionärer hielten als die Nazis, bezahlten teuer für ihren Fehler, denn der Ausgang war für viele unter ihnen das Konzentrationslager. Aber wie viele von denen, die in die Vereinigten Staaten entkommen konnten, weil sie, nach einem Ausspruch von Walter Laqueur, „Kalifornien Sibirien vorzogen"[13], zogen wirklich nach dem Krieg die Schlüsse aus ihrer Blindheit der zwanziger Jahre? Allzu zahlreich waren jene Intellektuellen, die zwar dank Amerika überlebt hatten, aber nach 1945 ihre Angriffe zum zweiten Mal gegen die Demokratie richteten und ihre Feder in den Dienst des anderen totalitären Systems stellten, jenes unter Stalin. Wozu hatten sie denn ihre Erfahrung genützt? Selbst eine Ratte lernt schneller in ihrem Labyrinth. Und bei den englischen Intellektuellen, die gemeinsam mit den Schweden die einzigen in Europa waren, denen faschistische wie auch kommunistische Verfolgungen erspart blieben? Was soll man von H. G. Wells und Bernard Shaw halten, die beide zuerst Mussolini in den zwanziger Jahren beweihräucherten und dann in den dreißiger Jahren Stalin? Welch schöner Eklektizismus liegt doch in der freiwilligen Blindheit!

Was die Überlegenheit des Intellektuellen über die restlichen Exemplare von *Homo Sapiens* ausmacht, das ist seine Tendenz, nicht nur aus Faulheit die Erkenntnisse zu vernachlässigen, über die er verfügt, sondern sie sogar absichtlich zu vernichten, wenn sie die These, die er verbreiten will, stören. Diese Freiwilligkeit in der Lüge hat ihre unheilvollen Wirkungen bei wichtigeren Fragen gezeitigt als bei der Frage nach Martin Heideggers Nazi-Vergangenheit und bei den kindischen Versteckspielen der Philosophen in diesem Zusammenhang. So glaubt man im allgemeinen, daß die Linksintellektuellen im Westen die wahre Natur des Sowjetregimes noch lange nach Beginn unseres Jahrhunderts verkannten, da sie ja so erfüllt waren vom legitimen und großzügigen Vertrauen in die Qualitäten des neuen Regimes und dann von der stalinistischen Zensur und Propaganda getäuscht wurden.

Diese Erklärung ist falsch. Es ist eine Umkehr der Abfolge der Ereignisse, wie es Christian Jelen in seiner historischen Arbeit *l'Aveuglement* bewies, die auf bis dahin unbekannten oder unveröffentlichten Dokumenten beruht. Diese irreführende Rekonstruktion der Tatsachen wurde im nachhinein ausgearbeitet, um die Verantwortlichen zu entlasten. In Wahrheit, und Christian Jelen beweist das im speziellen, aber exemplarischen Fall der französischen Sozialisten, ist *die Lüge im Westen entstanden.* Das Täuschungsmanöver über die wahre Natur der leninistischen Diktatur stellte eine absichtliche Maßnahme dar, und sie wurde von französischen Sozialisten entworfen, noch vor der Spaltung von Tours (Dezember 1920), zu einem Zeitpunkt, wo der junge bolschewistische Staat klarerweise noch keinen ausreichenden Propagandadienst für das Ausland besaß, und wo es aus guten Gründen im Westen noch keine kommunistische Partei gab, die die Tatsachen hätte verfälschen können. Das Täuschungsmanöver wurde von den Getäuschten erfunden und nicht von den Täuschern.

Im Anfang war wirklich die Wahrheit. Schon 1917 erkannte die französische Linke vollständig und genau den tyrannischen, polizeistaatlichen, antidemokratischen und nach allen kanonischen Kriterien antisozialistischen Charakter der bolschewistischen Macht. Damals hatte man den Staatsstreich vom Oktober noch nicht „Revolution" getauft. Man zog damals auch die logischen Schlüsse aus den nachfolgenden Wahlen, die in der Verfassungsgebenden Versammlung 75% der Sitze den bolschewistenfeindlichen politischen Gruppierungen sicherte. Mit derselben Logik nannten die französischen Sozialisten anfänglich Lenins zweiten Putsch beim Namen: die gewaltsame Auflösung eben dieser Verfassungsgebenden Versammlung im Jänner 1918, deren Fehler es in seinen Augen war, daß sie nur einen minoritären bolschewistischen Block enthielt, was aufzeigte, daß der Kommunismus nicht dem allgemeinen Willen entsprach. Der Rußlandkorrespondent der *Humanité*, damals ein rein sozialistisches Blatt, wie sich von selbst versteht, schickt von Oktober 1917 bis Jänner 1918 eine ganze Artikelserie: sehr kompetente und sehr genaue journalistische Arbeit, die Objektivität in der konkreten Reportage mit Weitsichtigkeit in der politischen Analyse verbindet.

Mehr sogar: von November 1918 bis März 1919 hält die Liga der Menschenrechte in Paris Anhörungen von zahlreichen und qualifizierten Augenzeugen der Ereignisse ab, französische oder russische, die meisten Sozialisten oder den Sozialisten nahestehend. Die Kommission, die sie anhört, umfaßt etliche der großen Namen aus Literatur, Wissenschaft, Philosophie, Geschichte, Wirtschaft, Soziologie und Politik: Anatole France, Paul Langevin, Charles Gide (ein Onkel von André Gide), Victor Basch, Célestin Bouglé, Charles Seignobos, Alphonse Aulard, Albert Thomas, Marius Moutet, Marcel Cachin und Séverine, die ehemalige Mitarbeiterin von Jules Vallès. Ich habe das gesamte Stenogramm dieser Anhörungen gelesen, und zwar dank Christian Jelen, der ein Exemplar ergattern konnte, das in einer privaten Bibliothek aufbewahrt wurde, denn die Archive der Menschenrechtsliga sind seinerzeit bei einem Brand zerstört worden. Diese Lektüre hat für mich einen historischen Schleier zerrissen: sie erlaubt es, festzustellen, daß man schon 1918 *wissen* konnte auch auch tatsächlich *wußte* – die höchsten politischen und intellektuellen Verantwortungsträger im Sozialismus der damaligen Zeit wußten schon alles über den sowjetischen Despotismus, da ja fast das gesamte System bereits im ersten Jahr seines Bestehens installiert wurde.

Was geschieht 1918 und 1919? Die französischen Sozialisten beginnen, die Wahrheit abzulehnen. Im Jänner 1918 revoltiert eine kleine, aber starke Fraktion der SFIO (französische Sektion der Arbeiter-Internationale) gegen die Artikel – die zu genau stimmten! – des Rußlandkorrespondenten der Humanité und erreicht es bei den Herausgebern der Zeitung, daß seine Reportagen nicht mehr durchgehen. Auf diese Weise führt die Linke auf brillante Weise die Tradition der Zensur ein, die bis in unsere Tage blühen wird, in verschiedenen Dosierungen je nach der Glaubwürdigkeit, zunächst zugunsten der UdSSR, dann von China, von Kuba, von Vietnam, von Kambodscha, von Angola, von

Guinea, von Nikaragua und von zahlreichen Ländern, die in der dritten Welt das Etikett „sozialistisch“ tragen. Ein Jahr später werden die Grausamkeiten, die bei der Liga der Menschenrechte als bewiesen gelten, zum Gegenstand einer zynischen Walzmaschine, die sie versteckt, oder ausgekochter Interpretationen, die sie rechtfertigen. Die beiden Historiker der Französischen Revolution, die am meisten Autorität besitzen, Alphonse Aulard und vor allem Albert Mathiez, verzeihen den Bolschewiken ihre Massenexekutionen mit Hilfe dergleichen Argumente, mit denen sie die Schreckensherrschaft von 1793 und 1794 entschuldigen, ja rühmen. Die reelle oder mystische Belagerung durch den äußeren Feind macht die Verfolgungen der inneren Feinde legitim, was soviel heißt wie jeden außer die bolschewistischen Führer. Die Verantwortung für die Verbrechen des Kommunismus fällt auf seine Feinde, die, wenn möglich, real sind, nötigenfalls aber auch erfunden. Die ersten ökonomischen Mißerfolge in einer langen und chronischen Serie, und vor allem ihre Beständigkeit, finden ihre Erklärung in den „außergewöhnlichen Umständen“, dem „Erbe“, der „Blockade der kapitalistischen Mächte“ – wo doch ganz im Gegenteil der amerikanische Präsident Wilson und der englische Premierminister Lloyd George Sympahtie-Erklärungen abgeben, wie auch Angebote von Wirtschaftshilfe für das neue Regime. So beginnt die Lügenfabrik ganz allein zu funktionieren.
Die Intellektuellen benehmen sich also nicht anders als die gemeinen Sterblichen, was ihre Beziehungen zu den Ideen betrifft. Wie der Großteil von uns, halten sie sie für Werkzeuge im Dienste nicht an der Wahrheit oder an einer weisen Entschlußfassung, sondern an der Auffassung, die sie vertreten und an der Sache, der sie dienen, und sei sie auch ein Selbstmordkommando. Nur genau begrenzte Abschnitte, in denen wissenschaftlicher Zwang die Rolle der Subjektivität ausmerzt oder an den Rand drängt, entgehen dieser Regel, die zu befolgen die Wissenschaftler sich im übrigen beeilen, sobald sie sich von ihrem beengenden Gebiet entfernen. In jenen Gebieten, wo die Sorge um die Wahrheit und die unparteiliche Entgegennahme aller Informationen, wie sie auch aussehen mögen, nur vom guten Willen abhängt, erscheint mit der Anteil an Menschen, die sich, wenn sie eine Entscheidung fällen, zuallererst für die erreichbaren Erkenntnisse interessieren, bei den Intellektuellen nicht höher als bei den Nicht-Intellektuellen – falls es überhaupt eine genaue Grenze zwischen diesen beiden Kategorien gibt. So scheint mir auch das Problem der Intellektuellen, so wie es ständig wiedergekäut wird, ein falsches Problem zu sein. Das einzig wahre Problem ist ganz allgemein jenes unserer Kultur, das heißt einer Kultur, der es nicht gelingen will, sich entsprechend den Kriterien zu

verhalten, die sie selbst als Bedingungen für ihr Gelingen formuliert hat. Die Intellektuellen verkörpern allerdings diesen Widerspruch auf deutlichere Weise, weil sie ein reichhaltigeres Begriffsmaterial bieten; aber sie beschränken sich darauf, ein normales menschliches Verhalten auf den Höhepunkt zu treiben. Was jedenfalls sicher ist, ist die Tatsache, daß sie sehr selten als Führer dienen, entgegen ihren Ansprüchen und Wünschen. Wenn mutige und klare Stellungnahmen bei den Intellektuellen auch nicht fehlen, so haben sie doch kein Monopol darauf, weit gefehlt, und sie haben öfter die falsche Richtung gezeigt als die gute. Die Ideologie hat natürlicherweise mehr Opfer beim Intellektuellen als beim Nicht-Intellektuellen, sie bereichert und festigt sich dort mit einem Energieaufwand, der sie für die Verweigerung der Wirklichkeit widerstandsfähiger macht und gegen die Argumente der Widersacher. Aus diesem Grund betonen die Intellektuellen die Fehler unserer Kultur, anstatt sie zu korrigieren. Weit davon entfernt, die Ärzte unserer Krankheit zu sein, sind eher sie selbst ihre Symptome. Was bei den Intellektuellen nicht in Ordnung ist, deckt auf, was in der ganzen Kultur nicht stimmt. Sie vergröbern ihre Gesichtszüge.

Zunächst einmal, indem sie Tatsachen leugnen, wenn sie ihren Vorurteilen entgegenstehen. Die Weltgesundheitsorganisation veröffentlicht einen Bericht, der beweist, daß Schizophrenie sich in allen Gesellschaftsformen auf gleiche Weise ausdrückt? Daß sie folglich wahrscheinlich eine organische Krankheit ist und nicht sozialen Ursprungs? Umgehend heben die Psychiater der „Antipsychiatrie" ihre Schilde, denn dieser Bericht zerstört ihre Erklärung der Schizophrenie durch die Gegensätzlichkeiten des Kapitalismus. Es geht überhaupt nicht darum, zu wissen, was bei dieser Angelegenheit wahr oder falsch ist. Eine weit verbreitete Haltung, sicherlich, doch der Haß auf das Wissen ist doch bei jenen, deren Beruf das Denken ist, besonders erstaunlich. Diesen Haß gestehen sie manchmal voll Naivität ein, aber immer im nachhinein, wenn ihr Geständnis ihre Handlungen nicht mehr ändern und die Vergangenheit nicht mehr korrigieren kann.

So beschreibt Maurice Merleau-Ponty in *Sens et Non-Sens* nach dem Krieg über den Geisteszustand seiner Freunde vor dem Krieg und zur Anerkennung der Münchener Verträge 1938 durch etliche von ihnen es „als Gelegenheit, den deutschen guten Willen zu beweisen" (sic): „Wir hielten uns nämlich nicht an die Tatsachen. Wir hatten insgeheim beschlossen, Gewalt und Unglück als Elemente der Geschichte nicht in Betracht zu ziehen, weil wir in einem Land lebten, das zu glücklich und zu schwach war, sie ins Auge zu fassen. *Uns vor den Tatsachen zu hüten, das war für uns sogar zur Pflicht geworden.*"[14] Diese Intellektuellen systematisieren hier eine Passivität, die für die Gesamtheit der Franzosen typisch war, die, wie man weiß, die Münchener Verträge voll Enthusiasmus und blinder Erleichterung begrüßten. Wenn die Menschen des Wissens eine größere Verantwortung für den Mißerfolg tragen als die anderen – der ja in der Weigerung besteht, die zur Verfügung stehenden Informationen in die Analysen und Entscheidungsmechanismen einzubringen – so steht doch auch fest, daß dieser Mißerfolg letzten Endes wegen der Passivität aller anderen Menschen möglich war, deren Angst vor dem Wissen den Wunsch gebar, getäuscht zu werden.

Aber man kann zumindest sagen, daß die Intellektuellen zumindest keine großen Anstrengungen unternommen haben, um sie eines besseren zu belehren. Wenn Merleau-Ponty seine Blindheit vor dem Kreig erkennt, so hat ihm dies die Augen nach dem Krieg doch nicht geöffnet. Man erkennt dasselbe Verhalten nicht wieder, wenn man es angesichts verschiedener Gegenstände ein zweites Mal wiederholt. Wenn man sich auf dieselbe Weise, aber anläßlich eines anderen Gegenstandes als beim ersten Mal, irrt, so bildet man sich ein, man hätte seinen Irrtum bereinigt. Ein gleicher Fehler, der ständig seinen Inhalt verändert, nicht aber sein Gefüge, heißt landläufig „Mode". Und wie könnten die Intellektuellen der Gesellschaft als Führer dienen, wenn ihre Gefügigkeit den Moden gegenüber im Durchschnitt diejenige der übrigen Gesellschaftsglieder überschreitet? Man ist wirklich erstaunt über den Konformismus der Intellektuellen, über ihren häufigen Mangel an Originalität in ihren Einschätzungen als soziale Gruppe, und über die schöne Gemeinsamkeit, mit der sie sich gesenkten Kopfes in alle philosophischen Moden gestürzt haben, besonders in der Nachkriegszeit, denn jeder Fehler wird mit der Zeit ärger. Obwohl man von ihnen anderes erwarten würde, haben sie über die modischen Lehren höchst selten ein wirklich persönliches Urteil. Ihre Fähigkeit, gegenüber herrschenden Strömungen ihren kritischen Geist auszuüben, ist oft äußerst beschränkt. Sicherlich ist nicht jede beherrschende Strömung gleich eine Mode. Diesen Namen verlangt eine Gedankenströmung nur dann, wenn sie ohne rationale Rechtfertigung auftaucht und auf dieselbe Weise wieder verschwindet. Das *Système de la mode* von Roland Barthes, ein Versuch, die Haute couture mit Hilfe der Linguistik zu erklären, war selbst ein Modeprodukt. Gegenstand einer unmotivierten Zuneigung, außer, daß sie dem Wunsch entsprach, einer Elitegruppe zuzugehören – siecht die Mode in der Folge dahin, aufgrund eines ebensowenig motivierten Liebesentzugs. Es ist lustig, zu sehen, wie ihre ehemaligen Diener gegen sie toben und Veröffentlichungen loslasssen, um die Schwächen und Mystifikationen anzuprangern, an die sie nicht dachten, solange das Untier noch alle seine Muskelkraft besaß. Rückblickende Hellseherei und rückwirkender Mut sind Formen unnützen Wissens, wir haben es im Fall Merleau-Ponty gesehen. Aber sie nützen nichts, wenn sie nicht bis auf die Quellen des Fehlers zurückgehen, und sie beschränkten sich darauf, nur einige vergängliche, episodenhafte Akteure zu schmähen, ohne Analyse des Entstehens und der ewigen Gesetze der Mode. Man muß unterscheiden zwischen einer Bewegung der Ideen und einer Bewegung der Köpfe. Die erstere folgt ihrem Lauf, manchmal ist sie der Szene voraus, manchmal hinkt sie nach, manchmal wird sie gefeiert, manchmal von der Mode vernachlässigt, was keine große Rolle spielt. Die zweite folgt der Mode, *ist* die Mode. Sie flattert ohne jede Verantwortlichkeit um die Ideen herum, um die Kunst, um die Literatur, um die Politik, um alle Speisen, um alle Orte, um alle Jahreszeiten. Und glücklicherweise ist es so: es gibt kein gutes Klassenzimmer ohne dazugehörigen Pausenhof. Und es gibt auch keine gute Schule, die nur aus Pausenhöfen besteht.

Der Wissende und der Unwissende unterscheiden sich in nichts, wenn sie dank der Mode einem selben Schwarm folgen, oder, wie le Bon in *La Psychologie des foules* sagt, „die Wahl von vierzig Akademikern ist nicht besser als die Wahl von vierzig Wasserträgern". Im Begriff der Menge nach Le Bon gibt es keinerlei Verachtung für das Volk. Eine Gruppe von Menschen bewegt sich in einer Menschenmenge und wird auf einmal empfänglich für die Suggestion statt für die Überlegung, für das Bild statt für die Idee, für die Behauptung statt für den Beweis, für die Wiederholung statt für die Argumentation, für das Prestige statt für die Kompetenz. In der Menge verbreitet sich ein Glaube nicht durch Überzeugung, sondern durch Ansteckung. Diese irrationellen Mechanismen zu verlangsamen, das wäre theoretisch die Aufgabe der Intellektuellen: In der Praxis beschleunigen sie sie aber.

Wie entsteht, wie regiert, wie verschwindet eine intellektuelle Mode? Und warum?

Es geht darum, warum bei Mao Tse-tung oder bei Teilhard de Chardin dieselben Leute, die früher ihrem Idol zujubelten, eines Tages plötzlich bemerken, daß ihr Beifall hohl klingt, worauf man sie allerdings schon die ganze Zeit aufmerksam gemacht hatte. Wenn die Kritik auf einmal zieht, so nicht nur deshalb, weil sie gut ist, das reicht niemals aus, sondern weil die Stunde des Falls für die Zielscheibe gekommen ist. Ein ebenso rätselhaftes Ende, denn es ist ebensowenig rationell wie vorher der Aufstieg und Triumph.

Man erklärt tatsächlich nichts, wenn man sich darauf beschränkt, voll Verachtung von „Mode" zu sprechen, denn die Mode selbst muß ja erklärt werden. Eine intellektuelle Mode ist jenes Phänomen, durch das eine Theorie, eine Gesamtheit von Behauptungen, die oft nicht mehr sind als eine Wortgruppe, eine bedeutsame Anzahl von Geistern erfaßt, und zwar mit anderen Methoden als mit Beweisführungen. Damit diese

Tatsache paradox wird, muß es um eine Theorie gehen, und zwar um eine Theorie, deren Ehrgeiz in der Wissenschaft liegt. Bei allem, was zum Gebiet des Geschmacks und nicht des Wissens gehört, ist die Mode der natürliche Ablauf der Dinge. Das Wunder beginnt dort, wo das, was in den Bereich der Wissenskriterien fällt, sich durchsetzt, ohne sich diesen selben Kriterien zu unterwerfen. Rationell weder kontrollierbar noch widerlegbar zu sein, das ist völlig normal für einen Hut oder für einen Tanz, aber weniger für eine psychoanalytische, wirtschaftliche oder biologische Theorie. Aber genau dann, wenn eine solche Theorie „außerhalb der Kriterien" Erfolg hat, wenn schon der Gedanke, man könnte Kontrollkriterien anlegen, zur Freveltat gedeiht, genau dann haben wir es mit einer Mode zu tun.

Eine intellektuelle Mode kann man nicht nach Belieben „lancieren". Wiederholende Ausdauer reicht nicht aus, nicht einmal, wenn sie von allen erdenklichen Medien unterstützt wird. Die Theorie selbst, ihr Gegenstand wie auch ihre Art, sich darzustellen, entspricht einem Bedürfnis, Bedürfnissen. Der Erfolg des Dr. Jacques Lacan bietet ein kondensiertes Musterbeispiel für die Zulassungsbedingungen. Als Psychoanalytiker verweigert Lacan die technischen Kriterien der Kur, so daß er von der internationalen psychoanalytischen Vereinigung ausgeschlossen wird. Er setzt an die Stelle der realen Schwierigkeiten bei der wissenschaftlichen Forschung die künstlichen Schwierigkeiten eines obskuren Stils, der preziös und pedantisch ist und seinen Lesern und Hörern zugleich die Illusion liefert, sie hätten sich angestrengt, wie auch die Genugtuung darüber, daß sie glauben, in eine besonders gewagte Gedankenwelt eingeführt zu werden.

Diese beiden ersten Bedingungen, reale Schlichtheit und scheinbare Schwierigkeit, liefern das Rezept, das einem weiten Kundenstock die Freuden der Initiation ermöglicht, und das Privileg, sich als Minderheit zu fühlen. Das ist sogar die unabdingbare Voraussetzung für jede intellektuelle Mode: Man kann sie Massenelitismus nennen. Ein weiteres Gewürz kommt hinzu: das Zurückgreifen auf eine stützende Disziplin. Dr. Lacan hat eine Weile gebraucht, bis er sie fand. In einem Kapitel seiner *Introduction à la sémiologie* (1970) hat Georges Mounin als Linguist die Wellen aufeinanderfolgender Terminologien studiert, die über Lacans Stil hinwegbranden. Nach der logisch-mathematischen Welle folgt die dialektische während der Hegel-Mode, dann kommt die phänomenologische und heideggerianische Phase, und dann tauchen, nach 1960, Strukturalismus und Linguistik auf.

Es ging in Lacans Kreis natürlich nicht darum, seriöse Linguistik zu betreiben. Mounin bedauert sogar, daß „die Ecole normale, wo zuallererst das linguistische Aggiornamento höchster Qualität hätte stattfinden müssen, teilweise wegen Lacan etwa zehn oder fünfzehn Jahre verloren hat, die einzuholen schwierig sein wird". Denn Lacan hat sich darauf beschränkt, mit der Linguistik zu spielen, indem er postulierte, daß „das Unterbewußte eine Sprache ist", oder, besser, daß es „wie eine Sprache strukturiert ist", was vom Standpunkt Freuds aus einen völligen Nonsens ergibt. Ohne auf jenen Irrtum zurückzukommen, über den ich schon oft detailliert gesprochen habe, werde ich mich darauf beschränken, zu unterstreichen, daß diejenigen, die ihm erlagen, einer herrschenden Neigung der damaligen Zeit folgten. Diese Neigung bestand darin, alles auf einen „Diskurs" zurückzuführen. Es gibt keine Medizin, sondern einen „medizinischen Diskurs", keine Politik, sondern einen politischen „Diskurs". Die Psychoanalyse oder den Marxismus in jener Terminologie neu zu schreiben, die vielen als die modernste erscheint, die zur Zeit am besten ausgefeilte, nämlich in der strukturellen Linguistik (aber jede andere Disziplin hätte es auch getan oder würde es wieder tun) das ist die vierte Bedingung für den Erfolg, sei es der eines Roland Barthes oder eines Michel Foucault. Eine fünfte Bedingung ist hinzuzufügen, und nicht die geringste: man muß eine Lehre ausarbeiten, die eine allgemeine Erklärung für die gesamte Menschheit zu geben scheint, also ein philosophisches System. Tatsächliche Oberflächlichkeit, scheinbare Schwierigkeit, initiatischer Wortschatz, Massenautismus, Unterstützungsdisziplin und erklärende Allgemeingültigkeit, so sieht das minimale Typenschild für eine intellektuelle Mode aus. Sie erlangt im übrigen außergewöhnliche Durchschlagskraft, wenn sie von einem „Guru" vorgetragen und verbreitet wird, den man anbeten kann.

Warum stirbt also eine Mode? Nicht, weil sie widerlegt wird, sondern weil andere Lehren, andere Strömungen mit einem anderen Wortschatz dieselben Funktionen zu erfüllen beginnen, dieselben Bedürfnisse zu befriedigen wie die vorherige Mode, die ab sofort im Verlauf eines Vormittags schneeweiße Haare bekommt. Die Leute, die heute denselben Beruf ausüben wie Lacan seinerzeit, sind da, vor unseren Augen, ihre Namen sind in aller Munde, ihre Magie verwandelt eine Menge von Themen, von denen niemand das Bedürfnis verspürt, sie einer kompetenten Kontrolle zu unterziehen, oder denen die erwiesene Inkompetenz nicht den kleinsten Teil der Zuhörerschaft abspenstig macht. Und die Leser, die sich von der abgenutzten Mode befreit wähnen, ahnen nicht, daß das, was sie zur Stunde mit Beifall bedenken, nur eine neue Inkarnation jener Illusion ist, die zu gefallen aufgehört hat.

Auch eine dritte Charakteristik der Intellektuellen zeigt, daß sie den menschlichen Fehler betonen, anstatt ihn zu verbessern: das ist ihre sonderbare Neigung für totalitäre Systeme. Ein Blick auf die drei letzten Jahrhunderte lehrt uns, daß nur eine Minderheit unter den Intellektuellen sich für die liberale Gesellschaft entschieden hat. In der Mehrzahl haben sie Projekte zur Dressur des Menschen gewählt, zur Produktion des „neuen Menschen". Für diese Mehrzahl stellt die Kultur ein Herrschaftsinstrument dar, ein Mittel für Reform, für Propaganda, für das Regieren, alles, nur nicht einen Weg zur Erkenntnis. Weniger oft zitiert als sein Kapitel aus *l'Ancien Régime et la Révolution* über die Literaten und Schriftsteller („hommes de lettres"), ist das Kapitel von Tocqueville in demselben Werk über die Ökonomisten vielleicht noch bedeutsamer. Er stellt dort alle Triebkräfte bloß, die den sonderbaren Anspruch der Theoretiker untermauern, Mensch und Gesellschaft von Grund auf neu zu bauen. „Der Staat hat, laut den Ökonomisten, nicht nur die Nation zu befehligen, sondern sie auch auf bestimmte Weise zu bilden; er hat den Geist der Bürger nach einem bestimmten Modell zu formen, auf das er sich von vornherein festgelegt hat; seine Pflicht ist es, ihn mit bestimmten Ideen zu füllen und ihrem Herzen bestimmte Gefühle zu liefern, die er für notwendig hält." Deshalb „erregen sie nicht nur den Haß bestimmter Privilegierter: die Vielseitigkeit selbst ist ihnen verhaßt; sie würden die Gleichheit bis ins Sklaventum hinein bewundern". Reichlich wenige Intellektuelle waren seit dem 18. Jahrhundert auf seiten der Freiheit: die meisten von ihnen haben vor allem dafür gekämpft, die Gesellschaft mit ihrer eigenen „Freiheit" zu prägen, im Bedarfsfall auch durch Zwang. Benjamin Constant macht sich über den Abbé Mably lustig, der, so schreibt er, „kaum bei einem beliebigen Volk eine ärgerliche Maßnahme bemerkte, als er auch schon glaubte, eine Entdeckung gemacht zu haben und sie als Musterbeispiel vorschlug; er haßte die individuelle Freiheit, wie man einen persönlichen Feind haßt".[15] Ist es nicht beunruhigend und besorgniserregend, daß eines der Opfertiere der Intellektuellen seit drei Jahrhunderten das war, was man pejorativ den Individualismus nennt? Abgesehen von einer Handvoll von ihnen betrachten sie auch, nach dem Muster des Abbé von Mably und von Rousseau, die individuelle Freiheit als persönlichen Feind. Aber sollte nicht das Gegenteil der Fall sein?[16] Ist die Kultur nicht das Mittel für einen jeden von uns, zur Selbständigkeit im Urteil und in der moralischen Entscheidung zu gelangen? Sollte nicht gerade der Denker uns vorausgehen und uns bei dieser Eroberung der Selbständigkeit den Weg bereiten? Warum wendet er sich, anstatt uns zu lehren frei zu werden, gegen uns und will uns dem System unterwerfen, das er erfunden hat?

Die Antwort, sie ist sehr einfach, ist in der Frage schon inbegriffen: Was die Mehrheit der Intellektuellen bis heute Triumph der Kultur nennt, ist die Möglichkeit, ihre Begriffe allen anderen Menschen aufzuzwingen, und nicht, sie intellektuell zu befreien, indem sie ihnen die Mittel zur Verfügung stellen, um allein und auf einmalige Weise zu denken. Wenn die meisten Intellektuellen, die in liberalen Gesellschaften leben, eben diese liberalen Gesellschaften hassen, dann deshalb, weil sie sie daran hindern, ihren Nächsten völlig unter ihren Einfluß zu bringen.

Der Tausch der Gedankenfreiheit gegen die Macht, zu unterdrücken, mißfällt den Intellektuellen nicht immer. Viele von ihnen verehren die Regime oder die Parteien, die ihre Freiheit unterdrücken oder beschneiden und ihnen im Gegenzug Schmeicheleien, Ehrungen und Subventionen im Überfluß gewähren. Diese Regime riskieren nichts, wenn sie ihnen letzten Endes, um Robert de Jouvenel zu zitieren, sagen: „Wir weigern uns, Ihr Recht anzuerkennen. Dagegen werden wir gerne Rechte, die Sie nicht haben, anerkennen."[17]

Der polnische Sozialist Jan Waclav Makhaiski hatte diesen Appetit auf Herrschaft und Monopol erkannt, als er um die Jahrhundertwende seine Theorie vom „Sozialismus der Intellektuellen" entwickelte. Mit einem Wort, der Sozialismus ist laut Makhaiski „ein soziales Regime, das auf der Ausbeutung der Arbeiter durch professionelle Intellektuelle beruht", und „Marx, Begründer des wissenschaftlichen Sozialismus, ist der Prophet dieser neuen Herrschaftsklasse, die fähig und kompetent ist, und die alle Plutokraten, diese archaischen Elemente, ausschalten wird", faßt Skirda sehr klar zusammen. Man kann nicht umhin, an das Programm von Antonio Gramsci zu denken, das ungefähr von 1945 bis 1980 durchgeführt wurde. Gramsci wird von „bourgoisen" Denkern für einen „eurokommunistischen" Liberalen gehalten, doch ist das reine Phantasie. Gramski ist ein unbeugsam leninistischer Theoretiker der totalen intellektuellen Machtergreifung. Diese fixe Idee läuft rechts wie links quer durch die Geschichte der Intelligentsia. Im Vorwort zur Neuauflage 1985 seines ersten Buches, *les Indes rouges,* bringt Bernard Henry Lévy das folgende erhebende Beispiel: „Und ich erinnere mich noch, wenn man eine persönlichere und genauere Anekdote möchte, an jene frühen Wintermorgen, an denen mich Louis Althusser mit einem kurzen und absichtlich rätselhaften Telefonanruf in die Rue d'Ulm beorderte, wo er mich dann, mit den Allüren eines Verschwörers, der fern von allen indiskreten Zuhörern seinen großen philosophischen Abend einleitet, sofort nach meinem Eintreffen in den Innenhof der Schule führte; und wo wir lange Zeit um das „Bassin des Ernest"[18] herumgingen, ich, der Zuhörer, und er, die Stirn nachdenklich, die Hände in den Taschen seines Schlafrocks vergraben und den Blick mit Zeichen von Intelligenz beladen, die ich aus Anspielungen verstehen mußte, wie er mir den Platz erklärte, den er für mich in seiner Strategie für die Eroberung, die Kontrolle, den Umsturz ... der intellektuellen Macht in Frankreich vorgesehen hatte!"

In seinen Erinnerungen, *les Royaumes déchirés*, erzählt Juan Goytisolo eine Episode, die über die *libido dominandi* der Intellektuellen sehr viel aussagt. Er schreibt: „Ich erinnere mich, wie Arrabal, damals von Benigno und meinen Parteifreunden schwer beschimpft, über Vermittlung Nadeaus eines seiner ersten Theaterstücke an Sartre weitergegeben hatte; es sollte in seiner Zeitschrift erscheinen mit einer Einleitung durch den Philosophen. Diese Neuigkeit versetzte mich in äußerst schlechte Laune, so, als hätte ein Eindringling mein Gebiet widerrechtlich betreten und als könnte sein Talent meines in den Schatten stellen; mit den notwendigen Kommentaren meinerseits versehen, versetzte er auch meine aktiven Freunde in Alarmbereitschaft. Auf ihren Rat ging ich sehr demokratisch zu Simone de Beauvoir, um die „Beleidigung" zu verhindern: Arrabal, so sagte ich ihr, sei ein Idealist, ein Reaktionär und nicht mit unserem Kampf solidarisch; viele Leute würden es nicht verstehen, wenn Sartre ihn ermutige, und jedenfalls wäre diese Förderung für die Causa des Anti-Franchismus schädlich. Aufgrund dieser Intervention verzichtete Sartre darauf, seine Einleitung zu schreiben; und meine Freunde und ich genossen ohne uns zu schämen unseren kleinlichen Sieg. Wie ich schon in *Pièces d'Identiè* darzustellen versuchte, entsprach die ideologische und kulturelle Ordnung genau der besonderen Gesetzgebung eines Eingeborenenstammes."

Wann werden die Intellektuellen endlich die perverse Illusion ablegen, sie wären dazu berufen, die Welt zu regieren, und nicht, sie aufzuklären, zu belehren, mit einem Wort, den Menschen zu zerstören, anstatt ihn zu bilden?

Eine rauschende kollektive Exorzismus-Sitzung fand in diesem Sinn am 16. und 17. März in Rom statt, wo alte kommunistische und sozialistische Intellektuelle die Schatten von Palmino Togliatti vor ihr Tribunal riefen, den sie wegen seiner Rolle in Moskau während der großen Schreckensherrschaft im Jahr 1937 und wegen der Stalinisierung des italienischen Geisteslebens bei der Rückkehr in sein Land nach dem Untergang des Faschismus für schuldig befanden. Togliatti hatte tatsächlich, ohne mit der Wimper zu zucken, zugesehen, wie Stalin Hunderte antifaschistische italienische Kommunisten, die in die UdSSR geflüchtet waren, erschießen ließ, ja, ich würde sogar sagen, er hatte dabei mitgeholfen. Außerdem hatte er nach dem Krieg sehr geschickt ein Gebiet gefunden, in dem er sich mit der italienischen Intellektuellenszene verstehen konnte, indem er eine Art Kulturpakt à la Gramsci vorschlug. Dieser Pakt funktionierte übrigens dreißig Jahre lang zur allgemeinen Zufriedenheit. Wenn sie unter dem Banner oder innerhalb des

Magnetfeldes der italienischen Kommunistischen Partei oder auch der sozialistischen Partei Pietro Nennis lebten, die damals mit dem PCI verbündet war, genossen die Intellektuellen, Schriftsteller und Künstler während dieser Jahrzehnte beträchtliche Macht, beträchtlichen Schutz und beträchtliche materielle Sicherheit. Und auch eine angenehme, wenn auch nur relative Freiheit, denn Togliatti war raffiniert genug, um ihnen keinen Jdanov-Maulkorb umzuhängen und um ihnen zu gestatten, ihren Referenzen, ihren Lebensgewohnheiten, ihren Traditionen treu zu bleiben. Dennoch steht fest, daß eine funktionelle Konsequenz dieses Paktes nichtsdestoweniger die Unterdrückung der italienischen Kultur durch eine allgegenwärtige ideologische Bürokratie war. Die posthume Beschuldigungssitzung für Togliatti, spannend vom historischen Standpunkt und wesentlich als Kehrtwende, kann dennoch dem Kapitel der rückblickenden Gewissensbisse einverleibt werden, die plötzlich im passenden Zeitpunkt auftreten, wenn sie die Wirklichkeit nicht mehr verändern können. Der kulturelle Bankrott des Kommunismus und nicht die Selbstkritik der Intellektuellen war der entscheidende Grund dafür. Es bedarf keines besonderen Heldentums, einen schiffbrüchigen Dampfer lauthals zu evakuieren, auch wenn es eine Gelegenheit für scharfsinnige Analysen wäre sowie für höchst interessante Gedächtnisreden. Aber es bleibt fraglich, ob die Kritik der Vergangenheit die Wiederholung derselben Fehler unter anderen Formen in Zukunft verhindern kann.

Genaue Beobachter des zeitgenössischen Italien sehen einen Zusammenhang zwischen dem Bankrott des „Togliatti-Paktes", das heißt zwischen dem Scheitern der kulturellen Machtergreifung auch auf sozialem Gebiet im Rahmen des institutionellen Marxismus und der fatalen Neigung zahlreicher Intellektueller nach 1968, sich dem Terrorismus zuzuwenden. Wenn der ideologische und praktische Bankrott der italienischen Kommunistischen Partei auch tatsächlich als zufällige und zweitrangige Ursache für diese Verbegrifflichung der Maschinenpistole herangezogen werden kann, so ist in meinen Augen die tatsächliche Ursache für den Terrorismus im grundsätzlichen Haß gegen die Kulturen der Freiheit zu suchen. So konnte man in einem politisch-kulturellen Umfeld und vor einem historischen Hintergrund, der mit Italien nichts zu tun hatte, in den Vereinigten Staaten, und zwar an jenem heiligen Ort des Geistes, den die School of Education der Universität von Stanford darstellt, einem Kolloquium unter dem Titel „Talking Terrorism" beiwohnen, dessen Rednerliste dergestalt zusammengestellt worden war, daß er ganz und gar zur Ehre des internationalen Terrorismus geriet und zugunsten der guten alten These, daß die Demokratien selbst insgeheim terroristisch sind.

Eine der beunruhigendsten Manien der Intellektuellen besteht darin, daß sie solcherart die Fehler, die zu sehen sie sich bei totalitären Gesellschaften weigern, auf die liberalen Gesellschaften projizieren. Wir haben gesehen, wie dieser Rollentausch bei den amerikanischen Intellektuellen vor sich ging. In Europa ist Michel Foucault einer jener Denker, bei dem man ihn mit dem größten Erstaunen feststellt, denn Foucault ist niemals Kommunist oder Sympathisant gewesen, nicht einmal Marxist, im Gegensatz zu Sartre und so vielen anderen. Nur ein banaler Vorsatz, „progressiv" sein zu wollen, spielt bei ihm eine Rolle, wenn er die offenen Gesellschaften mit seiner Theorie vom Einsperren interpretiert, die er vor allem in *Surveiller et punir* (Paris 1975) entwikkelt hat. Foucault beschreibt dort, wie die liberalen Gesellschaften auf dem Prinzip des verallgemeinerten Einsperrens beruhen: Das Kind in die Schule einsperren, den Soldaten in die Kaserne, den Verbrecher oder mutmaßlichen Verbrecher ins Gefängnis und den Verrückten oder Pseudo-Verrückten ins psychiatrische Krankenhaus. Wenn er so verschiedene Formen des Einsperrens in denselben Korb stopft, um einen Prozeß aus dem Totalitarismus dem demokratischen System in die Schuhe zu schieben, und das in einem Augenblick, wo dieses selbst niemals ein derartiges Maß an Freiheit erlebt hatte oder ein solches Maß an Liberalisierung aller obgenannten Sektoren, dann beschreibt Foucault (man kann nicht umhin, das zu denken), in Wirklichkeit eine andere Gesellschaft, eine Gesellschaft, die ihn fasziniert, aber die er nicht nennt: die kommunistische Gesellschaft. In welcher anderen Gesellschaft regiert denn das Einsperren auf so allgemeine und souveräne Art zu eben dem Zeitpunkt, wo er seine Theorie ausarbeitet? Einsperren des Kindes in die Schule, wie überall; des Soldaten in seine Kaserne, mehr als anderswo mit dem längsten Militärdienst der ganzen Erde; des Verrückten, aber vor allem des falschen Verrückten in psychiatrische Spitäler, die der politischen Unterdrückung dienen; Einsperren nicht nur der Kriminellen nach dem Strafrecht in die Gefängnisse, sondern auch zahlreicher Unschuldiger in Konzentrations- und Arbeitslager; Einsperren der Bevölkerung durch das Verbot, ohne Bewilligung den Aufenthaltsort zu verändern, sich ohne Paß innerhalb des Landes zu bewegen; und schließlich Einsperren der gesamten Bevölkerung innerhalb der Grenzen der UdSSR, mit Hilfe des Verbotes, sie zu verlassen oder auch nur einen kurzen Aufenthalt im Ausland einzuschieben – außer man bekommt, durch Gunst und nicht aufgrund eines Rechts, das seltene Ausreisevisum. Eine wesentliche Komponente des totalitären Systems ist, anders als in der liberalen Kultur, die Berufung, die es sich selbst zuschreibt, die Welt zu regieren, sie zu regenerieren, den Gesellschaftstypus einzuführen, den er verkörpert und den es für allen anderen überlegen hält. Daher die Ideologie und der zentrale Raum, den sie in diesen Systemen einnimmt und den sie infolgedessen den Intellektuellen einräumt, die ja über der Orthodoxie der Gesellschaft wachen sollen. Nur der Totalitarismus schanzt den Intellektuellen ein Monopol zu. In der liberalen Kultur ist jeder Intellektuelle nur ein Individuum, das sich an andere Individuen wendet, die die Freiheit haben, ihn anzuhören oder ihn zu vernachlässigen, ihn zu billigen oder abzulehnen. Jeden Tag ist die Arbeit, das Publikum zu überzeugen, neu zu beginnen. Welche Anstrengung und welche Bangigkeit! Wer von uns hat noch nie davon geträumt, diese Unsicherheit gegen die Bequemlichkeit eines Lyssenkow einzutauschen, oder eines Heidegger, die die Unterstützung des Staatsapparates zur Verfügung haben, um ihre Gegenspieler auszuschalten? Man wird, je nach Temperament, belustigt oder betrübt zuschauen, wie Diderot und d'Alembert, die Verfasser der *Enyclopédie* (theoretisch der Mutterkuchen so vieler moderner Freiheiten) bei Malesherbes intervenieren, der unter Louis XV. mit der Verwaltung der Büchereien beauftragt war, um ihn zu bitten, er möge die Schriften jener Autoren, die die *Encyclopédie* kritisieren, zensurieren oder beschlagnahmen lassen! Der Abbé Morellet zitiert in seinen Mémoires[19] den Brief, den ihm damals Malesherbes schickte, um ihn an d'Alembert weiterzugeben. Letzterer antwortet: „Wenn Herr d'Alembert, oder ein anderer, beweisen kann, daß es gegen die gute Ordnung ist, wenn die Kritiken weiterbestehen bleiben, in denen die Encyclopédie so schlecht behandelt wurde wie in den letzten Broschüren, wenn also irgendein Autor findet, daß es ungerecht ist, regelmäßig erscheinende Blätter zu erlauben, wenn er findet, daß das Gericht selbst die Berechtigung der literarischen Kritiken beurteilen solle, bevor es sie erlaubt, mit einem Wort, wenn es irgendeinen anderen Teil meiner Administration gibt, den man für tadelnswert hält, so möge, wer immer sich darüber beklagt, der Öffentlichkeit seine Gründe darlegen. Ich bitte Sie, mich nicht zu nennen, denn das ist in Frankreich nicht üblich; aber Sie können mich so deutlich, wie Sie nur wollen, ansprechen, ich verspreche Ihnen jede Erlaubnis. Ich hoffe zumindest, daß ich, nachdem ich mich Ihren Erklärungen gestellt habe, obwohl ich sie hätte verhindern können, von Einzelklagen nichts mehr hören werde, denn ich gestehe Ihnen, ich werde mit solchen überhäuft."

Malesherbes erinnert die Enzyklopedisten eigentlich daran, daß sie auf die Argumente ihrer Gegner mit anderen Argumenten antworten müssen, anstatt vom Laienamt zu verlangen, es solle sie zu erzwungenem Schweigen bringen. Aber, so fährt Morellet fort, „als ich meinem Freund d'Alembert die Prinzipien von Herrn von Malesherbes darstellte, konnte ich sein Verständnis nicht erringen; der Philosoph tobte und fluchte nach schlechter Manier". „Denn", so fuhr d'Alembert namens des ewigen, wunderbaren Sophismus fort, der den Mann der Literatur und Philosophie aller Zeiten verrät, „denn in der Encyclopédie, so sagte er, hätten er und seine Freunde ‚nicht die vernünftigen Grenzen einer philosophischen Diskussion' verlassen, während die Anschuldigungen ihrer Gegner widerliche persönliche Angriffe seien, die eine Regierung, die die Wahrheit liebt und die den Fortschritt der Erkenntnisse begünstigen will, verbieten müßte." Jeder weiß übrigens, daß Malesherbes die Enzyklopedisten offen protegierte und ihnen jeden Verdruß mit der königlichen Zensur ersparte. Aber nach ihrem Belieben hätte er ihre Widersacher auch noch in die Bastille werfen müssen! Wohl aufgrund seines verräterischen Pluralismus und seines gefährlichen Respekts vor jeder Meinung bewiesen ihm die Schüler der Enzyklopedisten, als sie 1794 an der Macht waren, ihre Dankbarkeit und ließen ihn guillotinieren.

Man möge mir glauben: Wenn meine persönlichen Sympathien auch nur den kleinsten Wert haben, so fühle ich mich selbst als entfernter geistiger Sohn der Enzyklopedisten und nicht ihrer Gegner. Aber ich argumentiere wie folgt: solange es die Intellektuellen normal finden, von „Kampf für die Freiheit des Geistes" und für die „Menschenrechte" nur dann zu sprechen, wenn sie für sich selbst die Möglichkeit einfordern, im Abstrakten für die Freiheit zu plädieren, wenn sie sie gleichzeitig denjenigen verweigern, die ihnen widersprechen, und solange sie von Wahrheit sprechen und gleichzeitig die Lüge pflegen, solange wird sich das Scheitern der Kultur und ihre Unfähigkeit, die Geschichte auf der moralischen Ebene zu beeinflussen, zum großen Schaden der Menschheit in Zukunft fortsetzen.

Ich wage es dennoch, zu hoffen, daß wir das Ende jenes Zeitalters erreicht haben, in dem sich die Intellektuellen vor allem darum bemühten, die Menschheit unter ihren ideologischen Einfluß zu bringen, und daß wir vor jenem stehen, wo sie endlich ihrer Berufung nachkommen werden und das Wissen in den Dienst des Menschen stellen – und nicht nur im Bereich der Wissenschaft und der Technik. Der Übergang von der alten Zeit, wo die Sterilisierung des Wissens als Norm galt, zu einer neuen Zeit, ist im übrigen nicht eine Möglichkeit von vielen: es ist eine Notwendigkeit. Unsere Kultur ist dazu verurteilt, sich mit sich selbst in Einklang zu bringen oder in ein primitives Stadium zurückzufallen, wo es keinen Gegensatz mehr geben wird zwischen Wissen und Verhalten, weil es kein Wissen mehr geben wird.

Zueignungsstrophe

MENSCHENBRÜDER, DIE IHR NACH UNS KOMMT

Zueignungsstrophe – „Envoi“ – heißen in der alten Ballade jene Verse, die einem Stück Poesie folgen und jener Person zu Ehren verfaßt wurden, an die sie gerichtet sind.
Auch als moralische Lektion. Wenn ich bei François Villon den Refrain seiner herzergreifendsten Ballade ausborge, so drücke ich damit den Wunsch aus, unsere Nachkommen mögen eines Tages lernen, sich ihrer Intelligenz in jenem Sinn zu bedienen, in dem sie geschaffen wurde und dessen sie vielleicht nach wie vor fähig ist. Keine andere Schlußfolgerung.
Aber wenn ich die Frage beantworten soll, die ich am Beginn dieses Buches stellte: Führt uns das Glück, das wir haben, über unvergleichlich viel mehr Erkenntnisse und Informationen zu verfügen als vor nur drei Jahrhunderten, zwei Jahren oder sechs Monaten, dazu, bessere Entscheidungen zu treffen? Für den Augenblick ist die Antwort: nein.
Es geht nicht darum, ich muß darauf bestehen, ob unsere Erkenntnisse Fortschritte gemacht haben oder nicht. Es ist ganz klar, daß sie das fortwährend tun. Die entscheidende Klausel ist, ob diese Erkenntnisse in die Handlung einfließen. Wenn ich hier das magere Ausmaß dieses Einflusses – wenn auch oberflächlich – überprüft habe, so komme ich zu dem Schluß, daß er nur dann stattfindet, wenn kein steriles Vorurteil dagegen spricht. Im gegenteiligen Fall wird der Irrtum in der Ohnmacht meist der Wirksamkeit in der Erkenntnis vorgezogen. Sicherlich sieht niemand, warum die Technologie der Zahnchirurgen nicht verbessert werden sollte oder jene der Bauingenieure, wenn auch die Wissenschaft oder die triviale Wahrheit (und dafür habe ich etliche Beispiele angeführt) aus ihren Konflikten mit den Vorurteilen nicht im-

mer als Sieger hervorgehen. Wohlgemerkt: in der Praxis setzen sie sich manchmal durch, weil man ja wohl oder übel überleben muß. Aber sie nehmen nur an kleinen Teilen der Ausarbeitung einer Weltanschauung teil, die der öffentlichen Meinung ihre Form gibt und schwer wiegt für den Lauf der Dinge. Außerdem gibt es einen entscheidenden Faktor für den Einfluß der Erkenntnis auf das Leben, und das ist die Zeit. Zu spät verstehen ist so gut wie gar nicht verstehen oder zumindest nicht rechtzeitig, um sinnvoll handeln zu können.

Die selbstsüchtige Floskel, die von Staatsmännern verbreitet wird, wonach die Kunst des Regierens im Wartenkönnen besteht, oder jenes spanische Sprichwort, das ein französisches Oberhaupt gern zitiert, man solle „der Zeit Zeit lassen", ist nur Schminke für die Entscheidungsschwäche. Wenn sie nur die Situationen von allein weitergehen lassen, wozu haben wir dann politische Führer? Der Erfolg dessen, der die Entscheidung trifft, hängt zumindest in gleichen Teilen vom Augenblick ab, in dem er die Entscheidung trifft, wie vom Inhalt seiner Entscheidung. Wenn sie zu spät kommt, ist die Entscheidung keine Entscheidung mehr: sie nimmt dann nur mehr eine vollendete Tatsache zur Kenntnis. Regieren, führen, unternehmen – oft sind sie nicht mehr als das. Das Leben ist ein Friedhof rückschauenden Hellsehens.

Wird es uns wohl gelingen, diesen Riesenschritt in der Geschichte der Menschheit zu machen, diese neue Steinzeitrevolution: die Harmonisierung unserer Kenntnisse und unseres Verhaltens? Wenn ich auf diese Frage im Augenblick eine eher zurückhaltende Antwort gegeben habe, so beeile ich mich, hinzuzufügen, daß es Anzeichen dafür gibt, daß wir in bestimmten Fällen diesen Schritt vollbracht haben und daß wir wissen, wie wir vorgehen müssen, um uns zu ändern. Die Art und Weise, wie die Weltwirtschaftskrise, die 1973 begann, gemeistert werden konnte, beweist zum Beispiel, daß die Regierungen der am weitesten entwickelten Länder einen Teil der Lektionen verdaut hatten, daß sie aus den Fehlern gelernt hatten, die anläßlich der Krise 1929 begangen wurden. Sie haben nicht wie ihre Vorgänger die Grenzen geschlossen und die Zolltarife angehoben, sie haben nicht maßlos mit den Wechselkursen gespielt, alles Fehler, die in den dreißiger Jahren eine schlichte Panne in eine Katastrophe verwandelt hatten. Das wäre also ein Beispiel dafür, wie die erlangte Erfahrung in das Handeln eingeflossen ist. Aber bedenken wir, daß zahlreiche Verantwortliche während der Krise Anstrengungen machten, um auf den Keyneismus zurückzugreifen, von dem die Wirtschaftswissenschaft ja bereits in den sechziger Jahren bewiesen hatte, daß er nicht in die neuen Situationen paßt. Sie versuchten sogar, Marktfeindlichkeit zu verbreiten, des Marktes, der als schädlich für die Schwachen und Armen galt, sich aber als einziger Rettungsanker aus dem tiefen Elend erwies. Bedenken wir, daß 1988, gegen Ende seines zweiten Mandats, Reagan bei allen Schöngeistern des Planeten als völliger Trottel galt, gepaart mit einem grausamen Feind der Armen, obwohl er – letztlich vergeblich – dafür kämpfte, den Kongreß daran zu hindern, einen protektionistischen Gesetzentwurf anzunehmen, ein trauriges Relikt der dreißiger Jahre. Die „Liberalen" der demokratischen Partei und der Gewerkschaften, begierig, die Zolltarife anzuheben, was ein sicheres Rezept ist, um gleichzeitig Arbeitslosigkeit und technologische Rückständigkeit in ihrem Land loszutreten und wirtschaftliches Ersticken in der dritten Welt, genossen ihrerseits den Ruf großzügiger Menschenfreunde, die mit den Schwachen und Armen solidarisch sind! Trotzdem ist das Wesentliche, daß von 1974 bis 1984, dem Jahr, in dem die Industriewelt – mit Ausnahme Frankreichs – die Krise überwindet, die handelnden Personen im großen und ganzen die Lage eher richtig eingeschätzt und auch eher richtig gehandelt haben, auch wenn die Deklamateure falsch gedacht und geredet haben. Die Bekehrung des Menschen zur wahren Tat ist nicht vollbracht, aber sie ist möglich. Sie kommt nicht im großen Stil zustande, aber sie kann zustandekommen. Im gegenteiligen Fall könnte es unsere Kultur nicht vermeiden, in Handlungsstadien zurückzufallen, für die Erkenntnis nicht notwendig ist, und mit denen wir wohl weniger wirkungsvoll, aber vielleicht glücklicher sein werden, wenn es stimmt, daß des Menschen Glück weniger davon abhängt, was er ist, als davon, was zu sein er sich einbildet. Aber man wird sehr bald vor- oder zurückgehen müssen, denn wir können die pathogene Spannung nicht mehr lange aushalten, die uns unsere hybride Kultur auferlegt, wo jeder unserer Bewußtseinsstände sich spaltet, weil wir Dinge zugleich als wahr erkennen und bestreiten, und wo die Menschheit dazu verdammt ist, um Cioran zu zitieren, „zwischen Opportunismus und Verzweiflung" hin und her zu schwanken, und, wie ich hinzufügen möchte, zwischen borniertem Zynismus und unfähiger Reue.

Anmerkungen

Kapitel 4

1 Der Prozeß gegen Barbie hat die Gefahren dieser „Banalisierung" aufgezeigt, als sein Rechtsanwalt den Versuch unternahm, Völkermorde gegeneinander aufzurechnen.
2 Robert Conquest: *The Harvest of Sorrow.* New York 1986.
3 Teresa Toronska: *ONI* (Polnische Stalinisten über sich). Paris 1986.

Kapitel 5

1 Zitiert nach der Mailänder Zeitung *Il Giornale,* 22. 5. 1983.
2 Dieser Minderheit gehörten außerdem Raoul Girardet, Olivier Passelecq, Erwin Scheuch (BRD), André Glucksmann und der sowjetische Dissident Michail Voslensky an. Aus ganz Europa waren Persönlichkeiten – Abgeordnete, Gewerkschaftsführer, Vertreter von Vereinigungen usw. – eingeladen, die Kommission zu informieren.
3 Xavier Raufer: *Terrorisme.* Paris 1984. Er berichtet, daß im Winter 1959 Vandalen festgenommen wurden, die in deutschen Städten jüdische Bethäuser mit Hakenkreuzen beschmiert hatten. Im Verhör gaben sie an, daß der Mann, der sie dazu angestiftet hatte, Bernhard Schlattmann war, ein Agent des DDR-Staatssicherheitsdienstes.
4 Am 6. Februar 1986 stufte der *Guardian* die Monatszeitschrift *Commentaire,* die von Raymond Aron begründet wurde und von einem seiner bedeutendsten intellektuellen Erben geleitet wird, Jean-Claude Casanova, als „Neue Rechte" ein. Wie mich. Ich war auch schon von *Times Literary Supplement* anläßlich einer Buchbesprechung so tituliert worden.

Kapitel 6

1 Albert Memmi: *Portrait d'un Juif.* Paris 1961.
2 Albert Memmi: *Le Raçisme (description, définition, traitement).* Paris 1982.
3 Muriel Humbertjean: *Les Français et les Immigrés.* Paris 1985.
4 siehe Anmerkung 3. Christian Jelen lieferte in *Le Point,* 20. 7. 1987, eine Studie des Immigrantenmilieus in Aix-en-Provence. In dieser Stadt haben von 1981 bis 1986 zwei traditionell kommunistische Stadtviertel ins Lager der Nationalen Front übergewechselt. Vielleicht sollte man, um den Rassismus zu bekämpfen, lieber die tieferen Gründe

dieser Entwicklung untersuchen und ausmerzen, als aus Steuermitteln Popkonzerte auf öffentlichen Plätzen zu organisieren, die einzig und allein zum Stimmenfang für Politiker herhalten sollen und die vom Neorassismus der Unterschicht betroffenen Bevölkerungsgruppen noch mehr irritieren.

5 Jérome Jaffré: *Ne pas se tromper sur M. Le Pen* (Täuscht euch nicht über Le Pen), in: *Le Monde,* 26. 5. 1987.

6 Dieser Name kommt von General Georges Boulanger (1837–1891), der eine Zeitlang sehr volkstümlich war und dem die antirepublikanische Rechte zutraute, einen Stimmungsumschwung herbeizuführen.
Es ist ein klassisches Paradoxon der Politik, daß er eine Kreatur von Georges Clemenceau war, zu diesem Zeitpunkt Führer der radikalen Linken im Parlament.

Kapitel 7

1 In: *Le Monde,* 19. 7. 1987.

2 *Washington Post,* Juli 1987.

3 Im September 1987 wurde der burundische Diktator gestürzt und durch einen gleichgesinnten ersetzt, der aber anscheinend weniger antiklerikal eingestellt ist.

4 Ich habe darauf bereits in *So enden die Demokratien* hingewiesen.

5 André Glucksmann und Thierry Wolton: *Silence, on tue!.* Paris 1986.

6 Es gab allerdings keinen Bürgerkrieg wie in Vietnam, wo sieben Millionen Menschen dem Hungertod ausgesetzt waren – ungeachtet der Million Boat People.

7 Die Korruption in höchsten Kreisen der afrikanischen Staaten ist ein absolutes Tabu. Als Jacques de Banvin in einem *Le Monde*-Artikel diesen fortwährenden Mißbrauch anklagte und eine Überprüfung der Hilfszahlungen forderte, gab es unter den Staatsmännern ein Aufheulen, und bei der nächsten sich bietenden Gelegenheit im Rahmen der UNO verlangten sie eine Verschärfung der Wirtschaftssanktionen gegen Südafrika.

8 Murray Gordon: *Slavery in the Muslim World.* London 1985. Die sozialen Ungleichheiten innerhalb ihrer Strukturen schädigen diese Länder mindestens ebenso sehr, wie sie es von den weißen Unterdrückern behauptet haben. Kenneth Kaunda, der langjährige Staatschef von Sambia, hat sein Land in den Ruin geführt, gilt aber in der dritten Welt als großer Held, da er von der Weltbank wie von den Multis Geld bekommt. In Tansania hat der vielgepriesene Julius Nyerere sein Land ebenfalls in aller Ruhe abgewirtschaftet.

9 *Le Monde* brachte die Meldung auf Seite 1, die *International Herald Tribune* auf Seite 2, eingezwängt zwischen Berichten über Reagan und Südafrika.

10 Allan Bloom: *The Closing of the American Mind.* New York 1987.

Kapitel 8

1 *Le point,* 12. 10. 1987

2 Der *Guardian* vom 6. 2. 1986 bezeichnete die „Internationale der Widerstandskämpfer" als eine starke antikommunistische Organisation. Von Gründungsmitgliedern wie Bonkovsky, Valladers und anderen, die mit Mühe und Not dem Gulag entkommen sind, kann man auch nur schwerlich eine prokommunistische Einstellung erwarten.

3 *Le Nouvel Observateur,* 16. 10. 1987

4 Jacques Julliard: *La Faute à Rousseau.* Paris 1985.

5 Die *Humanité* vom 21. 7. 1988 bezeichnete den Conseil constitutionell als „petainistisch", da er eine Entscheidung getroffen hatte, die der KP mißfiel.

6 Ein Aufruf französischer Intellektueller zur Abrüstung.

7 Kursivierung von Revel. Zitiert nach: Jeannine Verdès-Leroux: *Le Reveil des somnambules.* Paris 1987.

8 *Diario 16*, 1. 11. 1987.
9 Ein Zitat nach Molière.
10 Dieser „Club de la presse" ist eine vielgehörte Sendung von Radio Europe 1. Jeden Sonntag wird ein Prominenter eine Stunde lang von rund 20 Journalisten interviewt.
11 *Nouvel observateur.* 23. 11. 1984.
12 Die Zahl ist zu niedrig gegriffen. Allgemein gelten 60 Millionen Opfer als gesichert.
13 Dr. Willy Rozenbaum arbeitet als AIDS-Spezialist am Pariser Claude-Bernard-Spital.

Kapitel 9

1 Eric Vibart: *Tahiti, naissance d'un paradis au siècle des Lumières 1767–1797.* Brüssel 1987. Diese Anthologie aus Originaltexten, Dokumenten, Kommentaren und einer Bibliographie bietet einen guten Überblick zu diesem Thema.
2 Claude Lévi-Strauss: *Das Rohe und das Gekochte.* Frankfurt/Main 1970.
3 Margaret Mead: *Geschlecht und Temperament in primitiven Gesellschaften.* Hamburg 1959 und *Mann und Weib. Das Verhältnis der Geschlechter in einer sich wandelnden Welt.* Hamburg 1952.
4 David Lamb: *Justice Looks Savage to Us, but It Works,* in: *Washington Post,* 19. 1. 1987.
5 Bernard Lewis: *The State of Middle-Eastern Studies,* in: *The American Scholar,* 1979, und *The Question of Orientalism,* in: *The New York Review of Books,* 24. 6. 1982.
6 In der Monatszeitschrift *Chronicles,* Juli 1987.
7 Jean François Revel: *Uns hilft kein Jesus und kein Marx.* München 1974.
8 Simon Ley: *Les Habits neufs du président Mao.* Paris 1971.
9 Moshe Lewin: *The Making of the Soviet System.* New York 1985.
10 Pierre Gallois: *La Guerre de cent secondes.* Paris 1985.
11 Die Gruppe um Sagan signierte ihre Berichte meistens mit den Initialen TTAPS/ Turco, Toon, Ackerman, Pollack, Sagan).
12 *Foreign Affairs,* New York 1983.
13 *Foreign Affairs,* New York 1986.
14 Pierre Gallois: *La Guerre de cent secondes.* Paris 1985.
15 *Game Plan, a Geostrategic Framework for the Conduct of the US-Soviet Contest.* In: *The Atlantic Monthly Press* 1986.
16 *The War Against Star Wars,* in: *Commentary,* Dezember 1984.
17 Angelo M. Codevilla: *How Eminent Physicists Have Lent their Names to a Politicized Report on Strategic Defense,* in: *Commentary,* September 1987.
18 Albert Wohlstetter hat zahlreiche Untersuchungen zum Thema verfaßt. Besondere Beachtung verdient *Swords without Shields,* in: *The National Interest,* Sommer 1987.
19 Die englische Originalausgabe ist bereits 1958 erschienen.
20 François Furet: *La Gauche et la Révolution française au milieu du XIXe siècle.* Paris 1986.
21 Das Werk erlebte im 20. Jahrhundert eine erstaunliche Wiederbeachtung.
22 Zitiert bei Christian Jelen: *L'Aveuglement, les socialistes et la naissance du mythe soviétique.* Paris 1984.
23 Albert Mathiez: *Le Bolchevisme et le Jacobinisme.* Paris 1920.
24 Reynold Seches: *Le Génocide franco-français, la Vendée „vengé".* Paris 1986.
25 In: Jacques Rupnik: *Glasnost: Gorbatchev's Profs; a New Generation of American Academics is Rewriting Soviet History.* In: *The New Republic,* 7. 12. 1987.

Kapitel 10

1 Pierre-Paul Royer-Collard (1763–1845), Philosoph, Schriftsteller, Politiker, bildete zusammen mit François Guizot, Prosper de Barante und Charles de Rémusat die liberale Gruppe der „doctrinaires".

2 Chateaubriand verteidigte mit aller Macht die Freiheit der Presse, gegen alle Formen der Zensur, auch wenn es zu Mißbrauch kommen sollte.
3 *El Pais,* 10. 2. 1988.
4 Girard de Charbonnières: *La plus évitable de toutes les guerres.* Paris 1985.
5 Bullitt war Botschafter in der UdSSR von 1933–1936, von 1936–1940 war er unter anderem in Frankreich.
6 Auch in den internationalen Sendungen der BBC gibt es immer wieder Formulierungen, die den neutralen Standpunkt verlassen. Besonders deutlich war dies zum Beispiel bei der Nicaragua-Berichterstattung. Die Contras waren immer „CIA-gestützt", die Sandinisten waren immer „die Regierung". Von Diktatur war nicht die Rede.
7 Michel Legris: *Le Monde tel qu'il est.* Paris 1976. Im Französischen ist das ein Wortspiel: „Le Monde" wie sie ist – die Zeitung, die Welt.

Kapitel 11

1 Pierre Nora (Hrsg.): *Les Lieux de mémoire.* Paris 1984 ff.
2 Michel Heller: *Soixante-Dix Ans qui ébranlèvent le monde.* Paris 1988.
3 Seit 1987 schwächt der Gorbatschow-Effekt bei Jugendlichen wie bei allen anderen Altersgruppen die Angst vor der sowjetischen Aggression ab. Wo die pädagogische Indoktrination gescheitert war, hatte die sowjetische Politik Erfolg.
4 Zu dieser „Kulturrevolution" liegt für 1982 eine Untersuchung von Branko Lazitch und Christian Jelen im *L'Express* vom 25. 6. 1982 vor.
5 Arnold Beichman: *Karl Marx Goes to College,* in: *Wall Street Journal,* 14. 5. 1982.

Kapitel 12

1 Dieser „Im Zweifelsfall fürs Vaterland"-Spruch wird einem amerikanischen Admiral zugeschrieben.
2 Kabylien war die Bezeichnung der algerischen Patrioten für ihr Land im Kampf gegen Frankreich.
3 Revel stützt sich hier auf: Renata Fritsch-Bournazel: *L'Allemagne, un enjeu pour l'Europe.* Paris 1987.
4 Sidney Hook: *Out of Steps.* New York 1987.
5 Sabino Acquaviva: *Guerriglia e guerra rivoluzianara in Italia.* Mailand 1972.
6 *Neue Zürcher Zeitung,* 14. 8. 1987.
7 Zitiert nach *International Herald Tribune,* 16. 3. 1988.
8 Die Originalausgabe des vorliegenden Werkes erschien 1988. Wenn sich seither auch manche politischen Verhältnisse verändert haben, so bleiben doch die Strukturen gleich.
9 Arthur Koestler: *Als Zeuge der Zeit.* NA Frankfurt/Main 1989.
10 Victor Farias: *Heidegger et le Nazisme.* Paris 1987.
11 Jean-Paul Sartre: *Critique de la raison dialectique.* Paris 1960. Seite 21, Fußnote 1.
12 L. Ferry und A. Renaut: *Heidegger et les modernes.* Paris 1988.
13 Walter Lacqueur: *Weimar, a Cultural History 1918–1933.* London 1974.
14 Maurice Merleau-Ponty: *Sens et Non Sens.* Paris 1954.
15 Benjamin Constant: *De la liberté des Anciens comparée à celle des Modernes.* Paris 1819.
16 Alain Laurent: *De l'individualisme.* Paris 1985 und A. Laurent: *L'individu et ses ennemis.* Paris 1987 geben diese wichtige intellektuelle Diskussion hervorragend wieder.
17 Robert de Journeval: *La République des camarades.* Paris 1984.
18 Im Sprachgebrauch der Ecole normale sind „Ernest" die Goldfische im Wasserbecken im Ehrenhof des Gebäudes in der rue d'Ulm.
19 Abbé Morellet: *Memoires.* Neuausgabe Paris 1988.